SOCIÉTÉ

DES

ANCIENS TEXTES FRANÇAIS

ROMAN DE THÈBES

II

LE

ROMAN DE THÈBES

PUBLIÉ D'APRÈS TOUS LES MANUSCRITS

PAR

LÉOPOLD CONSTANS

PROFESSEUR A LA FACULTÉ DES LETTRES D'AIX

TOME II

PARIS
LIBRAIRIE DE FIRMIN DIDOT ET Cie
56, RUE JACOB, 56

M DCCC XC

Le Puy, imprimerie de Marchessou fils, boulevard Saint-Laurent, 23.

Publication proposée à la Société le 23 novembre 1887.
Approuvée par le Conseil, le 28 décembre 1887, sur le rapport d'une commission composée de MM. P. Meyer, G. Paris et Servois.

Commissaire responsable :
M. G. Paris.

INTRODUCTION

Si la présente édition du *Roman de Thèbes*, annoncée dès 1881 [1], n'a été achevée d'imprimer que dix ans après, cela tient à des causes multiples. D'abord, il a fallu refaire, au milieu d'occupations absorbantes, la copie des trois manuscrits de Paris, détruite dans un incendie. D'autre part, nous n'avions pu nous rendre exactement compte, dans notre premier voyage en Angleterre, en 1880, de la réelle importance du manuscrit de Spalding, et nous nous étions contenté d'en faire une collation sommaire et de transcrire les nombreux passages qui semblaient lui être spéciaux, d'après une comparaison rapide avec la copie du manuscrit de Paris, fr. 375. Lorsque nous avons pu comparer à loisir les cinq manuscrits, nous n'avons pas tardé à reconnaître que le manuscrit de Spalding n'apportait pas seulement une rédaction particulière du *Roman de Thèbes*, mais qu'il fournissait un assez grand nombre de leçons plus anciennes que les autres : de là la nécessité d'une collation nouvelle, ou

---

[1]. Voir dans *Romania*, X, 270 sqq., le compte rendu, par M. G. Paris, de notre thèse de doctorat : *La légende d'Œdipe étudiée dans l'antiquité, au moyen âge et dans les temps modernes, en particulier dans le* Roman de Thèbes, *texte français du* XIIe *siècle*, Paris, Maisonneuve et Cie, 1880.

plutôt d'une copie complète, que nous n'avons pu faire que quatre ans plus tard. Enfin, le parti que nous avons pris d'essayer une restitution critique du texte primitif, qui n'est plus représenté par aucun manuscrit, et d'uniformiser l'orthographe, nous a obligé à procéder avec une prudente lenteur, tant dans l'impression que dans la rédaction de ce travail [1].

Quel que soit le jugement que les critiques compétents portent sur cette laborieuse tentative, je me fais un devoir d'avertir qu'elle n'a été possible que grâce à la sollicitude et aux conseils éclairés de mon maître, M. G. Paris, qui a bien voulu accepter la lourde tâche d'être le commissaire responsable de cette publication, ce dont je le remercie du fond du cœur.

I. — Manuscrits.

Il existe, à notre connaissance, cinq manuscrits du *Roman de Thèbes*, trois en France et deux en Angleterre. Les trois premiers sont à la Bibliothèque nationale, où ils portent les numéros du fonds français 375, 60 et 784 : nous les désignons par les lettres *A*, *B* et *C*. Les deux autres sont conservés dans des bibliothèques privées, en Angleterre, l'un à Cheltenham (Glocestershire), l'autre à Spalding (Lincolnshire) : nous leur avons assigné les lettres *P* et *S* [2]. Enfin la Bibliothèque municipale d'An-

---

1. L'étude approfondie des manuscrits conservés en Angleterre ayant changé notablement notre manière de voir sur bien des points, il ne doit être tenu compte des renseignements et des jugements contenus dans notre première étude sur le *Roman de Thèbes* qu'autant qu'ils ne sont pas en contradiction avec ceux que nous donnons ici.

2. Logiquement, nous aurions dû appeler *C* le manuscrit de Cheltenham, puisque nous représentions celui de Spalding par l'initiale de son lieu d'origine; mais le *C* ayant déjà été choisi par nous (*Légende d'Œdipe*) à une époque (1876) où nous ne pen-

gers possède deux fragments, que nous représentons par *D*.

Manuscrit A. — Le ms. *A* (B. N. f^s fr., 375, ancien 6987, ancien. Bibl. du cardinal Mazarin 1147, Lacurne de Sainte-Palaye, 888) [1] est un énorme volume in-f°, en parchemin, relié en maroquin rouge, avec les armes de France sur le dos et sur les plats. On y trouve d'abord une première partie d'un caractère particulier, qui contient l'*Apocalypse*, les *Prophéties de Cassandre* et le *Livre de Sénèque* : elle est d'une autre main que le reste du volume et la disposition du texte y est différente. La seconde partie est d'une écriture menue et régulière sur quatre colonnes, qui contiennent d'abord, jusqu'au f° 46 v°, 60 vers (par exception 59 ou 58), puis varient de 60 (chiffre qui devient exceptionnel) à 53. Elle est, en partie, l'œuvre de Jehan Madot, neveu du trouvère Adam le Bossu d'Arras, comme le montre le curieux *explicit* placé à la fin du *Roman de Troie* (f° 119 v°) [2], où le scribe facétieux nous apprend qu'ayant perdu au jeu *cotèle* et *surcot*, il avait très froid en accomplissant sa tâche, et se félicite de l'avoir enfin terminée, le 2 février 1288 [3]. Cependant Madot, qui avait déjà transcrit dans ce volume le *Roman de Thèbes* (du f° 36 r° au f° 67 v°) et le *Roman de Troie* (du f° 68 r° au f° 119 v°, col. 1), y a encore ajouté le *Siège d'Athènes* [4], qui se termine au f° 162, les

---

sions pas pouvoir jamais utiliser les manuscrits anglais, nous avons dû remplacer l'initiale du nom de lieu par celle du nom de l'ancien propriétaire (Sir Thomas Phillipps).

1. Aux f°^{s} 34, 36, 119 v°, 219, on lit plusieurs mots de l'écriture de Peiresc († 1637), à qui le ms. a sans doute appartenu (cf. Paul Meyer, *Romania*, XI, 265).

2. Voir *Légende d'Œdipe*, p. 156-7.

3. C'est à tort qu'une main postérieure a mis en tête du poème la date de 1280, dans le titre suivant : *Les guerres de Troye et Thebes, de Jehans Mados, neveu d'Adam li boeuf* (sic) *d'Arras, MCCLXXX, a la chandeleur*, où l'on attribue le poème au copiste, erreur qui a été reproduite dans le Catalogue de la Bibliothèque nationale.

4. Plus connu sous le nom de *Roman d'Athis et Porphirias*, œuvre d'Alexandre de Bernai, qui se trouve également dans les mss. 793 et 794 du fs. fr. de la Bibliothèque nationale, dans un ms. de Stockholm, et aussi dans un ms. de Saint-Pétersbourg, dont le texte est

Dits de Jehan Bodel, enfin une partie du *Roman d'Alexandre* en vers de douze syllabes, qui va du f° 163 v° au f° 182 r°, col. 1. Au bas de cette colonne, l'écriture change, et nous avons affaire à un autre copiste jusqu'à la fin du volume, qui contient 346 folios et donne successivement, outre la fin du *Roman d'Alexandre*, la *Chronique des ducs de Normandie*, *Guillaume d'Angleterre*, *Flore et Blanchefleur*, *Blancandin*, *Cligès*, *Erec et Enide*, le *Conte de la Violette*, le *Roman d'Ille et Galeron*, le *Miracle de Théophile*, le *Roman d'Amadas et Ydoine*, le *Conte de la Châtelaine de Vergy*, une *Chanson de saint Etienne*, des *Vers sur la mort*, des *Louanges à Notre-Dame* et des *Miracles de la Vierge*.

Ce copiste, qui a succédé à Madot, c'est sans doute Perrot de Nesle, le même qui a écrit, en tête de la seconde partie du volume (f° 35 r°), un catalogue en vers octosyllabiques, où, à la suite d'une rubrique indiquant le titre de chaque roman et son numéro d'ordre, il le résume en 10 vers. Ce catalogue a perdu son commencement : le premier roman dont il y est question est *Flore et Blanceflour*, qui y porte le numéro 10, tandis qu'il occupe le 8ᵉ rang parmi les romans de notre volume, et le 11ᵉ, si l'on tient compte des trois ouvrages qui en constituent la première partie. D'autre part, on lit, à la fin du *Roman de Thèbes*, l'*explicit* suivant : *Explicit li sieges de Tebes et de Thioclet et de Pollinices li tierce branke*[1]; de même après le *Roman de Troie* : *Ci faut de Troies et de Thebes li quarte et puis li sieges d'Ataines*, et ainsi de suite, après chaque poème, ce qui montre que, dans la composition primitive du volume, il y avait bien neuf poèmes avant *Flore et Blanchefleur*, et que les deux premiers ont dû disparaître. Quels étaient ces poèmes ?

---

assez différent. La première partie, qui contient l'histoire proprement dite des deux amis, a seule été publiée. Voy. *Rom.* XII, 634.

1. Ces trois derniers mots sont d'une encre plus pâle et d'une écriture qui semble être la même que celle de la table analytique, laquelle est de la main de Perrot de Nesle, comme le montre l'*explicit* : *Or disons tot : amen, amen. Explicit. Ce fist Peros de Nesle, qui en trover tos s'escervele.*

Peut-être y était-il question des origines de Thèbes et des aventures de Cadmus (cf. *Flamenca*, v. 631-2), comme dans certaines compilations d'histoire ancienne. Peut-être aussi le scribe, qui semble avoir voulu observer à sa façon l'ordre chronologique, avait-il placé avant le *Roman de Thèbes* les romans, aujourd'hui perdus, qui racontaient l'histoire fabuleuse de Ninus et de Sémiramis, ou l'établissement de Danaüs en Grèce : hypothèse qu'autoriserait peut-être la composition de plusieurs manuscrits contenant des rédactions en prose des romans de *Thèbes* et de *Troie*, avant lesquels on trouve, également abrégées en prose, les légendes dont nous venons de parler [1].

Il résulte de ce qui précède que le manuscrit dont nous nous occupons a été formé de deux parties de caractère très différent, dont la seconde avait déjà perdu son commencement. Le feuillet coté 35 et un feuillet précédent, aujourd'hui perdu, où se trouvait le début du Catalogue, appartenaient à cette seconde partie. La composition actuelle du volume est d'ailleurs ancienne, comme le montre l'écriture de la pagination, sans qu'il soit possible de préciser l'époque où la soudure s'est produite. A ce moment, les lacunes signalées existaient déjà, puisqu'il n'y a aucun trouble dans le chiffrage. Pour être complet, nous ajouterons que Bréquigny a écrit, au v° resté blanc du f° 35, la table des matières actuellement contenues dans le manuscrit [2].

Dans ce manuscrit, notre poème compte 14627 vers, dont 8 sont à déduire : le vers 12277 de *A*, qui figure pour la seconde fois après le v. 12316 (8628 de *O* = texte critique), ce qui semble indiquer que le prototype de *A* avait 39 vers à la colonne, et 7 vers répétés par suite d'un bourdon. Ces vers reproduisent, après le vers de *A* 4304, les vers 4137-43 (voir notre *Appendice II*, p. 64 et ici même, § III). Nous n'avions pas compris ces 8 vers dans notre chiffrage ; en revanche, nous y avions fait entrer

---

1. Voy. plus loin, § V, et P. Meyer, dans *Romania*, XIV, 36 sqq.
2. Cf. Paulin Paris, *Manuscrits françois de la Bibliothèque du Roi*, I, 67 sqq.; III, 191 sqq.

7 vers indispensables, oubliés par le scribe, savoir : les vers de O 4863-4 (qui manquent aussi dans P) et 5639-40 qui sont dans BCS (P supprime le passage), l'un des deux v. de A 11543-4 (passage spécial), et le v. de A 5503 suppléé d'après P, ce qui devrait donner un total de 14626 vers ; mais nous avions omis dans notre première copie 6 vers, les v. 6387-90 qui se placent entre le v. 8356 et le v. 8357 de A, et les vers 7913-4 qui se placent entre le v. 9928 et le v. 9929 de A, ce qui explique le chiffre de 14620 vers porté sur notre première copie.

Nous aurions pu compter les vers de P, cotés dans notre copie de ce manuscrit 8101-4 et qui se placent entre les vers de A 8364 et 8365, et les vers du texte critique 5057-62, 5821-2 et 7257-60, peut-être d'autres encore, mais nous n'avons pas voulu changer le chiffrage de notre première copie de A [1], afin qu'on pût se retrouver dans les citations insérées dans notre première étude du *Roman de Thèbes* [2], étude faite principalement d'après le ms. A.

Nous avons déjà dit que c'était Madot d'Arras qui avait transcrit le *Roman de Thèbes* dans ce manuscrit, au commencement de 1288, ou peut-être dans les derniers mois de 1287, vu la longueur du *Roman de Troie*, à la fin duquel se trouve indiquée cette date : c'est dire qu'on y rencontre fréquemment les traits caractéristiques des dialectes du Nord, c vélaire latin intact devant a comme devant o, u, ch pour c (ts) français devant e, i suivis d'une voyelle en latin, $iée$ contracté en ie, aus pour $eu\zeta = il$ (ou $il + yod$) $+ s$, ζ devenu s, etc. Mais si la confusion de s et ζ, ie pour $iée$, etc., est assurée par les rimes dans beaucoup de passages spéciaux aux manuscrits picards (AP), ou particuliers à A ou à P (voy. plus loin, pour ce dernier), il n'en est pas de même pour les passages communs à tous les manuscrits, ou seulement à A d'un côté, à SBC, S ou BC [3] de l'autre : là les traits

---

1. Voy. ci-dessus, p. 1.
2. *Légende d'Œdipe*, 2ᵉ partie, Sections II-VII et Appendice.
3. Pour abréger, nous désignons dès maintenant par x l'accord de BC, et par y l'accord de AP.

picards disparaissent ou sont détruits par des variantes des autres manuscrits. D'ailleurs la conservation, dans beaucoup de cas, de la graphie française, surtout du *c* non transformé en *ch* devant *e, i,* suivis d'une voyelle en latin, indique que Madot copiait un manuscrit français, ou un manuscrit picard remontant, pour la plus grande partie, à un manuscrit français. Les nombreuses additions de *AP* au texte commun montrent qu'il faut s'arrêter à cette dernière hypothèse, car les deux manuscrits sont à peu près de même date [1] et indépendants l'un de l'autre. Il serait possible cependant que plusieurs paires de vers, et certaines courtes interpolations spéciales à *A* et qui ont le caractère d'un remplissage, fussent l'œuvre de Madot, ou plus probablement de son modèle. Voy. plus loin, § III [2].

Manuscrit B. — Le manuscrit *B* (B. N. f^s fr., 60, ancien 6737[3], anc. Bibliothèque Colbert 198) est un volume in-folio maximo, en parchemin, écrit sur trois colonnes de 44 à 48 vers par colonne, sauf les cas où il y a une rubrique, avec ou sans accompagnement de miniature. La reliure est en maroquin rouge, portant au dos et sur les plats les armes du roi. Trois mains différentes se laissent distinguer : la première comprend les 8 premiers folios (jusqu'au v. 1824 de *C*)[3], la seconde les 16 suivants, c'est-

---

[1]. *P* est plutôt antérieur que postérieur à *A*.

[2]. Nous avons interprété l'abréviation à peu près constante *ml't* par *mout*, *ng*, *vg* par *nous, vous,* exceptionnellement par *nus* (Cf. 3263, 3452, etc.), *pg* par *puis, st'* par *sont, v* isolé par *ou*, *cõ* ou *õ* isolé par *com,* en composition par *com* devant les labiales et *con* devant toutes les autres consonnes, *hõ* par *hom* (toujours ainsi écrit quand il n'est pas abrégé), sauf lorsqu'il rime en *on.* Ajoutons que le sigle ordinaire de *er* ou *re* représente aussi bien *ier*, et que *del* se rencontre assez souvent devant un mot commençant par une voyelle (*del ost* à côté de *de lost*).

[3]. Nous n'avons pas cru devoir établir un chiffrage spécial pour le manuscrit *B*, à cause de son peu d'importance dans le classement. C'est, en effet, un second représentant de la famille *x* (voy. plus loin, § III), et l'on y trouve absolument le même nombre de vers que dans *C*, sauf les différences suivantes : il a en plus que *C* 12 vers, les v. 2109-20, qu'il donne deux fois de suite (bourdon), deux vers interpolés après *O* 9544, 7 paires de vers qui manquent par erreur dans *C* (2863-8, 3839-40, 7161-2, 8213-4 et 9029-30), et le v. 2876

à-dire 2 cahiers (jusqu'au v. 6049 de C)[1], et la troisième le reste ; mais aucun de ces scribes, sauf peut-être le premier (et encore est-il assez négligent), ne savait bien le français, à en juger par les nombreux vers faux et les nombreux non sens du manuscrit. Les miniatures semblent italiennes, et certains traits permettent de croire que les deux derniers scribes appartenaient à la langue d'oc. Ainsi on lit *lou* (pour *le*) 2597, 2842 du texte critique et 2361 de C[2], *gardas* (pour *guardez* S, *gardez* C) 2926 de S, *fraires* 5717, qui est aussi bien catalan que dauphinois, à côté de *freire* 3650, qui est portugais, mais qui pourrait bien être un compromis entre *frére* et le provençal *fraire* (cf. *forjuchiez* pour *forjugiez* 4191 et *aci* pour *ici* 7659). Quelques faibles indices montrent que le manuscrit qui servait de modèle avait pour origine, directe ou indirecte, un manuscrit écrit dans le Sud-Ouest (cf. *contraval* 3032, *chaval* 2988 de C, développement en 3 v. du v. 2732 de O[3]), à moins qu'on ne préfère y voir des

(2875 manque aussi dans B), en tout 29 ; il a en moins 4 vers de C oubliés par suite d'un bourdon, les v. 2812-5 (cf. AP) ; de même, il omet les v. de O 1585-90 (avec S), 3905-6, 4395-6, 4462-5 (bourdon), 6243-5 (bourdon), 6675-6, 7043-4, 7761-2, 8367-8, 8473-4, et 16 vers isolés ; enfin il laisse en blanc, ne pouvant sans doute les lire avec un sens convenable, les v. 7810 et 7639-40, en tout 50 vers. Le chiffre total de C doit donc être diminué, pour B, sauf erreur, de 21 vers. Voy. ci-dessous, *Manuscrit C*.

1. Le second scribe, étant au bout d'un cahier, a mis au bas du f° 24 v°, comme témoin, les premiers mots du vers suivant : *Les gens Athon plore*, et le scribe qui lui a succédé a transcrit, plus correctement, en haut du f° 25 : *La gent Athon pleure*, en rajeunissant l'orthographe de ce dernier mot. Cela ne prouve pas qu'il ait eu un autre modèle que le précédent : l'époque où le manuscrit a été écrit et l'ignorance du scribe suffisent à expliquer l'incorrection signalée, et d'autre part on continue à trouver une particularité singulière, assez fréquente d'un bout à l'autre du manuscrit : *lor roi*, qui semble remonter à *lo roi* pour *le roi*, et qui appartient nécessairement au modèle commun des trois scribes.

2. Il n'est pas sûr qu'il n'y eût pas *lo* dans le manuscrit qu'ils copiaient, peut-être même dans l'original. Voy. plus loin, *Manuscrit D* et § IV.

3. Il faut ajouter *oi* pour *ai*, dans *seroi* 3647, *diroi* 4623, dont il y a peut-être un ou deux autres exemples, mais qui reste en somme tout à fait exceptionnel. Cette forme, d'ailleurs rare, de la 1re pers.

traces de la langue de l'original, ce qui n'est pas sûr, comme nous le verrons plus loin [1]. Les traces de picard sont beaucoup plus nombreuses : *camp* 3176, *rechevras* 66, *rechoivre* 100, *cha* 1969 (où *car*, des autres mss., est du reste meilleur), *fache* 6171, *rechut* 1624, *chaucie* 3815, *fiuz* 3769, 3786, 3872, 4517, 7955, etc.), *maisnie* (passim, aussi dans *C*), *le* pour *la* 7820, *se* pour *sa* (9908 de *C*, développement en 3 vers du v. 9782 de *O*), etc. [2] ; mais, en somme, le manuscrit est généralement français, et nous avons cité la majeure partie des exemples où se trouvent des traits dialectaux. Ajoutons un détail curieux. Le premier scribe rend *multum* par l'abréviation ordinaire *ml't*, le second par *mont*, le troisième par *moult* (sauf deux ou trois emplois de *ml't* dans les premières pages). Enfin, il convient de noter que le suffixe *-aticum*, que le premier scribe rend par *-age*, devient *-aige* chez les deux derniers. Tout cela n'est pas suffisant pour que nous puissions conclure qu'ils aient eu un modèle différent de celui que suivait le premier scribe, et nous pouvons déjà soupçonner que le texte de l'original était essentiellement français.

Notre manuscrit *B*, écrit sans doute à la fin du xive siècle, appartenait, au xvie, au facétieux et savant procureur

---

du sing. du futur en *oi*, se rencontre également dans le ms. 247 de la bibliothèque de l'École de médecine de Montpellier et dans le ms. 1137 de la bibliothèque municipale de Grenoble : elle appartient probablement au Sud-Ouest (cf. *Rom.* XVI, 215 et 635). Notons aussi *pablement*, qui se rapproche de l'espagnol, et un assez grand nombre de 3es pers. du pl. accentuées en *-iont* (9147, 9148), en *-ient* (9009, 9010), et surtout en *-ent* (483, 731, 1780, 3477, 3478, etc.), que nous avons signalées à tort comme faussant le vers, et qui appartiennent au Sud-Ouest (la dernière forme surtout), plus encore qu'au Sud-Est. Cf. *C*, v. 731, 1779 et 1780, *S*, v. 1949 et 1950 et voy. Gœrlich, *Die südwestlichen Dialecte der Langue d'oïl*, p. 29, et *Der burgundische Dialekt im XIII. und XIV. Jahrhundert*, p. 21-3.

1. Voir notre description du ms. *D* et le chapitre III.
2. *Iau* pour *eau* = *ell, el* latin devant consonne (*mantiaux* 3817, *hiaume* 4555, 4803, etc.), n'est pas exclusivement picard, mais se rencontre aussi dans la province voisine, la Champagne (cf. Chrestien de Troyes), ce qui explique qu'on le trouve constamment dans *C*.

de Dijon, Estienne Tabourot, sieur des Accords, dont la devise bien connue, *A tous Accords,* se lit à la suite de l'*explicit,* et dont la signature, *A moi Tabourot,* se trouve au bas de la première page du texte. Il commence par une grande miniature, occupant les deux tiers de la page et suivie de la rubrique suivante, qui indique le contenu du volume : *Ci commence li roumans de Thèbes, qui fu racine de Troie la grant, ou il a ml't de merveilles diverses. Item toute l'istoire de Troie la grant, comment elle fu .ij. fois destruite par les Grijois et la cause pour quoi ce fu, et les mortalitez qui y furent. Item toute l'histoire de Eneas et d'Ancisès, qui s'enfuirent après la destruction de Troie, et comment leurs oirs p(l)ueplérent les regions de decain* (sic)[1]*, et les granz merveilles qui d'eux issirent.* Le Roman de Thèbes, qui va jusqu'au f° 41 inclus, se termine par la rubrique suivante : *Ci fenist le ronmans de Thebes. Et après vient le ronmans de Troye la grant. Et après Troye vient le ronmans de Eneas.* Le roman de *Troie* va du f° 42 r° au f° 147 v°, col. 2, et l'*Eneas* du f° 148 r° au f° 186 et dernier, de sorte que ce volume contient, dans leur ordre naturel, les trois principaux romans tirés de l'antiquité.

Manuscrit C. — Le manuscrit *C* (B. N. f^s fr., 784, anc. 7189³), est un volume petit in-folio, relié en cuir fauve, sans armes. Sur le feuillet de garde, on lit ces mots : *Ci roumans est du Roy Jacques, comte de la Marche et de Castres,* écrits en gothique du commencement du XVe siècle, et au-dessous, d'une écriture cursive relativement moderne : « Jacques de Bourbon, 2e du nom, comte de la Marche et de Castres, épousa, en 1415, Jeanne, 2e du nom, royne de Naples et de Sicille ; il prit ensuite le tittre de roy. Ce prince est mort a Besançon religieux du tiers ordre de saint François, le 24 septembre 1438. »

Ce manuscrit est écrit sur parchemin, en deux colonnes de 40 vers chacune, sauf aux folios 65 v° et 66 r° qui ont 41 vers par colonne ; le f° 66 v° a de nouveau

---

1. Il faut probablement lire, comme le suggère M. G. Paris, *decam* (avec le sigle de *er*) = *deça mer.*

40 vers et au fº 67 rº col. 1, qui n'a que 26 vers, le *Roman de Thèbes* se termine par ces mots : *Explicit le Roumanz de Thebes*. Il a en tout 10562 vers, en comptant le v. 6480 (6170 de *C*), qui manque [1]. Le reste du feuillet, rº et vº, est en blanc, et au fº 68 rº commence l'*Eneas*, qui va jusqu'au fº 119 et dernier. Ce manuscrit a été formé, probablement du temps du roi Jacques II de Bourbon, par la réunion d'une partie plus récente, transcrite sans doute à cet effet, à une partie plus ancienne, qui remonte au troisième tiers du XIIIᵉ siècle [2]. La seconde partie, qui se distingue de la première par une encre plus pâle, des lettres majuscules d'un rouge très vif et une orthographe légèrement différente, commence au fº 102 (fº 33 de l'*Eneas*); mais la première surtout doit nous intéresser. Elle est l'œuvre d'un copiste originaire de la région la plus voisine de l'Ile de France du côté de l'Est, c'est-à-dire champenois, comme le montre la graphie fréquente *an* + consonne pour *en* + cons. (*prannent, quans*, etc.) et *ein* pour *ain*, tandis que presque tous les autres traits sont français [3].

[1]. Nous rappelons qu'il manque aussi dans *C* les vers du prototype de la famille *x* correspondant aux vers de *O* 2863-8, 2875-6, 3839-40, 7161-2, 8213-4 et 9029-30. Voy. ci-dessus, p. VII, n. 3.

[2]. Nous ne croyons pas pouvoir remonter plus haut, malgré le caractère archaïque des deux miniatures placées au début de chacun des deux poèmes. En effet les fautes contre la déclinaison sont très fréquentes : *felons* (suj. pl.) 28 *O* (= Original), *leur ayeul* (suj. sg.) 37, *le roi* (suj. sg.) 49, *ton pere* (suj. sg.) 74, etc., etc.; l's analogique dans les noms masculins et féminins de la 3ᵉ déclinaison (*pére, sire, dolors*, etc.), est presque constante à l'intérieur du vers; *filz* n'a plus qu'une forme; on trouve fréquemment *l* après *u* provenant de la vocalisation de cette même *l* (*eulz, seulz, soleulx*, etc.), et *x* (= *us*), après un *u* qui fait ainsi double emploi (*nouviaux, chastiaux, saux, pooureux*, etc.). D'autre part, la disparition de certaines formes étymologiques et leur remplacement par des formes analogiques, en particulier dans la conjugaison, (cf. *aides* 10088 *C*, etc.) indique une époque assez tardive.

[3]. Il faut cependant signaler quelques exemples de la graphie *ie* pour *iée, maisnie*, forme qui du reste semble avoir prévalu de bonne heure, et *iau* + consonne = *ell, el* + cons. (*biaux, hiaume*, etc.), qui est champenois (cf. Chrestien de Troyes, éd. Fœrster) aussi bien que picard, et même bourguignon. Voy. Gœrlich, *Der burgundische Dialekt im XIII. und XIV. Jahrhundert*, p. 49-52.

Manuscrit D. — A ces trois manuscrits de la Bibliothèque nationale il faut ajouter un double feuillet, naguère encore inséré dans la reliure d'un des volumes de la bibliothèque municipale d'Angers et aujourd'hui décollé, sur notre demande, et par conséquent lisible sur ses deux faces [1]. Le format du manuscrit mutilé se trouvant être à peu près la moitié de celui du manuscrit que l'on voulait relier, on a dû prendre un feuillet double, et comme ce feuillet n'était pas le feuillet central du cahier, il en résulte qu'en le pliant à nouveau dans le sens de la longueur, on a aujourd'hui deux fragments de 4 colonnes chacun, séparés par le contenu d'un double feuillet qui manque, celui qui occupait le centre du cahier. Ce feuillet perdu contenait 224 vers, si l'on admet, ce qui est à peu près certain, que le scribe avait mis régulièrement 28 vers à la colonne, comme il l'a fait pour le v° du premier fragment et pour le r° et le v° du second (le r° du premier fragment n'a que 27 vers à la colonne); et si l'on considère que notre texte critique donne 234 vers, *S* également 234 [2], *C* 228, *B* 227, *A* 238 (dont 2 rétablis par nous comme nécessaires) et *P* 189 (dont 2 rétablis comme dans *A*), que d'ailleurs *P* doit être mis de côté à cause de ses suppressions systématiques (voy. plus loin), on voit que *D* ne pouvait pas avoir les 14 vers 4751-64 particuliers à *SBC*, ce qui est une preuve indirecte qu'il se rattache à la famille *y* (*AP*),

---

1. Ce curieux débris d'un manuscrit dont nous ne saurions assez regretter la perte nous avait été signalé en 1878 par notre ami regretté Boucherie, qui nous avait cédé sa copie de la seule face alors lisible. Cette copie, revue par nous sur place, et augmentée de quelques vers supplémentaires que nous avions réussi à lire, ou à peu près, figure dans notre *Légende d'Œdipe*, p. 162-9. Depuis la publication de cet ouvrage, nous avons pu revoir le feuillet qui venait d'être décollé, et l'étendue de nos fragments s'est trouvée doublée. Nous les publions dans notre Appendice VI en reproduisant l'aspect du manuscrit, autant que le permettent les caractères dont nous disposons.

2. Déduction faite du long passage interpolé de 66 vers qui commence un vers après la fin du premier fragment, et d'une autre interpolation de 70 vers qui raconte la descente d'Amphiaraüs aux enfers.

comme nous le démontrerons plus loin par des preuves directes.

Le premier de nos deux fragments, qui correspond aux vers 4612-4747 de *O* (sauf quelques omissions et déplacements), contient 110 vers (27 + 27 + 28 + 28), dont deux absolument illisibles : celà tient à ce que ces deux vers, se trouvant en tête de la colonne, ont été repliés pour servir d'onglet et ont ainsi subi un frottement continuel qui en a effacé presque complètement la trace. Le second fragment a 112 vers (28 + 28 + 28 + 28) et correspond aux vers 4982-5093 de *O*.

Le manuscrit dont le double feuillet en question a été détaché a certainement été écrit, vers la fin du xiie siècle, dans la région Sud-Ouest de la langue d'oui, vers les confins de la langue d'oc, comme le montrent les formes *fisica* I, 92 [1], *una* I, 105, et aussi *-ons* trois fois réduit à *os* et *deves* pour *devers* II, 53. Nous ne voulons pas anticiper sur la question des origines de notre poème, mais nous pouvons dire dès maintenant que, si nous possédions ce manuscrit, notre tâche aurait été notablement facilitée pour ce qui est de la restitution des formes appartenant à l'auteur. Nous réunissons ici les traits caractéristiques de la graphie de nos fragments, sans décider d'ores et déjà si ces traits appartiennent en propre au scribe ou s'ils dérivent de l'original :

Ie français, de toute provenance, se réduit à *e* : *ren* I, 1, *ben* I, 10, 15, 19, 47; II, 10, 34, 110, *vent* I, 51, *venge* I, 24, *brocher* I, 2, *refrescher* I, 3, *laissez* II, 49, *deslacees* I, 34, *drecees* I, 35, *bref* II, 105, *chef* I, 44; II, 13, *gres* II, 22, *cel* I, 108, *cels* I, 46, 97, *melz* II, 17, 52, *crement* II, 96, *sostenent* I, 107; auxquels il faut joindre *vel* (* *veclum*) I, 69, *velz* II, 100 (mais *veil* I, 32, où l'*i* indique la mouillure de l'*l*); il n'y a que deux exemples de *ie* : *fiere* II, 37, *mien* II, 44 (m̃ II, 68 est naturellement douteux, cf. cependant *am̃der* II, 49 = amender). Au lieu de *ie*, on trouve aussi *ai*, *ei* : *deraire*

---

1. Nous donnons les chiffres des *Fragments* : le double chiffrage adopté à l'App. VI permettra de se reporter au texte critique.

I, 24, *areire* II, 41, *riveire* I, 25 ; II, 27, *cheire* II, 36, *estreis* I, 38, ce qui semblerait prouver que, dans ce cas, le scribe prononçait *e* ouvert. De même, à *ieu* correspond *eu* : *meus* II, 4, *deux* I, 96 et *deus* I, 102. — *e* représente, en dehors de *ie* et de *ai*[1] : *i* français (*ei* à la protonique) provenant de *iei* = ĕ lat. $+$ *yod* : *pret* II, 84 (mais *peit* I, 40, *mei* I, 88, *esleire* II, 76, *esleite* II, 103, *meïsteire* II, 75), *esleson* II, 70, *presa* II, 26 ; *ui* français provenant de *uei* = ŏ lat. $+$ *yod* : *pes* II, 12, 46 (mais *peis* II, 82, 108 et *pois* II, 8 ; cf. *pui*, ci-dessous) ; enfin *ei* de = ē, ĭ lat. : *me* II, 53, *se* (dans *trese* pour *tres se*) I, 49 (mais *sei* II, 42, 84), *plen* I, 95, *mover* II, 22, *estover* II, 23, *vet* II, 40, *ver* II, 45, *det* II, 80, *poet* (impf.) II, 56. Par contre, *e* issu de *a* tonique est représenté par *ei* devant *r* : *geteir* I, 96, *monteir* I, 97 (cf. *areire* II, 41, *cheire* II, 36, *riveire* I, 25) ; de même, exceptionnellement, pour *e* = ĭ : *ceil* I, 75. — *ei* représente (à côté de *e*) *i* français venant de *iei* = ĕ $+$ *yod*, *ui* venant de *uei* = ŏ $+$ *yod*, *ie*, etc. (voy. plus haut), et de plus *ai* : *feis* I, 107, *irei* II, 4, *remandrei* II, 5.

Les diphtongues *ai* et *ui* devant voyelle perdent leur *i* : *traent* I, 40, *maor* I, 85, *jaan* I, 94, *puent* I, 102 (mais *pui* I, 100, *apoient* I, 98 (faute pour *a poier*) et *apoent* II, 20, qui rime avec *ennoent*), *fue* I, 59 ; de même *ou* se réduit à *o* dans *mot* (multum) I, 93 ; II, 37. — ŏ ne se diphtongue pas : *estot* II, 2, *voil* I, 3, *volt* I, 92 ; II, 12, 64, *volent* I, 96, *pot* I, 93, *poent* I, 103, *orgoil* I, 95, *cor* II, 24, *jafor* II, 25, *poble* II, 85, et naturellement *on*, *prodom*, *cons*. — *o* fermé tonique est le plus souvent rendu par *u* devant *n* ; les seules exceptions sont *com* I, 12 (cinq exemples de *cum*), *perron* II, 104, *sermon* I, 105, *repondre* II, 67, *respont* I, 52 ; II, 6, 39 (jamais *respunt*), *monde* I, 88, *parfonde* I, 89 ; à la protonique, nous relevons *buban* I, 95, *agulun* II, 14, *justee* I, 13

---

1. La réduction de *ai* à *e*, qui est fréquente ici, se rencontre dans des régions tout opposées, par exemple dans celle de notre ms. C ; — *magis* donne *mas* I, 54, à côté de *mes* I, 42 ; II, 40, 48, 98 et de *mais* I, 12.

(cf. *dejuste* I, 52, qui rime avec *coste*); mais devant *m*, *n*, on ne rencontre que *o*.

Les voyelles protoniques *a* et *i* se maintiennent : *davant* I, 44, *chavalerie* II, 24, *chavaleree* I, 5 (mais *chevaus* I, 48, *cheval* I, 57), *chanut* I, 14, *chanues* I, 8, *fortalece* I, 27, *vasalatge* I, 36, etc.; *hardiment* I, 45, *sacrifise* II, 93; *semblara* I, 10 est particulièrement remarquable, et aussi *vaet* pour *veez* I, 50, où *a* représente *e* fermé du latin vulgaire. — Signalons enfin *el* I, 26, pour *il*, et *ol* I, 44, pour *el* (= *en le*).

Pour les consonnes, cinq points sont à signaler : 1° *t* tombe parfois à la 3ᵉ pers. du plur. : *sachen* I, 22, *soren* II, 110, *un* I, 98, peut-être aussi *sien* I, 15, qui est une faute pour *seit* (cf. *totens* II, 15, pour *tot tens*, et *sentomas* I, 77 = *Saint Tomas*, où la chute du *t* est amenée par le *t* suivant, comme celle de l'*s* par l'*s* suivante dans *trese* = *tres sei* I, 49); le *t* est aussi tombé dans la conjonction *e* (pas d'exception, même devant une voyelle); 2° *t* remplace *z* (= *t+s*) : *gardet* I, 13, *chanut* I, 13, *tot* I, 28, etc. (16 exemples); le *z* n'est employé, dans ce cas, que 10 fois, et l'on rencontre 9 fois *s* (en y comprenant *ans* (*annos*), qui rime avec *enfans* I, 61), ce qui semble indiquer l'hésitation du scribe sur la véritable valeur du *z* [1]; 3° *n* mouillée est ordinairement rendue par *in*, deux fois seulement par *gn* : *signes* I, 85, *regnent* I, 108; *l* mouillée par *ill* ou *ll*, et quatre fois par *l* : *agulun* II, 14, *melor* II, 31, *vel* I, 69, *velz* II, 100; 4° la terminaison *ons* est réduite à *os* dans trois exemples : *garços* I, 20, *arços* I, 21, *peissos* I, 91; *deves* II, 53, à côté de *devers* I, 14, 17, montre qu'il n'y a pas là un simple oubli du signe abréviatif de la nasale, mais un trait phonétique emprunté, sans doute, à la langue d'oc, quoique cette disparition de l'*n* ne soit devenue fré-

---

1. Cf. *doz*, pour *dos* II, 69. Après *l* mouillée, le *z* est régulièrement employé : *velz* II, 100, *melz* II, 17, 52, et aussi dans *fez* pour *feiz* II, 15 et *senz* II, 72 (*sanz* II, 23). Notons en passant la graphie *-atge*, à côté de *-age*, pour rendre le suffixe *-aticum* : *vasalatge* I, 36, *paratge* II, 78, *aatge* II, 79 (mais *aage* I, 37), ce qui indique le voisinage de la langue d'oc.

quente (du moins dans la graphie) qu'au xiii⁰ siècle ; 5°
enfin, *rr* est parfois réduit à *r* : *serent* I, 72 [1], et *ss* à *s*
vasalatge I, 36, *pasé* I, 61, *laiserent* I, 73, *isi* I, 64, *asist*
I, 88.

Pour être complet, nous devons signaler encore : 1° la
forme *lo* pour le régime sing. de l'article au masculin, et
du pronom personnel au masculin et au neutre (9 fois
lo contre 7 fois *le*) ; au pluriel, *los* est plus rare : il n'y en
a qu'un exemple contre sept pour l'article, et un contre
deux pour le pronom ; 2° à la 1ʳᵉ personne du plur.,
um (I, 6 ; II, 91) et *un* (I, 8), ordinairement abrégés sous
la forme douteuse *ũ* ; les seuls exemples de *-on* que l'on
rencontre sont *torneron* II, 69 et *devon* II, 73 (au vers
I, 57, qui est presque effacé, on peut aussi bien lire
irun que *iron*).

Manuscrit P. — Le manuscrit *P* (= Phillipps) appartient, depuis 1836, à la belle bibliothèque de feu sir
Thomas Phillipps, anciennement à Middlehill, aujourd'hui à Cheltenham, comté de Glocester (Angleterre), où
il porte le n° 8384 : c'est l'ancien n° 1654 du catalogue
des mss. Heber. Le volume, grand in-f°, a 310 millimètres de long sur 252 de large ; il est écrit sur parchemin
à deux colonnes de 40 vers chacune, et sur la reliure en
maroquin rouge, on lit ces mots : *Sieges de Troie*, ce
qui explique, sans l'excuser, l'erreur du catalogue imprimé, qui ne fait aucune mention du *Roman de Thèbes*,
quoiqu'il donne généralement le contenu des manuscrits
dans tous ses détails. On y compte 34 cahiers ; mais le
premier a perdu deux feuillets et le dernier un, de sorte
qu'il n'y a plus que 269 folios au lieu de 272 : c'est le
chiffre qu'indique le foliotage, qui est moderne. Il ne doit
manquer que deux feuillets au commencement, puisque
le *Roman de Troie* commence avec les vers 305-6 de l'édition de M. Joly : [Com] *fu de la quinte assemblee* [Qui]
par grant ire fu joustee [2] : la différence entre le chiffre 304

---

1. Le scribe a peut-être voulu écrire non *serrent*, mais *ferent*
= *fièrent*, qui rime avec *laissièrent* (4699-4700 O).
2. Le commencement des deux premiers vers du poème (comprenant les mots entre crochets) est occupé par une majuscule

et le chiffre 320, que donneraient deux feuillets complets, représente le titre et la lettre ornée ou la petite miniature qui devaient figurer en tête du manuscrit.

A la suite du *Roman de Troie*, qui finit au milieu de la deuxième colonne du f° 186 r°, et sans autre indication ni séparation qu'une initiale ornée, vient le *Roman de Thèbes*, qui se termine au bas de la première colonne du f° 269 r° par ce second *explicit* : « Ichi faut de Thebes l'istore Bien ait ki le mist *en memore* Explicit li *romans de Thebes* [1] », lequel montre que, dès le dernier tiers du XIIIe siècle (c'est l'époque approximative de notre manuscrit), on ignorait le nom de l'auteur du poème. Le scribe du *Roman de Thèbes* n'est pas le même que celui du *Roman de Troie*, mais ils parlaient tous deux (à très peu près) le même dialecte, et leur graphie n'offre que des différences insignifiantes, comme par exemple *estoire* et *memoire* dans *Troie*, *estore* (ou *istore*) et *memore* dans *Thèbes*. La graphie de l'ensemble du ms. indique la région du Nord-Est, et quoique se rapprochant de celle du ms. *A*, en diffère cependant par certains traits dont les plus importants sont : *ie* pour *e* entravé, *ai* pour *a* dans le suffixe -*aige*, *oi* pour *o* dans *boin*, *virtu* pour *vertu* et *ens* pour *en* (préposition). Ajoutons que la préférence évidente accordée à *ch* sur *c* pour rendre le *c* latin devant *a* montre que son modèle, qui n'était certainement pas *A*, ni le prototype de *A*, quoique ce modèle fût picard et de la même famille que *A*, avait conservé, plus que ce dernier, des traces de la graphie primitive.

Notre poème compte ici 13296 vers, y compris 12 vers (dont 6 isolés) indispensables au sens, que le scribe a oubliés (5152 et 8044 de *P*, 7158 et 4510 de *A* (*P*), et 787, 4812, 4863-4, 5929-30 et 8361-2 de *O* [2]), et aussi

---

ornée, L, qu'on a empruntée à un autre manuscrit et collée ici, sans prendre garde qu'elle ne convenait nullement. J'ignore si cette substitution était déjà faite au moment où le manuscrit a été vu par un érudit allemand, M. Sachs, qui rétablit simplement les mots supprimés dans sa notice du manuscrit.

1. Les lettres soulignées manquent, par suite d'une déchirure.
2. Nous aurions pu compter également les vers 3052-7 de *A* et

Tome II

deux vers que nous avions omis de compter dans le chiffrage, les vers 10462 *bis* et *ter*, correspondant aux vers 9631-2 de *A* et au vers 7643-4 de *O*, ce qui explique le chiffre de 13294 vers pour notre copie [1]. Si l'on défalque les 1122 vers de l'épisode du roi Céfas, interpolation spéciale à *P*, ce chiffre se trouve réduit à 12174 vers, ce qui donne une différence avec *A* de 2450 vers, différence qui provient en partie de suppressions volontaires du scribe, désireux d'abréger sa tâche, en partie d'additions faites par le scribe de *A*, ou plus probablement par son modèle. Cette différence serait plus considérable encore, si *A* ne manquait de certains passages dont l'authenticité est certaine (voyez ci-dessous, § III) et qui pourraient bien avoir été supprimés, pour arriver plus tôt au bout, par le scribe Madot, s'il avait aussi froid en copiant le *Roman de Thèbes* qu'en copiant le *Roman de Troie* (voyez ci-dessus, *Manuscrit* A).

Manuscrit S. — Le manuscrit *S* (= Spalding [2]) appartient à M. Maurice Johnson d'Ayscough Fee Hall (Spalding, Lincolnshire), descendant d'un autre Maurice Johnson, qui fut, dans le second quart du xviiie siècle, un membre distingué de la Société des Antiquaires de

---

740-7 de *O*, qui ont été omis par suite d'un bourdon, les v. 645-6 de *A*, d'autres encore peut-être, qui sont nécessaires au sens. Il ne pouvait être question de suppléer dans notre copie les nombreuses paires de vers utiles au sens, mais non indispensables à la construction de la phrase, comme, par exemple, les vers 2321-2 de *O*, qui sont dans *ABCS* et ont dû appartenir à l'original, mais qui pourraient, à la rigueur, être supprimés. En revanche, nous avons compté à tort, après le v. 1998 de *O*, les vers 3203-4 de *P*, qui reproduisent les vers 2023-4 de *O*.

1. Cette copie, qui comprend la comparaison sommaire avec le ms. *A*, et la copie du ms. *S*, qui lui fait face et que nous avons rapprochée à la fois de *BC* et de *AP*, a été déposée par nous à la Bibliothèque nationale, par suite d'engagements pris avec le Ministère de l'Instruction publique : elle forme deux volumes in-4°. — Nous ne tenons pas compte d'un vers répété en tête du f° 196 v° (v. 1139 de *O*), ni de 8 vers (v. 3921-8 de *O*) répétés 12 vers plus loin.

2. Voir une description sommaire de ce manuscrit dans *Romania* V, 2-3, par M. Paul Meyer, qui le premier l'a fait connaître et a bien voulu nous en faciliter l'étude.

Londres. Il est confié aux soins du *vicar* de Spalding, le Rev. Ed. Moore, dont l'obligeance inépuisable nous a permis de collationner d'abord, de revoir ensuite et de transcrire complètement, dans un second séjour à Spalding, la partie qui nous intéressait, et celà malgré le fâcheux état du volume, fortement endommagé par l'humidité. M. Moore a, de plus, tenu à nous offrir le cliché de la page du manuscrit, qui figure en tête du premier volume de notre édition, reproduite par l'héliogravure ; nous lui adressons ici l'expression de notre sincère gratitude, en notre nom et au nom de la *Société des Anciens Textes français*.

Le ms. de Spalding est un gros in-folio en parchemin, de 380 millimètres de long sur 265 de large, écrit à 2 colonnes de 46 et quelquefois 44, 45, 47 ou 48 vers chacune. L'écriture est anglaise et du dernier tiers du xive siècle [1]. Ce manuscrit renferme : 1° du f° 1 au f° 105 r° col. 2, un poème sur la première croisade intitulé : *Le siege d'Antioche ovesque le conquest de Jerusalem de Godefred de Boilion*, dont il y a à Oxford un autre manuscrit (voy. *Rom.* V, 2) ; 2° du f° 105 r° col. 2 au f° 164 r° col. 1, l. 8, l'*Eneas* ; 3° à la suite, sans aucun intervalle, le *Roman de Thèbes*, qui compte 70 vers à cette page et se termine au f° 226 v° ; 4° du f° 227 r° au f° 236 v° col. 2, *Le Songe vert*, poème allégorique dont il semble qu'il n'existe pas d'autre copie, et que nous nous proposons de publier incessamment ; 5° le début de l'*Ordre de Chevalerie*, qui n'a ici que 212 vers (dont 24 au f° 236 v° col. 2, après cinq lignes de blanc, 92 au f° 237 r° et 96 au v°), en comptant 6 vers détruits par la moisissure au bas du feuillet et 8 incomplets pour la même cause. En haut de chaque page on lit, en titre courant, d'abord *Godf Boil'* (=

---

[1]. Voir *Rom.* V, 3, la lettre de l'érudit bibliothécaire de l'Université de Cambridge, feu Bradshaw, qui l'établit. Les armes de l'évêque de Norwich (1370-1406), Henri de Spencer, pour qui le manuscrit fut écrit, se trouvent dans une lettre ornée en tête de notre poème (voy. la planche en tête du volume) et en tête de l'*Eneas*, qui le précède.

Godefred de Boilion), puis successivement *Eneas, Thebes, Songe vert :* les titres qui n'ont qu'un mot sont répétés en tête de chacune des deux colonnes. La page où commence notre roman est presque complètement encadrée par les prolongements du Q richement historié qui commence le poème.

Le *Roman de Thèbes* compte dans ce manuscrit 11546 vers [1], si l'on néglige : 1° un vers placé après le v. 7450 et formé de la 2ᵉ partie de ce dernier vers et de la 1ʳᵉ partie du vers suivant; 2° six vers isolés (679, 3839, 10002 de O; 2191, 2515, 11099 de S) répétés au haut d'une colonne, après avoir figuré au bas de la colonne précédente, et en suppléant, au contraire, cinq vers oubliés isolément; 3° les v. 7103-10 du texte critique répétés dans les mêmes conditions; 4° deux vers, 8409-10, placés entre des parenthèses qui les annulent en tête de la col. 2 du f° 216 v°, et qui figurent encore à leur vraie place 10 vers plus bas. Le scribe avait sous les yeux un manuscrit mutilé et mal relié. En effet, du v. 3038 de O (f° 182 r°, col. 2, v. 22), il passe sans indication au v. 3815. Mais, en réalité, la lacune est sensiblement moindre, car nous retrouvons intercalés au milieu de l'épisode de Daire le Roux (f° 206 v° col. 1, v. 37), après le v. 7874, les vers 3175-3310 (136 vers), et à la suite les vers 3547-3682 (136 vers), de sorte qu'il manque seulement : d'abord 136 vers, puis entre les deux morceaux déplacés, 236 vers, et enfin, après le second morceau, 132 vers, en tout 504 vers. Il est facile d'en conclure que le prototype de S avait 2 colonnes par page et 34 vers à la colonne. En effet, les deux passages déplacés ont chacun 136 vers, qui représentent le r° et le v° d'un feuillet, soit 68 vers par page, par conséquent un feuillet double; la première lacune a également 136 vers, et la troisième,

---

[1]. D'après notre copie, 11552; mais il y a une erreur de chiffrage de 4 vers en trop à partir du vers 2165 (= 2161), et de 6 à partir de 2325 (= 2319). Ces erreurs, comme aussi celles qui ont été signalées pour *P* et *A*, proviennent de la difficulté d'établir une comparaison détaillée entre des mss. offrant des textes si variés.

qui lui correspondait dans le cahier, 132 [1]. Quant à la seconde, qui est de 236 vers, elle devait être forcément (vu les habitudes de S, qui ne supprime que très rarement) d'un double feuillet [2], c'est-à-dire de 272 vers, de sorte que l'exemplaire intact devait avoir ici 36 vers de plus que notre texte critique, sans qu'il soit possible de décider si ces vers appartenaient à l'original ou s'ils étaient interpolés.

Il nous reste à dire quelques mots de la graphie de ce manuscrit. Ayant été écrit en Angleterre par un scribe insuffisamment au courant de notre langue, il offre, naturellement, en assez grand nombre, des vers trop longs ou trop courts, ou rimant mal, par suite de l'addition ou de la suppression incorrecte d'un *e* muet, et des traits orthographiques particuliers ou familiers à l'anglo-normand. Voici les principaux : *an* + cons. est parfois écrit *aun: taunt* 1934 *O* [3], etc. (fréquent), *venjaunce* 8406 *O*, etc. ; — *ai* et *ei* sont confondus : *tornai* 5739 *S*, *poait* 9039 *S*, *treit* 5745 *S*, etc. ; — de même *é* et *ié* : *piére, miére, friére, tiel* (très fréquents), *sachez, chevalcher*, etc., même en rime, mais seulement dans des passages qui lui sont particuliers (cf. *jugiez : demorez*

---

1. Nous n'avons admis, pour ces lacunes, dans le texte critique que les vers communs à *xy* ou à *xP* (*A* n'a que 102 vers), mais il est probable que le modèle de *S* avait à ce feuillet, comme aux précédents, 136 vers, et qu'il contenait les deux premières des trois paires de vers de *x* que nous avons rejetées (après 3704 et après 3716), ou bien seulement la première et les deux vers de *y* qui suivent le v. 3786, ou encore (et plutôt) les vers 3771-8, qui manquent à *x*, auquel cas il supprimait deux vers de *O*. Quoi qu'il en soit, nous avons ici une preuve, entre beaucoup d'autres (voy. ci-dessous, § III) que *S* appartient à la même famille que *x*, et non à la famille *y*, représentée par *AP* : son modèle devait, en effet, supprimer, comme *x*, les 4 v. de *y* qui suivent notre v. 3754 et les 14 v. (*P* 12) qui suivent le v. 3756.

2. Le feuillet double extérieur du cahier était seul resté en place ; le 2ᵉ feuillet double avait disparu, ainsi que le 4ᵉ (feuillet intérieur), et le 3ᵉ avait été déplacé.

3. Les chiffres suivis de la majuscule O (= Original) sont ceux du texte critique ; ceux qui sont suivis de la majuscule *S* sont ceux du ms. ainsi désigné que nous n'avons pas cru devoir admettre dans le texte critique.

8759-60 *S*, où les autres manuscrits donnent 6 vers au lieu de 2 (8205-10 *O*, ce qui vaut mieux), ou dans des passages où le mot qui rime mal est facile à corriger à l'aide des autres manuscrits, comme v. 35-6 *O*, *comencier : counter* (*BCAP traitier*), ou v. 129-30 *O*, *asseüré : enginé* (*AP engané*, *BC mal mené*), ou v. 9175-6 *O*, *mener : enseignier* (*BC assener*, *P* manque, *A* change la rime); — *e* pour *i* se rencontre, mais rarement, entre deux *r*, dans *offrer* 8365 *O*, *soffrer* 1051 *O*, *soffrer* (pour *ofrir*) 8367 *O*, etc. (cf. *dormer* 1013 *O*); — on trouve assez souvent *ou* pour *o* fermé devant une *n* suivie d'une consonne : *counseil, countre, fount, dount*, etc. (cf. *aun* pour *an*, ci-dessus), mais *u* pour *o* fermé devant une *n* n'est pas très fréquent; devant une autre consonne, il est rare : *o* domine de beaucoup, même dans les passages spéciaux à *S*; — il faut remarquer *voiliez* 9583 *S* pour *voliez*, *voilez* pour *volez* 8259 *O*, 9043 *S*, 9125 *S*, 9429 *S*, etc., par analogie avec *voile* (subj. prés.) 9430 *S*, et *poet* pour *pot* (fréquent); — *u* est écrit *iu* dans *plius* (forme dominante) et *sius* (: *us*) 8396 *S*, 8538 *S*, etc., *desius* 7798 *O*, *ensius* 8538 *S* et 8539 *S*, à côté de *sus, desus, ensus*[1]; — *c* doux (= *ts*) devant *a, o* est souvent rendu par *ce* (presque toujours dans *ceo, iceo*), et exceptionnellement par *ci* dans les finales en *çon* (= *tionem*) : *contencion* 548 *O*, 510 *S*, etc. ; — *a*, 3ᵉ pers. sing. de l'indicatif présent de *avoir*, a généralement la forme archaïque *ad*; — *f* initial est souvent écrit *ff*[2] au commencement du vers ; — il y a d'assez nombreux exemples de *rr* pour *r* : *clarrez* 436 *S*, *irreit* 671 *S*, *irras* 7733 *S*, etc., *dirrai*, passim (mais les rimes assu-

---

1. Nous écrivons de même *liu* (et non *lui*) la forme de l'article, dont il y a sept ou huit exemples (188 *O*, 4745 *O*, 4784 *O*, 7000 *O*, 515 *S*, 9297 *S*, 9675 *S*), par la raison que le scribe a l'habitude de placer un peu à droite l'accent qui lui sert à marquer l'*i* ; mais qu'on lise *liu* ou *lui*, *plius* ou *pluis*, etc., l'*i* est destiné à indiquer la prononciation aigüe de l'*u*, prononciation que l'on savait être différente de celle de l'o fermé (*u* anglo-normand). Cf. Vising, *Étude sur le dialecte anglo-normand au* XIIᵉ *siècle*, p. 72-3.

2. L'*f* redoublée, pour *f*, n'a disparu du gallois que dans ces dernières années.

rent *dire*), *irriement* 2413 *O*, et surtout *ferrai* 7724 *S*, *ferra* 7645 *S*, 7665 *S*, etc., *ferron* 9471 *O*, *ferront* 7703, 8550, etc., *ferrïon* 9358 *S*, etc. Signalons aussi les graphies presque constantes *y* pour *i* (= *ibi*), *mie* pour *mi* (= *medium*) (très fréquents), *er* pour *re*, *q* pour *qu* (très fréquent), *oue*[1] (quelquefois *ou*) pour *o*, *od*, l'insertion exceptionnelle d'une *s* inorganique après *i* et devant *t* à la 3ᵉ personne du sing. du parfait de l'indicatif, ce qui prouve que l's était muette devant une consonne et que, pour le scribe, la forme régulière était *it*, et non *i*, comme le montre du reste sa graphie ordinaire : *perdist* 376 *O*, *departist* 8331 *S*, *suffrist* 9547 *S*, etc. ; et enfin l'emploi (également exceptionnel) de *ils*, pronom sujet pluriel, pour *il* : 8402 *S*, 8446 *S*, 8450 *S*, etc.

Un point intéressant à noter, c'est que les incorrections et certaines de ces particularités orthographiques se rencontrent surtout dans des passages spéciaux à *S*, ce qui semble prouver que ces passages, d'ailleurs reconnus interpolés, sont l'œuvre du scribe, ou plutôt d'un de ses prédécesseurs anglais. Il est certains traits que l'on ne trouve que dans ces interpolations de *S*, comme *son*, forme emphatique du possessif imparfaitement assurée à l'original de *S* par les rimes *hom* 9135 *S*, *bon* 8691 *S*, 9169 *S*, etc. (cf. cependant *don* : *hom* 9479 *S*), mais assurée par la rime *perrun* 9078 *S* ; *mot* rimant en *ò* ouvert : *m* : *comandot* 9103 *S*, : *out* 9499 *S*, *faciez* (subj. de *faire*) rimant avec *perdrez* 8699 *S* et avec *purrez* 9027 *S*, *diez* (subjonctif de *dire*) 9264 *S*, en rime avec *dreiz*, et 9314 *S*, en rime avec *enchaeiz*, etc.

Malgré les particularités graphiques signalées, le manuscrit conserve le plus souvent l'orthographe du xiiᵉ siècle et représente assez fidèlement, pour les parties non interpolées, un manuscrit écrit en France dans l'Ouest ou le Nord-Ouest. Il n'y a que très peu de traces de l'interposition d'un manuscrit purement français du xiiiᵉ ou du xivᵉ siècle. Cf. *dunoit* 9209 *S* (forme mixte), *estoit* 663 *O*, *entroient* : *retornoient* 8459-60 *S*, et peut-

---

[1]. Cette forme s'explique par une fausse accentuation *óvuec*, pour *ovuéc* = *apud hoc*. Voy. *Romania*, VI, 145.

être quelques autres qui ont pu échapper à des lectures répétées.

II. — Analyse du poème[1].

Prologue. — Histoire d'Œdipe.

En tête de son œuvre, le poète a placé une moralité sur la nécessité de communiquer aux autres la sagesse que l'on possède. Cette idée est beaucoup plus amplement développée dans le Prologue du *Roman de Troie*; ce n'est d'ailleurs qu'un de ces lieux communs familiers aux clercs, que l'on retrouve souvent au moyen âge. Avant d'aborder l'histoire des deux frères, Etéocle[2] et Polynice[3], le poète veut, dit-il, parler de leur aïeul Laïus, roi de Thèbes. Apollon lui avait prédit qu'il engendrerait un fils destiné à être son meurtrier. En effet, moins d'un an après, son épouse Jocaste met au monde un bel enfant, que Laïus ordonne de mettre à mort, malgré le désespoir et les plaintes touchantes de la mère. Trois de ses serviteurs l'emportent, pour le tuer, dans une forêt éloignée de la ville; mais, désarmés par son sourire, ils se contentent de lui fendre les deux pieds, d'y passer un lien et de le suspendre à un grand chêne. Puis ils reviennent et disent au roi de se rassurer : « s'il réussit à se garder des vivants, il n'aura rien à craindre des morts » (v. 1-132).

Cependant le roi de la ville de *Phoche, Polibus* (= Polybus), qui chassait dans la forêt, avise l'enfant, le délivre et l'emporte. Il le fait élever avec soin et, à quinze ans,

---

[1]. Cette analyse est naturellement basée sur notre texte critique. Nous ne mentionnons succinctement en note que les principales modifications apportées au texte primitif par les différents manuscrits ou groupes de manuscrits, réservant pour le chapitre suivant l'examen des divers remaniements.

[2]. Dans le poème, *Etiocles* (var. : *Ethyocles, Ethiocles, Othioclès, Thioclès*, etc.).

[1]. Dans le poème, *Polinicès* (var. : *Pollinicès, Pollynnicès, Pollonicès*, etc.).

l'arme chevalier. Ses jeunes camarades, jaloux de lui, lui reprochent sa naissance. Œdipe (c'est ainsi que l'avait nommé le roi [1]) part secrètement et va demander à Apollon le nom de son père. Il n'en obtient qu'une réponse ambiguë : s'il va à Thèbes, il aura des nouvelles de son père, mais il se repentira d'avoir voulu le connaître. Œdipe prend le chemin de Thèbes. Près de la ville de *Phoche*, il voit un temple devant lequel une grande foule de gens de la contrée se livraient à des jeux. Une rixe s'élève à propos d'une partie de « plomée », et Laïus est tué par son propre fils, qui a pris part à la lutte. On l'ensevelit près du temple et l'assemblée se sépare. En apprenant la mort de Laïus, la reine déplore amèrement ce malheur imprévu, qui la laisse sans époux et sans protecteur (v. 133-224).

Œdipe, continuant sa route, rencontre près de Thèbes, au pied d'une haute montagne, un diable nommé *Spin* (ou *Pin*=Sphinx), lequel mettait à mort tout homme qui ne pouvait deviner son énigme. Il la devine et tranche la tête au diable, dont il coupe ensuite le corps en morceaux. La nouvelle en vient aussitôt à Thèbes : on accourt et on trouve le jeune homme à cheval à côté du monstre abattu. Œdipe est amené à Jocaste, qui l'accueille avec honneur. Après le souper magnifiquement servi, quand les seigneurs se sont retirés, la reine demande au jeune homme s'il était à la fête où son époux a trouvé la mort et s'il connaît celui qui l'a tué. Œdipe, après avoir obtenu la promesse que le meurtrier ne sera pas inquiété, avoue que c'est lui-même, et offre réparation en présentant à la reine un coin de son « bliaut ». Jocaste accepte sans hésitation (v. 225-400).

Le lendemain, dès l'aube, les seigneurs et les bourgeois de la ville vont trouver la reine et l'engagent à épouser Œdipe, afin qu'ils aient pour roi un homme digne de leur commander. Jocaste, qui l'aimait déjà, y consent aussitôt et l'on envoie chercher le jeune homme, qui

---

1. Dans le poème : *Edipodès* (var. *Edypodès*, *Edimodès*), et plus souvent *Edipus* (var. : *Edypus*, *Edippus*, *Edyppus*, *Eduppus*, *Edappus*, *Edrapus*, etc.).

accepte avec joie. Les noces durèrent un mois : il y eut des combats de sangliers, et plus de cent ours furent tués dans la même journée. Pendant vingt ans, les deux époux restèrent ignorants de leur crime, et ils eurent quatre enfants, deux garçons et deux filles ; mais un jour que le roi était au bain, la reine, qui le servait, aperçut des cicatrices profondes à ses pieds et l'interrogea à ce sujet. Œdipe lui avoua alors la vérité. Jocaste, soupçonnant son malheur, fait venir les trois serviteurs et les adjure de lui dire ce qu'ils ont fait de son enfant. Ceux-ci avouent leur fraude, et les deux époux ne peuvent plus douter. Œdipe se crève les yeux et se condamne à vivre désormais dans une obscure prison. Ses fils se moquent de lui, et, trouvant à terre les yeux qu'il s'est arrachés, les foulent aux pieds. Alors Œdipe les maudit et demande vengeance à Jupiter et à « *Tesifoné*, fure d'enfer » (v. 401-518).

Exil de Polynice ; mariage des filles d'Adraste.

Avec la malédiction du père commence le poème imité de la *Thébaïde* de Stace. Étéocle et Polynice conviennent entre eux qu'ils règneront chacun un an et que celui qui sera exclu du trône passera l'année en exil. Tous deux veulent régner d'abord, mais les barons adjugent le trône à l'aîné. Le cadet, Polynice, s'éloigne sans escorte pour aller servir le roi de Grèce [1] : il est plein d'anxiété, car il craint des embûches de la part de son frère. Au bout de sept jours de voyage, il essuie, pendant la nuit, une terrible tempête, en traversant une forêt peuplée de bêtes effroyables, qui ne lui font aucun mal, domptées qu'elles sont par les éléments déchaînés. Enfin il aperçoit au loin l'escarboucle qui, placée au sommet du donjon, sert de phare à la ville d'*Arges* (= Argos). Guidé par son vif éclat, il arrive au palais du roi et se met à l'abri sous le porche, où la fa-

---

[1]. Ce mot semble désigner dans notre poème le Péloponèse : le roi de Grèce, c'est Adraste, dont la capitale est Argos.

tigue le plonge bientôt dans un profond sommeil (v. 519-660).

Il y est rejoint par *Tydeüs* (= Tydeus), duc de *Calidone* (= Calydon), fils d'*Oëneüs* (= Œneus), que le meurtre de son frère avait forcé de s'exiler. Polynice s'indigne qu'on ose marcher sur ses brisées : Tydée essaie en vain de lui faire entendre raison et ils en viennent aux mains [1]. Portrait des deux héros : Polynice porte une peau de lion et Tydée la dépouille d'un sanglier. Le roi *Adrastus* (Adraste) s'éveille au bruit de la lutte et envoie son chambellan voir ce que c'est. Ayant appris la vérité, il descend à moitié vêtu et ordonne aux combattants de s'arrêter. En même temps, il reconnaît dans les deux princes le lion et le sanglier qui doivent épouser ses filles, selon la prédiction de la « déesse »[2]. Ceux-ci lui répondent arrogamment, mais Adraste ne s'en offense point et réussit à les calmer par ses prières; puis il leur demande leur nom et leur patrie. Tydée répond franchement, mais Polynice, n'osant dire son nom, avoue seulement qu'il est thébain. Adraste le rassure, en lui disant qu'il n'a pas à rougir des crimes involontaires de son père et de sa mère; puis il réconcilie les deux « barons » et les invite à entrer dans le palais. Il les fait désarmer et revêtir de riches habits, et après le souper, servi dans la salle principale, envoie chercher ses filles pour les présenter aux princes, à qui il songe à les donner en mariage. Elles arrivent dans un négligé charmant et rougissent en apercevant des étrangers. Portrait des jeunes filles. Les princes leur parlent avec courtoisie; mais la conversation ne se prolonge pas, à cause de l'heure avancée. Le roi fait connaître d'un mot son intention de leur donner ses filles et la souveraineté de sa terre. Ceux-ci le remercient et se retirent dans leurs chambres (v. 661-1018).

---

1. Y décrit ici l'armure des deux princes.
2. Dans *y*, il s'agit d'un songe qu'eut Adraste, la nuit qui suivit la rencontre, et dont son dieu lui donna l'explication le lendemain. Il n'est question de cela qu'après que les « marquis » se sont retirés dans leurs chambres pour se reposer.

Le lendemain, le roi, qui a mûrement réfléchi pendant la nuit, prend à part les princes au moment où ils sortaient du temple, et leur confirme ses offres de la veille. Ils acceptent sans hésitation, et Tydée laisse à Polynice le choix entre les deux princesses. Celui-ci choisit l'aînée, *Argia* (Argie), et Tydée accepta la cadette, *Deïphilé* (Déiphile). Les noces durèrent quinze jours, et il y eut cour plénière pendant tout ce temps (v. 1019-1100).

Ambassade de Tydée; combat des Cinquante.

Cependant Étéocle, ayant appris ces nouvelles, convoque ses amis dans son « vergier » et leur demande conseil, tout en déclarant qu'il n'est point disposé à rendre la couronne à Polynice au bout de l'année. Ses amis l'engagent à faire la paix avec ses ennemis, à se procurer des alliés par tous les moyens et à réparer les murs de Thèbes. Étéocle suit fidèlement ces conseils et fait tous ses efforts pour réunir le plus de chevaliers qu'il peut et pour les retenir, lorsqu'ils s'impatientent de rester trop longtemps sans batailler (v. 1101-88).

L'année d'exil étant révolue, Polynice songe à aller en personne réclamer son héritage. Adraste le lui permet, mais Tydée lui représente le danger de l'entreprise et offre de s'en charger. Il part sur le champ, une branche d'olivier à la main, et arrive à Thèbes, où il trouve Étéocle dînant en nombreuse compagnie. Il entre dans la salle à cheval et tout armé, et rappelle fièrement au roi qu'il doit rendre le trône à son frère. Étéocle refuse, sous prétexte que Polynice est assez riche. Après un échange de menaces, Tydée adjure les barons de rester fidèles à leur serment et promet de riches récompenses à ceux qui embrasseront le parti de Polynice. Mais personne n'ose prendre la parole et le messager s'en retourne (v. 1189-1448).

Cependant Étéocle ne peut se résoudre à laisser cette audace impunie : il prend à part son connétable et cinquante de ses meilleurs amis et leur ordonne de ramener le messager mort ou vif. Les chevaliers courent s'armer : grâce à leurs chevaux frais, ils dépassent Tydée en prenant un autre chemin et vont s'embusquer dans le défilé où jadis se tenait le Sphinx. Tydée les aperçoit à la clarté de la lune et éprouve d'abord quelque émotion, mais il se remet bientôt et les provoque fièrement. Le combat s'engage avec fureur. De son épée merveilleuse Tydée abat leur chef Jaconëus, mais il est lui-même renversé de cheval et obligé de se réfugier à l'abri du rocher du Sphinx, où il ne peut être attaqué par derrière. Là, il se défend avec vigueur : un énorme bloc, qu'il fait rouler sur les assaillants, en tue neuf ou dix ; les autres reculent. Cependant Gualeran de Sipont leur fait honte de leur lâcheté et les ramène au combat [1] ; mais il est tué et, bientôt ce n'est plus qu'un massacre : tous meurent, sauf un seul que Tydée épargne, à condition qu'il ira raconter au roi ce qui s'est passé. Le héros, couvert de blessures, dont une fort grave, reprend péniblement sa route (v. 1449-1794 [2]).

Préparatifs de guerre.

Tydée arrive à Argos et entre à cheval et tout armé dans la salle où Adraste tenait sa cour. Le roi le prend

[1]. Dans *y*, ils sont ramenés deux fois à l'assaut par *Cromius* (cf. *Chromis* dans Stace), et les copistes ont cru qu'il s'agissait de deux personnages différents (*A Corinus* et *Cremius*, *P Cromius* et *Troynus*) ; la seconde partie du combat y est bouleversée et amplifiée.

[2]. *Y* ajoute ici un épisode galant. Tydée s'arrête au milieu du jour dans un jardin délicieux, où il met pied à terre et s'endort vaincu par la fatigue. La fille du roi du pays Lycurgue (cf. l'épisode d'Hypsipyle), qui venait s'y promener, s'émeut à la vue du sang qui coule de ses blessures : elle le croit mort et le touche pour s'en assurer. Tydée s'éveille et tire son épée, se croyant en danger, mais il se rassure en voyant la jeune fille et lui raconte sa triste aventure. Celle-ci insiste pour qu'il vienne au palais, et il accepte. Elle l'entoure de soins dévoués et, le lendemain matin, lui offre de le garder secrètement dans sa chambre jusqu'à complète guérison. Mais Tydée, qui sent les forces lui revenir un peu, a hâte de retourner à Argos, et il prend congé de la princesse, qui reste fort inquiète sur le sort du héros.

entre ses bras et le désarme lui-même : en voyant la blessure qui perce sa poitrine, il est vivement ému et craint pour la vie de son gendre. Déiphile, Polynice, tous les barons laissent éclater leur douleur. Cependant un savant médecin arménien le guérit au bout d'un mois. A Thèbes, le chevalier qui était sorti sain et sauf du combat raconte au roi ce qui s'est passé et lui reproche sa trahison, tandis qu'il exalte la valeur de Tydée. Étéocle, furieux, veut le mettre à mort, mais il se jette sur sa propre épée en disant qu'il se croirait déshonoré si le roi touchait à sa personne [1]. Deuil des Thébains. Ils demandent au roi de leur indiquer le lieu où gisent morts leurs parents et leurs amis ; ils y vont, au nombre de plus de trois cent mille, et leur donnent la sépulture (v. 1795-1970).

Cependant Étéocle et Adraste se préparent à la guerre. Dénombrement de l'armée rassemblée à Argos. Adraste mande l'archevêque Amphiaraüs [2] et lui demande quelle doit être l'issue de la lutte. Celui-ci refuse d'abord de répondre, puis finit par déclarer que bien peu d'hommes reviendront de l'expédition et que lui-même sera englouti dans la terre avec son cheval. Capanée l'accuse de lâcheté : il engage vivement le roi à profiter de la réunion d'une si belle armée pour venger l'affront fait à Tydée et rétablir Polynice dans ses droits. Adraste se laisse persuader et donne le signal du départ (v. 1971-2082).

Épisode d'Hypsipyle.

En traversant les déserts de Némée, l'armée eut à souffrir cruellement de la chaleur et de la soif [3]. Les chefs décident de faire explorer la forêt pour essayer de trouver une source. Vers la fin du jour, Tydée, « gonfanonier » des Grecs, qui chevauchait en avant avec ses gens,

---

1. Y développe cette scène.
2. Dans le poème, *Amphiareus* et *Amphiaras* (var. : *Amphiaraus, Anfioras, Aphiaran, Arafiran*, etc.).
3. Y décrit longuement les souffrances de l'armée.

arrive à un jardin magnifique, où il aperçoit une belle jeune fille tenant un enfant entre ses bras. A la vue d'une troupe armée, elle s'enfuit ; mais Tydée la rattrape et la rassure, puis il implore son aide. La jeune fille compatit à la douloureuse situation des Grecs ; elle leur promet de les conduire à la rivière de Langie, mais elle exige des garanties pour sa sûreté. Adraste, qui était survenu, la confie à Capanée, à Polynice et à Tydée[1]. Alors, laissant l'enfant sur un lit de gazon fleuri, elle conduit les Grecs à la source. Tydée fait annoncer aussitôt à l'armée l'heureuse nouvelle : cavaliers et piétons accourent à l'envi et s'élancent dans la rivière, où beaucoup meurent pour avoir bu avec trop d'avidité (v. 2083-2274).

Tydée amène au roi celle à qui l'armée doit son salut. Adraste lui demande qui elle est. Celle-ci répond qu'on la nomme *Hypsipyle*[2] et raconte comment, les femmes de *Lemne* (= Lemnos) ayant mis à mort tous les hommes de l'île et aussi le roi son père, elle s'est réfugiée auprès du roi de ce pays, Lycurgue[3], dont elle garde le fils. Cependant un serpent monstrueux était sorti du bois et avait percé l'enfant de son aiguillon. Hypsipyle, entendant les cris qu'il pousse, se hâte de prendre congé et court au jardin : elle y trouve le serpent couché auprès de l'enfant mort. Épouvantée, elle s'enfuit en poussant des cris de désespoir. Capanée accourt et, mis au courant par Hypsipyle, lance au serpent un dard, qui glisse sur sa peau épaisse. Tydée, Polynice, d'autres encore, essaient à leur tour, mais en vain. Capanée, dont le serpent a tué le cheval, arrache un jeune chêne, le taille d'un côté et, d'un coup violent, cloue à terre le monstre, qui est alors facilement achevé. Les Grecs, en signe de joie, se livrent à plusieurs jeux, entre autres à celui de la palestre[4] (v. 2275-2448).

---

1. Ce détail n'est que dans *S*. Voy. la note 4.
2. Dans le poème, *Ysiphile* (var. : *Ysifille*).
3. Dans le poème, *Ligurge* (var. : *Lugurge, Ligarge, Lisurge, Lugorge*, etc.).
4. *S* ne fait qu'indiquer la chose d'un mot ; *x* et *y* traitent de la mort du serpent d'une façon différente et la renvoient après

Cependant Hypsipyle, ayant reconnu que l'enfant confié à sa garde était bien mort, se livre au plus violent désespoir. N'osant affronter la colère du roi et de la reine, elle va implorer l'appui d'Adraste. Tydée, ému de pitié, insiste à son tour pour qu'Adraste intervienne en sa faveur. Celui-ci y consent, et l'armée marche vers la ville, où les chefs entrent seuls. Lycurgue va à la rencontre des Grecs et leur offre la plus large hospitalité. Adraste le remercie et le prie de lui octroyer par avance une demande qu'il va lui faire. Le roi lui offre tout ce qu'il possède, à l'exception de son fils, de sa femme et de sa personne. A ce moment, on vient lui annoncer qu'on a trouvé dans le jardin son fils mort de la piqûre d'un serpent. Lycurgue jure de punir celle qui en avait la garde. La reine, accourue au bruit, se livre à un violent désespoir. Lycurgue ordonne qu'on lui apporte son fils : on l'ensevelit dans la grande salle du palais et on lui élève un tombeau magnifique. Adraste et ses barons obtiennent à grand peine le pardon d'Hypsipyle[1]. Les Grecs étaient là depuis trois jours, quand on vient annoncer que les Thébains sont sortis de leur ville pour disputer les passages à l'armée grecque. Le roi accueille avec joie cette nouvelle et donne aussitôt l'ordre du départ. Les Grecs se mettent en marche et ravagent le pays sur leur passage (v. 2449-2680[2]).

l'arrivée des Grecs dans la capitale de Lycurgue et les obsèques de l'enfant royal : c'est la reine qui demande qu'on venge ainsi la mort de son fils. Les Jeux sont décrits assez longuement, d'après Stace, mais la course à pied et le combat du ceste sont supprimés.

1. Les 16 vers où il est question du pardon accordé à Hypsipyle sont placés dans *y* entre la Mort du serpent et les Jeux, et dans *x*, immédiatement avant la scène où la reine déclare que son ressentiment contre Hypsipyle ne sera apaisé que par la mort du serpent, ce qui est inadmissible.

2. S et *x* (S avec plus de développements) donnent ici un épisode inspiré de l'histoire d'Œdipe. Un diable, sous la forme d'une horrible vieille, s'oppose au passage de l'armée, à moins que quelqu'un ne devine l'énigme des pieds. Tydée la devine, et la vieille meurt sur le coup.

Épisode de Monflor.

Le lendemain, ils arrivent devant le château de Monflor, que défendent mille chevaliers commandés par Méléagès, cousin d'Étéocle et de Polynice. Ce dernier engage son parent à lui livrer la place, mais les chevaliers, consultés, s'y opposent, et Polynice, découragé, propose de passer outre, ce qui excite l'indignation de Tydée. Adraste donne l'ordre de camper. Description de la tente du roi et des riches tapisseries qui la décorent. L'assaut est donné, mais il est impossible d'entamer les murailles, et malgré le feu grégeois qu'ils lancent dans la place, les assaillants sont obligés de rentrer au camp (v. 2681-3064).

Alors quatre comtes de Venise proposent au roi un stratagème. Tydée ira s'embusquer à deux lieues de là, du côté de Thèbes, et à l'aube, il marchera sur Monflor en faisant sonner mille cors pour faire croire que c'est l'armée d'Étéocle qui arrive. A ce moment, les Grecs simuleront la fuite, et pendant que les défenseurs de Monflor seront occupés à piller le camp, Polynice, embusqué dans un bois d'oliviers voisin, entrera subitement dans le château, puis sonnera du cor. Alors les Grecs, revenant sur leurs pas, auront facilement raison de leurs ennemis, qui, ne pouvant rentrer à Monflor, seront tous faits prisonniers (v. 3065-3184).

Adraste accepte ce plan et en ordonne l'exécution. Imprudente audace d'Hippomédon, qui cherche à pénétrer dans la place pendant la nuit et est blessé légèrement d'un trait. Stratagème d'un neveu du comte de Venise, qui, pour assurer la réussite du plan, appelle du dehors un des défenseurs de Monflor, Achillor [1], et se dit envoyé par son oncle Étéocle pour annoncer l'arrivée, dès le matin du jour suivant, d'un secours de mille chevaliers. Le stratagème réussit : on prend cinq cents chevaliers, qu'on jette dans des cachots ; Méléagès

---

1. Var. : *Achelor, Archelor, Aquilon.*

seul est bien traité à cause des bonnes dispositions qu'il a montrées. Adraste, laissant à Monflor une garnison de cent chevaliers, continue sa route vers Thèbes, où il arrive bientôt heureusement (v. 3185-3464).

Tentatives d'accommodement. — Première bataille.

A la vue de cette nombreuse armée qui dresse ses tentes sous les murs de la ville, les Thébains sont vivement émus. De peur des traîtres, Étéocle ferme lui-même les portes et s'assure que les murs sont bien gardés. La nuit suivante, il convoque ses amis et leur demande s'il doit résister ou tenter un accommodement. Le jeune fiancé d'Ismène, *Athon* (l'Atys de Stace), s'indigne en entendant le roi parler ainsi ; mais le vieil Othon réprime la fougue imprudente du bachelier et conseille au roi de céder à son frère la moitié du royaume, à condition qu'il le reconnaîtra pour suzerain. Étéocle résiste et à ces sages conseils et aux supplications de sa mère; cependant, voyant le mécontement des barons, il se résigne à envoyer un messager au camp. Othon, que tout le monde désigne, refuse, parce qu'il craint que Tydée n'ait à cœur de venger la trahison dont il a été victime. Les autres refusent de même, et Jocaste est obligée de déclarer qu'elle ira elle-même (v. 3465-3792).

Le lendemain matin, la reine part, accompagnée de ses deux filles *Antigoné*[1] (Antigone) et *Ysmeine* (Ismène), élégamment parées, et de trois jeunes gens qui conduisent leurs montures. Trois chevaliers grecs vont à leur rencontre, et parmi eux, Parthénopée[2], roi d'Arcadie[3], qui, à la vue d'Antigone, en devient subitement amoureux et lui déclare aussitôt sa passion. Antigone lui répond qu'une fille de roi ne peut engager ainsi sa foi

---

[1]. Exceptionnellement. *Antigona, Antigonas, Atiogonas.*
[2]. Dans le poème, *Partonopeus* (var. : *Parthonopeus, Partinopex*, etc.).
[3]. Dans le poème, *Archaïde, Arcaide, Arcade, Arcage*, etc.

sans savoir à qui elle a affaire ; mais lorsqu'il s'est fait connaître, elle déclare s'en rapporter à la décision de sa mère et de son frère. Jocaste approuve cette inclination naissante, et les deux jeunes gens échangent leur parole. On arrive à la tente d'Adraste, dont le trouveur donne ici une seconde description. Le roi y tenait conseil avec Tydée, Polynice et Capanée. Polynice embrasse avec joie sa mère et ses sœurs, puis Jocaste expose les conditions de paix qu'elle est venue apporter. Les chefs se retirent pour en délibérer, tandis que les jeunes bacheliers causent gaiement avec les princesses, en particulier avec la spirituelle Ismène. Après discussion, le roi se range à l'avis de Capanée et de Tydée, qui refusent tout accommodement (v. 3793-4282).

Des écuyers, qui abreuvaient leurs chevaux au fleuve, ayant aperçu une tigresse apprivoisée, qu'ils croyaient sauvage, la percent de leurs flèches. Les Thébains, furieux, les attaquent, et bientôt la mêlée devient générale. Exploits de Tydée et d'Hippomédon. Parthénopée tue *Itier* et envoie son cheval à Antigone par un damoiseau, qui lui rapporte l'assurance que son amour est partagé. Exploits d'Étéocle. Athon renverse *Garsi* et emmène son cheval : Ismène, qui l'a reconnu de loin à la manche de soie qu'elle lui avait donnée pour gonfanon, laisse naïvement éclater son amour. Polynice tue *Eblon* et donne son cheval à Garsi, qui venge sa honte par la mort du puissant roi *Floriant*. Le jeune fils de ce dernier, *Antoine*, se pâme de douleur ; mais bientôt, sur les exhortations de son cousin *Estaice*, il s'élance à la tête de sept mille chevaliers qu'il a amenés d'Orient. Il tue d'abord *Milon*, puis Garsi et plusieurs autres. D'autre part, Capanée, et avec lui ses trois mille vassaux, font rage à la tête du pont, devant une des portes de la ville : plus de deux mille Thébains sont noyés dans un étang qui baigne les murs, et le feu grégeois seul peut les empêcher de pénétrer dans Thèbes (v. 4283-4578)[1].

---

1. Dans *y*, la bataille continue. Polynice rencontre Athon et l'attaque mollement, puis le quitte tout à coup en lui disant de rester fidèle à l'amour qu'il porte à Ismène. Jocaste regardait la

Cependant Adraste, voyant les jeunes bacheliers combattre vaillamment, engage les vieillards qui l'entourent à ne pas leur laisser toute la gloire de la journée. Aton, en les voyant s'avancer la ventaille relevée, se moque de ces têtes chenues, de ces brebis timides ; mais Oton, qui l'entend, le tance sévèrement, et bientôt la troupe d'Adraste fait reculer les Thébains jusqu'aux portes, ce qui permet à Oton de railler à son tour le jeune fiancé d'Ismène (v. 4579-4710).

Mort d'Amphiaraüs ; élection de son successeur.

Description du char merveilleux d'Amphiaraüs et de

bataille avec ses deux filles, qui manifestaient leur sympathie, l'une pour les Thébains, l'autre pour les Grecs : apprenant l'échec des Thébains, elle fait prier Polynice d'interrompre la lutte, car elle veut rentrer dans la ville. Polynice obéit et va retrouver sa mère. Jocaste prend congé, après que Tydée, répondant à de nouvelles instances de la reine, lui a confirmé la résolution des Grecs de ne cesser la lutte que si Étéocle consent à laisser le trône à son frère pendant l'année qui lui revient. Elle est escortée jusqu'à la porte par Polynice, Parthénopée et Tydée. Ils rencontrent Athon, qui leur offre de demander un sauf-conduit pour qu'ils puissent aller ensemble au palais. Tydée accepte, et les princes rendent visite à Œdipe, avec qui ils s'entretiennent des moyens d'arriver à une paix honorable. Étéocle reste enfermé dans sa chambre avec ses amis. Polynice s'humilie devant son père et lui offre de l'emmener en Grèce avec sa mère et ses sœurs et de lui abandonner la seigneurie de ses domaines. Œdipe fait appeler Étéocle, qui s'indigne de l'audace de son frère et l'engage à s'éloigner au plus tôt. Œdipe lui adresse de vifs reproches et maudit sa triste destinée. Cependant un chevalier dont Tydée avait tué l'oncle, profite de l'occasion pour aller, avec ses hommes, attendre les princes dans un petit bois près duquel ils devaient passer. L'écuyer de Tydée, qui a eu vent du complot, court prévenir le sénéchal de Tydée, qui va de son côté se mettre en embuscade. Attaqués par les Thébains, les princes, qui sont désarmés, prennent la fuite, et le combat engagé entre les deux troupes embusquées devient bientôt général. — Cette rédaction fait, comme on voit, deux batailles d'une, pour suppléer au silence du trouveur, qui n'avait pas songé à donner des détails sur le retour des princesses à Thèbes.

ses peintures [1]. L'archevêque, sachant qu'il doit mourir ce jour-là, tient à vendre chèrement sa vie et fait un grand carnage des ennemis. Sur le soir, il est englouti subitement [2], et autour de lui tous prennent la fuite, craignant un sort pareil. Adraste, en apprenant la nouvelle, se refuse d'abord à y croire ; mais bientôt, il ne peut plus douter. Désespéré, il retourne au camp et les Grecs passent la nuit dans la tristesse, tandis que les Thébains se réjouissent et les insultent (v. 4711-4950).

Le lendemain, le roi assemble le conseil et demande à ses barons s'ils sont d'avis de rester ou de retourner en Grèce. Le duc de Mycènes, et le plus grand nombre avec lui, conseillent de lever le siége ; mais le comte d'Amicles rassure le roi : il faut donner à Amphiaraüs un successeur, qui fera un sacrifice expiatoire. Tous se rangent à son avis, mais on ne sait qui nommer. Alors un vieux « poète » les exhorte à reconnaître la main de Dieu, qui les châtie pour leurs péchés : deux candidats sont possibles, tous deux disciples d'Amphiaraüs, *Thiodamas* et *Melampus* [3], mais ce dernier est trop vieux et trop fatigué. Thiodamas est donc nommé. Il commande trois jours de jeûne ; puis les Grecs vont, nus pieds et en chemise, prier autour du gouffre, qui se referme tout à coup. Pleins de joie, ils s'en retournent et se disposent à reprendre la lutte (v. 4951-5172).

---

1. La lutte des dieux et des géants, qui figure parmi ces peintures, est développée dans *S* d'une façon fort invraisemblable : l'auteur raconte plusieurs actions successives et met un discours dans la bouche d'Apollon.

2. Dans *S*, Amphiaraüs tombe vivant en enfer, ce qui donne lieu à une description détaillée, mais un peu fantaisiste, du Tartare des anciens, où figurent Cerbère, l'Achéron, le Cocyte, le Styx et Tisiphone. Il meurt, frappé par Pluton de son trident.

3. Stace avait dit, *Théb.* VIII, 278 : *Sanctoque Melampode cretum Thiodamanta volunt.* Par un caprice bizarre, le trouveur a mis en concurrence le père et le fils, sans paraître soupçonner la parenté. Peut-être a-t-il lu *Melampoda* et traduit par à peu près.

Deuxième bataille; mort d'Aton.

Énumération des portes de Thèbes et indication des chefs qui les défendent et de leurs forces. Les assiégés sortent au nombre de 64,000 et la bataille s'engage. Les chefs thébains *Ipseüs* (Hypseus) et *Driant* (Drias) se distinguent. *Alexis*, comte d'Arcadie, empêche ses chevaliers de joûter avant qu'ils n'aient éloigné les hommes de pied qui s'appliquent à tuer leurs chevaux; il poursuit en le frappant d'une baguette, aux applaudissements des Grecs, un Thébain qui, par forfanterie, s'exposait sans armes défensives. Exploits d'*Agénor*, neveu de Driant. Capanée venge terriblement sur les hommes de pied la mort d'un de ses chevaliers, Lucien; mais son cheval étant tombé, il a le bras foulé et quitte le champ de bataille (v. 5173-5614) [1].

Meneceüs (Ménécée) fait prisonnier *Pancrace*, duc de Russie. *Amphion* lutte contre le Grec *Porphyre*, et *Palemon* contre le prince d'Aquilée. Deux frères, qui combattaient dans les camps opposés, luttent entre eux et ne se reconnaissent qu'après s'être frappés à mort; leur oncle Ménécée fait transporter leurs corps à Thèbes. Le vieux *Créon* s'embusque dans les jardins, pendant qu'une partie de ses hommes attirent Polynice et sa troupe vers le lieu de l'embuscade. Les Grecs prennent la fuite, en perdant plus de 300 prisonniers. Polynice, dont le cheval était blessé, suivait un sentier détourné, quand il est pris par deux frères, à qui il promet 10,000 marcs pour sa rançon. Ceux-ci, sur le conseil de l'aîné, le laissent partir sans rançon, en le priant de se souvenir d'eux plus tard (v. 5615-5962).

Étéocle se laisse entraîner par les Grecs au milieu de forces supérieures et éprouve de grandes pertes. *Aton*, sorti avec ses gens, combat du même côté qu'*Émon* (Hé-

---

[1]. *x* supprime ce qui précède depuis les exploits d'Agénor, inclusivement; il en est de même de l'embuscade de Créon, de l'aventure de Polynice pris par les deux frères et de quelques autres passages moins importants.

mon), l'un des chefs thébains. Tydée délivre son neveu *Afran* des mains de gens de pied. Au moment où il vient de changer son cheval blessé, il rencontre Aton, qui avait commis l'imprudence d'aller à la bataille sans haubert, et se détournant, il l'engage dédaigneusement à se livrer aux jeux moins rudes de la galanterie. Aton, blessé dans son amour-propre, le traite de lâche et lui assène un coup violent, qui l'étourdit. Tydée, forcé de se défendre, le frappe légèrement sur l'écu, mais il ne peut adoucir suffisamment le coup, et sa lance traverse le jeune homme de part en part. Tydée déplore ce malheur, et Aton reconnaît sa folie et lui pardonne. Tydée le fait emporter à Thèbes sur son écu (v. 5963-6172).

Ismène et Antigone étaient à la fenêtre d'une tour, regardant le combat, et Ismène faisait part à sa sœur d'un songe menaçant qu'elle avait eu, lorsqu'elle voit apporter un blessé. Elle s'évanouit, soupçonnant son malheur, puis, revenue à elle, s'élance à la rencontre d'Aton, qui demande à voir sa fiancée et meurt aussitôt après. Étéocle, prévenu, fait cesser le combat et rentre dans la ville. Les chevaliers d'Aton le regrettent hautement, vantent son courage et sa libéralité. Ismène demande qu'on l'amène auprès du corps et exhale sa douleur en termes touchants. Le roi et ses principaux barons veillent Aton toute la nuit, et le lendemain, on lui fait de magnifiques funérailles. Ismène demande à son frère de fonder pour elle une abbaye où puissent vivre cent femmes : le roi y consent et dote richement l'abbaye (v. 6173-6508).

Troisième bataille; mort de Tydée.

Le lendemain, après relevée, le roi sort pour combattre, avec dix chefs vaillants. Description de son armure et de son cheval *Blanchenue*. Tydée les attaque, lui dixième, et les succès se balancent. Étéocle frappe Tydée sur la boucle de l'écu et un habile archer, Menalippus, saisissant le moment où le prince est découvert, l'atteint mortellement d'une flèche. Les Grecs, accourus, déplorent leur malheur. Polynice, qui faisait construire dans le bois des machines de guerre, arrive à son tour et se lamente sur le corps du héros qui a rendu tant de services à sa cause (v. 6509-6818).

Cependant Étéocle, comprenant que Tydée est mort, sort de la ville avec des troupes nombreuses pour enlever son corps aux Grecs. Adraste exhorte ses barons, et en particulier Polynice, à cesser leurs lamentations et à venger Tydée. Une lutte acharnée s'engage. Les deux frères luttent avec rage : mais leur heure n'est pas encore venue. Étéocle, voyant que, grâce aux sages dispositions d'Hippomédon, il ne peut réussir à enlever le corps, lui fait dire par un prisonnier grec, qui était, ce jour-là, libre sur parole, qu'Adraste vient d'être pris. Hippomédon court vers le roi, ne laissant que des hommes de pied auprès du corps, qui finit par être enlevé. Étéocle le livre à cinq cents serfs, qui le traînent par la ville, la corde au cou, et refuse de le rendre aux chevaliers de Tydée contre une riche rançon. Désespérés, ceux-ci demandent à Adraste leur congé. Capanée supplie le roi de les retenir par tous les moyens. Adraste les décide à rester, en leur promettant d'envoyer au père de Tydée son petit-fils encore à la mamelle : cet enfant, dit le trouveur, devait être le rival d'Hector, le vaillant Diomède, sous les coups duquel Énée faillit succomber (v. 6819-7240) [1].

---

[1]. *P* intercale ici un épisode de 1122 vers, dont voici le résumé. Pendant qu'Étéocle se réjouit de la mort de Tydée et songe à attaquer le camp des Grecs, arrive un messager qui lui annonce pour le lendemain l'arrivée de son maître *Céfas*, roi de Nubie, avec vingt mille chevaliers, et le prie d'aller à sa rencontre. Ce prince, dont la sœur *Galatea* est promise à Étéocle, vient au secours de Thèbes, dans l'espoir d'obtenir la main d'Antigone, à qui il envoie un riche bandeau d'or orné de pierreries. Antigone dissimule : elle prévient par une lettre Parthénopée de l'arrivée de Céfas, non sans lui tendre un piège pour s'assurer qu'elle est toujours aimée de lui. Les Grecs dressent une embuscade où périt la plus grande partie de l'armée de Céfas, et le prince lui-même, qui s'était précipité sur Parthénopée en reconnaissant sur son front le bandeau qu'il avait offert à Antigone, tombe sous ses coups, tandis qu'Étéocle est blessé par son frère Polynice et obligé de se réfugier dans la ville. Le principal chevalier de Céfas, Ponce,

Hippomédon remplace Tydée; épisode du ravitaillement.

L'armée, consultée, acclame Hippomédon comme successeur de Tydée : sa vigilance, ses largesses aux chevaliers besogneux. Ému de la situation de l'armée, qu'éprouve la famine, Hippomédon demande aux *Bougres* (Bulgares) qu'il avait avec lui de lui indiquer un pays où il puisse se ravitailler, et les menace de mort s'ils refusent de le renseigner. Ceux-ci lui signalent la plaine que baigne le Danube, et il part aussitôt avec mille chevaliers et un grand nombre de bêtes de somme, laissant l'armée aux soins d'Adraste. Sept jours après, il arrive près de l'entrée, très facile à défendre, du pays qui est le but de son expédition, et il y pénètre de nuit, sur le conseil des Bougres (v. 7241-7408).

Cependant Étéocle apprend par ses espions le départ d'Hippomédon. Le comte du pays envahi, Faramonde, demande au roi trois mille chevaliers pour surprendre les Grecs à leur retour et les faire prisonniers. L'avant-garde des Grecs, reconnaissant l'embuscade des Thébains, recule et prévient Hippomédon, qui refuse de prendre des chemins détournés, comme le lui conseille un sage Bougre. Grâce à un stratagème, il met en déroute la troupe de Faramonde et rejoint l'armée, qui peut enfin se refaire dans l'abondance (v. 7409-7642).

Épisode de Daire le Roux.

Polynice avait traité avec bienveillance, *Alexandre*, un des prisonniers faits dans cette expédition, lequel était fils de *Daire le Roux,* chargé de la garde d'une tour de la ville qu'il avait en fief. Il l'envoie à son père pour

ordonne d'emporter son corps à Thèbes, où on lui fait de splendides funérailles; puis il va annoncer la triste nouvelle à Galatée, qu'il protégera jusqu'à ce qu'elle soit mariée.

qu'il l'engage à lui livrer sa tour, en échange de la liberté qu'il lui promet. Daire refuse d'abord de se parjurer, malgré les instances de sa femme, et déclare qu'il ne livrera sa tour que s'il peut le faire sans trahison [1]. Il envoie par son fils des présents à Polynice et lui fait dire qu'il lui transmettra dans trois jours le résultat de la démarche qu'il compte faire auprès d'Étéocle en faveur de la paix. Le jeune homme remplit fidèlement son message (v. 7643-7852).

Daire va en effet trouver le roi, au moment où trois messagers venaient lui offrir l'appui des *Pinçonarts*, à condition qu'on leur cèderait la *marche* (pays frontière), qu'Œdipe leur avait enlevée quelques années auparavant. Le roi incline à accepter, mais Daire l'en dissuade, ajoutant qu'il ferait mieux de s'accorder avec son frère. Le roi s'irrite : Daire insiste et lui reproche son manque de foi. Alors Étéocle, furieux, lui assène, en l'insultant, un grand coup de bâton sur la tête. Daire s'enfuit, et fait dire à son fils qu'il est délié de ses devoirs de fidélité envers le roi et qu'il est prêt à livrer sa tour [2]. Polynice, averti, la fait occuper, la nuit suivante, par sept cents chevaliers. On s'aperçoit bientôt de la trahison, et les Thébains cherchent, mais en vain, à reprendre la tour par force. Un ingénieur offre au roi, pour y parvenir, un moyen habile que l'antiquité connaissait déjà [3] : il creuse une mine et, arrivé au mur, il y fait une brèche et sou-

---

1. *S* introduit ici un récit anticipé des événements, sous forme d'un long discours qu'il met dans la bouche du traître. Daire expose à son fils la conduite qu'il tiendra, le résultat probablement négatif de sa démarche auprès du roi et la façon dont, dans ce cas, il introduira les Grecs dans sa tour.
2. Dans *S*, le fils de Daire explique en détail à Polynice comment son père compte exécuter sa promesse. L'alarme donnée par les gens de la tour voisine donne l'éveil à la garnison de la tour de Daire, qui ne s'est pas aperçue de l'introduction des Grecs par les fenêtres au moyen de cordes. Les gens du roi sont chassés de la tour et appellent leurs camarades à leur secours.
3. Voy. Végèce, *Epitoma rei militaris*, l. IV, c. xxi. — Dans *S*, les Grecs donnent l'assaut, et les Thébains défendent les murailles, en même temps qu'ils attaquent la tour et que l'ingénieur prend ses mesures pour obliger ses défenseurs à se rendre.

tient la masse avec des pièces de bois, qu'il allume ensuite. La tour, privée de ses appuis, se fend en deux parties, et ses défenseurs sont faits prisonniers. Daire est conduit devant le roi, qui veut le brûler vif, comme traître (v. 7853-8190).

Sur les observations d'Oton, ami de Daire, Étéocle consent à le faire juger par les principaux barons [1]. Ceux-ci font en vain demander un jour de répit pour laisser à la colère du roi le temps de s'apaiser; Étéocle refuse, malgré les observations du vieux Créon, son parent. Après quelques mots d'Alis, qui expose l'état de la question [2], Oton essaie de justifier Daire en disant que le roi lui avait permis de lui faire tout le mal qu'il pourrait. Créon établit les véritables devoirs du vassal à l'égard du suzerain : en aucun cas, Daire ne pouvait exposer le roi à périr sous les coups de ses ennemis. Oton réplique, en invoquant le droit de représailles quand on est l'objet de violences (v. 8191-8406) [3].

---

1. Dans *S*, la discussion entre Oton et le roi est notablement prolongée : il donne ici 108 vers spéciaux.

2. *S* développe les paroles d'Alis, qu'il attribue à Ytier, et intercale ensuite une série de discours, dans lesquels Oton répond successivement à plusieurs barons; puis il revient au texte original par le discours où Oton répond à Alis, à qui il prête des paroles violentes contre Daire.

3. *γ*, surtout *A*, qui n'a pas moins de 1482 vers ajoutés ici (*P* en supprime une partie), prolonge la délibération. Après une réplique de Créon, *Eurimedon* parle habilement en faveur de Daire. *Driant* prie le conseil de ne pas se séparer sans rendre le jugement, pour éviter que le roi ne prenne sur lui de mettre Daire à mort. Il estime d'ailleurs que Daire a dépassé son droit en exposant le roi et eux tous à être tués ou pris. Oton soutient que Daire avait le droit de se venger du coup qu'il avait reçu. *Alixandre* lui répond qu'on ne peut admettre le principe de rendre coup pour coup : on en viendrait à s'entre-tuer. Daire pouvait offrir le combat jusqu'à quatre fois et ensuite éviter son adversaire et quitter sa terre. Ce discours produit une grande impression. *Lucas* reprend les arguments d'Oton et défie qu'on ose le contredire. Cependant, après un silence, *Madoine* renouvelle l'attaque contre Daire et menace à son tour ses contradicteurs. *Salomon* veut qu'on renvoie au lendemain le prononcé du jugement. Sur son avis, on envoie trois députés au roi pour lui demander d'accorder ce répit; mais ils reviennent sans avoir rien obtenu. *Malduit* propose alors

Cependant Jocaste essaie d'amener son fils à pardonner en lui faisant craindre la vengeance des amis de Daire. Antigone joint ses prières aux siennes : elle conduit à son frère la belle *Salemandre*, la fille de Daire, que le roi avait jusque là aimée sans espoir, et il se décide à accorder la grâce, à condition que la jeune fille acceptera son amour. On avertit les barons, qui viennent remercier le roi : Créon fait malignement observer qu'une jeune fille a obtenu la grâce de Daire, alors que les barons n'avaient pu obtenir un jour de répit. Daire proteste de son dévouement à venir, sans toutefois convenir qu'il ait commis une trahison. Au camp des Grecs, Polynice sauve le fils de Daire, que l'on veut pendre comme traître, en le renvoyant à son père sur son propre cheval (v. 8407-8600)[1].

Quatrième bataille; mort d'Hippomédon.

Hippomédon propose à Adraste d'user d'un stratagème pour obliger les Thébains à engager une action

d'implorer la grâce de l'accusé *. Le savant *Agenor* s'indigne de l'hypocrisie de cet ennemi de Daire et se renge de l'avis de Salomon. Le neveu de Malduit, *Manessier*, menace Agénor, mais Eurimédon se déclare prêt à soutenir Daire envers et contre tous, et Manessier et son oncle gardent le silence. Eurimédon, Lucas, Agénor et Oton se retirent dans une autre salle pour délibérer à part. Les barons s'en irritent, mais Créon les calme. Cependant le roi fait dire à la cour de se hâter. Ils se rendent auprès de lui et chargent Daniel de faire connaître la sentence. Daire, voyant à son visage qu'il est condamné, se dresse furieux et défie quiconque l'accusera de trahison. Le vieux *Jonas*, oncle du roi, proteste : Daire doit se montrer plus humble et demander pardon au roi ; et il déclare hypocritement qu'il a fait des efforts en ce sens, ce qui indigne *David*, un puissant chevalier. Le roi défend son oncle et déclare qu'il faut s'en rapporter au jugement de la majorité, que Daniel est chargé de prononcer **.

1. Dans *y*, le père et le fils se mettent mutuellement au courant de ce qui s'est passé et Daire envoie de riches présents à Polynice.

* *P* supprime 506 vers, depuis le discours de Lucas jusqu'ici.
** *P* supprime les discours de Jonas et de David et le commencement de celui du roi.

décisive : il faut feindre de lever le siège. Son plan est accepté et exécuté dès le lendemain. Énumération des chefs qui vont se mettre en embuscade à Malpertrus et des forces qu'ils conduisent. Les Thébains, voyant les Grecs décamper, se hâtent d'aller les poursuivre. Étéocle tombe de cheval et se déboîte le pied ; cependant, après s'être désarmé, il peut remonter sur un palefroi. Quand le groupe principal des Thébains a dépassé l'embuscade, ils sont attaqués à la fois par devant et par derrière. Hippomédon, qui conduisait l'arrière-garde, les jette dans le fleuve grossi par les pluies et en fait un grand carnage. Étéocle, resté en arrière avec une partie de ses forces, prend à la hâte son heaume et son écu et résiste vaillamment ; mais, à l'arrivée d'Adraste, il est forcé de prendre la fuite. Hippomédon, confiant dans les forces extraordinaire du cheval de Tydée qu'il montait, fait des prodiges de valeur au milieu du fleuve, mais il est enfin entraîné par le courant et se noie (v. 8601-9074)[1].

Mort de Parthénopée.

Étéocle, très amoureux de Salemandre, sortait souvent seul de la ville pour se distinguer sous ses yeux. Un jour qu'il était sorti sans armure, avec Drias et Alixandre, cousin de Salemandre, il rencontre Parthénopée et son fidèle compagnon *Dorceüs;* il ordonne alors à Drias de rester à l'écart, pour que les chances de la lutte soient égales. Parthénopée, qui ne voulait pas tuer le roi, à cause de l'amour qu'il portait à Antigone, se contente de le désarçonner, en tuant son cheval ; mais Drias accourt, et malgré la défense du roi, frappe en pleine poitrine le jeune prince désarmé. Étéocle bande lui-même la plaie et s'apitoie sur son sort. Parthénopée recouvre un instant ses sens et prie le roi de rendre la liberté à Dorceüs.

---

1. *y* décrit le deuil de l'armée et indique la résolution d'Adraste de continuer le siège.

Il supplie ce dernier d'annoncer avec précaution sa mort à sa mère et de lui conseiller de prendre un mari ; il le charge de ses dernières recommandations pour son sénéchal et ses chevaliers, puis il expire (v. 9075-9368).

Les Thébains sortent de la ville, attirés par les cris de Dorceüs et d'Étéocle. Le roi leur apprend que Drias a tué, malgré lui, celui qui seul pouvait amener la paix et à qui il destinait sa sœur. On emporte le corps à Thèbes et on l'enterre dans un temple [1]. En apprenant ce malheur [2], Adraste demande à ses barons de l'aider à venger Parthénopée et d'aller, le lendemain, attaquer les Thébains (v. 9369-9490).

Cinquième bataille ; mort d'Étéocle et de Polynice.

Au point du jour, la bataille s'engage avec fureur. Polynice s'y distingue à la tête des chevaliers que son frère avait chassés de leurs terres : il tue, entre autres, *Agenor*, neveu d'*Alexis*, qui venait de tuer *Nestor*, pour

---

[1]. Les funérailles sont longuement décrites dans *A* (*P* n'a que 22 vers) ; *A* fait mourir de douleur Antigone, au bout de neuf jours.

[2]. Dans *A*, Adraste en est instruit en détail par Dorceüs, qui a refusé de rester avec Étéocle. — *x* intercale ensuite 754 vers pour raconter la mort de Capanée, en suivant de loin Stace, à qui l'auteur se réfère. Voici une analyse succincte du passage. Dès le matin, Capanée conduit les Grecs au combat et se distingue brillamment. Histoire de son cheval merveilleux, fils d'un monstre marin et d'une cavale. Voyant qu'il ne peut obtenir de succès décisif, il rassemble les principaux barons et leur persuade de tenter l'assaut le lendemain, pendant que les Thébains célébreront la fête de Cadmus, fondateur de leur ville. Description du temple où est représentée l'histoire du héros. Les Grecs font brèche à la tour de Daire, déjà en partie ruinée, et Capanée pénètre dans la ville, insultant les Thébains et bravant les dieux protecteurs de Thèbes. Cependant les dieux tenaient conseil : Junon plaidait la cause d'Argos, Bacchus et Hercule celle de Thèbes. Jupiter, entendant les menaces de Capanée et les cris de terreur des Thébains, demande quelle vengeance il convient de prendre de cet audacieux. Tous lui conseillent de le foudroyer, ce qu'il fait aussitôt. — Pour les sources de ce passage, voyez § III, p. LIII-IV.

venger la mort de son oncle. Les deux frères s'aperçoivent et s'élancent l'un contre l'autre, Étéocle tombe, blessé à mort, et Polynice descend de cheval pour l'embrasser ; mais son frère, se sentant mortellement atteint, lui plonge son épée dans le flanc, et ils meurent en même temps. Adraste excite ses chevaliers à venger son gendre. Les Thébains sont rejetés dans la ville avec de grandes pertes, et les Grecs donnent l'assaut; mais ils ont le désavantage de la position et ils sont tous tués, sauf Adraste, Capanée et un chevalier qui était blessé (v. 9491-9728).

Les dames d'Argos et le duc d'Athènes à Thèbes; prise de la ville.

Les dames d'Argos se livrent à un violent désespoir en apprenant par le chevalier blessé le désastre de l'armée grecque. Les filles d'Adraste allaient se donner la mort, quand les dames de la ville viennent leur demander conseil. On décide d'aller à pied à Thèbes pour enterrer les morts [1]. Après trois jours d'une marche des plus fatigantes, les dames rencontrent le roi et Capanée. En voyant ses filles et leurs compagnes dans cette triste situation, Adraste regrette de n'avoir point trouvé la mort devant Thèbes et veut se percer de son épée; mais Capanée l'en empêche. La nuit se passe en lamentations; le lendemain, le roi reprend avec les dames le chemin de Thèbes. Bientôt il est rejoint par la brillante armée

---

[1]. Dans *x,* comme dans Stace, les dames d'Argos vont à Athènes implorer l'appui de Thésée. Le roi, instruit de tout par Argie et Déiphile, demande l'avis de ses barons, qui approuvent son désir de leur venir en aide : il envoie les dames en avant et les suit avec son armée. C'est *Acastus* qui accompagne Adraste, au lieu de *Capanée,* qui est déjà mort (voy. la note précédente); le messager envoyé à Argos par Adraste se nomme *Thegeüs,* comme le messager que Thésée envoie à Créon dans Stace. Le reste est traité comme dans l'original, sauf que dans quelques passages, la forme est modifiée. Pour le détail, voir la discussion sur les *Remaniements,* § III, p. LV.

du duc d'Athènes, qui allait mettre à la raison un vassal infidèle. Adraste, l'ayant reconnu, va à lui, se jette à ses pieds et implore son appui. Le duc le relève avec bonté et promet de lui faire rendre les corps des Grecs (v. 9729-9994).

Il députe, à cet effet, à Créon deux chevaliers, Girart et Engelier, qui ne peuvent rien obtenir et sont renvoyés avec menaces. Le duc fait avancer son armée vers la ville et donne l'assaut ; les dames, malgré les projectiles dont on les accable, cherchent à faire brèche aux murailles. Capanée a la tête fracassée d'une grosse pierre. Les dames réussissent à ruiner une partie du mur : le duc entre alors dans la ville et y fait mettre le feu [1]. Créon et ceux qui refusent de se rendre sont mis à mort (v. 9995-10152).

Le duc fait ensevelir honorablement les morts, et en particulier Étéocle et Polynice. Mais les corps des deux frères sont rejetés par la terre ; on veut les brûler, les flammes se divisent et se combattent, et les cendres mêmes tentent de sortir des urnes où on les a enfermées et scellées. Le duc les fait alors réunir dans un même cercueil et retourne ensuite à Athènes avec ses prisonniers. Les dames revinrent à Argos, où leur vie se passa dans le deuil [2]. Ainsi s'accomplit la malédiction lancée par Œdipe contre ses fils, ce qui doit nous engager à ne rien faire « contre nature » (v. 10153-230).

III. — Le poème original et les remaniements.

En général, celui qui se propose une édition critique d'un texte en ancien français a deux séries de problè-

---

1. *A* passe immédiatement à l'*explicit,* qui est distinct de celui de *Sx*. L'idée commune exprimée (en termes différents) dans l'*explicit* de *A* et de *P* est celle-ci : Thèbes était fort ancienne et elle fut détruite bien avant la fondation de Rome. Il n'y pas de moralité.

2. *P* dit ensuite qu'Adraste et ses filles succombèrent au chagrin avant que l'année fût écoulée, et que Jocaste, Antigone et Œdipe se laissèrent mourir de faim moins de huit jours après. Il ajoute que, dans cette guerre, il périt 700,000 hommes de chaque côté, et termine en développant l'*explicit* de *A*. Voy. la note qui précède.

mes à résoudre : il doit, d'un côté, rechercher quelles sont les formes employées par l'auteur, de l'autre choisir entre les leçons des manuscrits. Pour le *Roman de Thèbes*, une troisième tâche s'est imposée à nous, celle de démêler, entre les diverses rédactions que nous ont transmises les cinq manuscrits, quelle était la rédaction originale, ou plutôt de reconstituer cette rédaction première, aujourd'hui perdue, à l'aide des éléments disparates qu'offraient les diverses copies. Ce travail était d'ailleurs intimement lié aux deux autres. En effet, nos cinq manuscrits, *ABCPS*, ne représentant pas moins de quatre rédactions différentes, dont aucune n'est identique avec l'original, et qui toutes offrent des lacunes et des additions particulières par rapport à lui, il n'était pas possible de reconstituer *a priori* cet original à l'aide des parties communes, en considérant tout le reste comme dû aux remanieurs : on n'aurait obtenu ainsi qu'un squelette, souvent dépourvu de suite et de clarté. Par suite, il convenait d'établir le classement des manuscrits à la fois d'après le détail des leçons et d'après la présence ou l'absence des différentes parties du poème, et en même temps de ne pas perdre de vue les indications générales que fournissait l'ensemble des rimes sur son âge et son dialecte. Ce n'est donc qu'après un certain nombre de tâtonnements que nous avons pu arriver aux résultats auxquels nous nous sommes arrêtés, et que nous allons exposer très succintement[1], les détails donnés plus haut sur les manuscrits (§ I) et sur la matière du poème original et des remaniements (§ II), comme aussi la publication de toutes les variantes de leçons et des parties originales à chaque manuscrit, nous permettant d'être plus bref que ne semblerait l'exiger la complexité de ce travail.

Il suffit de jeter un coup d'œil sur les variantes placées au bas du texte critique et sur l'Appendice II, pour s'assurer que, dans l'immense majorité des cas, les ma-

---

1. Nous renvoyons d'ailleurs à la section suivante l'examen de la langue du texte original, tel qu'il a été reconstitué par nous, et aussi la détermination de son âge et de ses sources.

nuscrits *B* et *C* marchent d'accord, non seulement pour la composition du poème, mais encore pour le détail des leçons. Voici cependant, entre mille autres, quelques preuves de leur étroite parenté : 1° dans *O* (= original) [1], v. 61, *ferai* pour *serai* (*serrai*); v. 255, *ne pot ec* pour *neporec* (*neporuec*); v. 1024, *atente* rimant avec *porpense*; v. 1188, *jure* avec *veüe*; v. 4497, *ot* avec *mort*; v. 7317, *vile* avec *plenteïve*; v. 8049, *puet* rimant avec *tramet* 8053, par suite de la suppression des vers 8050, 8051, 8052, ce qui a fait disparaître le v. 8054, qui n'était pas nécessaire au sens [2]; v. 1315, *mant* (indicatif) pour *mande* (qui est dans *S*, mais qui fausse le vers); *enrachié* pour *esrachié* 612; *sot* pour *soz* 2156, *servir* pour *serveit* 3500, etc.; d'autre part, v. 190, 2738, 7925, etc., les mauvaises leçons de *B* et de *C* sont visiblement apparentées (cf. v. 1648, où *B* dénature la leçon de *SCP*, et souvent ailleurs); 2° dans les passages spéciaux : v. 2689 *C*, *pluseurs* en rime avec *jeus* (*y* donne *Greus*); v. 10296 *C*, *Thideus* pour *Theseus*, que donne *y* (voy. var. à *O* 9934), etc., etc. Parmi les suppressions par rapport au texte critique, il faut noter celles du v. 7028 et du v. 9308, et aussi celle du v. 6480, supprimé parce qu'il ne rimait plus avec le vers 6479 altéré, et que *B* a rétabli plus loin; et parmi les déplacements, ceux des vers 3771-8, 3941-4 et 8761-78.

B n'est point d'ailleurs un dérivé de *C*. En effet, outre qu'il est loin d'avoir d'aussi nombreuses fautes que *C* contre la déclinaison, il donne un certain nombre de vers qui lui manquent (voy. § I), et il a parfois conservé la bonne leçon, altérée dans *C*, comme aux v. 176, 539, 1593, 4822, 4999, 183 de *C*, etc., ou des traces de la

---

1. Les chiffres qui ne sont suivis d'aucune majuscule indicatrice sont ceux de l'original. Nous désignons par *x* la source commune plus ou moins éloignée de *BC*, et par *y* l'accord de *AP* dans leurs parties communes. Les leçons citées sans indication de manuscrit sont pour *x*, celles de *C*; pour *y*, celles de *A*.

2. Cette suppression, d'ailleurs volontaire, provient de la correction de *leist* (licet), qui n'était pas compris, en *puet*; *y*, qui l'a corrigé en *pooit*, a supprimé également le vers rimant avec *leist* et le v. 8052, où se trouvait déjà *pooit* (*poeit*).

bonne leçon, comme aux v. 1414, 5000, etc; mais plus souvent encore il offre des inepties qui lui sont propres, et qui proviennent d'une mauvaise lecture ou d'une intelligence insuffisante du texte. La suppression (d'accord avec *S*) du mot *vueil* au v. 4619, et surtout celle des vers 1585-90, qui sont dans *Cy*, sont surprenantes, étant donné l'union étroite de *S* et de *BC* : si *vueil* peut avoir échappé à deux scribes différents, l'hypothèse est difficile à admettre pour les six vers. Cependant elle n'est point tout à fait invraisemblable, car leur suppression ne trouble pas le sens, du moins dans *S*, qui a soin de changer *Et* de l'original en *Puis*, en tête du v. 1591, pour mieux le lier au vers 1584, tandis que *B* suit aveuglément la leçon de *C*, altérée en vue de substituer au sujet singulier *leon* la forme postérieure avec *s*. Il se peut d'ailleurs que le scribe de *C*, qui était intelligent, se soit aperçu de la lacune et l'ait comblée à l'aide d'un manuscrit d'une autre famille.

Les manuscrits *BC* nous fournissent une rédaction particulière, *x*, dont le fond est semblable à l'original, mais qui s'en distingue non seulement par d'importantes suppressions destinées à abréger [1] et par un assez grand nombre de leçons particulières, mais encore par des additions et des transformations importantes : je veux parler des Jeux des Grecs après la mort d'Archémorus, de la Mort de Capanée et du Voyage des dames d'Argos à Athènes.

---

1. Dans la première moitié du poème, il n'y a guère que des lacunes de deux vers ; les exceptions sont rares (cf. 3771-8 et 3941-4). Dans la seconde, voici les lacunes les plus importantes : 5155-65 (réduits à 3 vers), 5333-68 *, 5469-5614, 5665-5716, 5763-5990, 6005-52, 8059-94 (réduits à 2 v.), 8447-52, 9075-98, 9151-64, 9371-9406, 9415-32, 9475-80, 9515-20 et 10073-86. Nous négligeons, à la fin du poème, les suppressions qui résultent du remaniement.

* Cette suppression pourrait surprendre, car une partie du passage est très voisin de Stace, que l'auteur du remaniement représenté par *x* connaissait certainement; mais il y a ici une abréviation volontaire, comme dans les quatre passages désignés à la suite, où il s'agit d'incidents de bataille non indispensables à la marche du récit. Pour les v. 6781-6, voy. plus loin ce qui est dit à propos de *S*.

Les *Jeux* font corps avec une rédaction particulière de la mort du Serpent, et le tout se trouve également dans les manuscrits *AP*, avec quelques vers en plus. Voy. *Appendice II*, 2587-2850. *S* est donc isolé contre *xy*, et l'on pourrait avoir des doutes sur l'authenticité de la rédaction qu'il représente, si celle de *xy* ne renfermait des formes incompatibles avec celles de l'original (voy. § IV) : *pris* (pretium) (: gris 2755 *C*, : conquis 2811), *nuiz* (: deduiz 2845), *jeus* (: Greus 2689), *jeu* (: Greu 2843), *granz*, s. sg. fém. (: serjanz 2829). D'ailleurs, quoique *S* ne change pas la tradition qui fait tuer le serpent par Capanée avec un javelot (ici avec la tige aiguisée d'un jeune chêne) [1], et qu'il conserve certains traits de Stace (tandis que dans *xy*, c'est Parthénopée qui le perce d'une flèche et lui coupe ensuite la tête pour l'apporter à la reine, épouse de Lycurgue), ce manuscrit offre deux petites scènes [2] dont la vérité et le naturel semblent indiquer une époque plus ancienne que la plate imitation de *xy*, qui vise sans doute à rehausser le personnage de Parthénopée [3]. L'auteur de l'original (représenté ici par *S*), comprenant que les Jeux des Grecs intéresseraient peu son public, ou plutôt suivant ici fidèlement sa source (voy. § IV), s'était contenté de les indiquer en deux vers : *Pués joérent, segont lor estre, A plusors jous, a la palestre* (v. 2447-8) [4] : *xy* les décrit en 162 vers, où il n'est question que de la pales-

---

1. Comme dans Stace, le serpent s'enroule autour de l'arme qui le cloue à terre (*Théb.* V, 575), et Hypsipyle l'avait trouvé couché auprès de l'enfant mort (*Théb.* V, 549 sqq.).

2. Celle où Hypsipyle, avant d'aller montrer la source aux Grecs, demande des garanties pour sa sûreté, scène dont la suppression laisserait un vide au lieu d'augmenter la cohésion, et celle où Capanée, accouru aux cris de la jeune fille, apprend le malheur qui lui est arrivé.

3. En effet, lui seul est nommé, et l'on a soin de nous dire qu'il était sire de la terre d'Arcadie (v. 2623), ce que nous savions déjà par les v. 1999-2000. Dans les *Jeux*, il l'emporte à la course à cheval sur Amphiaraüs. Dans Stace, au contraire, ce dernier est vainqueur de Polynice à la course des chars, qui correspond à la course à cheval.

4. Cf. dans le remaniement, v. 2695-6 *C* : *Li plus seingnor et li*

tre, du combat à la « plomée » (bien différente du disque des Anciens) et de la course à cheval (et non plus en char), et qui ne rappellent que de loin le poème de Stace[1]. C'est, du reste, seulement après les funérailles d'Archémorus, et sur l'invitation de la reine, que les Grecs vont à la recherche du serpent[2].

Au lieu de faire mourir Capanée au dernier assaut de Thèbes (voy. v. 10087-96), où les quelques mots que prononce le héros laissent à peine entrevoir son impiété légendaire, *x*, reprenant la tradition de la *Thébaïde*[3], le fait foudroyer par Jupiter, le lendemain de la mort de Parthénopée, après une longue délibération des dieux, non sans introduire dans sa prolixe interpolation de 754 vers des détails, inconnus à Stace, sur la haute taille de Capanée et de son épouse Evaine (= Evadne), sur son cheval merveilleux, né d'un monstre marin et d'une cavale, sur son armure, et aussi sur la fondation de Thèbes, représentée dans le temple où se célèbre la

---

(Cil qui érent en l'ost y) plus mestre Firent le jeu de la palestre, et, d'autre part, 2687-8 avec O 2443-6 : dans les deux rédactions, c'est la joie causée par la mort du serpent qui est la cause des Jeux.

1. Les récompenses varient, et il n'est point cité de nom propre, si ce n'est pour la course des chevaux, et encore avec une différence notable (voy. n. 4). Le renvoi à Stace du v. 2739, pour un détail d'ailleurs inexact, ne prouve pas un emprunt direct, non plus que celui du v. 8905 (Mort de Capanée) : le livre de Stace est d'ailleurs invoqué par *P* au v. 20, et dans l'original même pour l'épisode de Daire, qui assurément ne lui doit rien.

2. Une dernière preuve, pour ce qui concerne les *Jeux*, que *xy* n'ont point la rédaction de l'original, c'est que le ms. *A*, qui intercale entre la *Mort du Serpent* et les *Jeux* les vers 2631-46 (où Adraste obtient le pardon d'Hypsipyle), répète ensuite les vers 2647-50 de O, qui sont à leur vraie place à la fin, puisqu'ils servent de transition; seulement, après les *Jeux*, il modifie les deux premiers, conformément à la leçon de *x* (voy. *App. II*, v. 2847-8), tandis que *P*, qui a supprimé, comme *x*, les v. 2647-50 de O avant les *Jeux*, donne ici les vers 2847-8 sans altération. D'autre part, la *Mort du Serpent* est mal liée à ce qui précède (cf. *App. II*, v. 2573-4 et 2587-8), autant dans *y* que dans *x*, qui place après les v. 2573-4 les v. de O 2831-46 où il est question du pardon accordé à Hypsipyle.

3. Cf. Stace, *Théb.* X, 827-939.

fête pendant laquelle Capanée escalade les murs de la ville[1]. Le discours de Capanée bravant le Ciel est assez indépendant de Stace : les dieux protecteurs de Thèbes et les héros nés dans cette ville y sont énumérés, en partie d'après les indications très sommaires du passage correspondant de Stace (*Théb.* X, 883 sqq.), en partie d'après le discours du vieil Aléthès rappelant les malheurs de Thèbes, aux funérailles des cinquante Thébains victimes de leur trahison envers Tydée (*Théb.* III, 179 sqq.), en partie d'après des sources inconnues[2]. L'auteur, dont l'érudition est assez étendue, a cependant eu le tort de distinguer (v. 459) Ino (*Juno* des mss. est à corriger) de Leucothée (*Leuthocoé*), et de mentionner Pallas, qui protégeait, au contraire, les Grecs. Le Conseil des dieux, où Junon, Bacchus et Hercule plaident devant Jupiter, la première la cause d'Argos, les derniers celle de Thèbes, conseil dont l'idée est empruntée au court tableau du dixième livre de la *Thébaïde*, s'inspire, pour le discours de Junon, du premier livre, v. 248 sqq., et aussi de Virgile, *Enéide*, I, 46-9[3], et pour ceux d'Hercule et de Bacchus, de la *Thébaïde*, VII, 155 sqq.

Une preuve matérielle que nous avons affaire ici à un remaniement, ce sont les deux vers qu'on lit à la fin du récit de la mort de Capanée foudroyé : *Uns messages en vèt en l'ost, Qui le dit as Grejois mout tost*, vers qui reproduisent les v. 9465-6 de *O*, par lesquels commence l'interpolation[4]. Il y a d'ailleurs dans la langue des différences incontestables, dont les unes accusent une époque postérieure à l'original, les autres un pays d'origine un peu différent, dans l'espèce l'Ile de France ou

---

1. Voy. l'*Analyse*, p. xlvi, n. 2, et *Légende d'Œdipe*, p. 255-261.
2. Les vers 481-4 sont évidemment imités de la *Thébaïde*, III, 615, discours de Capanée menaçant Amphiaraüs, qui essaie de détourner Adraste de ses projets contre Thèbes.
3. *Ast ego, quæ divum incedo regina Jovisque Et soror et conjux* (cf. v. 581-2)... *Et quisquam numen Junonis adorat Præterea, aut supplex aris imponet honorem?* (cf. v. 515-8).
4. La variante de *x* au deuxième vers (*Qui le dit as Grejois* pour *Qui le nonça al rei*) se retrouve également ici ; preuve que *x* n'a emprunté qu'à lui-même.

l'ouest de la Champagne[1]. Enfin, l'épisode se sépare nettement du procédé soigneusement observé dans l'original, lequel consiste à supprimer le merveilleux payen en tant qu'il n'est pas indispensable à l'intelligence du récit, et à le modifier dans le cas contraire.

Par suite de cette interpolation, Parthénopée est remplacé par Capanée, personnage plus important, aux v. 9481-2 (*Parthonopeus avon perdu Nos n'avïon meillor escu*), et ce n'est plus Capanée qui survit avec Adraste au premier assaut donné à Thèbes après la mort des deux frères (v. 9837-8), mais un certain Acastus, inconnu de la *Thébaïde*[2]. Le messager qui va à Argos annoncer le désastre, d'abord anonyme comme dans l'original, est ensuite nommé Thegeüs[3] par Argie, dans le récit qu'elle fait au duc d'Athènes[4]. Du reste, dans toute la fin du poème, *x*, quoique reproduisant un assez grand nombre de vers de l'original, le remanie systématiquement, et se rapproche de Stace en ce sens qu'il fait aller

---

1. Cf. *dame* (: blame 615), *sui* (: lui 631), *muire* (: conduire 197, : destruire 487), *entremète* (: dette 199), *granz*, au fém. sg. (: enfanz 255), *iére*, 3ᵉ pers. sg. imparf. de *estre* (: maisiére 351, : perriére 391). Il faut noter aussi deux exemples de la confusion de *-ot* et de *-oit* à l'imparfait, v. 131 et 687, et la fréquence de la rime *ai : è* (suivis d'une consonne autre que les nasales), laquelle est très rare dans le texte critique. Signalons en passant que les vers de *x* 9091-7 semblent inspirés directement par les vers de O 2873-8.

2. L'auteur avait peut-être rencontré ce nom dans les *Métamorphoses* d'Ovide VIII, 306, etc., où il s'agit du fils de Pélias, père de Laodamie, qui suivit aux Enfers son époux Protésilas, tué par Hector. Au v. 10049, le scribe l'a changé à tort en *Politenus*, la correction adoptée (cf. var. à O, 2881-2) oblige à admettre la forme analogique *péres*, qui du reste se rencontre ailleurs, dans *x*. Cf. *autres* 9838 O, amené par la substitution de *Acastus* à *Capaneüs*.

3. C'est sans doute une corruption de *Phegeus*, qui, dans Stace, désigne le messager que Thésée envoie sommer Créon de rendre les corps des Grecs. Dans le Roman, il y a deux messagers, appelés Girart et Engelier dans l'original, et d'abord anonymes dans *x*, qui nomme ensuite l'un deux *Aristeüs* (v. 10376).

4. Toujours ainsi désigné dans l'original. Le nom propre (Theseüs *y*, Thideüs *x*) se trouve indiqué dans deux vers placés après O 9934 et que nous avons peut-être eu tort de supprimer.

les femmes d'Argos à Athènes pour implorer le duc, qui les envoie en avant, et les rejoint près de Thèbes, après qu'elles ont rencontré Adraste et son compagnon. L'accord de *S* et de *AP* (voyez plus loin) suffirait pour faire rejeter comme interpolée la rédaction de *x*, si elle ne donnait d'ailleurs des formes incompatibles avec celles de l'original, comme *respit* (: dit 10168), *nuit* (: deduit 10263), et *reperoient* (: avoient 10211). Notez aussi la ressemblance des v. 10179-80 avec *O* 9819-20. Il y a d'ailleurs un peu d'incohérence : ainsi Thésée, à qui Argie a appris que Créon était roi de Thèbes, dit aux deux messagers qu'il envoie dans cette ville : *Se il ont roi, a lui parlez* (v. 10363), et les v. 10378-9 confirment cet oubli.

Le ms. *S*, en dehors de quelques courts passages douteux que nous avons rejetés comme non indispensables, a aussi un certain nombre d'interpolations certaines, dont deux lui sont communes avec *x* : celle de la Vieille à l'énigme que rencontrent les Grecs avant d'arriver à Monflor, mauvaise contrefaçon de l'aventure d'Œdipe avec le Sphinx, réduite des deux tiers par l'auteur plus intelligent de la rédaction *x*, et une autre de 14 vers, importante pour la fixation de la date du poème, et sur laquelle nous reviendrons plus loin. Les plus longues se trouvent dans l'épisode de Daire, où le traître annonce complaisamment à sa femme et à son fils comment les choses vont probablement se passer, et fait à son fils des recommandations que celui-ci répète ensuite en détail à Polynice. La délibération des barons est fort développée (mais moins cependant que dans *A*) : l'auteur y a intercalé de nombreux discours d'Oton répondant successivement aux attaques des juges hostiles à Daire : l'épisode entier a 1438 vers de plus que dans l'original, dont *BC* nous semblent être plus voisins que les autres manuscrits. *S* offre d'ailleurs ici quelques particularités de langue inconnues à l'original, comme la confusion de *é* et de *ié* : *quidez* (: moustrez 9311), *facez* 8699 et 9027 (où il est d'ailleurs en rime avec des futurs en *-ez*, au lieu de *-eiz*), à côté de *faciez* (: jugiez 8743), *dieiz* (à la 2ᵉ pers.

du plur. du subjonctif présent) 9264, 9314, etc. [1].
Signalons encore un résumé assez plat du poème (v. 491-534), un développement à la bataille des géants contre les dieux représentée sur le char d'Amphiaraüs, où l'auteur fait dialoguer Phébus et un géant (v. 4315-80), la descente d'Amphiaraüs aux Enfers (v. 4475-4544), où il faut noter la rime *remaignent* (ind. pr.) : *plaignent* 4511 [2], enfin un passage de 34 vers (v. 11073-106), dont les deux derniers, qui forment une transition pénible à rime suspecte, prouvent l'inauthenticité. — Pour les leçons, *S* se tient beaucoup plus près de *x* que de *y* (cf. 7571, qui donne une faute commune, 1315, 1954, 5055-6, etc.), mais il n'en dérive pas, comme le montre, entre autres preuves, la suppression des v. 9840 et 9841, laquelle a amené la disparition du mot *vis*, qui ne rimait plus avec *bataille* du v. 9839.

Les manuscrits *A* et *P* se présentent à première vue comme apparentés, quoique le scribe du manuscrit qui a servi de source première à *A* [3], et que nous appellerons *a*, ajoute parfois deux ou quatre vers, ou développe deux vers en quatre, ce que fait également la source commune de *AP*, que nous appelons *y*, et aussi, mais rarement, *p*, le prototype de *P* [4]. Quant aux leçons, il

---

[1]. *S* est ici indépendant, non seulement de *O*, mais encore de *y*, car, au v. 9414, Œdipe est supposé mort. Voy. p. xxxv, note.

[2]. Cet épisode ne doit rien à Stace : il est purement descriptif, et la conclusion (v. 4541-2) est en contradiction formelle avec celle de la *Thébaïde* : *Accipit ille* (Pluto) *preces* (Amphiarai) *indignaturque moveri* (VIII, 123).

[3]. Non pas *A* lui-même, car nous savons que Madot était pressé (voir § I), ce que suffirait à prouver l'écourtement de la fin, et aussi les passages importants de l'original qui manquent à ce manuscrit, tandis qu'ils sont dans *P*. Cf. v. 957-80 (beauté des filles d'Adraste), v. 3627-44, 3653-94 et 3703-38 (conseil d'Étéocle à l'arrivée des Grecs), v. 3979-4068 (deuxième description de la tente d'Adraste), v. 6755-74, 6777-86 et 6789-6808 (discours de Polynice pleurant Tydée), etc.

[4]. Non pas *P*, car il a de nombreuses suppressions, non seulement par rapport à *A*, mais encore par rapport à l'original, de sorte que l'on doit croire que les additions assez nombreuses qu'il présente, en dehors de l'épisode de Céfas, sont plus anciennes que

est possible que le grand nombre de divergences que présente A seul (cf. 431-2, 609, 737-8, 780, 876, etc.) soit dû à la négligence de Madot, qui, trouveur lui-même, n'était pas embarrassé pour substituer, faute d'attention, une banalité à une autre, ou même pour rajeunir son modèle et lui imposer son dialecte, le picard d'Arras. Mais la parenté n'en est pas moins évidente. En voici quelques preuves, en dehors du très grand nombre de leçons communes qui se présentent comme des altérations de l'original, et des parties spéciales que ces mss. ont en commun : la suppression des vers 1076-9 (par confusion de rimes semblables), des v. 4489-4550 (par bourdon) et des v. 4863-4, qui sont indispensables ; une lacune évidente dans un passage interpolé après III, 6988 (où P supprime la fin de l'interpolation), etc. ; les changements de rime destinés à éviter certains mots vieillis (cf. 4433-4, 4617-8, 5029-30, 5261-2, etc.) ou certaines rimes qui paraissaient incorrectes (cf. v. 1217-8, 1779-80, 3477-8, 8273-4, etc.), ou effectués sans motif appréciable (cf. 1369-70, 4733-4, 7079-80, 9993-4, etc.) ; enfin des fautes incontestables, comme au v. 1996 (contre-sens) ; *besoigne* P, *boscagne* A, au lieu de *trone*, 4748 ; *carner* pour *carmer* (*charmer*) 8880, etc.

Cependant P conserve assez souvent la bonne leçon, d'accord avec S (cf. 738, 2663, 4721, etc.), ce qui est une preuve que le remaniement picard y a été fait sur un bon manuscrit. Ce qui surprend tout d'abord, c'est que SP ont quelques fautes communes : *resplendist* pour *rebondist* 776, *ne sont* pour *nes font* 2996, *mes* pour *niés* 3867, *sone* pour *soone* 4246, *ardeir* pour *honir* 9933 ; mais, à la rigueur, ces fautes peuvent être le fait de scribes indépendants. Il en est de même de la suppression des vers 9525-6, qui ne sont pas indispensables.

Les suppressions systématiques de P, en vue d'abré-

---

le manuscrit lui-même. Nous en avons une preuve positive dans l'oubli qu'a fait le scribe du v. 5152 de P, et de 2 v. au moins après le v. 9662 de P (épisode de Céfas).

ger ¹, et les nombreuses additions que *A* doit à son modèle, *a*, rendent assez délicate la détermination des éléments constitutifs de la rédaction picarde *y* ². En effet, tous les passages particuliers à *AP*, ou à *A* ou *P* seuls, n'offrent naturellement pas, surtout lorsqu'ils sont de peu d'étendue, des formes dialectales assurées par la rime ou la mesure, de sorte qu'il pourrait se faire que quelques-unes de ces additions (par exemple, dans *A*, les v. 1371-90, dans *AP* les v. 2377-402, 3191-216, etc., dans *P* les v. 643-54, 701-8, etc.) fussent l'œuvre d'un remanieur français antérieur. Ce qui est certain, c'est que la rédaction picarde peut revendiquer sûrement, à très peu près, l'ensemble des additions au Jugement de Daire, et qu'il est impossible d'en extraire un seul discours pour l'attribuer à une rédaction indépendante, sans troubler la suite du développement. Ainsi le discours d'Othon répondant à Drian (v. 10911-44 *y*) et celui d'Alixandre répondant à Othon (v. 10945-11090) n'ont rien de picard, et sembleraient par conséquent pouvoir être mis à part; mais le discours de Lucas, qui suit (11091-11218 *A*), et où Alixandre est interpellé jusqu'à cinq fois, est bien picard, puisqu'il confond *s* et *z*. Les développements à l'histoire d'Œdipe, à la querelle de Tydée et de Polynice et au combat des Cinquante, ainsi que l'épisode de la fille de Lycurgue (v. 2643-910; voy. p. XXIX, n. 2), appartiennent aussi à la rédaction

---

1. Ainsi la grande lacune de *P*, par rapport à *A*, dans le Jugement de Daire (v. 11091-596), comprend le discours de Malduit, auquel il est répondu par Agénor dans la partie conservée par *P*. Cf. encore les vers de *A* 8383-90, 10737-40, 10749-58, 10769-816, etc., où le plus souvent le sens est suspendu dans *P*.

2. L'épisode de Céfas, dans *P*, quoique de dialecte très voisin, n'est certainement pas du même auteur que l'ensemble de la rédaction picarde. J'en vois la preuve, non seulement dans la fréquence de l'hiatus (cf. 9158, 9213, 9689, 9813 et 10068) et dans les rimes imparfaites qu'il présente (cf. 9159, 9399, 10039, etc.), mais encore dans l'emploi facultatif de *fut* qui rime avec *aperchut* 9669 (cf. *fu : rendu* 10161), et dans celui du futur, 2ᵉ pers. plur., en *ois*, assuré par les rimes *drois* 9262, et *rois* 9623 et 9793. Il y a doute pour toutes les additions qui suivent le vers 10168 de *O*, à cause de l'écourtement de *A* à la fin du poème.

picarde; il en est de même des additions au récit de la mort du Thébain à qui Tydée avait fait grâce, et à celui des souffrances des Grecs torturés par la soif, de la grande interpolation comprise entre les vers 5973 et 6600 (Visite de Polynice, de Tydée et de Parthénopée à Œdipe)[1], et aussi des développements au sujet des funérailles de Parthénopée et du récit que son ami Dorceüs fait à Adraste, bien que *P* les supprime. La question est douteuse pour un assez grand nombre d'interpolations peu importantes. Nous reviendrons tout à l'heure sur ce point.

Les fragments d'Angers (= *D*) doivent être rattachés non à *S* ou à *BC*, comme nous l'avons cru autrefois[2], mais à *AP*, c'est-à-dire à la famille *y*. En effet, *D* supprime, comme *y*, les v. 4701-10, qui appartiennent sans

---

[1]. Les rédactions en prose, qui cependant admettent l'épisode de la fille de Lycurgue, font simplement allusion à celui-ci, en ayant soin de faire observer que le fait est invraisemblable. Voy. notre *Légende d'Œdipe*, p. 328, et plus loin § V. L'auteur de *y*, remarquant que dans le *Roman*, après le combat survenu au milieu des négociations par suite du meurtre de la tigresse privée, il n'était plus question de Jocaste et de ses filles, a cru devoir combler cette lacune et les faire reconduire, non seulement jusqu'aux portes de Thèbes, mais jusqu'au palais. La présence de la forme commune *tuit* (au sujet pluriel) 6277 et 6541, à côté de *tout* 6163, plus particulièrement picard, ne saurait faire difficulté, non plus que dans l'épisode de Céfas, v. 9603, 9811, 10171, car on la retrouve dans d'autres textes picards, par exemple dans *Aiol* (éd. de la Société des anciens textes), v. 4504. D'ailleurs, il est difficile d'admettre dans l'interpolation deux parties (la 2ᵉ commençant aux environs du v. 6256) dues à deux auteurs différents, en se basant sur les termes vagues des rédactions en prose (*Et dient li pluisor que*, etc.), qui contestent la visite des princes à Thèbes, car les deux parties renferment les mêmes traits dialectaux. Ajoutons que les vers de *O* 7869-70 : *Que sis pére conquist a tort, Et il la tient après sa mort*, qui contredisent l'épisode, sont aussi dans *A*, et que leur absence dans *P* constitue une lacune évidente.

[2]. Une note peu claire, et qu'il nous était impossible de vérifier au moment où nous rédigions à la hâte, en province, l'Appendice de notre *Légende d'Œdipe*, en vue de la soutenance prochaine de nos thèses de doctorat, nous a fait dire à tort (p. LXXXIX) que les v. 5057-62, qui manquent dans *A*, manquaient aussi dans *BC*, d'où un essai malheureux de classement, dont il ne reste presque plus rien aujourd'hui.

conteste à l'original et, comme lui, il intervertit, par rapport à *Sx* (ce qui vaut mieux), les v. 4993-4. De plus, *Dy* donnent souvent les mêmes leçons, contre *Sx*; cf. v. 4717, 4733, 4734, 4740, 4742, 4989, 5010 (*P* manque), 5021 (*P* diffère), 5058 (*A* manque), etc., et surtout 5055-6, où *Dy* ont conservé la bonne leçon, modifiée, comme archaïque, dans *Sx*.

Revenons maintenant sur nos pas, et tâchons de déterminer un classement acceptable de nos six manuscrits. Si nous mettons de côté les passages spéciaux reconnus interpolés pour des raisons diverses, *S*, nous l'avons déjà dit, s'offre à nous comme représentant le texte le plus voisin de l'original, non seulement pour les leçons de détail, mais encore pour la composition du poème. Nous devions donc prendre ce manuscrit comme base de notre restitution critique, sauf à le rejeter, en ce qui concerne les leçons, lorsqu'il avait contre lui l'accord de *xy* (cf. 4988, 6724, 9685-6, etc.), et que cet accord ne s'expliquait pas naturellement par la substitution d'un mot ou d'une tournure plus modernes à un mot ou à une tournure archaïques, comme aux v. 7440, 8027, 9585-6, etc. En ce qui concerne les passages à admettre ou à rejeter, et la préférence à donner aux diverses rédactions d'un même thème, lorsque *xy* s'opposaient à *S*, nous ne pouvions nous baser que sur la comparaison de la langue de ces passages avec celle des parties communes : et nous l'avons toujours fait, comme on pourra s'en convaincre en rapprochant les pages qui précèdent de l'Étude qui commence le chapitre suivant. C'est ainsi que nous avons été amené à rejeter les *Jeux* et à préférer, pour la *Mort du Serpent*, la rédaction de *S* à celle de *xy*; de même, nous avons supprimé, à cause de la rime picarde, les 2 vers ajoutés par *xy* après O 2630. Mais, d'ordinaire, le texte adopté résulte de l'accord de *Sx*, beaucoup plus rarement de *Sy* (cf. 3824, etc.), et nous préférons toujours *S*, dès qu'il est d'accord avec un autre manuscrit, quel qu'il soit [1], à moins d'inferio-

---

[1]. Lorsque *y* ou *x* manquent, *S* peut être préféré à *x* ou à *y*. Cf. 1591-2, 1619-20, etc., pour le premier cas; 6047-8, 10007-10,

rité évidente ou d'incorrection (cf. 1315, 1954, 7121-2, 8971-2, etc.). Si nous avons considéré comme interpolés les vers de *S* 4137-50, quoiqu'ils fussent communs à *Sx*, c'est que leur présence dans l'original, du moins celle des six derniers, était incompatible avec la date probable du poème. Voy. § IV¹.

Voici ces vers (il s'agit de Capanée) : *A la porte lor a ocis Alixandre de Moncenis : Ffilz ert al marchis Boneface Qi tint Verzeals* (var. *Verziaux*) *et Sainte Agace; Venuz esteit de Lumbardie Cca por querre chevalerie.* S'agit-il de Boniface Iᵉʳ, marquis de Montferrat, dont la fille Adélaïde, répudiée par Roger Iᵉʳ, comte de Sicile, épousa ensuite Baudouin Iᵉʳ, roi de Jérusalem? C'est peu probable, car s'il eut quatre fils : Guillaume II (qui lui succéda vers 1100), Ardicion et Henri de son premier mariage, et Manfred de son second mariage ², aucun ne porta le nom d'Alexandre; d'ailleurs la date est trop reculée. Boniface II (1192-1207), le chef de la IVᵉ Croisade, qui mourut roi de Thessalonique, fils de Guillaume III le Vieux, eut pour successeur en Orient son second fils Démétrius, et dans le marquisat de Montferrat son fils aîné Guillaume, qui prit le titre de Guillaume IV³ : il n'est nulle part question d'un fils du nom

etc., pour le second. Au v. 8474, où *B* manque, *S* a été préféré à *Cy*. Lorsque, au contraire, il y a trois ou quatre leçons différentes, c'est presque toujours *S* qui est préférable; cf. 321, 3638, 4291-2, 5198, 5206, 5261-2, 6637, 6660, 7191, 9512, etc., et surtout 2732, où le changement de *bors* en *bois* a amené le développement du deuxième vers en 3 vers, dont le premier seul offre quelque unité dans les quatre mss. Pour des exemples du contraire, voy. surtout 4669-70, 6464-5 et 6487-8. Aux v. 9681-2, où nous avons adopté *S*, l'original donnait probablement : *Onc en la fuite nen ot trait Une piéce les meinent lait* (ou *Grant p. l. menérent l.*).

1. Les vers 1185-1220 *C*, qui sont dans *xy*, ont été rejetés comme donnant un sens peu satisfaisant à la fin : le double discours de Tydée est d'ailleurs suspect, et les divergences de *y* dans les derniers vers compliquent la question. Le maintien des vers 3011-6 et 8303-10, supprimés dans *xy*, se justifie de lui-même.

2. Voy. *Art de vérifier les dates*, III (éd. in-fº, Paris, 1737).

3. Voy. Cornelio Desimoni, *Il marchese di Monferrato Guglielmo il Vecchio e la sua famiglia secondo gli studi recenti* (Genova, 1886), et Hopf, *Bonifaz von Montferrat, der Eroberer von Konstantinopel, und der Truobadour Rambaut von Vaqueiras* (Berlin, 1887).

d'Alexandre. Sainte-Agace[1] est bien un village des environs de Verceil, mais il semble que cette dernière ville ne soit entrée dans les possessions de la famille que dans la seconde moitié du xiiie siècle, sous Guillaume V le Grand. On ne peut donc retenir qu'un point de ce curieux passage, c'est que l'auteur connaissait un Boniface de Montferrat, probablement Boniface II, le vainqueur de Constantinople, de beaucoup le plus célèbre :[2] tout le reste est de pure fantaisie[3].

En somme S, BC (x) et AB (y) forment trois groupes distincts, qui se réunissent le plus souvent deux par deux, mais qui parfois aussi restent séparés[4]. Le groupe normal, pour la constitution de l'original, lorsqu'il n'y a pas unanimité, est Sx, plus rarement Sy, et, en cas d'absence de A ou de P, SP ou SA. Le groupe xP, s'opposant à SA, n'a rien de bien embarrassant : les 2 vers ajoutés après O 370 et O 2620 peuvent avoir existé dans a (prototype de A), et nous sommes alors ramenés à xy ; les v. 9569-70 peuvent avoir été supprimés par deux scribes indépendants ; il en est de même des v. 9545-50, où A, également embarrassé, a remanié et n'a laissé intacts que les deux derniers. Le groupe xA est plus fréquent. Il peut provenir, soit de xy par une lacune de P (c'est le cas, en particulier, pour le v. 4983, et pour les vers

---

[1]. La forme Agace (= Agatia, pour Agatha) n'est pas rare au moyen âge. Cf. *Rom.* VIII, 322, etc.

[2]. Il est peu probable qu'il s'agisse de Boniface III (1226-1254), qui n'est jamais, que nous sachions, allé en Orient.

[3]. Il est à remarquer : 1° que l'insertion de ces 14 vers, qui complètent la première partie du combat, a été faite après le v. 4578 de O, juste au point où commence la grande interpolation de y contenant un second combat et la visite des princes grecs à Œdipe, ce qui prouve qu'elle est indivisible (cf. la mort de Capanée de BC, insérée à l'endroit où commence la longue digression sur les funérailles de Parthénopée) ; 2° que les 14 premiers vers de l'interpolation de y forment un tout, qui complète la première partie du combat, et sont comme une rédaction particulière de Sx.

[4]. Une des preuves les plus frappantes de cette distribution de nos manuscrits, en dehors des cas où x et y changent séparément la rime pour éviter la leçon de S, qui représente alors l'original, c'est le déplacement que font indépendamment S et y des v. 6529-38, qui forment un tout (description de l'épée d'Étéocle).

ajoutés après *O* 2314, *O* 7926 et *O* 9368), soit d'une modification acceptable, qui a pu se présenter naturellement sous la plume de deux scribes différents, par exemple, *coupee* pour *ostee* 322, *estal* pour *hostal* (*ostal*) 704, *parage* pour *aage* 3862, *a nesun jor* pour *a nul jor* 6350, *joiant* pour *joios* 6712, *germaine* pour *demeine* (qui a peut-être semblé archaïque) 3902, etc.; cf. *envoie* (*envoia A*), pour *en aut O*, ou pour *en voist P* (ce qui reconstituerait le groupe *xy*) 2636 [1]. C'est l'incorrection apparente de la rime *philatéres : céres* aux v. 6457-8, qui a amené leur suppression dans *x* et dans *A* séparément. L'absence des vers 8805-6 et 9435-6 est plus difficile à expliquer : cependant, comme ces vers ne sont nullement indispensables au sens, leur disparition peut être l'effet du hasard.

Nous n'avons donc à nous préoccuper que du cas où le groupe *xy* s'oppose à *S*, et de l'existence simultanée dans *S* et *x* 1° des 14 vers (4137-50 *S*) qui terminent la première partie de la première bataille, 2° de l'épisode de la Vieille à l'énigme. Voici comment l'on peut, croyons-nous, se figurer la genèse de nos divers manuscrits. Vers la fin du XIIe siècle, époque où se place *D*, le texte original, *O*, n'avait encore subi aucun remaniement important. Dans le premier tiers du XIIIe siècle, un manuscrit perdu, ζ, source première de *S* et de *x*, introduit les 14 vers placés dans *S* et *x* après le v. 4578 de *O*. Peu après, ζ, ou plutôt l'un de ses dérivés ζ', qui avait introduit l'épisode de la Vieille à l'énigme, donne naissance à deux remaniements, tous deux essentiellement français : *s*, d'où est sorti notre manuscrit *S*, et *x*, dont l'auteur, légèrement pédant, altère la simplicité du poème primitif par des remaniements d'une érudition

---

1. Un cas curieux est celui du v. 2731-2, où le remplacement de *bors* par *bois* dans *xA* (*bos* est seul assuré dans *O*), par *lieus* dans *P*, a amené au deuxième vers trois leçons différentes, mais apparentées par le premier hémistiche, avec les rimes *trois* x, *frois* A (rime picarde), *Grieus* P, et deux vers complémentaires qui fournissent trois rimes différentes. Ici encore, *A* est assez rapproché de *x*, mais en somme il est facile de reconnaître à l'origine le groupe *xy*.

affectée : Jeux (et par suite rédaction spéciale de la Mort du Serpent), Mort de Capanée et Voyage des femmes d'Argos à Thèbes [1]. D'autre part, vers la même époque, un manuscrit apparenté à D, y', introduisait un certain nombre d'interpolations françaises, qu'il est difficile de distinguer parmi celles de y ou de A qui n'ont pas de formes picardes assurées; de plus, il empruntait à un manuscrit de la famille x son traitement particulier de la Mort du Serpent et les Jeux [2]. Enfin, s'appuyant sur ce manuscrit, un trouveur appartenant à la région septentrionale du domaine remaniait bientôt après le poème entier, et, sans en rompre l'unité, l'augmentait notablement et lui donnait une couleur dialectale prononcée. De cette rédaction, y, sont sortis : 1° p, qui a opéré de nombreuses suppressions et intercalé l'épisode de Céfas et quelques autres passages de peu d'importance, d'où notre ms. P; 2° a, auquel remontent sans doute les additions (d'ailleurs difficiles à déterminer exactement) qu'a apportées à y notre ms. A, tandis que le scribe de A, Madot, est responsable des suppressions. Cette filiation se résume dans le tableau suivant :

---

1. Un fait analogue a été constaté pour l'*Eneas*, où un manuscrit (*D*) donne un remaniement effectué à l'aide de l'*Enéide*. Voy. l'édition de Salverdo de Grave (*Introduction*, p. VIII), dont nous avons pu, grâce à la libéralité de l'auteur, voir les bonnes feuilles.
2. Cette contamination ne rend pas compte de la présence dans x des v. 2573-4 qui offrent une rime picarde (*cors : fors*); mais il nous semble impossible d'admettre (et il le faudrait pour que la présence de ces vers, communs à xy, fût expliquée), que ce soit x qui ait emprunté, non plus à y', mais à y, et qu'un rédacteur picard ait pu intercaler plus de 250 vers sans y laisser quelque trace de son dialecte.

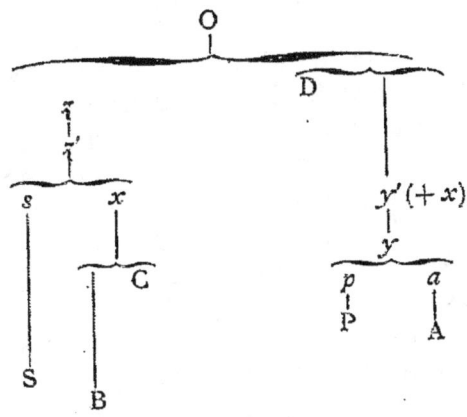

IV. — Dialecte, age et sources du Roman de Thèbes.

A. — Langue du poème.

§ 1. — *Versification.*

A. — Rime.

Le *Roman de Thèbes* a, dans notre texte critique (O) 10230 vers octosyllabiques. Sur 5115 rimes, il y en a, sauf erreur, 1898 de féminines, soit une proportion de 37, 10 o/o. Ces rimes féminines sont d'abord assez rares : ainsi, il n'y en a aucune dans les 120 premiers vers, aucune non plus entre les v. 456 et 533, et les 1000 premiers vers n'en offrent que 17, 60 o/o. La proportion va toujours en croissant, d'abord d'une façon moins accentuée, jusqu'au milieu du poème, et subit alors une diminution sensible, pour arriver à un chiffre qui se maintient exactement le même dans trois séries successives de 1000 vers. La diminution reprend ensuite à peu près régulièrement jusqu'à la fin, mais sans que la proportion des rimes féminines descende aux chiffres des deux premiers milles[1].

---

1. Voici les chiffres pour chaque série de 1000 vers (500 paires de rimes) : 1° 17, 6 o/o; 2° 31, 2; 3° 37, 8; 4° 37, 4; 5° 47, 4; 6° 42, 8; 7° 42, 8; 8° 42, 8; 9° 38, 6; 10° 36, 4; 11° (pour les 230 derniers vers) 20, 8.

Si l'on se reporte aux chiffres que nous avions donnés dans notre première étude du *Roman de Thèbes*, basée sur le ms. A^1, on verra que la proportion des rimes féminines est, dans ce manuscrit, sensiblement plus forte au début du poème, notablement développé dans la rédaction picarde : 25 o/o dans les 1000 premiers vers, au lieu de 17, 6 o/o que donne le texte critique ; en particulier, les 278 vers qui correspondent aux 120 premiers vers du texte critique, tous à rime masculine, n'ont pas moins de 39 rimes féminines. Au contraire, dans les autres parties spéciales à la rédaction picarde, cette proportion est inférieure à la moyenne de O : ainsi dans les parties spéciales du *Jugement de Daire*, qui n'ont pas moins de 1482 vers, elle ne dépasse pas 20, 6 o/o. Quoique le remaniement picard soit postérieur d'un siècle environ à l'original, on ne peut donc pas y constater la tendance vers l'équilibre des deux espèces de rimes, tendance qui devait aboutir à la rime plate : l'accroissement de la proportion des rimes féminines dans le remaniement, au début du poème, provient exclusivement de ce que l'auteur n'y a pas affecté, comme celui du poème original, de se restreindre en plusieurs passages à la rime masculine.

L'auteur du poème rimait bien, fort bien même pour l'époque. Presque toutes les rimes inexactes qu'on y rencontre se justifient par des licences généralement admises. Ainsi, dans un groupe de deux consonnes dont la seconde est une des liquides *l* ou *r*, la première peut être différente ou absente : *conestable : Naple* 1719 (cf. 9005) ; *creire : receivre* 2845 (cf. 1915)². Il en est de même de la seconde dans un groupe de trois consonnes dont la première est une nasale ou une liquide : *atre : martre* 799 ; *temple : ensemble* 6129 ; *entrencontrent : esfondrent* 5649 (cf. *monstre : encontre* 251. 1491, qui est un peu différent, et *defendre : membre* 8323, où la nasale

---

1. *Légende d'Œdipe*, Appendice, p. I-II.
2. *Porche : broche* 655 offre un cas analogue, mais contraire, ce qui est exceptionnel. La rime de *rr* avec *r* (*perrières : pierres* 2305, *ocirre : ire* 1905. 5571, etc.), se rencontre partout.

s'est appropriée à la muette suivante). Dans les groupes *mn, nm*, la première nasale peut disparaître : *timiame : ame* 6459; *regne : femne* 413, 1105, 1335, etc.¹. Les rimes *crisolites : ametistes* 4017, *marenitre : listre* (pour *liste*) 889, *maistre : scètre* 5117, indiquent simplement que l's est muette. Il reste, comme rimes un peu insuffisantes, mais qui ne sauraient être assimilées à des assonances : 1° celles ou la chuintante forte *ch* rime avec la chuintante douce *g: esrachent : esragent* 1945 (cf. 6155); *messages : saches* 1277; *langes : manches* 6089 (cf. 6743); 2° celles où la nasale rime avec la nasale mouillée : *restreignent : meinent* 1655, *m.: feignent* 3195²; 3° celles où *s* sonore rime avec *s* sourde : *taisent : laissent* 4137, 8307 (cf. *ronce : onze* 6675); 4° *parolent : oent* 1443, où la consonne d'appui manque après la tonique, licence un peu plus forte, mais qui ne va pas cependant jusqu'à l'assonance; de même dans *prenent : raement* 2675, où, si les consonnes d'appui sont différentes, nous avons du moins affaire à deux nasales. Au point de vue de la richesse, les rimes donnent à peu près³ les proportions suivantes : 8 o/o de rimes pauvres (c'est-à-dire qui seraient aujourd'hui insuffisantes), 83 o/o de rimes communes (c'est-à-dire qui seraient encore aujourd'hui considérées comme bonnes), et 9 o/o de rimes riches, c'est-à-dire dans lesquelles la rime atteint soit plusieurs lettres avant la voyelle tonique, soit la consonne qui précède la tonique et deux lettres après (en ne tenant pas compte de l'*e* féminin), soit simplement plus de deux lettres après la tonique, avec la même restriction. Notre affirmation est donc pleinement justifiée⁴.

1. *Regne* est une orthographe étymologique : la nasale n'y était pas chuintante; cf. *regnent : prenent* 4745. Il n'en est pas de même dans *restreignent* 1655 et *feignent* 3195, qui riment avec *meinent* par licence.
2. La rime *cciles* (celas) : *merveilles* 847, semble indiquer une prononciation réelle. Cf. les nombreuses rimes analogues du *Roman de Troie*.
3. Nous n'avons relevé que les 1000 premières rimes (v. 1 à 2000); mais il n'y a pas de différence sensible dans le reste du poème.
4. Cette statistique, quoique contredisant celle de notre *Légende*

Les rimes sont d'ailleurs très variées, comme le montre le tableau complet que nous en avons dressé (voy. p. 314) : il n'y a qu'un très petit nombre d'exemples de rimes accumulées, et l'on peut y voir des tirades lyriques, car il s'agit généralement de discours. La première tirade, qui est en *ei* (v. 4459-70), contient en entier les paroles adressées à Antigone par Ismène, qui regarde avec admiration les exploits de son fiancé Aton, et, de plus, deux vers pour les annoncer. Une seconde, également en *ei* et de même étendue (v. 7019-30) est la dernière partie du discours d'Etéocle au chevalier qu'il exhorte à aller annoncer faussement à Hippomédon la prise d'Adraste, et comprend de plus deux vers qui reprennent le récit. Dans une troisième en *ee* de huit vers (v. 9321-8), Parthénopée mourant, qui vient de parler de sa mère, rappelle avec émotion le moment où il se sépara de sa « *maisniee* » pour venir à Thèbes. Une quatrième, en *on*, de six vers (v. 6841-6), constitue la moitié d'un autre discours du roi de Thèbes. Nous en avons relevé une, également de six vers, qui n'appartient pas à un discours, mais dont l'unité est incontestable, car elle sert à introduire dans le récit Parthénopée. Parmi celles de 4 vers, nous citerons seulement celle du v. 5943-6, qui indique un mouvement oratoire dans le discours de l'un des deux frères qui avaient fait prisonnier Polynice.

B. — Mesure du vers.

1° *Élision et hiatus*. — On sait que pour les voyelles autres que *e* féminin, l'hiatus est permis en ancien français aussi bien dans les monosyllabes [1] que dans les

---

d'*Œdipe* (où d'ailleurs il n'était question que du ms. *A*), doit la remplacer définitivement : elle est le résultat d'un examen attentif du texte critique. Il en est de même de celles du paragraphe suivant, et en général de toutes celles qui figurent dans cette Etude.

1. Il y a exception pour *la*, article et pronom féminin, et les possessifs *ma, ta, sa,* qui s'élident toujours.

polysyllabes, tandis qu'on ne le rencontre guère, dans les polysyllabes, pour l'*e* féminin, qu'exceptionnellement, et toujours, chez les poètes qui riment à peu près bien, dans des mots où cet *e* s'appuie sur deux ou plusieurs consonnes, dont la dernière est le plus souvent une liquide. C'est pourquoi nous avons corrigé, au v. 82, *tiel* S ,*tel* x en *ital*, pour éviter l'hiatus, et de même, au v. 9634, *baise* en *baisa* (cf. 2237). Aux v. 9213 et 9246, il y avait lieu d'hésiter entre le maintien de l'hiatus et l'admission d'une forme analogique en *s, Alixandres :* c'est ce dernier parti que nous avons adopté, de façon à supprimer presque complètement l'hiatus des polysyllabes, car il ne reste que celui du v. 4094, *Cent feiz le baise come une.*

Les monosyllabes doivent être étudiés chacun séparément. *Que*, conjonction ou pronom, est élidé à peu près une fois sur trois ; *se*, conjonction, une fois sur quatre ; *jo* et *ço* le sont beaucoup moins : on peut dire que, pour ces derniers, l'hiatus est la règle et l'élision l'exception. — *Li*, article, n'offre guère, au sujet singulier, que les exemples suivants d'élision : *l'uns* 878. 1445. 3337. 5464. 5646. 10176, *l'autre* 878. 6003, *l'aubers* 1809 (douteux), *l'arcevesques* 4791 ; au sujet pluriel, il est encore intact. — *Li*, datif du pronom personnel, admet généralement l'hiatus ; il est élidé aux vers 988. 1292. 1301. 1402. 1428. 2190. 3600. 3682. 3941. 5402. 6142. 8032. 9378. 9867. — Pour *le*, régime direct placé après le verbe, il faut noter un exemple d'hiatus: *Traïnent le o une hart* 7092, qui s'explique par ce fait que *le* cesse ici d'être proclitique et exige après lui une pause (cf. *come* 4094). — Pour *ne*, il faut distinguer le cas où il vient de *nec* de celui où il vient de *non*. Dans le premier, je n'ai point rencontré d'exemples d'élision. Cf. v. 2095-6, *Ne truevent Greu ne mont ne val Ou il beivent ne lor cheval,* où *xy* donnent *n'a mont* (B *n'en m.*) *n'aval* [1]. Dans le second, au contraire, l'élision est de règle : seulement il faut remar-

---

[1]. Il est d'ailleurs évident que l'auteur évite aussi, dans ce cas, l'hiatus, car les exemples en sont excessivement rares.

quer qu'assez souvent on rencontre dans *S nen*, là où les autres manuscrits offrent *ne* avec élision ou d'autres variantes (cf. 284. 1166. 1298. 1834. 1992. etc.).

2° *Enclise*. — L'enclise est encore fréquente, ce qui, du moins pour certains cas, peut être considéré, de même que l'hiatus des monosyllabes, comme une preuve d'antiquité. Il faut remarquer, en dehors de celle de l'article masculin après *a, de, en* (*del, al, el, des, as, es*) : 1° celle du pronom singulier de la 3ᵉ personne, non seulement après *jo, qui, que* (pron. et conj.), *si, ne : jol* 164. 1280. 2039. 2476. 2493. 2800. 2820. 3266, *quil* 650 (devant *h* aspirée), 1487. 3489. 3542. 4246. 5224. 5416. 5855. 8400. 8415. 8830. 9144. 9226, *quel* 666. 1278. 1418. 1662. 4526. 5415. 8089, *sil* 148. 1540. 2393. 4487, *nel* 728. 983. etc. (très fréquent), mais encore après *tu, quei, ja, se, ce* qui est plus rare : *tul* 1278, *queil* 161, *jal* 1748, *sel* 690. 5887. 7051, et après un mot de deux syllabes : *destrel* 5331, *fairel* 3913, 8704 (cf. *entrels* 4640) ; 2° celle du pron. pluriel après *jo, qui, que, si, ne : jes* 1039. 3632. 4156. 4984. 7434. 7442. 7953. 8533. 8704. 9286, *quis* 980. 2701. 5924. 7436. 7438. 10081, *ques* 928. 4948, *sis* 1648. 3017. 3277. 3435, *nes* 603. 968. 1510. 1659. 2251. 2258. 2268. 2319. 2698. etc. (très fréquent) ; 3° de *en* après *ço, qui, si : çon* 9488, *quin* 1784. 3222. 7936, *sin* 3302. 5488. 5955. 9199. Signalons enfin *nes = ne se* 2268. 2996, *sem = se me* 8561, et l'aphérèse de *v* dans *n'os = ne vos* 1459, fréquente dans le *Roman de Troie*.

§ 2. — *Phonétique*.

Notre texte critique étant, autant qu'il était possible, basé sur le mètre et les rimes, nous croyons devoir donner ici quelques explications qui justifieront le choix des formes auxquelles nous nous sommes arrêté et l'orthographe que nous avons adoptée.

A. — Vocalisme. Au lieu de suivre l'ordre des voyelles latines, nous avons préféré suivre celui des sons français, afin de faciliter les recherches dans la liste des rimes que nous donnons plus loin.

A. — Les adjectifs en -*able* ne riment qu'avec des substantifs comme *deable, fable*, dont la forme latine est analogue. Quoique les manuscrits picards offrent isolément l'orthographe -*aule*, il n'y a pas lieu de l'adopter, rien n'indiquant qu'elle soit du fait de l'auteur.

Les adjectifs en -*alem* et les noms en -*ale* semblent donner ici exclusivement -*al*. Ainsi nous relevons les rimes *mal* : *tal* 525 [1]. 6201, : *al* (= * ale, pour aliud) 9289, où il est inutile d'admettre *mel*, puisque *tal, al, mal* riment d'autre part avec des mots où l'*a* latin est entravé : *tal* : *cheval* 4549. 6025. 7109, *al.* : *ch.* 1439. 1531, : *vassal* 2849. 5851 (*Sy*); *mal* : *vassal* 4133 (*Sx*); cf. *tale* : *eschale* 4735, à côté de *sale* : *e.* 2317, et d'autre part *male* rimant avec *male* (subst.) 4903 et *pale* 6737, et *males* avec *eschales* 9697 (*S*). De même, *reial, natural, mortal, egal, costal, peitral, nasal, hostal* riment avec *cheval*; *egal, hostal, costal* avec *val*; *natural, reial* avec *vassal*, etc. Nous écrivons donc uniformément *tal, qual, al, mortal, hostal*, comme *egal, leial nasal*, etc.; de même, au sujet singulier et au régime pluriel, *taus, hostaus*, etc.; cf. *chevaus* : *comunaus* 5405 (*SxA*) et *hostaus* : *ch.* 1463.

A + nasale + consonne et *e* + nas. + cons. sont nettement séparés, sauf les exceptions ordinaires, qui sont ici très restreintes : *ardent, sergent* [2], *talent, Orient* riment en *en* et en *an*; *dolent, serpent* ont toujours *en*; *Floriant* toujours *an*.

AI. — La diphtongue *ai*, à la tonique, lorsqu'elle est suivie d'une consonne autre qu'une nasale, vient exclusivement de *a* + *yod*. Dans *vait* (vadit), assuré par les rimes *brait, fait, trait* (10 exemples), il y a attraction de

---

1. Les chiffres cités sont, sauf indication contraire, ceux du texte critique; nous plaçons entre parenthèses, à côté du chiffre du vers, les lettres des mss. représentés lorsqu'ils ne sont pas tous d'accord.

2. Au v. 923, la rime en *en* est isolément dans *S* (*argent*); *xA* donnent *ardant* (c'est la bonne leçon) et *P a tant*. Mais au v. 5423, où *x* supprime cette paire de vers et où *P* omet tout le passage, l'accord de *S* et de *A* assure la rime *sergenz* : *cenz*.

l'*i* (cf. *vois* = *va(d)o*, *vo* + *is*). *Va* est exceptionnel : *a* (*A parla*) : *va* 9651 (*x* ch. la rime) [1].

Ai ne rime guère avec *è* que dans les finales en *-ais* suivi ou non de *s*, de *t* ou de *tr* (*aist, aisse, aistre*) : on sait d'ailleurs que la monophtongaison de *ai* a commencé par les mots de cette espèce. Les seules exceptions que nous ayons relevées sont : 1º *set* : *ait* 4797 (*A* change la rime); 2º *s.* : *plait* 8989 (*x* plèt : vèt); 3º *vairs* : *travers* 3817 (*y* développe en 4 v.); 4º *v.* : *despers* (*C apers*) 6077 (*A* et *P* ch. la rime). Dans ces deux derniers exemples, on ne peut songer à lire *verz*, notre poème distinguant très soigneusement *z* de *s*. Au v. 3817, *vers*, dans *BC*, doit être attribué à l'habitude des scribes de ces mss. d'écrire *e* pour *ai*; au v. 6077, *apers*, de *C*, est une faute du scribe, qui, trompé par la graphie *vers* de son modèle (qu'il supposait représenter *viridis*), et comprenant d'ailleurs mal *despers*, l'a remplacé par un mot rimant en *z*.

Ai et *ei* sont soigneusement séparés, sauf quand ils sont suivis d'une nasale ou (exceptionnellement) d'une nasale mouillée (voy. ci-dessous), ce qui est un signe d'antiquité. Une seule exception : *faire* (= * fēriat, pour fēriatur, dérivé de *fēria*) : *afaire* 5369, où *x* donne la rime inadmissible *Drieins* (pour *Drianz*) : *plains* (= planos) et *A estoit* : *droit* (*P* manque). Les cas de confusion de *ain, aine, ain* + cons. avec *ein, eine, ein* + cons. ne sont point rares : nous en avons compté 21 exemples. Voy. le *Tableau des rimes* sous *ein, eint, eigne, eindre, eine, eines*. Pour *ain* rimant avec *ien*, et *aime, aiment* rimant avec *ieme, iement*, voyez sous *en*.

Ai + *n* mouillée et *ei* + *n* mouillée sont généralement séparés. *Enseigne* fait seul exception : *e.* : *montaigne* 3173, : *plaigne* (* planea) (*P montaigne*) 3405 (*xy*), : *plaigne* (plangat) 4425.

AU. — La diphtongue *au* vient exclusivement de *al*

---

[1]. *Vais* et *vas* n'offrent chacun qu'une rime : au v. 1203, l'*i* est exponctué dans *S*, qui cependant conserve la rime *mais* de *BC* (*y* modifie le second vers, parce qu'il rime avec *vas*); au v. 167, *vas* est assuré par la rime *orras* dans tous les manuscrits.

+ cons., et non de *a* + *l* mouillée + cons., comme pourraient le faire croire les rimes *naturaus : esmaus* 2953, *e.* : *frontaus* 4749 (*SxA*); en effet, le singulier est ici *esmal* et rime avec *trionfal* 5205 et avec *nasal* 6549. L'auteur distingue régulièrement -*aus* de -*eaus* (= ëll, ïll + s). Si nous laissons de côté deux passages interpolés, où l'un des manuscrits picards, *A*, offre le mélange des deux formes (*oissiaus : vassax*), App. III, 2601, *ciax* (ecce illos) : *max* 6335), mais où *P* donne une rime correcte, il reste un seul exemple de cette confusion, assez bien assuré par l'accord de *S* et de *P*, *chaume* (*S chalme*, *P celme*) : *heaume* (*S healme, P elme*) 4323 (*A* ch. la rime, *x* m.) [1].

E. — *è* ouvert (de *ĕ* latin) et *é* fermé (de *ē*, *ĭ* latins) entravés sont encore séparés, sauf devant les nasales : *aissèle, mamèle* et *maissèle*, qui semblent faire exception, viennent de *axella, *mamella, *maxella, par un changement de suffixe bien connu; *senestre* rime, comme d'ordinaire, en *e* ouvert, par analogie avec *destre*, auquel il est souvent opposé; enfin on ne saurait voir des exceptions dans *gresle : mesle* 4037 (*SxP*) et 5361 (*Sy*), *esme : acesme* 5713 (*Sy*) (rimes qui se retrouvent ailleurs), à cause de l'incertitude de l'étymologie de *gresle* et de *acesme*.

En + cons. français rime ici, exceptionnellement, avec *ien* (de *ĕ* latin + nas.) + cons. Cf. *gente : crente* (*tremita) 6017 (*S crieinte, y* ch. la rime, *x* m.); *gent : tent* (tenet) 6441 (*S tient, C cent, y torment*) et 7585 (*S tient, x content, A destent*); ou même avec *ien*, de *a* lat. après palatale + nas. : *rens* (v. h. al. *hring* + *s*) : *Atheniens* 10071 (*x* et *y* développent); cf. *Atheniiens : chrestiiens* 9919 (*x* diffère, *y* ch. la rime) et *bien : Atheniien* 10029 (*P* ch. la rime, *x* remanie le passage)[2]. De même, il

---

1. Aux vers 5363-4 que donnent seuls *SA*, nous avons préféré, peut-être à tort, la leçon de *A* (*d'acier : destrier*) à celle de *S* (*darcleals : chevaus*), où *darcleals* est sans doute une mauvaise lecture du scribe pour *dardeaus*, qui se rencontre dans la *Chronique des Ducs de Normandie*.

2. Nous avons hésité à écrire partout *ben, tent*, etc., rien dans

rime avec *uen* issu de *ŏ* (*ŭ*) + nas. : *rens : suens* 4343 (*y* dével. en 4 v.) et 5299 (*y* ch. la rime); *tens : buens* 6123 (*y* ch. la rime). Ces rimes prouvent que, dans *en*, l'auteur prononçait *e* fermé et non pas *e* ouvert ni *a* [1].

Une autre preuve nous semble se trouver dans ce fait que *-ien* français (de *ĕ* + nasale) rime parfois avec *-ain* (de *a* + nas.), et *-ieme*, *-iement* français avec *-aime*, *-aiment* (où *ai* vient de *a*), ce qui constitue un phénomène parallèle à celui de *ĕ* + *yod* rimant avec *é* issu de *a*, et ne s'explique que si l'on admet la prononciation *e* fermé dans tous les cas (voy. plus bas, sous É, UÉ). Voici les exemples que fournit notre texte :

a. — *rien : germain* (*B prochien*, *C prochain*) 6807 (*P* ch. la rime, *A* m.), *bien* (*B certain*, *C certein*) : *vain* 8487 (*y* dével. en 4 v.), : *demain* 8249 (*y* d. : *sain*, *S* ch. la rime) et 8271 (*A* dével. en 4 v., *P* m.);

b. — *crieme* (*B creime*, *C craime*) : *aime* (*B siure*) 4977 (*y* remanie le passage), 8131 (*y* ch. la rime) et 9199 (*P* ch. la rime, *A* m.); c. : *afaime* 7377 (*y* ch. la rime); *criement : aiment* 5077 (*y* ch. la rime); *s'entraiment* (*S sentreuont*) : *c.* (*A reclaiment*) 8603.

Nous croyons devoir adopter pour *crement* (*creme*) la graphie qu'offre le ms. d'Angers au v. 5077, d'autant plus que la rime *crembre : raembre* 7927 (*S creindre : remaindre* (mauvaise leçon), *B criembre : raiembre*, *C craimbre : reaimbre*, *A cremoir : avoir*, *P* m.) confirme le maintien de l'*e* latin dans les mots issus de *tremere*. Nous uniformisons les rimes, sans cependant nous croire autorisé à conserver l'*e* à l'intérieur du vers dans les mots où *a* tonique libre, ou bien *ĕ* bref, sont suivis en latin d'une nasale.

Il faut voir, ce nous semble, un phénomène analogue

---

la graphie des manuscrits n'indiquant que ces formes aient été employées par l'auteur autrement qu'à titre exceptionnel et à la rime.

1. Dans ces exemples et dans ceux qui suivent, on remarquera que la rédaction picarde, *y (AP)* remanie les rimes, ce que fait aussi quelquefois la famille *x (BC)*, qui est purement française, de sorte que *S* reste isolé; mais la comparaison des variantes montre qu'il a conservé la bonne leçon.

à celui que présente *e* + nasale rimant avec *ue* + nas. dans un cas isolé, où la nasale est remplacée par la liquide : *duel : fel* 1933 (*B diel : ciel, C deul : cuel, y* dével. en 4 v.). Ce n'est donc pas une raison pour écrire *del :* il y a ici rime de la voyelle simple avec la deuxième voyelle d'une diphtongue. Même analogie dans la rime de *i* avec *ui*, dont il n'y a ici qu'un exemple assuré (voy. sous EU et sous O), *cuit : dit* 79 (*Sx*) (*cuit* rime d'ailleurs fréquemment en *ui*), mais qui se rencontre aussi ailleurs (cf. Wace, Benoît, Marie de France, etc.). Ces diverses rimes prouvent que ces diphtongues commençaient à être ascendantes[1].

A côté des formes *Greu* (= Græcum), *Greus*, assurées par les rimes *Parthonopeus* 1999. 3877. 3909. 4165 et *Amphiareus* 2275, la forme *Grés* est également assurée par la rime *trés* (trabes) 3971 (*B Grex : Grex, C triex* (trabes) *: Griex, P* dével. en 4 v., *A* m.) et 3467 (*y* développe en 4 v., *S* a une longue lacune). *Gré* est douteux, la rime *pré : Gré* (*x josté, A ajosté, P arresté*) 6735 ne se trouvant que dans un manuscrit ; mais il se déduit de *Grés. Dé* (deum) ne se trouve à la rime que dans des passages spéciaux à *S* (4369 *S* et 5963 *S*) ou à *x* (9333 *C*, 9337 *C* et 9557 *C*), qui ont été exclus du texte critique : nous écrivons donc partout *deu.* Cf. *Greu : deu* 2097 et *deus : Greus* 4813.

E, UE = I, UI français. — L'auteur fait rimer fréquemment, comme cela a lieu dans le *Livre des manières* et dans d'autres textes de l'Ouest[2], le produit de *ĕ* latin + *yod* avec celui de *ŏ* lat. + *yod* c'est-à-dire *iei*, qui s'est réduit à *i* en français propre, avec *uei*, qui est devenu *ui*. Voici les exemples que fournit notre texte[3] : *neit*

---

[1]. Les mêmes rimes se retrouvent dans *Troie*, dans la *Chronique* et dans d'autres textes de l'Ouest.

[2]. Sur ces rimes, voy. W. Fœrster, *Roman. Studien*, III, 180 ; Kehr, *Ueber die Sprache des Livre des manières*, Köln, 1881, p. 43 sqq. ; Kremer, *Rimarium und darauf basirte Grammatik von Estienne von Fougières' Livre des manières*, Marburg, 1885, p. 33 ; Gœrlich, *Die nordwestlichen Dialecten der Langue d'oïl*, Heilbronn, 1886, p. 31 sqq., etc.

[3]. Nous donnons la graphie de *S* pour chaque exemple, afin de

(noctem) : *deleit* (delectum) 355 (*xy nuit : deduit*), *: respeit* 8303 (*S respit : noit, xy* m.); *leit* (lectum) : *noet* 6511 (*y tuit : nuit, x* m.), *neit : leit* 1235 (*y dis : lis*) et 3491 (*y nuit : malduit*, *S* a une lacune accidentelle). D'autre part, l'on ne trouve pas *nuit, uit,* etc., rimant avec des mots où *ui* vient de *ū + yod* (*deduit, fruit,* etc.). Par contre, *lit* rime avec *petit* au v. 2229, où il est impossible de voir une interpolation, et *petit* avec *contredit* 409; cf. *petite : eschafite* 8439 (*SxP*). De même, les rimes assurent les formes *sére* et *sire* (senior), *évre* et *ivre* (ebrium); voy. le *Tableau des rimes* sous *ére, ire, évre, ivres*. Il faut donc admettre pour ces trois mots, que les formes dialectales en *e* ne sont qu'une exception, et les exclure à l'intérieur du vers.

Maintenant faut-il uniformiser complètement ces rimes et convient-il d'écrire *neit, leit,* etc. ? ou bien *nét, lét* ? Parmi les rimes qui seraient correctes dans tous les dialectes, nous relevons dans *S*, qui semble avoir conservé des traces de l'orthographe originelle, les graphies suivantes pour les mots issus de *ŏ : noet* 4279. 7393 (cf. *noit* 992. 7455; *ennoet* 7394 (cf. *ennoit* 991. 7269, *oit* 4280, *maldoiz* 4193, *ledoiz* 4194), et pour les mots issus de *e* bref : *lét* 6780, *delét* 6799, *prez* 917. 1625, *pres* 6511, *dez* 1625 (cf. *deiz* 917), *des* 6511. On voit que *e, ei* et *i* alternent dans la graphie des mots qui viennent de *e + yod, oi* et *oe* dans ceux qui viennent de *ŏ + yod*, mais que ceux-ci n'ont jamais *e*. La graphie *e* doit être préférée à *ei* pour les mots issus de *ĕ + yod*, parce que l'auteur les fait assez souvent rimer avec des mots en *é* issu de *a* latin tonique libre [1]. Voy. le *Tableau des rimes*,

---

montrer les hésitations du scribe en face de cette rime, qu'il n'osait changer ou supprimer, comme l'ont fait les scribes de *BCAP*. Ajoutons ici un exemple de *S* qui se trouve dans un passage interpolé : *respit : noit* 8877 *S*.

1. Aux vers 2479-80 (*La dameisèle plus ne dist : Del jart s'en ést* (*x Ist du vergier*), *l'enfant guerpist*), nous avons cru devoir, en conséquence, préférer la rime de *x* à celle de *Sy*, due sans doute à la perte du premier vers : *Sy donnent : A tant s'en torne, sil(e) g.* (*y illuec* (*P le laist*) *lenfant g.*), *Isnel(e)ment del gart* (*P gaut*) *sen eist* (*y ist*). La critique exclut deux autres exemples de *ist* (*i. : fist*

sous *és* ², *ést, ét, ez* ² ¹. Quant aux mots issus de *ŏ + yod*, comme ils ne riment jamais qu'entre eux ou avec des mots issus de *ĕ + yod*, la même conclusion ne s'impose pas, et l'on pourrait hésiter entre *ué* et *é*. Nous avons préféré *ué*, par la raison qu'ici encore, comme plus haut, nous avons la rime de la voyelle simple avec la seconde voyelle d'une diphtongue (*ué : é*). Cf. *rens : suens, duel : fel*, etc. ².

Nous écrirons également par *ué* les autres mots où *ui* français provient de *ŏ + yod* et dont la graphie n'est pas assurée parce qu'ils ne riment qu'entre eux dans notre poème, comme *cuére* (coquere), *muére* (* moriam), *trifuére* (* triforium), *ivuére* (eboreum), *duére* (* docēre pour docĕre), *duét* (doctum) et ses composés *mauduét*,

---

xy, v. 2657 de *C* (4073 de *A*), et *i.* : *estordist y*, v. 4059 de *A*), qui font partie d'une rédaction spéciale de la Mort du Serpent (voy. ci-dessus, § III, p. LI-LIII.

1. Voici rassemblés les exemples divers de cette sorte de rime, avec la leçon de chaque manuscrit : 1° *lez : peiz* 707 (*S, B l. : pez, C forbiz* (absurde) : *piz, y* remanie le passage); 2° *prez : nez* 3671 (*Sx, P pris : gentis, A* manque); 3° *comprez : prez* 1813 (*S, x pris : pris, y* ch. la rime); 4° *periz* (*S, B ramis, C pasmiz, A espasmis, P espaumis*) : *piz (y pis)* 2455, où il faut corriger *pasmez : pez*; 5° *remeist* (rema(n)sit) : *eist* 1217 (*S, B remist : ist, C ist : atargist, y remaint : faint*); 6° *ses* (sapis) : *eis* (*x dez* (deos), *P parjurés, A loialtés*, en omettant 2 vers) 1297; 7° *remes : ses* (sex) 5111 (*P* ch. la r., *A* m.); 8° *set : respet* 8273 (*S, x dit : respit, y* ch. la rime).

2. Quoique l'étymologie de *orgueil* (* orgŏlium) ne soit pas sûre, la prononciation du mot accuse un *o* et probablement un *o* bref à l'origine (cf. *deuil*). On pourrait donc rapprocher ici les rimes *orguil : viele* (lis. *orgueil : veil*) 5717 *S*, l'*l* ayant seule empêché la réduction de *ué, ié + yod* à *ui, i* en absorbant le *yod* pour se mouiller. Le bouleversement de *AP* dans ce passage expliquerait à la rigueur comment le copiste de leur source a supprimé ces deux vers, au lieu de modifier la rime, comme il le fait ordinairement, lorsqu'elle choque ses habitudes de prononciation (*x* a ici une longue lacune). Le ms. *S* offre d'ailleurs des traces du maintien de l'*e* de * veclum dans *vieil* (cf. 4677. 4696. 5799. etc.); de même *D* (cf. *veil* 4677, à côté de *vel* 4696). Cependant ces deux vers n'étant pas indispensables au sens, dans le doute, nous les avons rejetés hors du texte critique.

leiduét, pluée (*plovia)[1] et ses rimes essuée (*exsŏcidat) 2089 et vuée (*vocita) 4413.

Le manuscrit S nous fournit cinq exemples intéressants de la rime de fei (feu, fief, fié) avec des mots en ui provenant de ŏ +yod : 1° poi (= pŏdium) : fei 5237 (BC pié (pedem) : fié, y ch. la rime); cf. chié (= caput) : fié, II, 2601, où A écrit chief : fief et SP m. ; 2° oi (= hŏdie) : fei 6139 (xP et A ch. la rime); 3° oi : fei 6347, où y donne desconsilliés : fiés et x hui : refui, conservant chacun un des éléments de la rime et assurant ainsi son authenticité; 4° fei : sei 1427 (x lui : sui, y ch. la rime); cf. soi : enqoi 275 (y sui : ancui, x m.) et sei dans S à l'intérieur du v. 7426; 5° feus : mois (= mŏdios) 6491, où les autres mss. placent à l'intérieur du vers le mot embarrassant (C fiez, B frais, AP fief). Ces rimes nous semblent justifier la présence du mot fieus, à côté de ueil (oil) et d'autres mots qui ont ŏ en latin, dans une laisse en ue (oe) du Rolant, assonance qui a donné lieu a tant de discussions parmi les romanistes. Elles exigent la graphie ué pour fué, pour hué, mué, pué, sué, qui riment avec lui, et pour les autres mots où ué (ui français) provient de ŏ +yod, à la rime ou dans l'intérieur du vers, et montrent que tout au moins les formes fei de S, et fué du texte critique (que nous avons adoptée d'après l'analogie de hué, mué, etc.), doivent être rattachées, non au v. h. al. fĕ(h)u (goth. faihu)[2], mais à un type bas-latin *feŏdum, qui a dû donner d'abord fuei, d'où fei de S, et notre fué.

Les mots en -ērium (aussi -ĕrium : cœmeterium), ĕria riment tantôt entre eux : matiére : empére 4769 (S, BA matére : e., CP matire : empire), tantôt avec lire : l : cimitere 6465 (S, x : cimetiere, A : cimentire, P dire : cel timire), ou eslire : meïsteire : esleire 5055 (D, AP maiestire : eslire, Sx ch. la rime); empiere : eslire 1703 (S, x empire : ellire, y e : eslire); e. pire 5121. De tou-

---

1. Plŭvia est devenu plŏvia sous l'influence de la labiale. Voy. Romania, III, 327; X, 52, etc.
2. Voy. Grœber, Zeitschrift für romanische Philologie, II, 4613- et G. Paris, Romania, VIII, 145.

tes ces rimes, on ne peut rien conclure directement, mais l'hésitation dans la graphie de *S* et de *D*, et surtout l'analogie de *lét, respét*, etc. (voy. plus haut) nous semblent autoriser *é* [1]. Nous écrirons donc *matére, empére, pére*, et par conséquent *eslére*. Pour *sire*, il faut admettre, à côté de la forme commune, que l'on trouve dans d'autres textes n'admettant pas plus que celui-ci la rime de $\breve{e} + yod : i$, et qui ici est assurée par de nombreuses rimes, une forme dialectale *sére*, d'ailleurs étymologiquement exacte, qu'assure la rime *eslére* [2] 4112.

Phylactērium ne rime qu'avec un mot analogue, *cēreus : philateres : cereis* 6457 (*S, P filatiéres : cierges*, *xA* manquent); mais *cimetére* (cœmetērium) rime avec *lére* (legere) 6465. Cf. d'ailleurs Benoît, *Chron. des ducs de Normandie*, éd. Fr. Michel, I, 1531 : *cire : baptestire*, où *cire* a, comme ici, le sens de « cierge ». Nous écrirons donc *philatéres, céres*, d'après l'analogie de *cimetére*, etc.

*Precat doit donner à la tonique *é*, et non *i*, suivant l'analogie des mots qui ont $\breve{e} + yod$ [3]. On peut le conclure de ce fait que, dans les deux seuls cas où ce mot se trouve à la rime en *i*, il est exclu par la critique des manuscrits : *escrient : dient* (*A prient*) 345 (*S* diffère), *crie* (*Cy prie*) *: partie* 3573. Il ne rime d'ailleurs pas avec des mots en *ei* venant de $\breve{e}, \breve{i}$. Quant aux verbes en -*ĭcare*, ils ont *ei* et non *i* : *mei : otrei* 269 (*S* manque par oubli), *otreie : enveie* 421, *: creie* 8495. 8523, *: deie* 4131, etc.; *otreient : creient* 2071, *: enveient* 8247.

IE. — *ie*, a la tonique, provient de $\breve{e}$ latin libre, de *a* lat. libre influencé par un *yod*, ou de $a + i$ dans le suf-

---

[1]. La rime de *empére* avec *frére* IV, 9969, ou *emperére* IV, 10807, ne se trouve que dans un ms. picard (*A*) et dans des passages certainement interpolés : elle ne peut par conséquent être attribuée à l'auteur. Cependant elle ne semble pas répugner à ses habitudes. Voy. ci-dessus, p. LXXVIII, n. 1.

[2]. Nous avons de même *évre* et *ivre, lét* et *lit*. Parmi les autres formes entre lesquelles hésite l'auteur, il faut citer *somon* et *somoign* (1re pers.), *auge* et *aut* (subj., 3e pers. sg. de *aler*), etc. Voy. le *Tableau des rimes*.

[3]. *Ei* domine dans *S*; les autres mss. n'ont que *i* ou *oi*.

fixe -*arium*. Le poète ne le confond jamais avec *é*, venant de *a* tonique latin : les exemples du contraire dans *S*, ou bien appartiennent à des passages reconnus interpolés pour d'autres causes et spéciaux à ce manuscrit, ou bien sont contredits par la leçon des autres manuscrits et doivent en conséquence être attribués au scribe anglais ou à son modèle. Ainsi, au v. 3823, *trecé S*, qui ne saurait rimer avec *baudré* (*Sy*), doit être remplacé par *galoné*, que donne *y* (*x* a *trecie* : *pié*); aux v. 8205-10, où *S* résume en deux vers qui riment mal (*jugiez* : *ne me demorez*) et ne se lient pas bien à ce qui précède, on pourrait admettre une lacune de deux vers introduisant le discours et corriger au second vers *ne vos atargiez*; mais il est plus simple de prendre la leçon de *y* en 6 vers, ou plutôt celle de *BC*, également en 6 vers dont les 2 premiers communs à *xy*. Dans les autres cas, d'ailleurs peu nombreux, il n'y a qu'à prendre la leçon des manuscrits qui riment bien.

Les mots venant de $\bar{\imath}$ + dentale + *a* riment régulièrement en *é* : *obliez* : *coronez* 447 (*S* traite différemment ce passage et fait rimer *s* avec *z*); *escrïez* (*S esceiez*, peut-être de * *exciatus* pour *excitus*) : *pasmez* 9409. A la tonique, l'*i*, qui est long, se maintient : *crie* : *partie* 3573, *crient* : *dient* 345, etc. (cf. *chastie*). La forme analogique *alie* 5373 et 7059, n'est que dans *S*, mais semble bien appartenir à l'original, à l'exclusion de *aleie*; voy. les variantes du second exemple. Du reste, le latin vulgaire a eu également la forme *lĕgare*, qui aurait donné ici *lée*, comme * *precat* a donné *prée*.

Pietas donne la forme savante *pieté*; cf. *geté* : p. 115 (*SB pitié*, vers faux, *CP pité*), à côté de *pitié*; cf. *lié* (*P pié*) : p. 4083 (*SP*), *eissilliez* : *pitiez* (*S pitez*, *P peciés*) 997 (*Sy*).

La contraction de *iée* en *ie*, usitée dans le Nord et l'Est, est inconnue à notre auteur. La rime *maisnie* : *compagnie* 5997 n'est que dans *A* : *P* manque, *BC* donnent *foie*, *fouie*, et *S*, dont le scribe ne connaissait pas ce mot, s'est arrêté en chemin et n'a écrit que *fe*, ce qui donne la vraie leçon *feiée* (= vice + ata), laquelle assure *maisniée*.

Nous avons mentionné plus haut la rime exceptionnelle de *i* avec *ui* : *cuit* : *dit* 79.

EU. — Notre poème ne connaît ni *eu* de *-ŏcum*, qui donne sans doute ici *ou* (*fou, lou, jou*, qui riment toujours ensemble, sont le plus souvent ainsi écrits dans *S*), ni *eu*, issu de *o* fermé (= lat. ō, ŭ), qui est encore intact[1]. Cette diphtongue y provient de *eu*, de ĕ (*æ*) + *u* séparés ou non par une gutturale (*Deu, Greu*), de *au* (exceptionnellement, dans *Amphiareus*), et de *ĭll, ĭ* + *l* + *yod*, si ces groupes sont suivis de *s* : *cheveus, conseuz*, etc.[2]. Pour ŏ + *l* et ŏ + *l* + *yod*, suivis de *s* ou *t*, nous admettons la triphtongue normale *ueu* (*dueus, acueut*, etc.), quoique les rimes manquent pour l'assurer, car rien n'assure non plus les formes diphtonguées en *eu*.

I. — *i*, à la tonique, provient ici exclusivement de *ī* latin, sauf le petit nombre de cas signalés plus haut (voy. sous E, UÉ), et les mots savants comme *martire*, qui rime fréquemment avec *dire*, et aussi avec *ire, rire, remire*, ou *glorient* (cf. g. : *rient* 7079, *x escrient* : *r*., *y* ch. la rime), et comme *Pile, Sezile*, etc. *Umelie*, qui rime avec *crie* 2639 (*Sy*), est un mot demi-savant.

Le nom verbal de *adjutare* est *aïe* (*a*. : *esbahie* 7153,

---

1. *Dous* (de *duos*) avec *o* fermé, rime toujours avec le produit de ō latin : *d*. : *merveillous* 1763, : *religious* 5083 (*x r*. : *diex*), : *rous* 5385 (*C r*. : *touz*, *B* ch. la rime), : *estorçous* 6029 (*y* ch. la rime, *x* m.), : *vous* 8493 (*SxP*) et 9173. Il en est de même de *sous* (= sōlus) et de *lous* (= lŭpus), où l'o est également fermé : *s*. : *poorous* 579, *vous* : *lous* 4667. Ces rimes se retrouvent ailleurs (cf. *dous* : *engignos*, Chronique des Ducs de Normandie, 40029; *los* : *ros*, Chevalier au Lion, 301, : *nos* Erec et Enide, 4412). Nous croyons cependant devoir n'admettre la diphtongue, pour les adjectifs en *-osus* et pour *vos* (*nos*), que dans les exemples précités, en les considérant comme des exceptions amenées par la rime. Par suite, en dehors de ces cas, nous écrivons toujours par *o* le produit de ō, ŭ latin. Voy. ce qui est dit plus loin, p. LXXXIII, à propos de *mot*.

2. Si ces derniers groupes sont suivis d'un *t*, l'*l* mouillée, au lieu de se vocaliser, disparaît en dégageant l'*i* de la mouillure, qui forme diphtongue avec l'*e*. Cf. *apareit* (ad- * pariculet) : *enveit* 929 (*y* ch. la rime), rime qui nous autorise à écrire *conseit* à l'intérieur du v. 4140, et aussi *ceit* (celet) 2034. Cf. plus loin, aux Liquides.

: *compaignie* 7863, : *oïe* 7871), mais aussi *àiue;* cf. 1127. 1187. 1357. 7075. 7375 (*SxA*).

Leuca, par un déplacement de la gutturale, est traité comme *equa* et **sequat*, avec lesquels il rime, et donne *live* (: *aconsive* 8857, : *ive* 9043), et non *leue* ou *lieue*.

O. — *o* fermé et *o* ouvert toniques libres sont séparés[1]; ils ne se confondent que s'ils sont suivis d'une nasale. Voy. la *Table des rimes*, sous *ón, ónt, óne, ónent*.

Mot, qui déjà dans le *Rollant* prend un *o* ouvert, conserve ici l'*o* fermé et rime avec *estout* (stultum) 3509 (*y* diffère, *S* a une longue lacune accidentelle), où normalement l'*o* fermé est suivi d'un *u*, provenant de la vocalisation de l'*l*[2] (cf. p. LXXXII, n. 1) : l'*o* n'est ouvert que dans *y* et *S*, séparément, et dans des passages reconnus interpolés pour d'autres causes. *Mot* rime également, v. 1437 (*SB, C acort, y* ch. la rime), avec *escot*, nom verbal de *escoter*, que l'on dérive généralement de **escŭltare* pour *auscŭltare*, mais que l'on trouve aussi dans certains textes écrit simplement avec *o*, ce qui a fait proposer un type **escuttare*. Cf. *tomote* : *escote* 4919. 8223 (voy. aux *Liquides*). La rime avec *mot* fortifierait cette étymologie, à moins qu'on n'aime mieux voir ici, ce qui nous semble moins probable, un nouvel exemple de la rime de *o* fermé avec la diphtongue correspondante en *u* (*ó* : *óu*), que nous avons signalée à propos de *dous, sous* et *lous* (voy. p. LXXXII, n. 1). Quelle que soit la graphie que l'on préfère, il est certain que, pour l'auteur, il y avait peu de différence entre le son de *o* fermé et celui de *ou* français moderne (italien *ou* ou allemand *u*), puisque ce dernier son, qui constituait le second élément de la diphtongue, se confondait assez avec le premier élément pour que l'ensemble pût rimer avec *o* fermé pur.

---

1. Au v. 2307, *chose* de *S* doit être corrigé, avec *xy*, en *tose*; de même aux v. 4159 (*B tousse, y* m.) et 6413 (*S cose, B chose, y* m.), et au v. 8473 (*B* m.), où la bonne leçon ne se trouve dans aucun manuscrit. La leçon inadmissible de *y*, *cor* : *Monflor*, au v. 3335, est corrigée par *x*, qui donne *hauçor* (altiorem) : *M*. (*S* a une longue lacune accidentelle).

2. Nous conservons la graphie normale pour les dérivés de ce mot : *estoutie, estoutement*.

ŏ latin tonique libre se diphtongue généralement en *ue*, qui rime avec lui-même, et exceptionnellement avec *e*. Devant une nasale, *ue* (dans *buens, suens*) semble assuré par la rime avec *e* (: *rens, tens*, voy. sous E, UÉ); la forme en *o*, dans ces mêmes mots, lorsqu'ils ne sont pas proclitiques, n'est assurée que dans des passages spéciaux à *S* ou à *y*.

Cuens rime toujours avec *buens* ou *suens*. Quant à *hon, on*, il n'y a d'assuré que la forme non diphtonguée. Cf. *l'on* (*x baston*) : *maison* 303, : *environ* 2111, : *traïson* 2293. La rime *l'on* : *proʒhon* 5061, ne prouve rien par elle-même, et la leçon de *S* (*l'en* : *sen*), qui est isolée, doit être rejetée à cause des rimes déjà citées.

Le produit de *domina* ne rime qu'avec *home;* cf. *domes : homes* 4097, : *pro d'homes* 3783 (*xy*). Cependant nous n'avons pas cru devoir écrire *dome* à l'intérieur du vers.

Les noms en *ŏria* et ceux en *ōria* (*estoire, gloire*, etc.) ne se rencontrent pas mélangés, ce qui peut être l'effet du hasard et ne prouve point que l'auteur ne les confonde pas, car ils sont généralement confondus à cette époque. Nous les écrivons en *o* et non en *oi* (les mss. varient), parce que les dialectes de l'Ouest, et le nôtre en particulier, ont, comme nous l'avons vu[1], une tendance à resserrer les diphtongues. D'ailleurs, les rimes *Calidone : trone* 3747 (*S* a une longue lacune accidentelle), *essone : trone* 4747 (*A ensègne : boscagne, P essoigne : besoigne;* cf. *calidone : essone* 2011. 2983. etc.), assurent l'*o* simple pour un cas analogue. Dans les deux cas, la réduction de *oi* à *o* semble entraîner la prononciation ouverte [2] : nous n'avons pas ici, en effet, des rimes comme *estore : hore*, ou comme *essone : done* [3]. Pour -*one*, voy. d'ailleurs sous *n* mouillée.

---

1. Voyez aussi plus loin, sous OI.
2. Si l'étymologie de Diez est exacte, nous aurions ainsi un traitement différent pour *essone*, qui rime en *o* ouvert, et pour *soign* et *besoigne*, mots appartenant à la même famille, qui riment en *oi* avec *o* fermé (cf. *vergoigne : besoigne, poigne : b.*, etc.).
3. Cette dernière rime se rencontre dans plusieurs textes. Voy. en

OI. — La diphtongue *oi* n'est jamais ici une transformation de *ei* (= *ē*, *ĭ* toniques libres); elle vient uniquement de *o* fermé (= *ō*, *ŭ* latins) + *yod* (*loinz, poign, froissent*, etc.), ou de *o* ouvert (= *au* latin) + *yod* (*joi, noise*, etc.), qui ne riment jamais ensemble.

Dans quelques mots où la tonique, dans certains dialectes, a été influencée par l'atone, comme les formes fortes de *apoier, enoier*, nous écrivons, naturellement, *ué* (fr. *ui*, de *uei*) et non *ui, oi*, ou *o*[1], à cause des rimes de *ŏ* + *yod* avec *ĕ* + *yod*, signalées plus haut (voy. sous E, UE), mais *oi* à l'atone. Nous réservons *ui* pour les mots qui viennent de *ū* latin + *yod*, comme *bruit, conduit*, etc., et pour ceux qui ayant généralement *ui*, comme *tuit, lui, autrui, dui, reçui, conui, fui* (= fui et fugio), ont besoin d'une explication particulière (forme vulgaire différente de la forme classique, analogie, etc.).

Audire, *exgaudere font à la 3e pers. du plur. de l'indicatif présent *òent, esjòent* (= **audunt, gaudent*), et non *oient, esjoient*. Cf. *oent : loent* 4173, *esjoent : l*. 339 (*A* ch. la rime, *P* m.), e. : *esroent*[2] 1087 (*S* e. : *estoient*; *y* développe, *x* m.). Il faut en rapprocher *bos*, qui rime avec *enclos* 2129, quoique presque toujours écrit *bois* à l'intérieur du vers dans *SBC*, et quelquefois même dans *AP*. Cf. plus haut, sous O.

U. — *u* vient régulièrement de *ū* latin libre ou entravé. *Aiue* et *aïe* sont également justifiés par les rimes; il en est de même de *aiüent* et *aïent*.

Au v. 1623, *aconsiut : reçut*, nous avons un nouvel exemple d'une diphtongue rimant avec une voyelle simple (voy. sous UI); les rimes *reçurent : furent, aper-*

---

particulier dans le *Roman d'Alexandre* en vers de 12 syllabes, éd. Talbot, p. 442-3, une longue laisse où figure *essone*, mot qui rime avec *trone* dans une autre laisse (p. 378).

1. Il s'agit de l'intérieur du vers, car, dans le seul exemple où ces mots se trouvent à la rime dans *D* (*apoent : ennoent* 5001), *S* donne la vraie leçon *aponent : semonent*, qui a été altérée dans *B* en *apouent : s.*; dans *C*, en *apoent : s.*; dans *y*, en *apoient : proient*.

2. Pour *esroent*, opposé à *esroie* (: *joie*) 9037, voy. aux *Gutturales*.

çurent : *furent*, etc., empêchent d'écrire *reciut*, comme dans l'Est [1], ou *receut*, comme dans certains textes du Sud-Ouest [2]. De même les rimes de *mut* avec *crut*, *estut*, et de *murent* avec *furent* montrent qu'au v. 2087, il faut adopter la forme commune *plut* (parf. de *ploveir*), et non *ploūt*, ni *pleut*.

UI. — En dehors de ce que nous avons dit plus haut (voy. sous OI), il y a peu de chose à dire de *ui*. *Cuide* : *estuide* 5527 (*SA*) montre que, dans notre texte, l'*i* est déjà passé à la tonique ; et, si nous n'avions adopté la voyelle simple dans les suffixes *-oria, onia,* nous devrions écrire, *gloire, essoine*, etc., et non *glorie, essonie*, etc. *Pertus* est assuré par les rimes *Tydeüs* 1499. 8801, et *plus* 8651.8909. Nous avons déjà mentionné plusieurs fois la rime exceptionnelle *cuit : dit* 79, qui assure *cuide* (= cugitat), contre *coide*, et montre que la diphtongue commençait, pour l'auteur, à être ascendante. Cf. *aconsiut : reçut* 1623, et voy. sous U.

B. — Consonantisme. — I. *Gutturales*. — Le *c* vélaire (*ch*, prononcé *tch*) est toujours distinct du *c* palatal (*c* doux, prononcé *ts*), c'est-à-dire que, après la tonique, *c* + *a* lat. ne rime pas avec *c* + *e, i* ou *ci, ti* + voyelle. Il importe d'examiner à part chacune des rimes qui semblent faire exception à cette règle.

Pas de difficulté pour *-ance* et *-anche, -ence* et *-enche*, qui sont parfaitement séparés. *Sache* ne rime pas, comme dans certains textes, avec des mots en *ace* : si l'étymologie incertaine de *busnache* 2897 (*P huhaice* (?) : *saice, B b.* : *face*) ne tranche pas la question, l'assonance *messages : saches* 1277 nous paraît suffire à assurer la chuintante. Aux v. 6043-4, *chevauche : rechauche* (= recalcat) de *S* corrige la rime mélangée des manuscrits picards *AP, c : enqauce* (*x* m.), et aux v. 7971-2, où ces mêmes manuscrits ont *radouce : touce*, la correction ressort clairement des leçons de *SBC*. Il en est de même,

---

1. Voy. Horning, dans *La langue et la littérature françaises depuis le* ixe *siècle jusqu'au* xive *siècle* de Bartsch, p. 57.
2. Voy. Gœrlich, *Die Südwestlichen Dialecte der Langue d'Oïl*, p. 127.

aux vers 5279-80, pour la rime de *A*, *lices : rices* (*P* manque), où *x* donne *laliche* et *S lalische* (: *riche*) : c'est sans doute le nom de ville bien connu *Lalice*[1]. *Lice* rime d'ailleurs régulièrement avec *clice* (*C esclisce*, *A faitice*, *P lice*) 4573 (cf. 5219), et *riche* avec *briche* 4135 (*Sx*). 8829 (*SA*), *fiche* 5697 (*Sy*), *afiche* 8285 (*SxA*), *triche* 6499 (*Sx*). Il faut cependant reconnaître que *rice* rime, dans certains textes, en *c* (*ts*); mais il vaut mieux écrire ici, avec *Sx*, *Laliche : riche*, les noms propres se prêtant plus facilement, en raison de leur emploi plus rare, aux variations de forme demandées par la rime. Cf. *Godriche : riche* 6649, où *y* change la rime et écrit *Godris* (*A*), ou *Godins* (*P*), à l'intérieur du vers.

Il y a difficulté pour *roche*, qui rime dans *A* avec *aproce* 175. Les autres manuscrits donnent *Foche* (*P*), *Fonches* (*C*), *Forche* (*S*), *Forches* (*B*). *Forche* (= *furca*) est inadmissible, non pas tant à cause de la rime de voy. + *r* + cons. avec voy. + cons. (cf. *porche : broche* (*A escorce*) 655), qu'à cause de l'*o* fermé rimant avec *o* ouvert. Il nous semble donc préférable d'adopter, ici et à l'intérieur du v. 135, la forme *Phoche*, qui suppose un type *Phoca*, dû sans doute à l'influence de *phoca*, phoque, ou de *Phocaïs*, Phocéenne. L'*o* ouvert fait encore difficulté, mais il s'agit ici d'un nom propre et d'un mot savant. On sait d'ailleurs que déjà Sénèque et Lucain confondaient le nom de la Phocide (*Phocis*) avec celui de Phocée (*Phocæa*); il n'est donc pas étonnant qu'un rimeur du xiie siècle, parlant de la capitale de la Phocide, l'ait appelée *Phoce*. — Au v. 2091, il n'y a point d'irrégularité : *sece*, qui rime avec *secherece*, n'est point *siccat*, mais *sitiat pour *sitit*.

-*ĭtia* donne régulièrement -*ece* : *destrece*, *proece*, etc.; les formes en *eise* (*oise*) ne se rencontrent que dans les manuscrits picards et ne sont nulle part assurées par les rimes. Les mots savants ou demi-savants en -*ĭtia*, *ĭtium* ont partout -*ise* : *franchise*, *justise*, *servise*, etc. *Venĕtia* rime toujours avec *Grœcia* : parmi les formes des ma-

---

1. Voyez *Zeitschrift für roman. Philologie*, III, 175; *Romania*, VIII, 625, etc.

nuscrits, *Venece, Venesse, Venice*, la première nous semble la plus conforme aux caractères généraux de la langue du poème.

A côté de *esroent*, où la gutturale est tombée sans laisser de trace (voy. plus haut, sous OI), on rencontre *esroie* (joie: e. 9037). — *Tuniques* et *reliques*, qui riment ensemble (6455), sont des mots savants, qui n'ont jamais varié. Il en est de même des noms propres *Aufrique, Salenique* (cf. 4427-8), et des noms de choses personnifiées *Arimetique, Musique* (4755-6 *Sx*).

II. *Dentales.* — La dentale finale, après une voyelle accentuée libre, est régulièrement tombée; de même à la 3ᵉ pers. du sing. des prétérits de la 1ʳᵉ conjugaison. Le *t* ne se maintient aux autres conjugaisons, selon la règle, que lorsqu'il est protégé par une dentale (*vit*, etc.), ou par une labiale (*but, dut, conut, mut*, etc.), ou par une situation particulière (*jut*, etc.). Le scribe du manuscrit *S* admettait certainement la dentale à tous les parfaits en *-ivit*, comme le montre la graphie *-ist* fréquente à l'intérieur du vers et à la rime, la rime avec des mots où le *t* est assuré (: *dit* 9547 *S*, etc.) dans des passages interpolés, et l'emploi presque exclusif de *-it* dans la première moitié du poème (dans la seconde, on trouve *-i* à côté de *-it* ou *-ist*); mais il n'est rien moins que sûr que le poète ait employé *-it* : la rime isolée *vit* : *covit* (cupivit) 3887 semble une licence. Au contraire, nous avons deux rimes[1] qui justifient *i* : *sorbi* (*P englouti, A a e., x a sorbi*) : *autresi* 4861, et *oï* : *si* 9467, qui manque dans *AP*, mais semble nécessaire[2]. D'autre part, la rime où l'on trouve, dans *S*, un parfait en *ié* rimant avec un parfait en *i* peut être facilement corrigée : *oït* : *tendit*

---

1. Il faut en ajouter une troisième, moins assurée, *referi* : *honi* (partic.) 8063, où *S* développe 4 vers de *y* en 16 et *x* supprime tout le passage. La rédaction nouvelle de *S* est peut-être née de la difficulté de supprimer cette rime, que le scribe de *S*, ou son modèle, n'admettait pas plus que la précédente. Voy. ce qui est dit ci-dessous à propos de *fut*.

2. *A* rattache assez habilement les vers 9469 sqq. aux derniers vers de la longue interpolation qui lui est spéciale (voy. l'Appendice IV); mais la lacune est visible dans *P*.

10129 (*P entent : hasteement, x* diffère, *A* m. par oubli), corr. *entendié : tendié.* Une correction analogue doit être faite au v. 10039, *oit : irasquit* (*x entent : durement, y ot : mot*), corr. *entendié : irasquié,* quoique *ié* dans *irasquié* ne soit pas directement justifié par les rimes, comme il l'est pour les verbes à dentale. Cf. *espié : abatié* 9623 et voy. le *Tableau des rimes,* sous *ié.*

Pour *fut,* la graphie de *S* est constante ou à peu près, au moins dans ce qui appartient à l'original; car, chose curieuse à noter, on trouve, dans les passages interpolés qu'il nous fournit, un assez grand nombre d'exemples de *fu.* D'ailleurs, il n'y a pas dans tout le poème une seule rime qui assure *fut.* Ainsi aux v. 871-2, *fut : rescut* (pour *reçut*), *S* est isolé : *x* et *y* donnent *fu : a receü;* et aux v. 8061-2, où *S,* qui développe en 16 vers les 4 vers de *y* (*x* manque), donne *mut : fut, y* a *fu : feru,* et la rédaction qu'il présente semble mieux s'adapter avec le contexte.

La dentale finale est tombée, au lieu de devenir *f*, dans *sei,* qui rime avec *palefrei* 2103 et avec *rei* 2081. Elle est tombée aussi dans *dei* (= *ditum* pour *digitum*) 2407. 3337. 4459, auquel il faut opposer *deit* 2237.

La dentale médiale est naturellement tombée, sauf dans les cas où elle persiste encore aujourd'hui.

III. *Continues.* — M. G. Paris a récemment démontré [1] que, dans la question de l'amüissement de l'*s* devant une consonne, il fallait distinguer le cas où cette consonne est une liquide, une spirante ou une sonore, du cas où c'est une sourde (*p, t, c*), et que, dans le premier cas, l'*s* était sonore et avait disparu de très bonne heure (déjà dans le *Rollant, blasme, pasme,* figurent à l'assonance en *a*), tandis que dans le second elle était sourde et n'était tombée qu'au xiie siècle, et d'abord chez des écrivains normands : Chrétien de Troyes la prononce encore, mais chez Benoît de Sainte-Maure, qui est antérieur, elle est muette.

Notre manuscrit *S* introduit une *s* dans des mots où

---

[1]. *Romania,* XV, 614 sqq., à propos de la thèse de W. Kœritz, *Das s vor Consonant im Franzœsischen* (Strasbourg, 1886).

elle n'a aucune raison d'être ; mais, comme il ne date que de la première moitié du xive siècle, et qu'il est l'œuvre d'un scribe anglais, on ne peut en conclure que son ignorance. Voici les seules rimes qui puissent éclairer la question de la disparition de l's devant une consonne sourde : 1° *maistre : sceptre* (*A estre*) 5117 ; 2° *crisolites : ametistes* 4027 ; 3° *marenitre* (*C amaraliste*) : *litre* (*B listre, C liste, S vitre*) 889 (*A* diffère, *P* m.). Elles sont, comme on voit, peu nombreuses, mais l'on peut en conclure que l'amüissement n'était pas encore complet.

s et ʒ (prononcé *ts*) ne sont jamais confondus par le poète à la finale. Z correspond à *ce* latin dans *deʒ* (decem), qui rime avec *preʒ* 917. 1625. 6511, mais *sés* (sex) : *remés* 5111 (*Sx*), à cause de l'entrave ; de même dans *paiʒ* (pacem), qui rime avec *faiʒ* (factus) 3609. 4143. 4233, avec *palaiʒ* 6805 (*SxP*), avec *plaiʒ* 7915, avec *laiʒ* 8305 (*S*) et avec *fraiʒ* (fractus) 1055. 5125 [1]. *Palaiʒ* et *palais* sont tous deux justifiés. Dans *vais* (1203, *v*. : *mais, y vas : repaieras*), le *d* latin est tombé de bonne heure (cf. *vois* à la 1re pers. et la rime *vas : orras* 167 *Sy*).

Après *n* = *nn* latin, *s* et *ʒ* alternent ; cf. *anʒ*, qui ne rime qu'en -*anʒ*, et *granʒ : panʒ* 3979, à côté de *pans : flans* 9647 (*x flanʒ : sanʒ*). Nous maintiendrons cependant la forme la plus ancienne (*ʒ*) dans le corps du vers, celle en *s* n'ayant qu'un seul exemple assuré. Nous ferons de même après *r* = *rn* latin. En effet, les seules rimes en *s* sont : *jors : chalors* 2083 et *j. : ors* 283. 439 ; *jorʒ* rime d'ailleurs avec *corʒ* (* curtis) 1093. 7783 (*SxA*), qui assure *ʒ*, et aussi avec *forʒ* 6493 (*Sx*) et *estorʒ* (plur. de *estor*) 4045 (*SxP*). 6873, qui ne prouvent rien ; de plus *corʒ* (= cornu + s) rime cinq fois avec *esforʒ*, jamais en *s*. La vieille forme a persisté plus longtemps dans ce mot, sans doute pour éviter la confusion avec *cors* = corpus. Mais au singulier, l'*n* a disparu : *jor : tor* (= turrem) 401. 2837. 3303. 3631, : *seignor* 199. 369, : *poor* 3269.

1. Mais *feci* donne *fis* ; cf. *ocis : mesfis* 391.

Après une labiale, *s* devient *ʒ* dans beaucoup de textes du xiie siècle. Ici, sauf la graphie de *S* et de *C* dans un assez grand nombre de cas, rien n'indique le *ʒ;* au contraire, l'*s* est assurée par les rimes *sés* (sapis) : *és* (exis) 1297, et *Grés : trés* 3467 (*y* dével. en 4 vers, *S* m.) et 3971 (*P* dével. en 4 vers, *A* m.).

Après *n* mouillée, *ʒ* seule convient, quoique, sans doute par un effet du hasard, les mots de cette espèce riment toujours ensemble; cf. *loinʒ : poinʒ* 2573 (les manuscrits picards *AP* écrivent naturellement avec *s*, *S* écrit *loigns : poigns*). Pour le singulier, voy. aux *Nasales*.

Après *l* mouillée, qu'elle soit vocalisée ou disparue (voy. aux *Liquides*), nous trouvons encore *ʒ*. Cette *l* ne disparaît ici que lorsqu'elle suit un *i* simple, tandis qu'ailleurs, par exemple chez Benoît de Sainte-Maure, elle disparaît après toutes les diphtongues en *i* (cf. *travaiʒ : faiʒ*, Chronique, 36345, etc., *conseiʒ : feiʒ*, Troie, 19940, etc.). Les deux seules rimes qu'offre notre texte : *mariʒ* (maritos) : *fiʒ* (filios) 9747 (*P amis : ochis, xA* manquent), *seveliʒ : gentiʒ* 10155 (*P* ch. la rime, *A* manque, *BC* abrègent tout le passage), quoiqu'elles ne se trouvent que dans *S*, semblent suffire à établir le fait, corroboré d'ailleurs (surtout en ce qui concerne le *ʒ* = *l* mouillée + *s*) par la graphie de *S* et de *C* dans un assez grand nombre de cas. A rapprocher *apareit* (* ad -pariculet) : *enveit* 929, où l'*l* a disparu devant *t*, et qui permet d'écrire *conseit* (* consiliet) à l'intérieur du vers 4140, et aussi *ceit* (celet) 2034. Quant à *sotils : barnils* 737 (*S, P soutis : barnis, x* et *A* ch. la rime), rime où les deux mots ont même suffixe, on pourrait hésiter entre *s* et *ʒ*, car la *Chronique* de Benoît, v. 16791-2, donne *soutis : quis*, mais *Tristan* (éd. Michel, I, p. 94, v. 1906) a *filʒ : soutiʒ;* et d'ailleurs l'adverbe *sotivement* montre qu'il a existé, à côté de *sotil*, une forme *sotif*, par substitution du suffixe -*ivus* au suffixe -*ilis*. Nous écrirons donc *sotiʒ : barniʒ*, à cause de la rime *seveliʒ : gentiʒ*.

IV. *Liquides*. — L'*l* semble complètement vocalisée, quoiqu'il en reste des traces assez nombreuses dans l'écriture, surtout dans le manuscrit *S*. Aux v. 4323-4, *chalme* : *healme* de S (P *celme* : *elme*, A ch. la rime [1], *x m.*), que nous écrivons *chaume* : *heaume*, ne sont pas concluants, et la rime est d'ailleurs suspecte ; mais il n'en est pas de même de *tumulte* 4919 (SP, B *tomolte*, C *tem.*, A *tum.*) et 8223 (SA *tumulte*, *x temolte*, P *tom.*), qui rime avec *escote* (*escoute*) et doit être écrit *tomote* ou *tomoute* (forme populaire) : ces rimes fournissent la preuve de la vocalisation de l'*l* [2]. Il en est de même de *sous* (= sŏlus) : *pourous* (A *coureceus*, P *perecheus*) 579, qui montre de plus que la diphtongue *ou*, provenant de *o* fermé + *l*, peut rimer avec *o* fermé. (Voy. ci-dessus, p. LXXXII, note 1 et p. LXXXIII). La graphie presque constante de S, graphie qui domine dans les autres manuscrits, nous permet de rejeter l'hypothèse de *o* fermé devenu *ou*; mais les rimes de *sous* et *dous* avec des mots en *o* fermé obligent d'admettre que la prononciation de cet *o* était déjà altérée dans notre dialecte, comme elle l'était dans d'autres dialectes dès le commencement du Xe siècle [3].

L mouillée finale est distincte de *l* simple : *fil*, de *filius*, rime avec *peril* 2563, *essil* 205. 2469, *avril* (= *aprilium*) 2575, mais non avec *vil*, etc. Cf. *osil* : *fumeril* 4687, où l'*l* est sèche. Les rimes *peitral* : *cheval* 5355 (S*y*), *ombrail* : *amirail* 2161, sont des rimes parfaitement exactes. Il en est de même de *nasal* : *esmal* (non *esmail*) 6549 (*y n.* : *cristal*), *trionfal* : *e.* (B*y cristal*) 5205 ; cf. *naturaus* : *esmaus* 2953, *e.* : *frontaus* 4749 (S*xA*).

Mile (= milia) a toujours *l* et non *l* mouillée. Cf. *m.* : *vile* 1963. 2077. etc., : *Pile* 5203, : *Sezile* 6619.

l est mouillée dans *ceiles* (= cĕlas) qui rime avec *mer-*

---

1. *Par la selve* (cf. *celme* de P) *brocent et poignent* A *cex dedens li Grijois joignent*.

2. L'étymologie * *escuttare* (pour *auscultare*), justifiée d'ailleurs par d'autres textes, semble assurée par les rimes de *escot*, n. verbal de *escoter*, avec *mot* = * *muttum* (voy. plus haut, p. LXXXIII).

3. On trouve déjà, comme on sait, *o* fermé du latin vulgaire représenté par *ou* dans *Eulalie* (*bellezour, souve*) et le *Fragment de Valenciennes* (*correcious*), qui appartiennent tous deux à la région du Nord-Est. Il semble même que *ŏu* soit le produit primitif de *ŏ, ŭ*.

veilles 847 (*C celes : nouveles, P* ch. la rime). Cf. *veiles* (= *velum* + *s*) : *esteiles*, Troie 4201, *veilles : esteilles* Troie 1121. 5971. 28331, *veile : esteile* Chronique, 12709, 22684, et d'autre part *esteille : merveille*, Drame d'Adam, p. 60 et p. 62, rimes qui assurent *l* mouillée dans *veile* et dans *esteile*.

L mouillée + *s* a donné d'abord *lz*, qui, pour l'auteur de notre poème, s'est réduit à *z* après *i* (voy. ci-dessus, aux *Continues*). Après les autres voyelles, ce groupe est sans doute devenu *uz*; du moins aucune rime ne prouve qu'il soit devenu *us* ou *z*. Notre poème n'offre à la rime que *conseuz : soleuz* 3793 (*C conseux : solex, y conseil : soleil, S* a une lac. accidentelle), et *c. : vermeuz* 7933, qui ne prouvent rien : nous suivrons donc la graphie normale *auz, euz, ouz*[1], mais nous écrivons *dueus*, cas sujet de *duel*, qui est le nom verbal de *doleir* et où l'*l* n'est pas mouillée. — *l* mouillée + *t* est devenue *ut*, tout comme *l* simple + *t* : cela résulte évidemment de la rime *acueut : vueut* 173 (*S aquilt : velt, B aquet : veult, C aqueut : veut, y aquelt : veut*).

Les rimes montrent que *n* finale après *r* est déjà tombée, quoique le ms. *S* en conserve quelques traces dans l'écriture : *jorn : dorn* 7663, *retorn : jorn* 7009, *forn : retorn* 7425, etc., et à l'intérieur du vers, *charn* 5149. Voy. plus haut, aux *Continues*.

A la fin d'une syllabe, nous écrivons régulièrement *em* (= *in* latin) devant *m, b, p,* mais *en*, lorsqu'il est isolé, ou dans le corps d'un mot devant toute autre consonne que *m, b, p*. Nous écrivons de même *aint* (= *amet*), etc.

A la finale, après une voyelle nasale, la prononciation de *m* se confond avec celle de *n* : *l'on* : *maison* 303 (*BC baston : m.*), : *environ* 2111, : *traison* 2293; de même *non* (*nomen*) : *baron* 2285 (cf. 2705, etc.); *son* (*summum*) : *donjon* 631, : *arçon* 9605 (*x* et *y* ch. la rime). Nous écri-

---

1. *Genouz* manque à la rime, mais doit être ainsi écrit d'après l'analogie de *conseuz, soleuz*, etc., le singulier étant *genoil*. Cf. *agenoille : soille* (= *suillat*) 4449 (*A a. : molle*).

rons donc partout *non, son,* et aussi *hon,* quoique les manuscrits donnent ordinairement *hom.*

Femina donne *femne,* avec *e* nasal. Cf. *Lemne* (= Lemnos) : *femne* 2297, et d'autre part *regne : femne* 413. 1105. etc., rimes qui prouvent que *e* nasal n'est pas passé à *a* nasal. Voy. plus loin, à l'*n* mouillée.

Nous insérons *d* entre *n* et *r*, et *b* entre *m* et *r* (et *m* et *l*), nous autorisant en cela de la graphie des manuscrits (à l'exclusion des manuscrits picards *AP*) : *vendra* (futur de *venir*), *criembre,* etc.

ñ est généralement distincte de *n*. L'exemple unique de *S, restreignent : meinent* 1655, pourrait à la rigueur être corrigé par *painent : ramainent* de *x* (*y* manque); *pleine : Sardeine* 6035 (*A* plagne : Sardagne, *x* m.) est en somme correct, car *Sardeigne* peut aussi bien être lu *Sardeine.* — *n* est justifiée, à l'exclusion de *ñ,* dans la terminaison -*òne* (= -ŏnia, -ŏnia), où l'*o* est ouvert (voy. sous *O*) : *Sidogne : brogne* 4345 doit être corrigé en *Sidone : brone;* cf. *Sidone : Babilone* 559. — *Regne,* qui rime fréquemment, nous l'avons vu, avec *femne,* de *femina,* doit être prononcé *rene* avec *e* nasal.

Les produits de *r* et de *tr* riment ensemble : *ariére : fiére* 1705, : *riviére* 2177; *perriéres : pierres* 3025, etc.

Assimilation, métathèse, apocope, redoublement. — *r* s'assimile l'*n* précédente, en même temps que l'*e* tombe, au futur et au conditionnel de *doner;* cf. *dorra* 1022. 1433. 3959. etc., *dorrai* 1003. 3078. 3084. etc., *dorront* 7109, *dorrèie* 1039 (*Sx dorrai, y donroie*), etc. Cette orthographe est constante, ou à peu près, dans *Sx,* tandis que *AP* donnent les formes du Nord (et de l'Est) non assimilées : *donrai,* etc. Il y a également assimilation dans *serrai, serreie* (= sedere -habeo, -habebam), fut. et condit. de *estre,* formes à peu près constantes dans *S*. Aux mêmes temps, le groupe *rr* est encore amené dans les verbes en *rer* précédé d'une consonne : 1º par la métathèse de l'*r* (*engenderra* 43, *liverrai* 1004. 2219. 7214. 7792, *liverra* 7846, *enterra* 1667, *enterron* 7398, *mosterron* 1384, *recoverrai* 4402, etc.); 2º par la chute de l'*e* (*comperra* 1668, etc., *comperras* 1891, *guarra* 1382. 1609. etc.) et dans les verbes en -*rir,* par la chute de l'*i;* cf. *ferra* 8399, *ferrai* 1576. 9224, *morra,* etc.

L'*s* est parfois apocopée dans les manuscrits, à cause de l's qui suit, dans *beau'sire* (aussi *me'sire* dans *AP*), mais cette graphie n'est pas constante, et il n'y a aucune raison pour l'adopter.

Pour le redoublement des consonnes, nous avons généralement suivi les règles qui résultent de l'usage constaté au xii*e* siècle par M. Faulde, *Ueber Gemination im Altfranzösischen,* dans *Zeistchrift für rom. Phil.* IV, 542 sqq.

§ 3. — Morphologie.

I. *Nom et adjectif.* — Les règles de la déclinaison sont soigneusement observées.

Parmi les noms fém. de la 1re déclinaison latine, qui prennent au cas régime la forme -*ain* calquée sur l'accus. germanique -*ân*, il n'y en a qu'un qui soit assuré par la rime : c'est *antain* (: *germain*) 2737. 5625 (*Sx*). Nous avons adopté la forme grecque *Antigoné,* à cause de l'hiatus que donnerait *Antigone* au v. 9181. *Tesiphoné* 523 et *Deïphilé* 1091 sont assurés par la rime.

Les noms propres latins en *us* sont ordinairement invariables ; cependant on trouve exceptionnellement, pour le cas oblique de *Tydeüs, Tydea* (: *conduira*) 3103 (*A Thideus : Malpertrus, P T. : val pertrus, S* m.) et *Tydeü* (: *escu*) 1765, où *x* donne *Thideus : desus* et *y T. : jus;* de plus *Archineon : Miceneon* 4349 (*S Archiuenin : Miscenenin, B Asterinon : Mconcon, C Asfineon : Myceneon, y* m.) ; et à l'intérieur du vers, *Capaneon* (*S Capaneü, BCP Capaneüs*) 8612, de *Capaneüs, Dorceon,* de *Dorceüs* 9243 (*BP Dirceüs, C Driceüs, A Duceüs*) et 9247 (*xP Dirceüs, A Duceüs*). — *Parthonopeus* (sans diérèse) fait *Parthonopeu* (non à la rime), mais aussi *Parthonopeus;* de même *Amphiaraus* fait *Amphiareus* invariable (cf. *Greus : A.* 2275), par exception *Amphiaras* au sujet (cf. *A : Thomas* 4713) et au régime (cf. *A : Thiodamas* 5113). *Darius* fait *Diares* au sujet, *Daire* au régime.

On trouve *Drias* et *Drianz*, ce dernier refait sur le cas oblique *Driant*, qui se rencontre aussi ; mais il semble que ce soit, dans le poème, deux personnages différents, bien que Stace les confonde. La rédaction *y* mentionne de plus un *Drian* (*A*), suj. *Drians*, dans deux passages interpolés, et la rédaction *x* un *Dryanz* (cas sujet).

Ismenos a conservé la forme grecque (cf. *I. : enclos* 8631 *SxA*) ; de même *Minos* (cf. *M. : los* 8755 *Sy*), tandis qu'*Argos* est devenu *Arges* (cf. *A. : larges* 1985) et *Lemnos*, *Lemne* (cf. *L. : femne* 2297). La forme allongée *Edipodès* (= Œdipodes) se trouve, comme dans Sénèque et Stace, à côté de *Edipus* ; *Polinicès* et *Etioclès* donnent exceptionnellement au cas oblique *Polinicet*, *Etioclet*, et *Polinicen* (*S*), toujours dans le corps du vers, mais restent le plus souvent invariables et riment en *è* ouvert, propre ou issu de *ai* (: *après, ciprès, fès*, etc.). *Alixandre* prend l's de flexion (cf. 9213, 9246), à moins qu'on n'admette l'hiatus, ce qui est douteux (voy. à la *Versification*).

Les noms propres de la 3e déclinaison latine imparisyllabique ne prennent pas l's de flexion et restent invariables. *Agenor, Nestor, Creon, Eurimedon, Ypomedon*, etc. Cf. *Salemon* (sujet) : *paveillon* 2951, où *xA* donnent *Palemons : paveillons* (moins bien) ; *Palemon* (suj.) : *Azon* (rég.) 8773 (*x* ch. la rime, *P* m.) ; *Agenor* (suj.) : *sor* 5487 (*SA*), etc. Aux v. 5-6, *Platons : Cicerons* sont dus aux scribes. Par contre, le nom *Atys*, parisyllabique dans Stace, prend la déclinaison des imparisyllabiques à accent mobile et fait *Ates*[1] sujet, *Aton* régime (cf. *Otes, Oton*, que les scribes de *BCAP* confondent souvent). *Apollo* est invariable[2]. *Achillor* semble être une

---

1. *SBC* ont toujours l's, qui est sans doute ici empruntée au latin. *Ate* (*Athe*) est justifié par la rime au v. 6075 de *A*, et par la mesure au v. 6257 ; mais c'est dans un passage particulier à *y*.

2. *x*, dans deux vers ajoutés après le v. 3790 de *O*, donne *Apolin*, qui rime avec *chemin*, 4033 ; cf. 407 *A*(*P*), et ailleurs à l'intérieur du vers. Il faut noter de plus dans *A : Apolan* (: *Tervagan*) 67 (*PT : Tytan*).

altération de *Achilles*, d'après l'analogie de *Nestor*, etc. Voy. la note au v. 2849.

Les noms communs de la troisième déclinaison qui sont imparisyllabiques en latin n'ont pas encore pris l'*s* analogique au nominatif; ainsi l'on a : *sire* et *sére* (senior), assurés par la mesure du vers (2706, etc.) et par de nombreuses rimes (: *eslére* 411, : *ire* 2645, etc., : *dire* 1689, etc.), *pére* (: *mére* 849. 7645. etc.), *frére* (: *mére* 9347); cf. 1118. 1205. etc., où la mesure du vers assure la forme sans *s* (les quelques exemples fautifs sont faciles à corriger). *Prestre* (cf. p. : *estre* 2055) donne au cas oblique *proveire* (cf. p. : *creire* 2053), et *fel* (cf. f. : *del* 1933) donne *felon* (cf. f. : *traïson* 1191, etc.), *Ancestre* (: *estre* 1317) a été considéré par les scribes de *S B C P* comme un sujet pluriel (forme analogique); mais ce qui a lieu de surprendre, c'est que, au deuxième vers, *BC* gardent le verbe au singulier, de même que *AP*, qui mettent correctement le possessif *siens, nostre*) au sujet singulier, donnant sans doute à *ancestre* le sens de « aieul »[1]. Nous avons préféré le leçon de *S*[2], quoiqu'elle admette la forme analogique *ancestre* au sujet pluriel, comme plus satisfaisante pour le sens. Il convient donc d'écrire au cas sujet, en nous conformant à la graphie de *S*, *autre* (adj. et pron.), *livre, nostre, vostre*, etc., sans l'*s* de flexion.

Hon est, nous l'avons vu, assuré par les rimes (*hons* 1316 est une faute d'impression). — *Comes* donne *cuens*, qui rime avec *buens* ou *suens*. — *Leon* est sans doute invariable au singulier; cf. *grenon* : *l.* 745 (*SxA*-*ons*: -*ons*, *P* m.), *baron* (voc. pl.) : *l.* 1591, *l.* : *raison* 8275 (*A lions* : *raisons*, avec un sens moins bon, *x P* m.). De ces trois exemples, le dernier est le plus concluant, car, dans les deux premiers, *leon*, second terme d'une proposition

---

[1]. *La merci Dieu* (y *Ainc D. m.*) *onc si a.* (A *li siens a.*, P *li nostre a.*) *De sa richesse ne pot estre*.

[2]. *Onc a nul jor ne porent estre De sa r. si a.* Cependant comme *ancessor*, au suj. plur., est assuré par la rime *traïtor* 8267, on pourrait, à la rigueur, écrire, en combinant *P* et *S* : *Onc a nul jor li nostre a. De sa r. ne pot e.*, et admettre *ancestre* au suj. sing. Cf. l'*Edipus* (réimpression), D. iiij. v° *oncques si riches hommes ne furent mes antecesseurs*.

comparative, est introduit par *come,* et pourrait être, à la rigueur, au cas régime (cf. 10109); dans le troisième, au contraire, où le second terme de la proposition comparative est introduit par *que,* l'emploi du cas régime est difficile à admettre.

Les prédicats (noms, adjectifs ou participes) prennent la forme du neutre, c'est-à-dire du cas oblique, lorsque le sujet est un pronom neutre, ou si la phrase est impersonnelle. Cf. *ainʒ qu'il seit jor* 3525 (*C, B jors, y* développe, *S* manque), etc., et à la rime *ainʒ l'en est bel* (: *danʒel*) 987, *que ainʒ fu fait* (: *plait*) 8033 (cf. 8497), *n'en puet estre al* (: *vassal*) 2849, *n'en iert al* (: *vassal*) 5851, *il ert prophetiʒié* (: *pechié*) 47; cf. *avenant* 5947, etc. Mais il n'en est pas de même, si le sujet est un infinitif accompagné de l'article et devenu ainsi un véritable substantif soumis à la flexion. Quant aux noms qui étaient neutres en latin, ils prennent généralement la forme du masculin. Il y a cependant deux exemples où les manuscrits qui donnent la forme du neutre semblent bien avoir la bonne leçon : 1° *li monstre* (*xP le m.*) : *encontre* 251 ; 2° *encontre* : *li m.* 1491 *SAP,* où *BC* donnent : *Ou il soloit avoir un montre* (*B monstre*), ce qui est trop vague (voy. les variantes au bas du texte critique). Il faut voir encore une trace de l'emploi du neutre dans l'expression archaïque *forsfaire membre et vie* 8339. 8382. etc. (voy. la note à 8382), et un équivalent du neutre dans les tournures suivantes, où le pronom *la* a un sens indéterminé : *mal la guarra* 1609, *qual la feron* 2765. 9444. 9471.

Signalons enfin le cas de *premier* employé en apposition à un verbe. Cf. *p.* : *l'autr'ier* 835.

Les noms féminins de la troisième déclinaison n'ont pas encore pris l'*s* analogique, sauf un certain nombre dans lesquels l'*s* du nominatif latin semble avoir réagi sur la forme primitive invariable, et amené par licence, à la rime, la forme analogique en *s*. Nous trouvons, en effet, à côté de *gent* 1527. 2443 (*S*). 6921. 10084. etc., et de *vertu* 1899, assurés par la rime, *vertuʒ* (: *parcreüʒ* 307), *corʒ* (: *jorʒ* 1093), *nuéʒ* (: *dueʒ* 3479, *S* m. par accident), *feiʒ* (: *dreiʒ* 1231), *vilteʒ* (: *afoleʒ*) 1913, *eissillieʒ* (: *pitieʒ* 997). Mais pour tous ces mots, souvent le ms.

S, et quelquefois *C*, gardent hors de la rime la forme sans *s* (*z*); cf. *cort SC*, 541 *neif S* (*noif C*) 600, etc. Nous n'admettrons donc la forme flexionnelle que là où elle est exigée par la rime [1], et nous conserverons la forme invariable dans tous les autres cas. Voy. Suchier, *Reimpredigt*, xxxiv-v. — Les rimes assurent également *gent*, invariable au cas sujet, que le verbe soit au pluriel ou au singulier; cf. g. : *serpent* 2443 (*S*), : *argent* 6921, et aussi à *fortment* : g. 10083 (*SA*), où le verbe est au pluriel et *gent* probablement au singulier féminin et non au pluriel masculin, quoique l'absence de tout déterminatif laisse le genre douteux. *Suer* (rég. *soror*) n'a pas encore pris la déclinaison analogique.

Les adjectifs qui n'ont en latin qu'une forme pour le masculin et le féminin ont, au cas sujet, deux formes dans notre texte, l'une avec l'*s* de flexion pour le masculin : *granz* : *anz* 141, etc., l'autre sans cet *s* pour le féminin : *grant* : *traisissant* 1619 (*Sx*), etc. *Taus* : *mortaus* 513 est une exception, qu'il aurait sans doute fallu supprimer, malgré l'accord des manuscrits, en écrivant *tal* : *mortal*. L'*e* féminin analogique, que ces mots ont pris isolément de bonne heure (cf. *grande*, dans la *Chanson de Rollant* et même dans l'*Alexis*, au prédicat), ne se trouve ici que dans les mots qui étaient passés à la déclinaison à deux cas déjà dans le latin vulgaire, comme *comune*, *dolente*, *corteise*, et les autres adjectifs correspondant aux dérivés adjectifs du latin classique en *ens* ou en *ensis* [2] : *grant* (rég. fém.) : *avant* 1453 (cf. 1619,

---

1. *Vertu* (: *escu*) 1899 n'est au cas sujet que dans *S*, mais le sens semble meilleur que dans *x* (*y* manque); il n'est donc pas sûr que l'auteur n'ait pas employé les deux formes. Pour nous conformer à la règle posée, nous aurions dû admettre aux v. 9423-4 la forme en -*ez*, mais *S* donne *bonté* : *nobileté*, que nous avons cru devoir conserver. Nous avons conservé de même *pitié* de *S* au v. 6126. — Pour ce qui est des noms abstraits en *or*, pour lesquels nous n'avons pas admis l'*s*, il convient de signaler une rime où une faute d'impression nous met en contradiction avec nous-même : c'est aux v. 6617-8 où il faut lire : *que nules* (*S nuls*) *flors* (*y* a une rédaction différente, *x* manque).

2. Ces catégories d'adjectifs étaient probablement passées à la 1re classe (1re et 2e déclinaisons) en latin vulgaire.

etc.), *sotiz* : *barniz* (rég. pl. fém.) 737, *principal* : *reial* 5179 (*y* m.), *tal* : *mal* 525 (mais *tale* : *eschale* 4735), etc.; et à l'intérieur du vers : *tal* 273. 291. etc., *ital* 82 (*Sx*). 259. 586. etc., *qual* 264. 833. etc., *boillant* 3009, *vert* 6262 (*x vers*, *y verde*), etc., etc.

Le vocatif a partout la forme du nominatif. Notons cependant *sire vassal* (: *al* 2853), où il faudrait régulièrement, si l'on s'adresse à Polynice seul, *sire vassaus*, ou si l'on s'adresse aux chefs Grecs, *seignor vassal*; mais cette expression se rencontre ailleurs.

II. *Article et pronom*. — L'article a les formes françaises. *Lo*, *los*, que donnent les fragments d'Angers (*D*), concurremment avec *le*, *les* (de même pour le cas régime du pronom personnel), nous paraissent devoir être attribués au scribe, qui appartenait à l'extrémité sud-ouest du domaine de la langue d'oui. Nous n'avons pas admis les formes *del*, *al*, que donne quelquefois *S*, et le plus souvent *AP*, devant une voyelle et une *h* muette, mais bien *de l'*, *a l'*. Devant une consonne et une *h* aspirée, nous adoptons *del*, *al*, et au pluriel *des*, *as*. — *As* = *a les* (pron. ou article) devant un infinitif, semble assuré par la mesure du vers et la comparaison des mss. (voy. les variantes); cf. 1014. 3472. 5528. 7380. 7624. 8855. 10108. Il y a dans *S* seul cinq exemples de *dels*, *des* = *de les* (pronom) devant un infinitif : v. 2701[1]. 7248. 7256. 7604. 9695, où nous aurions peut-être dû préférer *des* à *del* : outre que l'analogie de *as* l'indiquait, voy. au v. 7604, la leçon de *B*, *d'euz*, et de *C*, *de ceus*, et au v. 2701 celle de *P*, *d'aus* (aux trois autres passages, *x* et *y* semblent avoir voulu esquiver la difficulté). — Devant une voyelle en hiatus et devant une consonne, nous écrivons *jo*, *ço*, et en cas d'élision, *j'*, *c'*. Les cas obliques emphatiques *mei*, *tei*, *sei* sont employés, selon la règle du xiie siècle, non seulement avec les prépositions et après le verbe, pour l'accusatif et le datif, mais parfois même avant un verbe (cf. 1124), surtout à l'infinitif et au gérondif. Même

---

1. (*Lor genz furent totes certaines*) *Des defendre, s'est quis assaille*. *Des* pourrait, à la rigueur, être ici une enclise = *de se* (cf. *nes* = *ne se* 2268. 2996), quoique *de sei* fût préférable.

observation pour le cas emphatique de la troisième personne, qui est *lui* pour le masculin, *lé* pour le féminin (mêmes formes avec les prépositions) ; le pronom atone au datif est *li* pour les deux genres. La forme atone du régime direct se trouve parfois placée après le verbe. Cf. pour *le* : *honora le* 7650 (*S et l'onura, B h. lui*), *areient le* 6235 (*xy arousé l'ont*), *connut le* 9616 (*P le c., A reconnut, x cognut le*), à côté de *reconnut lui* 9938, sans doute à cause de *vers lui*, qui suit immédiatement ; même avec hiatus : *traïnent le* 7092 (hiatus ; *S t. len, C traïnné l'ont, A sel t., P le cors traient*) ; — pour *la* : *fiert la* 2418. 2434 ; pour *les* : *aperçut les* 1514, *troveron les* 3527 (*Sx*), *enterrent les* 1969 (*Sx*) ; — pour *lor*, *demande lor* 4173 (un ou deux exemples ont pu nous échapper). La forme apocopée *el*, pour *ele*, se rencontre assez souvent ; cf. 425. 465. 1618. 2462. 2498. etc.

La forme ancienne du féminin pour le pronom relatif sujet, *que*, se rencontre fréquemment dans *S* : comme on ne saurait l'attribuer au scribe du xive siècle, nous la rétablissons partout. Il en est de même du neutre *que*. — Nous écrivons *cui* après les prépositions, au datif et au cas régime direct emphatique. Cette forme, la seule régulière, domine dans *S*.

Pour le possessif proclitique, nous avons adopté, au cas sujet singulier masculin, les formes *mis, tis, sis*, qui sont constantes dans *S*, et appartiennent, comme on sait, à la région de l'Ouest [1]. Le possessif absolu est, au masculin, *mien, tuen, suen* (cf. *suens : cuens, : buens*) ; *son* (employé absolument avec l'article) se trouve isolément dans *S*, même à la rime, mais dans des passages jugés interpolés pour d'autres raisons. Au féminin, nous écrivons, avec *S*, *meie, toe, soe*. Le possessif de la pluralité est *nostre, vostre*, invariable au singulier, et, pour la forme apocopée, *noz, voz*.

Le démonstratif *icest* (*cest*) a encore la forme étymolo-

---

[1]. Nous rappelons une fois pour toutes que, pour les mots dont la forme ne saurait être reconnue par les rimes, nous suivons la graphie de *S*, lorsqu'elle est ancienne, et surtout lorsqu'elle est conforme à celle des textes de l'Ouest.

gique *icist* (*cist*) au cas sujet du singulier et du pluriel. A côté du pronom neutre *iço* (*ço*), on trouve *icel* 3964 (*B ice, Cy ce*) et *cel* 2227 (*S*). 2912 (*Cy* diffèrent). 4974 (*B se, C bien, y* diffère). 7534 (*S cele*, vers faux, *x mout*; *y* ch. la tournure), etc.

III. *Verbe*. — La conjugaison présente quelques traits intéressants, dont plusieurs peuvent servir à dater approximativement le poème. La 1re personne du singulier du présent de l'indicatif et du subjonctif n'a ni *s* ni *e* non étymologiques. La 1re personne du pluriel est *-on*, et non *-ons* : c'est la forme ordinaire dans *S*, forme d'ailleurs assurée par les rimes. En dehors de *somes*, il n'y a qu'une exception assurée *venomes* (: *homes*) 2185.

— A l'imparfait de l'indicatif et au conditionnel, *-ïon*, *ïez* sont encore disyllabes. Le présent du subjonctif n'a pas encore pris les formes analogiques *-ions*, *-iez* à la 1re et à la 3e conjugaisons. L'ancienne terminaison du futur, du présent du subj. de la 1re conjugaison et de l'indicatif de la 2e, *eiz* (= étis), n'est pas encore disparue, comme le montre la graphie de *S* [1], et aussi les rimes *destreiz* : *mettreiz* 7391 (*P defois* : *entenrois*, *x* réduit 4 vers à 2) et *amendeiz* : *enchaeiz* 8023 (*S*). Aux vers 3087-8 (*sofrez* : *ferez*) et 10035-6 (*rendez* : *avrez*), où nous avons admis la forme *ez*, il vaut mieux écrire *sofreiz*, *rendeiz* : la graphie sera ainsi uniformisée. *Avreiz* (: *dreiz*), que donne *S* après le v. 7844, n'est pas sûr : les 4 vers de *S* semblent un développement des 2 vers de *xy* [2]. Pour le *t* de la 3e pers. du sing. du parfait, voy. § 2, Phonétique, *Dentales*.

On ne trouve pas moins de quatorze exemples [3], assu-

1. Nous ne tenons naturellement aucun compte des rimes qu'offre *S* dans deux passages où il est seul et qui d'ailleurs ne s'imposent pas : *enchaeiz* : *die*[*i*]*z* (= *dicatis*, forme inadmissible) 9313 *S*, et *dreiz* : *die*[*i*]*z* 9263 *S*.
2. *Estez* : *verrez* de *S*, aux v. 125-6, est corrigé par les autres manuscrits : *seiez* : *esjoiez* (*xA esjoïssiez*).
3. *S* offre d'autres exemples dans les passages interpolés. Il en a deux qui lui sont spéciaux dans l'épisode de la vieille à l'énigme, commun à *Sx*, v. 2905 *S* et 2979 *S*, et un qui est aussi dans *BC*, v. 2913 *S*. Voy. Append. I et cf. *BC*, var. aux v. 821-2 : *fussont* : *combatissont* (*S fussiez* : *meslissiez*, *AP f.* : *combatissiés*).

rés par la rime ou la mesure, de la 3ᵉ pers. du plur. accentuée en -*ant*, à l'imparfait du subjonctif (-*issant* pour toutes les conjugaisons, *S* donne -*assant* pour la 1ʳᵉ). Cf. *deïssant* (*B deïssent*) : *enfant* 483, etc. Voy. le *Tableau des rimes*, sous ANT. A la 2ᵉ pers. du plur. du même temps, -*ez* est probable. *S* a conservé quelques exemples de cette forme; cf. *veïssez* 2913. 4417. 7364. 10077. etc., et dans des passages interpolés, *maudissez* : *acordis[s]ez* 8993, etc.

A la 3ᵉ pers. du plur. du parfait, *firent* est assuré par les rimes : *partirent* 4263, : *estormirent* (*C esfraérent*, *B esfremirent*) 9503 (*P* m.), : *vesquirent* 10213 (*P f.* : *soffrirent*, *x* diffère, *A* m.), : *entrevirent* (*A entrehaïrent*, *P prisent*, *x entreferirent*) 9511, et peut-être : *sevirent* 3753 (correction) et : *estormirent* 9969 (correction). Mais le groupe *sr* intercale un *t* dans *S* et le plus souvent dans *BC* (les mss. picards ont naturellement -*isent*); nous écrirons donc *firent*, mais *distrent*, *pristrent*, *mistrent*, *destruistrent*, etc., ces mots rimant toujours entre eux et jamais avec *firent*.

Les formes analogiques du subjonctif en -*ge*, après une dentale, une nasale ou une liquide, sont nombreuses dans nos mss., surtout dans *A*, *P* et *S*, (cf. le *Roman de Troie* et la *Chronique des ducs de Normandie*), mais ne sont que probables, parce qu'elles ne se trouvent pas à la rime ou ne riment qu'entre elles. Nous voyons dans *S donge* 8259 (de *O*), *pardoinge* 8260, *maingent* 7309, *tolgent* 89, *torge* 6912 (cf. *torgeiz* 7170), *quierge* 4747 (cf. *quergez* 2557), *prenge* 7354. 7924. etc. ; dans *D*, *remange* 4640; dans *A* (en dehors des passages interpolés), *prengent* 89 (de *O*), *mengent* 7354, etc., *pergent* 5516, *renge* 10009 (cf. *P*), *fonge* 4872 (mais *fonde* est assuré par la rime *parfonde* : *confonde* 9063 *SxA*), etc. Aux v. 1953-4, *De traïson le rei blastengent, Por un petit que ne s'en vengent*, nous aurions peut-être dû admettre la leçon de *Sx*, *Dient n'est dreiz que bien l'en prengent*, rejetée comme obscure, leçon qui assurerait *prenge*. Quoi qu'il en soit, nous avons cru devoir admettre ces formes (sauf *fonge*), à cause de leur fréquence dans *S* et dans *AP*.

A côté de *voise* (cf. *v. : noise* 2245), on trouve plus souvent, pour la 3ᵉ pers. sing. du subjonctif de *aler*, *auge*, forme ordinaire de *S*, là où l'on trouve le plus souvent *aille* dans *x* et *y*, et parfois *voist* dans *AP* ou dans *P*. *Aut* est assuré par l'accord de *Sx* au v. 2823; il n'est que douteux au v. 2636, où *S* seul donne *aut*. La mesure assure *auge* contre *aut* aux vers 555. 556. 5948. 9632, etc., il en est de même de la rime *vauge* 3699 : cela nous permet de rétablir *auge* (devant une voyelle) aux v. 5065 et 5072, où les mss. donnent *aut* ou *voist*.

Veniam, teneam rimant toujours ensemble, la forme *vienge* (*tienge*), etc., constante dans *S* (cf. 1425. 1997. 4637. etc.; les autres mss. ont *viegne*, ou *viengne*), n'est que probable, comme les autres formes en *-ge*.

Parmi les parfaits en *-ié* (anciennement *-iét*), *-iérent*, formés d'après l'analogie des composés de *dare* (*perdié* = *perdĕdit pour *perdidit*, etc.), nous relevons les quatre suivants, assurés par les rimes : 1° *abatié* (: *espié* 9617, *y* ch. la rime); 2° *descendié* (: *pié* 9935, *S aprochié*, *A descendus : venus*, *x* diffère); 3° *abatiérent* (: *fiérent* 5751, *y* m.); 4° *perdiérent* (: *esloigniérent* 5535, *xP* m.). Nous croyons donc pouvoir admettre ces formes, non seulement pour les verbes dont le radical est terminé par une dentale : *pendié*, *fendié* (cf. 473-4), *entendié*, *tendié* (cf. 10129-30, où la correction ressort des variantes), *repentié*, *sentié* (cf. 6333-4), *esperdiérent* (cf. e. : *perdiérent* 5425, et ci-dessus, 5535), *combatiérent*, *defendiérent* (cf. 9967-8), mais encore pour *irasquié*; cf. 10033, où *entendié* est le résultat d'une correction. De même, il semblerait nécessaire de changer *vesquirent* en *vesquiérent* au vers 10214, où *S* donne : *Grant doel ourent et grant plaint firent* [A] *touz jours mes come il(s) vesquirent*, et *P* : *Car doel et mal asses soffrirent A tous jours mais tant com v.* (*A* manque et *x* diffère : *Mes quant de ce deul sont vengiees A t. j. en seront mes liees*), mais il faudrait à *firent* une correction que nous ne trouvons pas.

La 3ᵉ pers. du sing. de l'imparfait de l'indicatif est en

-*ot* dans les verbes de la 1re conjugaison, en -*eit* dans les autres, et il n'y a jamais de mélange à la rime entre les deux groupes. Les rimes *mandot : pòt* (potuit) 425 (*y* ch. la rime), *tòt* (tacuit) : *escotòt* 2499 (*A peut, P eut*) suffisent à assurer la forme -*òt* à la 1re conjugaison. C'est, du reste, la graphie constante de *S*, qui a, en outre, plusieurs rimes décisives dans un long passage où ce manuscrit traite spécialement le *Jugement de Daire* (V. *Appendice I*, vv. 9093. 9139. 9207. 9291. 9379. 9473. 9497)[1], ce qui d'ailleurs ne prouverait rien pour le texte critique, si l'accord de *Sx* n'assurait *ot* dans les deux passages signalés. D'autre part, *A* et *P*, qui écrivent constamment -*oit* et confondent les deux formes dans les passages interpolés, ont dans deux de ces passages (v. 5307 et 6091 de *A*) la rime *mot : amot* (cf. *S*, v. 9103, 9399). Comme notre poème fait toujours rimer *mot* avec *o* fermé, ce trait suffirait à exclure ces deux passages. Pour le premier, qui n'a que deux vers, la chose pourrait sembler douteuse, mais dans le second, qui n'a pas moins de 628 vers, bien d'autres particularités de langue établissent qu'il est l'œuvre d'un remanieur, et il est en contradiction avec un passage original du poème (voy. plus haut § III, la discussion sur les *Remaniements*).

Nous avons relevé deux participes passés en -*eit*, formés d'après l'analogie de *collectus* : *chaeit* rimant avec *veit* 9663 (*BC voit : estoit, AP veü, cheü*), et *enchaeiz* rimant avec *amendeiz* 8023 (*S*), rime qui assure en même temps, à titre exceptionnel, la 2e pers. du plur. en *eiz* pour le subjonctif de la 1re conjugaison. Dans sa rédaction spéciale du *Jugement de Daire*, *S* en a trois autres exemples : *enchaeiz* (: *diez* 9313 *S*, où d'ailleurs la rime est incorrecte), et *toleit* (: *aveit* 9345 *S*). Notons, en passant, des traces de cette forme de participe dans *SBC*, à l'intérieur du vers : *chaeis S* (*cheoiz C, cheois B*) 9626, et *cheoiz C* (*cheus B*), variante aux

---

1. Sans compter les rimes fausses, par rapport à la langue de l'original, comme *comandòt : mòt* 9103, *òut : mòt* 9399 (où *mot* à l'*o* ouvert), et *offròt : loòt* 9195 (mélange de *eit* et de *òt*.

v. 9881-2, où *BC* ont fait passer à l'intérieur le participe qui est à la rime dans *A*.

Le verbe *estre* fait à l'imparfait *ére* (*ert*, *érent*) et *esteie*, etc. De ces deux formes, qui se trouvent rapprochées aux vers 9626-7, la plus ancienne, c'est-à-dire la forme étymologique est de beaucoup la plus fréquente. Au futur, la forme ordinaire est *serrai* (= sedere-habeo), sauf à la 3ᵉ personne, où *iert* se rencontre souvent. Au conditionnel, il faut signaler, à côté de *serreit*, à la 3ᵉ pers. sing., un exemple unique de *estreit*, v. 3778.

Résumons maintenant cette étude sommaire de la langue de notre poème, en nous bornant aux traits les plus caractéristiques : *alem* donne seulement *al ;* — *an* + cons. et *en* + cons. sont séparés (exceptions : *ardant, serjant, Oriant, talant*) ; — monophtongaison de *ai* exclusivement devant *s* dans les syllabes fermées (quatre exceptions) ; — confusion de *ai* et de *ei*, seulement devant *n* (devant *n* mouillée seulement dans *enscigne*) ; — *é* et *è* entravés séparés, sauf devant les nasales ; — *ĕ* (*ae*) + *yod* (*lét*, etc.), rimant avec *ŏ* + *yod* et avec *a* latin libre, donne donc *é* (= *iei*), et non *i*, et de même *ŏ* + *yod* donne *ué*, et non *ui ;* — exceptionnellement, *ien* rime avec *ain*, *ie* + *m* avec *ai* + *m ;* — *ié* est distinct de *é ;* — *ĭll* et *ë̈*, *ĭ* + *l* + *yod* devant *s*, *ŏ* + *l* et *ŏ* + *l* + *yod* devant *s* ou *t*, donnent également *eu ;* il en est de même de *eu* latin et de *ĕ* (*ae*), séparé ou non d'un *u* qui suit par une gutturale (*Græcus* donne *Grés, Gré*, à côté de *Greus, Greu*) ; — *ó* et *ò* confondus seulement devant une nasale ; — *òne* justifié à l'exclusion de *oine ;* — *ói* et *ei* (= *é, ĭ*) soigneusement séparés de *òi* (*òi* exceptionnellement réduit à *ò*) ; — domaine restreint de *ui ;* — distinction du *c* vélaire et du *c* palatal ; — chute de la dentale intérieure et de la dentale finale non protégée ; — *s* et *ʒ* soigneusement séparés ; — *s* commence à être muette devant les consonnes sourdes ; — *l* simple probablement vocalisée, *l* mouillée vocalisée ou tombée (*l* mouillée + *s* donne *uʒ*, et simplement *ʒ* si un *i* précède) ; — *l* finale et *l* mouillée finales séparées ; — *n* tombée dans le groupe *rn* (*rn* + *s* donnent *rʒ* et quelquefois *rs*) ; — *n* distincte de *n* mouillée ; — l'ancienne déclinaison bien conservée (absence de l'*s* analogique dans les noms masculins de la 3ᵉ déclinaison imparisyllabique ; une seule forme pour les noms féminins au singulier, sauf dans quelques uns de ceux de la 3ᵉ déclinaison qui ont *s* au nominatif en latin ; une seule forme pour les adjectifs de la 3ᵉ déclinaison au féminin singulier) ; — l'adjectif possessif proclitique est *mis, tis, sis*, le pronom relatif féminin et neutre *que ;* — conjugaison encore peu influencée par l'analogie ; 1ʳᵉ pers. plur. en *-on ;* traces de la 2ᵉ pers. plur. étymologique en *-eiz* (= etis) ; exemples nombreux de la 3ᵉ pers. plur. accentuée en *-ant* à l'imparfait du subjonctif ; subjonctifs analogiques en *-ge* ; parfaits en *-ié, -iérent ;* l'imparfait de la 1ʳᵉ conjugaison séparé des autres (la 3ᵉ pers. sing. *òt* assurée par les rimes) ; enfin, traces de participes passés analogiques en *-eit*.

§ 4. — Syntaxe et particularités de style.

Nous groupons sous ce titre certaines particularités de notre poème qui nous semblent dignes d'intérêt.

1° *Article*. — Pris au sens partitif devant un nom de nombre : *Ceste parole tuit otreient Et les cinc d'eus al rei enveient* 8247-8 ; *Quatre escuz ot iluec par nombre : Les dous en prist* 9377-8. — Remplaçant, comme le pronom démonstratif du français moderne, un nom déjà exprimé qui régit un complément déterminatif : *Plus por ta fei que por l'autrui* 1310 ; *Fors la Cesar et la Pompee* 1990.

2° *Adjectif*. — Le neutre s'est conservé dans les propositions impersonnelles et dans celles où le sujet est un pronom neutre. Voy. plus haut § 3, Morphologie, p. xcv. — Le superlatif relatif neutre *le mieuz* est souvent mis pour *le meillor* : *Del mieuz de Thèbes cil trei sont* 3866 (cf. 6299) ; *Ço ert li mieuz de son esforz* 6274, etc. — *Tant*, au sens de « beaucoup de » est fréquent, dans les énumérations, en particulier dans les descriptions de batailles. Il est ordinairement adjectif et employé le plus souvent au singulier : *Tante sèle i veïssez vuée Et de saietes si grant pluée Et tant coup doner a travers Et tant vassal gesir envers! Tant chevalier veïssez joindre, Entre les rens brochier et poindre!* 4413-8; cf. 3167-72. 3395-7. 4555-61. 5843-6. 8973-6. etc., et surtout 1991-2 : *En l'ost de Troie, dont l'on conte, Nen ot tant prince ne tant conte,* où la rime assure le singulier. Le pluriel est beaucoup plus rare; cf. 2913-4. 3392. 5209. 9554-6 [1]. Enfin on trouve aussi le nom au pluriel avec *tant* invariable : *Tant i ot pierres naturaus, Tant calcedones, tant esmaus, Tant escharboncles cler ardanz, Tant jagonces cler reluisanz!* 2953-6. — L'auteur emploie parfois au sens emphatique l'adjectif démonstratif au lieu de l'article (cf. *ille* en latin) : *Par les rues ces dames corent* 1939; *Qui donc veïst chevaus estans Emplir ces ventres et ces flans* 2261-2! cf. 8971-2. 9514. 9909-10. etc. [2]. — Le possessif suivi d'un nom et précédé de l'article déterminatif ou indéfini (*le, un*) ou d'un adjectif démonstratif, prend la forme absolue (*mien, tuen, suen*), et non la forme enclitique, que l'on rencontre isolément dans ce cas, même dans *S*; cf. 258. 370. etc. L'article est naturellement supprimé dans l'expression *mien escïent* 429, etc.

3º *Pronom.* — *Que*, adverbe relatif, remplace assez souvent dans *S*, exceptionnellement dans *B* ou *C*, le pronom sujet masculin *qui*. Cf. 330. 666 (*quel* C, *kel* P) 1421. 1495. 1997. 2014. 2143. 2321. 3613. 5668 [3]. 6642. 10008. C'est là un trait ancien, que nous avons soigneusement conservé, sauf dans un très petit nombre de cas où *qui* semblait nécessaire [4]. On remarquera qu'au v.

1. Cet exemple n'est pas tout à fait sûr ; peut-être y a-t-il mélange de cette tournure et de la suivante, car au v. 9554, tous les mss. donnent *tant* invariable au premier hémistiche, et *P*, qui donne, comme *S*, le pluriel à la rime, écrit également *tant* au deuxième hémistiche.

2. Les mss. picards fournissent des exemples notablement plus nombreux; ils en ont surtout dans les passages spéciaux.

3. Cet exemple est douteux : *que* y est peut-être conjonction au sens de *car* (cf. *A, car, xP* manquent); mais cela n'a pas d'importance, le sens restant le même.

4. Sur cette question, voy. la note, un peu hésitante, de Tobler, *Zeitschrift für rom. Phil.* II, 563. Des exemples qu'offre notre

2321, où il y a élision[1], la substitution de *qui* à *qu'* amène d'autres changements dans les manuscrits autres que *S*; de même au v. 666, à cause de la mesure. — Notons encore l'emploi de *qui*, au sens explicatif, après une proposition négative de même sujet : *Et nel feri pas en l'escu, Qui devers destre el pez a nu* 5303-4.

4° *Verbe*. — Les infinitifs pris substantivement sont très nombreux : *chevauchier, defendre, foïr, guenchir, lancier, monter, remonter, resordre, tolir, traire*, etc., etc. — La forme d'hypotypose consacrée pour l'énumération et la description, *qui donc veïst*, s'emploie, non seulement avec une proposition conditionnelle dont le verbe est également à l'imparfait du subjonctif, comme aux v. 10133-5 (*Qui donc veïst...Grant dolor en poüst aveir*), mais encore absolument, pour exprimer l'admiration (« on aurait pu voir »); cf. 2261-2. 7347. 9513-4. etc. On rencontre aussi souvent *veïssez* au sens de « on aurait pu voir ». L'exemple suivant est surtout remarquable à cause de l'emploi de *tal* pris absolument au sens admiratif comme *tant* dans les passages cités au § 2 : *As portes veïssez tal presse!* 6835. — Le mélange des deux formes du conditionnel (conditionnel et imparfait du subjonctif du français moderne) dans des propositions subordonnées, est remarquable aux v. 525-34 et 539-48, d'autant plus qu'entre ces deux passages on voit le futur employé dans des conditions semblables. — On trouve plus souvent qu'ailleurs le parfait défini mis pour l'imparfait (cf. 2833. 2981. 6099. etc.) surtout dans le verbe *aveir* pris soit personnellement, soit impersonnellement, et dans ce cas suivi d'un participe passé

---

texte, il semble résulter que cette substitution ne peut avoir lieu que dans les propositions explicatives, et non dans les propositions déterminatives dont le sujet a un antécédent nettement déterminé. C'est pour cela que nous n'avons pas admis *que* de *S* au v. 632 et en deux ou trois autres cas semblables. Au v. 9760, *que* est à corriger en *qui*.

1. Il y a aussi élision au v. 10008, où *x* manque (rédaction spéciale), et *y* diffère, pour 4 vers; mais c'est sans doute pour une raison étrangère au point qui nous occupe, puisque *A* donne seul au quatrième de ces vers une forme semblable *qu'ilueques*.

neutre, comme par exemple : *Ainz que passast, ço cuit, li jors, I ot beté plus de cent ors* 439-40, etc.; cf. *Tendu i ot une cortine* 893, qui se rapproche de la construction ordinaire de l'impersonnel *a, i a*, « il y a », mais où le participe reste cependant invariable. — Par analogie avec la construction de *a, i a*, dont le sujet logique se met au cas régime, on trouve également le cas régime avec d'autres verbes pris impersonnellement : *As murs ala des dameiseaus* 2988; de plus *N'en remangë un* 4640, *Onc n'en remest un en la vile* 1963; cf. 5489, 8816, où nous avons admis à tort le cas sujet.

5° *Mots invariables*. — *De* a le sens de « relativement à », dans l'expression *neienz est de*, « il n'est pas possible de » : *Et neienz est mais del retor* 6349 (cf. 2535. 4936. 7052. 9028), et aussi ailleurs (cf. 2843. 4529. 6854-5. 7378. 8763. 9291. etc.). — Pour *a*, nous noterons seulement quelques exemples où cette préposition introduit un complément circonstanciel : *foir a desconfiture* 3125, *porprendre a bataille* 2702, *a son pechié* 47. Signalons encore le v. 2797, où *a* (dans *as*) a le sens de « à côté de, avec ». — *Si* avec le futur passé, après une proposition négative, au sens restrictif de « jusqu'à ce que » (voy. G. Paris, *Rom.* VIII, 297), se rattache au latin *sic* : *N'en torneron si serra prise* 4230 (cf. 4274). Il en est de même de *si* avec le subjonctif présent (optatif), dans les formules consacrées *si Dieus m'aït (me saut)*, etc., tournure qui nous semble calquée sur des phrases latines comme celle-ci, bien connue, d'Horace : *Sic te diva potens Cypri ...Ventorumque regat pater* (*Odes* I, 3, 1). Cf. *Si Deus me beneïe* 7169. 8320. 8555. On préfère généralement y voir la particule conditionnelle; mais ce fait que, dans certains manuscrits qui écrivent régulièrement *se = si* latin, on trouve toujours *si* dans ces sortes de phrases (cf. *Romania*, VII, 596, v. 86, et ailleurs) suffit à montrer que, si l'on y a vu plus tard une proposition conditionnelle par une confusion facile à comprendre, on a eu tout d'abord le sentiment de la véritable origine de cette tournure [1]. Notre ms. *S* écrivant

---

1. On peut dire la même chose du provençal, où *se* condition-

généralement *si*, aussi bien pour *si* latin que pour *sic*, ne peut malheureusement servir de preuve¹. — *Que*, au sens explicatif (« de telle sorte que »), avec l'indicatif, est assez fréquent : *Flegeon feri de l'espee, Que l'espaule li a sevree* 5313-4 (cf. 1890. 1892. 1928. 2144. etc., et 5420, où le subjonctif est dû au subjonctif dont il dépend) ; il est plus rare aux sens assez voisins de « car » (avec l'indicatif ; cf., 1790. etc.), et de « afin que » (avec le subjonctif ; cf. 4645. 5417). — Signalons enfin *que*, au sens restrictif : *que mis fiz puésse* 3769 (cf. *que je sache*), et l'emploi, d'ailleurs bien connu, de *que* avec le subjonctif, comme second terme d'une comparaison après *voler mieuz*, « aimer mieux » : « *Mieuz vueil,* » *fait il,* « *perdre la vie Que n'i face chevalerie* » 4619-20 ; cf. *Mieuz te vient guarir a honor Que tu vives a deshonor* 3521-2, où la tournure est impersonnelle, etc.

6º *Anacoluthe*. — Passage du discours indirect (proposition dépendant de *que* au subjonctif) au discours direct avec l'impératif : *Prée tei que li lais sa terre, Et si reva aillors conquerre* 1295 ; cf. 6841-3, où cependant on pourrait, à la rigueur, voir dans *penon* un subjonctif.

7º Il faut noter surtout un procédé de style que l'auteur recherche d'une façon toute particulière, et qui s'accentue encore dans le remaniement picard : c'est la répétition. Je ne veux point parler de la répétition épique, que l'on trouve ici comme partout, mais qui est plus fréquente (voy. par exemple les v. 254-6 : *Idonc ot il poor de mort; Poor ot grant, mais neporuec, Vousist o non, estut iluec*, et cf. 555-7. 1083-5. 1193-6. 1274-6. 1545-8. 1799-1800. 2048-50. 2286-7. etc.), mais d'une espèce particulière de répétition que j'appellerai *répétition par*

---

nel (au lieu de *si*, forme ordinaire des troubadours) est fort ancien surtout dans les textes populaires (voy. Bartsch, *Chrest.* 20, 35, etc.), ce qui n'empêche pas que, pour les phrases optatives, on rencontre exclusivement *si* dans la bonne période de la langue, et *si* est encore la forme ordinaire dans les textes postérieurs. Cf., dans *Romania*, XX, 142, les *Trois Maries*, cantique du xvᵉ siècle, VII, 1.

1. Nos mss. *A* et *P* écrivent presque toujours *se* l'adverbe issu de *sic*, quel que soit le sens : ils ne peuvent donc entrer en ligne de compte.

inversion, et qui consiste à retourner le vers précédent (le plus souvent sans y changer un mot), de façon à amener une nouvelle rime qui se complète généralement à l'aide d'un troisième vers fournissant un développement nouveau : *Vueille o ne vueille Tydeüs, Venir l'estuet a cel pertus; A cel pertus venir l'estuet, Car par autre passer ne puet* 1499-1502 ; *Legiérement amer ne dei, Ne dei amer par legerie, Dont l'on puesse dire folie* 3924-6 ; *Adrastus del monter n'est lenz, Il ne fu pas lenz del monter : « Laissiez, » fait il, « le duel ester »* 6854-6 ; *N'a tant bèle deça la mer, Deça la mer nen a tant bèle* 9078-9. Cf. 1920-2. 3878-80. 3924-6. 5442-4. 5456-8. 5994-6.[1] 6530-2. 6816-8. 6819-22. 6827-30. 6854-5. 6894-6. 7042-6. 7560-2. 7564-6 [2]. 8300-2. 9078-9. 9088-9 [3]. L'inversion est double aux v. 5633-6 : *Ço sachiez bien, ne bai ne brun, Tant viacier n'en i a un; N'en i a un, ne brun ne bai, Que il ne giet mout tost el tai.* L'inversion se rencontre parfois avec un petit changement, par exemple aux v. 6997-9 : *Des coreors, qui vont avant, I fait li reis perte mout grant; Grant perte i firent li reial, Car*, etc. ; cf. 7978-9. 8517-9. etc.

8º L'emploi de *restre* et de *raveir* est fréquent, surtout comme auxiliaires dans les temps composés des verbes où *re*, préposé au radical verbal, y ajoute le sens de « à son tour, d'autre part, par contre, » plus souvent encore qu'il n'indique la répétition de l'action. Cf. 5763-4, *Meneceüs rot fait son tor Et se refu mis en l'es-*

---

1. Il n'y a donc pas moins de cinq exemples accumulés dans un passage de 80 vers.
2. Entre ces deux passages, il y a une répétition commune ; cf. de plus le v. 7555.
3. Presque jamais ce procédé n'est pratiqué avec la rigueur qu'offrent les exemples de notre poème. Cf. *Légende de Judas*, 287-8, *Guillaume de Palerne*, 4119-22. 6782-3. etc. ; *Vie de sainte Enimie* (en provençal), 621-4, *Girart de Rossillon*, passim, etc. Il convient cependant de faire exception pour quelques exemples isolés ; cf. Octavian, 1413-6 : « *Bèle fille,* » *dist li soudans,* « *Si m'aït mes diex Tervagans ; Ma fille,* » *li soudans a dist,* « *Se Tervagans me' diex m'aït ;* » Miracles de Notre-Dame XVI, 816-8 : *Que Dieu seroit et homme et Crist, Et homme et Crist et Dieu seroit, Qui le meffait amenderoit*, etc.

tor, etc. ; et pour les temps simples : 6177, *L'autre revit assez le jor Parthonopeus joindre en l'estor;* 8063, « *Et mis pére nel referi?* », etc. Cet emploi est également fréquent dans le *Roman de Troie*.

9° *Ellipse*. — *Des reis de Grece i fist l'estore, Ceus qui sont digne de memore* 4043-4 ; *Un chamberlenc a val enveie A saveir dont la noise sort, Et a lui dire sempres tort* 782-4 (cf. 2636) ; *Par lui vos demonstre Deus signe De nostre terre n'estes digne* 4933-4 ; *En l'escu li dona ital Por poi nel mist jus del cheval* 6025-6 (l'ellipse de *que* après *si, tant, tal*, etc., est excessivement fréquente) ; *Ço dist li reis : « Et vos coment?* (s.-e. *le fereiz-vos ?*) 3077, etc. — L'ellipse de *a* (datif d'attribution ou de possession) n'est pas sans exemple. Dans les deux suivants : *Soz la roche Spin al deable* 1873 ; *El regne entrent Ligurge al rei* 2081, le nom propre de personne, qui précède immédiatement, sans préposition, le nom générique précédé de *a*, est un souvenir de la construction latine.

10° *Pléonasme*. — En dehors des passages très nombreux, où le pronom neutre *le, ço, iço*, annonce la proposition substantive qui suit, nous citerons seulement : *Devant le maistre tréf reial La descendirent li vassal* 3063-4 ; *Des plusors d'eus sés lor corage, Que mout voudreient ton damage* 3619-20 ; *Demande lor del plait qu'il oent Saveir qu'en dient et qu'en loent* 4173-4. Cf. 1401-2. 3801-3. 4177-8. 7769-70. 9503-4. 10048-9. etc.

11° *Syllepse*. — *Se jo pués vostre cors conquerre, Qui li volez tolir sa terre* 2805-6 (*vostre cors = vos*) ; *Tant gentil home d'autre terre, Qui érent venu por conquerre, Veïssez morir en la pree* 3397-9 ; cf. 4561-2 et voy. plus haut, 2°. — *Gent* (fém.) est souvent construit avec le pluriel : *La gent le rei dolent s'en vont* (: ont) 215 ; *Mout furent lié icele gent, Quant orent tué la serpent* 2443-4 ; *Grant pitié en avoient gent* (: *fortment*) 10084 ; cf. 1980-4. 5519-20. Aux v. 9523-4, le pluriel se trouve dans la proposition relative qui suit.

12° *Périphrase*. — *Aler* avec le gérondif pour désigner une action qui se prolonge : *Par icel bos vait chevauchant, Com fortune le vait menant* 133-4 ; *Entre eus se vont ja descordant Et de lor regne contendant* 521-2 ; *Mais il est sous, si vait lassant, Et cil le vont fort empressant* 1593-4; cf. 5849, etc. — *Cors*, avec un complément déterminatif, ou avec un adjectif possessif, désignant la personne elle-même, est fréquent : *Ne mais que tant en met defors Mon fil et ma femme et mon cors* (cf. 695. 2805, et *le vostre cors* 2789); *N'i a un de si grant conrei Fors solement le cors le rei* 6551-2.

13° *Variété.* — Il faut attribuer à l'amour de la variété le passage : 1° du style indirect au style direct (cf. 5913 sqq., 8070 sqq., etc.) ; 2° du passé défini (parfait de narration) au présent historique (ou au passé indéfini), et *vice-versa* (cf. 4379-86. 6065-6. 6107-8. 7686-7. etc.) ; 3° du pluriel de politesse au singulier, et *vice-versa;* cf. 373-81 et 387-93, 683 et 685-90, 6867 et 6869 sqq., 8196-8 et 8199-200, etc., et surtout 3501-30, où du singulier on passe au pluriel, pour revenir au singulier.

B. — Age et sources du poème.

Quel est l'auteur du *Roman de Thèbes?* Il ne s'est pas nommé, et son œuvre, comme tant d'autres que nous a léguées le moyen âge, est et sera probablement toujours anonyme. La ressemblance des procédés employés dans le *Roman de Troie* et l'*Eneas* avait fait attribuer ce dernier poème à Benoit de Sainte-More, l'auteur incontesté du premier : aujourd'hui, on reconnaît que la preuve est impossible à faire, et des différences assez importantes dans la langue (voy. p. CXVIII) nous feraient plutôt pencher vers la négative. De même, nous ne saurions accepter les conclusions de l'*Histoire littéraire* (XIX, 665 sqq.), qui attribue également notre poème à Benoit, en s'appuyant sur des preuves purement morales, et en négligeant les seuls éléments d'information qui aient un caractère scientifique, l'étude de la langue des deux poèmes.

Quoique l'absence d'une édition critique du *Roman de Troie* ne permette d'accepter que sous bénéfice d'inventaire les constatations faites par MM. Settegast [1] et Stock [2] d'après l'édition de M. Joly, on peut s'apercevoir facilement que la langue de *Troie* est loin d'être identique à celle de *Thèbes*. Ainsi, le trait le plus saillant de la langue de Thèbes, le produit de *ĕ + yod* rimant avec celui de *ŏ + yod* et aussi avec celui de *a* lat. tonique, ne s'y trouve point; il y a, au contraire, de nombreux exemples de *ĕ + yod* rimant en *i* comme dans le français propre. Voulant éclaircir cette question importante, nous avons choisi six exemples variés de ces rimes pris à des endroits différents du poème (*isse* 12963, *sis* 13319, *pris* 13371, *deliz* 13711, *respiz* 13833, *pis* 15019), et nous les avons vérifiés dans *tous* les manuscrits, sans exception, soit par nous-même, soit (pour les manuscrits anglais et russes) par l'intermédiaire de correspondants compétents : nous n'avons découvert aucune variante, ou du moins aucune qui dénature la rime. C'est donc là un point parfaitement acquis, d'autant plus que notre expérience a été complétée par la vérification des autres exemples donnés par l'édition dans les meilleurs manuscrits de Paris appartenant aux divers groupes naturels qui ont été reconnus [3]. En revanche, on ne trouve dans *Thèbes* ni *cante* pour *conte*, ni les mots *die*, « jour », *macain*, « puissant », *tenerge*, « obscur », et les répétions (voy. p. cxi) y offrent un caractère particulier qu'on ne saurait méconnaître. D'autre part, certaines particularités indiquent que *Thèbes* est un peu plus ancien que *Troie*, par exemple *ai* et *ei*, *ui* et *i*, rimant moins souvent ensemble, *é* et *ié*, *ó* et *ò*, *s* et *z* toujours séparés [4], la déclinaison mieux conservée, etc.

---

1. *Benoit de Sainte-More, eine sprachliche Untersuchung über die Identitæt der Verfasser des* Roman de Troie *und der* Chronique des ducs de Normandie. Breslau, 1876.
2. *Die Phonetik des* Roman de Troie *und der* Chronique des ducs de Normandie, *in* Romanische Studien, III, 443 sqq.
3. Voy. P. Meyer, *Rom.* XVIII, 70 sqq., et nos *Notes pour servir au classement des manuscrits du* Roman de Troie, dans *Etudes romanes dédiées à Gaston Paris*, p. 195 sqq.
4. Peut-être une édition critique ferait-elle disparaître les exemples de ces confusions qui se rencontrent dans l'édition de *Troie* de M. Joly; mais nous ne pouvons rien affirmer pour le moment.

Ainsi, nous sommes d'accord avec M. Joly[1] pour refuser à Benoit la paternité du *Roman de Thèbes*, malgré la ressemblance des procédés de composition et de style dans le *Roman de Troie* (remplacement du merveilleux payen par le merveilleux artistique ou mécanique, répétitions systématiques, d'ailleurs moins accentuées que dans *Thèbes*, etc.), mais, nous l'avons vu, pour de tout autres raisons. M. Joly croit, d'ailleurs, à l'antériorité de *Troie*; il fonde son opinion, non sur l'étude de la langue, qui, nous venons de le voir, serait plutôt un peu postérieure, mais sur le passage de *Thèbes* (v. 7229-40) où il est fait allusion aux futurs exploits de Diomède devant Troie. Or, outre que l'auteur a pu connaître le combat de Diomède et d'Énée par un résumé latin d'Homère, ces mots : *qui fu mout proz, Fors Hector li mieudre de toz*, appliqués par l'auteur à Énée, sont inadmissibles, si l'on suppose qu'il a connu le *Roman de Troie*, qui met Troïlus presque sur la même ligne qu'Hector et est loin de donner le même relief au traître Énée. Au contraire, les vers de *Troie*, cités par M. Joly lui-même dans ses notes (t. II, 396)[2], et où il ne voit rien qui ne puisse provenir de Stace, nous semblent (contrairement à l'opinion que nous avions eue d'abord[3]) très significatifs, en ce sens que l'expression *uns malvès garz*, employée pour désigner Ménalippus, concorde bien mieux avec celles de *Thèbes* : *un serjant* 6695, *del garçon* (*gloton* y) 6706,

---

1. *Benoit de Sainte-More et le Roman de Troie, ou les métamorphoses d'Homère et de l'épopée gréco-latine en France et au moyen âge* (Paris, Franck, 1870), t. I, p. 100 sqq.

2. « Sire, gie ne me merveil mie
 « Se vos amez chevalerie :
 « Si fêtes vos, ne poez plus.
 « Mar fussiez vos filz Tideüs,
 « Se par vos n'ert *(éd.* n'est)
  [bien meintenue.
 « Si est il bien chose seüe
 « Par *(éd.* Por) lui sont terres
  [desertees,
 « Qui ja ne fussent *(lis.* fu-
  [rent?) regardees
 « Ne asises, se par lui non.

 « Puis (*éd.* Quis) en ot il tél
  [guerredon
 « Qu'uns *(éd.* Que un) *malvès*
  [*garz* le gita mort.
 « A grant pechié et a grant tort
 « Fist maint riche regne essil-
  [lier,
 « Dont les barons fist detren-
  [chier,
 « Al siége ou il les assembla. »
  (*éd. Joly, v.* 19747-61).

3. Voy. *Légende d'Œdipe*, p. 282.

qu'avec celles de Stace, qui l'appelle deux fois *Astacides* (VIII, 726 et 747 ; cf. Ovide, *Ibis*, 515), du nom de son père Astacus, montrant ainsi qu'il n'était pas sans ancêtres [1]. Une preuve plus directe, c'est la date réelle de notre poème, que nous allons essayer de déterminer.

Dans l'embuscade d'Hippomédon, il est question d'un prince venu d'Afrique avec deux mille *Amoraives*. Il y a certainement là une allusion à la tribu des Almoravides, dont les princes, après avoir soumis les royaumes de Fez et de Maroc, occupèrent ensuite l'Espagne. Or, de 1120 à 1163, ils avaient été dépossédés de la plus grande partie de leurs possessions africaines et des côtes méridionales de l'Espagne par les Almohades, qui leur enlevèrent ensuite peu à peu tout ce qu'ils possédaient sur le continent, et les en chassèrent complètement en 1170. L'allusion nous ramène donc à une époque notablement antérieure à 1163, date de la mort du grand conquérant Abdel-Moumen (1130-1163), disciple et successeur de Mohammed, le fondateur de la dynastie almohade. D'autre part, on lit ces vers dans l'*Eneas*, qui semble avoir été composé vers 1150, une dizaine d'années avant *Troie* [2] : *En icel champ ert Adrastus, Polinicès et Tydeüs, Ipomedon, Partonopeus, Amphiaraus et Capaneus* (v. 2666 sqq.). L'auteur, qui vient de mentionner les principaux héros du siège de Troie, nomme, comme on voit, les sept chefs de l'armée grecque devant Thèbes, sans les séparer ni les confondre. Il semble bien qu'il y ait là une allusion à notre poème [3], qui serait alors,

---

1. La mention d'*Antenor de Troie*, v. 8781 sqq., où aucun détail ne vise l'œuvre de Benoît, et celles de Troie aux vers 1991, 7235 et 9337, ne renvoient pas plus au *Roman de Troie* que celle de *Bucifal*, le cheval d'Alexandre, v. 6624, ou du roi *Daire* 5624, cousin du chef thébain *Meneceüs*, ne renvoie au *Roman d'Alexandre*, ou celle des armées de César et de Pompée, 1990, au *Roman de Jules César*, ou encore celles de *Ninus* 6534 et de *Semiramis* 895 à des poèmes français de ce nom, quoiqu'il ait pu en exister un peu plus tard (voy. § V). C'est là une érudition purement classique, et, par conséquent, à l'époque de notre poème, toute latine.

2. Voy. G. Paris, *Manuel d'ancien français*, I, 247, et *Rom.* XX, 152, n. 2.

3. Il y aurait aussi à signaler quelques emprunts, par ex. les v. 6899-6900 : *Vos voldriez par altrui main Le serpent traire del*

par l'époque de la composition, le premier des poèmes imités de l'antiquité, comme il est le premier par la date des événements racontés [1]. Du reste, les renseignements donnés par M. Salverda De Grave [2] sur la langue de l'*Eneas* (ĕ + *yod* rimant en *i*, ŏ + *yod* rimant en *ui*, les fautes assez nombreuses contre la déclinaison, l'absence de la 3ᵉ pers. pl. de l'imp. du subj. en *ant*, etc.), outre qu'ils montrent que ce poème ne saurait être du même auteur que *Thèbes*, sont loin d'indiquer une époque plus reculée. Nous pouvons donc admettre, jusqu'à preuve du contraire, que notre poème a été composé vers 1150, plutôt avant qu'après, ce que ne dément pas, du reste, l'emploi de certains mots archaïques comme *giens* 1107, *joi* (passim), *trone* 4748, etc.

Il faut avouer cependant que certains traits dialectaux se trouvent à la fois dans *Thèbes* et dans *Troie*, avec plus ou moins d'extension : par exemple -*ïen*, de -*ianum*, en rime avec *en*. Cf., dans *Troie*, *Troïen : sen* 13213 ; dans *Thèbes*, *Atheniens : rens* 10071, et, d'autre part, *Atheniien : bien* 10029, où il faut peut être lire *ben*, car à la tonique ĕ + nasale rime également dans notre texte avec *a* + nasale, et aussi (exceptionnellement) avec *e* + nasale + consonne (voy. Tableau des rimes, *eme*, *ement* et *en*, *ent* [2], *ente* [2]) ; mais la rime de -*ïen* (= ianum) avec -*uen* (*Troie* 20515) et avec *ein* (*Troie* 5276) ne se trouve pas dans *Thèbes*. En somme, l'ensemble des traits linguistiques spéciaux assignent notre texte au Sud-Ouest du domaine, mais il faut reconnaître que l'auteur a subi assez largement l'influence du français central pour qu'il soit impossible de faire le départ exact des formes dialectales et des formes françaises, toutes les fois que les rimes caractéristiques manquent [3]. C'est

---

buisson (cf. *Thèbes*, 7940-1) ; les v. 5057 sqq. : *D'oisels saveit toz les langages... Soz ciel n'aveit meillor devin* (cf. *Th.*, 2031-2), etc.

1. Pour une allusion du *Cligès* de Chrestien de Troyes, antérieure à 1170, voy. § VI.
2. *Introduction à une édition critique du Roman d'Eneas* (1888), p. 117 (reproduite dans l'édition, qui va paraître incessamment).
3. Les rimes mêmes assurent à l'auteur un assez grand nombre de doubles formes : *serjant* et *sergenz*, *vait* et *va*, *travail* et *traveil*,

pour cela que, malgré l'autorité des fragments d'Angers, nous n'avons osé conserver ni l'*a* protonique, ni l'*e* issu de *ĕ* (en dehors des rimes que nous considérons comme des licences), ni l'article et le pronom *lo* pour *le*, ni *si* conjonction (quoique ici *S* vienne appuyer *D*), etc., de sorte que notre texte a sensiblement l'aspect d'un texte purement français du milieu du xiie siècle. Ajoutons que l'auteur connait *Poitiers*, qu'il place dans son estime à côté de *Londres* : *Mieuz vaut lor ris et lor baisiers, Que ne fait Londres ne Peitiers* (v. 971-2), et aussi *Uzerche* (*Usarche* 7868¹) petite ville de la Corrèze, à 15 lieues au S.-E. de Limoges, dont le choix est sans doute venu de la difficulté de la rime, mais aussi de la confusion qui s'est faite dans l'esprit du trouveur entre la Marche thébaine et la Marche limousine, qui n'était pas bien loin d'Uzerche. Il y a là assurément une raison de plus pour croire qu'il était originaire du pays au sud de la Loire, et même pour localiser sa patrie dans la région entre Poitiers et Limoges²; mais rien d'assez probant pour que nous nous soyons cru autorisé à donner au texte une couleur franchement poitevine et à tenter une restitution pleine de périls, et dont les éléments faisaient d'ailleurs en partie défaut.

Quelles sources l'auteur anonyme a-t-il eues à sa disposition? Il est difficile de répondre d'une façon certaine; mais ce que l'on peut, croyons-nous, affirmer, c'est qu'il ne semble pas avoir eu sous les yeux le poème de Stace. Il suffit de lire notre Analyse pour se convaincre qu'à l'aide d'un résumé de la *Thébaïde* en vingt pages, précédé de l'histoire d'Œdipe, il pouvait aisément composer son œuvre, si l'on admet que les épisodes (et il n'y a aucun intérêt à supposer ici une source particu-

---

palaiz et *palais*, *panz* et *pans*, *jorz* et *jors*, *entent* et *enten*, *aïe* et *aiue*, etc., et, dans certains cas, ce qui est plus probant, l'emploi de la forme purement française à côté de la forme dialectale : *lit* et *lét*, *sire* et *sére*, *ivre* et *évre*. Voy. le *Tableau des rimes*.

1. Cf. *S*, v. 8948 et 9010, qui répète simplement l'expression *Des Dinoe (Denoe, Dunoe) jusqu'a Usarche*, et notez la variante du v. 8951.

2. Peut-être faut-il corriger ainsi le vers cité : *Que Limoges ne que Peitiers*.

lière) sont l'œuvre de son imagination [1]. S'il avait connu le poème latin, comme l'a connu l'auteur du remaniement *x*, il se serait sans doute plus souvent rapproché de son modèle, et il n'aurait point supprimé ou modifié des détails que la disparition du merveilleux payen et la substitution des mœurs de son temps à celles de l'antiquité ne lui interdisaient pas de conserver [2]. Dans quelques passages seulement, on rencontre, à l'état d'exception, des traits qui rappellent la *Thébaïde*, par exemple dans la rencontre de Tydée et de Polynice à Argos et

1. L'histoire d'Œdipe, qui n'a nullement pour source Sophocle, comme le croit M. Joly, lui a semblé nécessaire pour éclairer le sujet de la prise de Thèbes. L'épisode de Monflor est une escarmouche intéressante par ses incidents, et destinée à augmenter la part faite aux descriptions de batailles dans le principal récit, part que le trouveur jugeait trop restreinte, ce qui prouve qu'il ne disposait pas pour la partie classique d'une source développée comme l'est Stace. La délibération des barons thébains, qui obligent Etéocle à faire à Polynice des propositions de paix que Jocaste, accompagnée de ses filles, apportera au camp des Grecs, comble une véritable lacune dans Stace, chez qui le départ de la reine n'est nullement préparé : il est inutile d'en chercher la source, non plus que pour l'épisode de Daire le Roux, ailleurs que dans le désir de montrer la force de la féodalité en face du roi et leurs droits respectifs. Ce dernier épisode est assez habilement préparé par celui du ravitaillement, inspiré par les grandes famines qui décimèrent à plusieurs reprises les armées chrétiennes pendant les deux premières croisades. Enfin, l'embuscade dans laquelle Hippomédon attire les Thébains à *Malpertus*, en feignant de lever le siège, n'est qu'une modification à la bataille classique de l'Isménus où Hippomédon trouve la mort, invention assez dans le goût du moyen âge, comme le montre le stratagème raconté dans l'épisode de Monflor. Il n'y a rien dans tout cela que n'ait pu imaginer un trouveur de quelque talent. Ajoutons que les manuscrits glosés de Stace, du moins ceux de la Bibliothèque nationale, les seuls que nous ayons pu voir, ne donnent aucune indication qui ait pu suggérer à l'auteur ces additions au sujet classique. Ils donnent tous ou des gloses purement grammaticales, ou les gloses de Lactantius Placidus (v^e ou vi^e siècle). Cependant ces gloses expliquent l'altération de quelques noms propres. Cf. *Ligurgus*, ms. 13046; *Parthonopeus*, ms. 14139; *Propetice*, ibid. (ailleurs *Proetie*, *Proticie*, etc.) (cf. *Propecie*); *Ethiocles*, ms. 16694, etc.

2. Par exemple, il est étonnant qu'il n'ait pas reproduit la scène où Stace nous représente Tydée rongeant la tête de son meurtrier Ménalippe.

leur mariage [1], dans l'ambassade de Tydée et le combat des Cinquante [2], dans certaines parties de l'épisode d'Hypsipyle [3], dans le récit de la mort d'Aton (Atys), le fiancé d'Ismène [4], et enfin, au début de la deuxième bataille, où quelques noms de guerriers (en dehors des chefs) et leurs exploits sont reproduits assez fidèlement, mais nullement dans les mêmes termes [5]. D'autre part, l'hypothèse d'une *Thébaïde* abrégée en prose est nécessaire pour expliquer les détails, assez exacts [6], que donne le Roman sur les portes de Thèbes et leurs défenseurs (v. 5185-5254), passage où Stace n'a que six vers (VIII, 352-7), et aussi certaines modifications apportées à la légende thébaine, telle qu'elle a été exposée dans le poème latin, modifications qui doivent être d'origine ancienne, puisque ni les procédés familiers à l'auteur, ni les conditions particulières de temps et de lieu où il se trouvait, ne les expliquent : parmi ces modifications,

---

1. Cf. *Théb.* I, 417 et *Roman*, 733, 741, 743-4; *Théb.* I, 474-7 et *Rom.* 959-61 S, qui appartenaient peut-être à l'original; *Théb.* I, 536-6 et *Rom.* 955-6; *Théb.* I, 536-9 et *Rom.* 943-50; *Théb.* I, 682-3 et *Rom.* 847-8.

2. Cf. *Théb.* II, 438-42 et *Roman*, 1335-44; *Théb.* II, 559-60 et *Rom.* 1619-20; *Théb.* II, 570-6 et *Rom.* 1629-31; *Théb.* II, 586-8 et *Rom.* 1557-8.

3. Cf. *Théb.* V, 549-50 et *Roman* 2353-4; *Théb.* V, 570-6 et *Rom.* 2434-9; *Théb.* V, 591 et 594-6 et *Rom.* 2451 et 2456-8.

4. Cf. *Théb.* VIII, 633-4 et *Roman*, 6205-8; *Théb.* VIII, 642-5 et *Rom.* 6241-6. L'épisode est d'ailleurs complaisamment et agréablement développé dans le *Roman* (538 vers contre 101 de Stace).

5. Cf. *Théb.* VIII, 438-40 et *Roman*, 5315-28; *Théb.* VIII, 441-2 et *Rom.* 5309-14 (mais le trait bizarre des deux vers suivants de Stace est omis); *Théb.* VIII, 445-8 et *Rom.* 5329-42; *Théb.* VIII, 449-53 et *Rom.* 5717-98; *Théb.* VIII, 454-5 et *Rom.* 5343-57, de sorte que les vers de la *Thébaïde* VIII, 438-55 correspondent aux vers 5309-57 et 5717-98 du *Roman de Thèbes*, qui, comme on voit, développe plus qu'il ne traduit, surtout lorsqu'il s'agit de la mort des deux frères qui s'entre-tuent (*Théb.* VIII, 449-53), dont il fait un véritable épisode.

6. Voy. *Légende d'Œdipe* p. 60 sqq., et surtout p. 76, n. 1 et p. 275-6, où il faut noter que *Pulmes* de BC(P) est une mauvaise lecture de *Culmes*, que donne S (= *Culminas; cf. *culmina Dircæa*, *Théb.* VIII, 357), et que ce mot n'a rien à voir avec *Creneæ*.

la plupart se rencontrent dans le poème[1], deux ou trois exclusivement dans les rédactions en prose, dont il sera question au chapitre suivant[2].

[1]. Ainsi, le dénombrement de l'armée grecque, qui est transporté avant la scène entre Capanée et Amphiaraüs, est réduit, en dehors des sept chefs, à trois noms*, dont un, Lycaon d'Orchoménie, est inconnu à Stace (cf. cependant *Orchomenos, Théb.* IV, 295, et l'adjectif *Lycaoniæ* IV, 304, qui a peut-être été transformé en nom d'homme par la source du Roman), un autre est appelé vaguement « le duc d'Amphigenie » (cf. *Théb.* IV, 178), et le troisième, « l'aufage » de Mycènes, constitue un contre-sens, puisque Stace (IV, 306) dit formellement que cette ville n'envoya aucun contingent, à cause des horribles démêlés d'Atrée et de Thyeste. — Thoas, le père d'Hypsipyle, est tué par les Lemniennes, comme dans Apollodore, III, 6, 4. Sa fille s'échappe, est prise par des pirates et vendue au roi Lycurgue, tandis que, dans le logographe grec, elle est vendue aux pirates par les Lemniennes, et que, dans Stace, elle ne s'enfuit qu'après l'aventure des Argonautes. Il n'y a qu'une tigresse au lieu de deux. — La deuxième bataille de Stace, où périssent successivement Atys, Tydée, Hippomédon et Parthénopée, est distribuée en quatre journées. Dans la quatrième, le jeune prince Arcadien est tué traîtreusement par Driant dans un combat singulier avec Étéocle, et son corps est apporté sans obstacle à Thèbes, où on lui fait de magnifiques funérailles comme au fiancé d'Antigone : mais ici, on peut croire que le désir de donner un pendant aux amours d'Aton et d'Ismène a amené le trouveur à donner ainsi plus de relief à la figure de Parthénopée, un peu effacée dans Stace, d'où la suppression de l'expédition nocturne des deux amis Hoplée et Dymas, imitée de celle de Nisus et Euryale dans Virgile. — Enfin Thèbes est prise d'assaut et ruinée par Thésée, ce qui contredit à la fois Stace, qui fait se réconcilier les deux armées sur le champ de bataille après la mort de Créon, et la tradition grecque, qui réserve aux Épigones la vengeance du désastre des Grecs. Voy., du reste, la comparaison assez étendue (ce qui nous permet d'être bref) faite par M. Joly, *ouvr. cité*, p. 356-83 ; mais il est bon de noter qu'il ne se sert que de notre ms. *C*, qui, nous l'avons vu, représente (avec *B*) un texte remanié à l'aide de Stace. Voy. aussi notre *Légende d'Œdipe*, sect. IV et VI, *passim*.

2. En particulier, la reconstruction de Thèbes. Cf. Apollodore, III, 7 ; Pausanias, IX, 8, et Diodore, IV, 66. Rectifions, à cette occasion une erreur qui figure dans notre *Légende d'Œdipe*, à la p. 344 : *Estives* (var. *Estines, Estine, Esture, Estrie* = εἰς Θήβας) est le véritable nom de Thèbes au moyen âge, et sa citadelle s'appelait La Roche, d'où le nom fameux des seigneurs de La Roche. Il n'y

* Ce chiffre est augmenté dans les rédactions en prose. Voy. § V.

V. — RÉDACTIONS EN PROSE.

Dans un savant mémoire publié en 1885 [1], M. Paul Meyer a classé, d'après les éléments qu'ils renferment, les nombreux manuscrits [2] contenant l'*Histoire ancienne jusqu'à César* [3], manuscrits dont nous avions rapidement étudié une partie, quelque temps auparavant, pour essayer de distinguer les diverses rédactions en prose du *Roman de Thèbes* [4]. Il a, avec son habileté ordinaire, déblayé le terrain et préparé les voies aux travailleurs futurs; on conçoit qu'il lui était impossible d'entrer dans le détail et d'étudier par le menu chacune des parties de cette vaste compilation : cela n'aurait pu, du reste,

---

a donc pas à le rapprocher de *Hestiée*, la ville fondée, d'après Apollodore, par les Thébains fugitifs.

1. *Romania*, XIV, 36-81.
2. Aux mss. signalés par M. Paul Meyer il faut ajouter : 1° Cheltenham, bibl. Phillipps, 23240 (xv° siècle), qui appartient, quant à son contenu, à la 2° rédaction de Meyer, et reproduit exactement la rubrique initiale placée en tête du roman de Troie en prose dans le ms. Bibl. nat. fr. 24396; 2° Paris, Bibl. nat. fr. 821 (xiv° siècle), qui contient les sections 1, 2, 6 et 7 de Meyer très abrégées (4 feuillets), le *Roman de Troie* en vers, la section 6 (Enée), le commencement de la section 7 (Romulus), l'histoire de Landomata en prose abrégée, et enfin, à la suite de quelques autres petits ouvrages étrangers à la compilation, l'histoire d'Alexandre en prose développée (f° 269 à 290 r°), terminée par un *explicit* en 8 vers de huit syllabes (le *Roman de Thèbes* est donc absent); 3° Turin, Bibl. roy., XXIII, g. 129 (catal. Pasini), xv° siècle, dont il sera parlé plus loin; — et pour la traduction italienne : 1° Rome, San Pantaleo de Urbe, 10 (Biblioth. Victor-Emmanuel, 103), qui commence par la section 3 *(Thèbes)*, comme le ms. de la Bodléienne, Canonici, 121, signalé par P. M.; 2° Florence, Magliabecchiana, II, IV, 107, intitulé *Fioretti della Bibbia*, qui contient le même texte un peu abrégé (Voy. Gorra, *Testi inediti di storia trojana*, 568); 3° Florence, Riccardiana, 1311, qui contient les sections 1 à 5, l'histoire d'Alexandre et un abrégé d'histoire romaine jusqu'à Julien l'Apostat (voy. Gorra, *l. l.*, p. 569).
3. C'est le titre qui semble convenir le mieux à cette compilation, dont les mss., quand ils ne s'autorisent pas du nom d'Orose (voy. ci-dessous), donnent le plus souvent des titres ou des *explicits* fort développés, qui sont très probablement l'œuvre des copistes.
4. Voy. *Légende d'Œdipe*, p. 315-347. Nous rectifierons en passant plusieurs erreurs qu'une étude plus minutieuse nous a fait découvrir dans ce chapitre.

que compliquer inutilement la tâche limitée qu'il s'était donnée. Mais l'éditeur du *Roman de Thèbes* ne saurait se placer au même point de vue : ce qui lui importe, c'est surtout de connaître à fond la partie de l'œuvre qui l'intéresse, et il ne saurait se dispenser de jeter au moins un coup d'œil sur chacun des manuscrits, s'il veut examiner, ne serait-ce qu'en courant, les questions complexes que soulèvent les diverses rédactions en prose du poème insérées dans l'*Histoire ancienne*. Faute d'espace, nous serons malheureusement forcé d'abréger [1] et de nous borner dans l'exposé des arguments dont nous appuierons nos conclusions.

Nous essaierons d'abord de mettre en lumière l'existence de deux rédactions principales, dont la seconde n'est qu'un développement de la première, et pour cela nous choisirons quatre passages pris dans les différentes parties de l'*Histoire de Thèbes* [2].

I. Début

Première rédaction.

(*Ms. B. N.*, fr. 20126, f° 49 v°). Uns rois estoit adonc [1] en Thèbes [2] riches et puissanz : Laius fu apelez [3]. Il [4] avoit fame bèle [5], de son lignage [6], qui Jocaste [7] fu apelee. Cil rois ot [8] .j. fil, mout bèle [9] creature. Quant li rois [10] Laius, qui mout avoit veü avenir avantures [11], sot qu'il ot [12] .j. biau fil [13], il ala [14] a

Deuxième rédaction.

(*Ms. B. N.*, f° 9682, f° 77 r°). Un rois estoit adoncques a Thèbes, sires riches et poissans [1] : Laius estoit appelés [2]. Feme avoit, haute dame de son lignaige et [3] belle a desmesure : Jocasta estoit par nom appellee. Cist poissans rois [4] Laius, qui estoit riches homs [5] et sages, ot un fis de Jocasta [6] sa feme mout trés biau(s), quar, quant il fu nés, ne couvenoit mie querre [7] plus belle creature [8]. Laius, qui mout

---

1. Nous demandons la permission de renvoyer à notre premier travail pour quelques citations et quelques renseignements complémentaires sur les manuscrits.

2. Les manuscrits portent également le titre de *Destruction de Thèbes*. Voici celui de l'imprimé (Bibl. nat., Y 2-235) : *Le Rômant de Edipus filz du Roy Layus, lequel Edipus tua son pere, et depuis espousa sa mere et en eut quatre enfans. Et parle de plusieurs choses excellentes.* On les vent a Paris, en la rue neufue Nostre Dame, a l'enseigne Sainct Nicolas. — A la fin on lit : *Cy fine la bataille et destruction de ceulx de la cité de Thebes.* Nouuellement imprimé a Paris pour Pierre Sergent, libraire, demeurant en la Rue neufue Nostre Dame a l'enseigne Sainct Nicolas.

INTRODUCTION   CXXV

ses devineors ¹⁵ por savoir et por entendre ¹⁶ quiex cil filz porroit estre¹⁷, et coment il se maintenroit, et a quél proesce ¹⁸ il vanroit ¹⁹ en sa vie. Il li fu dit ²⁰ que cil filz seroit merveilleus ²¹ et qu'il ²² occirroit son pére.

avoit veü avenir de pluissors aventures par le monde, quant il sot ⁹ qu'il avoit un si trés bel fil ¹⁰ de Jocasta sa feme, il ala a ses dex et as ¹¹ devineors pour savoir et pour entendre quéls cist fis ¹² porroit estre ¹³, et coment il se maintiendroit, et a quél proece ¹⁴ il vendroit en sa vie ¹⁵. Respondu et dit li fu que cis fis seroit merveillous ¹⁶ et qu'il occirroit son pére ¹⁷.

II. Fin de l'épisode de la fille de Lycurgue.

Que Thideüs se parti l'andemain de la damoisele.

Quant li jorz¹ fu esclarciz², la damoisèle vint vèoir Thideüs, qui l'avoit aaisié ³ la vespree de quant qu'elle pot⁴, [si] li demanda conment il li estoit ⁵ et qui (*lis.* qu'il) li sambloit de lui meïsmes ⁶. Thideüs li respondi ⁷ que bien santoit son cuer ⁸ et que bien cuidoit garir ⁹, s'il estoit en sa contree ¹⁰. La damoisèle li pria mout ¹¹ qui (*lis.* qu'il) demorast avec lui .iij. jorz ou .iiij. ¹², tant qu'il fust asouagiez ¹³ de ses plaies, et èle manderoit querre ¹⁴ .j. mire ¹⁵ son pére, qui i metroit grant cure ¹⁶. Thideüs dist a la damoisèle que ¹⁷ ce ne feroit il mie, einz s'an iroit tantost ¹⁸ au roi ¹⁹ Adrastus et a Pollinicés son compaignon et a sa fame, qui l'atendoient ²⁰ en la cité d'Arges, et si lor conteroit ²¹ du roi Ethioclès et de la traïson qu'il li ot ²² faite, dont ²³ il panroit, s'il pooit, venjance ²⁴. Lors se leva et apareilla, et la damoisèle li aida ²⁵.

Que Tydeüs se parti l'endemain de la pucelle.

Quant li jours fu esclarzis ¹, assés tost la matinee ², revint la damoiselle vèoir Thideüs, qui la ³ vespree l'avoit aaissié de quanque elle savoit faire ⁴, et si ⁵ li demanda coment il li estoit et qui (*lis.* qu'il) li sembloit de lui meesmes. Tideüs li respondi et dist qu'il sentoit bien son cuer et qu'il cuidoit bien ⁶ guarir si (*lis.* s'il) estoit en sa contree ⁷. La damoiselle li pria m^lt qu'il demourast o lui ⁸ .iiij. jours ou .v. ⁹, tant qu'il fust plus assouagiez ¹⁰ de ses plaies, et elle li manderoit un mire ¹¹ son pére, qui en lui guarir metteroit ¹² grant cure. Tideüs dist a la damoiselle ¹³ que ce ne feroit ¹⁴ il mie, ains en ¹⁵ yroit sans demoree ¹⁶ au roi Adrastus et a Polinicés son compaignon et a sa feme, qui l'atendoient en la noble cité d'Arges, et si lor ¹⁷ conteroit les noveles de Etioclès le roi de Thèbes ¹⁸, et de la grant ¹⁹ traissou qu'il li avoit faite il averoit tost venjance, s'il pooit. Lors se leva et appareilla, et la damoiselle meesmes li aida ²⁰.

Que la pucelle ne pot retenir Tydeüs ²¹ tant qu'il fust guaris*.

Seignors ²², li rois Ligurges n'i ert ²³ mie, ains estoit alé en autre luec ²⁴ en ses afaires ²⁵; quar, s'il y fust, il (!) eüst m^lt honoré et aaissié Thideüs ²⁶ por l'amistié ²⁷ le roi Adrastus et

* Ce chapitre est particulier à la deuxième rédaction.

pour sa vaillantise ²⁸. Et sa fille, qui moult estoit cortoise, li ot porté ml't grant honor, et feïst encores plus, s'il dou repairier en sa contree n'eüst tél haste ²⁹. Mais Thi(e)deüs, a cui ml't grevoit en son cuer la traïsson et la mesprisson ³⁰ que li rois Etioclès li avoit faite, demanda son cheval, que ³¹ la damoiselle avoit fait moult bien appareillier ³² et ja ³³ amener sous ses ³⁴ chambres en la place, quar bien vëoit de retenir le chevalier par biau semblant ne par belle parole seroit nulle chose ³⁵. Et bien sachiés que ml't l'en avoit proié et angoissi[é] ³⁶ en toutes les maniéres que elle miaus et plus biau le sot faire ³⁷.

Que Thideüs s'en vint au roi Adrastus.

A tant finérent ²⁶ les paroles que Thideüs dist²⁷ que ce ne porroit estre qu'il demorast plus ²⁸. Et tantost vint li bons chevaliers ²⁹ a son cheval ³⁰, et monta ³¹ touz appareilliez et toz armez ³², et prist congié a la damoisèle et a ³³ ses pucèles, et se mist a la voie, et mout chevaucha a grant dolor ³⁴ et a grant poine. Il erra, par son gentil cuer, par montaingnes et par valces tant qu'il ³⁵ vint an Grèce.

Que Thideüs revint au roi Adrastus en la cité d'Arges ³⁸.

A tant et ainsi finérent les paroles ³⁹, car ⁴⁰ Thideüs dist que ceci ne ⁴¹ porroit estre qu'il plus longuement feïst illeuque demorance⁴²; mais sans plus dire vint li bons chevaliers a son cheval, et si monta ⁴³ tous ⁴⁴ appareilliés de ses armes qui en pluissors leus estoient routes et faussees, et il moult navrés el ⁴⁵ corps, dont il avoit au cueur ⁴⁶ ml't grant [grevance]. Einssi prist Tideüs congié ⁴⁷ a la damoiselle ⁴⁸ et a ses pucelles et ⁴⁹ se mist a la voie. Moult chevaucha ⁵⁰ a grant dolour et a grant poine. Toutes voies ⁵¹ erra il par les effors de son gentil(s) corps, et trespassa ⁵² forés(t) et plainniéres ⁵³ et ⁵⁴ montaignes et valces et grans desertines, tant qu'il ⁵⁵ vint ⁵⁶ en Grèce au miaus que ⁵⁷ pot, si come il ⁵⁸ li convenoit faire.

III. La tigresse privée de Thèbes.

En la cité de Thèbes ot ¹ une tygre privee ²; si l'avoi[en]t³ norrie Antigone et Ysmène(s) les serors Ethioclès, aus quélles en l'avoit envoiéd ou règne de Egypte. Cèle tygre estoit mout esloingnee de sa nature, por ce que èle estoit norrie es sales lou roi et es chambres as pucèles dès que èle estoit petite. De la tygre salvaige vos dirai ge la samblance et la nature ⁴. Et sachiez que èle est grant de cors come cers parcreüs, et s'est

En la cité de Thèbes avoit une tygre ¹ privee; si l'avoient ² norrie Antigone ³ et Ysmène les serors le roi(s) Etioclès, a cui on l'avoit envoiée del règne de Egipte. Seignors, celle tygre estoit moult esloignee ⁴ de sa nature, pour ce qu'elle estoit norrie en la salle ⁵ le roi et es chambres as ⁶ pucèles, dès icèl' hore ⁷ qu'elle avoit esté petite aportee del règne de Egypte et del règne de Etiope ⁸. Seignors ⁹, de la tygre sauvage vous veus dire et descrire la nature et la samblance ¹⁰. Bien ¹¹ sachiés sans doutance que elle est grant fors et legiére ⁵ autant ⁶ come nule ⁷ autre beste salvage. Ele a ⁸ piez et jambes et queue ⁹ de lion et semblance ¹⁰, mais la teste a bèle et gentil ¹¹, et long musel ¹² ausinc comme levrier po espoentable ¹³. Ele a ¹⁴ le poil luisant par nature ¹⁵ ausinc comme ¹⁶ s'èle estoit ¹⁷ doree. Et sachiez que ¹⁸ de sa cruauté ¹⁹ n'est nule beste ²⁰ quant éle est iriee ²¹, quar n'est ²² serpenz ²³, ne lieparz, ne lions ²⁴ qui en sa grant ire ²⁵ l'osast atandre ²⁶, car tantost lou devoreroit ²⁷. Et contre ²⁸ ce que èle est si cruieuse et si malicieuse ²⁹ quant èle est (si) irie ³⁰, ra éle en li ³¹ grant doçor quant èle est apaisie; car sa trés granz cruauté est tornee en douçor ³², si que les bestes savaiges qui entor li habit(oi)ent ³³ en la contree d'Ethyope ³⁴ viennent ³⁵ a li por flairier et santir la trés grant douçor de s'alainne ³⁶. De téle meniére ³⁷ est la tygre en sa debonaireté douce et paisible ³⁸. Cèle qui dedenz Tèbes estoit norrie avoit si oublié ³⁹ sa nature que en li n'avoit iror plus que an ⁴⁰ .j. aignel, ainz aloit par la sale ⁴¹ ausins ⁴² com uns livriers, ne ja tant ne li feïst on vilenie ⁴³ qu'èle demostrast point d'iror ⁴⁴.

de corps come cers ¹² parcreüs ¹³ em boschage. Legiére est et ¹⁴ forte et isnèle autant come nulle autre beste sauvage. Jambes et piés a ¹⁵ de lion et coe aussi ¹⁶ ressemblable ¹⁷; mais la teste a gentil et belle ¹⁸ a lonc musel come leveriers ¹⁹ ne mie ²⁰ espoentable. Le poil a clér ²¹ et luisant selonc sa ²² nature, et bien semble estre doree ²³ de fresche doreüre, tant par est belle et clére et resplendissant ²⁴. Et bien sachiés que de sa nature ²⁵ n'est nulle creature, en tant come ²⁶ elle est corcssice ; quar il ²⁷ n'est ne serpens, ne lupars, ne lions sauvages ²⁸ qui en sa grant ire l'osast attendre, quar tous les devoreroit ²⁹ en assés brief termine ³⁰ par sa grant felonie. Nen est beste tant hardie, puis qu'elle sent de la tygre l'iror ³¹, qui l'ozast approchier d'un grant trait ³². Et contre ce ³³ qu'elle est si cruouse et si malicieuse quant elle est aïriee ³⁴, ra elle en ly grant doussour ³⁵ quant elle est ³⁶ apaisiee; quar la trés grant cruauté de ly ³⁷ est muee en douçor ³⁸, si que les bestes sauvages qui entor lui habitent en la contrée de Ethiope viénent a lui pour sentir et flairier ³⁹ la grant ⁴⁰ doussor de s'alaine ⁴¹. De tél maniere ⁴² est la tygre en sa trés grant debonaireté paissible et douce ⁴³, et trop cruouse quant elle est iriee ⁴⁴. Celle qui dedens Thèbes ⁴⁵ ert norrie avoit si oublié sa nature por sa ⁴⁶ norriture qu'en ly n'avoit iror noient plus que ⁴⁷ en un aignel ou en une autre petite beste ⁴⁸, ains aloit par la salle aussi come un leveriers, ne ja tant [ne] li feïst on felonie que ja d'iror i veïst ⁴⁹ on point de demostrance ⁵⁰.

IV. Résumé de la guerre.

..... cure. Or lairons ester lor conroiz et lor batailles ¹, et dirons comment il paralérent ² en ³ la fin.

..... cure. Mais de descrire ¹ leur batailles et leur ² aguais qu'il faisoient ³ dedens et defors tant com il au siége furent ⁴, nen est ⁵ mie granment mestier que je vous devize, quar assés tost pour bel ⁶ parler y porroie je ⁷ dire mensonge, qui ne seroit raissonnable ne convenable⁵, ni a profit ne torneroit a⁹ nulle creature. Et pour ce je lairay ¹⁰ a devizer leur conrois et ¹¹ leur batailles, et si vous ¹² dirai de la fin coment il parlérent (sic) ¹³.

Des haus barons ¹⁴ *de l'ost qui occis furent en la bataille.*

Seignors, el comensement de la bataille assés tost ¹⁵ i fu mors ¹⁶ Tideüs li gentils chevalier[s] et li sages ¹⁷, qui tant fu prous et vaillans ¹⁸ en sa vie que encores em parolent ¹⁹ et content moult les ²⁰ escriptures. Puis i fu mors ²¹ Parthonopeus et ocis en la bataille, et Ypomedon noiés²² en une aigue, ou il s'embati par sa grant proesse après ses ennemis ²³. Seignours ²⁴, bien sachiés aussi que je ²⁵ ne me viaus entremettre de raconter ²⁶ le jugement de ²⁷ Daire le rous ²⁸, qui sa tor rendi a Polinicès, par quoi la ville dut ²⁹ estre perduc, quar trop en seroit longue la parole ³⁰ et lonc d'auctorité seüe ³¹. Mais pour ³² bel parler ³³ est mainte chose contee et dite qui ³⁴ n'est mie voire en toute traitiee d'estoire ³⁵ : pour ³⁶ ce laisseray ³⁷ ester a retraire ³⁸, et maintes autres choses ³⁹ qui par aventure porroient plaire a pluissors ⁴⁰.

Au commencement fu morz ⁴ Thideüs li bons chevaliers ⁵, qui tant fu preus ⁶ que encor en parle ⁷ l'escriture. Après morut ⁸ Parthonopeus ocis em ⁹ bataille, et Ypomedon ¹⁰ [fu] noié en aygue ¹¹, ou s'embati ¹² après ses ennemis ¹³ par sa grant proesce ¹⁴. Et sachiés que je ne me voil ¹⁵ entremètre de raconter le jugement de Daire lou rous ¹⁶, par cui la vile ¹⁷ dut estre perdue ¹⁸, car trop en seroit granz la parole ¹⁹, et ²⁰ lairons ester maintes choses a retraire ²¹.

VARIANTES : (B. N., fr. 301 = A, 22554 = B, 24396 = C, 246 = D, 251 = E, 687 = F, 12586 = G, 20126 = H, 22986 = I, 39 = J, 64 = K, 182 = L, Nouvelles acquisitions, 3576 = M, N. A., 3650 = N, Arsenal 5081 = O, Edipus imprimé = P). — I (N manque). 1. e. lors BD. — 2. a t. BDEGIJKLM, asses ACP. — 3. nomme P. — 4. lequel CP. — 5. f. ml't b. CFP, b. f. A; bèle m. à G. — 6. sa lignee G. — 7. Locaste A, locata C. — 8. auoit E. — 9. mout m. à FHL; qui fu b. I. — 10. Cilz rois BDM. — 11. dauentures BDM. — 12. auoit BE. — 13..j. ml't b. f. G, .j. f. E, .j. f. b. DM.

VARIANTES (B. N., fr. 9682 = R, 20125 = S, 686 = T, 15455 = U, Arsenal 3685 = V, qui reproduit ordinairement U). — I. 1. poissant R. — 2. S ajoute ce me samble. — 3. et manque à S. — 4. C. poissans rois R, Cis r. p. S. — 5. q. r. h. e. S. — 6. de dame iocaste S. — 7. a q. U. — 8. UV (qui rattachent le début à la généalogie de Laius) diffèrent notablement : Apres ceulx y regna ung p. Roy de leur lignee qui Layus fu appelez, le quél print f. de hault l. qui J. fut nommee. Si ne demoura pas grantment que elle (quelle V) fut ençainte, et tant porta son filz que elle (quelle V) accoucha a son droit termine d'ung filz (a. d'un f. V) mout belle creature, dont le Roy Layus fut a merveilles liez. — 9. Quant li r. l. q.

— 14. et à la *B.* — 15. deuins *C*, dieux *P.* — 16. enquerir *B*, enquerre *M*; et p. e. m. à *O.* — 17. que il p. e. *O*, quel il seroit *BDM.* — 18. preuue *BD*, pourveance *EJKMO*; quelles prouesses *P*; et q. p. *AF.* — 19. il m. à *H.* — 20. dit et respondu *F.* — 21. s. ml't m. *F*, feroit merueilles *ABCDEMOP.* — 22. qu'il m. à *H.*

II. — 1. le grant i. *A.* — 2. venu *CP.* — 3. quelle a. a. *BIJKP.* — 4. qui... pot m. à *O*; pouoit *C*; de tout q. q. auoit peu *B.* — 5. faisoit *I.* — 6. comme il se sentoit du cueur *O*; et c. il se s. *IJK*; semblast *C*; de lui *ABCDEFGMP.* — 7. lui dist *A.* — 8. que il se s. b. *CDM*, quil s. b. *B.* — 9. en c. *F*; cuideroit *DEO*; quil pensoit b. g. *B*, q. c. g. *C*; Il luy r. que b. et que b. il cuideroit g. *O.* — 10. peust estre en sa c. *B*; e. longuement en sa compaignie *O.* — 11. mout m. à *O.* — 12. t. i. ou q. ou cinq *P*; t. ou q. i. *A.* — 13. assoulaige *P*, assauuaige *B*, adoulcy *CO*, plus allegie *L.* — 14. m. querir *B*, enuoiroit q. *F*, e. querre *LN.* — 15. le m. *A*, ung des mires *BCDEMOP*, un bon mire *F.* — 16. et son pere (p. aussi *F*) y m. bonne (grant *L*) cure *FLN*; q. m. en l. g. sa c. *O*, q. m. g. c. en l. g. (en l. *G*) *AG*, q. en (a *C*) l. m. g. c. *BCDMP.* — 17. d. que *C*, respondit q. *AP.* — 18. la mercya et d. q. sans delay sen i. — 19. au gentil r. *F.* — 20. latendoit *HLMN.* — 21. c. nouuelles *CDEMP*, c. les n. *BGN.* — 22. auoit f. *AGIP*, a. voulu faire *B*; vouloit f. *CE*, volt f. *DM.* — 23. de quoy *A.* — 24. sil p. m. à *CP*; p. v. sil p. *BDEM*, p. une bonne fois sil p. *F*; la v. *FGN*; et leur comp-

m. a. v. a. p. le m. de p. a. sot *S*, Et luy q. a. v. m. dauentures aduenir alla *UV.* — 10. fis *R*; un beau fill *S.* — 11. a ces d. et a *T.* — 12. et apprendre quel cel (celui *V*) enfant *UV.* — 13. estre m. à *U.* — 14. proffitance *RT.* — 15. en sa v. m. à *T.* — 16. Auquel roy il fut dit et r. de ses dieux que cellui enfant feroit merveilles (m. darmes *V*) *UV.* — 17. R. li fu que cil o. s. p. *S.*

II. — 1. auques e. *UV.* — 2. e. a la m. *S*; a. t. la m. m. à *UV.* — 3. a la *V.* — 4. s. traire *RT*, sot f. *S.* — 5. si *UV.* — 6. que b. s. s. c. et quil b. c. *S.* — 7. quil (qui *V*) se s. b. et lui dist que sil e. en sa c. quil seroit tantost allegez *UV.* — 8. auec li *S*, auecquez elle *UV.* — 9. trois i. o quatre *S*, q. ou .v. i. *T.* — 10. f. a. *S.* — 11. et e. enuoiroit querir ung des mires *UV.* — 12. qui (lequel *U*) y m. *SUV.* — 13. r. a la d. et d. *UV.* — 14. seroit *UV.* — 15. sen. — 16. demore *T*, atargance *S.* — 17. et leur *UV.* — 18. de etiodes *T*; du r. e. de t. *SUV.* — 19. g. m. à *T.* — 20. d. li a. m. *ST.* — 21. ne le p. r. en nulle maniere. — 22. Segnor et dames. — 23. estoit *SUV.* — 24. a. leuc *R*, a. liu *S*, a. terre *UV.* — 25. cez *RT*; en son a. *S*, pour aucun sien affaire *U*, ou il auoit moult a. *V.* — 26 mout t. h. et a aise *S*, h. t. et aise *V*, h. t. *U.* — 27. lamour *V.* — 28. car moult amoit le R. a. p. sa grant vaillance *U.* — 29 e. p. sil d. r. neust t. h. en sa c. *S*, e. sil neust h. de retourner en sa c. *UV.* — 30. et la mesprisson m. à *UV.* — 31. qui *U.* — 32. auoit m. b. f. a. *SU.* — 33. la a. *S.* — 34. les *U.* — 35. que priere nulle ne (elle ne *V*) le pouoit r. *UV.* — 36. et angoissié m. à *UV.* — 37. quelle le m. et le p. bel *S*; quelle m. peust et *U*; quelle le s. f. *V.* — 38. a arges la cite nobile *S.* — 39. Ainsi f. leurs p. *UV.* — 40 que *S.* — 41. d. a la damoiselle q. pour riens ne *UV.* — 42. q. f. (ne f. *U*) i. p. longue (p. de *V*) d. *UV.* — 43. et m. *TUV*, et si i m. *S.* — 44. t. m. à *SUV.* — 45 en *UV.* — 46. au c. m.

teroit de ces nouuelles et aduentures qu'il auoit trouueez *O*. — 25. Lors... aida *m*. à *P*. — 26. furent les p. *NP*, l. p. f. *CM*, l. p. finerent *BDE*. — 27. d. a la damoiselle *A*. — 28. plus *m*. à *A*. — 29. A tant v. *P*; li b. c. *m*. à *B*. — 30. a s. c. *m*. à *P*. — 31. si m. *MP*, et i m. *C*, et m. a cheual *B*, et monté *A*. — 32. a. de ses armes *BCDM*, a. a son cheual t. armez *H*. — 33. de la d. et de *BCP*. — 34. merueille *N*. — 35. Il e. t... quil *P*.

à *V*. — 47. Et print c. *UV*. — 48. a la d. *m*. à *U*. — 49. et si se *ST*. — 50 et m. c. *S*, et m. c. tideus *UV*. — 51. Et t. v. *UV*. — 52. p. lesfort de s. g. cuer et t. *S*, tant p. les effors de s. g. cheual et traversa (-ca *U*) *UV*. — 53. plainures *T*, plaignes *S*, plains *UV*. — 54 et *m*. à *UV*. — 55. desers quil *UV*. — 56. reuint *S*. — 57. quil *STUV*. — 58. il *m*. à *S*.

III. — 1 auoit *CM*, y a *O*. — 2. une beste appellee une tygre p. *F* — 3. que auoient *B*, et lauoient *O*. — 4. por ce... nature *m*. à *ABCDEJKMOP*. — 5. Celle (ceste *T*) t. e. grande de c. c. serf parcreu Et (s. Et *B*) s. que celle (quelle *CD*) estoit m. e. de sa n. et si estoit forte et l. *BCDMP*; de c. creue comme serf p. (s. *A*) *AE*; et estoit aussi g. que ung serf forte ou l. *O*; et sert *N*, et si estoit *A*. — 6. et tant *A*, a. ou plus *O*. — 7. c. une *BCDP*, que n. *O*. — 8. E. (Et *P*) auoit *AP*. — 9. p. et q. et i. *A*. — 10. et la s. *A*, et s. *m*. à *BCP*; en s. de lyon *O*. — 11. a g. et b. *ADE*, auoit gente et b. *P*. — 12. a gente b. et longue *O*; autant... musel *m*. à *C*. — 13. qui pou est e. *O*, et pou e. *A*; *H* et *P* ont un point avant po e.; mais la t... esp. *m*. à *F*. — 14. E. auoit *P*. — 15. par sa n. *C*. — 16 n. c. *AB*. — 17 fust *ABDIMP*. — 18 Et s. q. *m*. à *BCMP*. — 19. nature *F*. — 20. n. pareille *B*, n. b. semblable *C*, n. b. si malle *F*. — 21. e. courroucee *BCDEJKMOP*, se courrouce *A* (ce qui suit jusqu'à Cele qui *m*. à *J*). — 22. q. n'est *m*. à *A*; car il n. *BCP*. — 23 ne s. *A*. — 24 ne lion ne l. *ABCDP*. — 25. sa fureur *A*. — 26. assaillir *AP*, envahir *C*. — 27 les d. *P*; le deuouroit *E*; que t. ne leust deuoree *BC*. — 28 Et encontre *EO*, Et encore *BC*. — 29 si c. et *m*. à *EKO*; et si m. *m*. à *F*; cruelle *A*; et malle *P*, et si m. *ABCM*. — 30. en son yra *FLN*. —

III (*V* suit ici *U*, sauf indication contraire). — 1. tyngre *T* (graphie constante). — 2. lauoit *S*. — 3. Antiugone *R*. — 4. eslongee mout *S*. — 5. ens es salles *S*. — 6. en ses c. a *R*. — 7. tres ce *S*. — 8. dou r. dethiope et dou r. degypte *S*. — 9. Segnor et dames *S*. — 10 v. ie (ia *S*) descripre (descrire et dire *S*) la s. et la n. *U*. — 11. et bien *S*. — 12 serf *R*. — 13. grant et p. *U*. — 14. l. et f. *S*, l. est f. *U* (seul). — 15. a *m*. à *R*. — 16. a. come *U*. — 17. samblable *S*. — 18. a b. et gentille *U*. — 19. c. de l. *T*, c. leuerier *RU*. — 20. non m. *T*, et non m. *U*. — 21. p. c. *SU*. — 22. comme de sa *U*. — 23. s. d. *SU*. — 24. beau et cler *RT*; t. e. clere *U*; doree t. p. e. c. et resplendissans de f. d. *S*. — 25. cruaute *S*. — 26. cr. losast approuchier ne attendre quant *U*. — 27. il *m*. à *S*. — 28. q. n'est serpent ne lupart ne lion s. *R*. — 29. tot le deuoroit *S*. — 30. en a. b. t. *m*. à *U*; tans *S*. — 31. Ne il n'est b. t. fort h. quant elle s. la t. yriee *U*. — 32. t. darc *U*; dune traitie *S*. — 33. Et encontre de ce *U*. — 34. si iree *S*. — 35. c. et si felle elle a g. d. en elle *U*; g. d. en li *S*. —

31. ra il en elle (li *E*) *AE*, a (y a *O*) en e. (luy *P*) *COP*; en li *m. à B*. — 32. quant... douçor *m. à BCDEKMOP*. — 33. habitoient *CEH*, estoient *FN*. — 34. viennent en la c. de e. et qui y habitent *F*. — 35. venoient *LN*. — 36. p. odorer *K*; et p. s. *KMO*; p. s. et f. *FLN*; s. qui dentour elle habitoient p. flairer *C*, s. e. luy habitent p. f. *P*; p. sa t. g. d. et f. de salainne *A*; p. la f. et p. s. la t. g. d. de son a. la suiuent *BD*; sa t. g. d. *I*; la t. g. d. de salainne *m. à CP*. — 37. De celle nature *FLN*; ceste *CP*. — 38. de sa *CDMP*; et de sa d. est (elle e. *O*.) d. et p. *BO*, en sa d. et en sa douceur *FLN*. — 39. estoit a. si perdue *BCDMP*. — 40. courroux *O*; n. p. que ung *O*, nom p. quen *P*, neant p. quen *EJ*, ne que ung (en .j. *DM*) *CDM*. — 41. p. la ville *C*, p. la v. et p. la s. du Roy *O*. — 42. a. *m. à P*. — 43. ia ne l. f. on t. de v. *CP*, ia t. l. fist on de courroux ne dennuy *O*; felonie *DEM*. — 44. monstrast *CP*; demourast p. en yre *E*, se irast ne courroucast *O*.

36 airiee... est *m. à T*. — 37. delle *U*. — 38. en d. m. *S* — 39. f. et s. *S*. — 40. tres g. *SU*. — 41. son a. *U*. — 42. De la m. *T*, De tele nature *U*. — 43. d. et p. *S*; p. et d. *m. à U*. — 44. et trop... iriee *m. à U*. — 45. iert *T*, estoit *S*, auoit este *U*. — 46. la *S*. — 47. que en elle nauoit p. dire que *U*. — 48 ou... beste *m. à U*. — 49. nieist *R*, meist *T*. — 50. ne ia ne lui f. on t. de f. que en elle eust nulle d. dyre *U*.

IV. — 1. l. a parler des b. *J*; courrous *ABCDEKMOP*; de leurs c. et de *A*; l. c. *m. à FIJLN*. — 2. parlerent *BEFKLN*, p. ensemble *J*, alla *P*; la chose alla *I* (cf. il alerent *B. N., fr.* 1386). — 3. a *CDP*. — 4. mourut *A*, fut ocis *O*. — 5. li b. c. *m. à AFN*. — 6. proidoms *N*, preudons et vaillans *F*; q. fu t. p. *O*, q. fut si p. *BD*. — 7. t. q. moult f. p. cheualier de qui e. p. *A*. — 8. fut mors *A*. — 9 et ocis en *E*, o. en la *G*; ocis *m. à A*, o. en b. *m. à B*. — 10. le roi y. *F*. — 11. fu mors en eaue *C*; en leaue *BDOP*. — 12. il se combati (combatoit *CP*) *ACDMP*. — 13. c. qui senfuyoient *F*; contre s. e. *B*; par si g. p. *C*, par sa p. *B*. — 14. A. m. p. et y. f. n. en leaue ou il se mist mais parth. fut o. en b. — 15. v. mie *BCE*, v. pas *N*. — 16.

IV (*V suit ici U, sauf indication contraire*). — 1. M. descrire *ST*. — 2. et les *U*, ne les *S*. — 3. firent adoncques *U*. — 4. dedens... furent *m. à R*. — 5. nest *SU*. — 6. par beau *U*. — 7. ie *m. à S*. — 8. ne conuenable *m. à U*; ni *T*. — 9. ne ne t. a p. a *U*. — 10. P. ce l. ie *S*; ie i lairais *T*. — 11. laisseray a c. de leurs c. et de *U*. — 12. et v. *U*. — 13. ilz esploitierent *U*. — 14. princes *S*. — 15. ou c. a. par tens *S*, au c. de la b. ou a. t. apres ce que Amphioraus mourut *U*. — 16. mort *RTU*. — 17. le bon et le gentil c. *U*. — 18. vaillant *R*, hardy *U*. — 19. parlent *RU*. — 20. p. m. et c. les *S*, p. plusieurs et c. en *U*. — 21. mort *RTU*. — 22. patronopieux darcade et ypomenon fut n. *U*. — 23. a. s. e. (anemis *S*) p. sa g. p. *SU*; *S donne cette rubrique*: Que dou iugement de daire si com li romans le conte nest mie lactorites veraie ne en auctorite certaine. — 24. Segnor et *S*. Et seignours *U*. — 25. ie *m. à S*. — 26. a r. *RT*. — 27. les iugemens *U*.

ne daire l. r. *H*, de d. *L*, d. *I* (de corz ne cil de d. *B. N. fr.* 1386); r. le jugement ne de dire les noms de ceulz (l. n. *KP) ABCDEGIKMP*, r. l. n. de c. *O*. — 17. cite *ABCDEJKP*. — 18. perie *ABCDEJKOP*. — 19. g. p. *P*, g. le compte *O*. — 20. et aussi *B*. — 21. m. autres c. *FN*, mainte autre chose *BDEG*, m. c. *CM*; et l. m. a. c. aussi a r. *E*, et a. m. c. laisserons a compter *O*; et l.... r. *m. à IL*.

— 28. de d. le Roy *V*, le r. Daires *RT*. — 29. deut *U*, deust *V*. — 30. car en ce s. la p. l. *U*. — 31. longue auctorite s. *RT*, ne seroit mie la verite s. *U*. — 32. par *U*. — 33. paler. *R*. — 34. que *S*. — 35. t. estoire *R*, traitie destorie *S*, histoire t. *U*. — 36. Et pour *U*. — 37. le lairai *ST*, l. ie *U*, le laisscray ie *V*. — 38. a r. *m. à U*. — 39. e. et m. c. a r. *S*; maintee aultre chose *U*, mainte autres c. *T*. — 40. q. p. (porroit *U*) pl. par a. a pl. *UV*, q. as pl. p. par a. pl. *S*.

Les extraits ci-dessus suffisent à prouver l'existence de deux rédactions, dont la seconde ne se distingue de la première que par un peu de délayage : il est inutile, en ce qui concerne le *Roman de Thèbes* en prose, d'en admettre une troisième composée des mss. *UV*, bien que le scribe de leur archétype ait fait assez souvent preuve d'indépendance par rapport au manuscrit de la deuxième rédaction qu'il copiait [1].

[1]. Il en est de même du scribe de *O* par rapport à la première rédaction. Ceux d'entre les mss. de Paris mentionnés par M. P. Meyer, p. 49-51 (c'est-à-dire B. N. fr. 250, 256, 677-8, 686, 1386 et 1407), qui ne figurent pas aux variantes, parce qu'ils n'offrent aucune particularité qui mérite d'être notée, appartiennent tous à la première rédaction. Il nous a été impossible de voir les manuscrits qui se trouvent hors de Paris : Dijon, Bibl. munic., 323; Bruxelles, Bibl. roy., 9104-5 et 10175; Londres, Mus. brit., Old royal 16. G. VIII; 20 D. I et Addit. 19669; Ashburnham Place, Barrois, 31 et 365; Venise, S. Marco, cod. gall. II; Vienne, Bibl. imp. et roy., 258 du catal. de Lambecius, et naturellement le manuscrit perdu signalé par P. M. dans l'*errata* à son article *(Rom.*, XIV, 176); mais il semble difficile qu'ils ne rentrent pas dans les deux groupes ci-dessus. — Le nº 1211 de l'ancienne librairie du Louvre (L. Delisle, *Cabinet des mss.*, III) intitulé : *Des faits de Troye, des Romains, de Thèbes, d'Alixandre le Grant,* dont la description conviendrait assez bien au ms. B. N. fr. 1386 (voy. P. Meyer, l. l., 61, n. 1), portait sans doute un titre bouleversé et incomplet. Dans la bibliothèque des fils du roi Jean, dont l'inventaire a été publié par Barrois *(Bibliothèque protypographique,* etc. Paris, 1830), le nº 562, intitulé l'*Histoire de Thèbes et de Troye*, qui portait en tête du 2ᵉ feuillet les mots : *Edipus qui estoit avecque Polibus*, était en prose, et le texte de *Thèbes* était probablement celui de notre pre-

Entre autres traits qui confirment notre classement des manuscrits, nous citerons celui-ci : *Amphiaraus* devient *Amphioraus* dans les manuscrits de la deuxième rédaction et *Amphoras* dans ceux de la première. Ces deux formes sont à rapprocher des formes parallèles du poème : *Amphiareus* et *Amphiaras*. Les variantes données ici, et d'autres que nous négligeons, pour abréger, permettent d'ailleurs de reconnaître certains groupes dans les manuscrits de la première rédaction : par exemple, *ABCDEJKMOP*, à cause des deux bourdons de l'extrait III (var. 4 et 32) [1], des variantes 1, 18 et 19 de l'extrait IV, etc., et ici même le sous-groupe *ACDMP*, qui se subdivise parfois en *AC*, *DMP* ou *CDM*, *AP* (ou *A*, *P*), ou *ADM*, *CP*, etc. [2]. Il est inutile de multiplier

mière rédaction. Cf. la réimpression de l'*Edipus*, A .ij. v°, l. 6. Il en est de même des n°⁸ 908 et 1704, bien que les mots qui commençaient le 2° feuillet (dans le premier *A pié descent*, dans le second *A pié descent de son cheval*), mots qui se rapportent évidemment à l'arrivée d'Œdipe au temple d'Apollon (cf. *Et descendi del auferrant*, y, 410, et *Descent et son cheval areine*, x, 200) semblent indiquer, du moins pour *Thèbes*, un texte versifié. La mention de l'histoire d'Athènes dans le titre suffit à montrer qu'il s'agit encore ici de manuscrits de l'*Histoire ancienne*.

1. Le second bourdon est beaucoup plus long dans J. Il ne se trouve point dans A (B. N. fr. 301), qui est souvent plus correct que le groupe auquel il appartient. Nous profitons de l'occasion pour rectifier ce que nous avons dit autrefois de ce manuscrit (*Lég. d'Œdipe*, 339), qu'il avait servi à l'édition du xvi° siècle. S'il avait été imprimé, il aurait été ou sali (ce qui n'est pas), ou dépecé, et dans ce cas il serait arrivé ce qui a été constaté pour la plupart des manuscrits grecs ou latins qui ont servi à une édition *princeps* : le manuscrit aurait disparu. Notre erreur est venue de ce que, n'ayant étudié à fond que ce manuscrit de notre première rédaction, nous avons été plus frappé de sa ressemblance générale avec l'imprimé que des différences de détail, qui sont nombreuses, comme nous avons pu nous en convaincre depuis par une comparaison minutieuse. La vérité, c'est que, comme il fallait s'y attendre, la source directe de l'édition est aujourd'hui perdue.

2. Signalons deux fautes communes caractéristiques dans *CP* : *prais* pour *Pirrus* (Pyrrhus), dans le Dénombrement (voy. ci-dessous, p. cxxxv, n. 1), et *Policenès* pour *Polinicès* (forme constante). Du reste *C* est, parmi nos manuscrits, celui qui se rapproche le plus de *P* (l'*Edipus* imprimé), quoiqu'ils présentent d'assez nombreuses différences de détail.

les détails, car il ne s'agit point ici d'établir une édition critique du roman en prose, mais d'en donner une idée claire et de rechercher les rapports qu'il peut avoir avec le poème.

Examinons maintenant rapidement les particularités qu'offrent, dans ce qu'elles ont de commun, lorsqu'on les compare au poème, les deux rédactions que nous avons reconnues : leur médiocre valeur littéraire nous dispense d'insister sur les détails [1].

Les serviteurs de Laius avaient, dès leur retour, avoué la vérité à Jocaste ; par contre, quand elle avait épousé Œdipe, elle ignorait qu'il fût le meurtrier de son époux, ce qui atténue la brutalité du poème et indique une époque postérieure. L'auteur donne les généalogies de Laius (v. p. CXXXVIII et n. 3) et d'Adraste [2], dont les noms propres sont gravement altérés dans la plupart des manuscrits. Tydée avait deux frères, Menalipus et Meleagès (ou Melagès = Meleager), « dont il occist ne sçay le quél, et d'autres dyent que ce fust ung sien oncle [3] ». Il admire la beauté de Thèbes et s'écrie qu'il voudrait bien la voir entre les mains de Polynice. Il entre dans la salle tout armé, mais à pied, et l'auteur critique l'opinion de ceux (cf. le poème) qui le font entrer à cheval. L'épisode de la fille de Lycurgue est emprunté au remaniement *y*. Le dénombrement des chefs de l'armée grecque est renforcé à l'aide de six noms empruntés au récit de l'embuscade

---

[1]. Pour abréger, nous appellerons *Edipus* (d'après le titre de l'édition du XVIe siècle) la première rédaction en prose, et aussi les autres, en ce qu'elles ont de commun avec celle-ci. *Thèbes* désigne le poème.

[2]. (*Ms. A*) « En celle cité avoit adonc .j. roy moult preudomme et saige : Adrastus avoit nom et estoit auques d'aage, et n'estoit mie de la lignie ne de la value aus autres roys qui devant y regnérent, ains fut nez de l'isle de Cisionie (*var.* Sicione), filz le roy Thalay (= Thalaum ; *var.* Chaloy, Challor, etc.) ». Cf. l'*Orose* imprimé : « et estoit filz du roy Challor de Sichione. »

[3]. *Edipus* imprimé. Ce trait semble emprunté à une glose de Lactance (*Théb.* I, 402) : « Tydeus enim fratrem Aphareum, quem alii Menalippum vocant, occidisse dicitur ; alii Thoantem avunculum, fratrem suæ matris. »

d'Hippomédon dans le poème [1]. Orchoménie disparaît et le duc d'Amphigénie est désigné sous le nom de Meleager, comme au v. 8739. Amphiaraüs s'était caché pour éviter le sort funeste qui lui était réservé devant Thèbes; mais il est trahi par son épouse. Pour l'épisode d'Hypsipyle, le modèle est, non pas le poème original, mais le remaniement représenté par les familles *x* et *y*; d'ailleurs jeux ne sont même pas mentionnés. L'auteur supprime les l'épisode de Monflor et les amours d'Aton et d'Ismène [2], mais s'étend complaisamment sur la « tigre privée ». Après le récit de la mort d'Amphiaraüs et de l'élection de son successeur, il passe à la mort des deux frères par quelques lignes de résumé (voy. notre extrait IV). Nous avons encore deux particularités à noter : 1° l'auteur renvoie après la sépulture des Grecs morts devant Thèbes, ne sachant où la mettre, l'allusion à la grandeur future de Diomède (cf. *Thèbes*, 7229-40) [3]; 2° il termine en signalant la reconstruction de Thèbes sous le nom d'*Estives*. Voici la fin de l'ouvrage d'après le ms. *H* :

Après ce, les povres genz qui foï s'an estoient de Thèbes et qui eschapérent de la bataille se rasamblérent et herbergérent au mielz qu'il porent. Ensi fu recommencie la citez de Thèbes la destruite, mais puis li changérent son nom li citoien, car il lor estoit honte et vergoingne de la destrucion rameneüe; si la nommérent Estives, et encor est ensins apelee.

L'*Edipus* ne saurait être considéré comme une œuvre originale. Outre que les plus anciens manuscrits ne remontent pas plus haut que la fin du xiiie siècle, la langue et le style indiquent une époque notablement pos-

---

1. Ce sont : le roi de Crète, Agenor, Laertes de Lacédémone, Pirrus, Tritolemus et Palemon. Plusieurs de ces noms sont parfois étrangement défigurés : ainsi Laertes devient Laartes, Laerces, ou même Prays (*Edip.* imprimé); Tritolemus devient Tricolenus, Tortolinus, Tortholomus, Cortolemus, etc.

2. Il fait aimer Ismène par Parthénopée, sans doute parce que ce dernier lui paraissait plus intéressant qu'Aton.

3. Les mots *ainsi comme vous orrez avant*, qu'on y rencontre, semblent prouver que le roman de Thèbes en prose a été rédigé pour servir à la compilation d'histoire ancienne dont il fait partie, et n'a jamais eu d'existence indépendante. Cependant ce peut n'être qu'une formule ajoutée par le compilateur.

térieure à celle du poème; d'autre part, la comparaison des deux œuvres montre qu'elles sont intimement liées : d'où il suit que le poème est la source principale [1] de la première rédaction en prose, dont dérivent toutes les autres. Bornons-nous à quelques rapprochements [2] : A .iiij. r° : *qui luy dist qu'il s'en allast a Thèbes et la en orroit il certaines nouvelles* (cf. *Thèbes*, 167-8); B .iij. r° : *car l'enfant commença a rire, et ilz en eurent moult grant pitié* (cf. *Th.*, 113-6); C .iij. v° : *et lor(s) dist qu'ilz exploictoient mallement quant a celle heure pourchassoient leur mort* (cf. *Th.*, 817-20); C .iiij. v° : *les napes furent ostees* (cf. *Th.*, 923); D .j. r° : *et ilz estoient jeunes bacheliers et pourroient vigoreusement tenir son royaulme et maintenir, et il se pourroit deduire en bois et en riviére* (cf. *Th.*, 1047-9 et 1057-8); D .j. r° : *ce ne refuse je mye que ja orendroit de moy l'une ne preigne* (cf. *Th.*, 1062-3); D .iiij.-E .ij. r° : le premier discours de Tydée suit pas à pas le poème (cf. surtout les v. 1277-9, 1285-92, 1296, 1299-1300, 1307-9); il en est de même des autres discours échangés entre Étéocle et Tydée (cf. 1311-4, 1317-8, 1321-2, 1325-6, 1329-32, 1341-2, 1346-53, 1376-8, 1385-8, 1393-6, 1401-4, 1420-5 et App. III, 2031-3); E .ij. v°-.iiij. v° (combat des Cinquante) : *ilz s'en yssirent... voyage* (cf. *Th.*, 1470-1, 1475, 1479-82); *la lune luisoit... de toutes pars* (cf. *Th.*, 1512, 1518-25, 1537, 1542); *si en tua neuf ou dix* (cf. *Th.*, 1626);

---

1. Ce n'est évidemment pas la source unique : l'auteur a emprunté ailleurs, entre autres traits, la trahison de l'épouse d'Amphiaraüs, et la reconstruction de Thèbes.

2. Pour faciliter les vérifications, nous citons la réimpression qu'a donnée Silvestre, en 1858, de l'édition du xvi° siècle. Cette réimpression vise à l'exactitude, puisqu'elle reproduit même les fautes évidentes de l'édition, faite sur un assez mauvais manuscrit, souvent mal lu, comme *conseil* pour *soleil* A. iij. v°, *la nuict* pour *Laium (Laius)* A .iiij. v° bas, *horme* pour *homme* B .iij. r°, *feste* pour *beste* E .j. v°, *le tremos* pour *le roi Creon* I .j. r°, un bourdon (f° B .iiij. r°) amené par la répétition des mots *se demente et dist*, etc. Il n'y a d'autres différences que certaines abréviations qui n'étaient pas dans le modèle, ou des inadvertances comme *luy* pour *lui* (ou vice versa), *que* pour *qui*, etc.

G .ij. v° : *Roy, fais mouvoir... a son tour* (cf. *Th.,* 2067-8), etc., etc.[1].

Le manuscrit du poème qui a servi à l'auteur n'était pas de la famille de l'original, mais bien de la famille *y*. Outre le passage cité ci-dessus, on peut comparer pour le détail : App. III, 2943-4 et F .ij. r° (*peu me ayma*, etc.); 2983 et F .ij. v° bas (*si fut le jour esclarcy*); 3078 et F .iij. r°, l. 16 (*que par leur grant maulvaistié n'estoit ce pas*)[2]; 3109, 3113-6 et F .iij. r°, l. 17-21; 3464-5 et G .iij. r°, l. 13. Nous avons déjà dit que l'*Edipus* donne l'épisode de la fille de Lycurgue, particulier à la famille *y*; d'autre part, les princes grecs accompagnent Jocaste et ses filles, sinon jusqu'au palais d'Œdipe comme dans *y*, ce qui a paru invraisemblable à l'auteur[3], du moins jusqu'aux portes de la ville.

La première rédaction en prose a donc pour source *y*, c'est incontestable : elle ne saurait, par conséquent, être antérieure à ce remaniement picard du poème, que nous avons placé, sans oser trop préciser (voy. p. LXIV-V), vers la fin du premier tiers du XIII° siècle. Si l'on accepte sans restriction la date fixée par M. Paul Meyer pour la compilation d'histoire ancienne dont fait partie l'*Edipus*, 1223 à 1230[4], il faudrait encore reculer la date de *y* et

---

1. L'imitation se montre également évidente dans l'épisode d'Hypsipyle.

2. Ce passage est important en ceci, que le chevalier proteste contre un mot d'Étéocle, lequel se retrouve dans le poème, mais non dans l'*Edipus*, qui résume le discours du roi en style indirect.

3. (*Ms. H*). « Et dient li pluisor que Thideus, Pollinicès, et Parthonopeus entrérent dedenz Thèbes avec la reïne par conduit et descendirent ou palais, et que au repairier les avoient cil de la vile gaitiez por ocirre. Mais je nou croi * mie certeinnement, car Th. n'estoit pas si fox qu'il s'ambatist desarmez sor ses ennemis, et que Pollinicès s'ambatist sor la poesté son frére, qui mout estoit traïtes. »

4. *Romania*, XIV, 56-7.

* Ms. *truis* (*croi* est donné par plusieurs mss.). De cette faute dérive la leçon de la deuxième rédaction : (ms. R) *je ne le truis mie (ne t. m. si bien* S) *en la vraie estoire que je le(s) vous vosisse afremer et dire, car*, etc. Cf. l'Orose imprimé : *Mais Orose n'en parle pas, et aussi n'est pas le cas vraysemblable, congneu que ceulx estoient les principaux adversaires, avecques ce que Thideus estoit desarmé*, etc.

supposer qu'il a été utilisé dès son apparition. Nous aimons mieux admettre que le commencement de la compilation est seul antérieur à 1230, et que le reste a été écrit postérieurement. Le fait qu'elle n'a pas été achevée, permet de croire que le protecteur pour qui elle avait été commencée était mort, et que l'auteur, qui semble d'ailleurs avoir eu le travail difficile, a reculé devant l'immensité du labeur entrepris. Nous n'avons, du reste, aucun moyen sûr de décider si l'auteur a composé lui-même l'histoire de la destruction de Thèbes ou s'il l'a simplement insérée dans sa compilation : la première hypothèse nous semble probable, étant donnée l'unité de style que l'on peut, croyons-nous, reconnaître dans l'*Histoire ancienne*[1]. Cf. p. cxxxv, n. 3.

Une autre preuve se trouve peut-être dans ce fait, que dans les mss. Bibl. Nat. f° 15455 et Ars. 3685, qui se rattachent étroitement, comme on l'a vu, pour le *Roman de Thèbes*[2], à notre deuxième rédaction, tout en gardant une certaine indépendance dans la forme, l'histoire de Thèbes est reliée à l'histoire universelle. Ainsi on lit en tête du récit, avec références à un passage antérieur, la généalogie de Laius[3], que les deux rédactions inter-

---

1. En conséquence, il faut admettre que l'auteur de la compilation est aussi l'auteur de l'une des deux rédactions en prose de la *Guerre de Troye*. Mais est-ce de celle qui se rapproche du Darès, ou de celle qui est plus voisine du poème de Benoit? La solution demanderait des recherches pour lesquelles le temps nous manque. La question est d'ailleurs rendue plus difficile par ce fait que les deux rédactions sont à peu près de la même époque.
2. Pour l'ensemble de la compilation, voir les détails donnés par M. P. Meyer (*Romania*, XIV, 64, n. 2), et notre *Légende d'Œdipe*, 319 et 323.
3. (*Ms. 15455*) « Seigneurs, bien avez ouy ça arrières comment Cadmus et son frère Phenix se partirent du règne d'Egipte et vindrent en Sirie et regnérent a Thir et a Sydoine, et puis estora Cadmus la cité de Thèbes en l'isle de Maisson (?), qui puis fu Estives nommee, comme vous pourrez ça avant ouir, et la regna il premier roy. *Seigneurs, cellui Cadmus ot .ij. filz qui après lui tindrent la cité: l'ung ot a nom Athamos* (lis. *Athamas*), *et l'autre fut nommé Penthras* (lis. *Pentheus*). *Après ceulx y regna ung puissant Roy de leur lignee qui Layus fu appelez.* » (Cf. ms. H : *Li rois C., qui premiers fondi* (lis. *fonda*) *Thèbes, ot .ij. f. q.*

calent maladroitement au milieu du récit de l'éducation d'Œdipe (*Edipus* imprimé, A .ij. v° l. 1), et que l'*Orose* imprimé supprime purement et simplement; et à la fin (voy. p. CXLI-CXLII), on lit ceci à titre de transition :

« Ne vous en quier plus faire mencion, ains vous diray de ceulx qui au siécle habitoient et regnoyent adoncques a quelle fin ilz venoient, pour ce qu'ilz ne adouroyent ne ne creoyent Nostre Seigneur. Car bien sachiez, seigneurs, que ces grans batailles et ces grandes males adventures ne cessérent ne ne finirent jusques a tant que Nostre seigneur vint et descendi en terre, mais tantost fut toute humaine creature appaisee, et cessérent les batailles et les pestillences par tout l'universal monde. Et pour ce doit chascun garder raison en lui avecques mesure et droiture, et Dieu amer, servir et honnourer parfaitement et de bon cuer, par le quél nous est donnee paix et concorde en cest siécle, et en l'autre repos sans tristesse ne douleur aucune et joye perdurable. »

Suit un chapitre intitulé : *Comment Perseus de Micènes conquist grant terre en Aise, qu'il nomma Persa, puis desconfist il* Liber pater, *comme vous orrez*. Puis l'auteur reprend l'histoire des Hébreux, et raconte comment ils furent délivrés du joug des Chananéens par Barath, grâce aux conseils de Debbora.

Il faut classer à part le ms. B. N. fr. 15458 (xv⁰ siècle), ainsi désigné dans le Catalogue : *Ancienne chronique depuis Laius, roi de Thèbes, jusqu'à Charles, comte de Provence, qui fut empereur (1264)*. Le premier chapitre, qui n'a pas de titre et contient un peu plus de huit pages in-f°, traite de la destruction de Thèbes, et tout d'abord de l'histoire d'Œdipe; le dernier est intitulé : *Comment le roi Charles desconfit le petit Conradin*. Ce manuscrit abrège notablement, au début, l'histoire d'Œdipe [1],

---

a. l. t. la terre : li uns ot n. A. et li autres Penteus et a. c. r. Laius qui estoit de l. l. Eduppus, qui estoit avec Polibus, etc.

1. Ainsi trois chapitres de l'*Edipus* (Réimpression, A .ij. v° et A .iij. r°) et des mss. *UV*, qui ne diffèrent de l'*Edipus* (à part les variantes de détail) que par quelques légères additions (voy. *Légende d'Œdipe*, 335-6), se réduisent aux quelques lignes qui suivent : « Quant il vint en l'aage de .xv. ans, il voult mestraier tous ceulx qui estoient autour de luy. Et tant que ung jour il se courrousa a ung sien compaignon, qui lui dist qu'il avoit tort quant il faisoit tant d'oultraiges; car bien

puis il se restreint encore et réduit son récit à l'indispensable, supprimant, par exemple, les épisodes de la fille de Lycurgue et d'Hypsipyle. Voici, à titre d'échantillon, ce qui correspond à notre extrait IV : *Ung aultre jour s'asemblérent les batailles : la fut Thideus mort le bon chevalier, qui tant avoit esté saige, courtoys et preus, et ml't d'aultres prodomes y furent ocis.*

Un texte très corrompu et d'un développement à peu près égal à la moitié de notre première rédaction se trouve dans un manuscrit de Turin du xve siècle, coté dans le catalogue Pasini XXIII, g. 129, f° 119-130. En voici le début tel quel (cf. notre extrait I) :

> En Thèbes ot un roy riche et poïssant : Alains estoit appellés. Il avoit fame de grand lynage qui Jocaste ot non. Cil rois ot un fil : quant les (*sic*) rois le seut, il ala a ses devineours pour savoir quelz chiulz fieulx porroit estre et comment il se maintenroit.

Une rédaction en prose altérée se trouve peut-être insérée (nous n'avons pu le vérifier) dans les *Proesses et vaillances du preux Hercules*, ouvrage plusieurs fois réimprimé depuis 1500 (v. Brunet, II, 405), qui n'est guère, suivant Græsse[1], que la fin du deuxième livre du *Recueil des histoires troyennes* du chapelain du duc de Bourgogne, Raoul Lefèvre (1453). « On y a simplement ajouté », dit ce critique, « un prologue, dans lequel les héros cités dans la *Thébaïde* de Stace, Parthénopée et Hippomédon, sont confondus avec deux chevaliers de la Table-Ronde, *Partenopex* et *Ypomedon*, et une généalogie d'Hercule. » Voy. Warton, I, 140 et ci-dessus, p. CLXV-VI).

Nous ne dirons rien des textes contenus dans le

---

sçavoit il qu'il n'estoit pas filz de Roy, ainz avoit esté trouvé en la forest. Quant Edipus oyt cela, il fut moult doulent, et traist le Roy a une part, et le conjura sur ses dieux qu'il luy dist a qui filz il estoit. » Ajoutons que ce ms. dérive de la deuxième rédaction, comme le montrent, en particulier, dans la première phrase du passage cité, les mots : *Quant il fut en l'aage de .xv. ans*, qui ne se retrouvent pas dans la première rédaction.

1. *Die grossen Sagenkreise des Mittelalters* (Dresde et Leipzig, 1842), p. 256 sqq.

Recueil des histoires romaines, dont on connaît une édition datée de 1528 [1], dans la *Fleur des histoires* (inédite) de Jean Mansel, dont le premier volume traite « de Herculès, de Thèbes, de Jason et de Medee, et de la destruction de Troye faite et executee par les Gregeois », et, dans les *Compilacions* de Jehan de Courcy, ouvrage daté de 1416 et également inédit, si ce n'est qu'ils dérivent plus ou moins directement de nos rédactions en prose [2]. Mais nous devons donner quelques détails sur la traduction d'*Orose* imprimée [3].

Le libraire Vérard a publié, pour la première fois, en 1491 un ouvrage intitulé : *Les histoires de Paul Orose traduites en françois; Senecque, des mots dorez, des quatre vertuz, en françois* (2 vol. in-f° gothique avec gravures sur bois), dont un exemplaire est conservé à la Bibliothèque nationale sous la cote G 733, D 1 et D 2, et un autre se trouve à la Bibliothèque royale de Munich, coté L, impr. membr. 32^m. Le premier volume, dont les trois quarts sont occupés par le *Roman de Thèbes* en prose développé, correspond aux trois premiers livres d'Orose, qui vont jusqu'à la mort de Séleucus; le deuxième, qui contient la fin de l'ouvrage, resté ina-

---

1. Cette compilation va de l'histoire de Thèbes à la mort de l'empereur Albert (1308). Brunet en signale une édition de 1512, que nous n'avons pu retrouver.
2. Jean Mansel le reconnaît, pour sa part, dans ces lignes de son prologue : « Et pour ce que je ne suis pas tel ne n'ai langue convenable pour si haultes matières, comme sont celles dont ce present livre faict mencion, narrer et traicter, j'ai ensuivy a mon petit pouoir les paroles et termes des aucteurs d'icelles. »
3. Voy. *Légende d'Œdipe*, 315-319 et 324-8. — Plusieurs manuscrits du xv° siècle, qui contiennent le texte de notre première rédaction, par exemple B. N. fr. 64, 250, 677, etc., portent le titre de *Livre d'Orose*, et le ms. B. N. fr. 15455 est intitulé : *Le premier volume des histoires de Paul Orose traduit en françois* (cf. le ms. de l'Arsenal 3685 : *Cy commence le livre de Genesis, selon la discrecion de Orose*); mais ce titre n'appartient légitimement qu'à l'ouvrage publié par Vérard en 1491, 1503, 1509, et réimprimé en 1515 et 1526, où la plupart des passages, en dehors de l'histoire de Thèbes et de celle de Troie, sont réellement traduits d'Orose, et dont l'inspiration générale appartient d'ailleurs au fameux polémiste latin.

chevé, jusqu'au triomphe de Pompée à son retour de Jérusalem, comprend le IVe, le Ve et le commencement du VIe livre. Les *Mots dorés* et les *Quatre vertus cardinales* ont sans doute été ajoutés pour compléter le volume.

On sait que le livre d'Orose, intitulé dans les manuscrits : *De (h)ormista* ou *(h)ormesta, (h)ormesda mundi*, ce qui semble une corruption de *P. Orosii mœsta mundi* ou de *P. Or(osii) mis(eriarum) ta(bula)*, est une œuvre de pure polémique, où l'ami de saint Augustin cherche à prouver, par une revue rapide des événements tirés de l'histoire ou de la fable, que, jusqu'à l'arrivée de Jésus-Christ (fin du livre VI), ou même jusqu'à l'établissement définitif du christianisme et à la chute de l'empire d'Occident (fin du liv. VII), les malheurs, les guerres et les crimes qui n'ont cessé d'affliger la terre étaient amenés par l'ignorance du vrai Dieu. Pour abréger, l'auteur use souvent de la prétérition (*nec mihi enumerare opus est, taceo, prætereo, dissimulo*, etc.). C'est ainsi qu'au ch. xii du liv. Ier, nous lisons ces simples lignes, qui se rapportent à notre sujet : « *Omitto* et Œdipum interfectorem patris, matris maritum, filiorum fratrem, vitricum suum. *Sileri malo* Eteoclem et Polynicen mutuis laborasse concursibus, ne quis eorum parricida non esset. » L'auteur anonyme a préféré à ces deux phrases, par trop sèches, la rédaction en prose du *Roman de Thèbes*, et cette rédaction, il l'a encore délayée à l'infini et agrémentée de réflexions morales, dans le double but de plaire à ses auditeurs, et de les édifier en restant fidèle à l'idée qui domine l'œuvre tout entière d'Orose.

Voici comment l'auteur rattache à son plan [1] le *Roman*

---

1. Les lignes suivantes, qui suivent la traduction (assez exacte) de la Préface d'Orose, donnent la clef du système adopté par l'auteur de la compilation : Le translateur : « Ains pour ce que Orose en pou de paroles latines traicte son livre, et en pou de langage compraint grande substance, il est requis qu'en ceste presente translation faicte du latin au françois *nous adjuxtons plusieurs choses recueillies et entraiches des livres anciens*, pour plus amplement declarer les paroles et intentions de Orose. » Du reste,

de Thèbes (f° lxix v°) : « *Pour avoir evidente congnoissance des misères du monde, nous devons noter que Thèbes fut une fort belle cité, de la quélle ung nommé Layus fut roy.* » Et il continue ainsi (cf. notre extrait I) :

I. — Et avoit espousé une belle dame nommee Jocaste, la quelle estoit de son lignaige. Layus eut ung filz de sa femme, fort bel enfant et de belle façon. Quant Layus veit cest enfant, il envoya querir ung devineur qui predisoit aux gens les fortunes qui leur estoient a avenir. A ce devinateur monstra Layus son filz et lui demanda de sa predestination, et quél homme ce seroit. Le devineur, qui usoit de mauvais art, luy dist : « Sire, vostre filz est beau : s'il vit, ce sera une foys ung vaillant homme; mais il est predestiné de faire une foys ung mauvais fait. » Le roy luy demanda quél, et luy commanda qu'il ne luy cellast rien. Adonc lui dist le devin : « Sire, il tuera une foys son pére : il y est determiné. »

Nous allons maintenant transcrire les passages qui correspondent à nos extraits II, III et IV.

II. — Quant Th. ce (*lis.* se) fut vestu et appareillé, il dist a la dame qu'il vouloit prendre congié d'elle. Et elle luy dist : « Seigneur chevalier, je vous prye que vous ne partés pas encore, mais demeurés ceans d'icy a trois ou quatre jours, que vous soyés mieux refermé. — Grant merci, » dist le vaillant chevalier Th. « Madame, il vous plaira me pardonner, car le temps est venu que je debvoye estre retourné. Je sçay bien, quant je demeureroye, que le roy d'Arges mon beau pére, Polimites mon beau frère, et ma femme seroient trop a malaises de moy. Pour tant, dame, s'il vous plaist, vous me donnerés congié. » Quant la dame veit que force estoit que Th. s'en allast, specialement pour l'amour de sa femme, qu'il avoit espousee de nouveau, ce (*lis.* se) considera la damoiselle et dist : « Gentil chevalier, puis qu'il vous plaist, les dieux vous veuillent conduire. Quant ce seroit vostre plaisir d'arrester ceans plus longuement, je vous feroye bonne chiére. » Ainsy partit Th. d'avecques les demoiselles (*sic*), et se mist a chemin. Et tant alla, en la douleur en la quélle il estoit, par montaignes et par valees, qu'il arriva en la terre de Grèce.

III. — En celluy temps que les Grecs estoient devant Thèbes, il y avoit dedens la ville une beste merveilleuse qu'on leur avoit apportee jeune de loingtain païs. Ceste beste estoit nommee Tigre.

---

il ne craint pas, à l'occasion, de se référer expressément à l'écrivain latin. Cf. ce qu'il dit à propos de la mort des deux frères : « *Par sur tous les autres qui moururent en celle bataille, parle nostre present docteur Orose des deux fréres pour qui la guerre avoit commencé*, etc. »

Et *selon que dit Plin de la proprieté et façon des bestes*[1], elle avoit les piedz, le corps et la queue comme ung lyon, mais elle avoit le col long et une belle petite teste aguë, comme le museau d'une levrette. Elle avoit le poil clér et reluisant comme fin or. Son alaine estoit trestant doulce et redollente qu'il sembloit que ce fust basme : pour ceste cause les autres bestes sauvaiges du pays de la ou elle est la suyvent pour avoir l'oudeur d'elle. Une autre condicion a ceste beste que, quant elle est couroussee, il n'y a sy terrible beste qu'elle ne devore, soit lyon ou liepart; mais ceste condicion avoit elle perdue a cause de la nourriture domesticque, car les deus seurs du roy de Thèbes l'avoient nourrie. Pour ceste cause l'amoit le roy, etc.

IV. — En cestuy trés merveilleux assault[2] moururent plusieurs notables princes et chevaliers. Premier, le notable chevalier Thideus, qui, de avidité et grant desir qu'il eut de trouver Ethioclès en son chemin, se mist et habandonna si avant qu'il fut subcombé de ses ennemys et mis a mort. Semblablement aussy Parthonopeus, le roy d'Archade, y fut abbatu a terre d'ung coup de lance, dont il mourut. Ypomedon aussi, le vaillant chevalier, poursuivant ung de ses ennemys, saillit en l'eaue avecques luy, et la furent tous deux noiés. Et finablement, tant y en mourut d'une part et d'autre que les docteurs et hystoriographes en laissent le nombre comme incongneu[3].

On voit que l'*Orose* imprimé suit assez régulièrement la première rédaction[4], tantôt la développant (surtout par des discours), tantôt, au contraire, l'abrégeant, et en usant, en tout cas, très librement avec sa source[5], mais

---

1. Il est facile de constater que Pline ne dit rien de semblable.
2. L'auteur, supprimant la phrase en forme de prétérition, suppose une grande bataille « sur le bort d'une trés grande riviére qui près de la passoit ». Ce détail n'implique pas la connaissance d'une source particulière : il est amené par le désir d'expliquer la mort d'Hippomédon.
3. Pour d'autres citations, voy. *Lég. d'Œdipe*, p. 327-8.
4. Et non la deuxième. Notez en particulier, dans l'extrait II, l'absence du chapitre spécial à la deuxième rédaction *(Seignors, li rois Ligurges n'i ert mie)*, et la forme *Amphoras* (= Amphiaraus), qui est celle de la première rédaction, tandis que la deuxième a *Amphioraus*. Il faut aussi rapprocher *Pliodes* (*Pleodes*) de *Pliote*, qu'on ne rencontre que dans les mss. de la 1ʳᵉ rédaction. Cependant, comme la forme de l'œuvre appartient en général à l'auteur, nous reconnaissons que la question est difficile à trancher : il s'agit ici plutôt d'une impression que d'une conviction raisonnée.
5. Ainsi, racontant la mort de Laius, il dit : « Affin de veoir la feste et les jeux qui estoient en ce chasteau s'arresta Edipus,

sans apporter d'éléments importants : il faut cependant
signaler quelques embellissements curieux. On lit dans
le combat des Cinquante : « Et avecques buches en
maniére d'eschelles, qu'ils dressoient amont la montai-
gne, ymaginérent de l'assaillir et y monter »; et il y a
un chapitre intitulé : *La teneur des mandemens que
envoya le roy Ethioclès aux seigneurs de son pays :*
« Nous, Ethioclès, par la grace des dieux roy de Thè-
bes, a tous noz bons feals amis et serviteurs, seigneurs,
barons, chevaliers et autres gentilz hommes de nostre
dit royaume, salut. Savoir faisons, etc. » Mais en somme,
l'impression que laisse l'œuvre lorsqu'on la lit tout d'un
trait, c'est celle d'un bavardage assez insipide, dont l'au-
teur inconnu écrivait d'ailleurs clairement et avec une
certaine facilité.

VI. — Destinées du Román de Thèbes.

La légende thébaine a, dans le cours des siècles, lutté
de popularité avec la légende troyenne, grâce au succès
obtenu par le *Roman de Thèbes,* succès qui cependant n'a
pas égalé celui du *Roman de Troie,* dont la diffusion fut
longtemps favorisée en Occident par la manie des origi-
nes troyennes. L'intérêt qu'offrait la légende d'Œdipe et
de ses fils pour les intelligences naïves du moyen âge,
la renommée universelle de Stace et l'erreur qui faisait
de lui un chrétien, tels sont les motifs qui ont dû porter
le trouvère anonyme à choisir un pareil sujet [1]. Nous
avons vu plus haut qu'à partir du xiiie siècle les diver-

---

selon les uns (*il s'agit des deux rédactions de l'*Edipus); les autres
(*c'est sans doute l'auteur lui-même*) disent que ce ne fut pas pour
veoir les jeux, mais pour enquerir des nouvelles de ce qu'il desi-
roit sçavoir, car il y avoit beaucoup de gens, mesme de Thèbes et
du païs d'environ. » Pour remplacer Amphoras, les Grecs choi-
sissent le vieux *Menalimpus* (= *Melampus,* qui est écarté à cause
de sa vieillesse dans le poème et l'*Edipus*), et lui donnent pour
« coadjuteur » un disciple plus jeune d'Amphoras, nommé *Teo-
dimas* (= Thiodamas), etc.

1. Voyez *Légende d'Œdipe,* p. 132-156.

ses rédactions en prose viennent ajouter à la popularité du poème[1] : un coup d'œil rapide sur notre littérature et sur celle des pays voisins, du XIIe au XVe siècle, nous montrera combien fut étendue et durable la renommée procurée à la légende par le *Roman de Thèbes*.

La plus ancienne des allusions au *Roman de Thèbes* est incontestablement celle de l'*Eneas*, que nous avons citée plus haut (p. CXVII), en essayant de fixer la date de notre poème; puis vient celle que l'on trouve aux v. 2534 sqq. du *Cligès* de Chrétien de Troyes, composé avant 1170.

L'empereur, défié par son frère, cherche à savoir de ses barons s'ils seraient disposés à l'aider :

> Mais il n'an i trueve neis un
> Qui de la guerre a lui se taingne,
> Ainz li dient qu'il li sovaingne
> De la guerre *Polinicès*,
> Qu'il prist ancontre *Etioclès*,
> Qui estoit ses frère germains,
> S'ociet li uns l'autre a ses mains.

Le roman de *Galeran, comte de Bretagne*[2], composé vers 1230, renferme un passage fort intéressant, où Fresne, qui attend au couvent Galeran, son fiancé, énumérant devant l'abbesse, qui lui conseille de se faire

---

1. Outre la traduction littérale en prose italienne de la première rédaction mentionnée plus haut (p. CXXIII, n. 2), il convient de signaler une traduction irlandaise. Voy. Max Nettlau, *Irish Texts in Dublin and London Manuscripts*, dans *Revue celtique*, X (1889), p. 456-63. — Ajoutons que Charles VI possédait une tapisserie représentant Déiphile, sans doute dans la scène du retour de Tydée blessé à Argos. Voy. J.-J. Guiffrey, *Inventaire des tapisseries du roi Charles VI vendues par les Anglais en 1422*, dans *Bibliothèque de l'Ecole des Chartes*, XLVII (1886), 411.

2. Ce roman, d'environ 7,800 vers, et qui offre quelques petites lacunes (le début, en particulier, manque), a été découvert par notre ami regretté Boucherie dans le ms. 24042 du fonds français de la Bibliothèque nationale, où il se dissimulait sous le nom d'*Histoire de Bretagne en vers*. L'édition *princeps*, préparée et en partie imprimée par lui, a été publiée par les soins pieux de M. Chabaneau (Publications spéciales de la Société pour l'étude des langues romanes, XIV, Paris, Maisonneuve et Ch. Leclerc, 1888).

nonnain, les occupations qui conviennent à une jeune fille noble élevée dans un couvent et les lectures qu'elle fait, mentionne les romans de *Thèbes* et de *Troie*, et les mentionne exclusivement, ce qui prouve une fois de plus que ces poèmes, très souvent associés l'un à l'autre dans les manuscrits, étaient considérés comme se faisant suite. Voici ce passage :

> Mon cuer, ma dame, si m'aprent
> Que je ne face aultre mestier
> Le jour, fors lire mon saultier
> Et faire oeuvre d'or ou de soie,
> Oyr de *Thèbes* ou de Troye,
> Et en ma herpe lays noter,
> Et aux eschez autrui mater,
> Ou mon oisel sur mon poign pestre :
> Souvent ouy dire a mon maistre
> Que tel us vient de gentillesse (v. 3879-88).

Le souvenir de *Thèbes* se trouve également réuni à celui de *Troie*, et aussi à celui de l'*Eneas*, dans le *Donnet des Amanz*, poème érotique conservé dans un manuscrit du xiiie siècle et dont un fragment a été publié par Francisque Michel [1].

> Si pernez garde de Heleine
> Et de Didun et de *Ymeine*
> Et de Ydoine et de Ysoud...
> Quei feit Didun pur Eneas
> Et Ydoine pour Amadas ?
> Pour *Itis* quei refist *Ymeine*
> Et pour Paris la bele Eleine ?
> Et quei fist Isoud pour Tristran ?

L'*Atys* de Stace, l'*Aton* (suj. *Ates*) du Roman de Thèbes, se dissimule évidemment ici sous la forme corrompue *Itis*, comme Ismène sous celui d'*Ymeine;* et l'importance donnée par le trouveur aux amours des deux jeunes gens, et surtout aux regrets et au deuil d'Ismène, justifie, mieux que ne le pourrait faire le court épisode de

---

[1]. *Tristan, recueil de ce qui reste des poèmes relatifs à ses aventures, composés en français, en anglo-normand et en grec dans les xiie et xiiie siècles* (Londres, I et II, 1835; III, 1839), t. II, p. 149-157.

Stace, le rapprochement que fait l'auteur des noms d'Atys et d'Ismène avec les noms plus célèbres de Pâris et d'Hélène, d'Énée et de Didon.

De même, l'auteur de *Floire et Blanceflor*[1], voulant donner une haute idée de la beauté de ses héros, les compare aux jeunes gens que célèbrent les poèmes imités de l'antiquité, en particulier les romans de *Thèbes* et de *Troie*.

> Paris de Troyes n'Absalon,
> *Parthonopeus* n'*Ypomedon*,
> Ne Leda ne sa fille Elaine,
> Ne *Antigoné* ne *Ysmaine*,
> En leèce tant bel ne furent
> Com erent cil quant morir durent.

Le rôle brillant que joue *Tydée* dans notre poème a inspiré d'assez nombreuses allusions. Lambert d'Ardres, dans son *Chronicon Ghisnense*[2], pour vanter le courage de Raoul d'Ardres, le compare, peut-être d'après Stace, à l'ami de Polynice. Les noms des deux amis se trouvent rapprochés, ainsi que ceux d'Étéocle et d'Adraste, dans le *Gilles de Chin* de Gautier de Tournai[3]:

> Onques Ector ne Achyllès,
> Ne Patroclus ne Ulixès,
> *Polynecès* ne *Tydeüs*,
> Ne *Tyoclès* ne *Adrastus*...
> Ne furent teil, ne tant n'avint
> Com a cestui que je veul dire.

Tydée est cité, avec son fils Diomède, parmi les plus

---

1. Rédaction du xiiie siècle, publiée par Ed. du Méril. Voy. l'*Introduction*, p. CLXXIII sqq.

2. C'est une Histoire des comtes de Guines et des seigneurs d'Ardres, de 800 à 1201, écrite en latin au commencement du xiiie siècle, et imprimée d'abord dans le *Recueil des historiens des Gaules*, t. IX, XIII et XIV, puis dans les *Monumenta Germaniæ* de Pertz.

3. Publié par de Reiffenberg, d'après le manuscrit de l'Arsenal, dans les *Manuscrits pour servir à l'histoire des provinces de Namur, Hainaut*, etc., t. VII (Bruxelles, 1847, in-4°). Ce poème historique a été écrit vers 1250.

vaillants dans le *Lapidaire* de Berne [1], à propos de l'*oniche* (onyx), « qui donne aus siens force et victoire ».

> Mais Alixandre li grigoys,
> Hector et li preus Achillès,
> *Tydeüs* et *Dyomidès,*
> N'avoient pas cure de chiches,
> Ne ne disoient que oniches
> Ne fust bien dignes de porter.

Le *Roman de Thèbes* (ou plutôt une de ses rédactions en prose) [2] a certainement inspiré Christine de Pisan, comme on peut le voir par les extraits suivants, que nous empruntons aux *Cent hystoires de Troie* [3].

N° 46. — *Se filles as a marier*
Et tu les veulx aparier
A hommes dont mal ne te vienne,
Du roy Adrastus te souvienne.

GLOSE. — Adrastus fu roy d'Arges et moult puissant et preud-home. Deux chevaliers errans [4], l'un appelé Polinicès et l'aultre Thideus, se combatoient par nuyt moult obscure soubz le portail de son palais, dont l'un calengoit le logis de l'autre, pour cause du fort temps et de la grosse pluye qui les avoit toute nuit tormentez, et la s'estoient d'aventure embatus. A celle heure, le roy se leva, qui avoit oy la noise de[s] espees sur les escus, et vint departir les deux chevaliers. Polinicès estoit filz au roy de Thèbes et Thideus a ung aultre roy de Grèce, mais de leurs terres furent exillez. Grandement honora Adrastus les deux barons, puis leur donna en mariage deux moult belles filles que il avoit. Après, por met-

---

1. Traduction du XIII° siècle du *Lapidaire* de Marbode, publiée par L. Pamier dans les *Lapidaires français du moyen âge des* XIII° *et* XIV° *siècles* (Paris, 1882), p. 120.
2. Sans entrer dans le détail des preuves, il suffit de citer la forme du mot *Amphiaraüs,* devenu *Amphoras.* Voy. ci-dessous, n. 4.
3. Nous citons d'après l'édition de Philippe le Noir (1522) : *Les cent hystoires de Troie.* — *L'epistre de Othea, deesse de prudence,* [*qu'elle*] *envoycea* (lis. : *envoya a*) *l'esperit chevalereux Hector de Troye, avec cent hystoires.* — On sait que cet Hector, que Christine fait fils de Mars et de Minerve et descendant des Troyens, désigne, sous le voile de l'allégorie, « Loys, duc d'Orleans, fils du roy Charles V. »
4. On voit l'influence qu'avaient, au XIV° siècle, les Romans de la Table-Ronde, même lorsqu'il s'agissait de sujets antiques.

tre Polinicès au droit de sa terre, que Ethioclès son frére tenoit, fist grant armee le roy Adrastus, et sur Thèbes allérent a grant ost. Desconfitz et mors et prins y furent tous, et les deux gendres du roy mors, et les fréres dont le discord estoit s'entreoccirent en la bataille, et ne demoura de tous fors Adrastus lui tiers de chevaliers *(Suit la moralisation).*

N° 5o. — *Contre le conseil Amphoras*[1]
Ne va destruire — ou tu mourras —
La cité de Thèbes, ne d'Arges
N'assemble ost n'escus ne targes.

GLOSE. — Amphoras fu moult sage clerc de la cité d'Arges, et trop sceut de science. Et quant le roy Adrastus voulut aller sur Thèbes pour la cité destruire, Amphoras, qui par science savoit que mal lui en viendroyt, dist au roy que ja n'y allast, et que, se il y alloit, tous y seroient mors et destruis; mais il n'en fut mie creu, sy avint comme il l'eut dit. Pour ce veult dire au bon chevalier que le conseil du sage est peu prouffitable a celluy qui n'en veult user *(Suit la moralisation).*

Des allusions tout aussi nombreuses, dont plusieurs remontent au dernier tiers du XIIe siècle, se rencontrent dans la littérature provençale. Arnaut de Mareuil, qui florissait entre 1170 et 1200, nous en fournit deux : la première dans le fameux *salut* à sa dame, la vicomtesse de Béziers (*Domna genser que no sai dir*)[2], composé entre 1180 et 1194 :

... Ni *Antigona* ni *Esmena,*
Ni bel' Yseus ab lo pel bloi
Non agro la meitat de joi
Ni d'alegrier ab lor amis
Com eu ab vos, so m'es avis ;

la seconde dans un *ensenhamen* publié par M. Chabaneau[3] :

1. Cette forme, qui ne se rencontre dans aucun des manuscrits du poème (où ce mot a toujours quatre syllabes), montre que Christine ne connaissait probablement que le roman en prose. *Amphoras* s'y lit, en effet, dans tous les mss. de la 1re rédaction (voy. p. CXXXIII), tandis que la 2e a *Amphioraus.*
2. Ms. de la Bibl. nat. fr. 22543, f° 134 : pièce plusieurs fois publiée.
3. *Revue des langues romanes*, XX, 53-59.

> Ni crei que tant ames
> Lo reis *Etiocles*
> *Salamandra* tan be,
> Ni tant per bona fe.

C'est la seule mention connue des amours du roi de Thèbes avec la fille de *Daire le Roux*. Le nom de son père, qui occupe une si grande place dans notre poème, est cité deux fois, à notre connaissance : d'abord, dans le fameux répertoire du jongleur qui fait le fond du *sirventes Cabra juglar* de Guiraut de Cabreira, composé, selon Milà y Fontanals, en 1170, selon M. G. Paris vers la fin du xiie siècle, selon M. P. Meyer[1] dans le premier quart du xiiie siècle, et peut-être plus tard[2] : *De Daire [l] Ros, Qe tan fon pros, Qes defendet de traïzon*[3]; puis dans la *Chanson de la Croisade contre les Albigeois*[4] :

> Dih l'abas de Belloc : « Senher enluminaire,
> « Lo teus filhs reis Engles e lo teus cars amaire,
> « Qu'es devengutz tos hom et t'ama ses cor vaire,
> « T'a trames so sagel e de boca mandaire,
> « Quet remembre merces el jutjamen de Daire;
> « E tramet li tal joia don totz sos cors s'esclaire. »

Mais le *Daire le Roux* dont il est question dans ce passage de Peire de la Mula :

> Per dar conquis Alixandres Roais,
> E per tener perdet *Daires lo Ros*
> La batailla, que teners li sostrais,
> Sa gen li fetz laissar e sos baros[5],

1. *Daurel et Beton* : Introd., p. i, note.
2. Il nous semble que le Guiraut de Cabrera qui se fit templier en 1228 conviendrait parfaitement, et qu'il est inutile de descendre jusqu'à un autre G. de Cabrera dont le nom figure dans des actes de 1241.
3. Cité par M. Birch-Hirschfeld (*Ueber die den provenzalischen Troubadours des XII und XIII Jahrhunderts bekannten epischen Stoffe*, Halle, 1878, p. 18), qui voit dans ce passage et dans le suivant, une allusion au roi de Perse, Darius. La même erreur a été naturellement commise, dans les deux cas, par tous les critiques.
4. Publiée par M. P. Meyer pour la Société de l'Histoire de France (Paris, I, 1875; II, 1879), v. 3574-9.
5. Suchier, in *Jahrbuch für romanische und englische Sprache und Literatur*, XIV, 153.

n'est autre que Darius, roi des Perses, dont l'avarice est souvent opposée à la munificence d'Alexandre; cf. *Leys d'amors* I, 294; III, 184, et Stengel, *Durmart le Galois*, p. 575-6. D'ailleurs, l'épithète accolée au nom ne s'explique que par une confusion qui est une nouvelle preuve de la popularité du baron thébain et, par conséquent, de notre poème.

D'autres allusions au *Roman de Thèbes* et à ses personnages se trouvent encore : 1º dans le *sirventes* déjà cité de Guiraut de Cabreira[1] : *De Lionas Ja non sabras, Ni de Tebas ni de Caton; De Nersisec, D'Arumalec, Ni de Calcan lo rei felon; De Tideüs, Ni de Formus, Que sofri tanta passion;* 2º dans la pièce analogue de Guiraut de Calanson, *Fadet joglar*[2], composée avant 1213[3] : *D'Epolibus* (lis. : *de Polibus*) *E de Leüs* (corr. : Laius)[4], *Cui non volc lo sers*[5] *obezir;* 3º dans le *sirventes* de Bertran de Paris du Rouergue, *Guordo, ieus fas,* composé avant 1250[6] : A. — *Ni no sabetz cossi pres lo jayan En Tydeüs, cant lo tolc*[7] *del castel;* —B. — *Ni d'En Guio de Mayensal valens, Ni de la ost c'a Tebas fe venir, Fag c'anc fezes, no cug sapiatz dir;* —C. — *Ni no sabetz d'*Aripodès (corr. : *d'Edipodès*) *l'efan Quil det lo colp sul pe ab lo cotel,* où il est facile de voir qu'il s'agit de l'exposition d'Œdipe, que les *serfs* n'osent pas tuer (v. 85-132); —D. — *D'Apoloini no cug sapiatz res, Ni d'*Odastrès (corr. : *d'Adrastus*) *degun bo fag c'anc fes; Ni no sabetz per que selet son nom* Palamidès (corr. : Polinicès) *sul palaitz al prim som.* Il y a là évi-

---

1. Bartsch, *Denkmœler*, p. 93.
2. Bartsch, *Denkmœler*, p. 99.
3. Cf. Birch-Hirschfeld, *l. l.*, p. 5.
4. Il est fort douteux que la même correction puisse être apportée à cet autre passage (p. 98) : *Del rei Brutus E de Leüs Com saup ab son fraire partir* (où, du reste, l'un des deux mss. donne *degelus*), et qu'il y ait là aussi une allusion à la légende thébaine.
5. Il y a là une petite inexactitude, puisque le poème parle de *trois serfs* (serviteurs).
6. Bartsch, *Denkmœler*, p. 86.
7. Ed. *del iayan A T. c. li t.* (peut-être faut-il admettre une forme corrompue *Atydeüs*) : il y a là une allusion à l'épisode de la Vieille à l'énigme (App. I, v. 2791 sqq.).

demment un souvenir de la querelle de Tydée et de Polynice devant le palais d'Adraste et de l'hésitation de ce dernier à avouer sa déplorable origine : les deux corrections s'appellent mutuellement; 4° dans un passage, sans doute altéré, d'une pièce allégorique, du troubadour catalan Andrea Febrer, *Sobrel pus naut alament*, où sept reines rivalisent avec les sept planètes [1] :

> Li autre set que 'b lur manauen guerra,
> Que de valor portauen sobrovesta,
> Ay ben ausit que foron .vij. regines :
> Ezenea, *Dehiphile*, Sinope,
> Semiramis, Tauraris e Lampheto,
> E la valen de cor Pantasilea,
> Qu'ins lo palais de gloria mundana
> Fero per .vij. miralls del mon [e]scrites,
> On pres gran laus natura femenina [2].

Passons à l'Italie, qui, plus familière, au moyen âge, avec les traditions classiques, semble avoir connu surtout la légende par la *Thébaïde* de Stace.

Dante a naturellement de nombreuses allusions aux personnages et aux événements de la légende thébaine. Au XXII⁰ chant du *Purgatoire*, Virgile dit à Stace, qui l'accompagne, que l'on voit dans le premier cercle de l'enfer, à côté des grands poètes grecs, les héroïnes qu'il a lui-même chantées : *Antigone*, *Déiphile* et *Argie*, *Ismène*, aussi triste qu'il l'a représentée, celle qui montra aux Grecs la source de Langie, la fille de Tirésias, enfin Thétis et Déidamie, qui représentent l'*Achilléide*. Ailleurs (*Inf.*, XIV), il nous montre *Capanée*, avec sa taille de géant, insensible à la pluie de feu qui le dévore et s'écriant, dans sa rage folle contre les dieux : « Tel je fus vivant, tel je suis mort; » et Virgile répond à ses orgueilleuses bravades que son plus grand châtiment, c'est de ne pouvoir se repentir de sa superbe insensée [3].

---

1. Publiée par Milà y Fontanals dans la *Revue des langues romanes*, XIII, 80-3.
2. On trouverait sans doute d'autres allusions de ce genre : on comprend qu'en pareille matière les recherches les plus sérieuses ne sauraient mettre absolument à l'abri d'une omission.
3. Autre allusion à propos de Vanni Fucci, le voleur sacrilège et homicide de Pistoïe (*Inf.*, XXV, 5).

Il place à côté de Tirésias et de Minos le devin *Amphiaraüs*, que la terre engloutit à la vue des Thébains stupéfaits (*Inf.*, XX, 11). Ici encore il n'oublie point *Hypsipyle*, dont il raconte en quelques vers les amours et le pieux mensonge (*Inf.*, XVIII, 30 sqq.); et ailleurs (*Purg.*, XXVII, 32), il compare sa joie en revoyant son ami Guido Guinicelli, qu'il appelle son père, à celle des fils d'Hypsipyle en retrouvant leur mère auprès du roi Lycurgue [1]. Ugolin rongeant le crâne de l'archevêque Roger lui rappelle Tydée dévorant la cervelle de Ménalippe (*Inf.*, XXXII, *sub fin.*), et il appelle Pise une nouvelle Thèbes (*Inf.*, XXXIII, 30). Les flammes divisées qui entourent Ulysse et Diomède le font songer aux deux frères, dont la haine éclatait encore sur leur bûcher commun. On pourrait relever d'autres allusions à des personnages appartenant à la légende thébaine, mais étrangers au *Roman*, comme Alcméon, Ériphyle, etc., mais en somme à peu près rien [2] qui ne puisse provenir directement du poème de Stace, ce qui ne doit pas nous surprendre, étant donnée l'importance du rôle attribué dans la *Divine Comédie* à l'admirateur passionné de Virgile [3].

Tasse, dans sa *Jérusalem délivrée*, a-t-il emprunté à Stace, ou bien au *Roman*, les traits d'Adraste, de Tydée et de Capanée, pour composer les figures d'Aladin, de Soliman et d'Argant? La question est difficile à résoudre. Ainsi, dans le portrait d'Argant :

> Impaziente, inesorabile, fero,
> D'ogni deo sprezzator *e che ripone*
> *Nella spada sua legge e sua ragione*,

les mots soulignés rappellent aussi bien le *Virtus mihi*

---

1. On voit que, du moins en ce qui concerne Hypsipyle, Dante a suivi la *Thébaïde*, et non le *Roman*, qui ne connaît pas ce trait et fait d'Hypsipyle une jeune fille au service de Lycurgue.
2. Le titre de duc d'Athènes, que Dante donne à Thésée, est cependant une preuve que notre poème (ou, du moins, une des rédactions en prose ou la traduction italienne) ne lui était pas inconnu.
3. Rappelons que Dante a partagé l'erreur du moyen âge, qui faisait de Stace un Toulousain. Cf. *Purgat.*, XXI et voy. plus loin, p. CLVII.

numen et ensis Quem teneo de Stace (*Théb.*, III, 615-6), que l'imitation qu'on en trouve dans le remaniement français du poème représenté par les mss. *BC*[1]. Il est possible, cependant, qu'il n'y ait là, comme aussi dans la peinture de la soif qui torture l'armée des chrétiens, qu'une inspiration classique; la chose est certaine pour le personnage de *Manto*, qui ne figure pas dans le *Roman de Thèbes*.

Mais, sans parler des copies de la rédaction en prose exécutées en Italie et de sa traduction italienne, nous possédons une preuve incontestable de la popularité du *Roman de Thèbes* au delà des Alpes : c'est un poème italien du xive siècle, qui rappelle les pièces déjà citées de Guiraut de Cabreira, de Guiraut de Calanson et de Bertran de Paris[2]. L'auteur anonyme a fait de cette énumération de poèmes, réels ou fictifs, composant le répertoire d'un jongleur, un véritable genre littéraire, comme le montre la solennelle invocation à Apollon qu'il place en tête de ce qu'on pourrait appeler son *boniment*. La légende thébaine occupe ici une place aussi importante que celle qui est réservée à la légende troyenne et aux origines de Rome, six octaves sur trente-neuf; mais deux de ces six octaves visent des légendes étrangères à notre poème. Nous reproduisons ici les quatre autres :

Oct. 22 Po canterò e verò discendendo,
  A' piacer vostri, da' fatti de Laïo[3];
  E po d'Edippo, el qual verrà crescendo,
  E come el padre uccise, e re serao;
  Eteocles e Polinice intendo,
  Epomedon, Tideo e Anfirao
  A battaglia condurre, e altre gregge,
  Secondo che da Stazio il ver si legge.

23 Tre battaglie ordinate, aspre e fiere
  Più che fussin giamai, al parer mio,

---

1. App. II, v. 9357-60. Cf. Tasse, *G. l.*, I, 63, 1-2.
2. Publié en 1878 avec de savants commentaires, d'après les deux manuscrits de Florence, par M. Pio Rajna, dans la *Zeitschrift für romanische Philologie*, II, 220 sqq., 419 sqq.
3. Édit. *d'Eilao*; les mss. donnent : l'un (R) *delïao*, l'autre (G) *de Ilao*.

> Dore morrà ogni buon cavaliere,
> Salvo ch' Adrasto, che sene fuggio;
> La quarta poi, di fuor de l'altre schiere.
> E' duo frategli, co mortal disio,
> L'un l'altro uccise, e 'l campo doloroso
> Riman di corpi morti sanguinoso.
>
> 24 Ma con qual viso, over con quale ardire
> Canterò d'esta gente la piatade,
> Di tanti Greci il misero martire
> E' signior morti in tanta crudeltade!
> Non sarà canto, ma tristo languire,
> Veder de' corpi uman piene le strade,
> Signiori e chava' morti e armadura
> Coverto trenta miglia di pianura.
>
> 25 Rimarrà Tebe al traditor Creonte,
> Secondo che 'l cantar mi dà indizio;
> Le donne argiani passeranno el monte
> Per sopelire ogniuno in sagro ospizio;
> E visi ismorti, e velat' àn la fronte,
> Di lor mariti el far piatoso uffizio.
> Creonte non consente il seppellire :
> Verrà Teseo e farallo morire.

Puis il est question de la *Teseide* de Boccace et d'un autre poème sur Thésée en quinze chants, dont notre jongleur s'avoue l'auteur.

Au premier vers de l'octave 20 [1], l'auteur nous apprend que les histoires thébaines qu'il connaît sont au nombre de quatre-vingt : il fait sans doute allusion à un texte en prose en quatre-vingts chapitres. M. Rajna signale, en passant, deux de ces textes dans deux manuscrits de la bibliothèque de Saint-Marc, à Venise, en ajoutant qu'ils les croit dérivés plus ou moins directement du *Roman de Thèbes* et non de la *Thébaïde*, ce qu'il nous est, pour le moment, impossible de vérifier. Quant à la rédaction en trente-six chants, dont notre rimeur fait un si bel éloge dans les vers qui suivent, il semble bien qu'elle soit définitivement perdue.

Le vieux poète anglais Chaucer fait de nombreuses

---

1. E le storie di Tebe sono ottanta,
Sì ben conposte in cantar trentasei,
Ch' ogniun dirà : « De, di costui ci canta,
E lascia stare e Troiani e gli Ebrei! »

allusions à la légende thébaine (cf. *Canterbury tales*, v. 4620. 9590. etc., *Troylus and Cryseide*, V, 602-3. 932-8. 1506 sqq. etc.), mais le plus souvent d'après Stace, dont il invoque parfois le témoignage, notamment dans *Troylus and Cryseide*, V, 1804, dans le conte qui a pour titre *Of queen Amelida and false Arcite*[1], v. 21 : *First follow I Stace and after him Corinne* (Je suis d'abord Stace et puis Corinne[2]), et dans *The House of Fame* (III, 366-73), où le poète, parlant d'une statue de Stace, placée dans le Temple de la Renommée sur un pilier de fer peint avec du sang de tigre, rappelle à la fois la *Thébaïde* et l'*Achilléïde* :

> There saw I stand, out of drede,
> Upon an iron piller strong,
> That painted was all end long
> With tigres blood in every place,

1. Annelida est une reine d'Arménie (? *of Ermony*) venue à Thèbes sous le règne de Créon, laquelle est aimée et délaissée ensuite par un chevalier thébain, Arcite. Cet Arcite diffère du héros du conte du chevalier (*The Knightes tale*), qui, amené prisonnier à Athènes par Thésée, après la prise de Thèbes, dispute à son ami Palémon le cœur d'Émilie, sœur d'Hippolyte, la célèbre Amazone. On peut en conclure, ce semble, qu'à ce moment Chaucer ne connaissait pas encore la *Teseide* de Boccace, dont ce dernier conte est un résumé (voy. plus loin, p. CLXVIII). La fable se rattache assez maladroitement aux événements de la guerre de Thèbes, résumés en trois strophes, et au retour à Athènes de Thésée, vainqueur des Amazones. Nous citons d'après Tyrwhitt, édition de 1874.

2. Peut-on admettre que Chaucer ait connu une traduction latine ou un abrégé latin du poème Ἕπτα ἐπὶ Θήβαις attribué à Corinne par Apollonius Dyscole (*Fragments*, dans Maittaire, *de Dialectis*, p. 429; cf. *Légende d'Œdipe*, p. 34) ? Le poète anglais se référant, au début, à un passage de Stace (*Théb.* XII, 519 sqq.), dont il intercale le texte, la fable proprement dite reste au compte de Corinne, à qui l'attribuait, sans doute, une rédaction latine de la *Thébaïde*, ou plutôt un manuscrit de l'Histoire ancienne en prose française dont il a été parlé plus haut. Chaucer prétend d'ailleurs (v. 10) avoir un modèle latin : il se pourrait bien que Corinne n'eût pas ici plus de fondement que Lollius (sans doute l'historien du IIIe siècle (?) Lollius Urbicus) dans *Troylus and Cryseide*, et que ce nom ne servît qu'à dissimuler la véritable source.

> The Tholason (*lisez* : Tholosan) ' that height Stace,
> That bare of Thebes up the name
> Upon his shoulders and the fame
> Also of cruell Achilles.

Par exemple, si dans *Troylus and Cryseide*, à ce passage où Troïlus déclare qu'il mourra de chagrin dans les ténèbres, comme Œdipe (IV, 299-300), rien ne prouve que le poète vise Stace plutôt que le *Roman de Thèbes*, par contre, au livre V, v. 1485-1512, le résumé qu'il fait de la guerre de Thèbes dérive évidemment de la *Thébaïde*, comme le prouve, en dehors de l'argument du poème entier en douze hexamètres latins qui s'y trouve intercalé, ce vers caractéristique :

> And of the furies all she gan him tell,

qui correspond à ce vers de l'Argument :

> Lemniadum furiæ quinto narrantur et anguis.

La *Légende d'Hypsipyle et de Jason*, qui est comprise dans la *Légende des femmes illustres*, a sa source, non dans Stace, mais en partie dans Guido delle Colonne, c'est-à-dire, en somme, dans le *Roman de Troie*, que Guido a pillé [2], en partie dans Ovide, *Héroïde* VI, comme l'affirme le poète lui-même :

> All be this nat rehearsed of Guido
> Yet saieth Ovide in his Epistles so [3],

et comme il résulte de ce trait de la lettre adressée par Hypsipyle à Jason, que Chaucer résume en 14 vers :

> And on his children two, she sayd him this,
> *That they be like of all thing ywis*
> *To Jason, save they couth nat beguile* (v. 1564-6);

Cf. Ovide, *Heroïdes*, VI, 123-4 :

---

1. Sur l'erreur du moyen âge, qui croyait que Stace était Toulousain, voyez notre *Légende d'Œdipe*, p. 149-155.
2. Voyez Joly, *Benoit de Sainte-More et le Roman de Troie*, II, 470 sqq.
3. *The legend of Hipsiphile and Medea* (dans *The legend of good women*), v. 1460-1.

> Si quæris cui sint similes, cognoveris illis :
> Fallere non norunt, cetera patris habent.

On n'y trouve, d'ailleurs, aucun détail qui soit particulier au *Roman de Thèbes*.

Les formes corrompues *Polimites*[1] (*Troylus and Cryseide*, V, 1488) pour *Polinices*, qui se rencontre un peu plus loin, et *Parthonolope*[1], prouvent que Chaucer connaissait une des rédactions en prose de notre poème. Une autre preuve nous semble résulter de deux passages où *Theodamas* (évidemment le *Thiodamas* de Stace, puisque, une fois sur deux, il est question du siège de Thèbes), est donné comme un fameux joueur de trompette, à côté de *Joab*, à qui il attribue le même talent :

> At every cours in came loude minstralcie,
> That never Joab tromped for to here,
> Ne he Theodamas yet half so clere
> At Thebes, whan the citee was in doute.
> (*The merchantes tale*, dans *The Canterbury tales*, v. 9592-5).

> There heard I Joab trumpe also,
> Theodamas, and other mo,
> And all that used clarion
> In Casteloigne and Aragon,
> That in hir times famous were,
> To learnen saw I trumpen there.
> (*The House of Fame*, III, 155-160).

Une pareille assertion, qu'elle vienne d'une source latine ou d'une source française, ne peut remonter plus haut que le moyen âge. Enfin, il convient de mentionner aussi

---

1. Lydgate (voy. plus loin, p. CLX sqq.) donne aussi *Polimite* (*Polymite, Polimyte, Polmite*), et l'édition de 1491 des *Histoires* de Paul Orose, *Polimites* (cf., entre autres, les mss. B. N. fr. 246 (D), 254 et l'Orose imprimé de Munich) : c'est une mauvaise lecture de *Polunices* pour *Polynices*. Une forme intermédiaire est *Pollimices*, qui se trouve dans le manuscrit B. N. fr. 22554 (B). *Policenes*, que donnent le ms. B.N. fr. 24936 (C), l'*Edipus* imprimé et les fragments du *Méliodor* de Froissart récemment publiés par M. A Longnon, *Romania*, XX, 403-16 (il s'agit ici d'un chevalier qui se distingue dans un tournoi), est une métathèse compliquée d'une dissimilation.

1. Cf. *Parthonolopeus* dans l'*Edipus* imprimé et dans les mss. B.N. fr. 246 (D), 254, etc.

ce fait que le *Roman de Thèbes* que lit Cryseide (*Tr. and Cr.*, II, 99 sqq.) donne en tête l'histoire d'Œdipe :

> This romaunce is of Thebes that we rede,
> And we have heard that kinge Laius deide
> Through Edippus his sonne, etc.

Nous croyons donc que si Chaucer, dans l'œuvre tout entier de qui déborde l'érudition, a connu la *Thébaïde*, il a connu aussi le *Roman de Thèbes* ou, du moins, une de ses rédactions en prose.

La renommée de notre *Roman* à l'étranger n'est pas seulement attestée par les nombreuses allusions que nous venons de mentionner. Nous avons vu plus haut que l'Italie en a connu au moins une imitation en vers et deux en prose. En Angleterre, le brillant disciple de Chaucer, John Lydgate, qui était, vers 1430, moine de l'abbaye bénédictine de Bury en Suffolk, l'imite à son tour[1] et nous présente sa *Story of Thebes* comme un nouveau conte de Canterbury, qui a servi, dans un jour de misère, à payer son écot à l'auberge des pèlerins de Chaucer[2]. Et nous n'avons pas ici affaire à un traducteur

---

1. La *Story of Thebes* de Lydgate, que certains critiques ont cru à tort être la traduction d'une histoire écrite en latin par Chaucer, a été plusieurs fois imprimée à la suite des œuvres de ce dernier : 1° *The Woorkes of Geffrey Chaucer, newly printed, with divers addicions, wiche were never in printe before ; with the siege and destruction of the worthy citee of Thebes, compiled by Jhon Lidgate, monke of Berie, As in the table more plainly dooeth appere. Imprinted at London, by Jhon Kyngston, for Jhon Wight, dwelling in Poules Churchyarde.* Anno 1561 (in-f°, du f° 356 a au f° 378 d). — 2° *The works ; also the Siege of Thebes, by J. Lidgate.* London, 1687, in-f° (réimpression de l'édition de 1602, qui, bien que ne mentionnant pas le *Siege of Thebes* dans le titre, devait sans doute le contenir également). — 3° *The Works of the English Poets, from Chaucer to Cowper, including the Series edited by Dr Samuel Johnson, the additional Lives by Alex. Chalmers, in twenty-one volumes.* Vol. I, Chaucer (La *Story of Thebes* va de la p. 570 à la p. 606). London, 1810. — Nous suivons dans nos citations l'édition de 1561.

2. Lydgate composa ce poème entre le mois d'avril 1421 et le 31 août 1422 (voy. Emil Kœppel, *Lydgate's Story of Thebes, Eine Quellenuntersuchung.* München, 1884, p. 8 sqq.). Il avait déjà

servile : grâce à une solide érudition acquise pendant son long séjour en Italie et en France, où il avait surtout étudié Pétrarque, Boccace (au moins dans leurs œuvres latines) et Alain Chartier, Lydgate rajeunit les inventions de ses modèles et son style n'est pas sans quelque originalité.

La *Story of Thebes* dérive, dans ses grandes lignes, non pas de Stace, quoiqu'il s'y réfère plusieurs fois en l'appelant, comme Chaucer, Stace de Thèbes (*Stace of Thebes*), mais du *Roman de Thèbes*, ou plutôt d'une de ses rédactions en prose[1]. Il y manque, en effet, non seulement les *Jeux*, comme dans notre manuscrit *S*, mais aussi les épisodes de Monflor, de Daire, etc., et le récit traditionnel des événements qui se placent entre la mort d'Amphiaraüs et celle des deux frères y est également fort réduit : onze vers suffisent à raconter la mort de Parthénopée et celle d'Hippomédon, qui succombent, comme les deux frères, dans la même bataille que Tydée [2].

Lydgate a-t-il travaillé sur un manuscrit de la pré-

écrit une *Destruction de Troie (Troy book)*, d'après Guido delle Colonne, par conséquent d'après Benoit de Sainte-More (Voy. ci-dessus, p. CLVIII et n. 1).

1. Il y a d'ailleurs dans Lydgate, en dehors des ornements empruntés à la Bible et à l'antiquité, quelques traits particuliers, dont les uns (la tête de Ménalippe présentée à Tydée, Thoas sauvé par sa fille, la mention des deux fils d'Hypsipyle, etc.) proviennent des œuvres latines de Boccace (*Genealogia deorum, De casibus virorum illustrium, De claris mulieribus*), d'autres sont de pure imagination ou dérivent de sources inconnues, par exemple la mention de douze chefs au lieu de sept, ou de neuf si l'on en compte sept en dehors d'Étéocle et Polynice (voy. *Légende d'Œdipe*, p. 50-1).

2. Capanée ne meurt qu'à l'assaut de Thèbes par Thésée, comme dans le poème (original) et ses rédactions en prose, et l'auteur ignore sur ce point le remaniement représenté par les manuscrits *BC*; le voyage des femmes d'Argos à Athènes est emprunté, non à *BC*, mais à la *Teseide* de Boccace ou directement à Chaucer, *Knightes Tale*. Lydgate donne d'ailleurs l'épisode de la fille de Lycurgue, ce qui montre que, s'il avait sous les yeux un manuscrit du poème, ce manuscrit ne pouvait être qu'un manuscrit de la rédaction *y*; mais rien ne prouve qu'il ait eu une source française autre que le roman en prose.

tendue traduction française des *Histoires* d'Orose, comme a récemment essayé de le démontrer M. Kœppel[1]? Nous croirions plutôt que c'était un manuscrit de la 1re rédaction assez voisin de celui qui a servi à imprimer l'*Edipus*, mais meilleur et un peu moins altéré en ce qui concerne les noms propres, quoiqu'il reste généralement inférieur sous ce rapport à l'*Orose* imprimé et à la plupart des mss. les plus anciens. Citons seulement quelques exemples :

STACE.	LYGDATE.	EDIPUS IMPR.	OROSE IMPR.
Parthenopeus	Parthonolope (*et* Prothonolope)	Parthonolopeus	Parthonopeus
Tiodamas	Tredimus	Trodinus	Theodimas
Ismene	Imeine (*et* Imein)	Ymene (*et* Ymenee)	Ismaine
Phocis	Pilotes	Pliote	Poliodes (*et* Pleodes)

Le fait ressort également du passage suivant de Lydgate (il s'agit d'Adraste) :

> Borne of the isle that called is *Chifon*,
> And sometime *Sone*, of the king *Cholon*,

(né dans l'île qu'on nomme *Chifon* et quelquefois *Sone*, du roi *Cholon*), comparé avec les passages correspondants de la première rédaction du Roman en prose : « ains fut nez de l'isle de *Cisionie, filz le roy Thalay* » (ms. B. N. fr. 301 ; cf. Chaloy, *Edipus* impr.), et de l'*Orose* imprimé (et estoit filz du roy *Challor*[2] de Si-

1. L'auteur s'appuie sur l'analyse et les extraits du *Roman de Thèbes* et de ses rédactions en prose que nous avons donnés dans notre *Légende d'Œdipe*, et d'autre part sur l'édition imprimée des *Histoires d'Orose* que possède la bibliothèque royale de Munich (L. impr. membr. 32m), laquelle semble faite sur un manuscrit très voisin de celui qui a été suivi dans l'édition de 1491 que nous avons décrite, mais n'est point identique à cette édition. L'insuffisance des renseignements dont disposait M. K. (car il n'a connu qu'un texte complet en prose et n'avait point à sa disposition les manuscrits du poème) explique les différences entre ses conclusions et les nôtres.
2. *Challor* est une altération de *Chalon*, qui lui-même vient de *Chalaon* (= Thalaon, Talaum); *Chaloy* représente *Chalou*, mauvaise lecture de *Chalon*, comme *Thalay* représente *Thalau*,

chione), passage où Lydgate a si étrangement compris son modèle[1]; — et surtout de celui-ci :

> King *Genor* eke, that held his rial se,
> Mine auctour saith, in the lond of Grece,
> King *Locris* and king *Pirrus*,
> And eke the king called *Tortolonus*,
> And renouned in many a region
> There come the king called *Palenon* (sic).

rapproché du passage correspondant de l'*Edipus* imprimé non moins étrangement corrompu : « le roy de Crete, le roy Agenor, le roy *Lacres prays tortholomus*[2] *Palemon*, et encores plusieurs aultres, etc., » où l'*Orose* imprimé diffère sensiblement : « le roy de *creles* (lis. *Crete*), avecques plusieurs autres notables chevaliers du païs, vaillans hommes et de grant renommee, entre les quéls furent troys de puissante vertu nommez *Pirrus*, *Tritolomus* et *Palamon*[3]. »

Nous n'avons pas besoin d'ajouter que les allusions à la légende thébaine abondent dans Lydgate, non seulement dans le *Troy book*, mais encore dans d'autres de ses ouvrages, par exemple dans les *Destinées des Princes* (*Falls of Princes*), où nous relevons, à un passage où il est question de la mort de Laius, un trait qui semble emprunté au *Roman de Thèbes* :

cas régime de *Thalaus*, ou *Thalaum* par la suppression du sigle de la nasale. *Cholon*, de Lydgate, ne saurait venir de *Challor*. D'autre part, *Chifon* est une mauvaise lecture de *Chison*, métathèse de *Sichon*, picard pour *Sicion*, Sicyone.

1. Cette faute soulève la question de savoir si Lydgate n'avait pas sous les yeux une traduction anglaise littérale (*sone of the k. c.*).
2. C'est-à-dire : *Laertes, Pirrus, Tritolemus*, leçon qui ressort de la comparaison des mss. *Locris* comparé à *Lacres* (cf. ms. B. N. fr. 24396), de l'*Edipus* imprimé, est surtout caractéristique.
3. Rectifions, en passant, une erreur de M. Kœppel (*l. l.*, p. 62, n. 3), qui croit que *Lemnos* se dissimule sous *Uermos*, le second nom donné par Lydgate à Thoas, père d'Hypsipyle (le premier nom qu'il lui donne est Thorite = Thoantem). C'est plutôt *Euenos* (Stace) ou *Euænos* (Hygin), nom de l'un des fils qu'Hypsipyle avait eus de Jason. L'autre s'appelait, d'après Stace et d'autres auteurs, *Thoas*, du nom de son aïeul, ce qui a pu amener la confusion entre le petit-fils et l'aïeul et la mention d'un double nom dans Lydgate.

> And on his waye he *(Œdipus)* gan anon to ryde
> Tyll he the mountaine of *Phocis* dyd see,
> Under the wich stode a great countree...

Dans le *Roman* et dans ses rédactions en prose, il s'agit d'une ville ou d'un château fort, et non, comme ici, d'une montagne; mais le nom du lieu où fut tué Laius s'y retrouve plus ou moins altéré: *Foce, Foche, Forche, Forches, Fonches, Orces,* dans les mss. du poème; *Phoces* (dans les meilleurs mss.), *Pliote, Poliodes, Pleodes, Ephese* dans les diverses rédactions en prose; et Lydgate lui-même, nous l'avons vu, l'appelle *Pilotes* dans sa *Story of Thebes,* d'après un manuscrit apparenté à celui qui a servi à l'impression de l'*Edipus*. En raison de cette double forme, qui ne peut d'ailleurs que nous confirmer dans l'opinion que Lydgate connaissait le *Roman de Thèbes,* on pourrait être tenté de se demander si, au moment où il composait le *Falls of Princes,* postérieur, comme on sait, à la *Story of Thebes*[1], il n'avait pas lu le poème, qu'il semble n'avoir pas eu sous les yeux en composant sa *Story*. Il est plus simple d'admettre qu'il a eu successivement sous les yeux deux mss. du roman en prose.

Dès le XIIIe siècle, les poètes néerlandais se sont appliqués, on le sait, à reproduire, dans leur idiome naissant, les légendes d'origine classique. Maerlant[2], en dehors du *Speculum historiale* de Vincent de Beauvais, a traduit ou imité le *Roman de Troie* de Benoît de Sainte-Maure et l'*Eneas*. Son *Gedich van Troyen,* dont il ne reste plus que des fragments détachés sous forme d'épisodes[3], avait un caractère cyclique et comprenait la

---

1. Voyez Kœppel (*l. l.,* p. 14-16), qui en fixe l'achèvement en 1433, tandis que la *Story* était terminée dès 1422.
2. Jacob von Maerlant, né d'une famille bourgeoise flamande, mort à la fin du XIIIe siècle. C'était un laïque instruit. Voy. Jonckbloet, *Geschichte der niederlændischen Literatur,* traduction allemande de Will. Berg, de Rotterdam (Leipzig, Vogel, 1870-2), § VI, *Die bürgerliche Didaktik.*
3. Publiés par Blommaert, *Oudvlaemsche Gedichte der* XIIe, XIIIe *en* XIV *Euwen,* II, p. 73 sqq. Cf. Dunger, *Die Sage vom troja-*

légende thébaine. Un de ses contemporains, Seger Dieregodgaf, avait mis en vers certaines parties du *Roman de Troie* (*De Trojaensche Oorlog*), dont plusieurs fragments ont été publiés par Blommaert (*l. l.*), et il y avait joint comme introduction le *Jardin des Troyens* (*Prieel van Troyen*), qui, à ce qu'il paraît, ne prouve pas qu'il eût de grandes qualités de poète [1]; mais il suffit de constater qu'il y était question de la guerre de Thèbes. Maerlant, dans son *Spieghel historiael* [2], analyse cet ouvrage, qui semble avoir eu un grand succès, du vivant même de l'auteur, par suite de l'habileté qu'il avait montrée dans le choix et la coordination des épisodes les plus intéressants.

Il remplaça même l'œuvre immense et indigeste de Maerlant, bien que celui-ci affirme, trente ans après son apparition, que son poème à lui est connu au loin (*wide becant*). Dieregodgaf aime à faire preuve d'indépendance à l'égard de ses auteurs : souvent il les combat par des témoignages contraires, mais il tient beaucoup à appuyer ses affirmations de preuves et, en somme, son respect pour les autorités qu'il invoque nuit parfois chez lui à l'inspiration, qui se trouve ainsi comprimée et affaiblie [3]. C'est un reste de l'influence cléricale sur l'esprit laïque.

Comme tous les poèmes célèbres du premier moyen âge, comme le *Roman de Troie*, auquel on a joint plus tard, au moins dans les rédactions en prose, l'histoire de la jeunesse d'Hector, vainqueur d'Hercule et celle de Landomata, fils d'Hector, le *Roman de Thèbes* a reçu un prologue et une suite, et cela peu de temps après son apparition, ce qui atteste son succès. Je veux parler des romans d'*Ipomedon* et de *Prothesilas*, dont l'auteur est Huon de Rotelande, de Credenhill, en Cornouailles, contemporain de Gautier Map, et qui remontent, par

---

nischen Kriege in den Bearbeitungen des Mittelalters und ihre antiken Quellen, p. 39.

1. Voy. Jonckbloet, *l. l.*
2. Publié par Blommaert, *l. l.*, I, 110 sqq.
3. Yonckbloet, *loc. laud.*

conséquent, à la fin du XIIe siècle. L'*Ipomédon*, qui contient environ 10500 vers, est un roman d'aventure assez banal, qui emprunte presque tous ses personnages [1] au *Roman de Thèbes*, auquel il se réfère dans un passage curieux [2]. L'auteur fait du jeune héros le fils du roi de Pouille, *Hermogenès*, et raconte ses amours avec *la Fière*, princesse de Calabre. Capanée, frère d'Hippomédon par sa mère, joue un grand rôle dans le poème, ce qui explique comment Warton a pu signaler sous le titre de *Roman de Capanée* le manuscrit de l'*Ipomedon* qui se trouve au British Museum (Cotton, Vesp. A VII). Ce roman fut traduit de bonne heure, ou plutôt abrégé assez librement en vers anglais. Warton (I, 194-200) donne des extraits de cette traduction, qui a été analysée par Ellis (*Spec. of early metr. Romances*, III, 208-256) et publiée par Weber (*Engl. metr. Rom.*, II, 285-365) sous ce titre : *The life of Ypomedon*[3], et récemment par M. E. Kœlbing. Il est difficile de dire si c'est le poème anglais ou l'original français qu'a en vue l'auteur du *Richard Cœur-de-lion*, qui le cite au milieu de nombreux poèmes des trois cycles :

> I wole reden romaunces non,
> Ne of Paris, ne of Ypomydon...

Mais c'est assurément le poème français que l'on connaissait en Allemagne. Ulrich Fürterer lui donne une place dans la longue liste de romans qu'il place à la fin de son *Lanzelot*, et Wolfram d'Eschenbach, dans son *Parzival*, emprunte à la légende thébaine les noms

---

1. Adraste et son devin *Amfioraus* *, Capanée, Ismène, Creon, Daire, Drias, Eurimedon, etc.
2. V. 10539-50 de l'édition récemment donnée d'après les deux mss. connus, par MM. E. Kœlbing et E. Koschwitz (Breslau, 1889).
3. Hippomédon y est représenté comme un chevalier d'une beauté si merveilleuse que toutes les dames se désolaient en lui comparant leurs époux.

* Cette forme, qui est celle du mss. de la 2e rédaction en prose, remonte, comme on voit à des mss. perdus du poème. Plusieurs des noms propres qui figurent dans l'*Ipomedon* (Drias, Eurimedon, etc.) ne se trouvent pas, en effet, dans les rédactions en prose.

d'*Ipomidon* et de *Prôthizilas*, probablement d'autres encore (v. Bartsch, *Germanistische Studien*, II, 154).

Le *Prothesilaus*, encore inédit, raconte l'histoire des fils d'Hippomédon, Protésilas et Danaüs. On sait que, dans la tradition classique, Protésilas était fils d'Iphiclus, et qu'il périt en mettant le pied sur le rivage de Troie. Mais, de très bonne heure, une autre tradition se répandit, qui donnait au chef des Thessaliens un rôle important dans le siège. Philostrate, dont l'*Héroïque* n'est que la mise en œuvre d'un certain nombre de romans antérieurs sur la guerre de Troie, s'était fait l'écho de cette tradition. Le moyen âge a peut-être connu, par des transcriptions latines, quelques-uns de ces récits romanesques; cela expliquerait comment le trouvère, désireux de rattacher sa fable au *Roman de Thèbes*, a fait de Protésilas le fils d'Hippomédon, à qui la légende classique n'attribue qu'un fils, l'épigone Polydore.

Partonopeus de Blois est, comme on sait, un roman du cycle byzantin et ne doit rien à la légende thébaine, sauf le nom du héros, qui est donné comme le neveu de Clovis, roi des Francs, et peut-être sa beauté traditionnelle [1]. Mais un autre roman byzantin, *Athis et Porfilias* (ou *Profilias*), attribué à Alexandre de Bernay, et que quelques manuscrits intitulent le *Siége d'Athènes*, n'a pas seulement emprunté au *Roman de Thèbes* le nom de l'amant infortuné d'Ismène : sur la tente du roi de Sicile Bilas, on voit représentés le jugement de Paris, le siège de Troie, l'histoire de la fondation de Rome, celle d'Étéocle et de Polynice, celle de Salomon et de son frère Absalon, enfin les douze mois, les quatre temps, les douze signes, les planètes et les saisons. Ces dernières peintures rappellent à la fois le char d'Amphiaraüs et la tente d'Adraste dans notre poème. Le *Theseus* qui figure dans le roman est un descendant du grand Thésée. Il a pour fils *Pirithoüs*, qui, à l'insu de

---

1. Le nom de Parthénopée, comme d'autres noms classiques (Hector, Turnus, etc.), a été populaire en Italie. Voy. P. Rajna, *Contributi alla storia dell' epopea e del romanzo medievale*, dans *Romania*, XVII, 177.

son père, déclare la guerre à *Ajaus*, fils de Télamon, duc de Corinthe et descendant du grand Ajax : Athis et Porfilias se distinguent dans cette guerre.

Rappelons enfin, à propos de *Thésée*, que la *Teseide* de Boccace en douze chants se rattache expressément, par son début, à la dernière partie du *Roman de Thèbes* [1]. Au contraire le roman en prose de *Theseus de*

---

1. Ce poème semble avoir été composé après le *Filostrato*, à un moment où Boccace, après avoir enfin réussi à triompher des résistances de *Fiammetta* (Maria d'Aquino), était de nouveau victime de son indifférence. Voy. Crescini, *Contributo agli studi sul Boccaccio con documenti inediti*, Turin, 1887, p. 208 sqq., et Gaspary, *Geschichte der italianischen Literatur*, II, 13-15. Un roman d'amour, dont il faut sans doute chercher la source, non dans un roman grec, comme le veulent, à la suite de Nicolas Granucci, plusieurs critiques modernes, mais dans un conte perdu du moyen âge, s'y soude péniblement à un récit de l'expédition contre Thèbes (chant II). Deux amis, chevaliers thébains, Arcite et Palémon, emmenés prisonniers à Athènes, aperçoivent, d'une fenêtre de leur prison, Émilie, sœur d'Hippolyte, la reine des Amazones devenue l'épouse de Thésée, et en tombent amoureux. Arcite, dont Pirithoüs a obtenu la mise en liberté à condition qu'il s'éloignerait d'Athènes, y revient au bout de quelque temps. Il est reconnu par l'écuyer de Palémon, Pamphile, qui, ayant pénétré son secret, réussit à faire sortir son maître de prison, pour qu'il puisse lui demander raison. Leur duel est interrompu par l'arrivée de Thésée et d'Émilie, qui chassaient dans le bois. Le roi décide qu'ils se disputeront la main d'Émilie dans un tournoi en compagnie de cent champions *. Arcite reste vainqueur, mais il est blessé par la chute de son cheval, qu'a effrayé une Furie envoyée par Vénus ; il meurt quelques jours après en engageant Émilie à épouser Palémon. — La guerre des Amazones semble un remaniement des traditions antiques, modifiées à l'aide de l'histoire des Lemniennes, telle que la raconte Stace ; mais l'expédition contre Thèbes, évidemment imitée de Stace, doit aussi certains traits au *Roman de Thèbes*, ou à une rédaction de ce poème en prose française ou italienne, ou encore à la source latine du poème. Ainsi Thésée est désigné (comme aussi chez Dante) sous le nom de « duc d'Athènes » ; les femmes d'Argos vont à Athènes avec les filles d'Adraste (voyez le remaniement du *Roman de Thèbes*, représenté par *BC*), ce

* Parmi les combattants figurent le corinthien *Cromi* (= Chromis), monté sur Strimon, le cheval anthropophage de Diomède, et le roi Lycurgue, encore tout attristé de la mort de son fils *Ofelte* (= Opheltes). Il est facile de voir que les noms soulignés sont empruntés à Stace et non au *Roman de Thèbes*. Cependant *Cromi* pourrait, à la rigueur, provenir de la rédaction *y* du poème.

Cologne, empereur de Rome[1], n'a rien à voir avec notre légende. Le héros, fils de Floridas, roi de Cologne, et d'Alidoyne, fille du roi Florent, laquelle vivait, au moment de son mariage, à la cour du roi de France Dangobert (Dagobert), tenait son nom, si nous en croyons l'auteur inconnu de ce roman d'aventure, qui le fait vivre au viie siècle, de *Theseus*, archevêque de Cologne, qui l'avait baptisé. Il serait d'ailleurs téméraire d'affirmer que l'emploi de ce nom ait été inspiré par la connaissance directe de la légende du roi des Athéniens, et surtout du *Roman de Thèbes*.

qui supprime la rencontre d'Argie et d'Antigone devant le cadavre de Polynice; Thèbes est détruite et incendiée, etc. L'idée de rattacher son roman d'amour à la guerre de Thèbes a peut-être été inspirée à Boccace par cette indication du *Roman de Thèbes* que Thésée emmena des prisonniers à Athènes.

1. *La vie de Theseus,* ms. sur papier incomplet du commencement. British Museum, n° 16955. — *L'Hystoire tres recreative : traictant des faictz et gestes du noble et vaillant chevalier Theseus de Coulongne | Par sa proesse Empereur de Rome. Et aussi de son filz Gadifer Empereur de Grece. Pareillement des trois enfans de Gadifer | cest assavoir : Regnault | Regnier et Regnesson: lesquelz firent plusieurs beaulx faictz darmes | comme pourrez veoir cy apres.* — A Paris. Pour Jehan Bonfons | libraire demourant en la rue Neufue nostre | dame a lenseigne sainct Nicolas (sans date; le premier et le second volume réunis sans autre séparation qu'un explicit).

APPENDICES

APPENDICE I

Vers spéciaux a S (ou communs a S et a d'autres mss.)
considérés comme étrangers a l'original

(après O* 106) . . . .
(fº 164 vº col. 1) Li serf s'en vont tout en segrei,   107
Si com(me) lor ad rové le rei.
(après O 136) . . . .
(col. 2) Chiens et moet[e i] aveit mené,   137
Un cerf ad pris q'aveit trové.
Quant il oït plorer l'enfant,
N'est merveille, poor ot grant,   140
Contremont le chaisne avisa,
L'enfant qi pendeit esguarda
Et vit ceo qe enfant esteit :
Merveilla sei q'illoec pendeit;
Traist s'espee, sil despendi(s)t,   145
En son mantel le recoillit.
Molt le vit bel de son aé :
As veneors s'en est torné
Et moustra lour sa troveüre,
Q'aveit trové par aventure.   150
Tout li loent q'il l'en portast,
Bien le norrist et enseignast.   152
(après O 140) . . . .
(col. 2) Tant longuement le fist norir   157
Q'il po(e)t lancier et escremir,

---

* O désigne notre texte critique, que nous considérons comme reproduisant à peu près l'original perdu.

141 la c.

APPENDICE I

      Chacer en bois et en riv[i]er,
      Por(s)ter o(r)stoir et esprevier.   160

(après O 146) . . . .
(f° 165 r° col. 1) Sa terre lui abandona   167
      Et sez chivalers lui livra.
      Cil fu sages et proz et granz,
      [Et] chivalers proz et vaillantz;   170
      Si jousta lez torneiemenz
      Et fist les grantz envaiemenz,
      Tant qe grant fu la renome[e],
      Par tote Orcestre la contre[e],
      De celui qi trovez esteit,
      Qe si bons chivaliers esteit.   176

(après O 156) . . . .
(col. 1)   Molt fu marri et corocié,   187
      De son seignor part sans congié;
      Tant fu iriez, quant s'en ala,
      Onqes congié ne demanda   190

(après O 200) . . . .
(col. 2)   Li dameiseals q'iloec esteit   231
      De son piere rien ne saveit,
      Qe iloec le deust trover,
      Qar a Thèbes voleit aler.
      Un[s] garz l'i fiert de sa plome[e];   235
      Par ce se myst en la mesle[e],
      Issi com(e) destiné esteit,
      Q'autrement estre ne poeit;
      Qar li deables enferneus
      S'esteit le jor meslé entre eus;   240
      Si y fist mesler le seignor,
      Dont grant damage fu(s)t le jor.   242

(après O 206) . . . .
(col. 2)   Qar Carcodet, qui veint ce mont,   249
      Del rei oscire le semont.
      Cil ad son respons oblié,
      Si ad al rei le chief coupé :
      Donqes fu la chose aver(r)e[e]
      Qe li diex lor ot destinee.   254

(après O 342) . . . .
(f° 166 r° col. 1) En la sale l'en ont mené   377
      Et a la dame comandé :
      Cèle se peine del servir,

239 enfernals; -40 eux. — 249 se m.; -54 destinie.

MANUSCRIT S.

                Del conreer et del blandir.   380
                La noet fu riche le souper :
                Ne vous sai dire ne counter
                Com(e) richement sont conreé
                Des richesces de la cité(e).

                Quant li soupers fu touz partiz
                Et li mangiers fu touz feniz,
(après O 396)   . . . .

(col. 2)   Danz Edypus en fu molt lié,   419
                Quant le guage li ot baillié;
                Donc comence ove èle a parler
                Et la reïne a conforter :
(v° col. 1)   « Reïne dame, ne plorez,
                » Ne vostre cors ne confondez :   424
                » Vous savez bien qe par sospirs
                » Cil qi est mort n'ert jamès vis.
                » Se jeo ai mort vostre mar(r)i,
                » Dreit en avez, vostre merci. »

(après O 400)   . . . .
(col. 1)   Li lit furent apareillié;   433
                Par le sale se sont colchié.
                Al colchier orent vin assez
                Et borgelastres et clar(r)ez :
                Assez en orent bien trestuit,
                Cèle noet passent a deduit.   438

(après O 446)   . . . .

(col. 1)   Ore ad la dame son fiz pris :   481
                Coment poeit el(e) faire pis?
                Et cil qi rot son piére mort,
                A grant pecchié et a grant tort,
                Et sa mére a moillier reprent :   485
                Vers les dieux erre malement.
                Mais ne saveient l'aventure,
                Qe molt esteit et aspre et dure.
                Vint an[z] furent sanz descovrir,
                Et firent tout lour covenir.   490

(après O 454)   . . . .
(col. 2)   Mais des femmes lessons ester :   495
                N'en devons plius ore parler;

    437 ont b. trestout; 485-6 Cf. O 449-50.

APPENDICE I

 Car assez viendra lieu[s] et tens
Qu'om(me) reparlera a tout tens.
Mais des fréres devon parler
Et de lour ovres recounter,   500
Com(e) furent fel a desmesure,
Come il firent countre nature,
Et par icèle destinee
Essilla Thèbe et la contre[e],
Et furent vint mil homme mort, 505
Qe onque amys n'i fist confort,
Ne ne fu de parent ploré
Qil veïst mort ne enterré.

 Molt furent li frére felon :
Par estrif murent contençon   510
Tiél qe ne pot estre amendé,
Jusque destruit fu lour regné,
Et autres regnes environ
Empeiriérent de lour tençon.
Liu reis d'Arges, de la cité   515
En deguasta si son regné,
Q'après les hommes y alérent
Femmes, qi la cité(e) guastérent
Et mirent a destruccion,
Qe n'i remést femme ne hon, 520
N'onc des hommes n'en retorna,
Fors Adrastus quis y mena :
Cil solement, lui et les femmes,
S'en retornérent en lour regnes,
Quant la cité orent guaste[e] 525
Et destruit toute la contre[e],
Et fait le doel de lour amys
Qu'èles orent en terre mys.

 Or(e) devon ceo laisser ester,
Des deux friér[e]s devon parler, 530
Que Edypus ot nory tant
Qe chivaler furent vaillant :
(f° 167 r° col. 1) Li premiers fu Ethioclès
Et li autres Polinicès.   534

506 ne f.; -8 Qis; -10 contencion (*avec un sigle demi-circulaire sur la finale, le* scribe *pensant probablement au latin* contentionem); -11 qi ne poet; -14 empircierent : -20 homme.

MANUSCRIT S

(après O 532)	. . . .	
(col. 2)	Puis qe sa part chescuns (s)avreit,	611
	Li empires amermereit.	
(après O 590)	. . . .	
(v° col. 2)	Tout sols lor dist q[e] il ir(r)eit,	671
	Nis escuier n'i menereit.	
(après O 816)	. . . .	
(f° 169 r° col. 1)	Q[e] estez vous et dont venez?	901
	Por quél(e) chose vous combatez?	
(après O 822)	. . . .	
(col. 1)	Bien sai qe d'aillors estez nez,	907
	Quant a ceste hore combatez.	
(après O 868)	. . . .	
(col. 2)	Pyritoüs ne Theseüs	959
	Ne s'entramérent onqes plius,	
	Ne Pyladès ne Orestès,	
	Ne Patroclus ne Achillès.	962
(après O 956)	. . . .	
(v° col. 2)	Tant com(e) j'en sai en escoutez,	1051
	Et del surplus ne me blasmez.	
(après O 1018)	. . . .	
(f° 170 r° col. 1)	Et parolent priveement	1115
	De lor amis a lour talent,	
	Qi molt sont bel et avenant	
	Et chivaler(s) proz et vaillant;	
	Entre èles dient lour talanz,	
	Qe ont les cuers liez et joianz.	1120
(après O 1380)	. . . .	
(f° 172 r° col. 1)	Ethyoclès s'iraist forment,	1477
	Vermeil[s] devint de maltalent;	
	Vers le message s'aïra,	
	Molt fiérement l'araisona :	-80
	« Sé ne t'en vas, mal t'en viendra,	
	» Ja nule rien ne t'en guarra. »	
	Quant Tydeüs s'ot manacier,	
	De maltalent quide esragier;	
	Touz neirs devint de maltalant,	-85
	Al rei de Thèbes dist yta(u)nt :	
	« Si ne li renz son covenant,	
	» De soe part te di ytant.	1488
(après O 1418)	. . . .	

1117 beals et auenantz; -18 vaillanz; -19 Entre eux; -20 Qi —
1481-2 Cf. O 1381-2.

(col. 2)	Tydeüs les semont par fei Et moustre lor q'ad dit le rei.	1525
(après O 1458)	. . . .	
(v° col. 1)	Et cil vindrent hastivement, Et li reis lor deist son talent.	1567
(après O 1462)	. . . .	
(v° col. 1)	Mais tout quite le clamera, Celui qui lui enchaucera.	1573
(après O 1484)	. . . .	
(col. 2)	Procheinement or(e) li valut Li bons espiez qui fu molut.	1595
(après O 1602)	. . . .	
(f° 173 r° col. 2)	Il poie amont sus el portal, Qe grant defens iert al vassal.	1711
(après O 1860)	. . . .	
(f° 174 r° col. 2)	Li reis le blasme et contralie : Nen y ad nul(s) qi countredie.	1971
(après O 1958)	. . . .	
(f° 175 r° col. 2)	Quél(e) part ir(r)ont lor amis quer[r]é As aporter, as mètre en terre.	2053
(après O 2044)	. . . .	
(v° col. 2)	« Car tu perdras Capaneüs, » Polinicès et Tydeüs ; » Ypomedon cil i morra, » Et Parthonopex si fer(r)a ; » Et des autres y morra tant » Ne[l] puis(se) dire par nul semblant.	2141 2146
(après O 2082)	. . . .	
(f° 176 r° col. 1)	Molt s'esmaiérent li baron D'ève quer[r]e et de guarison, Et molt aveient grant dolour De la sei et de la chalour.	2191* 2194
(après O 2160)	. . . .	
(col. 2)	L'enfant ot non Archemorus, Cèle l'ama, onc ne pot plus.	2275
(après O 2328)	. . . .	
(f° 177 r° col. 2)	De foïr a grant aleüre,	2447

* A partir du v. 2173, il y a 4 v. comptés en trop ; nous maintenons cependant le chiffrage primitif, pour faciliter la comparaison avec notre copie déposée à la Bibliothèque nationale. Pareillement, à partir du v. 2325, il y a encore 2 v. comptés en trop, ce qui fait 6.

1573 li — 2053-4 Cf. P 3133-4.

.Si com(e) me menot aventure.
(après O 2500) . . . .
(f° 178 r° col. 2) Al rei en vait et si li dit : 2627
« Sire, entendez mei un petit :
» A la dame faimes grant tort,
» Qar par nous est sis enfez mort. -30
» Ja n'osera torner arriére,
» Quant il est morz par tiél maniér[e] :
» Par Dieu, li reis la destruireit,
» Ja de lui merci nen avreit. 2634
(après O 2512) . . . .
(col. 2) » Qe a la parfin ne l'otreit, 2645
» Qe par amour, qe par destreit;
(après O 2596) . . . .
(v° col. 2) Mais quant il virent la serpent, 2731
Qe si esteit laide et pulent,
Tiél poür eurent tout rusérent,
A grant peine a l'enfant alérent.

ÉPISODE DE LA VIEILLE A L'ÉNIGME *

(après O 2668) . . . .
(f° 179 r° col. 2) Grant sont li poi et les montaignes 2791
Et les valees et les plaignes.
Molt firent le jour grant jorne[e]
Desi qe vint a la vespre[e],
Qe li soleilz fu resconsez : -95
Dejoste un poi sount arestez,
Illoec jurent jusq'al matin,
Qe se remystrent el chemyn;
Et chevauchent par les montaignes,
Qe molt erent grantz et grifai[g]nes. 2800
Tydeüs les guya davant
Et tint un blanc gonfanon grant.
A un pas sont venu errant,

---

* Cet épisode est aussi dans x, mais il n'y a que 62 v. au lieu de 198; nous donnons en marge à gauche les chiffres de C.

2645 totreit — 2731 le s.; -32 Qi..... pusent — 2791-2804 m. à x; -91 Ms. Granz s. les pois.

8   APPENDICE I

	Jadis fu bastiz d'un jaiant :	
(2879)	Quant l'ot choisi Polinicès,	-5
(2880)	Le cheval broche et point après.	
(2883)	Le pas trovérent molt soutif,	
(2884)	Dont il ne porrent faire eschif.	

Desus fu touz clos a murail,
Desouz passent a un portail;   -10
Un[e] tor i ot grant et l(i)ee,
Qe jadis fu(s)t Morgan la fee :
Onc hom(me) mais taunt haut[e] ne vit,
Ffor[s] sol ycèl[e] de Habit.
(2885)   Une pierre ot sur le portal,   -15
Onques mais hom ne vit ital,
Qar uns enfes de quatorze anz
(2888)   Le defendreit de mil jaianz;
Et desoz est le pavement
Tout entaillié a fin argent.   -20
D'esmals et de bericles clérs
I ot entor trente pilérs;
El maistre pan, qe fu davant,
Ot quatre pierres d'adamant;
Sus en l'usserie d'or fin   -25
Sont li novascle en lor latin,
Et en un safre de colors
Ffurent paintes toutes les flors.
Trestoz les chanz qi sont d'oiseals
Poet l'en oïr par les arceals.   -30
Haut sont li mur et fort et fier :
Ne criément [mail] ne pic d'acier,
Engin ne troie ne flaiel
Ne perriére ne mangonel.
Une lieue durent davant   -35
Li haut terrier(e), li fossé grant,
(v° col. 1) Qe furent clos a granz efforz

2805-6 *Pour x, cf. les v. du texte critique 2683-4;* -5 *x* Li essill-
liez P.; -6 *S* chemyn; *C* p. et b. a.; *x aj. 2 v. :* Puis si ont .j. haut
pui monte Et si ont .j. (*B* Et .j. parfont) val auale; -7 *x* Apres
treuvent .j. pont (*B* mont) s.; -8 *x* D. ne se pueent; 2809-14 *m. à x;*
-9 *Ms.* tout c. a murais; -12 *Ms.* le f.; -15 *x* Dune grant p. (*B D.*
partie) y ot p.; -16 *S* Onc m., *x* M. o.; *B* hommes, *S* homme; *SB*
tal; -17 *B* enfanz; *S* ans; -18 *x* La; *C* desfendist, *B* desfendit; *S*
ianz, *C* ioianz, *B* geanz; *x place ici les v. 2913-4, légèrement
modifiés, et supprime les v. 2819-50*; -33 croie.

De bons paliz et de murs forz;
Une leu[e] prènent de lé
Li haut mur et li grand fossé. -40
La tour est tout[e] environe[e],
Qe pas ne poet estre emane[e],
D'un lac qe fu granz et parfonz :
Onqes nul[s] hom(me) n'e[n] trova fonz;
En tiél leu est la tor assise, -45
Ja par force ne serra prise.
Par illoec estoet l'ost passer,
Ou tout arriére retorner.
Uns deables guardot le pas
Onc hom(me) ne vit tiél Sathanas : -50
(2891) Astarot ot non li deables,
(2892) D'enfern fu maistre conestables.
Illoec s'en est venuz ester
Por la contree deserter;
La devinaille ot recovre[e] -55
Qe Spins aveit jadi(n)s trove[e],
Et par ycel enchantement
Si ocieit tote la gent.
(cf. x 2893) Ffigurot sei en lieu de vie[i]lle,
Et ert tant vert com(e) d'ierre fueille; -60
Chiére ot hidouse et effree[e],
Bien ot de nés une cotee;
Les denz ot granz et retornees,
Jusqe detrés le col tornees;
La dent qi li saut fors la bouche -65
Jusqe detrés le col li touche;
Les [oils] ot rouges com(e) lepart :
Onc hom(me) ne vit tant laid(e) regart;
[Et] li surcil qe sont desus
Vos closissent trestout un us. -70
Mais uncor est maior merveille :
Toute se covre de l'oreille;
Les oreilles sont grantz et lees
Et velues et effree[e]s.

2843 *Ms.* grans; -51 *B* Astaroz; -52 *C* iert m.; -53-8 m. à *x*; -53 *Ms.* cen; -58 *Ms.* ocient; -59 *x* En l. de v. se figure; -60 *S* foille; *x* Deuant lor vient grant aleure, *puis ces 2 v. qui remplacent 2861-2* : Par sa menace lost destorbe Grant ot le nes comme une corbe; -63-74 m. à *x*; -66 *Ms.* detrais; -68 *Ms.* regard.

10 APPENDICE I

(cf. x 2897) Les bras ot gros come uns granz trés, -75
 La bouche neire et tout le nés;
 La main ad grant et les deis lons,
 Les ongles semblent de leons :
(2899) Cui èle ferra de la main
(2900) Ja ne mangera mais de pain. -80
 Vestue fu d'un tapiz brun,
 Qe fees firent a jeün :
(col. 2) Ja, dès qu'èl[e] en son dos l'avra,
 Mais nuls hom(me) mal ne li ferra.
 Ele ot chaucié uns eschapins : -85
 Sollers ne sont cordouanins,
 Mais d'un[e] pe(i)l grant de chameil
 Ffurent cosu o(ue) tout le peil;
 O(ue) quatre braces de funeals,
 Les ot estreiz par les trumeals; -90
 O(ue) un[e] pel, qe fu d'ours blanc,
 Se fu estreite par le flanc.
 La vielle ne fu mie liee,
 Ainz fu molt laide et hericie[e]
 Et geist adenz en mi la sale. -95
 Quant èle ot la noise et la gale
 Que cil de l'ost vont demenant,
 Qe al pas veneient errant,
 Quant la vielle les ente[n]dit,
 De grant vertu(e) en piez saillit; 2900
 Regarda sei, si vit la gent,
 D'ire et de maltalent esprent;
 Dejoste sei prent un[e] ma(a)ce,
 A col la myst o(ue) ambe brace :
 Ja, si oit boef la tenissant, -5
 Dous pas ne la remuassant;
 Et fu d'acier bien esmolue,
 Onqes ne fu sa pér veüe;
 Trenchant fu de male maniére
 Rien ne puet viv(e)re qu'èle fiére -10
 Li Greu meno(i)ent noise grant,

2875 x L. b. si granz; S c. u. t., C c. granz t.; -76 x Les mains comme entree (B entreez) de nes; -77-8 m. à x; -79 x fiert de cele m.; -80 x Ja mes'ne m.; 2881-2920 m. à x (sauf 2913-4; voy. note au v. 2818); -86 Ms. cordeuanins; -87 Ms. du c.; -88 Ms. toute la; -90 Ms. turmeals; -93 Ms. fu' pas l.; 2904 Ms. le m.; -5 Ms. boes le; -11 Ms. Si g.

MANUSCRIT S

                Tydeüs les guyot davant.
(2889)   Passer voudrent, s'il puïssant,
(2890)   Quant la vielle lor vient davant.
                Quant èle eissit fors del portal,   -15
                Molt s'espoentent li reial;
                Dès qe li primerain la virent,
                Li plus hardi s'en effreï(e)rent.
                Sor un perron de marbre bis(e)
                S'assit la vielle o(ue) le fier vis.   -20
(2901)   Veit les barons, molt les manace :
(2902)   « Ffuiez, » fait el, « d'iceste place;
                » Estez ariére, estez, baron :
                » Ne passerez sanz grant tençon;
(2903)   » Traiez vous sus, est(ei)ez arriére,   -25
                » Si guardez bien qe ne vous fiére.
                » Ve(i)ez com(e) sont plein ci[l] grant val,
                » Ou tant gièsent homme et cheval
(f° 180 r° col. 1) » Qe j'ai oscis : nes puis(se) esmer,
                » Vint char(s) nes porreient porter.   -30
                » Qui par yci voudra passer,
(2910)   » Morir l'estuet ou deviner,
                » A deviner ou a morir,
                » Ou a veeir ou a cho[i]sir. »
                Cil del host se sount aresté   -35
                Et se sont tuit espoenté;
                Pleines en virent les valees,
                Plus en i ot de cent char[r]ees.
(2911)   Tydeüs respondit premiers :
                « Vielle, ja soi je chevaliers :   -40
                » Mielz sai de mes armes porter
(2914)   » Que je ne sai de deviner.
                — Par Dieu, » fait elle, « ja est bien :
                » Ja por ycel ne perdrai rien. »
                Tydeüs fu iriez forment   -45
                Del pas qe la vielle defent;

2913-4 *sont placés dans* x *après* 2818; -13 x et passissant; -14 x Q. uns deables; -20 *Ms.* la fiere; -21 x Vient aus b. si l.; -22 x f. il de ceste; 23-4 *m. à* x; -26 B gardas; x q. ie ne v.; -27 S plaint, C plain; -28 x T. i g. noble vassal; -29 x Ne vous en sai dire lesmee; -30 x Plus en (B en i) gist d'une charretee (B charree); -31 S Qe ia p.; -33-8 *m. à* x; 33-4 *nous sont obscurs* (*Cf.* 2983-4); -36 *Ms.* tout; -41 x Plus s.; -42 C dadeuinner; -43-8 *m. à* x.

　　　　　　　　　Polinicès ad apelé,
　　　　　　　　　Et cil y est poignant alé :
(2915)　　　　　 « Sire compaignz, qar devinez,
　　　　　　　　　» Si vous rien d'augure savez :　　　　-50
　　　　　　　　　» A maint mal pas ai-je esté,
　　　　　　　　　» Onc mais ne fu[i] si esguaré ;
　　　　　　　　　» Cist deables qe ci veez
(2920)　　　　　 » Nous a trestouz enfantosmez. »
　　　　　　　　　Policinès dist : « Rien n'en sai,　　　 -55
　　　　　　　　　» Onc en augure ne gardai ;
　　　　　　　　　» D'autre mestier ai je apris,
　　　　　　　　　» Onc d'itél rien ne m'entremis.
　　　　　　　　　— Vielle, » dist Tydeus le meschin,
(2928)　　　　　 « Quél mielz m'en iert, si je[l] devin ?　-60
(2929)　　　　　 — Sel devines, si m'ociras,
(2930)　　　　　 » Et puis après si passeras.
　　　　　　　　　— Or(e) me di donc et je l'orrai ;
　　　　　　　　　» Si je puis(se), jel devinerai. »
(2921)　　　　　 Et dist la vielle ; « Or(e) m'entendez　-65
　　　　　　　　　» Et dites mei, si vous savez, —
　　　　　　　　　» Se non vous fer(r)ay touz iriez, —
　　　　　　　　　» Qui primes vait a quatre piez
　　　　　　　　　» Et puis a deus, del tiers emprès :
(2926)　　　　　 » Devine ou de la mort es près.　　　 -70
(2927)　　　　　 — V[i]eille, tu faces mal(e) fin !
　　　　　　　　　» De ceo serrai je bon devin :
(2933)　　　　　 » Quant hom est vielz, vait o(ue) bastons ;
　　　　　　　　　» Quant est petiz, vait a chatons ;
　　　　　　　　　» Quant est en aé(z) de quinze ans,　　-75
　　　　　　　　　» Sur ses deux piez vait, come est grans. »
　　　　　　　　　La vielle l'ot, si chiet pasmee,
(2938)　　　　　 Desur le marbre s'est creve[e] :
　　　　　　　　　Se(s) dous chesnes y cheïssant,

2950 *x* dangure ; -51 *x* En m. ; -52 *x* ne f. m. si esfrae (*B* effrae) ; -53 *C* deable ; -54 *B* trestoutez ; -59-62 *sont placés dans x après 2970* ; -59 *x* V. tu faces male fin (*Cf. S 2971*), *S* li m. ; -61 *x* Se d. ; -65 *x* La v. d. or e. ; -66 *x* Et que ce est si deuinnez ; -67-8 *intervertis dans x* ; -67 *x* Encor v. fera ; -69 *x* le t. apres ; -71-2 *x* Vielle ml't es de la mort pres Jel te dirai ne viuras mes ; -73 *S* homme, *x* a b. ; -74 *B* preuz ; *x* a genoullons ; -76 *x* Sor .ij. p. vet lores e. g. ; -77 *x* si sest ; *C* paumee ; -78 *x* Deuant les barons chiet c. ; -79-88 *x n'a que 4 v. tout différents* : Cil passent si tiennent (*B* trueuent) lor voie Mes hui (*B* il) ne leur (*B* les) chaut qui les voie Par desos lui (*B* li) vont a cheual Rient et gabent li vassal.

MANUSCRIT S

	Ja maior crois ne donassant.	-80
	Dès or(e) poent il mès passer	
	Sanz morir et sanz deviner,	
	Sanz deviner et sanz morir	
	Et sanz veeir et sanz choisir.	
	Li Greu sont venu a l'entre[e],	-85
	La vielle ont tout[e] decolpe[e];	
	Par mié le pas sont tuit passé,	
	Lor chemin orent recovré.	2988
(après O 2740)	. . . .	
(f° 180 v° col. 1)	» Et jeo ai non Polinicès,	3051
	» Qi l'onor dei(ue) tenir après.	
(après O 2758)	. . . .	
(col. 2)	» Sanz conseil ne l'avrez vous mie :	3071
	» Mielz voudroie perdre la vie	
	» Qe j'en feïsse traïsons,	
	» Ainz parlerai o(ue) lez barons.	
	» Sire, » fait il, « atendez mei :	
	» N'en puis(se) nient faire par mei.	3076
(après O 2764)	. . . .	
(col. 2)	Por la gent qe veient venir,	3083
	Criément ne se puissent tenir.	
	Quant Meleagès fu tornez,	
	Les barons ad araisonez.	3086
(après O 2884)	. . . .	
(f° 181 v° col. 1)	Quant cel entendit Tydeüs,	3205
	Si reguarda vers Adrastus;	
	A Policinès dist ytant :	
	« Que querrïon nous donc avant?	3208
(après O 3032)	. . . .	
(col. 2)	Grant doel en meinent cil dedenz,	3357
	Molt les regrètent lor parentz.	
(après O 3898)	. . . .	
(v° col. 2)	[Et] cèle lui molt docement :	3449
	Sa parole li sot piment.	
	Il parle o(ue) lei molt franchement,	
	Et èle o(ue) lui avenantment.	3452
(après O 3920)	. . . .	
(col. 2)	Èle fu molt et proz et sage :	3475
	Al chevalier dist son corage.	

2987 *Ms.* tout. — 3071 consail naurez; -5 entendez (en *est exponctué, avec un* a *au-dessus de la ligne*)

APPENDICE I

(*après O 4496*) . . . .
(*f° 181 r° col. 1*) Il esteit joefne chival[i]er, 4053
    Son piére vit mort el gravier.
(*après O 4578*) . . . .
(*f° 186 v° col. 1*) Si ne fussent cil de[s] batailles, 4137
    Qi fou grezeis lancent o(ue) failles,
    Ja ne lor fust porte veée,
    Enz entrassent lance levee. -40
    Molt y ad bien esté li quens :
    Le poindre prist davant les suens,
    A l'envaïr fu toz premiers
    Et al torner s'en fu(s)t darriers.
    A la porte lor ad ocis -45
    Alixandre de Moncenis :
    Ffilz ert al marchis Boneface
    Qi tint Verzeals et Sainte Agace ;
    Venuz esteit de Lumbardie
    Cea por que[r]re chevalerie. 4150
(*après O 4748*) . . . .
(*f° 187 v° col. 1*) Ffort se combatent li jaiant, 4315
    Maces de plomb font faire ardant ;
    Giétent as diex irie[e]ment,
    Qar cil y claiment chasement ;
    Giétent brandons et ardanz çoches
    Et rouges flambes par lour bo(u)ches, -20
    Qar vers les diex ount plus grant ire
    Qe je ne puis(se) penser ne dire.
    Tanz pesanz pierres lour enveient
    Qe la menor ne portereient
    Sés boefs ne dis, trèze ne quinze : -25
    Quant qu'aconseut froisse et demince.
    Contre les dex forment s'iraissent
    Por le trone, qu'il ne lor laissent.
    Li dieu trestout en sius se traient,
    Qar li j[ai]ant pas nes manaient. -30
    Conseil en prènent tout ensemble :
    Li plus hardis de poour tremble,

(4137-50 *sont aussi dans* x) : -37 B de baualles ; -38 S Qe ; B getent ; -39 C vaee, SB vee (*v. f.*) ; -40 x Ainz ; -42 C siens ; -44 C tout au derriers, B tot adesniers ; -46 B Alisandre ; -47 x boniface ; -48 C verziaux, B noricax (*v. f.*) ; S seint, B saint, C seinte ; -50 B Car, C Tout ; x p. faire — 4331 C pernent.

Qar il n'ont pas escus de chesne,
Espiés de fer, hanstes de fresne,
Glaives ne lances ne espees,   -35
Maces de fer ne granz plomees,
Ffors solement danz Jupiter,
Qi tint un dart agu de fer.
Mars fu dejoste lui a destre,
La proz Pallas fu a senestre :   -40
Cil dui vailent en la bataille
Plus qe toute l'autre raschaille.
Et que les autres diex salvages
Qi habitent en ces boscages.
Phebus y fu molt bons arch[i]ers,   -45
Qi fu vaillanz, hardis et fiers :
Cil tint son arc tenduement,
Cels esguarde molt fiérement,
Atant une saiète entosche,
Al j[ai]ant veit prendre une roche.   -50
Phebus li dist par grant contraire :
« Ja savras com(e) je sai bien traire. »
Et cil respont par grant orgoil :
» Je te deffi, qar mal te voil ;
» Je ne redot tei ne tes darz,   -55
» Qar fils es Jupiter bastarz :
» Il t'engendra en la putain,
» Qi ot de tei le ventre plain.
» Por patremoine le ciel claimes,
» Mes compaignons ne moy nen aimes. » -60
Li j[ai]anz finist sa parole :
Phebus destent et li darz vole ;
Si le ferist par mi la lange
Qe n'i ot puis par lui chalange ;
Après lui dist : « Poi a duré,   -65
» Ce m'est avis, vostre fierté. »
Mars et Pallas forment s'iraissent,
Darz esmoluz corre lor laissent ;
Ffoildres gettent cil autre dé,
Ffort defendent lour majesté ;   -70
Morz les oscient rabatant :
N'en puet nus ester en estant.

4359 Par p.; -63 longe: -64 chalonge; -67 sairassent; -71 rubatant; -72 nul.

                    Jupiter mout s'en esleesce
                    Cil qi il fiert pas ne se dresce :
                    Si en fiert un par la pectrine,   -75
                    Ne li ot puis mestier mecine.
                    Ne vous en quier faire long(e) plait :
                    Touz les monz ass[e]eir refait.
                    El curre fu ceste peinture :
                    Vulcans l'entailla par grant cure.   4380

(après O 4842)   . . . .
(f° 188 r° col. 2)   En enfer chiet Amphiaras,   4475
                    Ou li chaitif sount et li las ;
                    En enfer chiet(e) l'espee traite,
                    Dont il ot grant ocise faite.
                    Mais la veie fu molt hido(u)se,
                    De forz trespas et tenebrose :   -80
                    A la porte trove un portier,
                    Qi le comenc(i)e a abaier,
                    Tant laidement come il plus po(e)t,
                    O(ue) treis testes qe li fels ot.
                    Par sa porte estuet touz passer   -85
                    Cels qi illoec deivent entrer :
                    Amphiarax par cel pertus
                    Avant passa, non par autre us.
                    Idonc entra en un sentier,
                    Ou oït almes traveillier ;   -90
                    Puis passe avant, a un[e] planche,
                    L'ève Acheron, qe n'est pas blanche :
(v° col. 1)   Cest[e] Acheron, que molt s'enbrive,
                    Laide est et grant et loign la rive,
                    Et de serpenz mordanz fu pleine.   -95
                    Cèl[e] passa a quélqe peine,
                    [I]cil et toute sa compaign(i)e,
                    Q'enfers sorbit en la champaigne.
                    A un flueve revint après,
                    Qi d'Acheron estoit molt près :   4500
                    Bestes y ot de mil maniéres
                    Qi lor font molt horrible[s] chiéres ;
                    Notoniers en fut Acheron,
                    Il et sis compaigns Acharon ;
                    Ent[r]e els deux ont un[e] nacèle,   -5
                    O(ue) quél passent la gent me(i)sèle.

4475 amphiarax; -77 trete; -98 Qenfern; 4502 chers.

MANUSCRIT S

Cochiton ot non ycil fluvies,
Ffiers estoit plius que nuls deluvies;
Cist est ardanz a toutes leis
Assez plus qe nuls fous grezeis; -10
Molt sont chaitif qi enz remaignent,
Molt sospirent fort et se plaignent.
Amphiaras ceste ève passe,
Et des autres o(ue) lui grant masse;
Mais Amphiarax vait premiers, -15
Qui fu noveals gonfano[ni]ers.
A un trespas vint molt pudnès,
Ou mil dragon(s) movent lour bès :
Neir fut et grant et molt horrible.
Une ève i ot qi fait (molt) grant rible : -20
Plius est trenchant que nuls rasours,
Plus tost cort qe ne vole ostours :
Styx l'apèlent tout li autor
Et li petit et li graignor.
Sur cèle n'ot planche ne pont, -25
Ne nul[e] rien qi mot li sont.
Thesiphoné illoec se baigne
Et ses crins de serpenz aplaigne;
Come lou ule et crie et brait,
Et vers Amphiarax se trait. -30
Amphiarax fort s'effroït,
Quant le Sathan venir oït,
Qar pleine fu de marrement
Et dist lui molt iri[e]ement :
« Mar entras cea enz a cheval, -35
» Molt y avras pullent ostal. »
Amphiarax o(ue) grant poor
S'en passa outre et [o] dolour;

(col. 2) A tant parvint davant le rei
Trestouz armez de son conrei. -40
Pluto li reis o(ue) son trident
D'Amphiarax prist vengement.
Dès puis qu'Amphiarax fu morz,
Nen po(e)t il puis garder en sorz. 4544

(après O 5170) . . . .
(f° 190 v° col. 1) Quant il les virent al solsif, 4873
Tout s'en eissirent a un brif.

4509 ardant; -11 chaitis qi ainz; -18 becs; -21 trenchanz.

Tome II

(après O 5366)
(f° 191 v° col. 1) Por lour chevals li Greu nel laissent 5071
Que n'i poignent et n'i eslaissent;
Touz lour chevals forment y la(i)ssent,
Hastes peceient et dequassent. 5074

(après O 5402)
(f° 191 v° col. 2) Alexis fu molt de salvage, 5111
Qe il n'ont garde et font damage.

(après O 5426)
(f° 192 r° col. 1) Mainz vilains i ot jambe rote 5137
Et i perdit le jor sa cote.

(après O 5462)
(col. 1) Ne se gardot joi, ce li crie, 5175
Et come clerzon le chastie.

(après O 5482)
(col. 2) Alon abat par som(me) la crope, 5197
Enz en un gué fait de lui sope.

(après O 5490)
(col. 2) Il en oscist un Amoraive, 5207
De ça Girunde, de souz Blaive.

(après O 5594)
(v° col. 2) Del bien ferir ne fu pas lent : 5313
Qu'il aconseut par mié le fent,
Tout le trenche ne n'i faut mie :
O(ue) l'espee bien les chastie. 5316

(après O 5604)
(f° 193 r° col. 1) En passent, qe sage, qe fol, 5327
Plius de quarant[e] sur le col.

(après O 5738)
(col. 2) Joste le bois, al fossé do(u)ble, 5463
Broche li toseals par l'estoble.

(après O 5758)
(col. 2) Haste les la mort subitaine, 5485
Lor char devint et pale et vaine.

(après O 5764)
(col. 2) A[l] jouster ot sa lance fraite, 5493
Par le champ vait s'espee traite.

(après O 5804)
(f° 194 r° col. 1) Eissuz est fors o(ue) molt grant gent : 5535
Li champs reluist d'or et d'argent,

5111 *Ce v. nous est obscur;* -37 Maint vilain illoec i. r.; -38 El p.—5175-6 *pourraient bien appartenir à l'original et avoir été supprimés à cause de* joi.

MANUSCRIT S

     D'eaumes, d'aubercs et d'escus peinz
     De gonfanons et d'entreseinz.
     Molt eüst li vielz grant compaigne,
     Si tout eississent en la plaigne.   5540

(après O 5814)
(col. 2)   . . . .
     Laschent les regnes as destrers,   5551
     Avant joignent o(ue) les primers :
     Cil dedenz sont molt coveitous
     De chevalerie et joyous.

(après O 5848)
(v° col. 1)   . . . .
     Tout conreé et bien estreit,   5589
     Eissent des orz a grant espleit.

(après O 5892)
(col. 1)   . . . .
     Qar, puis qe lour piére fu(s)t mort,   5635
     En gieta les enfanz a tort.
     Li baceler furent defors :
     En la cité orent lour cors.   5638

(après O 5968)
(col. 2)   . . . .
     O(ue) eux torneie par orgu[e]il :   5717
     Tiél cuer ne fut en homme vieil.

(après O 5976)
(f° 195 r° col. 1)   . . . .
     Qui les veïst par mié les prees   5727
     Fferir de lances et d'espees,
     Joindre de dreit, poindre a travers,
     Tant chevaliers gesir envers,   -30
     Hastes froissier et escus croistre !
     A peine se poent conoistre,
     Tiéls est la presse et tiéls la torbe;
     C'est la rien qe plus les destorbe,
(col. 2)   Qar al tornei est tiéls la fole   -35
     N'i poet l'en faire jouste sole,
     Qi seit en pris ne renome[e],
     Ne qi d'autre seit dessevre[e] ;
     Tiéls est la fole a cel tornei
     Ne poet l'en pas joindre par sei.   -40
     Mais li archier lor font grant mal,
     Ocient lour maint bon cheval.
     Li reis manda a ceux dedenz
     Qe prengent tréves des sergenz,

5537 De heaumes de haubercs; -38 dentreseignes; -39 compaignie. — 5635 ainz qe. — 5718 viele. — 5730 Et tant gesir e.; -35-8 *répétition des v. du texte critique* 9607-10; -36 iouite; -39 tornai; -44 seruanz.

APPENDICE I

	Qe n'i ait plus al tornei trait. 5745
	Cil dedenz ottreient le plait :
	Des archiers entr'els s'entrefient
	Por les chevals qe s'entrocient.
	Bon(e) torneier dès ore y fait,
	Qar onqes puis d'arc n'i ot trait. -50
	Or(e) ne crient mais lancier ne traire,
	Qi al tornei(r) voudra rien faire;
	S[e]ürement y poet brochier :
	N'i avra mais reguart d'archier. 5754
(après O 5984)	. . . .
(col. 2)	Li Greu prènent l'envaiement, 5763
	Cil s'en tornent estreitement;
	Li Greu les sévent a bandon,
	Fforment les chacent un randon. -66
	(Puis les v. du texte critique 5985-6)...
	Pois qe les orent mis el plait, -69
	Molt les chaciérent a destreit;
	Bien lour chevalchent al devant,
	Vers les fossés les vont rusant;
	Molt les vont ferant durement
	Et les abatent laidement
	Et les ocient et les criévent : -75
	Li abatu pas ne reliévent.
	Molt fu grant la desconfiture
	Et dolorouse et pesme et dure. -78
	(Puis les v. du texte critique 5987-8)...
(v° col. 1)	Ainz qu'eüst passé la trench[ie]e, -81
	Perdit le mielz de sa maisni[e]e;
	Grant perte i fist, mais n'en poet mais :
	Icel jour sostint molt grant fais. 5784
(après O 6006)	. . . .
(col. 1)	De son peil n'ot en l'ost tant bel, 5803
	Tant aate ne tant isnel.
(après O 6020)	. . . .
(col. 1)	Qi les veïst esporoner, 5819
	Entre les rens abandoner !
	Il ne criément lancier ne traire,
	Ne de lour chevals perte faire. 5822
(après O 6104)	. . . .
(f° 196 r° col. 1)	Issi come il defors champeie, 5907

5645 treit; -49-50 *répétition des v. du texte critique 5433-4;*
-50 onc p. — 5773 feront.

MANUSCRIT S

	Tydeüs trove en mié sa veie.	
(après O 6154)	. . . .	
(col. 2)	« Amis, » fait il, « pri tei, por Dé ;	5963
	» Ffai mei porter en la cité :	
(v° col. 1)	» La mort m'est près, molt me travaille ;	
	» Jeo morrai ja, ceo quit, sanz faille. »	5966
(après O 6394)	. . . .	
(f° 197 v° col. 2)	» Come mar fu(s)t ceste char tendre,	6207
	» Ore deviendra povre cendre.	
(après O 6412)	. . . .	
(col. 2)	» Qui tant seit sages ne tant proz,	6227
	» Ne qui tant seit amez de toz.	
(après O 6614)	. . . .	
(f° 199 r° col. 1)	Qi deguisez est par colours ;	6431
	De trente leues fu sis cors.	
(après O 6656)	. . . .	
(col. 2)	Les menuz sautz vait par la lande :	6475
	Ffols est qi plus isnel demande ;	
	N'en y ad un, ne brun ne bai,	
	Qi [le] countrevaille a l'essai	6478
(après O 7116)	. . . .	
(f° 201 v° col. 2)	A lor herberges s'en tornérent :	6933
	Plorent forment, si gaimentérent ;	
	N'i ot la noit ris(e) ne joé,	
	Ne de deduit n'i ot parlé ;	
	Dormit sei qi dormir se pot,	
	Onc joie ne deduit n'i ot.	6938
(après O 7330)	. . . .	
(f° 203 r° col. 1)	Pors et berbiz, es bois gras cers,	7153
	Bisses et dains, chevrels et vers.	
(après O 7340)	. . . .	
(col. 1)	« Sire, » fait il, « nous dison veir ;	7165
	» Mais un[e] rien poez saveir,	
	» Qe molt par est [fort] la contre[e],	
	» De mals pas est molt encombre[e] :	
	» Molt y ferra dotous aler	
	» Et plus cremon nous de l'entrer.	-70
	» Li pas sont mal et si destreit	
	» N'i poet hom(me) errer a espleit :	
	» Li sire est orgoillous et fiers ;	
	» Grant plenté ad de cheval[i]ers. »	
	Ypomedon d'ice n'ot cure :	-75
	« Armez vous, » fait il, « a dreiture :	
	» Dedevant ma gent vous mettreiz,	

APPENDICE I

      » Et mei et eux y conduire[i]z. »
      As herberges sont cil torné
      Et sont sur lour destrers monté. -80
      Ypomedon ne s'oblia :
      Isnèl[e]ment s'appareilla ; 7182
(après O 7456)
(v° col. 2)   Treis mile sont de gent legiére 7299
      Et chivalchiérent la riv[i]ére.
(après O 7550)
(f° 204 r° col. 2) Coste a coste souz la rame[e] 7395
      Et font poudre desmesure[e].
(après O 7608)
(v° col. 1)   Cil qi chaït ne redresça, 7455
      Qar assez fu qi l'en leva.
(après O 7794)
(f° 205 v° col. 1) La miére plore et gaimenta ; 7643
      Li sires molt l'asseüra :
      « Jeo vous dirra[i] qe il ferra : -45
      » En la prison retornera,
      » Et jeo ir(r)ai al rei parler
      » Le matinet, après disner ;
      » Si li dirai qe il s'afait
      » Et o(ue) son friére face plait, -50
      » Qar il est mal(s) et n'est pas gent
      » Q[e] entre els seient malement.
      » Li reis est molt de maltalent,
      » Si ne haït onqes rien tant ;
              -55
(col. 2)   » Et n'en voet un sol escouter :
      » N'en y ad un taunt de parage
      » Ne qui tant seit de haut lignage,
      » S[e] il lui dit qe face plait,
      » Q[e] il ne lui die assez lait, -60
      » Et qi la ve(r)té l'en dirreit,
      » Je cuit qe sempres le ferreit.
      » Come il se meine malement,
      » Parjure sei tout plainement,
      » Je sai trés bien rien n'en ferra, -65
      » Toute folie m'en dirra ;
      » Bien vïaz, tiél rien me dirreit
      » Dont après s[e]i repentireit ;

7171 li d. — 7395 sount. — 7655 *Lacune, sans doute d'un vers seulement ;* -56 v. home sol ; -62 cuide.

» Et si jel puis(se) mener a tant
» Qe j'ai[e] dreit ne tant ne quant,   7670
» Q'a ma raison puisse venir,
» Por tor ne te lairai morir :
» Polinicès avra ma to(u)r
» Et en après tout[e] m'onor.
» Mais ore m'estuet esgarder,   -75
» Si malement m'en puis(se) sevrer,
» Coment cil de l'ost le savront
» Et en quél sen la tour avront;
» Qar li reis ad la enz sa gent,
» Et si ne faut que vint de cent ;   -80
» Et si rai je des miens sessante
» Et de bons archers bien cinquante :
» Si j'en comant les soens descendre,
» Il se voudront cea enz defendre,
» Et si il crient : « Ai[ü]ez ! »   -85
» Aïe avront sempres assez ;
» Car ceste gent qe lour est (tant) près
» Lor viendront sempres tout a fès,
» Et cil de sius se defendront,
» Et cil de l'ost nous assaudront :   -90
» O(ue) cels desus, o(ue) cels desouz,
» Je ne porrai pas countre eux touz.
» Mais [se] poeie porchacier
» En alcun sen ne engynn[i]er
» Qe cil de l'ost dedenz fussant,   -95
» Aincès qe cil le s[e]ûssant,
» Et q'i eüst ytant des lor
» Q'il peüssent tenir la to(u)r,
» Q'il ne criemsissent cels dedenz,
» Ice serreit li maires sens :   7700
» Et jel ferrai, si com(e) je quit,
(f° 206 r° col. 1) » Trestout issi com(e) je ai dit.
» Mais dirrai li com(e) le ferront
» Et par quél destor [ça] viendront :
» Un chalan ad ci a cel port,   -5
» Entre ce mien parc et cel ort,
» Qe je avrai fait aprester,
» Si lor ferrai de la mener.
» Cil y entreront bèlement
» Sanz un point de murmurement :   -10

7693 poaie; -94 ascun.

» Seient armé(z) de bon[e]s armes,
» Espees portent et jusarmes,
» Et les haubers aient vestuz
» Et les escuz al col penduz,
» Qe s'il viénent a entreprendre, -15
» Q'il eüssent o(ue) quei deffendre.
» Soz le parc porront arriver :
» Jel lor avrai fait deffermer.
» Del parc viendront par cel vergier,
» Entre cel pin et cel lorier, -20
» Dès qe [i]ci a cest(e) fossé ;
» Ici serront trestout serré.
» Dès qe je les purrai parceivre,
» Jeo les ferrai sempres resceivre :
» De mes hommes avrai a mont, -25
» Qi o(ue) cordes sius les trairont ;
» Qar li mien veillent toute nuit,
» Et cil au rei se dorment tuit :
» Ainceis qe[l] sacent cil dedenz,
» En y avra plus de sept cens. -30
» Or(e) s'en puet mais oi bien aler,
» Qar n'i ad plius del sojorner.
» Beau filz, » fait il, « or(e) t'en ir(r)as,
» A ton seignor issi dirras :
» Jamais bien ne repos n'avrai -35
» Desi qe je te reverrai,
» Ne ta miére la dolerouse,
» Qi de tei est molt angoissouse.
» Issi li di com(e) jeo t'ai dit.
» Dites li, dame, ne s'oblit. » -40
— Non ferra[i], dame, jel sai bien ;
» Ja n'i faudrai de nule rien. -42
(Puis les v. du texte critique 7795-6)...
» En la cope ad merveillouse ovre -45
» Et el covercle qi la covre. 7746

(après O 7852) . . . .
(v° col. 1) (Et) l'endemain, ainz ore de none, 7805
Sis pére le rei arraisone.
(après O 7888) . . . .
(f° 208 r° col. 1) » Ceste (la) terre qe vous avez 8115
» Plius que nuls hom amer devez.

7714 pendus; -16 Qils; -27 noit; -28 tout. — 7806 Son picre li reis a. — 8116 Qe nuls homme plius a. ne d.

(après O 7924)　　　. . . . .
(col. 2)　　　　　» A quei que vous tort de la guerre, 8149
　　　　　　　　» Mais saisi(s) seient de la terre.
(après O 7962)　　. . . . .
(v° col. 1)　　　　» Et ne li poon pas veer　　　　8185
　　　　　　　　» Qe nous n'en seion parçon(i)er.
(après O 7990)　　. . . . .
(col. 2)　　　　　Daires estait en mié la place　　8219
　　　　　　　　Et ne crient guaires sa manace :
　　　　　　　　« En vostre court n'avez baron,
　　　　　　　　» Qe entendre sache raison,
　　　　　　　　» Qi parjurez vers lui ne seit
　　　　　　　　» Et bien ne sache(nt) qu'il ad dreit.
　　　　　　　　— Parjuré(z) fumes, si com(e) dites?　-25
　　　　　　　　» Ceo ne sai je pas, si mesdites.
　　　　　　　　» Rus enriévre de pute part,
　　　　　　　　» Tant par es [tu] plain[s] de mal art :
　　　　　　　　» Unqes unqore ne vi r[o]us
　　　　　　　　» Qi ne fust fel et envious.　　　8230
(après O 8038)　　. . . . .
(f° 209 r° col. 1)　» Parjurez estes a veüe,　　　　8279
　　　　　　　　» Iceo est bien chose seüe,
　　　　　　　　» Et si m'en peise molt por vous,
　　　　　　　　» Ffei qe [je] vous dei, et por nous. » 8282
(après O 8060)　　. . . . .
(col. 2)　　　　　» Ore me di come yceo mut　　　8305
　　　　　　　　» Et en quél sen tout yceo fut.
　　　　　　　　— Sire, » dit cil, « jeol vous dirrai
　　　　　　　　» Si qe ja de mot n'i faudrai.
　　　　　　　　» Vostre piére parlot al rei
　　　　　　　　» Et diseit li par bone fei　　　　-10
　　　　　　　　» Qe il s'acordast o(ue) son friére,
　　　　　　　　» Et si l'oï trés bien sa miére.
　　　　　　　　» Onc n'i ot plius : s'iraist li reis ;
　　　　　　　　» O(ue) une verge de garreis
　　　　　　　　» Par mié le chief donc le feri,　　-15
　　　　　　　　» Qe li sancs sempres en sailli.
　　　　　　　　» Et mis sires nel volt ferir,
　　　　　　　　» Si se prist sempres a fouir :
　　　　　　　　» Si une feiz se retornast,
　　　　　　　　» Ne q[u]i qe ja en eschapast.　　8320

8149 terre. — 8219 esteit. — 8305 *Cf. les v. 8061-2 du texte critique;* -7 ieo le; -12 sil oi; -17 s. len v.; -18 preist s. honir.

(après O 8074) . . . .
(col. 2) » Beals sire douç(e), quant departi(s)t 8331
» Hui en cest jor, ceo m'ad cist dit,
» Il lui diseit qe s'acordast
» Et del sèrement s'aquitast
» Q'il vous jura molt [a] lonc tens : -35
» Bien ad sept ans, si com(e) je pens.
» Quant il ceo dist, il l'en hai(s)t,
» Et par mi le chief l'en feri(s)t
» Et tant li duna d'un baston
» Li sancs l'en corut al talon. -40
(Puis les v. du texte critique 8085-8 et 8091-2)...
(v° col. 1) — Beals amys douç(e), com(e) le ferron -47
» Et en quél sens la tour avron?
— Mis péres l'ad tout purchacié,
» Et mei bien dit et enchargié
» Qe vous die com(e) le ferrez
» Et en quél sen la tour avrez. -52
(Puis les v. du texte critique 8081-4)...
» Par mié le parc ir(r)ont vostre homme, -57
» Et si movront dreit a prim(e) somme
» O(ue) le message qi viendra,
» Qe mis pére vous trametra; -60
» Puis ne troveront nul destour
» Trés qe il serront a la tour,
» Ffors sol un(e) fossé environ,
» Qi est en l'eawe de cloison.
» Desur le fossé siet li murs -65
» Tout environ, que molt est durs,
» Li fosse[z] est merveilles granz
» Et la dove de souz vaillanz :
» Trente teises ad de parfont
» Et de lé trent[e] en roont, -70
» Et d'iceste eawe y court un bras
» Qi par engyn y fut atras.
» Sur l'ewe ad un pount torneïs,
» Qi est illoec faitz [et assis] :
» Par dedesus le pont ir(r)ont, -75
» Après eus le retorneront,
» S'altre voleit après entrer,
» Q'aincès l'esteüst apeler;
» Par mi le pount (y) est lour entre[e],

8358 sone; -60 Qe mon; -69 parfonde; -70 rount.

MANUSCRIT S 27

» La chaieine y ert defferme[e]; -80
» Et enz ir(r)ont aveiement :
» Ja n'i avront encombrement.
» Al pié de la tour s'esteront,
» Qe ja un mot ne soneront,
» Por les reals qe ne s'esveillent -85
» Et de la noise ne merveillent;
» Qar il dorment sur les degrez,
» Si est li us sur eux fermez :
» Nus hom n'i poet par l'us entrer
» Qe ne l'estoce o(ue) ceux parler. -90
» Et mis péres les atendra ;
» Dès q'a l'ore q'il les orra,
(col. 2) » Sempres la serre a sei t[re]ra :
» Il sét bien com(e) la chose va.
» Nes purra pas mettre par l'us, -95
» Ainz les traira as cordes s(i)us,
» Por yceux dedenz q'il(s) ne[l] sachent
» Jusqe les tuent et les chacent. »
(Puis les v. du texte critique 8093-4)...
Si les enveia al rivage, 8401
Ou il(s) trovérent le message,
Qi les mena (la) al mielz q'il sot
Et al plius dreit q'il unqes pot;
La les mena ou Dares dist, -5
Ne[n] espeir que onqes fail[l]ist.
Da[i]res fu amont qis conut
Dès q'il unqes les aperçut :
Cordes lur géte et funeals,
Q'il ad fait lier [a] trave[a]ls; -10
A sei les trait isnèl[e]ment
O(ue) l'une moit[i]é de sa gent.
Quant li premier ont assez trait;
Retraient cil qi n'ont rien fait;
Et li real dedenz se dorment, -15
As autres tours les guaites cornent :
Ne sévent rien de tout l'atrait
Qe Da[i]res lour ad yci fait. 8418
(après O 8110) . . . .
(col. 2) Et mountent sius pour eux deffendre, 8431
Quant ceux d'a mont virent descendre :

8389 Nul homme, 8401 enveie; -7 qi les; -11 li t.; -15 dormont; -16 tornont.

A mont esgardent par ces trés
Et bien y virent dous cenz Grés.
Retornent sei par les degrez, 8435
Et li us fu(s)t tost desfermez :
Illoec fu [molt] granz li trepeiz,
Peise lour q'il est si estreiz ;
Molt grant presse [i] ot a l'eissir,
Les os se font sovent cruissir. -40
Eissirent s'en a quélqe peine,
Crevé sont plus d'un[e] douzeine.
Cil curent après l'us fermer,
La barre font dedans culer ;
Puis se retornent tout desus, -45
Quant il(s) ont mys les reals jus.
Li real ont guerpi la tour :
Onc n'i remyst un[s] sous des lour ;
Al pié de la tour s'arestérent,
Quanqe il(s) porrent si criérent : -50
« Ffranc chevaler(s), levez, levez !
» Isnèl[e]ment vous adoubez ;
» Adoubez vous, si venez tost,
» Qar cea enz sont [i]cil del host. »
La en aveit al pont set cenz, -55
Qi voleient entrer la enz,
Mais il ne poent pas entrer,
Car cil (y) vién[en]t al pont torner ;
Al pont veneient, enz entroient
Et après eux le retornoient. -60
La tumulte sourt par la ville :
Adubent sei plus de vint mille,
Et tout acurent a la tour :
Assaillent la par grant vigour 8464

(après O 8128) . . . .
(f° 210 r° col. 1) Li plusour crient q'as murs saugent, 8483
Por ceus de l'ost, qe nes assaugent ;
Car, si il poent les murs prendre,
Il avront puis malvais defendre.
Molt en ert li reis anguis[s]ous
D'iceo q'ot fait Daires li rous. 8488

(après O 8142) . . . .
(col. 2) » S'avras mon gré, si la pues prendre. 8503

8435 degres ; -38 Lour peise ; -37 grant ; -48 soul ; -55 as poinz ; -59 Al p. en y vienent ; -64 A. le.

— Or enveiez al mur deffendre,
» Qar jeo vous di trestout pur veir   8505
» Qe la vous rendrai ainz le seir;
» Ou mors ou pris les vous rendrai :
» Jel sai trés bien, ja n'i faudrai. »
Al mur en vont un[e] meitiez,
Qi portent lances et espiez,
Et montent par les murs molt tost   -10
Isnèl[e]ment pur cels de l'ost.
Cil de l'ost sont tout effreï
De la noise q'il(s) ount oï :
As chevals mountent a efforz,
Apoignant viénent par les orz;   -15
Cent mille vont tout aserré
Deci q'al mur de la cité(e).
As portes fiérent li plusour,
Cil chevalier dodineour,
Qi desirent cheval[e]ries,   -20
Por los aver de lor amies.
Et cil qi sount par ces batailles
Lacent des haubercs les ventailles;
A val lour jétent peus acuz,
Touz lour pertruisent les escuz;   -25
Ensius del mur les font ruser,
Par dreite force luinz ester.
Et cil defors se rassemblérent,
Tout a un front si lour alérent;
(v° col. 1) Il se desse[r]rent, vers eux viénent;   -30
Et cil dedenz forment se tiénent;
Desore y lancent a un(e) fès :
Cent en y mor(r)ent desconfès.
Ffrainent espees, healmes fruissent,   -35
Brisent escuz [et] hastes cruissent;
A tél fais lancent cil desus
Un poi les font torner ensius;
Un petit ensius cil se traient,
Quél talent q[e] il onques aient.   -40
Dedenz traient a ceux defors,
Mainte alme font eissir del cors;
Et cil defors a ceux dedenz :
Plus en oscient de sept cenz;

8515 efforz; -16 le sorz; -17 m. vienient; -20 dodueour; -33 lances; -35 h. cruissent.

Traient saietes, lancent darz 8545
Espessement de toutes parz :
Tout environ a grant assaut,
De quanque huent rien ne vaut :
Ja par assaut ne la prendront,
Ne pur cest sen rien ne ferront. —50
Et a la tour si fu li reis
Et de ses barons vint et treis,
Et d'autre gent ot bien sept mile
De trestout les mielz de la vile,
Qi assaillent ceux de la tour ; —55
Le jour ount quatre oscis des lour,
Et ceux d'a mont ont d'eux cinquante :
Ce n'est qe dis meins de sessante.
Por les vies vers eus contendent,
. . . . —60
Ce dient pas ne se rendront
Molt chér[e]ment ainz se vendront ;
Mais dahé ait qi se rendra,
Qi aincès cher ne se vendra :
« Molt nus avrez cher achatez —65
» Del plius cher aveir qe avez ;
» Nous ne nous rendron si tost mie ;
» Ainz y avra teste cruissie,
» Haubercs perciez et heaumes fraiz
» Et hommes morz, dont iert plius laiz. » —70
Il fount des reals grant damage.
Por un petit li reis n'esrage :
L'engineour fait apeler ;
Ceo q'il comande a aprester
(col. 2) Ffu(s)t comandé illoec a traire, —75
Si come il sét qe fait affaire.
Li enginniér[e]s, pur s'amour,
Li di(s)t q[e] il prendra la tour. 8578

(après O 8184) . . . .
(fº 211 rº col. 1) » Quanque jeo poi, je me penai : 8621
» Peise mei qe nel enginai. »
Li reis respont : « Ceo sai je bien.
» Or(e) poez saver une rien :
» Jeo vous [en] rendrai le servise, —25

8545 dartes ; —60 *Lacune, sans doute d'un vers seulement* ; —77-8
Soudure de l'interpolation ; cf. les v. 8137-8 du texte critique.
— 8621 ieo poai ; —25 seruice.

» Mon esciënt, en ytiél guise,
» Qe cil qi plus vous amera
» Al departir dolenz serra,
» Et qe ja ne me sav(e)rez gré,
» Quant vous me serrez eschapé. » 8630
. . . .
» Primiér[e]ment le fai jugier 8649
» Et par jugement justisier. »
Li reis respont, qi fu iriez :
« Il me[i]smes s'est tout jugiez ;
» Li jugemenz en est tout faiz,
» De homme qi si est forfaiz ;
» Nus hom nel poet vers mei defendre -55
» Qe je nel face arder ou pendre. »
Otes respont : « Par ma foi, sire,
» Une chose vous sai bien dire :
» Si Daires est ars ne penduz,
» Et vostre torz y seit seüz, -60
» Après vous en repentirez :
» Jel sai trés bien, ja n'i faudrez ;
» Car Daires est d'une fort gent
» Et granz honurs a lui apent ;
» De ceste ville ad une rue, -65
» Cent chevaliers de sa tenue,
» Q'il poet aver en sa besoigne,
» N'i ad celui qi traie essoigne ;
» Et li baron d'icest honour
» Sont si parent tout li plusour ; -70
» N'i ad celui qi de rien seit
» Alcune chose ne lui seit,
» Ou de part filz, ou de part pére,
» Ou de part suer(e), ou de part fr(i)ére :
» Il en serront trestout dolent, -75
» Si vous l'ardez sans jugement ;
» Dirront qe petit les amez,
» Por vil[s] les tenez et avez,
» S'ardez lour amys sanz forfait,
» Sanz traïson q'il vous ait fait. -80
» Dreit vous en offrent tout ensemble,
» Et par ma fei, si com(e) mei semble,
» Ne l'avez pas a refuser.

(après O 8200)
(col. 1)

(col. 2)

8628 dolent ; -55 Nul homme ; -60 tort ; -66 sa retenu ; -79 Gardez.

» Le dreit faites bien esgarder
» A ces barons q[e] ici sont, 8685
» Qi ja de dreit ne mentiront ;
» Et s(i)'entre eux veient li baron,
» Solonc les leis et par raison,
» Qe li forfaiz issi granz seit
» Qe l'en [en] puisse prendre dreit, -90
» Puis poez faire vostre bon,
» Primes de lui et puis de[l] so(e)n :
» N'en i avra ja un de nous
» Qi ne se tienge devers vous,
» Ne qi ja die une feiz non, -95
» Dès q'il savront q'il iert raison. »
Trestout le font entendre al rei :
« Veir, » dist Otes, « sire, par fei,
» Bien est qe issi le faciez,
» Ja por yceo rien n'y perdrez. 8700
— Par le mien chief, jel sai trés bien,
» Ja par iceo ne perdra[i] rien.
» Jugiez assez, qar ne m'en chaut :
» Je sai trés bien rien ne li vaut,
» Ne je n'en prendra[i] ja aveir -5
» Qe nel face sempres ardeir. »
Otes parla après le rei :
« Si li baron trovent por qei,
» Si il veient par jugement
» Q'il ait forfait tant durement -10
» En quél manér[e] qe ceo seit,
» Q'il ne puisse fornir le dreit,

(v° col. 1)
» Donc le purrez trés bien destreindre :
» Ne l'en orrez ja guaires pleindre
» Ne de cosin ne de parent, -15
» Dès qe[l] ferrez par jugement ;
» Mais estraunges est li forfaiz,
» Si Daires n'en poet faire plaiz. »
Li reis prist par la main Oton :
« Quéls est li dreis de traïson ? -20
— Certes, » dist Otes, « bien le sai,
» Et, s'il vous plaist, jel vous dirrai :
» Qi rettera de traïson
» Bien deit saver q'il a raison ;
» Et si ycil qi est rettez -25

8689 grant; -93 Ne nia ia; -97 Trestouz; 8705 nel p.; -19 otun.

MANUSCRIT S 33

» Ne poet estre par veir provez,
» Q[e] il le volsist deni[i]er,
» Qe cil le poüst chaleng[i]er :
» Nuls hom(me) ne deit autre apeler,
« Si ne l'en poet en fin prover;   8730
» Ou un autre por sei mettra,
» Qi a celui le provera;
» Et si cil ne s'en voet defendre,
» Ceo est dreiz : ou arder, ou pendre.
» Et si je sui d'un dreit si cerz,   -35
» Et li forfaiz seit si aper(t)z,
» Qe maintenant mon dreit en prenge
» Sanz nul forfait qe m'en av(i)enge;
» Et por yceo si il nel dit,
» Si m'en loez prendre escondit,   -40
» Ne m'en blamez vous ja de rien,
» Jeo vous dirrai qe jeo lo(o) bien
» Oiant vos barons en jugiez
» Et qe a lour los le faciez.
» Si il veient qe dreit aport   -45
» Qe Daires ait vers vous tiél tort
» Qe l'en [le] deie ardeir ou pendre,
» Bien en poez vostre droit prendre :
» Si bon vous est, si le querrez,
» Et s'il vous pleis, rien n'en ferrez;   -50
» Mais n'en serrez [ja] tant blasmez,
» Si par jugement en ov(e)rez.
» Si m'aït Deus, si com(e) jeo crei,
» Jeo vous counseil par dreite fei(e). »
Trestout li dient li baron :
« Bien est, sire, creiez Oton. »   8756

(après O 8246)   . . . .
(v° col. 2)   — Par Dieu, sire Otes, molt bien dites; 8797
» Qar y alez et si li dites.
— Molt ai parlé de Daire al rei,
» Tant q'il s'en est marriz o(ue) mei,   8800
» Tant q'il s'en est o(ue) mei marriz;
» Mais alez y, les vos merciz,
» Li quatre de vous ou li trei :
» Ainz par vous ferra qe pur mei. »
(Puis les v. du texte critique 8247-8)...
(f° 212 r° col. 1) A val descendent li baron :

8800 marrit; -4 Ainces vous f.

Tome II   3

APPENDICE I

	Creon Itier meine et Alon. 8808
(après O 8268)	. . . .
(col. 1)	» Icest pur dreit aficherai : 8829
	» Ja en court desdiz ne serrai.
	(Puis les v. du texte critique 8269-72)...
	» Creez conseil, respit donez, -35
	» Demain vostre dreit en prenez
	» Tiél com(e) l'en le vous jugera :
	» Maldiz seit qi lui pardunra. 8838
(après O 8298 ; voy. la note à ce vers)	. . . .
(col. 2)	Danz Creon dist secre[e]ment : 8869
	« De Daire avrai le jugement. »
	Li trei baron torné s'en sont,
	Quant il veient qe rien n'y font. 8872
(après O 8320)	. . . .
(col. 2)	» Et or poez trés bien veeir 8895
	» A escient et bien saveir
(v° col. 1)	» Q[e] il n'amot pas bien le rei.
	» Molt li deveit petit de fei :
	» Ne se voleit pas plius targier
	» Ne li moustrast come il l'ot chier 8900
	» Et com(e) de bon cuer il l'amot,
	» Quant il a ceux sa tor livrot ;
	» Le rei voleit desheriter,
	» Lui me[ï]smes prendre et livrer.
	» Altretél gré l'en ad a rendre -5
	» Como si il l'eüst fait pendre :
	» Nen est pas ore en lui remés
	» Q[e] il ne l'ait rendu as Grés ;
	» Il en ad fait tout son poeir :
	» Ore en puisse mal gré aveir! -10
	» N'eüst pas a livrer sa to(u)r
	» Sanz le congié de son seignor :
	» Ffait ad Daires grant felonie,
	» Fforfait en ad et membre et vie. »
	Otes parla après Yt[i]er -15
	Tout bèlement et sanz tenc[i]er :
	« Beal[s] sire Yt[i]er[s], ne dites joi :
	» Dites mielz, si vous plest, un poi ;
	» Mais d'une chose dites bien,
	» Ne vous en say blasmer de rien, -20

8808 iuers meinent — 8830 desdit; -38 Maleit — 8902 liueroit.

» Q'il sa tour livrer ne deüst,
» Si del rei congié n'en eüst;
» Et vous dites veir a estr[o]us,
» D'iceo me tienc jeo bien a vous.
» Mais or(e) sach[i]ez a escïent,   8925
» Et n'en dotez ja de neient,
» Que ja Daires ne s'en pensast,
» Si il congié ne l'en dunast.
— Que fist, ver? congié l'en dona?
» Unc, par ma fei, ne s'en pensa.   -30
— Par la fei que vous m'en devez,
» Un soul petit mei escoutez,
» Si me laiss[i]ez parler un poi.
» Quant vous parlastes, je me toi,
» Que onc ne vous alai avant :   -35
» Tout deïstes vostre talant,
» Deci qe eüstes tout dit;
» Or(e) me rescoutez un petit.
— Ore dites ceo qe voudrez :
» Par mei destourbe[z] ne serrez.   -40
— Dirrai vous le comencement :
» Daires vint al rei veirement,
» La ou il ert en son palais,
» Et parla o(ue) lui tout en pais.
» Si come il parlot o(ue) le rei,   -45
» Vindrent message(s) jusqa trei,
» Qi esteient d'outre la marche
» Entre Denoe et Usarche :
» Conte esteient de cèle terre
» Et veneient al rei requerre   -50
» Q'il lour rendist la marche tout[e],
» Dès Dunoe jusqa'l pun[t] d'[O]ute.
» Plevissent li [la] covenance,
» Par sèrement et par fiance,
» Q'en isnel pas q[e] il l'avreient   -55
» Et qe il saisi ent serreient,
» Vendront a lui o(ue) bons arch[i]ers
» Et o(ue) dis mil[e] chevaliers :
» Et si poeit trés bien saveir,
» Ne l'esteüst mais doute aveir   -60
» De sa vile, q[e] est assise,
» Qe par les Greus seit ja mais prise.

8953 Preissent.

» Et autre chose rediseient
» Qe fust molt bien, s'il s'i teneient,
» Qe a nul jor d'icèle part 8965
» N'eüst il ja mais nul regart :
» S'il y perdi[s]t deux soldz vailant,
» Il li rendreient plus ytant.
» N'en ad ore yci nul de vous
» Qi ne sache tout a estr[o]us -70
» Qe Pinquenat tiél custume ont,
» Et ja nul jor ne la perdront,
» Qe ceo q'il vous dirra al main,
» Ja ne s'i tendra al demain;
» Itél(e) gent fait molt a douter -75
» Et lor compaigne a eschiver,
» Qe ja promesse ne rendront
» Ne en lour dit ne se tiendront.
» Par fei Da[i]res les conus[s]eit,
» Sis doteit et il aveit dreit; -80
» Une partie pur le rei
» En diseit [il] et plus pur sei ;
» Et si li dist : « Laiss[i]ez ester :
»» Ja nel devez soul escouter;
»» Laiss[i]ez ester tout ycist fait, -85
»» O(ue) vostre frére faites plait.
»» Vos confoundez lui et il vous :
»» Acordez vous entre vous dous ;

(f° 213 r° col. 1) »» Le son en dont et vous le vostre,
»» O molt par y perdront li nostre. -90
»» Et fust molt [bien], si vous ple[ü]st,
»» Aincès qe plus grant mal en fust,
»» Qe vostre friére mandissez,
»» Qe o(ue) lui vous acordis[s]ez ;
»» Qar cist règnes est si guastez, -95
»» Ja mais ne serra restorez,
»» Ceo quit, a tout(e) vostre vivant,
»» Ne a ycel a vostre enfant.
»» Or(e) vous viénent la marche querre,
»» Trestout le mielz de vostre terre, 9000
»» Et la terre que vous avez
»» Qe vous onc plius amer devez :
»» Ne vous lo pas, por nul besoign,

8968 Il y; -71 pinquenaz; -80 Sil; -89 done; -90 Et molt y par p.; -93 maudiez.

»» Qe la gettez de vostre poign. »
» D'iceo li furent tout contraire.   9005
» Autre chose ne li dist gaire,
» Ffors ytant q[e] il dist après,
» Por quei li reis irasqui mès,
» Q'a son frére rendist la marche
» D'entre Dunoe et Usarche,   -10
» Qar mielz esteit q[e] il l'eüst
» Qe autre qe rien ne li fust.
» Por ce s'iraist li reis o(ue) lui,
» Et jel sai bien, qar jeo y fui;
» Jeo n'i fu[i] pas par mei tout sous,   -15
» Autresi i refustes vous,
» Et bien oïstes la tenç(i)on :
» Savez qi ad tort ou qi non.
» Daires iceo q[e] il diseit,
» Sach[i]ez por son prou le faiseit;   -20
» Et li reis d'iceo n'i ot soing,
» Ainz tint un grant baston el poing,
» Fferir l'en volt el chief des(i)us,
» Quant sa miére le trait en sus ;
» Et [il] li dist trés devant mei :   -25
»« Rus enriévre de pute lei,
»» Congié vous doign(e) qe vous facez
»» Trestouz les malz qe vous purrez,
»» Et vostre filz si reïmez
»» De l'or et de l'argent q'avez;   -30
»» A mei ne chaut unqes de qei
»» Vous le raïmez, par ma fei. »
» La ou il y out yceo dit,
» Ceo fu ottreis, si com(e) je quit,
(col. 2)
» Qe il ot de sa tour livrer,   -35
» Por son filz de prison gieter
» Ou de sa tour ou d'autre aveir,
» S'il le poeit par ceo aveir :
» Il nel poeit ave[i]r por or
» Ne pur nul autre [grant] tresor;   -40
» Et por yceo livra sa tour,
» Par le congié de son seignor.
» Si vous y voilez bien entendre,
» Bien le poez de mort defendre. »

9005 Iceo f. t. li c.; -10 Dentre dunde; -14 ie le; -15 sols; -32 reeimez; -34 ottreiz; -39 poait.

Sicarz parla après Oton, 9045
Qi merveiles sout de raison :
Un mantel out d'un drap(e) de Frise,
Si en esteit la pane grise ;
Sor ses espaules myst le las
Et si traist fors son destre bras : -50
« Seignur(s), » fait il, « si l'ottreiez
» Entre vous autres et jugiez
» Qe cist jugemenz q'(e) Otes fait,
» Q'il seit dreiz selonc le forfait
» Qe il ad fait envers le rei, -55
» Je n'en ottrei rien, par ma fei.
» Si vous dei bien por quei moustrer
» Nel devez onqes accorder ;
» Car jeo sai bien coment ce mut,
» Si come cil qi a tot fut. -60
» Et danz Otes si ad bien dit,
» Mais laiss[i]é y ad un petit ;
» D'iceo dirrai jeo veir de bout,
» Qe pur son filz mut ycco tout.
» Daires se teneit por hony -65
» Et mort et tout pur escharni
» De son filz qe li Greu teneient,
» Qe pas rendre ne li voleient.
» Porpensa sei qe il ferreit
» Chose par quei il l'en trai(e)reit, -70
» Come cil qi est engignous
» Et plein[s] de mal et vezious ;
» Qar avant hier, quant ot mangié,
» Ne sai unqes q'il ot songié,
» Mais qe il mout de son ostal, -75
» Vint a la court tout a cheval
» Dès qe ci, a ycest perrun,
» Ou descendit il et li son ;
» Et puis mounta par (y)cèle eschale,
» Et si entra dedenz la sale, -80

(v° col. 1)
» Et puis s'asist(e) dejouste mei,
» Qar j(eo)' esteie bien près del rei ;
» Après si le myst a raison,
» Oianz nous touz q(i)'y erïon,
» Et si li dist : « Qar faites plait -85

9049 la lace ; -54 dreis ; -68 remdre (ou reindre) ; -70 quai ;
-75 ount.

»» O(ue) vostre friére : molt est lait
»» Q'entre vous estes enemy,
»» Qi devez estre bon amy,
»» Si come cil qi sont d'un pére
»» Engendré et né d'un[e] m(i)ére. » 9090
» Ceo fu molt bon qe il li dist,
» Si li reis faire le volsist;
» Mais li reis trestout bien le sot
» A escïent, pas n'en dutot,
» Qe la paiz q'il loot a faire -95
» Ert pur son filz de prison traire.
» Et ore escotez q'il li dist
» Et coment Daires se forfist.
» Il li diseit : « Laiss[i]ez m'ester :
»» Si vous avez él qe parler, 9100
»» Si bon vous est, si en parlez,
»» Et d'iceo mais ne m'apelez. »
» Et quant il le lui comandot,
» Eüst l'en puis a soner mot?
» Nanil, par fei, selonc raison. -5
» Mais Daires quereit achaison,
» Ceo sai, a quei se peüst prendre
» Et par quei peüst sa tor rendre :
» Ne laissa pas le rei a tant,
» Aincès li dist unqore avant : -10
»« Nous qe ferron de noz enfanz,
»» Dount il y ad pris ne sai quanz?
»» Mort sont et pris en vostre affaire,
»» Bien devrïez pur eux plait faire. »
— A! par Dieu, Daires, » dist li reis, -15
»« Trop par estes de grant nobleis,
»» Qe me tenciez, mais qe mei peist;
»» Vous me faites molt qe m'encreist.
»» Pernez de l'aveir, qe (vous) avez
»» Itant qe faire n'en savez, -20
»» De blanc argent et de rouge or,
»» Qe vous avez mys en tresor;
»» Si en donez por raançon
»» A vostre filz q'est en prison,
»» Si vous voilez q'il quites seit, -25
»» Et me laiss[i]ez ester mon dreit.
»» Si bon vous est, sil raïmez;

(col. 2)

9105 par sci; -26 mais d.; -27 quel raimez.

»» Ou le laiss[i]ez, si vous voilez :
»» A mei ne chaut onques de quei
»» Vous le raïmez par ma fei. » 9130
» Et a iceo Daires se prist.
» Et pur ceo qe li reis li dist
» Qe de guaire[s] ne li chaleit,
» Sil (le) raïmsist come il voudreit,
» Si li reis parlot come al son -35
» Et come a lui, qi est sis hom(me),
» Ne quidot pas q'il le traïst,
» Por parole q'il lui deïst.
» Cest aguait qe Daire[s] fait ot,
» Qi par force o(ue) lui tençot, -40
» Et ne quereit ne mais qe tant
» Qe il menast le rei a tant
» Qu(e)' alcune rien dire deüst,
» Por qu'achaison prendre peüst,
» N'est c'achaison, qe vous seit vis, -45
» A qei danz Daires s'esteit pris?
» N'eüst il le rei a oïr
» [Et] lessier dire, [a] son plaisir,
» Ceo q'il volsist, come seignor?
» Si li guardast ytaunt d'onur, -50
» Por amystié, pur seignurage ;
» Qar il ne sount pas d'un parage,
« Q[e] il deüst o(ue) lui tencier
» Ne par force lui corucier.
» Et s'il volsist requer[r]e rien, -55
» Si atendist le rei trés bien
» Jusqu'altre feiz qe lui pleüst
» Et qu'il veïst qe lieus y fust,
» Non pas tencier si demaneis
» Come si il f(e)ust un[s] burzeïs. -60
» Molt a Daires forfait le rei,
» Et peise mei molt, par ma fei ;
» Si fait il alquanz qi sont ci.
» N'i ad plius : seit en sa merci ;
» Si il le volt ou ardre ou pendre, -65
» Ne li poez par dreit defendre,
» Qu[e] il, ma fei, par jugement,
» Fferra de lui tout son talent,

9143 ascune ; -44 Perqual chaison ; -45 ceo a. ; -61 Molt est ; -63 as quanz.

» A son plaisir, et tout son bon,
» Ceo q'il voudra, come del son. »   9170
 Ceo dist Otes qe pas n'otrei[e]
Qe il se mette en sa manei[e],
(f° 214 r° col. 1) Non pas por ceo q[e] il n'otreit
Qe il en sa maneie seit,
Ne mais qe sourdeis ne li face   -75
Qe al plus riche de la place ;
Qar ne lui ad fait le por quei
Quel deie mener estre (le) lei :
Si est près de moustrer coment
Par raison et par jugement.   -80
Qar ceo dit Otes qe « par dreit,
» De quelqe part qe li ber seit,
» S'il en quiert conseil a seignur,
» Par amisté et par honur,
» Bien l'ad li sire a counseill[i]er ;   -85
» Et si il ad d'iceo mestier
» Q'il quiér[e] counseil al baron,
» Par le mien nés, tout par raison,
» Ne s'en deit pas li ber retraire,
» Aincès li a trés bien a faire :   -90
» Le mielz q'il savra, si li lout,
» Et la folie [li] deslout.
» Li reis conseil quist a dan Daire,
» Saveir q'il lui loot a faire
» D'ycest plait qe l'en li offrot,   -95
» Q'il li deïst ceo q'en loot.
» Et dans Daires saveit trés bien
» Qe n'ert sis proz de nul[e] rien,
» Si ne lui volt onques loer,
» Ainz li loa a refuser ;   9200
» Qar il saveit en son corage
» Q'il li tornereit a damage,
» Et, je espeir, ja n'i faillist,
» Si fust chose q'il la feïst.
» Ore esgardez selonc raison   -5
» Li quéls ad tort et li quéls non ;
» Qar danz Daires le conseillot
» A tout le mielz q[e] il onc so(u)t,
» Et li dunoit conseil leal,

9172 Qi se; -78 Qil le d.; -83 Si len; -92 le f.

» Come a son seignur natural ; 9210
» Et si serra prest del jurer
» Qe mieldre ne li sot doner.
» Li reis ad tort, ceo m'est avis,
» Qar, puis q[e] il l'aveit requis,
» Il ne l'eüst pas a laidir -15
» Por ceo, s'il ne dist son plaisir
» De ceo q[e] al cuer lui giseit
» Et q'il ytant faire voleit :

(col. 2) » Dès qe ytant le voleit faire,
» Por quei quer(r)eit counseil a Daire ? -20
» Mais si feïst ytant li reis,
» Et si ferreit molt qe corteis,
» Q'il escoutast ceo q'il deïst,
» Et si il faire le volsist,
» Et (s)il veïst qe sis proz fust, -25
» Ffaire[l] peüst, si lui pleüst ;
» Et s'il veïst et bien quidast
» Qe Daire[s] le forscounseillast,
» Ja peüst il dire tres bien
» Q'a son counseil ne ferreit rien. -30
» Dès q[e] il lui eüst ceo dit,
» Il n'en parlast ja puis, ceo quit :
» S'il le feïst, donc l'en blasmasse,
» Sach[i]ez ja ore n'en parlasse.
» Mais ne[l] fist pas, qar ne deignot, -35
» Ne tant son baron ne preisot ;
» Aincès comencea a tencier
» Et lui vil(e)ment a foli[i]er
» Et apeler « enriévre rus
»» De pute part et venimus, » -40
» Si que n'out garçon en la court
» Qi ne l'oïst, ne nul si sourt.
» Une chose vous di de mei,
» Qe, par la fei qe jeo vous dei,
» Si li reis counseil me quer(r)eit -45
» De nule rien qe onqes seit,
» J'en dotereie estraungement,
» Aincès qe deïsse neient.
» Viendra a mei come a feeil
» Et dirra mei qe jel counseil, -50
» Et jeo voluntiers le ferrai

9233 Si le ; -50 ie lui.

» A tout le mielz qe jeo savrai
» Et a son prou et a s'onour,
» Com(e) jeo dei faire mon seignor ;
» Si je ne di sa volenté(e) 9255
» D'iceo q'il avra enpensé
» Et q'il voudra faire a estr[o]us,
» Ja nel laireit pur trestouz nous,
» Ainz me laidira si vil(e)ment,
» Et p(u)is, oiant ytant de gent . -60
» Com(e) vous oïstes q'il fist Daire,
» Homme qi est d'itél affaire :
» Ffei qe dei vous, ceo n'est pas dreiz,
» Ne n'est por quei vous le dïe[i]z,
» Ne par dreit ne poet nus hom dire -65
» Qe molt n'en ait grant tort mis sire. »

Salins de Pont si fut molt sai[v]es :
Il aveit dreit, qar il ot aives
A merveille furent sage hom(m)e ;
Jeo n'espeir pas qe jusq'a Rome, -70
Mon escïent, n'en toute terre,
Plus sage homme ot qe fut sis pére :
« Danz Otes, laiss[i]ez ceo ester.
» Ditez qe vos voil demander,
» Si danz Daires aveit affaire -75
» Somondre le [rei del] plait faire ?
— Oal, il, trés bien, par ma fei,
» S'il y saveit le prou le rei.
— Bien poet estre por ceo que dites ;
» Unqore n'e[n] ert il pas quites. -80
» Jeo vous di bien q[e] il fist mal :
» Ainz q'il meüst de son ostal,
» Si se porpensa bien en sei
» Com(e) peüst faire irié le rei,
» Puis si vi(e)nt ÿci devant hier -85
» A escïent o(ue) lui tencïer ;
» Pensa tiél chose lui dirreit
» De quei tout marri le ferreit.
» N'i failli pas, qar tout le fist :
» Tant porpensa et tant li dist ; -90

9259 laidera ; -65 nul hõme ; -72 h. qe fus son p. ; -74 qe voilez d.

» Tençot o(ue) lui tant com(me) li plot,
» Come o celui q'il poi prisot,
» Ne qi il teneit pur seignor,
» La ou li dist tant deshonor
» Qe de parjure l'apela,   9295
» Onqes por nous touz nel laissa,
» Et si li(u) reis en fu iriez,
» D'itél parole corouciez,
» Ce sach[i]ez, je ne merveil mie,
» Car il lui dist molt grant folie.   9300
» Une chose vous di de mei,
» Qi ne sui pas del pris le rei :
» Ne sai homme, sil me diseit,
» Ne seüst qe tort en avreit :
» Certes, si la force esteit meie,   -5
» Bien vïaz le desmentireie.
» Ore esgardez a ceo q'il fist
» Et a ceo qe li reis li dist :
» Qi dreit jugement voldra faire,
» Li torz en ert trestout dan Daire. » -10
Otes respont : « Vous le quidez :
» Ore est bien qe vous le moustrez ;
» Et si Daires est enchaeiz,
» Iceo est bien qe vous die[i]z.
— Ore est bien del dire en avant,   -15
» Depuis q'en avez mon talant,
» En ceo qe par lui en esmut,
» Ceo qe en est et qe en fu(s)t.
» Vint li vassaus de tort travers,
» Qi trop esteit aigre et pervers,   -20
» Al rei, qi ert en son palais,
» Ou il quidot bien estre en pais,
» Et de tencier n'aveit talant,
» Quant danz Daires li vint davant,
» Qi a dire lui comencea   -25
» Qe feïst pais o(ue) ceux de la ;
» Et por ceo q[e] il saveit bien
» Qe mis sire(s) n'en ferreit rien,
» Et [c]il lui dist trestout rianz
» Qe n'esteit pas entrez lianz   -30
» Qe ensemble o(ue) eus plait feïst,

9292 Cōm o ; -96 p. touz n. ; 9302 Qe ; -20 puruers.

» A cèle feiz plus ne lui dist.
» Et vit Daires qe par ytant
» Ne fist unqes li reis semblant,
» Sa parole ne preisot guaire, 9335
» Por semblant q'il li veïst faire :
» Altre lui dist qe plius fu aigre ;
» Por le rei plius poindre el maigre,
» Comencea o(ue) lui a tencier
» Et les pertes a reprochier, -40
» Et ceo q'il aveit de sa terre
» Duné pur maintenir sa guerre,
» [Et] ceo qe perdu en aveit,
» Qe par force li ert toleit,
» Por ceo q'en eüst amaance, -45
» Dedenz son cuer ire et pesance.
— Qe dites vous? Pur ceo le dist?
» Mais Daires, si vous plaist, non fist.
— Por quei, sire, vous hastez ore?
» Ja n'ai jeo pas tout dit unqore ; -50
» Après dites, si vous savez,
» Mais un poi primes m'escoutez :
» Sach[i]ez qe ja ne mentirai
» Del dreit qe a venir y sai.
» En fin et en comencement -55
» Daires ad tort par jugement :
(f° 215 r° col. 1) » Quant nous trestout le tairïon,
» Si ferrïon grant traïson,
» Mais qe bien peist et vous et mei
» Q[e] il ad fait envers le rei. -60
» Qi poet homme plius corocier
» Qe de ses failles reprochier
» Et qe li est plius laid(e) retraire ?
» Plius grant honte ne li po(e)t faire :
» Et trestout pur veir le saveit, -65
» Qe li reis d'iceo s'iraistreit ;
» Et quant il devant le pensa,
» Aincès q'il onqes venist cea,
» A escïent pensé l'aveit,
» Qe ja bel(e) ceo ne lui serreit : -70
» Iceo n'est pas chose celee
» Qe ne seit traïson prove[e],

9344 est ; -57 tairium ; -63 qi.

» Quant il livra por ceo sa tour,
». Por lui geter fors de s'onour.
» Il ne lui aveit dit ne fait 9375
» Dont bien ne peüst ave[i]r plait,
» Aincès qe d'illoec se tornast,
» Si danz Daires prendre[l] deignast.
» Et puis parjure l'apelot :
» Si Dieus me guart, grant tort en ot. -80
» D'iceo prenge bien son destreit
» Et de la traïson son dreit,
» Qe, par ma fei, s'il le voet prendre,
» Ceo en est li dreiz : ardre ou pendre. »

Otes ne se po(e)t mie taire -85
Del jugement q[e] il ot faire :
« Salins de Punt, » dist [a] ytant,
« Ffol jugement menez avant.
» Cest jugement qe vous sach[i]ez,
» Et qe vous por dreit affich[i]ez, -90
» Et qi le vous voudreit falser,
» Serrez [vous] prest de lui prover?
— Ne sai ore qe jeo ferreie,
» Deci qe le busoign en veie,
» Ou desi qe vi[e]nge al busoin. -95
— De ceo n'estes vous guaires loin.
» Ne faites, si Dieu[s] vous doint bien.
» N'i acreiss[i]ez ja nul[e] rien.
» Vous y mettez plius q'il n'i o(u)t,
» De qei Daire[s] ne sona mot : 9400
» Q'il apela(s)t le rei parjure,
» Et si li fist d'iceo dreiture,

(col. 2)
» Ffors q'en un sen qe vous dirai,
» Sach[i]ez qe ja n'en mentirai ; —
» Dahez ait Otes, s'il en ment, -5
» Q[e] il sache, son escïent,
» Ne pur le rei ne pur Dairon,
» Qe il en die si veir non ; —
» Qe Daires trés bien le saveit,
» Q[e] il parjures en esteit, -10
» Et Daires li dist veirement

9380 ds; -84 le dreit; -87 punz; 9402 Et sil le f.; -7 la rein; -8 Qe ele.

» Q'il s'aquitast del sèrement
» Q[e] il jura envers son fr(i)ére,
» Un poi après la mort son pére,
» Et si preïst, pur Dieu, conrei   9415
» Come il quitast et lui et sei :
» En ycest sen qe il lui dist,
» Or esguardez vous s'il forfist. »
Salins respont : « Je mielz ne quier,
» Qar ne poez pas deni[fi]er   -20
» Q'il n'apelast le rei parjure,
» Et si ne fist de ceo dreiture.
» Ore esgardez qe en ferreiz
» Et en quel sen yceo dirreiz;
» Or(e) n'en cremez ja de nient,   -25
» Dahé ait Otes, sil (nel) defent!
» Ja la court ne faudra pur vous,
» Mais dites tout, si l'orron nous.
— Si vous me voilez escouter
» Et la court voile dreit ester...   -30
— Vous dites bien, vostre merci.
— Senur(s) baron(s), entendez y.
» Si mis sires fist covenance
» Par sèrement ou par fiance,
» Et il le me face jurer   -35
» Pur la chose mielz affermer
» Et por yceo qe n'est pas gent
» Qe il sous face sèrement
» [Ou] vers son fr(i)ére ou vers autrui,
» Et jeo l'afie ensemble o(ue) lui,   -40
» Oiez : si il en est requis,
» Al jor qe li termes ert mys,
» Et il voil[e] de dreit guenchir,
» Qe ne se voile pas tenir,
» Sach[i]ez qe l'en le li dirra;   -45
» De l'autre part, l'en priera
» Que il o(ue) celui face paiz,
» Vers qi li sèremenz ert faiz.
(v° col. 1)   » Qe il m'en jet(te) come il m'i myst,
» N'en purrai mais, s'il se marrist;   -50

9418 qis f.; -22 Et sil le f.; -24 dirreis; -25 cremieiz; -30 *Le ms. place ici à tort les v. 9439-40 : il n'y a pas de lacune; Oton est interrompu par Salin;* -31 autrei; -40 soul; -47 pais; -49 me myst.

» D'itant me purra plus peser,
» Se il ne me voet acquiter.
» Si jeo purchaz com(e) il m'acquit,
» Depuis qe li avrai tant dit,
» De tant come en avient a mei,   9455
» Qe ne mente la meie fei,
» Si sach[i]ez bien qe j'ay raison,
» Ne qe pas n'i faz traïson.
» Et qi yceo voudra contendre,
» Je en serrai prest del defendre. »   -60
Onc ne s'en volt uns sous drecier,
Qi talent ait de chalengier.
D'iceus si vint li uns avant;
Ceo fu Alis, qi dist ytant :
» Signor, » fait il, « por qei nois[i]ez?   -65
» Un sol petit ore m(e)' oiez.
» Qe danz Daires faire deüst,
» Si il deignast et lui pleüst?
» Aincès q[e] il sa tour livrast,
» Seveals le rei en deffiast.   -70
» Si Dieus me guart et beneïe,
» La sue fei lui ad mentie;
» Qar li reis pas ne se gardot
» Q'il li feïst ytél complot. »
Il(s) dient tout q'il ad raisoun :   -75
« Ore en respo(i)nez, sire Oton. »

Otes a Alis la main pris :
« Or(e) parlez o(ue) mei, sire Alis.
» Por qu'avez fait le rei cest don,
» Qe jointes mains estes sis hon?   -80
» Dites le mei, nel laissiez mie.
— Certes, pur force et pur aïe.
— Et a i plus? dites avant.
— O il, s'il vous pleist, unqor(e) tant :
» Qe il me guart si come sei,   -85
» Et autresi lui come mei.
— Et a l'eure q'il vous faudra,
» La sue fei vous mentira,
» S'il vous defie, qe ferreiz?

9452 Se : *orthographe très rare dans ce ms.;* -53 purchace;
-61 un soul; -65 quai; -71 ds; -72 mentue; -77 Ote a antoine ad
le main; -80 Qi... hom; -81 Ditez; -87 al heure; -88 f. me m.

» La fiance si vous tendreiz ? 9490
— « Quidez qe [jeo] li tienge fei,
» Dès q'il ne la tiendra a mei ?
» Dahé qi s'en entremettra,
» Dès q'il a mei ne la tendra !

(col. 2)
— Par fei, li reis deffia Daire ; -95
» Et de s'amour ne sot qe faire,
» Dès qe li reis le defiot,
» Mais torna s'en come il ainz pot ;
» N'osa pas dire : « Et jeo vous »,
» Qar Da[i]res esteit auqes sous, 9500
» Et bien vïaz si lui feïst,
» Or(e) ceste heure ja n'i failist :
» Il le feïst sempres tenir
» Et, si lui pleüst, tost honir,
» Et puis si(l) guarnist sa maison -5
» Q'il n'i meïst puis le talo(u)n.
» Et si vous voil jeo après dire,
» Ceo sach[i]ez bien, qe [si] le sire
» Meine son homme estre [la] lei,
» Il ne lui deit puis nule fei ; -10
» En es l'eure q'il le defie,
» Si Deus me gart et beneïe,
» Ffei ne fiance ne lui deit :
» S'il le purchace, il ad bon dreit ;
» Dès q'il li falt, o(ue) tiél se tienge, -15
» S(i)' il ad busoign qi le maintienge.
— Par Dieu, sire Otes, fait Alis,
» Molt par y ad Daires mespris.
» Puis qe taunt avenu esteit
» Qe il par mal del rei part[e]it, -20
» Qar attendist (ou) deux jors ou treis,
» Qe il deüst bien faire un meis,
» Ou sevals jusqe l'endemain ;
» Si tenist sa tour en sa main
» Q'a nul autre ne la livrast ; -25
» Puis si veïst et esguardast,
» Si il n'offr[e]it dreit del tort fait
» Qe lui esteit fait et del lait,
» Qe li(u) reis ytant ne feïst
» Q[e] il dreiture n'en offrist, -30

9500 suls ; -11 Enes liure ; -12 dš ; -14 se p. ; -16 qil m.

Tome II

4

» Donc pr[e]ïst son counseil dan Daire,
» Saveir q'il en eüst a faire,
» Ou de l[e] prendre ou del laissier :
» D'iceo se peüst conse[il]lier.
» Et si li reis tant nel preisast 9535
» Qe dreit faire ne lui deignast,
» Idonc peüst estre ainz tens
» A ceo q'il ad fait trop a tens :
» Si eüst ydonc meillour dreit,

(f° 216 r° col. 1) » Dès q'il él faire ne poeit. -40
» Ore n'en ad ne tant ne quant,
» Ne qe valge le pris d'un gant;
» Aincès poet ore bien vee[i]r,
» Qi un petit ad de saveir,
» Et qi entendre s(i)ét raison, -45
» Il n'i quist plus fors achaison,
» La ou danz Daires ne suffri(s)t
» Seveals ytant com(e) jeo ai dit.
» Et ceo est or(e) bien chose certe,
» Il ne poet pas rendre la perte, -50
» N'a mon seignur rendre ses genz,
» Dont y ad pris plus de dous cenz.
» Et tout sont pris por ycest plait
» Qe Daires ad basti et fait,
» Et la traïson q'il ad fait[e] -55.
» Li serra mais touz jors retraite.
» Prenge li reis son vengement
» Del cors de lui demeinement,
» Et face le pendre ou ardeir,
» Qe bien l'ad deservi pur veir. » -60

Otes respont, qi fu iriez :
De seant liéve sur ses piez;
Giens ad esté trestout unqore
Envers yceo q'il dirra ore :
« Alis, beals sire, amendez y, -65
» Qar je ne l'ottrei(e) pas issi.
» Ffors d'une chose dites bien,
» Ne vous en sai blasmer de rien;
» Vous dites veir tot a estros,
» D'iceo me tienge je o(ue) vo(u)s. -70

9532 affaire; -62 pies; -69 estrus

MANUSCRIT S 51

(*Puis les v. du texte critique 8329-32*)...
» Molt se deit hom(me) bien porpenser 9575
» Qi autre juge a desmembrer
» Qe sis jugemenz ytiéls seit
» Qe afermer le puisse a dreit;
» Qar, puis q'avrez homme deffait
» Par le jugement q'avrez fait, -80
» Vous nel poez pas guaranter,
» De mort a vie retorner,
» Si vous trés bien le voili[i]ez :
» Après vous [en] repentir[i]ez.
» Tout devez le mal abaiss[i]er,
» Et bien tenir et essaucier. » 9586

(*après O 8344*) . . . .
(col. 2) Hardiz fu et molt proz d'aage, 9599
Et si esteit de haut parage ;
Granz fu et ot les peils chanuz,
Et ne fu pas trop encreüz. 9602

(*après O 8406*) . . . .
(v° col. 1) La court esteit forment troble[e], 9665
Por un poi ne semblot mesle[e],
Car n'alot pas lor parlement
A chescun d(e)'eux a son talent,
Quant Amon est en piez leve[z]
Un[s] riches hom[me] molt renome[z]: -70
« Seignurs, » fait il, « ore aiez paiz :
» De vos tençons est molt granz laiz.
» Bien avon vos countes oï(e)
» Qe vous avez parlé ici :
» Seient li(u) count[e] tout retrait -75
» Et puis seit li jugemenz fait,
» Qe, par la fei qe jeo vous dei,
» Nel di d(e)'autre mais qe de mei,
» Ja li jugemenz n'en yert faiz,
» Si entre nous ne metton paiz. -80
» Mais recordon le parlement,
» Et puis faimes le jugement. »
Qe vous ferreie plus long(e) plait?
Ne fu pas li jugemenz fait. 9684

(*après O 8518*) . . . .

9581 guarantir — 9601 Grant — 9671 pais; -72 grant; -76 le iugement; -77 le f.; -84 le iugement.

(f° 217 r° col. 2) Puis q'il est seür[s] de s'amie, 9797
Qi illoec plore et merci crie.
. . . .

(après O 8546)
(v° col. 1) Ceo est la rien ont molt s'affie, 9827
Et ne vous esmerveill[i]ez mie :
(Puis les v. du texte critique 8547-8)...
Pur maintene[i]r bachilerie, -31
N'ad tiél homme jusq'en Surie.

(après O 9300) . . . .
(f° 221 v° col. 1) » Ne plorez, » fait il, « beals amys, 10585
» Mais tourne t'en en mon païs.

(après O 9604) . . . .
(f° 223 r° col. 2) Il sist sur un cheval curant : 10891
D'un bon espié, qui fu trenchant,

(après O 9672) . . . .
(v° col. 2) Tout respoundent comunement 10963
Q'il ferount son comaundement,
Qar bien saveient par lour sort
Qe tout erent jugié a mort. 10966

(après O 9718) . . . .
(f° 224 r° col. 1) Qe tant en gist mort lonc le mur 11013
Qe a un lanz del pié del mur
Ne poeit hom(me) un(e) dart lancier -15
Qi ne chaïst sur chevalier,
Ou qe ne fust morz ou naufrez
Ou de son cheval aterrez.
Quant cil dedenz virent les Grés,
Qe lour orguil[s] est si remés, -20
Eissirent fors comunement
Et fi[é]rent les de maintenant. 11022

(après O 9724) . . . .
(col. 1) Quant il virent ne sont qe trei, 11029
Sul il dui et li cors le rei,
A une part se sont torné.
Cil ad le rei araisoné : 11032

(après O 9762) . . . .
(col. 2) A Thèbes firent doel et joie, 11073
Mais lour leëce fu molt poie :
Et joie font des Greus oscis, -75
Et grant doel ount de lour amys.
Les lour font prendre et cunreer
Et a grant honur enterrer;

11030 le cors.

MANUSCRIT S   53

Cels del host mange[ro]nt mastin(s)
[Et] vealtre(s) et vultur(s) et corbin(s) : -80
N'en voudrent unc nul enterrer,
A hont[e] les font demener,
Qar devers eux n'ont mais dotance
Qe jamais en seit pris vengeance :
Bien quident qe morz seit li reis   -85
Ensemble o(ue) les autres Greizeis.
A un jour sont tout assemblé
Pur faire rei en la cité;
Rei firent par election
Par grant esguart et par raison :   -90
Creon le viel ount coronné,
Qar ne trovent en la cité
Homme de plus haut(e) parenté,
Ne qi ait maiour poesté;
Qar del linage esteit le rei,   -95
Et n'est mie hom(me) de grant bufei,
Et bien alosez chevaliers
Et proz et nobles justisiers;
D'autre part ert de grant linage.
N'i trov(er)ent homme de parage   11100
Q[e] il puissent mettre el regné :
Molt hautement l'ont coroné.
Grant joie en ont en la cité,
Mais molt lour ad petit duré,
Qar les dames qe jeo vous dys,
Qi regretoient lour amys,   11106

(après O 9812) . . . .
(v° col. 1) Et as oiseals et as mastins   11141
             Abandoné par les chemyns.
(après O 9908) . . . .
(f° 225 r° col. 1) Et molt par oent grant bruiur   11233
             Et de la gent molt grant rumur.
(après O 9936) . . . .
(col. 2)   Reis Adrastus molt l'esguarda :   11261
             Ne sét qi sount, grant poür a.
             Li dus chevalche tout avant
             Et siet sur un cheval ferrant.   11264
(après O 10108) . . . .
(f° 226 r° col. 2) Li dux fu molt bons chival[i]ers,   11433

11081 unqes; -85 mort — 11233 ount g. bruuur — 11261 les esguarda

(après O 10132)
(col. 2)
Assaut les come bons guerriers.
. . . .
Trestouz les esbrasa forment, 11459
A grant dolour ardent la gent.
. . . .

APPENDICE II

Vers spéciaux a la famille *x* (manuscrits *B* et *C*),
ou communs a *BC* 1 et a l'un des mss. de la famille *y* (*AP*)

(après O 2 150)	. . . .	
(f° 2 r° col. 1)	» D'autre vile, d'autre cité	153
	» Vous trouva l'en ou bois gité;	
	» Ici n'est pas vostre regnez,	155
	» Ainz fustes en autre lieu nez;	
	» Ci ne sont pas vostre parant,	
	» Dont vos puissiez avoir garant;	
	» Vous n'avez ci pére ne mére	
	» Ne cousin ne sereur ne frére.	160
(après O 156)	. . . .	
(col. 1)	Ne sét que dire ne que fère	167
	Contre ces garçons de put aire;	
	Ne puet ne boivre ne mengier,	
	Ne ne s'en sét comment vengier.	
	Touz plains de mautalent et d'ire,	
	A dant Appolo le vèt dire.	172
(après O 158)	. . . .	

1. Le texte est celui de *C*, généralement plus correct; nous donnons en note les variantes de *B*, sauf les variantes orthographiques sans intérêt. Lorsqu'un passage est commun à *B C* (*x*) et à *A P* (*y*), *A* ou *P*, nous l'indiquons en tête des variantes. Les variantes données sans indication de manuscrit appartiennent à *B*.

2. *O* désigne notre texte critique, que nous considérons comme reproduisant à peu près l'original perdu.

154 em b. — 167 sot.

APPENDICE II

(col. 2)
  En l'ille de mer Galillee, 175
  Qui mout par est et grant et lee,
  Fu fèz uns temples par nature :
  Ce nos enseigne l'escriture.
  Delfox a non, ce dit la lèttre.
  Cil qui s'en veulent entremètre 180
  De leur aventures savoir
  Viennent iluec respons avoir.
  Appolo li dieus du soleill,
  Par grant cure et par grant esveill,
  Donne respons en une croute 185
  De cele chose que l'en doute.
  Li dex se repont et s'enserre
  Dedenz une croute soz terre;
  D'iluec desclot bien et desserre
  Ce que chascun[s] li veut requerre; 190
  Bien dist a chascun s'aventure,
  Mès sa responsse est mout oscure,
  Pour ce, sachiez trés bien de voir,
  Que pour cest siécle decevoir
  Est la parole du deable 195
  Double touz jors et decevable.
  Edyppus est a quelque paine,
  Si com s'aventure le maine,
  Venuz avant : enmi l'areine
  Descent et son cheval areine. 200
  Dedenz entre, le deu salue :
  De son afaire quiert aiue.
  Li diex respont : « Quant tu seras
  » Issuz de ci, si trouveras
  » I. honme que tu ocirras :
  » Ainsi ton pére connoistras. » 206

(après O 330)
  . . . .
(f° 3 r° col. 2)
  Bien est hardiz vassaux et proz 379
  Et doit estre sires seur touz.

(après O 348)
  . . . .
(v° col. 1)
  La roïnne lez lui s'asist, 391
  Et puis oiez qu'èle lor dist :

(après O 370)
  . . . .

176 ml't (*presque toujours ainsi abrégé dans C, en souvenir du latin* multum); -77 C fet .j. temple; -79 dist; -83 C le dieu de conseill; -88 desouz; -89 C desclost; -92 B trop o.; C obcure; -94 tout s.; -95 p. desdaignable — 391 lez li.

MANUSCRITS B ET C

(col. 2) (P 665)	» Mout (me) merveill se rois [ne] l'oscit:	415
(P 666)	» Ne cuit que autres le feïst.	
(après O 436)	. . . .	
(fº 4 rº col. 1)	Meinte chançon viez et novèle,	479
	Meinte gigue, meinte vïèle,	
	Harpes, salterions et rotes,	
	Rostruenges, sonnez et notes.	482
(après O 1042)	. . . .	
(fº 7 vº col. 1)	« A mon vivant et a ma vie	1029
	« Vous en otroi la seingnorie.	
(après O 1198)	. . . .	
(fº 8 vº col. 1) (A 1705)	Dès que li termes est passez	1185
	Qu'il deüst estre coronnez,	
	Pollinicès s'en tint a mort	
	Et menaça son frére fort :	
	Ne puet pas rire ne jouer,	
(1710)	Par nuit dormir ne reposer,	-90
	Et dist qu'a Thèbes s'en ira	
	Et son regne chalengera.	
	Mès Adrastus li a loé,	
	Qu'il a en son conseil trové,	
(1715)	Que ja premerains la n'ira,	-95
	Mès son message i trametra,	
	Qui par raison sache parler,	
	Le regne querre et demander,	
	Et desfier et menacier,	
	Se ses frére l'en veut boisier.	1200
	Il ne treuve qu'i veulle aler	
(1722)	Pour le mesage raconter,	
	Ainz dist chascun[s] que fox sera,	
	Qui le mesage portera.	
(1723)	Quant Thideüs les voit doter	-5

(415-6 *communs à xP*) 415 *P* M. mesmeruel se sois; -16 *P* kautres ia li fesist — 481 *H.* sonner muses et roches; -82 rotruenges — (1185-1220 *communs à xy*) 1185-6 *y diffère* : Quant le terme voit aprochier (*P* aproismier) Ne sen (*P* se) volt pas plus atargier; -87-8 *m. à P et différent dans A* : Dit quil meismes i ira Li rois li dist que non fera; -87 *B* tient; -88 *B* mance; -89 *B* pot; *P* ne p. mais; *A* Chius a tel talent del aler; -90 *A* Ne puet d.; -91 *A* Ains d.; *P* D. que; *BA* en ira; -92 *P* r. demandera; -94 *A* Si la; *P* a s.; -95 *A* Q. orendroit, *P* Q. empresent; *y* pas ni ira; -98 *A* Et vos drois, *P* Et son droit; 1200 *x* Se ton frere ten, *A* se vos freres vous, *P* Se ses f. li; *B* v. blasmer; -2 *y* Ne son m.; *A* au roi conter; -3-4 *m. à A*; -4 *P* i p.

58 APPENDICE I

	Et le mesage refuser,	
	Afiche soi que il ira	
	Et le mesage portera :	
	« Il savra bien blamer celui	
	» Et demontrer le droit cestui;	1210
	» Et se il veut le droit noier,	
(1730)	» Il sera prest du chalengier :	
	» Pour l'amour de son compaingnon,	
	» En metra son cors a bandon,	
	» Dont il avra le cors percié	-15
(1734)	» Et son escu tout despecié. »	
(1741)	Pollinicès en veut du roi,	
(1742)	Toutes voies a voir l'otroi.	
(1737)	Or li est vis que trop demeure :	
(1738)	N'atendra mès ne jor ne eure.	1220
(après O 1564)	. . . .	
(fº 11 rº col. 1)	Faee estoit en tél maniére,	1583
	Que ja rien vivant qu'il en fiére,	
	Pour que sanc en face voler,	
	Qu'il ne muire sanz afoler.	1586
(après O 1628)	. . . .	
(col. 2)	Du miex estoient du pais,	1649
	De dus, de contes, de marchis.	
	De trestouz icès diz barons	
	Pouez ici oïr les nons :	
(vº col. 1)	Danz Thereüs i fu li prouz,	
	Et Salcon li plus biaus de touz,	
	Et Chavelaux, qui fu de Frise,	-55
	Et Dryanz a la barbe grise,	
	Et Dorylus, .j. granz meschins,	
	Et Pallas, qui fu ses cousins,	
	Et Pledimus li mareschax,	
	Et uns qui ot non Godeschax,	-60
	Et Flegeon de Valparfonde,	

1207 *A* Il li a dit kil i ira, *P* Il a d. ke il icra; -8 *A* li dira, *P* noncera; -9 *y* Et s.; -10 *AB* demoustrer, *P* demander; -12 *y* pres; *A* a c.; -13-4 *y* Por lamistie pollinices Entreprendra ce dist tel (*P* tes) fes; -15 *y* lescu p.; -16 *y* Et le visage deplaie; *y* aj. 2 v., *puis donne les v. 1219-20 légèrement modifiés, puis 2 autres v.* (*Voy. App.* III); -17-8 Cf. *O* 1199-1200 — 1583 F. lont de t.; -84 riens; -86 Qui — 1649 Des m.; -54 *BC* le p. biau; -55 thenclax; -56 driaux; -57 dorilans uns gens; -59 pladimus; -61 ualfeconde.

MANUSCRITS B ET C   59

	Qui fu filz au roy Pharamonde,	
	Et Lichabas de Valflourie :	
	De ces .x. fu cèle mourie.	
	Tout escacha cèle tempeste :	
	Jambes et piez et braz et teste.	1666
(après O 1928)	. . . .	
(f° 13 r° col. 2)	Vont s'en, si content les novèles,	1955
	Qui ne leur sont bones ne bèles.	
(après O 2150)	. . . .	
(f° 14 v° col. 2)	La porte fu toute d'yvoire	2177
	Entailliee d'euvre trifoire ;	
	En la porte ot merveilleuse euvre.	
	La volte qui la porte ceuvre	
	Est toute fète d'orpiment :	
	M. marz et plus valoit d'argent.	2182
(après O 2160)	. . . .	
(col 2)	Pour compaingnie l'ot a soi.	2192
	La damoisele fu mout gente :	
	Cors ot bien fèt, chiére rovente,	
	Eulz vers rianz, bouche petite;	-95
	Mout l'avoit bien nature ellite,	
	Qu'il n'estouvoit en nule terre	
	Plus bèle rien trover ne querre.	
	(Puis les v. du texte critique 2161-2)...	
	L'enfant tenoit en son escors,	2201
	Si li tendoit des blanches flors.	
	(Puis les v. du texte critique 2163-4)...	
	Grant poor ot, si fuit avant,	2205
	Entre ses braz tient son enfant.	
(après O 2210)	. . . .	
(f° 15 r° col. 1)	» Jusques la vous ferai conduit,	2251
	» Qui qu'il soit bel ne qui qu'anuit. »	
(après O 2288)	. . . .	
(v° col. 1)	» Fèt nous avez mout bel servise :	2313
	» Mout estoit nostre gent aquise.	
	» Mès unne rien pouez savoir :	
	» En moi pouez fiance avoir. »	2316
(après O 2314)	. . . .	
(col. 2)	» Quant chascune ot ocis le soen,	2341
	» Pouez savoir mout li fu boen.	

1662 Et fu; -64 cellamorie; -65 Touz esquassa — 2179 eure;
-81 C de pyment — 2202 .ij. b.; -5 p. a — 2252 Cui quen s. —
(2341-2 communs à xA) 2341 A Car c.; -42 A lor f.

(après O 2334) . . . .
(col. 2)   » J'ai a garder le filz le roi,   2361
            » Et je le gart si com je doi.
(après O 2472) . . . .
(f° 16 r° col. 1) » A chevaux serai desmembree 2407
            » Ou en .j. feu arse et brulee.
(après O 2476) . . . .
(col. 2)   » Lasse, » dist el, « pour quoi le fis? 2413
          . » Que penssoie quant ci l'assis? »
            L'enfant redresce contremont,   -15
            Les eulz li baise et puis le front :
            « Enfes, petite creature,
            » Cléře face, tendre fèture,
            » Tant fusses genz et avenanz,
            » Se peüsses avoir .xx. anz!   2420
(après O 2554) . . . .
(v° col. 2) » Et d'une rien certeins soiez :   2497
            » Se vous icest don m'otroiez,
            » Forment vos en mercierai
            » Et mout bon gré vos en savrai. » 2500
(après O 2620) . . . .
(f° 17 r° col. 1) (P 3859) La roïne pas ne s'acoise, 2561
(P 3860)   Ainz se doulose et fèt grant noise.
(après O 2630) . . . .
(col. 2) (A 3983) Dès qu'en terre fu mis li cors, 2573
(A 3984)   Ne fu mie li deulz si fors.
            (Puis les v. du texte critique 2831-46 (sauf
            4), vers qui sont placés dans y avant le
            v. 2689 de x; et à la suite, la Mort du
            Serpent et les Jeux).
(après O 2646) . . . .

MORT DU SERPENT

(f° 17 r° col. 2) (A 3985) La roïnne lez le roi sist, 2587
            Oïr poez qu'èle li dist :

2407 As; -8 et ventee — 2413 L. fait elle p. q. fiz; -18 T. f. c. f.; -19 fussiez; -20 peussiez — 2497 Que dune; C certein, -98 cest (v. faux) — 2561-2 sont aussi dans P — (2573-4 communs à xy) -73 y Puis q.; C le c. — (2587-2850 communs à xy) 2588 y Ml't fu irie oes que d.

MANUSCRITS B ET C

  « Seingnor(s), » fait èle, « entendez moi.
  » I. sèrement faz seur ma foi ; 2590
  » Tant com sera li serpanz vis,
(3990) » Par qui, » fèt ele, « fu ocis
  » Mes filz, dont j'ai au cuer grant ire
  » Plus que ne sai conter ne dire,
(3991) » N'iert pardonnez cist mautalenz. -95
  » Mès or prouvez voz hardemenz ;
  » Armez vous, seingnor chevalier,
  » Et si faites le bois cerchier :
(3995) » Ja ne faudra nel truist aucuns.
  » De l'ocirre se paint chascuns. 2600
  » Qui m'en aportera le chié,
  » Je l'en dourrai mout riche fié :
  » .M. chevaliers touz de ma terre
(4000) » Li baillerai, s'en li fèt guerre. »
  Li Grieu cest covenant otroient ; -5
  As ostiex vont, si s'en conroient ;
  Em petit d'eure en veïssiez
(4005) .X. mile armez des plus proisiez.
  Adrastus mande ses archiers,
  Qui sévent traire d'ars maniers : -10
  Le bois aceingnent de touz sens,
  .Iiij. lieues dura li rens.
(v° col. 1) (4010) De toutes parz le vont aceindre :
  Du bois le veulent hors empeindre,
  Et dient tuit saillir l'estuet, -15
  Ou se ce non morir i puet.
  Parthonopiex pas ne s'arma :
(4014) Sor .j. corant destrier monta ;
(4016) Après les autres vint poingnant.

2589 *y* Vous signor griu; -90 *B* loi; -91 *A* li s. sera v.; -92 *y* P. cui (*P* quoi) mes enfes est ochis; -93-4 *m. à A*; -93 *C* Mon filz; *P* Archimotus dont ai g. i.; -94 *x* penser; -95 *y* mes m.; -96 *y* M. esproues; -97 *y* Soient (*P* Soies) arme vo (*P* com) c.; -98 *y* Si f. bien; *P* le gart; 2599-2600 *m. à P*; 2599 *A* Ne remanra; 2600 *B* se peut; -1 *y* chief; -2 *y* ficf; -3 *P* tout, *A* ait; -4 *A* Por lui aidier, *P* Ara de moi; -5 *y* C. c. li g.; -6 *By* se conroient; -7 *A* En poi de terme, *P* En trop pau dore; -8 *A* .x. cens, *P* .ij^to; -11 *y* en tos; *C* senz; -12 *y* dure; -14 *y* A plain; *P* le quident; *y* fors; -15 *A* morir; -16 *y* Nensi nensi (*P* Ensi nesi) garir ne poet; -17 *P* Patrenopex; -18 *y* S. .j. ceual c. m.; -19-20 *intervertis dans A*; -19 *y* va; *B* courant.

APPENDICE II

(4015)	Arc ot mout bon et bien traiant;	2620
(4017)	Saiètes ot toutes d'acier	
	Bien esmolues por trenchier.	
	De la terre d'Archade ert sire :	
(4020)	Par verité vos poons dire	
	Nus hom miex trère ne savoit,	-25
	Car dès s'enfance apris l'avoit.	
	Bien ont li Grieu assis le bos,	
	Le serpant ont dedenz enclos.	
	Soz unne roche, en .j. pendant,	
(4026)	Le serpant treuvent .x. serjant;	-30
(4029)	De la grandeur de lui s'esmaient,	
	Et nepourquant tuit dis i traient :	
	Li un(s) traient carriax aguz,	
	Li autre(s) lancent darz moluz.	
	La pel a dure et de put aire,	-35
(4034)	N'em pueent pas du cors sanc trère;	
(4037)	Mès quant il voit que l'en l'assaut,	
	Herice soi et dresce en haut;	
	Mout se corrouce et rent escume,	
(4040)	De la chaleur le bois alume;	-40
	Venim leur lance enmi le vis,	
	.V. en trebuche mors des .x..	
	Li autre .v. fuiant s'en vont,	
(4044)	Par tout le bois grant noise font :	
(4051)	Lors oïssiez le bois tentir,	-45
	La gent de toutes parz venir :	
	A l'envahir crient et huent,	
	Lancent li darz et pierres ruent.	
	La pel est dure, si resort :	

2620 *A* A. auoit b.; *B* trenchant, *P* gietant; -22 *P* E. p . b. t. -23-4 *m. à P*; -24 *x* Pour; -26 *y* C. en; *CP* enfance; -27 *C* le bois enclos; -29 *A* Sos, *C* Sor, *P* Les; -30 *P* Illuec le t., *A* La le trouerent; *y aj. ces 2 v.* : Au soleil ert (*P* iert) tous estendus Il ert grans hidex (*P* Ml't iert hisdeus g.) et corsus; -32 *BP* Et non p.; *B* touz; *P* trestout i t.; -34 *x* lancent; *B* aguz; -35 *y* Le rofe; *A* de mal a.; -36 *y* Ne li pueent; *B* c. t.; *y aj. 2 v. (voy. App.* iii); -37 *y* Q. li serpens v. con lassaut; -38 *A* d. h.; -39 *P* se retorne et giete e., *A* Et gete flame et si e.; -40 *y* Du (*P* Dou) fu quil rent li bos a.; -41 *By* Venin; *y* lor gete; *A* les v.; -42 *y* Les .v. en gete (*P* abat); *A* mais; -44 *A* Parmi, *P* Sour t.; *y aj. 6 v. (P 8) (voy. App.* iii); -45 *A* Dont; *y* fremir; -46 *y* De t. p. griiois (*P* les grieus) v.; -47 *x* traient; -48 *C* L. i d., *B* L. d.; *A* dart; -49 *y* Li piaus; *P* bien r.

(4056)		Nel porent pas navrer a mort.	2650
(4063)		Parthonopiex i vint li prox :	
(4064)		Premier s'eslesse devant touz ;	
(col. 2)	(4071)	Emprès le col mout bien l'avise,	
(4072)		La ou l'espaule se devise ;	
		Unne saiète li envoie,	-55
		Le cuer li perce et tout le foie.	
(4073)		Par derriére la saiète ist :	
(4074)		Sachiez que grant plaie li fist.	
(4077)		Li serpanz muert, forment s'angoisse,	
		Tout environ le bois defroisse.	-60
		Tout a un fès chaoir se lesse :	
(4080)		La veïssiez estrange presse,	
		Tuit ensemble fiérent manois.	
		Parthenopiex parla li rois :	
		« Seingnor(s), » fait il, « droiz est et biens	-65
		» Que du serpent soit li chiés miens. »	
(4085)		Il a trèt hors le branc tout nu,	
		Voiant touz part le chief du bu.	
		Lever le fait sus .j. sonmier,	
		Si se mètent au repairier.	-70
		En la cité vint la nouvèle,	
(4090)		De tex en y ot qui fu bèle.	
		La roïnne mout se conforte,	
		Vint encontre jusqu'a la porte.	
		Parthonopiex a pié descent :	-75
(4094)		« Dame, » fèt il, « le chief vos rent. »	
(4097)		Èle respont : « Or sui haitiee,	
		» Quant du serpant m'avez vengiee,	

2650 *P* poent; *A* Ne le pueent; *y* aj. 6 v. (voy. App. III); -51 *P* Patrenopex; -52 *y* Premiers; *A* se lance; *A* aj. 6 v. (voy. App. IV); -53 *x* U cors (*B* El col) le fiert; *P* le vise; -54 *B* li d.; -55-6 m. à *A*; *P* dével. en 4 v. (v. 3959-62; voy. App. V); -57 *y* Que; *P* par derrier; -58 *P* Or s. bien g.; *BA* mont (*A* ml't) g. p. i f.; *y* aj. 2 v.; -59 *y* Bien pert quil m. que ml't (*P* car trop) langoisse; -60 *y* T. entor lui; -61 *C* Tuit; *y* cair; *x* chascun (*B* chascuns) seslesse; -62 *B* Lors; *P* Dont v. issi grant p., *A* Cascuus des griex vers lui seslaisse; -63 *y* Des espees; -64 *P* Patrenopeus p. ri rois; -66 *C* li c. s. m.; -67 *y* Isnelement t. le b. nu; -68 *B* V. culz; *A* Le cief li trence fors del bu ; -69 *y* Sor .j. ronci le fist (*P* font) cargier (*P* carchier); -70 *P* Puis, *A* Si; *A* se sont mis; *y* el r.; -72 *B* cui; *A* Qui a ceus dedens fu ml't b., *P* Saichies ka chiaus d. fu b.; -73 *A* sen; -74 *B* Vait e., *y* E. va; -75 *P* Patrenopex; -76 *P* renc; *y* aj. 2 v.

64 APPENDICE II

(4100)
》 Bien devez estre mes amis:
》 Le fié avrez que vos promis. 》   2680
Par un sien gant l'en fist present,
Si que le virent mil et cent.
Le chief traient enmi la place,
Lever le font sus une estache.
Tuit l'esgardent grant et petit;   -85
(4106) Chascuns jure qu'ainz tel ne vit.
(4109) Pour la grant joie de la teste
(4110) Firent li Grieu le jor grant feste.   2688

LES JEUX

(A 4137)
Adonc veïssiez vous les Greus   2689
Apareillier de faire jeus.
En un pré, qui est granz et larges,
(4140) Fist s'ost conduire li rois d'Arges;
(f° 18 r° col. 1) Puis le[s] conmande en sus atrère
Pour les geus esgarder et fère.
Li plus seingnor et li plus mestre   -95
Firent le jeu de la palest[r]e :
(4145) Ce est uns jeux, ce dit l'estoire,
Dont cil qui vaint a mout grant gloire.
Or vous dirai des jouëours
Quéle est la painne et li labours.   2700
Quant en la place sunt venu,
(4150) Si se despoullent trestuit nu;
N'i remeint nule creature

2680 *B* Le fieu auroiz, *A* Le fief vous renc, *P* Le f. ares; -81 *P* tait; -82 *y* Si quel v. .m. et .v. (*P* .vij.) c.; -83 *x* ruent; *A* en une p.; -84 *A* Si le ficent en, *P* Sel loierent a; *y* estace; -86 *A* iura; *B* Chascun iurent que t.; *y* aj. 2 v.; -87 *y* P. la i. de cele t.; -88 *B* cel i.; *P* ml't grande feste; *y* aj. 8 v., dont les 4 derniers se rattachent, pour le sens, aux v. 2631-46 du texte critique (A 4119-32), qui suivent immédiatement; puis A donne les v. 2647-50, qu'il répète après les Jeux en modifiant les 2 premiers d'après x, et ensuite viennent les Jeux (v. 2689-2846 de C). -89 *B* Lors v. vous les pluseurs, *C A.* v. l. p.; *A* Dont peussies veir, *P* D. veist on venir; *y* les griex; -90 *CA* Apareilliez; *x* ieux; -91 *A* q. fu; -92 *P* lost; -93 *P* en .ii. lieus traire; -94 *B* grex; -95 *y* Cil qui erent (*P* ierent) en lost p. m.; -96 Cf. O 2448; *P* Qui seuent ieus a le p.; -97 *P* Cest .i. des i.; -98 *P* Que c. — 2700 *B* Quiex, *P* Queis; *A* lor p. et lor; -2 *BP* Tut se d. sempres (*P* illoec) nu;

MANUSCRITS B ET C

    Chauce, soulers ne vesteüre;
    D'uile font bien lor cors enoindre,   2705
    Puis si se vont ensemble joindre :
(4155)   Luitent a force et a pooir ;
    Chascuns se garde de cheoir.
    Li quiex que puet son pér conquerre
    Tant que cheoir le fèt a terre,   -10
    Cil a le los et la coronne,
(4160)   Et grant louier li rois li done.
    Ou par enging, ou par savoir,
(4162)   Couvient iluec victoire avoir :
(4167)   Qui bien ne s'i guarde et afaite   -15
    Cil a tost male perte faite,
    Car ses compainz sous soi le met,
(4170)   Ou soit par force, ou par jambet.
(4173)   Quant icist jeus fu trestouz fèz,
    Uns Grieus s'est en la place trèz,   -20
    Qui leur aporte une plomee,
    Qui merveilles fu esgardee :
    Un espan ot de lé entour,
    Et si avoit d'espès .j. dour ;
    Perciee estoit enz ou mi leu,   -25
(4180)   Car ainsi couvenoit au jeu.
    Par icel lieu qu'el fu perciee,
    Unne corde fu fort laciee :
    Qui la ploumee veut giter,
    Enmi le champ l'estuet ester ;   -30

2704 *P* Cauchiers; *xA* souler; -5 *B* le c.; *A* tot lor c. oindre; -6 *P* sen; -7 *B* a espoir; -9 *y* qui p.; *A* le sien; *x* aquerre; -10 *BA* Si que; -12 *y* Ml't g.; *B* louer; *C* le roi; *P* len d.; -13 *y* Mais p. e. et; -14 *y* vertu; *y aj. ces 2 v.* : Car cil est vertueux et prous Qui vencus est et (*P* nest ne) ciet desous, *puis A seul ces deux* : Cil a grant honte et grant anui Tot li autre gabent de lui; -15 *y* se; *C* guete; *P* nahaite; -16 *A* ml't bone; *y* paine; *A* traite; -17 *A* Quant; *B* cis; *y* desous le; -18 *y* Ou par engien (*P* abet); *y aj.* 2 *v.* : Cel iu fisent (*P* firent) premierement Ml't lesgarderent (*P* fu esgardes) longement; -19 *C* ieux; *y* Quant parfines est (*P* fu) tos li gius; -20 *C* .I. grieu; *y* Uenus est en le p. .j. (*P* Ens le p. e. v. li) griex; -21 *B* lors; -22 *y A* meruelle; -23 *A* ert loie e.; *P* Une espane fu lee e.; -24 *P* Si a. plain pie et plain dour; -25 *A* en m., *B* el m.; *P* Et p. e. ens m.; -26 *P C*. icou; *A* Et tel couuient a icel giu; -27 *B* quelle est p.; *y* la ou ele est en mi (*P* est ens mi lieu) p.; -28 *B* i est f. l.; *y A* une c. f. lacie (*P* laichie); -30 *A* le place, *BP* le camp; *A* en va, *P* sen va, *B* en vait.

Tome   5

(4185) Cèle corde prent en son poing
Pour la ploumee giter loing;
(col. 2) La ploumee contremont liéve,
Qui mout li poise et mout li griéve;
Ou li soit bel ou li soit grief,   2735
(4190) .Iij. tours la torne entor son chief.
Forment redoutent icel jeu :
Hom foibles n'i a point de leu.
Si conme Estaces le raconte,
Qui de cel jeu son pér sormonte   -40
(4195) Amenez est devant le roi;
Cheval et armes et conroi
Li fait li rois sempres doner
Et de lorier bien coronner.
Ainz que li jeus fust bien finez,   -45
(4200) Fu bien li vespres aclinez;
Et quant icès jeus finez ont,
Adrastus ses barons semont
Et fait crier par toute l'ost,
Qui a cheval qui ceure tost   -50
(4205) Envoit poruec, venir le face :
Si[l] verra l'en enmi la place.
Cil qui pourra vaintre le cors,
Ainçois que soit passez li jours,
Avra .ij. bons chevaux de pris   -55
(4210) Et .ij. mantiaux ou vers ou gris.
Lors veïssiez en la praèle
Tant bon cheval venir sanz sèle :
Tuit li plus riche et li meillor
Font amener u champ les lor;   -60
(4215) Chascun[s] fesoit venir le soen,
Pour ce qu'en voie le plus boen.

2731 *y* Le c. p. a ses .ij. poins; -32 *y* loins; -34 *P* et forment g.; -35 *P* s. preu; -36 *A* .Ii. fois le gete; -38 *y* H. qui est f. ni a l.; -39 *A* com lestore, *P* c. Wistasses, *BC* c. estace; -40 *P* Hom ki de cest ses pers s., *A* Icil qui celui ieu s.; -41 *A* E. a.; -42 *x* Chevaux; -43 *A* s. li r. d.; -44 *P* Et b. garnir et coreer; -45-6 *m. à P*; -45 *C* geux; *A* cil ieus f. defines; -46 *A* Fu li v. b. desclines; -47 *A* ce fu que fine lont; *P* Q. icel ieu afine o.; -50 *P* si c.; -51 *B* Enuoist, *A* enuoi; *B* pour ec, *C* por euf; *P* pour lui et v. f.; -52 *y* Et dist quil veut que cascuns sace; -53 *P* Car ki v. p.; *A* vaintra p.; -54 *A* p. s.; -55 *BC* .ij. c.; *P* des boins c. le p.; -57 *y* Dont; *A* par le, *P* ens le; -58 *A* aler; -59 *y* Trestot li p. r. signor; -60 *P* cascuns l. l.; -61 *A* i fist mener, *P* fait amener; -62 *P* ke v.

MANUSCRITS B ET C 67

(4218)	Li escuier lors les pormainent,	
	De bien apareillier se painent :	
	Trècent les queues contremont,	2765
	Les crins du col et ceus del front;	
(4221)	Chascuns du sien mout se traveille,	
(4222)	De bien conreer s'apareille.	
(4219)	Bien en y a soissante et trois,	
(4220)	Touz les a fait nombrer li rois ;	-70
(4223)	Touz ceus en meine Thideüs	
	Au chief du bois iluec desus :	
(v° col. 1)	Unne louee y a de plaingne	
	Toute sanz val et sanz montaingne.	
	Onques nus d'eus n'i arestut	-75
	De si qu'au bois dont li cors mut;	
	Iluec se sont aresteü,	
(4230)	Mès ne sont pas tesant ne mu ;	
	Lez le boschet tout voirement	
	Se sont jousté serréement.	-80
	Cil qui le cours a denonmé :	
	« Mouvez ! mouvez ! » a escrié,	
(4235)	« Esploitiez, » fèt il, « alez tost;	
	» Qui ainz pourra venir en l'ost,	
	» Cil soit touz fiz d'avoir le don. »	-85
	A tant meuvent a esperon ;	
	Par grant vertu porpranent terre,	
(4240)	Car chascun[s] veut le don conquerre.	
(4243)	Mès as pluseurs ne vaut un gant :	
	Li plus isnel en vont devant.	-90
	En cèle route en avoit deus	
	Forz et legiers et merveilleus :	
	Les autres passent en pou d'eure,	

2763 P Si; y bien les; -65-6 m. à A, qui place -67-8 après -70; -65 C Trestrent; P les crines; -66 C c. damont; -67 C des siens, B le suen, A de cex; x bien apareille; y traualle; -68 A De c. b.; x De son pooir a grant merueille; -69 P Il en; -70 P Bien; -71 C Ceuz; -72 A el mont; P amont la s.; -73 B lieuue, P grant lieue; -74 y Tot s. valee; -76 A D. al, P Tressi au; C le c.; -77 y tot retenu; -78 B p. aresteut; -79 C bochet, P bosket; A L. .j. boscel seurement; -80 B iostet; A areste voirement; -81 P deuise; A Et c. q. le c. a garde; -83 y dist il; -84 B q. em p.; P a lost; -85 C Si; -86 A sesmurent, P sesmueuent; y li baron; -88 C les dons aquerre; y aj. ces 2 v. : Dont veissies cevax destendre Et qui ains ains le cours porprendre; -89 B M. a; x v. neant; -90 A isniax; C sen; A en va; -92 C y Fors; y et isniax; -93 P Li autre.

APPENDICE II

	N'i a .j. seul qui a eus queure.	
	Amphiaras en est li uns :	2795
(4250)	Granz est et larges et toz brunz;	
	Isniaux estoit a grant merveille.	
	Cil qui sus est trop le traveille ;	
	Les esperons sentir li fèt,	
	Et li chevaux li court a hèt;	2800
(4255)	La resne lasche sor le col	
	Et pour itant se tint por fol :	
	Trop l'angoisse, trop le demeine,	
	Pour ce si li failli l'alainne ;	
	Et s'il la resne li tenist,	-5
(4260)	Tout premerains au cors venist.	
	Li autres estoit bien aates :	
	Piez ot coupez et jambes plates;	
	Le col ot cort, le chief bien fèt :	
	En lui n'avoit nes point de lèt;	-10
(4265)	De .cc. livres ert ses pris.	
	Parthenop(i)ex l'avoit conquis,	
(col. 2)	Cel an devant, en unne guerre	
	Que Persant firent en sa terre;	
	Touz estoit noirs fors .j. des piez.	-15
(4270)	Cil qui sus sist iert vesi[i]ez :	
	.Ij. courgies tint en sa main,	
	Forment le serre et tient le frain;	
	Des esperons nel volt touchier	
	Devant qu'il dut l'ost aprochier;	-20
(4275)	Devers destre le brun costoie,	
	Sel fait aler la droite voie.	
	Quant il vindrent bien près de l'ost,	
	Le bon cheval lesse aler tost,	

2794 *A* Cil doi venoient al deseure, *P* Ne nia nul ki si tost keure; -95 *A* Anfiaran, *P* Anfariaus; -96 *A* ert; *B* t. membrus (*v. f.*); -98 *y* s. siet; *P* fort le, *A* t. se; -99 *P* Ml't bien le coite a esperon; 2800 *P* Et li c. c. de randon; -1 *B* laisse, *A* li mist; -2 *x* sen; *A* Et de ce se t. il; -3 *y* t. tost le maine; -4 *B P.* tant; *P* salaine; -5 *y* retenist; -7 *P* Lautres e. trop b. a., *B* Li autre e. mont b. aastez; -8 *A* Lons pies auoit; *P* les i.; -9 *P* gros le; *A* Le cief ot gros le col b. f.; -10 *y* Miudres (*P* Nus m.) a .iiij. pies ne vait; -11 *P* iert; -12-15 *m. à B* (*confusion de* pris *avec* piez); -12 *A* Partinopex, *P* Patrenopex; -13 *P* a .i. g.; -14 *P* misent ens le t.; -15 *P* f. lun; -16 *A* siet; -17 *C* tient; -18 *P* tint; *A* li tire tost le f.; -19 *B* veult; -20 *y* Dessi; *A* vit; *P* aproismier; -22 *B* la dure; -23 *P* Et q. cil vint; -24 *P* laist, *A* fait.

MANUSCRITS B ET C

	Les esperons li hurte as flanz :	2825
(4280)	Li bruns remést, qui ert estanz;	
	Plus que ne giéte .j. ars maniers,	
	Vint li noirs en l'ost toz premiers.	
	Lors fu la noise sempres granz	
	Des chevaliers et des serjanz :	-30
(4285)	Le bon cheval esgarder vont,	
	Environ lui grant presse font.	
	Lors apela li rois les Grex,	
	Les dons tramet Parthonopex.	
	Parthonop(i)ex que cortois fist :	-35
(4290)	Les chevaux et les armes prist,	
	Si douna tout a l'escuier,	
	Puis en fist sempres chevalier;	
	Armes li donne et bon conroi	
	Et bon destrier et palefroi;	-40
(4295)	Richement et bien le conroie,	
	A ses loges puis l'en envoie.	
	A tant sunt departi li jeu,	
	Tuit vont as herberges li Greu :	
	Se ne venist si tost la nuiz,	-45
(4300)	Encore i fust granz li deduiz.	
	.V. jours entiers roondement	
	Orent li Grieu sejornement :	
	Mout estoient en l'ost haitié	
(4304)	Cil a cheval et cil a pié,	2850
(après O 2988)	. . . .	
(f° 21 r° col. 2)	A tant s'acostent au murel	3243
	Li bacheler, li jouvencel,	
(après O 2996)	. . . .	

2825 *y* Des e. le h.; -26 *P* remaint; *B* qui est, *P* kestoit; -27 *A* trait; -28 *B* tout p.; *y* Puis vint li n. en l. (*P* a l.) p.; -29 *A* Dont, *P* Ml't; -30 *P* De c. et de; -31 *A* Ce, *P* Cel; -33 *A* apele; *xP* griex, *A* grius; -34 *P* Le don pramet; *A* partinopex, *P* patrenepeus; -35 *A* partinopex, *P* patrenopex; -36 *BP* Le cheual; *P* pris; -37-8 m. à *P*; -37 *A* Trestot d. as escuiers; -38 *A* Et sen f. s. cheualiers; -39 *A* lor d.; -40 *y* Destrier; *A* ronci et p. *P* et riche p.; -41 *A* les; *C* conuoie; -42 *P* En s. l. p. le renuoie; -43 *P* se departent; *C* cil i.; *A* geiu; -44 *A* A lor loges sen vont, *P* Vont tout a leur ostel; *xP* grieu, *A* griu; -45 *C* nuit; -46 *P* Ens le cort f.; *C* grant le deduit; -47-8 *sont remplacés dans P par les v. de O 2647-8 (légèrement modifiés)* : Mien encient iuskau .iiij. ior Auoient grieu euu seior; *A* répète après *C* 2849-50 (qui reproduisent les v. 4135-6 de *A*) les v. 2689-95 (4137-43 de *A*.)

(v° col. 1)	D'amont leur donnent de granz cox	3253
	Et de pierres et de quaillox.	
(après O 3460)	. . . .	
(f° 24 r° col. 2)	Thideüs chevauche devant	3707
	Sor un mout bon destrier ferrant.	
(après O 3704)	. . . .	
(f° 25 v° col. 2)	» Tramète il cui il li plera,	3951
	» Que ja les piez n'i portera.	
(après O 3790)	. . . .	
(f° 26 r° col. 2)	» Desouz le temple d'Apolin	4033
	» Soit la pèz faite en cel chemin.	
(après O 3812)	. . . .	
(v° col. 1)	Mout s'entravindrent les colors :	4057
	C'est li indes et la blanchors.	
(après O 4362)	. . . .	
(f° 29 v° col. 2)	Par la règne prent le cheval,	4587
	Poingnant s'en revèt tot .j. val.	
(après O 4416)	. . . .	
(f° 30 r° col. 1)	Tanz vassaux de si granz esforz	4639
	Veïssiez iluec gesir morz.	
(après O 4494)	. . . .	
(v° col. 1)	Le destrier saisi par la serre,	4719
	Quil comperra ainz qu'il soit vespre.	
(après O 4540)	. . . .	
(col. 2)	Le liart rous prist par la serse,	4763
	Qui fu Eblon le roi de Perse ;	
	A un escuier le livra,	
	Qui en la cité le mena.	4766
(après O 5168)	. . . .	
(f° 34 v° col. 2)	Si s'armérent li chevalier :	5391
	Chascun[s] monta sor son destrier.	
(après O 6202)	. . . .	
(f° 38 r° col. 1)	» Se pouïez le vostre avoir :	5897
	» Diex m'en doint bien et joie avoir !	
(après O 6798)	. . . .	
(f° 41 v° col. 1)	» Onc n'i ot nuit fèt escharguète	6473
	» Qui par vostre cors ne fust faite :	
	» La nuit veillier et jeüner	
	» Et mal souffrir et endurer,	6476

3951 C qui; -52 C touchera; — 4033 dapollin — 4058 lez b. — 4588 contreual — 4639 C esfors; -40 C mors; — 4719 C la resne; -20 aincois au v. — 4763 C rouz; print p. la serre; -64 Ce fu e. le duc de Serse — 5392 C. iuemra — 6473 eschalguete; -75 et greuer.

MANUSCRITS B ET C   71

(après O 7628)	. . . .	
(f° 46 v° col. 1)	Quant il oïrent la novèle,	7275
	Pouez savoir mout lor fu bèle.	
(après O 7768)	. . . .	
(f° 47 r° col. 2)	« Dame, » fèt il, « vous dites voir :	7411
	» Faire l'estuet par estouvoir.	
(après O 7842)	. . . .	
(v° col. 2)	» Ne por moi ne por ma prison,	7483
	» Que il ja face traïson.	
(après O 7926)	. . . .	
(f° 48 r° col. 2)	» Tout entor vos vostre voisin	7569
	» Vous souloient tuit estre aclin.	
(après O 7952)	. . . .	
(v° col. 1)	» Reaimbez le de voz deniers,	7597
	» Dont vous avez .ij. muiz entiers. »	
(après O 8124)	. . . .	
(f° 49 r° col. 2)	Par ces places huchent et crient,	7727
	De ceus dedenz mout en ocient.	
(après O 8402)	. . . .	
(f° 51 r° col. 1)	» Puis ne li doi ge nul servise	7973
	» Qu'il me ferra en itél guise.	
(après O 8474)	. . . .	
(col. 2)	» Veïs onques tant bèle touse,	8039
	» Filz? Car me croi, s'en fai t'espouse :	
	» Tant mar i fu qu'èle est ploreuse	
	» Ne marrie ne doulereuse.	8042
(après O 8508)	. . . .	
(v° col. 1)	Li gentil(z) homme d'autre terre	8075
	De Daire vont merci requerre.	
(après O 8916)	. . . .	
(f° 53 v° col. 2)	Les gonfanons giétent au vent	8449
	Et nes espargniérent neant.	
(après O 8986)	. . . .	
(f° 54 r° col. 2)	Forment est feruz li estours :	8511
	Bien y ont enduré .iij. tors.	
	Auquant nel porent mès soffrir ;	
	Il lor estuet le champ guerpir.	
	Ne vos en quier faire lonc plèt :	

7276 que lor — 7412 estauoir — 7484 f. ia t. — (7569-70 communs à xA) 7569 A Enuiron vous tot vo v.; -70 A A vos s. e. a.; B enclin — 7597 Raimbez; -98 C .j. muis — 7728 BC Et c. — 7974 Que il maura fait en tel g. — 8039 tousse; -40 Fiuz; -41 mare fu — 8511 est venus.

72 APPENDICE II

(*après O 9006*) Cil s'en tornent, li rois s'en vèt.   8516
(*col. 2*)   . . . .
                 Quant il doivent outre passer,   8527
                 U gué les estuet afonder.
(*après O 9368*)
(*f⁰ 56 r⁰ col. 2*) Ment li li cuers, faut li la vie :   8831
                 A tant en est l'ame partie.
(*après O 9466*) . . . .

CONSEIL DES DIEUX ; MORT DE CAPANÉE

(*f⁰ 56 v⁰ col. 1*) Cèle nuit furent li Grejois   8877
                 Et tuit li baron et li rois
                 En freeur et en esmaiance :
                 Mout firent leide contenance.   -80
(5)   La nuit reposérent .j. poi,
                 Mès a plusors d'eus ne fu joi ;
                 Car sempres les estut lever,
                 Quant il virent l'aube crever.
                 Capaneüs fist l'eschargüete :   -85
(10)   Mout par fu bien cèle nuit fète ;
                 Ne volt guères gesir en lit,
                 Car ailleurs avoit son delit.
                 Tantost conme il vit ajorner,
                 Si fist les chevaux enseler :   -90
(15)   « Franc chevalier, » fait il, « que fètes ?
                 » Sont encore voz armes trètes !
(*col. 2*)   » Levez, levez, adoubez vous :
                 » Ne soiez pas si pareçous. »
                 Entretant sont tuit esveillié,   -95
(20)   Sempres furent apareillié ;
                 Hors des herberges en la plaingne
                 S'en ist de Griex bele compaingne.
                 Capaneüs li preuz les guie :
                 Sor lui fu toute la baillie.   8900
(25)   Tout droit a la cité les meine,
                 Mès mout i reçut male estreine :

8528 El g. l. e. affondrer — (8831-2 *communs à xA*) 8831 *C* le cuer ; *A* Li c. li faut et lues la vie ; -32 *A* lame sen e. p. — 8878 *C* barons ; -83 *C*. apres ; -86 Car m. fu b. ; -89 com ; -90 c. atourner ; -91 font il ; -92 *C* noz *B* vos ; -98 *C* des, *B* grez ; 8900 *B* Sus ; *C* fu faite ; -1 en la.

Le jour fu morz en tél maniére
Qui seur toutes autres fu fiére,
Si comme Huitasses le descrit, 8905
(30) Qui le voir en sot bien et dit,
Et je, s'il vous i plest entendre,
Vous en sai bien la cause rendre.

Quant cil de Thèbes aperçurent
Que cil dehors premerain furent -10
(35) Appareillié de la bataille,
Bien en furent irié sanz faille :
Leur armes prannent demanois.
Ainz que le sache bien li rois
Ne semonsse leur en fust faite, -15
(40) I ot ja meinte lance freite.
De toutes parz est grant la presse,
Li plus forz au foible ne lesse
Faire jouste par avenant,
Tuit i fiérent demeintenant. -20

(45) Capaneüs est en grant paine,
Par tantes guises se demaine :
Point et ellesse par la plaigne,
Souvent escrie en haut s'enseingne,
A hautes voiz s'enseingne escrie, -25
(50) A maint preudonme tolt la vie,
Et o la lance et o l'espee
Donne souvent meinte colee.
La hante est fort, roides li fers :
Meint chevalier abat envers, -30
(55) Meint chevalier abat a denz.
Esmaier cuide ceux dedenz,
(f° 57 r° col. 1) Mès n'i a guères tant coart
Qui pas fuie pour son regart.
Ne prisent pas tant sa menace -35
(60) Qe ja pour lui guerpisse[nt] place ;
Ne veulent pas le champ guerpir,
Ainz entendent au miex ferir ;
Bien entendent tuit au tornoi,

8903 BC mors ; -4 sus ; -5 com huitasce ; -8 en di b. ; -10 Et cil
d. premier i f. ; -13 C demenois ; -15 Ne semonse iour nen fu f. ;
C feite ; -16 Ja i ot ; -18 C Le : BC fort ; B ne le l. ; -22 BC nous
d. ; -23 seslaisse ; -26 tost ; -29 BC fors ; -38 a bien f.

APPENDICE II

	Chascuns y est conme pour soi.	8940
(65)	Pour quanque fèt Capaneüs,	
	Ne s'en traient guères en sus;	
	Mès neporquant n'i a tant fier	
	Qui près de lui ost aprochier;	
	N'a chevalier en la cité,	-45
(70)	Tant soit de grant auctorité,	
	Qui pas lui ost venir encontre.	
	Envers les autres semble montre :	
	Mout par est granz a desmesure;	
	Grant merveille est que rien li dure.	-50
(75)	L'en ne pooit trouver si grant,	
	Si preuz, si sage, si vaillant,	
	Nul chevalier en nesun regne,	
	Fors seulement lui et sa fame.	
	Sa moullier avoit non Evaine :	-55
(80)	N'ot si grant fame en tot .j. règne;	
	Ou païs dont èle estoit nee,	
	Ne fu onques si grant trouvee;	
	Onques ne fu fame si granz :	
	Èle iert du linage as jaianz.	-60
(85)	Si fu ses sires ensement,	
	Par pou ne sont andui parent;	
	Bien aviennent ensemble andui,	
	Mès ses sire iert graindre de lui;	
	Il estoit bien .ij. piez et plus	-65
(90)	Graindre que èle ne que nus :	
	C'est li graindre(s) de tote l'ost.	
	.I. cheval a qui mout vèt tost :	
	Sor mer fu nez, en haute rive,	
	Engendrez de noitun et d'yve;	-70
(95)	Noituns marins estoit ses pére,	
	Yve sauvage fu sa mére.	
(col. 2)	Quant vint au terme qu'il dut nestre,	
	Lez unne roche, sor senestre,	
	Se torna l'yve a quelque paine;	-75
(100)	Delez la roche, enmi l'araine,	

8941 i f.; -42 guiere; -43 nonporquant -47 Q. p. ose v.; -48 monstre; -49 grant; -50 com tant d.; -51 ni; -53 en tout un r.; -55 C enaine, B enenne; -56 Not en nul r. si g. fenme; -57 El; -60 El fu; -64 C son s.; B Ses sires iert greingneur; -68 qui vait si t.; -69 Sus; -70 C nortum, B nortin; -71 C Nortum marin e. son p., B Nortins marmen e. s. peres; -73 qui; -74 sus s.

Sor l'erbe fresche et sor le fain
Se delivra de cel poulain.
La chetive forment crioit,
Car èle ert en mout grant destroit, 8980
Quant uns lyons de la costiére
Oy la voiz orrible et fiére :
Avalant vint par la montaingne,
Ne treuve rien que tout ne fraingne;
La fain l'angoisse mout et chasce; -85
Cèle part vèt osmant la place.
La mére oï venir la beste :
A paines pout lever la teste ;
Mès, ou èle ne veulle ou daint,
Poour, qui toutes choses vaint, -90
La fist sempres tost sus saillir
Et son faon iluec guerpir;
Veulle ou ne veulle est sus levee,
Si s'en fuit conme forsenee.
Li faons remést a la rive, -95
Et li lions menja cele yve.
Uns païsanz de la contree
Leva matin a l'ainz jornee,
Et trestouz seulz par le rivage
Aloit querant son gaaingnaje : 9000
Le faon vit par aventure
Gesir iluec sanz norreture;
Entre ses braz prent le faon,
Si l'en porta en sa meson.
Unne biche qu'il ot norrie -5
A ce poulain rendi la vie :
Au soir et au mein l'aletoit,
Ensor le jour, quant li plesoit.
Tant le norri que mout fu granz,
Puis le vendi .xxx. besanz -10
Au filz le conte de Venèce.
Mès Adrastus, li rois de Grèce,
Prist le tousel a un tornoi :
Li danziaux, por quitier sa foi,

8980 iert; -81 Q. vint u. leus; -83 Deualant; -86 C. p. en suiuoit la t.; -89 el ne veille ou ne d.; -92 C sempres g.; -96 suit cele; -97 C l. paisant, B Uns paisans; -98 lajournee; -99 trestout seul; 9002 Gisant; -4 C Si le; B Puis si lemporte; -8 C Et ensor iour; -9 que il fu.

(140)   Donna le cheval Adrastus,   9015
          Et li rois a Capanneüs.
          Il le tint a mout grant honor
          Pour ce qu'il l'ot de son seignor;
          Li quens ot mout le cheval chier,
          Car mout est bons a chevauchier :   -20
(145)   Plus est isniax que arondèle,
          Riche frain ot et riche sèle;
          Il ot la destre oreille blanche
          Et ensement la destre hanche;
          Bais ert devant et vers derriere,   -25
(150)   D'un vermeil poile ert la coliere.
          Mout par ert li poulains isniax;
          N'en ot pas .iij. en l'ost plus biax :
          Bien ert aates et delivres,
          Et fu ses pris de .v. cenz livres;   -30
(155)   Isniaux est, si a grant alaine.
          Cil est desus qui bien le maine;
          Bien le maine Capaneüs
          As esperons a or desus.
          D'un poile a flors ot connoissance,   -35
(160)   Hauberc et hiaume et bone lance;
          Il ot escu grant et bien fet,
          N'a nul en l'ost qui si grant èt :
          Il fu fez outre Saint Evron;
          El mi leu fist paindre .j. lyon;   -40
(165)   D'azur fu touz li orles tainz.
          Ses linages i ert toz painz,
          Si conme il ert nez de jaianz.
          Merveilles ert li escuz granz.
          Bien est armez li riches quens   -45
(170)   Et conforte mout bien les suens;
          Souvent s'eslesse par la pree
          A esperons, lance levee;
          Par le champ vèt criant s'enseingne,
          N'encontre rien qui ne s'en plaingne.   -50
(175)   Mès il voit bien que ja le jor

9017 Le recut; -25 Blans iert d. et ver; -27-34 *sont placés à tort, dans les deux mss., après 9044;* -27 BC est; -28 C Nen a; -29 B est; C aathes; -30 B Lors iert; BC son pris; B de .iij.; -31 Anieus est; -35-6 *intervertis dans BC;* -35 fleur; -38 Et bien sachiez pas ne fu lait; -39 curon; -40 C En, B Ou; -43 iert; BC ioianz; -44 est; -46 C soens, B siens.

(col. 2)

Ne conquerront rien en l'estor :
Ja par force rien n'i feront,
Ne par l'ève, ne par le pont.
Son tour a fèt, si s'en desoivre ; 9055
(180) Lez la forest, en .j. genoivre,
Ses compaingnons en meine o soi.
Pou en remaingnent au tornoi :
Il se partent tuit de l'estour,
Si s'en viennent o lor seingno[u]r ; -60
(185) Trestuit s'en viennent entor lui,
Car entour lui ont lor refui.
Li quens s'estut enmi la lande,
Touz ses barons taire conmande,
Trestouz ensemble les fèt tère -65
(190) Pour miex parler de son afère :

« Seingnors, » fèt il, « je vous voil dire,
» Qu'en grant deul et en grant martire
» Sui pour vous touz, si n'en puis mès,
» Car sor moi est trestouz li fès ; -70
(195) » Dès ore est touz li fès sor moi
» De l'escharguète et du tornoi.
» Seignor, ou je vive ou je muire,
» Au tornoi vous doi touz conduire ;
» Je vous doi or(e) fère de dette : -75
(200) » N'i a mès qui s'en entremète.
» Amphiaras, li preuz, li sages,
» Est morz, ce nous est granz damages,
» Parthenop(i)ex et Thideüs
» Et des autres .xx^m. et plus ; -80
(205) » Morz est Ypomedon li prouz,
» Que nous devon plaindre sor toz.
» Je nes puis pas touz ramembrer,
» Car grief chose est du raconter ;
» Tél mil y ont perdu la vie, -85
(210) » Dont ne me souvient ore mie ;
» Tant en y a, que pris, que morz,
» Que petiz est li nostre esforz :

9052 *et* -53 riens ; -57 apele a s. ; -60 a lor ; -67 f. ele ie voil d. ; -70 *C* trestout le f. ; *B C.* desus moi e. touz ; -71 *B* or ; *BC* tout le ; *B* tet ; *C* sus ; -78 *BC* mors... grant ; -81 *BC* Mors ; -82 deuons ; -83 *BC* nel ; *B* anombrer ; -84 *C* ramembrer ; -87 *BC* mors ; -88 *BC* esfors.

(215)
(f° 58 r° col. 1)

(220)

(225)

(230)

(235)

(240)

(245)

(250)

» N'i a mès nul, avec le roi,
» Ne mès Pollinicès et moi.   9090
» Ja ne prendrons cèle cité,
» Car trop y a grant fermeté;
» Trop par est fort de grant maniére,
» Enging ne doute ne perriére;
» Dedenz a grant chevalerie :   -95
» Ja par force n'en prendrons mie,
» Ja n'iert ainsint la cité prise;
» Faire l'estuet en autre guise.
» J'ai pourpensé en mon corage
» Conment nous leur feron donmage. 9100
» Savez conment nous le ferons?
» Demein trestuit nos armerons;
» Quant nos seron armé trestuit,
» .Iiij. mile serons, ce cuit.
» Devers cel pui de la amont,   -5
» Entre la tour Dayre et le pont,
» Nous en irons de la desus,
» Si com l'en vèt a Malpertus;
» Tuit en irons a la celee,
» Que ja n'i ert lance levee.   -10
» Ensemble irons et tuit estroit :
» Li murs est bas iluec endroit,
» Et la tour Daire, qui est fraite,
» Ou l'en ne met point d'escharguaite.
» Ja nus de nous n'i soit coarz,   -15
» Freingnons le mur de totes parz.
» Je meïsmes, » ce dit li dus,
« Monterai sempres premier sus.
» Ne cremez pas qu'en vos assaille :
» Ne vendra nus en la bataille.   -20
» Savez vous por quoi jel vous di?
» Demein, entour eure midi,
» Doivent leanz une grant feste
» Faire de l'ancienne geste,
» Si com Cadmus, qui fist la vile,   -25
» Fu mis ilec en unne pile,
» Dont Acteon fu engendrez,

9096 *BC* prendront; 9102 trestouz; -3 armez; -5 cé; -7 *C* la de d.; -9 la a celee; -10 Ja ni aura; -12 en cel e.; -14 *BC* escharguete; -15 *C* nul; -16 Froissiez; -21 le v. di; -27 *C* Dun antheon, *B* Dont anteon.

MANUSCRITS *B* ET *C*

```
                  » Qui après fu en cerf muez
                  » Por la deesse qu'ot veüe
                  » En la fontainne toute nue.              9130
(255)             » Demein en iert la feste granz
(col. 2)          » Et de viex honmes et d'enfanz,
                  » Tout a loisir pourrons bien fère
                  » Nostre besoingne et nostre afère. »
                  Li baron(s) dient li plus sage              -35
(260)             Que pas n'i voient leur donmage;
                  Trestuit li offrent leur aïe,
                  Et li quens mout les en mercie.
                  Entre tant est passez li jours :
                  Mèshui remaindra li estours;               -40
(265)             Il remeindra jusqu'a demein.
                  Li baron(s) s'en vont main a main.

                  Li jours s'en vèt et vient la nuiz.
                  Li quens fu bien de guerre duiz :
                  As herberges torner les fèt;               -45
(270)             N'i a .j. seul grant joie n'èt.
                  Mout est li quens amez de touz,
                  Car mout par est sages et prouz :
                  Cèle nuit i fist l'escharguaite
                  Et tant i veille com li haite;             -50
(275)             Mès quant fu près de l'ajorner,
                  Si compaingnon l'ont fèt torner
                  En .j. destour por soumeillier,
                  Que mal nen ait de trop veillier.
                  Si grant merveille ne fu d'onme :          -55
(280)             Ne pooit dormir que .j. sonme.
                  Quant li jours pert et l'aube criéve,
                  Isnèlement et tost se liéve.
                  Li soleus fu luisanz et clérs :
                  Qui lors veïst ces bachelérs,              -60
(285)             Les chevaliers de noble geste,
                  Si com li rois les amoneste,
                  Hiaumes, haubers prendre et escuz
                  Et adouber ces fers aguz !
```

9128 Si comme ci apres orrez; -31 D. ou (*lacune après ce vers?*) -33 lesir pourront; -38 touz les; -43 Le iour; *BC* nuit; -44 *BC* duit; -47 *C* li dus; -49 *BC* escharguete; -50 *BC* Mes t.; *B* lui hette; -53 destret pour semeler; -56 Ne pourroit; -57 *C* le iour; -59 *C* soleux; -60 telz b.; -63 *C* hauberz p. et escus; -64 Et atourner les.

80 APPENDICE II

(290)
Que vous diroie? Li quens monte, 9165
Et tuit li autre après le conte :
Ensemble vont, pas ne se tardent;
Mès cil dedenz d'eus ne se gardent.

De ceus dedenz vos veull retraire,
Savoir quiex gex il veulent faire. -70
(295) Uns temples iert en la cité
Fèz de mout grant nobilité.
(v° col. 1) Les ymages Mars et Venus,
Sor .j. timbure de benus,
Sont tresgitees de fin or; -75
(300) Li esmaill valent .j. tresor
Et les pierres qui sont assises,
Tout environ es lites mises.
Ou temple ot fèt une painture,
Par grant enging et par grant cure: -80
(305) Mout i reluist or et argenz.
L'estoire fu faite dedenz,
En argent clér et en fin or,
Si com Cadmus, filz Agenor,
Fu mis en mer, et puis par terre, -85
(310) Pour Eüroppe sa seur querre,
Si com la loi fu establie
Qu'il s'essillast toute sa vie,
Tant que Eüroppe fust trovee,
Que Jupiter avoit emblee : -90
(315) Pour lui enfraindre et violer,
L'avoit portee outre la mer.
Europpe ot [a] non la contree,
Puis que la dame i fu entree;
Et cil ala querre conseill -95
(320) Phebus, qui ert deu[s] du soleill.
Li diex li dist tout de son gré,
Lez la forest, enmi le pré,
La ou gerroit la vache vère,
La pourroit bien sa cité fère. 9200
(325) Si serjant voudrent espuisier

9169 v. doi; -70 quelz ieus vouloient; -72 *BC* Fet; -74 *B* tymbrie; *C* dibemus, *B* dybenus; -77 assisses; -78 listes misses; -81 lor et largenz; -82 fu painte; -84 *B* damo; *C* fils; *BC* egenor; -96 ere du conseil; -97 Li deux et li d. de s. g.; 9200 Quil p.

MANUSCRITS B ET C

	De l'ève clére du gravier;	
	Mès uns serpanz de la fontaine	
	Les ocist touz enmi l'araine.	
	Cadmus ocist puis le serpant,	9205
(330)	Qui tant le fist tristre et dolant;	
	Les denz em prist, si les sema,	
	Si com Apollo comanda.	
	De la semence furent né	
	Ne sai quant chevalier armé,	-10
(335)	Qui puis s'entrocistrent trestuit,	
	Mès .v. en reméstrent, ce cuit.	
(col. 2)	Echyon en fu rois et dus :	
	Tuit furent compaingnon Cadmus.	
	Entr'ex firent unne cité,	-15
(340)	Si com li diex ot conmandé,	
	De bons murs bien avironnee,	
	Qui puis fu Thèbes apelee.	
	Cadmus ot meinz max endurez,	
	Mès puis fu mout beneürez :	-20
(345)	Mars li donna sa fille a fame,	
	Qui puis fu dame de son regne;	
	Hermionné ot non la touse,	
	Et cil l'ama conme s'espouse.	
	Toute ceste euvre et ceste estoire,	-25
(350)	Qui bien ert digne de memoire,	
	Fu [mout] bien painte en la maisiére :	
	De ceste estoire la feste iére.	
	Li ancien houme et li sage	
	Sont tuit au jeu et a la rage.	-30
(355)	Pour la grant feste et por l'anno[u]r,	
	En adouba li rois le jour.	
	.Xx. danziaux filz a vavaso[u]rs	
	A demeines et a contours.	
	Tuit ont armes et chevax cras,	-35
(360)	Hiaumes, hauberz et riches dras.	
	O le roi viennent tuit au temple :	
	Tant y a genz que touz en emple.	

9204 *C* t. aual; -6 Qui si; -8 *C* Si c. pallas li c.; -9 *C* nez; -10 *C* quanz chevaliers armez; -14 compains cadinus; -16 *BC* les d. ont; *B* demonstre; -19 *C* meins; *B* meint mal; -23 Hermonia; -25 *B supprime* et; -26 iert; -27 messiere; -30 as yeux; -33 *B* damoisiaux et v.; *C* de v.; -34 *C* As d. et as; -35 *C* o. hiaumes; *B* cheual; -37 *C* O leur; -38 *B* Telz genz y a; *C* tout.

Tome II

APPENDICE II

(365)
　　Trestuit s'assieent environ,
　　La gent menue et li baron,　　　　9240
　　Et li danzel vestu en cors :
　　Ne se gardent de ceus dehors.

　　Capaneüs pas ne s'oblie.
　　Compaingnie ot fiére et hardie :
　　Miex veut, ce dit, perdre la teste,　　-45
(370)　Qu'il ne leur vende chier la feste.
　　A l'engingnier mist son estuide,
　　Car par engin prendre les cuide.
　　Trop est hardiz et trop est prouz :
　　Par non les en semont trestouz,　　-50
(375)　A chascun fèt ses armes prendre
　　Pour assaillir et pour desfendre ;
(f° 59 r° col. 1)　Au chief se met de la bataille,
　　Que d'eus condurre n'i ait faille ;
　　Premier[s] vèt por montrer la voie,　　-55
(380)　Que chascun[s] des autres la voie.
　　Onques n'i ot lance levee :
　　Tuit vont rengié a recelee,
　　A la tour Daire en vont trestuit ;
　　De leur armes sont bien estruit.　　-60
(385)　Li quens descent premier[s] a terre :
　　Pis et besoches leur fèt querre
　　Pour le mur fraindre et estroer,
　　Car touz les veulent aterrer.
　　Li murs estoit de droit en droit　　-65
(390)　Par mi fenduz en tél endroit :
　　Cèle crevace mout grant iére,
　　Que avoit fait unne perriére,
　　Quant la tour Daire fu asise.
　　Pour la grant gent qui i fu mise,　　-70
(395)　O pis, o maux et o besoches,
　　Rompent les murs et les granz roches ;
　　Les murs despiécent et defroissent,
　　E si sachiez que mout s'angoissent :

9241 C vestuz ; -43 BC Mes ; B Capanas ; C noblie ; -44 C. a ;
-47 C A e. ; -48 perdre ; -49 T. par e. h. t. e. p. ; -53 El ; -54 con-
duire ; -55 moustrer ; -56 C Q. nus d. a. ne le v. ; -58 T. estroit
v. a la celee ; -59 d. v. ; -62 et -71 besoges ; -63 fendre ; -73 BC
Li mur ; B defroisent et despiecent ; -74 C Et ce ; B se grieuent.

MANUSCRITS B ET C

(400)   N'i a celui qui ja s'i faingne   9275
             Que par vertu le mur ne fraingne.
             Em petit d'eure Dex labore :
             Li murs est frèz en petit d'ore ;
             La tour est fraite et se depart,
(405)   Partie en chiet a unne part;   -80
             Tant ont empaint et esploitié
             A terre en ont unne moitié.
             Capaneüs vit la fraiture,
             Mout par fu liez de grant mesure :
(410)   Ses compaingnons tost en apèle,   -85
             Car mout li est ceste euvre bèle :
             « Or ça, » fait il, « franc chevalier,
             » Sanz enging et sanz eschelier
             » Pourrons dès ore entrer leanz :
(415)   » De la leur force est mès neanz.   -90
             » Venez avant tuit a .j. front,
             » Je monterai premier[s] a mont. »

(col. 2)   Capaneüs monte la fraite
             A grant esploit, l'espee traite ;
(420)   A grant esploit la fraite puie.   -95
             Mès la vile est mout sole et vuie :
             Li baron et la gent menue
             Ert as gex o le roi venue ;
             Toute la gent est enz enclose,
(425)   Ne sét nul mot de ceste chose,   9300
             Ne pas ne cuident ne ne croient
             Que cil de l'ost si près lor soient,
             Ne que li quans ait téle aïe
             Que faire osast téle envaïe.
(430)   Li viquans est a mont en l'aire :   -5
             Mout bien i cuide son preu faire ;
             Lance tiex carriax contreval
             Conme est la teste d'un cheval ;
             Lance carriax et pierres bises,
(435)   Froisse ces murs, tors et eglises.   -10
             Il ne peut pas faindre sa joie :

9275-6 *manquent;* -79 iert f.; -85 tuit; -86 ert cele œuure; C eure; -88 eschiuer; -91 C V. amont; -96 C et muie; B m. esseulie; -98 B Iert as giex; C E. au roi o les g. v.; -99 g. iert; 9300 C nus; -3-4 *manquent;* -5 Li vif quens; -7 Lancent c. seul c.; -8 Gros com la; -9 Lancent; -10 Froissent les.

A haute voiz crie : « Monjoie! »
En sa vertu forment se fie,
Et ceus dedenz touz en desfie ;
A haute voiz orrible et fiére,   9315
Les contralie en tél maniére :
« Gent plus d'autre maleüree
» Qui tante paine as enduree,
» Bien vous ai la touz enserrez :
» Li murs est frainz et aterrez.   -20
» Nous osteron toutes les pierres
» Que Amphyon, vostre harpierres,
» Assembla ci par artimaire
» Et par la force de gramaire
» Et par le chant de sa viéle :   -25
» N'i remaindra tour ne tornèle ;
» Nous abatrons tout contre terre,
» Pour faire fin de ceste guerre.
» N'i vaudra rien deu[s] ne deesse,
» Lire sautier ne chanter messe ;   -30
» N'i vaudra rien veu ne promesse
» Que clers en face ne clergesse.
» Ou sont ore tuit vostre dé?
» Mars, Venus et Hermyoné,
» Juno et Leücothoé,   -35
» Et Palemon et Agavé,
» Qui pour le despit de lor dé
» Furent puis mort et forsené?
» Et Bacus, li fiuz Semelé,
» Qu'il ont deu du vin apelé,   -40
» Et Amphion et Nyobé,
» Et cil qui dedenz furent né :
» Danz Echion et danz Calcas,
» Dame Yo [et] dame Pallas,
» Et Mantho et Thiresyas,   -45
» Et Pantheüs et Athamas,
» Et tuit li dieu de ceste vile ?
» Neïs s'il estoient .iij. mile,
» Viéngnent rescorre la cité,
» Qu'il ne soient desherité ;   -50

9314 C enmercie ; -29 riens dieu ; -32 riens ; -34 M. et v. h. ;
-35 C leuthocoe, B euthocoe ; -36 C palamon ; -40 dieu de ; -43
ethien ; -44 C D. iuno ; -45 Et marinte.

(475) » Tuit a moi seul viéngnent combatre,
» Neïs s'il sont .iij^m. ou quatre :
» Ja n'ai d'eus touz poor ne dote ;
» Ja n'en iert si pleinne la rote
» Que sempres desconfit ne soient, 9355
(480) » Et trestuit cil qui en eulz croient.
» Ma destre, m'espee, ma lance,
» Ce sont mi dieu, c'est ma creance,
» C'est ma vertu et c'est ma gloire,
» Par cui j'avrai tante victoire. -60
(485) » N'est pas hui cest jor rien qui vive,
» Que ma destre main aconsive,
» Pour que je la veulle destruire,
» Sanz nul respit qu'èle ne muire.
» Ne dieu de ciel ne dieu de terre -65
(490) » Ne pueent pas soffrir ma guerre.
» Dieu ne deesse n'est el monde
» Que ma destre main ne confonde :
» Neïs dant Jupiter lor mestre
» Ferai je croire en ma main destre ; -70
(495) » De la sus le ferai cheoir,
(col. 2) » Que vous tuit le pourrez veoir ;
» Et touz les autres ensement
» Ferai vivre com autre gent ;
» D'eus ferai tout le mont delivre : -75
(500) » Touz les estuet a honte vivre. »

Li deu qui toute Gresce apent,
Et cil de Thèbes ensement,
Tuit estoient a mont en l'èr
O leur mestre dant Jupiter, -80
(505) Pour demander et pour enquerre
Qu'il l'em plesoit de cele guerre,
Savoir se pès en porroit estre,
Car il le tiennent a lor mestre.
Devant lui sont trestuit ensemble : -85
(510) Li plus hardiz de poor tremble ;
Li plus hardiz n'ose mot dire :
De mautalent pleint et soupire ;
Mès neporquant ça dui, ça troi,

9367 ou m.; -68 ma m. d.; -69 *B* Non pas d.; C anz; -70 C craire; -76-C les ferai; -77 dieux; -82 en penssoit; 9 M. non p. ca .ij.

APPENDICE II

(515)
 Se contralient en secroi.   9390
 De lor pueple[s] entr'eus estrivent,
 Ce poise leur que toz jors vivent :
 Miex voudroient veraiement
 Morir conme cèle autre gent,
 Miex voudroient ainçois morir   -95
(520)
 Et par mort lor deul defenir,
 Perdre leur sens et leur savoir,
 Que touz jors vivre et deul avoir.
 Ja fust entr'ex grant la mellee,
 Qui ne fust pas tost acordee;   9400
(525)
 Mès chascun[s] endroit soi le lesse,
 Que lor mestre ne s'en iresse.
 Jupiter les menace et chose,
 Si leur esclére bien la chose;
 Dist leur que chose destinee   -5
(530)
 Ne puet tolre noif ne gelee :
 « Dès que je fui diex apelez,
 » Que fu primes li monz fondez,
 » Que j'oi seur terre devisez
 » Les langages et les regnez   -10
(535)
 » Et par tantes diversetez
 » Vous otroié voz deïtez,
(f° 60 r° col. 1)
 » Dès lores fu fèz voirement,
 » Et par le vostre acordement,
 » D'oisiax, de bestes et de gent.   -15
(540)
 » Ne puet pas estre autrement :
 » Tout meintenant, sanz nule faille,
 » Couvient que soit ceste bataille;
 » Tout ainsi l'estuet avenir,
 » Qui qu'en doie mesavenir. »   -20
(545)
 Mout en sont morne li plusor
 De lor mestre, de lor seingnor,
 Qui leur a dite tél nouvèle
 Qui ne leur est bonne ne bèle :
 Mout lor est griéf ceste sentence,   -25
(550)
 Mès tuit sont mu por sa presence.

9390 *BC* Le c.; *C* cecroi; -91 *C* toz iors e.; -97 *BC* senz; -99 Ja f. tost la pes acordee; 9400 Ce vous promet ie a celee; -2 mestres; -4 espont ml't b.; -5 Dit l. une de d.; -6 Nel; -7 *C* sui; *B* deux; -8 *B* Que p. fu le; *BC* mons; -12 otroie ie; *C* noz; -13 *BC* fet; -16 *C* Ne p. ore estre; -23 dit tele; -24 Ne l. est pas b.; -26 la pesance.

Mès Juno, la dame de touz,
Bèle et bonne, cortoise et prouz,
Ne puet pas de la seue gent
Celer le duel plus longuement.   9430
(555) Ce qu'il dist pas ne li agree :
Devant touz est en piez levee,
Vers son mari Juno se torne,
Marrie chiére fèt et morne
Et, conme fame bien iriee,   -35
(560) A sa complainte conmenciee ;
Tout en estant, toute premiére,
Fèt sa complainte en tél maniére :
« Sire, » dist èle, « mout m'agriége
» Que ainsi sonmes pris au piége ;   -40
(565) » Honni(z) sonmes a la roonde,
» N'a mès nul honme en tot le monde
» Qui nos daint mès nule honnor fère :
» J'en ai honte nès du retraire.
» Je sui roïnne des Grejois,   -45
(570) » Sor dus, sor contes et sor rois,
» Et par trestoute la contree
» Sor touz autres dex honoree ;
» En toute Gresce n'a recèt
» Ou ne m'aient .j. temple fèt,   -50
(575) » Et la grant gent et la menue
(col. 2) » M'ont a mout grant honnor tenue :
» Mès ore voi morir a honte
» Meint bon chevalier et meint conte ;
» Li plus mestre, li chevetaine,   -55
(580) » Neïs la moie gent demaine,
» Muerent conme autre garçonnaille,
» Si m'est avis qu'il ne t'en chaille.
» Je sui ta seur, et sui t'espeuse,
» De tant sui je plus vergondeuse :   -60
(585) » Onques fame de mon parage
» N'ot mès tél deul ne tél hontage,
» Qui ma gent d'aive et de tresaive
» Voi devant moi morir a glaive.

9428 B. gente c. ; -39 me griege; -40 Que si s. p. a la p. ; -41 honnis... reonde ; -43 deust; -46 Sus d. sus c. et sus r. ; -48 Sus; -49 retrait; -53 BC or les; -57 M. toute a. ; -61 C O. mes f. ; -63 C g. dame ; B g. voi morir a glaiue ; -64 Ne cuidiez pas quil me desplaise.

APPENDICE II

(590)
» La gent de Thèbes la me tue, 9465
» Si ne leur puis pas faire aiüe
» Ne respitier ceste bataille
» Tant que la moie gent s'en aille.
» Tu meïsmes m'as en despit,
» Qui ne veus pas donner respit -70
(595) · » De ma gent, qui muert en tél guise,
» Que cil de Thèbes m'ont ocise :
» Nel deüsses faire a nul fuer,
» Au meins a moi qui sui ta suer.
» Je sui ta seur, si sui ta fame, -75
(600) » Dame de meïsmes mon regne,
» Mès pou me vaut ma seignorie,
» Quant ma gent est ainsi perie.
» Certes de moi n'avrés vos mie :
» Dès or porchaciez autre amie ; -80
(605) » Ja mès n'arez de moi fiance,
» Ne mès ne gerron pance a pance,
» Moi et vous, ensemble en .j. lit;
» Faites ailleurs vostre delit :
» N'ai mès que faire, en moie foi, -85
(610) » Ne je de vous, ne vous de moi. »

    Danz Herculès et danz Bacus,
Et des autres .cc. et plus
Tuit ensemble, qui furent né
Que de Thèbes, que du regné, -90
(615) Tuit ont oï que dit la dame
De cex de Thèbes, que l'en blame.
(v° col. 1) Ce que la dame dist leur griége :
Andui se liévent de leur siége ;
Main a main andui s'entretiénent -95
(620) Et main a main devant lui viénent :
« Sire, » ce li dient andui,
« Nous n'avon mès aillors refui
» Qu'a seul toi, conme a nostre pére. »
Chacun[s] li prie por sa mére : 9500
(625) « Sire, » ce li dist Herculès,
« Ma mére Alcmené ot grant fès,
» Quant tu por qui tote rien tremble

9474 Par bonne amour qui; -80 Aincois p.; -81 *C* en m.; *B* de m. naurez; -99 *C* c. autre p., *B* çom a mon p. — 9500 *C C.* reprie; -2 amena; -3 Q. cil p. cui.

MANUSCRITS B ET C 89

```
                  » Jeüs a lui .iij. nuiz ensemble;
                  » .Iij. nuiz i covint assembler        9505
(630)             » Pour moi fère et por engendrer.
                  » Or te doi bien membrer de lui
                  » Et de moi, qui tés filz en sui. »
                  Bacus li redist ensement :
                  « Tu res mes péres autrement :         -10
(635)             » Ma mére Semelé te dist,
                  » Conme cèle qui fole fist,
                  » Que tu te venisses couchier
                  » Tiex o lui conme a ta moillier.
                  » Èl n'i sot pas le mal entendre :     -15
(640)             » Tes fex l'en ar[s]t jusqu'a la cendre;
                  » Mès tu me traisis de son ventre,
                  » Conme petit enfant et tendre;
                  » Puis me norris tant que je fui
                  » Au terme que je nestre dui.          -20
(645)             » Onques ma mére ne conui :
                  » Mout te doit bien membrer de lui.
                  » Juno t'a dit ce qui li plot :
                  » Onques un seul de nos n'i ot
                  » Qui li volsist dire nul mot;         -25
(650)             » Em pès escoutasmes trestot.
                  » De sa gent est mout irascue,
                  » Que cil de Thèbes ont vaincue,
                  » Si com èle t'a fèt acroire;
                  » Mès tu en sez toute la voire,        -30
(655)             » La quél de noz genz tort en a
                  » Et qui ça les Griex amena.
(col. 2)          » Or sont issu Grieu de lor terre
                  » Pour Thèbes avoir et conquerre :
                  » Viles et bors et chastiax ardent,    -35
(660)             » De nul mal faire ne se tardent;
                  » Prannent les proies a delivre,
                  » Pour eus sostenir et por vivre;
                  » Riens ne lor puet avoir duree,
                  » Ne mès qu'a gent desmesuree;         -40
(665)             » Tout le païs mètent a honte,
```

9504 o l.; BC nuis; -5 C nuis, B mois; -8 que touz fins; -10 Tu es; -11 B somele; C redist; -14 com a sa m.; -15-6 *manquent*; -23 quil; *après* -26, B *ajoute ce v.* : Ce vous di ie pour voir a bout; -27 sest; -32 Et q. g. en a. ca; -33 C griex; -34 P. a. t. et c.; -36 Et de m.

» Si ne sévent pas de quél conte,
» Se pour ce non que par outrage
» Et pour essaucier lor linage,
» Pour ce qu'il sont de grant parage, 9545
(670) » Veulent avoir nostre heritage.
» Cuident le siécle asaboïr :
» Ja Diex ne leur en doint joïr !
» Thèbes cuident avoir et prendre,
» Se il ne se pueent desfendre. -50
(675) » Mès cil dedenz se desfendront,
» Conme la gent qui droit y ont ;
» Dedenz n'a pas gent esbahie :
» Ja, se la vile n'est trahie,
» Ne l'avront par leur envaïe, -55
(680) » Se tu ne leur en fès aïe. »

 Endementiéres que li dé
Sont el ciel a mont asemblé
Pour dementer et por complaindre
De lor deul qu'il ne pueent faindre, -60
(685) Les cris oïrent et le plour
De l'angoisse et de la dolour
Que cil de Thèbes demenoient,
Pour la poour que il avoient.
Capaneüs, dont je vos dis, -65
(690) Les avoit ja si touz aquis
Que ne savoient mès que dire,
Tuit atendoient lor martire :
N'i savoient autre conroi
Ne de la vile ne de soi, -70
(695) Car mout les menaçoit forment
Et trestouz les dex ensement.
(f° 61 r° c. 1) Jupiter oy la parole,
Qui mout ert outrajeuse et fole :
Bien sot de voir en son corage -75
(700) Que cil avoit tant de l'outrage
Que mout volentiers parferoit
Ice que conmencié avoit ;
Mès il ne velt pas tant atendre :

 9546 *est placé dans C avant* 9544 ; -47 *B* essabouir, *C* afaboïr ; -48 deux ; -54-5 *sont intervertis dans B* ; -58 ou c. ; -59 p. tout plaindre ; -65 tout ie ; -66 assis ; -67 *C* Quil ne ; -70 sa v. ; -72 deux ; -75 s. dirc en.

(705)	Primes en velt venjance prendre	9580
	De l'outrage, du hardement ;	
	Mès ne sét encore conment,	
	Si leur en requiert loement,	
	Pour soi vengier isnèlement :	
	« Seingnors, » fèt il, « que m'en loez	-85
(710)	» De l'outrage que vous oez ?	
	» En quél maniére et en quél guise	
	» Loez qu'en soit venjance prise ?	
	» Dès la bataille des jaianz	
	» Ne fu mès outrages si granz,	-90
(715)	» Qui se voudrent a nos combatre	
	» Et par force du ciel abatre.	
	» Cist vassaux velt autretél fère :	
	» Ja s'en est sus levez en l'aire ;	
	» D'iluec nous ledist et menace.	-95
(720)	» Pour ce covient que je l'en face	
	» Tiex enseingnes et tél venjance	
	» Qui vos soit mès en remembrance,	
	» Que ja mès nule creature	
	» N'ose penser si grant injure.	9600
(725)	— Sire, » ce li dient trestuit,	
	« A bon droit serïons destruit,	
	» Se cist n'en a bien sa merite	
	» De la folie qu'il a dite	
	» Et du forfèt et de l'outrage :	-5
(730)	» Droiz est qu'il i mète son gage.	
	» Vengiez vos ent en tél maniére	
	» Qui soit orrible, griéf et fiére.	
	» Bon conseil t'en savon donner :	
	» Fai tost espartir et tonner,	-10
(735)	» Fai tost tes févres esveillier	
	» Et tes foudres appareillier ;	
	» Fier le de ce dont ne se garde :	
	» Foudre le fiére, li feux l'arde ;	
	» Bien soit feruz et bien espraingne,	-15
(740)	» Que ja de lui rien ne remaingne. »	
	A ce s'acordent tuit ensemble.	
	Sempres tonne li ciex et tremble :	
	Tonnerre(s) viennent et esclair	

9588 que v. en s. p. ; -90 loutrage ; -96 le f. ; -97 *B* Telz e. et telz, *C* Tiex e. et tiex ; -98 *BC* nos ; 9600 Ne sot p. itel i. ; -2 seroient ; -6 *BC* Droit ; -7 *C* nos ; -8 griez ; -14 le feu.

92 APPENDICE II

	Et touz li troublemenz de l'air;	9620
(745)	Li ciex se depart et desserre;	
	Trouble li airs, tremble la terre.	
	A tant unne foudre destent,	
	Fiert le el chief, par mi le fent;	
	Li coup[s] de la foudre le part,	-25
(750)	Et li feux l'espreni tout et art :	
	Tout art li feus et cèle flam(b)e	
	Tout ensemble le cors et l'ame.	
	Or a li quens sa destinee :	
	De lui rest la guerre finee.	-30
	Uns mesages en vèt en l'ost,	
(756)	Qui le dit as Grejois mout tost.	9632
(après O 9482)	. . . .	
(col. 2)	» Biau sire Dex, tant mar i fu	9643
	» Hom de son cuer, de sa vertu!	
(après O 9594)	. . . .	
(v° col. 1)	Laschent les règnes de randon	9741
	Li uns vers l'autre a bandon.	
(après O 9656)	. . . .	
(f° 62 r° col. 2)	» Aucuns de ces autres l'avra,	9805
	» Qui nul gré ne nous en savra.	
(après O 9660)	. . . .	
(col. 2)	Ore sont mort andui li frére,	9811
	Et pour le pechié de leur pére,	
	Que il onques nul jor n'amérent,	
	Et pour ses eulz qu'il defolérent,	
	Qu'il s'avoit trèt pour la dolor	
	Que sa mére ot prise a oisour.	9816
(après O 9686)	. . . .	
(v° col. 1)	Cil de l'ost se painent du prendre,	9835
	Et cil encontre eus de desfendre.	
	Mout en y a de ceus dedenz	
	Que morz, que navrez, que sanglenz.	
	De ceus dehors que rediroie?	
	La leur force mout afebloie :	-40
	Cil des tours et des murs a mont	

9621 sespart et se d.; -22 C Tremble li ciex; -23 descent; -24 F. le conte p.; -25 C Le coup; -26 le feu; -27 BC le feu; -28 T. le c. et lame e.; -31 C .I. mesagier; B .I. mesage sen v. — 9644 Homs — 9741 a bandon; -42 de randon — 9811 Or s. m. ambedui; -13 .j. iour; -15 Qui l auoit; -16 oissour — 9835-6 Cf. A (P) 13963-4; -35 B C. dehors.

MANUSCRITS B ET C 93

     Grant maçacre de ceus en font;
     Tuit i veulent li Grieu morir :
     N'i a mès neant du fouir;
     Miex veulent estre ilec ocis
     Que mès aler en leur pais.   9846

(après O 9734)
(col. 2)   . . . .
     A toutes a dit et conté   9863
     Com li Grieu sont mort et tué :
     « Tuit sunt li Grejois desconfit -65
     » Et lor seingnor mort, » ce lor dit,
     « En la place gisent tuit mort;
     » Onques uns seus vis n'en estort,
     » Fors seul Acastus et leur roi
     » Et moi, qui en morrai, ce croi. » 9870

(après O 9772) . . . .
(f° 62 v° col. 2) Lor .ij. seingnors y ont perduz 9891
     Et leur pére est si confonduz
(f° 63 r° col. 1) Que, de touz ceus qu'il i mena,
     Que seul soi tierz n'en eschapa.
     Chascune a deul de son seingnor, -95
     Mès de lor pére l'ont greingnor,
     Qui mariees les avoit
     As plus hauz honmes qu'il savoit. 9898

(après O 9810)
(col. 2)   . . . .
     Au duc d'Athaines pour parler 9937
     Et pour aïde demander
     Du grant deul et du grant donmage,
     De la merveille et de l'outrage -40
     Qui par Thèbes lor est venuz,
     Et lor seingnors ont retenuz.
     Li conseux qui leur est donnez
     Est volentiers acreantez.   -44
     (Puis les v. du texte critique 9813-4)....

     Tant ont alé par les montaingnes, -47
     Par les valees, par les plaingnes,
     O granz doulors et o granz criz,
     O faim, o soif et o durs liz,   -50
     Que venues sunt en .j. val.
     Icel jour trèstrent mout grant mal,

9868 C un — 9891 perdu; -92 confondu; -94 Cf. 10048; -96 C son pere; -98 B qui s., C quil (ou quis, l'l est douteux) auoit — 9941 reuus; -49 A g. d. et a; -52 traitrent.

Et quant sunt es deserz entrees,
Granz vermines y ont trouvees :
Treuvent serpanz et granz dragons,   9955
Treuvent lieparz et granz lyons;
Mès, pour la grant gent que il virent,
Poour orent, si s'en fouirent.
Dui chevalier de la contree,
Qui cèle gent ont encontree,   -60
Vindrent au duc, si li contérent
De cèle gent qu'il encontrérent,
C'onques ne virent mès tél ost :
« .J. mesage lour envoit tost,
» Qui leur demant que viénent querre,   -65
» Se veulent pès ou quiérent guerre. »
. . . .
Cil s'en torne : tost est montez;
Les galoz est encontre alez;
Les dames treuve qui ploroient
Et mout griément se dementoient.   -70
Merveilla soi, quant il les vit;
Unne en apèle, si li dit :

(v° col. 1)   « Bèle amie », fait il, « di moi.
» Mesagier[s] sui de par le roi;
» A vous m'envoie por savoir   -75
» Que vous querez : dites m'en voir,
» Et de quél terre vos venez,
» Et pour quoi tél deul demenez.
— Amis », dist èl, « jel te dirai,
» Ja de mot ne t'en mentirai.   -80
» Ce sunt les filles Adrastus :
» L'une en fu fame Thideüs,
» L'autre fame Pollinicès.
» Veez les venir près a près.
» Leur pére a Thèbes en ala;   -85
» Quanque il pot, tout i mena :
» Pollinicès vengier cuidoit,
» Que ses fréres desheritoit.
» Tuit i sont mort et fol et sage :
» Bien le savons par .j. mesage;   -90

63 Onques; -65 quil v.; -67 *il manque ici au moins 2 vers*; -70 griefment se demenoient; -72 C apela, B apelle; -74 Mesage; -79 BC d. il; B bien te d.; -84 l. seoir; -86 Quanquil pot auoir t. m.; -90 saron.

» Perduz y avons nos amis.
» Conseill avons entre nous pris
» Que vendrïons en ceste terre
» A vostre duc aïde querre. »

Cil a pris d'èle le congié, 9995
Plorant s'en torne de pitié;
Tout droit a la cité s'en vint :
Onques ainçois resne ne tint.
Au duc a tout en ordre dit,
Conment li Grieu sont desconfit : 10000
« N'i a celui qu'en portast vie,
» Ça sunt venues por aïe,
» Ci vous viénnent merci cri[i]er
» Que vous leur aliez aidier.
— Diex, » fèt li dus, « qui a ce fèt ? -5
— Cil de Thèbes. — Ci a mal plèt.
» Qui les a conduit jusques ça?
— Deïphylé et Argya :
» Ambedeus sunt filles au roi.
— Baill ça, » fèt il, « mon palefroi. » -10
Tost est montez, et de sa gent
Sont o lui monté(z) plus de .c.
(col. 2) Uns mesagiers avant ala :
Que li dus venoit lor nonça.
Li dus vient a èles parler; -15
Èles conmencent a plorer,
Encontre viénent au seignor.
Il ne se pot tenir de plor :
Descenduz est du palefroi,
Baisier vèt les filles le roi. -20
Andeus li chiéent a ses piez;
Il les dresce conme afaitiez.
Or reconmence la dolor,
Li cri, les lermes et li plor;
Toutes chieent ilec pamees, -25
Au duc corent conme desvees :
« Sire, » font il, « aies merci

9991 Perdu; -95 B de elles c., C de lui c.; -99 par o. — 10001 cil qui em; -3 Ci nous; -4 C ailliez; B nous l. alions; -6 mau p.; -7 aconduist; -9 C Ambedui; B de r.; -10 Bau-; -13 C .I. mesagier, B .I. mesage; -14 qui n.; -23 C doulors; -24 BC Les criz; C la noise et les plors.

» De ces chetives que vez ci ;
» Aies merci, que Dex te voie :
» Mout avons fèt por toi grant voie. » 10030
Toutes redient a un cri :
« Gentilz sire, merci ! merci ! »
Li chevalier(s) ques esgardoient
De pitié tendrement ploroient.
Li dus en la cité les maine   -35
Tout droit en son palès demaine ;
A unne part du palès sist
Et les .ij. dames servir fist ;
Tout sagement lor demanda
Qui ces nouvèles aporta.   -40
Argya li respont premiére,
Mès primes tert .j. pou sa chiére :
» Sire, » dist èle, « Thegeüs,
» Qui fu parenz près Thideüs,
» Que mes péres nos envoia,   -45
» Ces nouvèles nos aporta.
» De tous ceuz dist qui la alérent
» Que seul soi tierz n'en eschapérent :
» Mes péres et danz Acastus,
» Et cist est li tierz, Thegeüs.   -50
» Mort sont li autres voirement :
» Li cors gisent iluec vilment.

(f° 64 r° col. 1) — Dame, » ce li a di(s)t li dus,
« Est iluec morz dont Thideüs ?
— Oïl, » la dame li respont,   -55
« Et tuit li autre mort i sont :
» Morz est li preuz Pollinicès,
» Ypomedon, mes cosins près ;
» Morz est li prex Partenopiex,
» Li plus jeunes de toz noz Griex ;   -60
» Mors y est touz nostre barnages.
— Par Dieu, » fèt li dus, « c'est donmages.
» De ceus dedenz qu'oïstes dire ?
— Li Grieu en ront fèt grant martire :

10028 voi ci ; -31 cris ; -32 m. mercis ; -44 *C* parent ; *B* pres parens t. ; -47 dit ; -48 tiers en c. (*cf.* 9894) ; -49 *C* Mon pere et pollitenus ; *B* politenus ; -50 *C* le t. ; *B* Et li tiers ci est tegeus ; -54 *BC* mort ; *B* E. ainsiques m. t. ; -57 *BC* Mort ; -59 *C* Mort ; *B* Mors... parthenopex ; -60 *C* Le p. ieune ; *B* grex ; -61 barnage ; -62 donmage ; -64 en ont.

« Mors est li rois Ethioclès. 10065
— Et qui l'ocist? — Pollinicès,
» Et Ethioclès rocist lui :
» Ainsi s'entrocistrent andui. »
Li dus li redemande après :
» Dès que mors est Ethioclès, -70
» Qui le regne tenoit a tort,
» Dès puis que ses frére l'a mort,
» Qui tient ore la seingnorie,
» Dès que de l'autre n'i a mie? »
La dame li respont manois : -75
« Creon li viex est ore rois.
— Conment la tient? — Par engresté,
» Seur touz en a la poesté.
— Il n'i a droit : por quoi la tient?
— Sire, ainsi fèt qui rien ne crient. » -80

Quant Argya ot ce conté,
Si conmença Deïphilé :
« Sire, » fèt èle, « gentilz rois,
» Pour l'amor Deu et por ses lois,
» Sire, voies a quél doulor -85
» Sonmes venues a t'ennor :
» Conseil sonmes venues querre,
» Que nous aïdes de la guerre.
» Mes pére est la toz sex entr'ex :
» Se il i muert, ce iert granz de(u)x. -90
» Secor nos, que Dex te secore,
» Car nos est vis que trop demore.

(col. 2)
» Nostre ami sont du ciel couvert,
» Li cors en sont tout en apert ;
» Nus d'eus n'ot onques sa droiture : -95
» Creon leur vée sepou(l)ture ;
» Les gentilz honmes preuz et biax
» Fèt mangier a chiens, a oisia(u)x.
» Mout est granz deuls et granz donmages,
» Quant ainsi vèt nostre linages. 10100
» Mes péres vous ama forment

10072 C son f.; -80 riens; -81 li ot c.; -84 C tes lois; -86 Sont mes v.; -88 aidiez; -89 C Mon p. e. t. la s. e., B Mes peres e. t. seuls entreuls; -90 C ce est; B dueuls; -93 as ciex ouuert; -94 tuit; -95 Nul ni ot; -96 Creons; -98 as c. as; -99 BC grant deul et grant d. — 10100 ainsint muert.

» Et de lui tenez chasement :
» S'il onques ot pitié en vous,
» A ceste foiz moustrez le nous.
— Dame, » dist li dus, « ce sachiez,   10105
» De vous toutes me prent pitiez.
» Ne lerai que n'aiez secours,
» Car des barons est granz dolo[u]rs :
» Ja ne verrez .j. mois passé
» Que nous asserrons la cité ;   -10
» Assaudron les et, ses puis prendre,
» Jes ferai touz ardoir ou pendre,
» La vile toute destruirai,
» Voz amis touz enterrerai. »
Quant l'oïrent ainsi parler,   -15
De joie prannent a plorer,
Et les autres tout ensement
De pitié plorent tendrement :
« Sire, beneoiz soies tu,
» Et Diex te doinst par sa vertu   -20
» Que par force et par pouesté
» Destruies eulz et la cité :
» Nous n'avrïons ja mès dolors,
» S'avïons droit des traïtors. »

    Li dus envoie por sa gent,   -25
Que tuit viengnent isnèlement.
Li mesagiers lor dit et crie,
Qui remeindra, ne cèle mie
Qu'il nel face desheriter
Et de tout son règne giter.   -30
Quant il furent tuit asemblé,
Au jour que li dus ot mandé,
(v° col. 1) Hors de la vile s'en vont tuit,
De bonnes armes bien estruit.
Li dus est en une montaingne   -35
Pour esgarder cex en la plaingne,
Qui furent bien près de .c. mile.
Tuit herbergent devant la vile :

10104. A ce besoing; -5 or oiez; -9 verront; -11 B le et cel; C sel; -12 C Jel f. t. a. en cendre; -15 Q. lentendent; -16 commencent a p. (v. f.); -19 C beneoit, B bencois; -20 doint; -21 f. p. p.; -22 Destruisiez; -23 doulour; -24 du traitour; -27 B Le mesage; C ne cele mie; -28 nel; -32 .I. i. q. li dux lot.

.IIIj. roi(s) furent et dui conte.
Li dus leur conmence son conte : 10140
» Seingnor(s), » fèt il, « je[l] vos dirai,
» Que ja ne vous en mentirai.
» Unne nouvèle m'est venue,
» Par quoi ceste ost est esmeüe.
» Ces dames que veez la sus,   -45
» Ce sont les filles Adrastus,
» Deyphilé et Argya,
» Qui siéent o ces autres la.
» D'Adrastus avez oï dire,
» Qui de Grèce fu nez et sire :   -50
» A Thèbes sa grant ost mena
» Et mout grant gent dedenz trova;
» Mort i sont trestuit li Grejois,
» N'en y a remés que seul trois.
» .Ccc. mile honmes y a morz   -55
» De grant pris et de grant esforz ;
» Encore est vis rois Adrastus,
» Soi tierz s'en estorst et non plus.
» Ses filles sunt venues ci
» O ces autres crier merci :   -60
» Mout ont souferte[s] granz dolors,
» Et pour l'amour de lor seingnors
» Les irai vengier voirement,
» Et pour ce ai mandé ma gent.
— Sire, » dient li chevalier,   -65
« Vous n'i avez mès que targier. »
Li dus respont : « Bien avez dit :
» Ja mès n'i avra nul respit. »
As dames a mandé por voir
Que l'endemain voura movoir :   -70
Aillent avant tout bèlement,
Après ira atout sa gent.

(col. 2)   Or se sont mises a la voie,
Li dus après, qui les convoie.
Assez a l'ost quanque demande,   -75
Grant plenté treuvent de vïande.

10144 BC cest; -51 son; -55 BC mors; -56 BC esfors; -58 BC estort; -60 C Et ces; -64-9 m. à B; -72 o tout; -76 Ml't tres g. p. de v.

APPENDICE II

     Sachiez, qui les dames veïst,
     Que mout grant pitiez l'em preïst,
     Que mout aloient esgarees
     Par montaingnes et par valees : 10180
     Les cors de leur amis vont querre
     Pour ardoir les et mètre en terre.
     L'ost as dames mout grant estoit,
     Mès d'aler font petit esploit :
     N'orent pas apris a aler, -85
     Ne de monter ne d'avaler
     Les granz puis et les granz montaingnes ;
     Petit esploitent les compaingnes. 10188
(après O 9836) . . . .
(v° col. 2) Mout aloient a grant esploit, 10207
     Car chascun[s] d'ex de soi cremoit.
     (Puis les v. du texte critique 9837-8)....
     De doulereux champ reperoient, 10211
     Ou leur amis lessiez avoient :
(f° 65 r° col. 1) Diex les gari, quant ne sont mort,
     Quant nus autres vis n'en estort. -14
     (Puis les v. du texte critique 9843-4)....
     Tuit seul s'en afuient il dui, -17
     La ou cuident avoir refui.
     Avant chevauchoit Adrastus
     Le trèt d'un arc, ne guères plus : -20
     Loing regarde, l'ost aperçoit.
     Poour l'em prist, et si a droit.
     Pour la poour qu'en a eü,
     Son compaingnon a atendu,
     Puis li a dist : « Amis, biau sire, -25
     » Mout nos portent li deu grant ire.
     » Nous cuidïon mort eschiver,
     » Mès nus ne puet son jor passer,
     » Dès que vient as dex a plaisir,
     » Qu'il nos i convient a morir. -30
     » Puis que a ce sonmes venu,
     » Gardez que chier soions vendu,
     » Car miex veull je ci estre ocis
     » Que l'en m'en maint a Thèbes pris. » 10234

  10178 pitie ; -79 Car m.; -83 C granz; -86 C de aualer; -87 C compaingnes; -88 C es montaingnes — 10214 vif; -17 C Touz seulz; B andui; -18 La cuiderent; -21 L. esgarde; -22 ot d.; -23 quil a; -28 M. ne p. pas; -30 Que il ne couuient; -34 me m.

MANUSCRITS B ET C 101

(après O 9888)
(col. 2)
. . . .
Ses filles li ont tout conté 10265
Conment èles orent erré.
Iluec se reposent la nuit,
Mès n'i furent mie a deduit.
Au bien matin monta li rois :
Lores refu li deulz touz frois. 10266

(après O 9936)
(v° col. 1)
. . . .
Rois Adrastus avant aloit 10299
O l'ost des fames qu'il menoit; 10300
Les dames fait avant aler,
Au duc en vèt merci crïer.
Li dus le voit venir vers soi,
S'est descenduz du palefroi,
Encontre lui a pié ala, -5
Le roi encline, sel baisa.
Iluec revolt li rois descendre,
Li dus li conmence a desfendre;
Ne volt qu'il descende por lui,
Car ne sont pas pareill il dui : -10
Il ert ses hons, li rois ses sire;
Ja mès nus hom ne l'oïst dire
Qui pas le tenist a bonté.
Li rois li a proié por Dé :
« Biaus douz amis, car remontez. » -15
Cil est a son cheval alez.
Li dus li demande son estre,
Li rois le prist par la main destre :
« Ne vous ferai, » fèt il, « long conte.
» Tuit i sont mort et duc et conte, -20
» Mi vavasseur et mi baron
» Et li archier et li geldon.
» Sire, » fèt il, « or escoutez.
» Pieç'a, ce cuit, oï avez
» Que je mes filles mariai, -25
» .Ij. gentilz honmes lor donnai :
» Pollinicès fu .j. des contes,
» Pour s'amour ai eü granz hontes
» Et perte grant de mes amis,

10264 firent autre d.; -66 le deul — 10301 Et les fesoit; -3 vit;
-4 D. est du; -6 si sacline si se bessa; -8 Mès cil si li vet la main
tendre; -9 veult; -10 amdui; -11 iert; -12 nul si ne; -22 guaidon;
-24 ie c.; -29 C ce mest auis.

102   APPENDICE II

```
               » Que cil de Thèbes ont ocis ;        10330
               » Né de trestouz eulz, ce m'est vis,
               » N'en i a remés que .iij. vis :
               » J'en sui .j., las, maleürez ! »
               Par pou qu'il n'est cheüz pasmez.
               Li dus le soustient par le poing :      -35
               « Aidier vous doi a cest besoing ;
               » Et vous sai bien dire por quoi,
               » Car vostre hom sui, faire le doi. »
               Li rois l'en rent meintes merciz :
               « Gardez la sus, en cel larriz,         -40
               » Cèles chetives qui la sont,
               » Qui pour leur amis querre vont ;
               » Querre vous alérent aïe,
               » Si rest en vous toute lor vie.       10344
(après O 9992)  . . . . . . . . . . . .
(col. 2)       Li dus respont : « Lessiez a tant ;   10355
               » Je ferai tout vostre talant :
               » Se il les cors ne veulent rendre,
               » Jes ferai touz ardoir ou pendre. »
               Lors apela .ij. chevaliers :
               « Montez, » fet il, « en voz destriers ; -60
               » A ceus de Thèbes en irez
               » Et mon mesage lor direz.
               » Se il ont roi, a lui parlez ;
               » De moie part le saluez,
               » Et si li dites de ma part             -65
               » Que des cors rendre ne se tart ;
               » Et s'il nes rent isnèlement,
               » Jusqu'a tierz jour verra ma gent :
               » Je l'aserrai en sa cité. »
               A tant s'en sont li mès torné.         -70
               Tant chevauchent le droit chemin
               Qu'a Thèbes vindrent le matin ;
               Entré(z) s'en sont en la cité
               Enmi leur voie ont encontré
(f° 66 r° col. 1) .Ij. Bougres et deus chevaliers.    -75
               Aristeüs parla premiers ;
```

10330 BC Car c.; -32 B remez, C remest; -36 ce b.; -39 ml't de merciz; -40 ce larris; -42 ami; -44 nous — 10356 BC talent; -58 B T. les f.; C Jel; -63 o lui; -65 Ja li d. de moie p.; -66 Q. tous ces c. rende ne t.; -67 BC nel; -68 C ura; -69 en la; -72 A t.; -75 bouriois.

Courtoisement les salua,
Puis après si lor demanda
S'il ont encore point de roi.
« Oïl, » dist li uns, « par ma foi ;   10380
» Creons nos est et rois et sire :
» Mout est sages hom, au voir dire.
— Seingnor(s), fètes nos i mener ;
» A lui nos convendroit parler. »
.I. des chevaliers apela   -85
Son escuier, si lor livra :
« Condui(s), » fèt il, « ces chevaliers
» La ou li rois est, es vergiers. »

Or s'en tornent li mesagier
O leur conduit jusqu'au vergier.   -90
Quant au vergier furent venu,
De leur chevaux sont descendu,
La ou li rois ert sont alé,
Courtoisement l'ont salué :
« Cil diex qui terre et mer forma, -95
» Honmes et bestes, quanqu'i a,
» Le duc d'Athaines saut et gart,
» Et toi si face de sa part.
» Il nous a ci tramis a toi ;
» Entent a nos, savras por coi :   10400
» Les cors des Griex qui ci sont mort,
» Que tu retiens a mout grant tort,
» Veult que tu rendes por s'amor,
» Ou se ce non, dedenz tierz jor,
» Toi et ta gent assegera,   -5
» Et s'il te prent, il t'ocirra. »
Li rois Creons, quant il l'entent,
Irascuz s'est mout durement ;
Vers les mesages s'en torna,
Iriéement les regarda :   -10
« Fuiez, » fèt il, « de devant moi.
» Par touz les diex en qui je croi,
» Par .j. petit que ne vous art

10378 Et p. a. leur; -82 homs; -84 conuient a p.; -90 Et lor; -93 iert; -96 H. b. quanquil i a; -97 Le dux dathenes; -98 C Et tu; 10404 aincois tiers; -7 il entent; -8 Sen aire; -10 MI't fierement; -12 deux en cui; -13 ie ne v. ars.

104   APPENDICE II

	» Ou ne vous pent a une hart. »	10414
(*après O 10070*)	. . . .	
(*col. 2*)	Tant alérent, que soir, que main,	10437

Qu'a Thèbes vindrent l'endemain.
Plus en y a de .xxx. mile,
Qui s'espandent entour la vile ;
Tuit se herbergent environ,
La gent menue et li baron.   10442

(*après O 10118*) . . . .
(*v° col. 1*) Ne leur chaut guères de lor vies,   10457
Pour ce sunt èles si hardies.
Tant ont au mur de près feru,
De grant aïr, de grant vertu,   -60
A maus d'acier, a pis agus,
Que sempres est li murs fondus :
Unne grant piéce en chaï jus,
A tant l'oïrent cil desus.   -64
(*Puis les v. du texte critique 10123-4*)...
A ceus dedenz crient en haut :   -67
« Ce que vous faites rien ne vaut :
» Li murs est frèz et despeciez,
» A terre en est l'une moitiez ;   -70
» Vaincu(z) sonmes tout a estros,
» Cil dehors sont ceanz o nos. »
Li dus en vient a la freture,
Dedenz entre grant aleüre ;
Toute la seue gent o soi   -75
Meine droit el palès le roi.
Le feu fèt aporter li dus
Et tout esprendre sus et jus.
La vile fu mout tost esprise :
N'i remést onc autel n'eglise,   -80
Tour ne palès en nule guise,
Que tout ne fust arz sanz devise.
Li dus a fèt les honmes prendre,
Ceus qui ne se veulent desfendre ;
Touz les a fèt enchaanner
Et puis a Athaines mener.   10486

10414 Ou que ne pende a u. hars — 10440 C parmi la — 10459 T. a le m.; -62 C fendus; B Que tantost; -68 riens; -69 e. cassez et froissiez; -70 e. ia la; -71 C tuit; -72 BC C. dedenz; -76 ou palais; -78 Et tours; -80 r. a. ne e.; -81 Tours; -82 Que tost; -83 Le duc; -86 C en chaannes m.

(*après O 10154*) . . . .
(*v° col. 1*) Quant des .ij. fréres li sovint : 10495
Icil servises le retint.
(*col. 2*) .I. ré i fist faire mannois :
Ainsi le conmanda li rois.
Dedenz ont les .ij. fréres mis,
Mès sempres fu li fex devis ; 10500
Ne se porent entr'aux sofrir,
Ainz les virent entreferir
Et durement entrecombatre
Jusqu'a .iij. foiz ou jusqu'a .iiij.
Li dus en a mout grant merveille : -5
Tout environ soi se conseille.
Ce li dient tuit que la cendre
Face d'iluec ceuillir et prendre,
Si soit mise dedenz un vés :
Atant sera d'aux .ij. remés. -10
.I. vessel ot de l'or de Frise :
Dedenz ont cèle poudre mise.
Puis que dedenz fu seellee,
Sempres conmença la mellee ;
Dedenz fu la bataille grant, -15
Et cé fu bien apert semblant.
Senefiance fu, ce croi,
Des .ij. fréres de pute foi,
Qui onques jor ne s'entr'amérent,
Ne puis la mort ne s'acordérent : -20
Onques en vie bien ne firent,
Neïs a mort ne se souffrirent. 10522
. . . .

10496 *C* Icel ; *B* seruise ; 10500 *C* demis ; -7 Ci li ; -9 uns ; -11 *C* .I. ves dor ot ; -22 N. cil m.

APPENDICE III

Vers spéciaux a la famille *y* (mss. *A* et *P*) [1]

(*après O 16*)	. . . .	17
(*f° 36 r° col. 1*)	Conter vous voel d'antive estore	
	Que li clerc tiennent en memore,	
	Et conter d'une fiére geste :	
	Leu on le list estuet grant feste.	20
	De batailles et de grans plais, —	
	Onques plus grans n'oïstes mais, —	
	De mervilleus confusions,	
	De grans dolours, d'ocisions,	
	Conte li livres ke on fist :	25
	Or escoutés ke il en dist.	
	Il le fist tout selonc la lètre	
	Dont lai ne sévent entremètre;	
	Et por chou fu li romans fais	
	Que nel savoit hon ki fust lais.	30

(1) Le texte et les numéros des vers inscrits en marge sont ceux du ms. A. Nous donnons en note, sans lettre indicatrice, toutes les variantes de P, sauf les variantes orthographiques, à moins qu'elles n'offrent quelque intérêt. — Nous nous abstenons de toute correction non indispensable. — Dans les rapprochements, O désigne le texte critique.

17 antiu; 18 *P ajoute 2 vers, qui semblent bien appartenir à cette rédaction* (*cf. v. 25-7*) : Et ke il fisen[t] (*lis?* lisent) par grant grasse En .j. liure con dist Estasse; -20 La on; -21 Car de b. de;-25 il fist (*voy. la note au v. 18*); -26 Oir poes ke; -29 cou est; -30 *A* saroit.

MANUSCRITS A ET P   107

(après O 38)   . . . .
(col. 2)   Mout par estoit de grant parage   51
Et chevaliers de fier corage ;
Mout ert sages et ensegniés,
De toutes pars ert resoigniés ;
En pais tenoit toute sa terre :   55
Nus ne li fist sanlant de guerre.
Fors et poissans estoit assés,
Mais d'une cose ert trespensés
Que il n'avoit hoir de sa feme,
Qui après lui tenist son regne.   60
Si se pensa qu'il parleroit
A son diu en qui il creoit,
Car volentiers vauroit savoir
Se il jamais aroit nul hoir.
Encor n'erent pas crestiien,   65
Mais por le siécle tot paiien :
L'un aouroient Tervagan,
L'autre Mahom et Apolan ;
L'un les estoiles et les signes,
Et li auquant les ymagines ;   70
Li un fisent ymages d'or,
Qu'il pendoient en leur tresor,
L'un de keuvre, d'estain, d'argent,
Celes de fust la povre gent.
De çou quidoient avoir dons.   75
Et li dius lor donnast respons :
Ce n'ert pas voirs, ains estoit fable,
Car çou erent li vif diable
Qui les respons a els donoient
Et les caitis en decevoient.   80
Çou aouroient li paiien :
Or sévent il s'il fisent bien.
Layus .j. en aouroit,

51 A Ml't, P Mlt (presque toujours ainsi abrégé, en souvenir du latin multum); 52 Doins c. de fin c.; 53 Saiges hom fu et envoisies; 54 iert (orthogr. constante); 55 Et gardoit si t.; 56 N. ni faisoit noise ne g.; 61 sapensa ken; 62 A sen mahom en cui c.; 64 Se ia aroit ens se vie oir; 66 M. par; 67 aourerent; 68 m. lautre tytan; 70 Auquant le lune auquant magines; 71 Lun faisoient; 72 kil prendoient; 75 fust leur deus; 76 A P Et la dedens; P respeus; 77 niens v.; 79 leur r.; 81-2 manquent à P; 83 Laiens une.

APPENDICE III

                Et nuit et jour le cultivoit :
                Çou ert l'ymage du soleil,   85
                Et a celi prist son conseil;
                A l'ymage fist s'orison.
                Quant ot finee sa raison,
                Par le prestre fist sacrefise,
                Que a son diu avoit pramise.   90

(après O 52)
(col. 2)   . . . .
                Ne targa mie : après .x. mois,   99
                Si comme il ert coustume et drois,   100
                Dame Jocaste li roïne
                Un enfant ot sous sa cortine.
                Quant li rois sot que il fu nés,
                .Iij. de ses sers a apelés;
                Pramis lor a or et argent,   -5
                Mais ke il tost privéement
                Prengent le fil de sa mollier,
                Se li voisent le cief trencier.
(col. 3)   En la cambre vont cil tot droit
                Ou li enfes petis estoit;   -10
                Porté l'en ont en son mailloel,
                Et la roïne fait grant doel.
                Ele demaine grant dolour :
                « Petis enfes, par quél folour
                » A ocirre t'a commandé
                » Li rois tes pére sans mon gré?   116

(après O 68)
(col. 3)   . . . .
                » N'ainc ne fesistes mal en terre;   123
                » Si vous fait on ja si grant guerre
                » Com de trencier la vostre teste.   -25
                » Lasse! ci a malvaise feste
                » C'on fait de vous : hui est li jors
                » C'on deüst mander jogleors,
                » Qui venissent joie mener

---

86 A celi vint prendre c.; 89 *P* P. son p. offre s.; *A* sacrefisse; 90 Que ses diex li faice propise; 99 .ix. m.; 100 nature et d.; -1 iocasta; -2 Son e.; -4-8 *Cf. les vers 86-90 du texte critique*; -5 Promet leur ml't or; -6 ml't tost; -8 Si; -9 Ens (*forme ordinaire dans P*); -10 li p. enfes; -11 Se len portent od le m.; -12 en fait; -14 por; -15 Vous a ochire c.; -16 *P* vos p.; *A* peres — 123 fesis nul m. -26 Ai moi lasse com male f. -27 Ont f. -28 On d.; -29-32 *sont réduits à 2 vers, qui riment mal* : Qi portaissent sigles et retes (*sic*) Et chifonies et vielles.

» Et harpes et notes sonner, 130
» Et ces dames et ces pucèles
» Oïssent harpes et vïèles ;
» Et mandast on ces tumeors ;
» Faire beter viautres et ors,
» Apparillier repaissements -35
» Et donner rices garniments,
» Et çaiens faire tél conroi
» Com de naissance a fil de roi.
» Ci deüst on faire leëce,
» Mais cis jors nous vient a tristèce. -40
» Et ke diront de si grant guerre
» Toutes les gens de ceste terre,
» Du roi ki de Thèbes est sire,
» De son enfant qu'il fait ocire ?
» Et ke diront et roi et conte ? -45
» Li chevalier avront grant honte
» C'uns rois a fait tél dyablie
» C'ainc mais ne fu dite n'oïe.
» Rices dames et orfenines
» Batront leur cuers et lor poitrines : -50
» Demanderont quans ans avoit ;
» Que dira on ? « D'un jor estoit. »
« Que diront dont ? Merveilles oi :
« Nous quidames ke il le roi
» Vausist del regne fors jeter -55
» Et de s'onnour desyreter,
» Et ke il fust de tel eage
» Que il peüst mener barnage.
» Cil rois a fait grant dyablie
» Et demaine mout male vie. » -60
« Et cil de près ke poront dire ?
» Li rois se derve, ki ocire
» A commandé son premier hoir,
» Et nés estoit cel premier soir.
» Male fiance, puet on dire, -65
» I puet avoir cui il est sire. »

---

134 F. batre (*il y a p-ê avant une lacune de 2 v.*) ; -35 reparemens ; -36 r. vestimens ; -37 f. grant c. ; -39 Et d. ; -40 ioies vient ; -42 de par le terre ; -44 Ki son e. a f. o. ; -46 Tout c. ; -47 Com il a f. grand d. ; -48 *A* Conques mais fust ; *P* itele oie ; -51 Et demandront ; -55 hors i. ; -59 Mais cis r. fait ; -61 A poroit ; -62 Li r. d. ki a o. ; -63 s. petit oir ; -64 Ki n. e. en es le s. ; -65 porroit d.

(col. 4)

« Ce dira toute creature
» Por ma petite porteüre.
» Biaus fius, vous fustes, je croi nés,
» Por mervelles et demoustrés.   170
» Vostre mére en a tél dolour
» Ja mais n'ara joie nul jour.
» Qui me poroit esleechier,
» Quant on me taut mon enfant chier,
» Dont jou anuit me delivrai,   -75
» Ne onques mais nul ne portai?
» Ahi! com volentiers morroie!
» Ja mais nul jor n'averai joie,
» Quant ma premiére porteüre
» M'a si tolu male aventure,   -80
» Que j'ai tous jours si desiree :
» Mout poi de joie en ai menee.
» Por toi sui, fius, si avillie,
» Et jou et toute ma lignie.
» On requerra, je cuit, ta mort
» A te mére, chou ert a tort :
» N'i a coupes ta lasse mére,
» Mais chou a fait tes felons pére. »   188

(après O 92)
(col. 4)

. . . .
Souvent se pasme la dolente,   199
Et, quant revient, mout se demente.   200
Sos ciel n'est hom, tant le haïst,
Et tél doel faire li veïst,
Ki ne plourast por la dolour
Que la dame mena cel jour ;
Ne mie cel jour seulement,   -5
Mais mout lonc tans fist ensement.
Tant ont li .iij. serf esploitié
Ke du païs sont eslongié ;
Puis entrent en une forest,
Mout loing de gent et de molest :   -10

167 Que d.; -70 et demoustres ; -71 Vo m. en a tant grant d.; -72 a n. i.; -74 A cier; -76 nen p.; -77 He c. v. iou m.; -78 Quant ai perdu toute ma i. ; -81 tant desire; -82 Si pau ... mene; -83 mlt a.; -85 ie croi; -86 Te m. mais chou; -88 Car cou fait tout tes las de pere — 199 Forment se; 200 fort se; -2 Itel d.; -3 de le d.; -4 le iour; -5 Et nel di del i.; -6 Car mlt l.; *P ajoute 2 vers spéciaux* (*V. App.* v); -1 T. o. ale et e.; -8 le p. ont e.; -9 P. entrerent ens le f.; -10 A et de rubest, *P* grant et r.

MANUSCRITS A ET P

La forès ert grans et rubeste,
Si habitoit ens mainte beste.
Si disoient li serf tot .iij.
Que la lairont le fil le roi.
Li enfes ot le jour ploré :   215
Endormis ert por la lasté ;
Familleus ert, si se moroit ;
La fains l'ot fait forment destroit.
L'uns d'eus le prent, si le descoevre ;
L'enfes s'esvelle, les oels oevre.   220

(après O 116)
(v° col. 1)
. . . .
Tot troi commencent a plorer :   229
A paine pueent mot former.

(après O 118)
(col. 1)
. . . .
» Mais ichi vivre le laissons :   233
» Dirons le roi ke mort l'avons. »
Li uns a dit : « Or esgardons   -35
» Par quél mesure le lairons.
» Commandé nous fu sor nos fois,
» Quant ça nous envoia li rois,
» Que nous cest enfant ociriens,
» Et grant avoir en averiens.   -40
» Çou que ferons soit par concorde :
» Que nus de nos ne s'en descorde ;
» Car, se li rois l'apercevoit,
» Tous les menbres nous trenceroit.
» Mais afionmes ent nos fois   -45
» Que nus de nos n'ert si destrois
» Qu'il accuse son compaignon,
» Ne por morir, ne por prison.
» Le sairement que nous fesimes,
» — Par grant destrece le plevimes,   -50
» — Que cest enfant ocesissiens,
» N'est a tenir, mais est grans biens
» Qu'aucun engieng trouver puissons
» Par coi l'enfant vivre laissions :
» Mius nous en vient mençoingne dire -55

211 P est g.; A rubestre; -13 Cose pensent li; -14 Kil l. la le;
-15 Lenfes ot mlt le; -16 E. fu; -18 Li f. lauoit — 230 m. soner; -34
Disons; -35-6 m. à P; -39 Q. n. lenfant li ochiriemes; -40 aueriemes;
-41 C. ken faisons; -43 sen perceuoit; -45 M. a. tous; -47 Que ia
acust; -49 Cis s.; -50 Quant mon signeur nos fois p.; -51 ci ochirriens; -52 ains est; -53 puissons; -54 P. quoi chi v. le laissons;
-55 nos coupes d.

» Que sans mesfait l'enfant ocire.
» Aucune cose li faisonmes,
» Que del tout ne nos parjuromes :
» Andeus les piés li poons fendre
» Et a cel caisne la sus pendre ;   260
» Que, se li rois nous en destraint
» Que li mostrons aucun drap taint,
» Si que tot sanglent le laissames
» Et les membres li despiçames,
» Ce porons dire par vreté,   -65
» Que en sommes ensanglenté ;
» Et s'il est la sus encrués,
» N'estra, je cuit, anuit finés,
» Et tost venra, par aventure,
» Aucuns preudons qui n prendra cure. » -70
Et respondent si compaignon :
« A cest conseil nous entreron. »
Et tot fianciérent lor fois
Que cis consaus ert tos secrois.   274

(après O 132)
(col. 1)   Li rois cui cil païs estoit   287
              En la forest le jor caçoit,
(col. 2)   Et vint illoekes cevaucant :
              Forment oï crier l'enfant.   -90
              Pollibus ot cil rois a non :
              Bien resambloit fix a baron.
              Garda a mont et vit l'enfant :
              Pitié en ot et hide grant.
              Sonna son cor de grant randon,   -95
              Qu'a lui viégnent si compaignon.
              Espars estoient près et loing :
              Cuidiérent tot ce fust besoing ;
              Laissent leur cache, tot akeurent,
              A vis lor est que trop demeurent. 300
              Viénent courant a lui tot droit,
              Desous le caisne ou il estoit.

256 Quen grans meffait; -57 Aucun esmoete li; -58 Que nous d. t. le p.; -62 Que len: -63 Et ke s. nous li l.; -64 Comme les pies li depechasmes; -65 poons; -66 *A* Et quen; *P* Que tout en s. sanglenté; -68 *A* Estra ie c. a. troues; *P* iou croi; -70 *A*. hom ki en ara c.; -71 Cou r. li c.; -72 *A* entrerons, *P* entenron; -73 Il afierent t. l. f. — 287 *A* qui cel, *P* cui cis; -88 cel i.; -89 Avint illuec achevauchant; -93 G. en haut; -96 *A* A l., *P* Ka l.; -98 keust b.; -99 le caice.

Demandent lui : « Sire, c'avés?
— Signeur, » fait il, « or esgardés :
» Qui vit ainc mais si grant mervelle? 305
» Tex ne fu mais ne sa parelle.
» Por Diu, montés mout tost la sus
» Et cel enfant me metés jus. »
Icil ont a mont regardé :
Mervelles sont espoenté; -10
Il ont paor et grant pitié
Et durement sont mervillié.
Li enfes sovent se pasmoit,
A la foïe s'escrioit,
Les bracelès a lui jetant, -15
Et aloit ja trestous morant :
« Tolés, » font il, « que puet çou estre?
» De cest enfant ki en fu mestre?
» Ainc mais nus hom ne vit tél plait :
» Qui puet estre qui a çou fait? -20
» Gardés ne soit fantosmerie,
» Ou ce soit fait par sorcerie. »
Ce dist li rois : « Je n'en sai plus;
» Mais montés, si le metés jus. »
Qui donc veïst haster serjans -25
Et descendre des auferrans :
Isnèlement au caisne keurent,
Montent a mont com plus tost peurent.
Qui les veïst a mont ramper
Et l'un a l'autre a mont bouter! -30
Tant ont rampé de brance en brance
Que l'enfant tinrent par la hance :
Les loiiens ont tos depeciés,
Qui li erent bouté es piés. 334

(après O 140)
(col. 2) . . . .
Li rois meïsmes li mit non, 339
Et Edipus l'apela on :
Icis nons sone tos par lètre;
Li rois meïsmes l'i fist mètre.

307 trestout montés la; -9 esgarde; -11 Il o. grant hide; -12 De pauour sont trestout saignie; -13 Lenfes par fies se; -14 Et a le fois si s.; -15 aloit i.; -17 Hareu f.; -18 Ainc tel ne vit ne clerc ne prestre; -20 q. c. a f.; -24 M. faites tost sel m.; -25 h. vassaus; -26 de leur cheuaus; -29-30 m. à P; -31 T. vont montant — 341 A non; -42 li fait.

Tome II 8

APPENDICE III

              Edipus crut en grant barnage,
              Com cil qui ert de haut parage.   344
              (*Puis les v. du texte critique 141-2*)...
              Mout fu joïs et mout amés,   -47
              Et ciers tenus et alosés;
(col. 3)   Mout fu courtois et affaitiés,
              Et bien furnis, lons et deugiés.   -50
              A son conseil trouva li reis,
              Por çou qu'il ert preus et cortois,
              Que de lui fera cevalier
              Et ricement aparillier.
              Conreés fu selonc lor lois;   -55
              Bien fu garnis de bons conrois;
              Forment devint bons chevaliers
              Et mout hardis et fors et fiers;
              Bien seut mener chevalerie :
              Plus amoit çou que autre vie.   -60
              Sor tous en ot et cri et non,
              Plus qu'en la terre eüst nus hon;
              Et si refu assés courtois
              De pluiseurs gius et d'esbanois.
              Quant jüe as dés et as eskès,   -65
              Tous les sormonte Edipodès;
              De tot çou dont s'entremetoit
              Grans et petis tous sormontoit.   368

(*après O 154*)   . . . .
(col. 3)   Trouvés fustes ens en .j. gaut   379
              Et par les piés pendus en haut.

(*après O 158*)   . . . .
(col. 3)   Or escoutés com grant mervelle :   385
              Nus n'oï onques sa parelle.
              Mien ensïent, ainc ne fu prestres,
              Ne clers letrés, ki tant fust mestres,
              Ki onques mais oïst parler
              D'enfant qui alast demander   -90
              Qués hom deüst estre ses pére,
              Ne ki ne conneüst sa mére,
              Fors Edipus tant seulement,
              Cui en avint si malement

---

347 cois et m. fu a.; -49-50 m. à P; -54 Sel fera bien a.; -56 B. lont garni de lor c.; -58 M. fu h.; -60 q. nule vie; -65 as tables as esches; -67 De cou dont il — 379 Tues fuisses; -80 Illuec esties — 385 grans.

MANUSCRITS A ET P

  C'a .j. seul cop son pére ocist,   395
Ensi comme l'estoire dist.
Il s'aparelle a son talant
Et monte sour .j. auferrant,
Puis si se met en son cemin.
Tos trespensés, le cief enclin,   400
Porpense soi que il dira
Et ke au diu demandera.
Mout est honteus, sovent sospire :
Comment pora tél rage dire ?
Si comme il s'en va cevaucant,   -5
Forment pleure, car doel a grant.
De loing esgarde en son cemin,
Et vit le temple d'Apolin ;

(col. 4)   Ens el teatre vint esrant
Et descendi del auferrant.   -10
Edipodès ot cuer mout sage :
Tot droitement vint a l'image,
Cortoisement l'a saluee,
Et puis après l'a aouree,
Et pria li mout doucement :   -15
« Por Diu, » fait il, « a moi entent.
» Ki est mes pére ? di le moi :
» Sovent en sui en grant esfroi. »
Quant çou ot dit, forment rogi :
Tél honte en ot qu'illoec caï.   -20
La ou gisoit devant l'image,
Se porpensa en son corage
Que ja d'illoec ne se mouvra,
Desqu'a cèle eure qu'il savra
Que Apolins li respondra   -25
De çou ke demandé li a.
La ou il ert illoec tos drois,
Soudainement vint une vois.   428

(après O 224)   . . . .
(f° 37 r° col. 1)   » Se j'eüsse mon enfant cier,   491
» Il m'eüst ore grant mestier :
» On le m'ocist mout a lonc tans ;

395-6 m. à P; 403 forment s.; -5 il en; -8 v. lymaige; -9 Outre a le terre; -11 Epidopus; -15 m. simplement; -17 me mere; -19 si en rougi; -20 Honte ot si grant; -21 La ou il gist; -23 ne mouera; -25-6 m. à P — 491 Sor e.; -92 or si g.; -93 Que on m'ocist.

» Bien a, je quic, plus de .xv. ans.
» Ore a de doel assés la mére,   495
» Que por l'enfant, ke por le pére;
» Assés avoie ançois dolor
» Que jou perdisse mon seignor,
» Car onques puis ke fu ocis
» Mes fius li tenres, li petis,   500
» Ne fu ainc puis ne nuit ne jor
» Que n'en ploraisse a grant dolor.
» Hui m'est creüs grans destorbiers,
» Puis c'ore est mors mes sire ciers;
» Or n'est mais drois qu'en terre vive   -5
» Ceste lasse, ceste caitive. »
La roïne pleure et demente :
Au pére, au fil a mis s'entente.   508

(après O 246) . . . .
(col. 2)   Ne pooit nus illoec passer   533
               Nel convenist a deviner.

(après O 336) . . . .
(col. 3)   A son bliaut tergoit s'espee,   629
               Qui mout estoit ensanglentee.

(après O 358) . . . .
(col. 4)   Li damoisiaus fu mout joïs   653
               Et honnerés et mout cieris.

(après O 365) . . . .
(col. 4)   A une part s'en va seïr,   663
               Et fait celui a soi venir,
               Ainsi com fust por demander
               De quél liu est, ou vaut aler.
               Il liéve sus et va après,
               Lés li s'asist Edyppodès.   668

(après O 380) . . . .
(col. 4)   « Que nel lairés savoir nului   683
               « De canques chi dirons andui.

(après O 396) . . . .
(col. 4)   Qu'en diroie él? Tant ont parlé,   701
               Esbanoié et deporté,

494 iou croi passe .xx. a.; -95 Or a a. doleur se m.; -96 Et p. le fil; 501 A. ne fu p.; -3 Et hui mest crus; -5 Or nest il mais sor t. v. — 630 Ki toute — 653 m. chieris; -54 Et m. ames et m. iois — 664 Et c. f. a lui v.; -66 A l. fust; -68 epidopes — 683 lairas. — 701 Que d., *puis les v. 398- 400 du texte critique, 9 vers spéciaux et les v. 702-4 de A.*

MANUSCRITS A ET P 117

          Li damoisiaus ala jesir :
          Assés dormi a son plaisir.   704

(après O 420)
(f° 37 v° col. 1) Mais neporoec li fist sanlant   725
          Que de lui prendre n'a talant.
          Èle ert bien cointe, si fu sage,
          Si sot bien covrir son corage.
          A ses barons oiiés que dist :
          « Biau signor, » fait èle, « on m'ocist -30
          » Le mien signor, n'a encor gaire.
          » Ne sai que soit de ceste afaire :
          » La gent diront, se preng signo[u]r,
          » Que je n'ai gaires grant dolour.
          » Mais vous m'avés a gouverner   -35
          » Et le regne tot a garder :
          » Çou me faites encoragier,
          » Qui ne me tourt a destourbier.
          — Dame, » font il, « bien le savons
          » Que a consillier vous avons;   -40
          » Mais c'est faible cose de fème
          » Por maintenir honor et règne :
          » Vous ne savés preu gerroiier.
          » Cist sanle si bon(s) chevalier(s)
          » Que il puet bien porter coronne, -45
          » Si sanle bien jentix personne;
          » Si le volons eslire a roi. »
          La dame dist : « Et jou l'otroi. »   748

(après O 426)
(col. 1)   « Dix ! que veut on faire de moi?   755
          — Sire, vous le sarés, je croi.
          — Ha Dix! » fait il, « ce soit or biens,
          » Ou vous donés que ce soit niens! »
          Riant le dist, mais neporoec
          Vausist bien estre ailleurs qu'iloec; -60
          Car il quida estre engingniés,
          Et que il fust a mort jugiés

704 tout a loisir — 725 Laiens el cuer mais; -26 Que en ait loing mie mlt grant; -27 E. estoit c. et sert mlt s.; -28 Et s. c. b.; -30 S. f. e. on or; -33 se iai s.; -35 maus a honerer; -37 Tel rien me f. embraicier; -38 encombrier; -40 Ka c. trestout tauons; -41 M. bielle c. e. mlt de f.; -42 P. m. trestout le r.; -43 s. pas; -44 Et cis s. b.; -45 Et si p.; -46 Car mlt s. b. gentil home — 757 Ore f. il icou soit b.; -58 Ou diex me doinst ke; -60 Ne v. il pas e. i.; -62 f. tous depulliies (sic).

118   APPENDICE III

	De çou qu'il ot dit son secroi	
	A la roïne en son recoi.	764
(après O 446)		
(col. 2)	. . . .	
	Onques as portes n'ot portier :	787
	Bien pot entrer qui volt mangier.	
(après O 450)		
(col. 2)	. . . .	
	Et en sa main tint tot le regne,	793
	Et de sa mére fist sa feme.	
(après O 464)		
(col. 2)	. . . .	
	« Dame, » fait il, « quant fui petis,	811
	« De mes piés fu mout malbaillis :	
	» Ains qu'eüsse .ij. mois passés,	
	» M'avint li maus que vous veés.	
	— Par foi, sire, mervelles oi :	-15
	» Ce furent plaies que ci voi. »	
	Li rois en ot auques de honte ;	
	Ne sot preu dire que ce monte :	
	« Dame, » fait il, « por voir vous di,	
	» Ce furent clau que jo euc ci,	-20
	» Qui lonc tans furent en mes piés,	
	» Si que les euc outre perciés :	
	» Tant i ferirent mal avoec	
	» Ja n'en quidai estre senoec.	
	— Ahi ! sire, » fait la roïne,	-25
	Qui mout estoit vers lui acline,	
	« Ja sont çou plaies par sanlance	
	» Qui faites furent trés enfance. »	
(col. 3)	Les piés li met a l'eur du toivre,	
	Por les plaies mix aperçoivre ;	-30
	Mania les dusc'as ortoiles,	
	Se li a dit : « Por coi te çoiles?	
	» Or me soit dite la vertés,	
	» Par cèle foi que moi devés. »	
	Li rois respont tos aïriés :	-35
	« Dame, » fait il, « trop m'anoiiés :	
	» Puis que vous ne me volés croire,	

763 se secree; -64 en le vespree — 813 Anchois keusse .i. m. daes; -14 Me vint .i. m. ke chi v.; -15 S. p. f.; -16 Ce st' p. ke iou chi; -17 grant h.; -18 ke d. pas encontre; -22 ies euc parmi tranchies; -23 T. i furent m. aunes; -24 Que iou nen deuc iestre sanes; -25 A Ah; -26 Lasse caitiue femenine; -28 Que f. st' t. vostre enfance; -30 bien a.; -31 Manoie lui; -33 li purtes; -37 Treske v. moi ne v.

MANUSCRITS *A* ET *P* 119

  » S'alés la fors tost en vostre oir(r)e.
  » Oï l'ai dire, c'est vretés :
  » Feme a .j. art plus que malfés. » 840
 La roïne commence a rire :
 « Ne vous irés, kèles ! biau sire. »
 Vint a son cief et si l'acole,
 Mout souef l'oint de sa parole :
 « Ja savés bien, biau sire ciers, -45
  » Quant vous venistes chi premiers,
  » Que me desistes vo secré,
  » Ja n'en ai jou encor parlé :
  » Or vous pri jou, par cèle foi
  » Que vous devés et Diu et moi, -50
  » Que vous me dites la verté,
  » Car je l'ai hui mout desiré.
 — Dame, » fait il, « conjuré m'as :
  » Dès or ne t'en mentirai pas.
  » Je vous dirai tout mon secroi : -55
  » Sour Diu le met et sor ma loi.
 — Et jel reçoi, » fait la roïne,
  » Sans mal engieng et sans haïne. » -58
 (*Puis les v. du texte critique 467-8*)...
  » Li rois de Foche la cité, -61
  » Qui grant terre a et grant regné.

(*après O 476*) . . . .
(*col. 3*) Or vous ai dite la verté, 871
 Si c'un seul mot n'i ai celé.
 La roïne s'est porpensee
 Et fu en soi mout tormentee ;
 Entre ses dens dist coiement, -75
 Que Edippus pas ne l'entent :
 « Lasse, » fait èle, « dolereuse,
  » Por coi fui ainc cestui espeuse ?
  » Çou est mes fius que jo portai,
  » Que jou, lasse, tans jors plorai. 880

(*après O 486*) . . . .
(*col. 4*) Contérent li çou que il firent, 889
 Que les piés a l'enfant fendirent.

(*après O 492*) . . . .
(*col. 4*) Puis se li a trestout conté, 897

---

 838 laual; -39 et cest v.; -45 s. vous; -51 le purte; -55 Iou en d. t. le s.; -56 ta l. — 871 le purte; -73 *Cf. O 477*; -75 biellement; -76 Si kedipus; -79 *Cf. O 478*; -80 tant iour — 889 *A* fisent.

APPENDICE III

	Comment on ot de lui esré,	
	Com li reis en fu escarnis,	
	Qui le cuida avoir ocis.	900
(après O 500)	. . . .	
(col. 4)	Illoeques pleure nuit et jor,	909
	Sa vie maine a grant dolor;	
	Pain et aige tant seulement	
	Manjuë .j. poi, quant fains li prent.	912
(après O 506)	. . . .	
(col. 4)	« Dans Jupiter, qui mes dix iés,	921
	» A toi depri mout coureciés,	
	» Toi et dame Tezifoné,	
	» Qu'en infer avés poesté;	
	» De mes enfans a vous me claim,	-25
	» Si com as dix que je mout aim,	
	» Que ambedeus les destruisiés,	
	» Car mes oex misent sos lor piés;	
	» Destruisiés les ou tempre ou tart,	
	» Car felon sont de pute part. »	-30
	Jupiter et Thezifoné	
	En ont andoi grant pïeté;	
	Entr'eus misent ire et discorde,	
	Que onques puis n'orent acorde :	
	Ne targa mie longement	
	Que il en prisent vengement.	936
(après O 590)	. . . .	
(f° 38 r° col. 1)	Il fist le jour mout grant jornee,	1001
	Car eslongier veut la contree.	
(après O 594)	. . . .	
(col. 1)	La noefme jornee fu fiére,	1007
(col. 2)	N'i ot si grant nis la premiére;	
	Car toute jor cevauce a rote	
	Et mout de nuit, que ne vit gote.	-10
	Castel ne borc ne pot trover,	
	Ou il se peüst osteler;	
	N'ainc mais n'avoit cèle contree	
	Ne cevaucie ne antee.	
	Il fist la nuit fort cevaucier,	

912 se f. — 922 Merchi te proi com hom courchies; -23 Et tu d.; -24 Qui ens i. as p.; -27-8 *Cf. les v. 511-2 du texte critique;* -28 Quant mes oels foulent a lor pies; -34 Tele kainc p. ni ot concorde — 1001 Et f. — 1007 *P* Lune i.; *A* noësme; -8 fors le p.; -10 ni v.; -11 ni p.; -12 La ou p. le nuit torner; -13 tele encontree.

MANUSCRITS A ET P

	Si ot la nuit grant destorbier.	1016
(après O 622)	. . . .	
(col. 2)	Frois et esplendres et tortues	1041
	Et tarentes et marmolues.	
(après O 626)	. . . .	
(col. 2)	De la foriest issi atant,	1047
	Vers une mér va costoiant.	
	Li mérs estoit grans et enflee :	
	Une grant liuë en la valee	-50
	Ert fors issue du rivage ;	
	As vilains fist mout grant damage.	
	Pollynicès defors s'en vait,	
	Loing du rivage arier se trait.	1054
(après O 698)	. . . .	
(col. 3)	» Et travilliés sui mout forment	1113
	» De grant orage et de fort vent ;	
	» Chevaliers sui d'estrange terre,	
	» Et sui venus saudees querre,	
	» Et vieng tous seus et sans conduit :	
	» Jouste vous me soffrés anuit.	1118
(après O 704)	. . . .	
(col. 3)	« Alés avant herberge prendre,	1123
	» Car ci ne poés vous descendre ;	
	» Et se vous tost fors n'en issiés,	
(col. 4)	» Li quéls que soit en ert iriés. »	-26
	(Puis les v. du texte critique 705-6)...	
(col. 4)	« Frére, » dist il, « mout par iés fiers,	-29
	» Ne sai se tu iés cevaliers :	
	» Parlé avés en itél guise,	
	» Qui ne tourne pas a francise.	
	» Vilains estes, ce m'est avis :	
	» Por tant que l'ostél avés pris,	
	» Et je sui venus auques tart,	-35
	» Ne volés que j'en aie part,	

1115 faisoit mlt f.; -16 Sen... encombrier — 1041 culueures et tortures; -42 A marmoelues (avec un sigle formant un angle aigu ouvert à gauche sur l'e), P mlt tres agues — 1047 en ist a t.; -51 hors; -53 dehors; -54 Loins... amont se — 1113 T. sui ge hui f.; -14 Del... del torment; -18 Deiouste toi me sueffre a. — 1124 p. pas d.; -25 Se v. mlt t. nen issijes; -26 A Li uns de nous; -29 m. iestes f.; -30 sainc fustes c.; -31 tele g.; -33 Vilonie est; -34 Que tant kaues ains lostel p.; A P. t. se; -35 s. a. v.; -36 pas ken a.

122   APPENDICE III

» Et neporquant si sai jou bien
» Qu'il n'est pas vostres plus ke mien.
» Oï l'ai dire mainte fois :
» Com plus sera li hom destrois,   1140
» S'adonques veut proiier felon,
» Ja n'en fera se nouaus non.
» Mais or tenés la moie foi :
» Puis que pitié n'avés de moi,
» Ja nel lairoie por nul plait   -45
» Que la tençons ne viégne a fait;
» Ou jou enpïerrai vo cors,
» Ou vous le mien, s'estes plus fors.
» Li quéls que soit en iert iriés,
» Puis que il est ensi jugiés. »   -50

(après O 714) . . . .
(col. 4)   » Nous sommes andoi paringal,   1155
» S'a cascuns armes et cheval;
» Ja destourbé n'ermes par home,
» Car les gens sont el premier somme;
» Et si vous doins la desfiance,
» Par le fer quist en son ma lance. »   -60
Son ceval tenoit par le frain :
Es arçons saut, ainc n'i mist main;
Des quatre piés salir le fist;
Sa lance prent, si le brandist.
Pollinicès ne targa rien :   -65
De plaine tère saut el sien,
De la vaute s'en issi hors.
Gentes armes ot sor son cors :
Hauberc ot bon, fort et legier,
En toute Gresse n'ot plus cier;   -70
.I. elme avoit clér et luisant,
Si ot assis el front devant
Piéres molt ciéres de cristal,
Sour le jointure du nasal;
Ses haubers fu menu mailliés,   -75
Et par les pans mout bien tailliés;
Mout estoit bons et fors assés :

1137 Mais non p. q. si saichies b.; -38 Que; -39 maintes; -40 Ke p.; -41 Se donkes; -42 ne f.; -45 A la nel. P Que ne; -48 si c.; -49-50 intervertis; -50 iou sui e. — 1155 tout per p.; -56 C. a mlt tres boin c.; -58 C. or s. tout; -63 A Et .iiij.; -64 bien le; -66 De p. lance; -76 les flans; -77 M. b. e. legiers a.

MANUSCRITS *A* ET *P*

(f° 38 v° col. 1)

Onques por cop ne fu fausés,
Que tant i fust de près ferus ;
A or fu pains tous ses escus, 1180
Desus ot d'or .j. grant bouton,
En mi ot paint .j. grant lion.
Sa lance tint Pollinicès,
Et ne vaut pas joindre de près :
Galopant s'en va d'une part, -85
Car du joindre li estoit tart.
De Tydeüs vous sai bien dire
Li siens conrois n'iert mie pire :
Hauberc ot bon et hiaume fort,
Qu'il ot conquis sor mér al port ; -90
Ses escus ert d'autre maniére,
Mais l'oevre n'iert mie mains ciére ;
D'azur érent li doi cantel,
Entor ert pains d'or a noel ;
Li noiel erent forment chier ; -95
Paint i avoit .j. sengler fier.
Qu'en diroie él ? De grant randon
S'entrefiérent li doi baron.
Tydeüs fiert Pollinicès
Desus la boucle bien de près : 1200
Ne brisast la lance et li fers,
Adont l'eüst jeté envers ;
Une grant ausne outre le mist.
Au resachier que il i fist,
Brisa la lance en son escu : -5
Por poi ne l'a jus abatu.
Quant les lances orent perdues,
Si traient les espees nues ;
Pollinicès et Tydeüs
Ensanle viénent as escus. 1210

(après O 730)
(col. 1)

. . . .
Ambedoi iérent orgillous, 1221
Si érent mout cevalerous ;
Preus estoit cascuns endroit soi,
Si érent mout de grant bufoi. 1224

1180 estoit p. s.; -81 Mais deseure ot flors enuiron; -82 fier l.;
-86 de iouster; -90 sor troie; -94 Ens mi ot paint; -98 Sentreuienent; 1200 Desous; -1 li hanste; -9 P. le ra feru; -10 De se lance parmi lescu — 1221 *A* orgilleux; -22 Sestoit cascuns chevaliers prous.

(après O 748)
(col. 1)   . . . .
                     Il ne fu hom de sa valour,   1241
                     Ne ja n'en ert a nis .j. jour.
                     Por çou qu'il estoit li plus lais,
                     Petis et auques contrefais,
(col. 2)   L'ot li autres plus en vilté,   -45
                     Si s'afioit en sa bonté;
                     Por çou entra en enresdie,
                     Quant de celui voit la folie.   1248
(après O 751)
(col. 2)   . . . .
                     Il s'entredonent cols si grans   1255
                     Que tous les vis en ont sanglans;
                     Li baron hurtent si ensanble
                     Que c'est avis la terre tranble.   1258
(après O 784)
(col. 2)   . . . .
                     Cil vint a val a l'uis du porce,   1275
                     Vit les marcis ferir a force
                     Et escremir et si combatre :
                     Onques n'osa entr'els embatre;
                     Tél noise font et tél tambuis
                     Onques n'osa issir del huis.   1280
(après O 790)
(col. 2)   . . . .
                     « Sire, » fait il, « c'or vous levés : 1285
                     » La jus a val a ces degrés
                     » Se combatent doi chevalier
                     » As espees trancans d'acier;
                     » Cols s'entredonnent mervilleus,
                     » Et bien sachiés, se entr'aus .ij.   -90
                     » Longes dure ceste bataille,
                     » Li quéls que soit morra sans faille. » 1292
(après O 850)
(col. 3)   . . . .
                     » Ja ne sot il, quant il l'ocist,   1343
                     » Qu'il de rien li apartenist.
                     » Ne t'en estuet ja honte avoir,
                     » Et se te di ore por voir :   1346
(après O 930)   . . . .

1241 nert nus h.; -42 Ne nert iamais; -45 Lauoit lautres; -46 Cil se fioit ens se beaute; -47 *P* Si estentres ens lenriedie, *A* en seresdie — 1257 bien e.; -58 Q. auis est li plaice en t. — 1275 C. en v. iuska luis; -76 barons a si grant f.; -78 Ke ne sosa; 79-80 *sont placés dans A avant* -77-8; -80 tabuis — 1286 sour c.; -90 Et s. b. ke sentraus d.; -91 Longement d. li b. — 1344 Ke de riens.

MANUSCRITS A ET P 125

(col. 4)   Si vaura a èles parler,   1421
                 A .ij. marcis les velt doner.
                 De[l] conreer cèle(s) se paine(nt)
                 Et devant le roy les en maine(nt).
(fº 39 rº col. 1) En le cambre vinrent les fees,   -25
                 Bien vestues et conreées :
                 Les crins orent lons et deugiés,
                 A .j. fil d'or mout bien treciés ;
                 Afublé ont mantiax hermins,
                 Et si tinrent les chiés enclins.   1430
                 (Puis les v. 937-8 et 941-6 du texte critique).
(après O 956)   . . . .
(col. 1)   Argia ot non la premiére,   1447
                 Deïfilé cèle derriére.
(après O 1004)   . . . .
(col. 1)   Et ferai bien asseürer,   1473
                 Ains que jou doie devïer.
(après O 1026)   . . . .
(col. 2)   De çou fu mout en grant freour,   1499
                 Dessi que vint devers le jour ;   1500
                 Adonkes s'endormi li rois,
                 Car mout avoit villié ançois.
                 En seul itant qu'il s'en dormi,
                 Songa .j. songe, ainc tél ne vi ;
                 Car lui vint en avision   -5
                 Que devant l'uis de sa maison
                 Trova .ij. bestes ens el porce,
                 Qui mout estoient de grant force :
                 Sanglers estoit l'une des bestes,
                 L'autres lions grans et rubestes.   -10
                 En son palais les en menoit
                 Et ses .ij. filles lour donoit ;
                 Les pucèles les recevoient
                 Et de rien nes escondissoient.
                 Del songe qu'ot songié li rois   -15
                 Douta, si fu en grant sospois :
                 A son diu vint, si se conseille,

1421 Et si voisent a aus p.; -22 As; -24 D. le r. puis les en maine; -25 Cf. O 940; -26 Toutes nus pies et afulees (Cf. O 939); -27 o. grans; -28 Cf. O 936; P As .ij. files; -29 Afulent .ij. ; -30 Cf. O 935; P Eles t. — 1474 doiue — 1500 desus le; -2 C. trop; -3 Ensorkes cou kil; -4 noi; -5 C. il li v. en vision; -14 De noient les contredisoient.

126 APPENDICE III

    Car mout li vint a grant merve[i]lle
   · Li dix li dist le voir del songe :
    « Ce sai bien dire sans menço(i)ng(n)e : 1520
    » Les .ij. bestes que tu veoies
    » Et en ton palais recevoies,
    » Ce sont li chevalier pour voir,
    » Les quéls tu herbergas ersoir.
    » Esgarde as armes que il ont -25
    » Et quéls bestes paintes i sont :
    » Trés en mi lieu d'un des escus
    » Est pains .j. grans lions corsus ;
    » En l'autre a paint .j. grant sangler,
    » Dont la painture reluist clér. -30
    » Tes .ij. filles tu lor donras :
    » Je sai mout bien qu'enpensé l'as. »
    Li dix du chiel plus ne li dist,
    Et Adrastus del temple en ist :
    Mout par fu liés de tél novèle,
    Car mout li fu et bone et bèle. 1536

(après O 1134) . . . .
(col. 4) Requier por toi aieuwe large 1635
    Et fai amer ton signorage.
(après O 1146) . . . .
(col. 4) Done lor selonc ton pooir : 1649
    Ja ne tiégnes contre els avoir.
(après O 1176) . . . .
(v° col. 1) Et dist que ja ne finera 1691
    Dessi a tant que mort l'ara.
(après x 1216; v. App. 11) . . . .
(col. 2) Pollinicès dist : « Non ferés, 1735
    » Mais jou irai, vous remanrés,
    » Car moi est vis que trop demeure.
    » N'atendrai mais ne jor ne eure
    » Que je ne voise en mon message :
    » Calengier voel mon yretage. 1740
(après O 1214) . . . .
(col. 2) » Mout a bien dit, » ce dist li rois, 1757

1518 vient; -19 Ses diex; -27 Ens en; *A* de lour e.; -28 E. fais;
-29 .j. fiers s.; *A* sanglier; -32 *A* quanpense; -33 *A* du chil, *P*
de cou; -35 M. fu l. dicele n. — 1635 Vers tes homes aies coer
large; -36 Si kil laiment son signourage — 1650 Ja mar tenras —
1691 Ce d. ke ia riens nen aura; -92 Duskes adont ke m. — 1737-8
Cf. x 1219-20.

MANUSCRITS A ET P

    « Vos messages i voist ançois :
    » Vostre parole puet porter
    » Et vostre terre demander. »   1760
    Pollinicès respont a tant :
    « Or soit, » dist il, « a vo commant.
    » Gardés bien dites le message,
    » Si c'on vous i tiégne por sage. »
    Dist Tydeüs : « N'en doutés rien,
    » Car jel ferai, je quit, mout bien. » 1766

(après O 1238)
(col. 3) . . . .
    Dejouste Thèbes la cité,
    La descendi ens en .j. pré ;   1795
    Illoec s'arma sans esquiier,
    Puis est montés en son destrier.
    En Thèbes vit mout grant biauté
    De tours, de murs, de fremeté :   1800
    « Ahi ! » dist il, « Pollinicès,
    » Com chi vous atent biax recès !
    » Mout en seroie en mon cuer liés,
    » Se vous issi rice l'aviés. »
    Il vint errant dusqu'a la porte,
    Qui molt estoit et rice et forte.   1806

(après O 1266)
(col. 3) . . . .
    A mervelles l'ont esgardé   1827
    Cil qui la érent assemblé :
    Tout se seoient par les tavles,
    Le roi servoit ses connestavles.   -30
    Mout s'esbahissent cil baron,
    Cil esquiier et cil garçon.
    Font li pluisor par cel palais :
    « Car escoutés, si faites pais. »
    Li auquant diënt en recoi :   -35
    « Icis messages vient al rei :
    » Sempres, je quit, o[r]rons novèles,
    » Ne sai le quél, laides ou bèles. »
    Li rois, quant vit le messagier

— 1759 Vo parole p. cil p.; -60 Si saparaut de la aler; -61 remest; -62 fait il; -63 vo m.; -64 v. t. la p.; -65 T. d. ne cremes nient; -66 Car jou sai bien faire el sauient — 1796 ens mi .j.; -98 sor sen; -99 trop g.; 1800 et de fosse; -2 C. v. a. c. b. repairs; -4 cest biel ostel a.; -5 Et v. — 1829 tables; -30 seruent s. connestables; -31 li b.; -32 Li escuier; -37 S. o. autres n.; -38 sierent l.

APPENDICE III

	Venir armé sor son destrier,	1840
	Ne li fu bel, ains li pesa ;	
	Esbahis fu, si s'enbronca :	
	En son cuer sot ja li diroit	
	Tél rien dont ja li peseroit.	1844

(après O 1310)
(col. 4)
» Car içou est mout mal a toi : 1883
» Qui onkes ment por terre foi,
» Qui ses plèges laist encaïr,
» Il li doit mout bien mescaïr. » 1886

(après O 1354)
(f° 40 r° col. 1)
» Quanqu'Adrastus en pora faire, 1931
» S'entremetra de cest afaire :
» N'i remanront conte ne roi
» Que il ne maint en l'ost o soi,
» Ne amiraus, soltans n'aufages,
» Ensanle o els tos lor barnages. 1936

(après O 1366)
(col. 1)
» Que vous soiiés destruis par guerre : 1949
» Ne vous laira ensi la ter[r]e. 50
» Vous nous quidiés la pène traire
» Par l'oel issi de cest afaire :
» Cil estes qui ne sét partir,
» Ains veut a soi tot retenir.
» Chiens en quisine, ço oi dire,
» Son pér ne velt ne ne desire. » 1956

(après O 1374)
(col. 2)
» Mais or laissiés vostre parler, 1965
» Car ne vous voel plus escouter.
» Mout m'avés hui dit de paroles,
» Et d'orgilleuses et de foles :
» Se fuissiés chiens a .j. vilain,
» Assés vous donnast de son pain, -70
» Car assés li abaïssiés,
» Mais que coars, je croi, seriés.
» C'est de celui qui mout manace,
» Que mout parolt et petit face. » 1974

1840 V. vers soi; -41 si lempesa; -44 ki mlt lempeseroit — 1883 Et ichou; -84 A Quil; -85 fait e.; -86 len d. m. mesauenir — 1933 Ne r.; -34 maigne ensanle od s.; -35 sousdans; -36 Et auoec aus — 1949-50 m. à P; -51 Cuidies v. n. le p.; -52 ensi; -53 Cil est tels; -55 ai oi d.; -56 ni v. ne ni — 1970 Il v. d. a. de p.; -72 fuisies.

MANUSCRITS A ET P

(après O 1412)
(col. 2)
. . . .
» Que Cadmus li preus i ferma, 2013
» Qui ceste cité commencha.

(après O 1422)
(col. 3)
. . . .
» Jou oï ja un reprouvier 2025
» En mon païs dont mui l'autrier,
» Que tant s'amort vielle as buillois
» Qu'a le fie s'en quist les dois.
» Ausi fera cis rois vos sire :
» A la parfin sera li pire; -30
» Il s'est amors au signorage,
» Mais venra lui a grant damage.
» N'en puis plus faire, ce veés;
» Mais, s'il vous plaist, or entendés : 2034

(après O 1434)
(col. 3)
. . . .
» Cels donra qui le serviront 2047
» Et qui de ci la s'en iront. »
Tydeüs a dit son message
Mout bien et par grant vasselage. 2050

(après O 1442)
(col. 3)
. . . .
Bien près de vespres estoit ja, 2061
Quant Tideüs d'illoec torna.

(après O 1458)
(col. 3)
. . . .
.... A une part, si lor conselle 2075
Grant traïson et grant mervelle :
« Gardés, » fait il, « li messagiers,
» Qui ci fu ore baus et fiers,
» N'en voist de ci issi gabant,
» Car il m'a dit honte mout grant : -80
» Se vif ou mort nel ramenés,
» Ja devant moi mar revenrés;
» Ja mar revenrés devant moi,
» Par tous les dix en qui je croi. »

(col. 4)
Cil oent chou que dist lor sire,
De rien ne l'osent escondire. 2086

(après O 1480)
(col. 4)
. . . .
Devant s'en vont grant aleüre, 2105
Et Tydeüs va l'ambleüre.

2013 casmus; -14 c. ville — 2026 muc; -27 Que sa mort v. au bolois; -28 Que li foelle li q.; -30 Ens le p. en iert li p.; -31 Il est; -32 g. hontaige; -34 mentendes — 2047 Chiaus le d. kil s.; -48 enuenront — 2079 de vous ensi; -80 dite h. g.; -81 nel me rendes; -82 Ja m. d. m. r.; -86 contredire — 2105 grande.

(après O 1556) . . . .
(v° col. 1)
    De l'espee se desfendi,   2183
    A lui garir bien entendi.

(après O 1568) . . . .
(v° col. 1)
    Ele jète tél resplendor   2197
    Com escarboucle sor la tor :
    Par nuit en pueent .m. armé
    Voie tenir de sa clarté.

(après O 1594) . . . .
(col. 2)
    A .j. rocier li ber s'acoste   2225
    Haut et naïf et de grant roste :
    Castiax fu Pin al vif malfé,
    Dont ça ariére avons parlé.
    Il i monta, et son destrier
    Laissa a val tot estraiier.   2230

(après O 1686) . . . .
(col. 3)
    L'assal laissent a tant ester :   2279
    De paor prendent a trembler.
    Quant il les voit ariére traire,
    Si a parlé par grant contraire;
    Mout les commence a ramprosner
    Et hautement a escrier :   -84
    (Puis les v. du texte critique 1641-6).
    Il embrace le bon escu   -91
    Et liéve a mont le branc molu;
    Il cort après, en els s'eslesse,
    Et va ferir en mi la presse.   -94
    (Puis les v. du texte critique 1649-50).

(col. 4)
    Li traïtor ont grant paor   -97
    Quant en lui voient tél vigor.
    La presse ront : tot sont espars,
    Fuiant s'en vont de totes pars;   2300
    Grant paor ont tot de morir,
    Près ne s'en voelent tot fuir.
    Quant Corinus li preus les tint,
    Cui malement puis en avint.   2304

(après O 1708) . . . .

 2183 De lespil tant se deffendiet; -84 Que il li ont tout detrenchiet — 2226 naïu et g. et r.; -27 le v.; -29 Il monte sus — 2279 Lassaut; -82 De se parole p. c.; -83 Si les — 2291 embraica; -92 l. en haut; -93 entraus; -94 ens le grant prese — 2298 baudour; -99 de toutes pars; 2300 en pluisors pars; -1 Car p.; -3 Cromius;

(col. 4)   El cors li ont fait une plaie :   2325
                        Poés savoir mout s'en esmaie.
(après O 1718)   . . . .
(col. 4)   Cil s'escrient mout sont honi,   2337
                        Quant .j. seus hom les maine si;
                        Grant noise font et grans assaus.
                        Cil se desfent comme vassaus :   -40
                        De lor lances meïsmes prent,
                        Et si lor lance espessement,
                        Et de l'espee se contient,
                        Comme foudres qui del ciel vient;
                        Et cil qui vient entre ses mains   -45
                        De mort sobite est tos estains.
                        D'omes fendus en .ij. moitiés,
                        De bras, de puins, de ciés tranciés,
                        Veïssiés si le camp couvrir
                        N'en seüssiés nombre tenir.   -50
                        Jamais nus hom tél cuer n'ara,
                        Ne d'espee si ne ferra :
                        Li Makabeus Judas li fiers
                        Ne fu onques teus chevaliers,
                        Si com jou certainement croi,   -55
                        Ne en estor ne en tornoi.
                        Lor fous est mout apetisiés,
                        Petit i a mais de haitiés,
                        Car li millor et li plus fort
                        Gisent el camp navré ou mort.   -60
                        Lor orgels est ja mout remés,
                        Et tos lor gas desous tornés :
                        La veïssiés plains dolerous,
                        Et plors et cris mout angoussous.
                        Tant en i gist de deplaiiés,   -65
                        Dont jamais n'ert nis .j. haitiés;
                        Li plus hardi i gisent mort,
                        Et li millor et li plus fort :
                        Gyas i gist, et Lycoffas,

2337 com sons h.; -38 nous m.; -42 Ses enlance ml't e.; -44 C. effouldres ki de; -45 ki chiet; -46 m. prochaine; -48 de t. piés; -49 V. lui; -50 Con nen seuust; -53 Roll's li preus ne oliuiers; -54 Turpins ne li danois ogiers; -55 Ne furent ainc millor iou c.; -58 haidies; -60 a m.; -62 Et leur orgieus; -63 plaint; -64 Et plains; AP angousseus; -65 de ces plaies; -66 nus nen iert h.; -67 h. la; -68 Et li plus rice; -69 Dyas i g. et lincofas.

(après O 1726)
(col. 4)

    Et Delyas, et Flegyas.   2370
    . . . .
    Quant il les vit ensi fuir   2377
    Et les autres en camp jesir,
    Afice soi des mors vengier
    Et les vis prent a laidengier :   -80
    « Signor, » dist il, « estés .j. poi,
    » .I. petitet parlés a moi.
    » Li rois ki ci vous envoia
    » Grans soldees promis vous a,

(f° 41 r° col. 1)   » Mais malement les deservés,   -85
    » Quant cest vassal nen ocïés :
    » Honi estes et recreant,
    » Se il ensi s'en va gabant.
    » Or pora dire en son païs
    » Que tot le mix en a ocis,   -90
    » Et les millours et les plus fors
    » Qui sont en Thèbes a ci mors,
    » Et que trestout no chevalier
    » Ne valent pas .j. seul denier :
    » Bien puet dire que si garçon   -95
    » Valent mout mix que no baron.
    » Mout aviIliés nostre barnage,
    » Et lui donés mout grant corage ;
    » Or li volés tél los doner !
    » Nel deüssiés ja nis penser.   2400
    » Vous en arés et honte et cri,
    » Se l'en laissiés aler ensi. »   2402

(après O 1750)
(col. 1)

    . . . .
    » La foi que devés mon signor,   2429
    » Por coi avés si grant paor?
    » Nous sommes tant et il est seus,
    » Et vous estes tout peüreus !
    » Jou aim mout mix si a morir
    » Que la honte tos jors soffrir
    » De trestous cels qui nous verront,
    » Qui lor cifflès en demenront.   -36

2370 Et dynios et egeas — 2377 en vit les vis f.; 79-80 m. à P; -80 A uit; -81 P E. fait il s.; -83 ki cha; -86 Q. vous c. glouton nochies; -88 sen va e.; -92 cis m.; -94 v. mie; -95 puis d.; -96 V. trop m. ke si b.; -97 hui no b.; -98 d. g. vasselaige — 2400 P ia or p.; A peser — 2429 Par f.; -31 A sels, P sous; -32 Fil a putain ke faites vous; -33 Iou vou lo m. chi; -35 vous; -36 chiflois.

MANUSCRITS A ET P 133

      (*Puis les v. du texte critique* 1751-2).
      » Se vous or me volés aidier,
      » Ja le verrons jus trebucier. »   2440
      . . . .

(après O 1776)
(col. 2)

      As autres dist : « Avant venés,   2467
      » Et vos soldees recevés :
      » Cil qui chi gist en a pris tant
      » Que il n'en va plus demandant. »   -70
      Rassanlent soi li traïtour,
      Ki les cuers ont plains de dolor.
      D'un bon espiel, fort, esmolu,
      Le fiert .j. d'els par mi l'escu :
      Son bon hauberc li a faussé   -75
      Et lui el cors forment navré.
      Uns d'els le fiert en l'autre lés,
      Puis lor a dit : « Baron, ferés :
      » Vés le vencu et tout ataint :
      » Lassés est tos, li caus l'estaint;   -80
      » Or del haster et del ferir :
      » Ja le verrés mout tost morir. »
      Li tiers le fiert par mi le cors,
      A poi qu'il n'est cheüs defors
      De la rociére ou il estoit,   -85
      Quant a .j. fust se sostenoit
      Qu'illoec ert lanciés d'en travers :
      La le retint li fors haubers.
      Cil l'angoussent mout et argüent,
      De l'envaïr fort s'esvertuent,   -90
      Et crient lui : « Claime toi pris,
      » Car nous t'aromes ja ocis. »
      Li pluisor dient : « No manaide
      » Li estera, je quit, mout laide. »
      Tydeüs pas nel tient a giseu,   -95
      Mais il esgarde bien son lieu;
      Cuevre soi bien et tint l'espee,
      Qui a bone eure fu temprée.
      Il lor cort sus mout asprement

2440 Vous le verres — 2468 Teles saudees atendes; -69 a itant; -70 *A* Quil; -71 Rasanle st'; -73 et molu; -74 *A* Refiert; *P* lun daus; -75 ont f.; -76 Et f. la el c. n.; -77 Lautres le f. el destre l.; -78 *P*. si l. d.; -80 lestraint; -84 a cel cop mors; -85-8 m. à *P*; -90 de lencauchier mlt; -91 Dient a lui; -92 tauerons; -94 iou croi; -97 se b. et tient; -98 i fu portee; -99 m. durement.

             Et si se venge fiérement :   2500
             A celui vint qui ert plus près :
             De male mort le fist confès ;
             Et puis a l'autre isnèlement :
             Dusques el cors tout le pourfent.
(col. 3)   Li uns le fiert par mi le cors,   -5
             Si que l'espils li pert defors :
             Ens el bu l'a forment navré,
             Por poi ne l'a acraventé ;
             .J. arpent l'a bouté avant
             Estre son gré caant levant.   -10
             Tydeüs est mout demenés,
             Dedens le cors forment navrés :
             Del sanc va li place covrant,
             Qui de son cors li va corant.
             Mais nequedent cier se velt vendre,   -15
             Ançois que cil le puissent prendre ;
             Car ce sét bien qu'il l'ociroient,
             S'il onques prendre le pooient :
             Ains estera mout cier vendus
             Que il soit pris ne retenus.   -20
             .J. poi reprent de sa vigour
             Vient a celui en mi l'estor ;
             Tél cop li doune de l'espee
             Que la teste li a colpee.
             Dix, quél vassa[l] ! comme est hardis,   -25
             Qui si requiert ses anemis !
             Puis que cil troi furent vencu,
             .J. poi revint en sa vertu ;
             Car mout l'avoient angossié
             Et apressé et anuié :   -30
             Ne le laissoient alever,
             Ne son espiel en haut lever.   2532
(après O 1782) . . . .
(col. 3   Mais de çou fait mout a reprendre,   2541
             Qu'il ne lor lait lor colpes rendre.

2500 Si se v. mlt asprement ; -1 vient ki ml't iert p. ; -2 le fait ;
-4 Tresi el c. ; A corts ; -7 el vif bu la mlt n. ; -12 N. est ml't et
essannes ; -13 Li p. est couerte du s. ; -14 caant ; -16 ke il ; -19
Mais a. sera ; -20 s. mors p. ne vencus ; -21 raquelt ; -22 ens en
lestour ; -24 Dou bu li a la teste ostee ; -25 kest si h. ; -28 ens se
virtu ; -30 et esmaie ; -31 A Nel l. re saleuer ; -32 espil — 2542
A colp estendre ; P lor fait.

Mout les angousse de l'espee
Jus de la roce en la valee.
Il n'i a nul tant fort ne fier 2545
Qui puist monter en son destrier :
Li cuer li falent de paor
Quant en lui voient tél baudor;
De paor sont si avulé
Et esmaié et abosmé -50
Qu'il ne sévent quél part torner,
Car il les haste comme ber.
Or li devient li gius mout biax,
Tous est haitiés et tos isniaus;
Il ne sent plaie ne dolour, -55
Ains fiert a joie et a baudo[u]r :
Mal de celui qui vers lui tourt;
Et il isnèlement lor court.
Toute nuit dura li estors
Dusqu'al demain, qu'il fu clérs jors : -60
Dont fu la bataille finee
Et mout clére fu l'ajornee.
(*Puis les v. du texte critique* 1783-4).

(col. 4) Que trestous ne les ait ocis, -65
Fors un tot seul qui remést vis.
(*Puis les v. du texte critique* 1785-6).
Celui ne volt il pas toucier, -69
Ançois le prist a araisnier :
« Or es, » fait il, « en ma francise :
« De toi voel faire grant justice.
» Ne pues de vie avoir confort,
» Car je te haç de male mort :
» Od tes compaignons m'assalis, -75
» Et a mout grant tort le fesis,
» Car ne vous avoie dit lait,
» N'en cest païs nului meffait.
» Por çou se jou dis mon message
» Et dis le droit mon signorage, -80
» Ne quidoie pas mort forfaire,

2544 ens; -53 plus b.; -55 s. laste; -57-8 m. à P; -57 Ms. cort;
-60 Juskau d. ke vint au iour; -62 c. li a.; -65 Que tous ne les
laissast o.; -66 Conkes nen escapa .i. v.; -71 Or oies f. il ma f.;
-74 noire m.; -76 Et a g. t. le me f.; -77 C. iou ne v. auoi d.;
-79 i. fis; -81 Ni alai iou riens or mesfaire.

» Mais torné m'est a grant contraire.
» Vous n'i avés preu gaaignié,
» Et moi avés mout laidengié :
» Je sui, je croi, a mort navrés, 2585
» Et je vous ai tous vergondés.
» Vo traïsons et vo boisdie
» A vo terre toute honie,
» Car ceste cose ert essaucie,
» A tous jors mais plus c'abaissie. -90
» Mais ne voel faire vilonie,
» Ains te lairai avoir ta vie,
» Par issi ke, se jou te lais
» Raler arriére tout en pais,
» Que tu me pleviras par foi -95
» Que tout çou conteras le roi,
» Si com avons ici esté,
» Que l'en diras la verité. »
Quant li chevaliers entendi
Qu'il li voloit faire merci,
Dont fu legiers com .j. oisiaus : 2600
« Sire, » fait il, « gentius et biaus,
» Tu es flors de chevalerie :
» Mout ert grans dels, se pers la vie.
» C'est a bon droit que sommes mort; -5
» Se tu en muers, ço ert a tort;
» Se tu en muers, ço ert dolo[u]rs
» A tes amis et a pluisours.
» Neïs ti mortél anemi
» Te plaindront mout, por voir le di, -10
» Et ta valour et ton corage,
» Et chou k'as fait tél vasselage,
» S'il oent que perdes la vie;
» Mais, se Diu plaist, n'en morras mie.
» Tu me requiers la moie foi -15
» Que tot içou dirai le roi,

2582 M. trametre a g. c., *puis ces 2 v.*: Quidastes moi anuit ochire A vous en est venus li pire; -83 riens g.; -85 Jen; -86 Et vous en ai; -87 baudie; -89 enhaucie; -92 ore le vie; -93 P. ensi; -94 a p.; -95 me juerras; -96 t. ensi diras; -98 Q. tu len d. le verte; -99 lentendi; 2600 Sire fait il .pour dieu m.; -1 A oissiaus; P plus lies ke nus o.; -2 A Se li a dit g. vassax; -5 soient m.; -8 as p.; -9 Comme ti; -10 Te plainderont p.; -13 Se il o. ke p. v.; -14 M. iou croi ke nen moras.

» De mes compaignons c'as ocis,
» Et que tu es escapés vis :
» Jel te plevis, et sans boisdie,
» Que .j. seul mot n'en lairai mie; 2620
» Ja nen istrai de la verté,
»Ançois li ert trestot conté,
» Et de nos homes l'aventure,
» Et tote la desconfiture,

(v° col. 1) » Ensi com lour est avenu. » -25
Tydeüs li a respondu :
« Or t'en vas dont en ton repaire,
» Et jou irai a mon afaire.
— Sire, » fait il, « je n'en sai plus :
» Vos dius vous gart et sa vertus! » -30
Tydeüs respont : « Dix te saut! »
Puis prent les pans de son bliaut,
S'en a ses plaies bien loiies,
Al mix qu'il puet apparillies. 2634

(après O 1794) . . . .

ÉPISODE DE LA FILLE DE LYCURGUE

(f° 41 v° col. 1) Mout cevauca a grant dolor, 2643
Ne pot cevaucier a grignor :
Par traïson et par pechié, -45
L'ont cil navré et deplaié.
A grant mesaise cevauca,
Comme cil qui grant paor a;
D'autre part, grant paor avoit
De cels de Thèbes qu'il dotoit, -50
Qu'il nel sivent por lor amis,
Qu'il ot detrencié et ocis.
Ses plaies li vont destraignant :
Soventes fois se va plaignant.
Il se dota mout de le mort, -55
Por çou qu'il ert navrés tant fort;

2619 Je le te p. s. b.; -20 ni l.; -21 ne; -22 Que tout nen die le purte; -24 Et leur grande d.; -27 a ton; -28 ens men; -29 no; -30 v. saut; -32 le cors de; -33 fors l. — 2643 cheuaucoit; -47 Mlt feulement encheuaucha; -48 Si com c. ki g. dolor a; -49 Mais li pauours le rangoussoit; -51 Que n.; -52 Kauoit detrenchies; -53 Les p.; -54 pasmant; -55 cremoit forment de m.

Sovent regretoit sa mollier,
Son compaignon, qu'il ot tant ciér,
Et son ciér pére et puis le roi :
Plus plaint il els qu'il ne fait soi.   2660
Le jor a cevaucié issi
Dusqu'al demain a miedi :
Li cuers li faut por le traveil,
Et si avoit si grant someil
Ne pooit mais soffrir l'errer.   -65
Li cuers li commence a fausser.
Garde sor destre en .j. cemin,
Si a coisi .j. grant gardin(g) ;
Guencist sa voie cèle part,
Si est venus tot droit al gart.   -70
Mout estoit bien floris li gars,
Si estoit clos de totes pars.
.J. guicet vit bien entaillié,
Par ou l'on entre ens el vergié :
A pié descent, el garding entre,   -75
Et son cheval atrait soentre ;
Le frain oste de son destrier
Et la sèle por refroidier.
Arbres i ot, pins et loriers,
Cyprès, aubours, alemandiers,   -80
Qui foelli sont et font grant ombre :
Soleus ne vens n'i fait encombre.
Oisiel i cantent par douçor,
Sor les arbres font grant baudor :
Del cant s'esjoient, qu'est si bials ;   -85
Sovent i mainent grans cembiax.
Tydeüs ama la froidour,
Mains en senti de sa dolo[u]r :
Le guicet clot, si s'est assis,
Sor son escu s'est endormis.   -90
Ses cevals estoit mout lassés :
Entor lui paist de l'erbe assés.

2658 kauoit t. c. ; -59 Puis s. p. et; -60 ke ne; -61 c. ensi; -63 trauail; -64 somail; -65 Que ne poet; -66 Li cors li prent a escaufer; -71 cis g.; -72 Si iert enclos; -73 mlt bien taillie; -74 A Par outre en outre; P ou on; -75 et el gart c.; -82 V. ne s. desous nencombre; -84 f. leur b.; -85 Del tans sesioissent kist b.; -86 Em pais i est li damoisiaus; -87 T. got ml't le; -88 Mais ains s.; -92 p. sest arrestes.

En la terre Ligurge au roi,
Fu li vergiers, lés .j. sapoi.
Après eure de relevee, 2695
La fille au roi se fu levee;
Talens li prist que el vergier
Ira por soi esbanoiier;
La pucèle ens el vergier entre
Et le guicet reclot soentre, 2700
Et va avant : vit le destrier,
Qui se paissoit sos l'olivier;
Et puis a revu le vassal,
Qui gisoit jouste le ceval.
Grant paor ot, mout s'esmervelle -5
Se li vassax dort ou il velle;
Porpensa soi n'i ira mie :
Ne sét s'il pense felonnie;
Et en après dist : « Si ferai;
» Qui est, dont vient demanderai; -10
» Et s'il vers moi pense folie,
» Mien enscïent, j'avrai aïe. »
Ele garde desous la flor,
L'erbe vermelle vit entor;
Quant èle vit l'erbe sanglente, -15
Pasmee chiet desos une ente.
Quant de pasmison retorna,
Tout esmaïe se drecha,
Et dist après : « Ne pour le sanc,
» Ne por paor del baron franc, -20
» Ne laisserai por destorbier
» Ne sace encore au chevalier
» Se l'ame en est del cors partie;
» Ici en droit n'en lairai mie. »
.J. poi le touce en mi le pis, -25
Et li vassaus s'est esperis;
Pris quida estre et retenus :
Traist l'espee mout irascus.
Por poi cèle ne rest pasmee,

2693 Ens le t. legorge r. -94 vergies; -97 kens ou v.; -98 L. .i. poi e.; -99 el vergie en e.; 2700 a clos s.; -2 Qui p. desous; -5 sot grant meruelle; -7 ke nira; -9 Et puis a. d. si fera; -10 Quil e. d. v. demandera; -11 Car senuers; -13 garda; -17 repaira; -18 Toute esmarie sescria; -21 Ne lairai iou ke el vergier; -24 Enfourai le nel; -25 T. le duc ensmi; -29 ne chiet.

Quant èle vit traite l'espee. 2730
Quant Tydeüs vit la pucèle,
Il li a dit : « Ma damoisèle,
» Bien vous poés chi aprocier,
» Ensanle o moi esbanoiier. »
Cèle respont, comme senee : -35
« Mes pére est rois de la contree,
» S'a si desous une cité
» Riche et noble d'antiquité.
» D'illoeques vieng en cest vergier
» Cascun jour por esbanoiier; -40
» Por çou i vieng sans compaignie
» N'i trovai mais home en ma vie :
» N'i verrai mais si seulement,
» Sans compaignie de ma gent. »

(col. 3) La pucèle li dist manois : -45
« Chevalier[s] sire, estes vous rois ?
» Vous me sanlés mout gentix hon,
» Mais je ne sai com avés non;
» Quant jou esgart vostre visage,
» Vos me sanlés de haut parage. -50
— Damoisèle, » dist Tydeüs,
« De Calidone serai dus;
» De Calidone iére iretiers,
» De toute Gresse moitoiers.
» A Thèbes fui en .j. message -55
» Et por requerre l'iretage
» Mon compaignon Pollinicès,
» Que desirète Ethioclès;
» En sa sale et en sa cort fui,
» Oiant trestous parlai a lui, -60
» Le droit requis mon compaignon;
» Ne respondi se orgoel non.
» Quant je n'i poi avoir droiture,
» Et qu'il n'avoit de sa foi cure,
» En haut parjure le clamai, -65

2733 Venes a moi en cel vergier; -34 Desous ces entes embronchier; -36 de se; -37 Si a chi d. cest gardin; -38 Une cité con claime flin; -39 Cascun iour vient; -40 Por deduire et e.; -41 P. icou vinc; -42 ens me; -43 venrai plus; -45 d. en grigois; -47-8 m. à P; -49 vous regart el v.; -50 Mlt me; -52 doi iestre d.; -53 sui i.; -56 Por men compaignon iretaige; -59 ens se c.; -63 peuc; -64 Et de se f. nen a. c.; -65 Oiant tous pariur le c.

» Et en après le deffiai ;
» Puis m'en tornay : n'i pris congié,
» Car il m'ot mout contraloiié(t).
» Puis prist .l. chevaliers,
» Tous sans garçons, sans esquiiers, 2770
» Si lor dist qu'il me devançaissent
» Isnèlement, si me tuaissent.
» Fors de lor mains sui escapés ;
» Appolins en soit aourés !
» Auques i a des lor maumis, -75
» Plus i a des mors que des vis.
» Estre lor gré sui escapés,
» Si m'ont bailli com vous veés ;
» Et tote nuit, ier et cel jour,
» Ai cevaucié a grant dolour. -80
» Gentils pucèle, sos ces lors,
» De cest cendal bendés mon cors,
» Car en tant lius sui deplaiés
» Et tant fort sui affebloiés
» Que jou n'i puis preu avenir : -85
» Mout ai grant paour de morir ;
» Tant ai sainié ke, por le caut,
» De l'angousse li cuers me faut. »
La pucèle li dist : « Biau sire,
» Mout grant mervelle vous oi dire : -90
» Ainc mais ne fist nus gentix hon
» Itant horrible traïson. »
La pucèle pleure mout fort
Por la dolor, por le grant tort
C'on li avoit fait malement ; -95
Puis li a dit mout doucement :
« Sire, » dist èl, « ne cesserai
» Tant qu'en ma cambre vous arai ;
» Je vous conjur, par vostre foi,
» Que vous venés ensanle o moi. » 2800

2766 Et oiant tous ; -69 Vers moi fu coraigeus et fiers ; -70 Sapiella de ses cheualliers ; -71 Commanda leur ke me tuaissent ; -72 V ans .ij. les iex me creuaissent ; -73 Hors ; -75-8 *m. à P* ; -79 *A et iert cel i., P et toute iour* ; -81 or vous pri l. ; -83 En itant liu ; -87 sanné ; -88 De le dolour ; -90 Grans meruelles v. oi chi d. ; -91 Onques ne f. ; *AP* hom ; -92 Issi vilaine ; -94 Ses paumes bat ses poins detort ; -95 El a por lui grant mariment ; -96 Se li ; -97 fait ele non ferai ; -98 Tresken ; 2800 Que enuenes.

(col. 4)

Et Tydeüs li respondi :
« Damoisèle, vostre merchi. »
Del vergier issent par l'entree
Dusqu'en sa cambre a recelee ;
De ses pucèles i trouva, 2805
Docement les araisonna ;
.J. lit lor fist aparillier,
Coucié i ont le chevalier :
Il ert encore tous sanglans,
Et ses biax cors trestos sullens. -10
Quant la pucèle vit la plaie
Qu'il ot el cors, mout s'en esmaie ;
Adont li léve de claré
Le pis devant et le costé,
Ensanle met sel et piument : -15
Il le soffri mout boinement.
Docement li oignoit de basme,
Et Tydeüs sovent se pasme ;
Puis li bandérent d'un orfrois
Trestot le cors en .iiij. plois : -20
Cevalcier puet or mais a rote,
De ses plaies mar ara dote.
Adont li fist .j. poi mangier
Soppes en aige por haitier ;
Adont li font .j. lit novel, -25
Rice, de paile bon et bel,
En mi le cambre qu'est pavee.
Li keute fu rice et paree :
De soie estoit, d'oevre menue,
Par lius estoit d'or entissue ; -30
Li linçoel furent de cendé,
Li velos fu mout bien ovré ;
Li couvretoirs d'un osterin,
Fourrés estoit d'un sebelin ;
Mout fu rices li orilliers, -35
Onques si bon n'ot chevaliers.
Mout le gardoit bien la mescine,

2803 v. vont parmi ; -4 le c. ; -8 Couchier i fist ; -9 Li cendaus estoit tous s. -10 Et li vassaus t. ; -12 Ens en son coer fort ; -16 por sanement ; -17 oignent ; -18 Por le dolour .iij. fois se ; -21 c. iors a route ; -22 sans auoir d. ; -25 Puis li fist faire ; -26 R. et soef et forment b. ; -27 kist ; -28 R. en fu li colte et p. ; -31-2 m. à P ; -33 dun sebelin ; -34 Couers e. du osterin ; -36 O. millor.

Et s'i avoit itél mecine :
Nus hom nen est bleciés tant fort,
Por qu'il ne soit bleciés a mort, 2840
Que ja i fiére mauvais maus,
Goute ne palasins mortaus,
Por qu'il puisse .j. poi sus dormir,
Mar ara doute de morir ;
Nus n'a tant fiévre ne dolor -45
Que, s'il dort sus, puis ait langor.
Il est couciés : cèle le coevre,
Qui bien est duite de tel oevre.
La pucèle fu afaitie,
De tastoner ne fu proïe : -50
Camberiére n'i laist tocier,
Mervelle fait bien a proisier ;
Soéf le taste, il s'endormi ;
Cèle s'en torne tot seri.
Dusqu'al demain dormi assés, -55
Car mout estoit forment lassés.
Quant cèle vit que jors esclaire :
« Dont, » dist èle, « que porrai faire ? »
Soéf s'en est au lit alee,
Que plaie n'i ait escrevee. -60
Il s'esvilla, si l'a veüe,
Et quant il l'a reconneüe,
Il li a dit : « Suer honeree,
» Bien de l'eure que fustes nee !
(f° 42 r° col. 1) » Reposés vous, ne penés tant : -65
» Travail avés eü mout grant. »
La pucèle fu afaitie :
Vers Tydeüs s'est aprocie,
La main li met desor le pis,
Dist li : « Vos estes mout afflis. -70
» Comment vous est ? Sentés vo cuer ?
— O je, » dist il, « ma douce suer :
» Tous sui haitiés et reposés ;

2838 *P* Car ele auoit ; *A* ml't de m. ; -39 naures t. ; -40 Mais ki ne s. naures ; -43 *AP* que il ; *A* puist .j. p. d. ; *P* sus dormorir ; -45 Nil... ne langor ; -46 a. dolor ; -47 sest c. ele ; -48 B. e. loiduite di-tel ; -50 *A* parie ; -51 Cambriere ni l. atouchier ; -56 C. il e. ; -58 Diex fait e. ne sai ke f. ; -59 S. en ; -60 Que il ni a. p. ; -62 Et com il ot r. ; -63 Si li a d. sans arrestee ; -64 He france riens feme bien nee ; -66 euu ; -68 V. le vassal sest aproismie ; -69 desous ; -72 Oil fait li.

» Se g'iére en mon ceval montés,
» Volentiers en ma terre iroie,   2875
» Mes novèles raconteroie. »
Dist la pucèle : « Non ferés,
» Ensanle o nous remanrés :
» Caiens vous puis avoir .ix. mois,
» Ne s'en apercevra li rois,   -80
» Nis la roïne qui'st senée,
» Ne chevalier de no contrée.
» Caiens ferai mires venir,
» Saneront vous a vo plaisir.
» .J. mien privé ai, .j. ermine,   -85
» Nus hom ne sét plus medecine,
» Ne de plaie, ne d'enferté :
» Il vous ara mout tost sané.
— Damoisèle, » dist Tydeüs,
« Je n'i remanrai ore plus ;   -90
» Mais de vo bien, de vo repos,
» Aiiés grant merci et grant los :
» Si m'avés fait apparillier
» Que je porrai bien cevaucier. »
La pucèle li dist : « Biau sire,   -95
» L'aler ne vous puis contredire. »
Garnimens li fist aporter,
Mais ainc ne volt les siens muer.
Quant èle voit fin n'i metra,
Par le vergier l'en remena ;   2900
Ses chevaus li fu aprestés,
Et Tydeüs i est montés ;
Puis le baisa et les pucèles
Qui mout estoient preus et bèles ;
Il prist congié, si s'en torna   -5
Et a son diu se commanda ;
La demoisèle s'en revait,
Qui pour s'amour est en dehait.
Tydeüs ne volt sejourner,
Mais mout se paine de l'errer.   2910

2874 Sor iere ens ; -75 ens me ; -81 Ne li ; -82 Cheualiers de ceste c. ; -83 Chi vous ferai ; -85 ami ai ; -86 tant de mechine ; -91 vos biens de vos ; -92 grans grasses et grans ; *après -96, P donne ces 2 vers :* Mais se vausissies remanoir Joiouse en fuisse ml't por voir ; -98 M. ains les s. ni v. m. ; -99 Q. el v. ke f. ; 2900 le r. ; -2 Et li vassaus ; -3 Il a baisies ; -7-10 *m. à P.*

MANUSCRITS *A* ET *P* 145

(*après O 1829*)
(*col. 2*) . . . .
　　« Ci a, » dist il, « dolerous plait.　2942
　　» Petit m'ama qui ço vous fist :
　　» Son voel, je croi, vous ocesist. »　2944
(*après O 1836*) . . . .
(*col. 2*)
　　Ensi comme l'ont demené　2951
　　Li .I. qui l'ont navré,
　　Et si com il les a ocis :
　　N'en escapa que .j. sels vis,
　　Que il arriére renvoia,　-55
　　Et a son roi le noncera.
　　Quant sa feme oï la novèle
　　De son signour, ne li fu bèle.　-58
(*Puis les v. du texte critique 1837-8 et
　　1841-2.*)
(*col. 2*)　De confortement nen a cure,　-63
　　Grant doel demaine a desmesure.
(*Puis les v. du texte critique 1843-4 in-
　　tervertis.*)
　　Grant doel en font par la cité,　-67
　　Pluisor en ont le jor ploré :
　　Pleurent baron et chevalier,
　　Borjois, serjant et esquiier,　-70
　　Et gentix dames et pucèles,
　　Borgoises frances et ancèles,
　　Car mout estoit amés de tous :
　　Chevaliers ert hardis et prous.　2974
(*après O 1850*) . . . .
(*col. 2*)　Li jors se prent a esclairier :　2983
　　Les gens venoient du mostier.
(*oprès O 1860*) . . . .
(*col. 3*)　« Sire, » fait il, « mal es baillis,　2991
　　» Et toi et nous as tous honis ;
　　» Car tot sont mort li chevalier
　　» Que envoias al messagier
　　» Por lui gaitier et por ocire :　-95
　　» L'aventure te doi bien dire.
　　» .L. fumes compaignon :

2951 com leurent d.; -52 et furent n.; -53 Ensi c.; -56 le renoncha; -63 nauoit c.; -64 G. dolour a d.; -68 Maint home i ont; -70 B. vilain et; -71-2 m. à P; -74 Et c. estoit mlt p. — 2983 prent bien; -84 Le ient issoient — 2992 AP a t.; -93 no c.; -94 Que tu rouas aler gaitier; -95 P. ie mes prendre et o.

Tome II

» N'i ot esquiier ne garçon.
» Fors del cemin en .j. sentier
» Nous alames pour embuissier;   3000
» A Malpertrius fu nos agais,
» Et li messages vint en pais;
» Tot le cemin vint a droiture
» Soéf cevalcant l'ambleüre;
» Il fu mout sages et viseus,   -5
» Si se douta, car il ert seus;
» De totes pars se regardoit,
» Et li lune mout clér luisoit.
» Si comme il vint près cevaucant,
» Si nous coisi de maintenant;   -10
» Ens el cemin estut tous cois,
» Si nous cria a haute vois :
»« Signor, qui estes dites moi :
»» Arai garde, par vostre foi? »
» Onques n'i ot tenu raison,   -15
» Ains salimes de grant randon.
» Il se torna par mi le bos,
» Mout tost se mist es grans galos;
» A le roce vint afuiant,
» Ja le venimes consievant :   -20
» La fu mout grans li fereïs
» De lances et d'espils forbis.
» Ne sai c'aille plus acontant,
» Mais illoec ot estor mout grant.
» Ne sai se no diu nous haïrent,   -25
» Qui por le mès miracle firent,
» Por chou que traïson fesimes,
» Et que ocire le volsimes,
» Ou ce fu par le vif diable :
» Loes perdimes le connestable.   -30
» Onques ne fu téls messagiers,
» Jamais n'iert miudres chevaliers :
» Ansi faisoit comme tempeste,

2998 Et cheuauchant a esperon; -99 Hors du; 3000 A Mailpertrius; -2 a p.; -5 et larges et v.; -6 cremoit por cou kiert s.; -7 porgardoit; -10 mlt tost deuant; -13 par vo foi; -14 A. iou g. dites moi; -20 V. li aconsiuant; -21 li capleis; -22 Des l. des e.; -24 fu dolor m.; -25 vo d. vous; -27 faisiemes; -28 voliesmes; -29 V ke ce fisent li d.; -30 Illuec perdi; -32 Ne iamais nert tes c.; -33-6 *P réduit à 2 v.*; Aussi aloit comme tempes Cui il feroit tous iert confes.

» Qui il atainst perdi la teste ;
» Qui consiuoit, tos ert confès : 3035
» N'i estevoit recouvrer mès.
» Encor le voi, ce m'est avis ;
» Mout me poise que il est vis.
» D'une piére, ki mout iert grans,
» En ocist .ix. des plus vaillans : -40
» S'espee estoit tant fort trancans,
» Il nous en donnoit cols si grans
» Qu'il n'en pooit celui ferir
» Nel couvenist illoec morir.

(col. 4)
» Puis ke fu mors li connestables -45
» Et Gyas et Valgrins de Naples
» Et Galerans et Flegyas
» Et Deïlos et Liçofas,
» Onques puis n'eümes vertu,
» Ains fumes mort et confondu. -50
» Mais Cromius li preus, li ber,
» Icil n'en fist mie a blasmer ;
» Cil se [con]tint par vasselage :
» Jamais n'iert téls en son lignage.
» Cil ert manois nos chevaliers, -55
» Si ert devant als cols premiers :
» Tant entendi al monester
» Que jou li vi le chief colper.
» Que me vaut de chou tant a dire
» Qui miudres fu ne qui li pire, -60
» N'a conter de cascun le fait ?
» Car il i aroit molt lonc plait.
» Ne puis conter les envaïies,
» Mais tot i ont perdu les vies,
» Fors jou, sans plus, que chi veés : -65
» Mal de celui qu'en est tornés.
» Ne jou meïsmes n'escapaisse,
» Se sour ma foi ne m'en tornaisse,

3037 auiere ; -38 Por voir car a une piere ; -39-40 Ochist il .x.
des compaignons Onques puis nen releua .i. ; -41 A e. mout t. ;
-42 Et il d. ces c. ; -43 Qui ne ; -44 Ne lesteust tantost m. ; -46 Et
Wicors et Wigiers ; -47 flagias ; -48 delios ; -51 A cremius ; -52-7
m. à P, *par confusion de deux rimes en* er ; -57 Ms. monestier ;
-58 PA cui iou vic ; -60 et li quels pire ; -62 trop grant p. ; -63 Ne
sai ; -65-6 *intervertis dans les deux mss.* ; -65 F. moi tout sel ; -66
M. soit de chiaus ken soit t.

» Par si que tot chou vous diroie
» Que jou illoec veü avoie ; 3070
» Ne autrement n'en fuisse estors
» Que maintenant n'en fuisse mors.
» Or vous ai dit et aconté
» Nostre grant doel et vo vielté. »

Li rois est fel et de pute aire : -75
De grant dolor ne sét que faire,
Se li respont tous abosmés :
« Mout li aida vo mauvaistés ;
» Ço li a mout, par foi, aidié,
» Qu'il vit en vous la mauvestié. -80
» Vos fustes tot mauvais loudier,
» Onques n'i ot bon chevalier :
» S'il i eüst .j. bon escu,
» Ne fuissent pas issi vencu.
» Certes, se ce fuissent pourciel, -85
» Ou fussent vakes ou toriel,
» Si fust uns hom las de l'ocire ;
» Mais de tél gent ne sai que dire :
» Puis c'uns hom vous puet si destraindre,
» Ne vous doit certes nus hom plaindre. -90
» A mal i fustes assanlé,
» Honi estes et vergondé :
» Dehé ait ja vous en plaindra,
» Ne qui por vous él en fera ;
» Se li malvais sont la ocis, -95
» Assés avonmes des hardis.
» Ne vous plaindrai ja autrement,
» Car on nel doit faire noient ;
» Poi vous plaindroie, par ma foi,
» Se por çou non qu'estes o moi ; 3100
» Et puis que tot i sont ocis,
» A tort i estes remés vis. »
Li chevaliers li respondi :
« Ains furent tot preu et hardi :

3071-2 m. à P; -73 Ce v.; -74 Et vo g.; -76 Or a tel doel; -77 Il li r. mlt a.; -82 Car ainc ni; -83 Cuns cheualiers .l. ochist; -84 Onques ne fu par foi mais dit; -85 Ce se f. par foi p.; -87 Se; AP .i. h.; -88 M. de tant grant; -90 d. nus par ma foi p.; -91 P fuissies; A A m. eur f.; -93 Mal dehait ait v.; -94 Ne ia p. cou miex vous vaura; -96 de h.; -97 mais a.; -98 C. n. d. on; 3100 Se nest p. c. kiestes a m.; -1-2 m. à P; -2 Ms. .j. e.; -4 Ainc.

MANUSCRITS *A* ET *P* 149

(col. 1)
» Cil qui la furent sont tot mort, 3105
» Por çou ke vous avés grant tort :
» Ce fu li mix de nostre esfors,
» Mais il ne puet caloir as mors.
» Tot chou a fait vo traïsons
» Et vostre grans perditions, -10
» Car ja traïtres par ma foi
» N'avra respons en cort a roi ;
» Et bien vous doit on apeler
» De traïson et renonmer.
» Bien doit honteusement morir, -15
» Qui nul message velt mordrir :
» Mordres fu çou, quant le message
» Fistes gaitier en son voiage.
» Ço est pour vous qu'il sont tot mort,
» Dix vous en a moustré le tort ;
» Mais c'est grans dels que li baron
» Sont mort par vostre traïson. » -22
...(*Puis les v. du texte critique 1905-6*)
A haute vois s'espee escrie : -25
« N'em portera, » fait il, « la vie :
» Or cha, » fait il, « m'espee nue !
» Por voir, la teste ara tolue. »
Ço respondi li chevaliers :
« Fils a putain, coars, laniers, -30
» Com jou par estroie honis,
» Se vous or m'aviiés ocis !
» Puis qu'escapés sui del message,
» Qui si est plains du vasselage,
» Quant del millor sui escapés -35
» Qui onques fu de mére nés,
» Mout seroie, certes, honnis,
» Quant tex que vous m'aroit ocis.
» Mius vauroie, par verité,
» Que il m'eüst a mort navré -40
» Que m'eüssiés copé .j. doit. »

3105-8 *P réduit à 2 v. :* C. ki la f. et s. m. Furent li m. de n. e. (*Cf. A 3105 et 3107*); -9 Mais cou a f. vo traison; -10 grant perdition; -11 C. ia mais nares; -12 Loial r.; -13 Qui bien v. pueent apieller; -16 fait honir; -18 Faisies; -19 ke il sont m.; -22 por; -26 Nen poet porter; -27 O. c. or cha lespee; -28 perdue; -30 mauais l.; -38 Se tex com v. mauoit; -39 par ma verte; -40 le chief colpe.

A tant saut sus én piés tot droit ;
Par grant air sache s'espee,
Par mi son cors l'a lues botee.
Il chiet a terre et jete .j. plaint : 3145
La mors l'angousse et le destraint,
La mors l'angousse, qui est griés.
Il escauciré de ses piés,
Les ex du cief a lues tornés ;
L'ame s'en va, si est finés. -50
Grant tumulte en ot par la sale,
D'error sont tout noirci et pale ;
A mervelle sont tot torblé,
Mout sont dolant et abosmé,
Tant de cestui, qui est fenis, -55
Tant des autres, qui sont ocis,
Et de la grande traïson ;
Car ce sévent bien li baron
Que ço est tot malement fait,
Et a honteus tiénent cest plait ;
Grant tumulte font et grant noise,
Car il n'i a cel qui n'en poise. 3162

(après O 1954) . . . .
(v° col. 2) S'il ne fust lor droituriers sire, 3191
N'i eüst él que de l'ocire ;
Car tote la mort li requirent
De lor amis qu'il i perdirent ;
Mout le héent petit et grant, -95
Homes et femes et enfant.
Li sage home de la cité
Devant la tor sont assanlé :
Quant il vinrent ens él palais,
Grant noise i troevent et grans plais ; 3200
Illoec trovérent celui mort,
Adont i ot grant desconfort ;
Illoec ot noise et grant dolor,

3144 le coer li a b. ; -46 et d. ; -49 Les iex ka el c. estampis ;
-50 finis ; -51 font par la s. ; -52 *P* Dair ; *A* paile ; -59 t. cou e. ;
-60 Et a honte tornent tel p. ; -61 G. mariment ; -62 *A* celui. (*v. f.*)
— 3193 *A* lor r. ; -94 ke il ; *après -96, P aj. ro v. (V. App. V)* ;
-97 sont assanle ; -98 D. le sale en sont alé, *puis 4 v. spéciaux* ;
-99 vienent ; 3200 Grans noises t. ; -1 trüeuent ke cil gist mors ;
-2 Dont crut li doels et grans et fors ; -3 Et si ot n. et grans dolours.

MANUSCRITS *A* ET *P* 151

    Nus ne se pot tenir de plor.
    Au roi en vont por demander   3205
    Ou lor amis poront trover.
    Li baron lor ont raconté,
    Tot si com eurent escouté,
    Ensi com li chevaliers dist
    Qui illoec soi meïsme ocist;   -10
    Tot lor recontent la bataille
    Ou lor ami sont mort sans faille.
    ... (*Puis les v. du texte critique 1959-60*).
    N'i remainent, mais tot s'en vont : -15
    Communement grant dolour font.

(*après O 1992*)
(*col. 3*) . . . .
    Com vous peüssiés la veïr,   3249
    Por cels de Thèbes assalir.

(*après O 1996*)
(*col. 3*) . . . .
    N'i a celui nen ait o soi   3257
    M. chevaliers et plus, je croi,
    Qui tot voelent la cité prendre
    Et la terre livrer a cendre.
    Que vous en diroie je plus ?
    Il n'i remainst princes ne dus. 3262

(*après O 2022*)
(*col. 4*) . . . .
    Sous la cité, par les grans plaignes, 3289
    Se herbegièrent les compaignes.

(*après O 2028*)
(*col. 4*) . . . .
    Il l'a mandé privéement,   3297
    Se li a dit de son talent
    Qu'il li die par verité
    S'il pora prendre la cité.   3300

(*après O 2032*)
(*col. 4*) . . . .
    Ains que son sort eüst parfait, 3305
    Savoit de l'ost trestot le fait;
    Et com il l'ot tot afiné,
    Li rois li a tost demandé.   3308

(*après O 2044*) . . . .

3204 ne pooit t. de plours. -5 Nous voliens font il d.; -6 Ou nos a. poriens t., *puis 4 v. spéciaux*; -8 Si c. il orent; -10 Et kil meismes sen o.; -11 *P* Toute l. conte; *A* lor b.; -12 Si com sont m. trestout s. f.; -15 Natendent plus m. fort en; -16 Grant et petit g. noise f. — 3257 ne maint; -58 .ij. chevaliers de leur loi; -60 Et chiaus dedens ochire et pendre; -62 remest — 3297 Cil la — 3306 le plait; -7 il ot; -8 la a soi apielle.

(col. 4)   » Tu esteras tous desconfis,   3319
                        » Et si seras mout mal baillis ;
                        » Trestout ti home i seront mort,
                        » Ou soit a droit, ou soit a tort.   3322
(après O 2050)   . . . .
(col. 4)   Quant ot finee sa parole,   3329
                        Capaneüs le tint pour fole.
(après O 2058)   . . . .
(col. 4)   » Il se crient mout que il n'i muire,   3339
                        » Por ço velt il cest ost destruire.
                        . . . .
(f° 43 r° col. 1)   » Ethioclès en sera liés,   3349
                        » Se vous la terre li laissiés ;
                        » Ne le volra en piéce rendre,
                        » Se nel poés a force prendre ;
                        » Ne il ne puet preu esploitier,
                        » Se vous ne li volés aidier.
                        » Se vous laissiés cest ost aler,   -55
                        » Quant le cuidiés mais rassanler ?
                        » Cis prestres ne veut gent ocire :
                        » Voist au mostier ses psalmes lire ;
                        » Il a [sa] fame gente et bèle,
                        » Od li s'en voist en sa capèle.   -60
                        » Car me dites ore, biaus sire,
                        » Qui vit ainc mais si grant empire ?
                        » Se vous doutés, ço est a tort,
                        » Ja n'en i a encor nul mort.
                        » Nus ne poroit si grand empire
                        » Ne empirier ne desconfire.   3366
(après O 2074)   . . . .
(col. 1)   Cil cor sonent et cil tabour,   3377
                        Par tote l'ost, a grant baudor.
(après O 2082)   . . . .
(col. 1)   Il n'i peurent aige trover,   3385
                        Ou il peüssent abuvrer.
(après O 2114)   . . . .

3319-22 P réduit à 2 v. : Tu e. t. d. Et tout ti home seront pris — 3340 nostre o. — 3349 Ce sera cil iou croi tous l. ; -50 li baillies ; -51 Ne li verres a p. ; -52 Se par f. n. p. p. ; -53 Il ne p. p. estoutoier; -55 c. o. l. ester; -56 c. vous r., *puis ces 2 v.* : Ara il mecine autre foie Se par icest prestre est enfoie; -57 Ne v. pas g. iou croi o. ; -59 Il se feme (*sic*) et g. ; -60 Si v. canter a se c. ; -64 Car vous aues mlt grant effort.

(col. 2)

Il n'ont encor gaires erré 3419
Et si ont ja mal encontré;
Il ont mout mal commencement,
Quant il n'ont ève a lor talent.
Bien se pooient aperçoivre
Que lor dix nes velt pas deçoivre,
Car bien lor mostra a droiture -25
Que de lor vie n'a mais cure.
Il sont es mons et es agaises,
Ou il sueffrent les grans mesaises.
Car trop lor est loing la riviére,
N'il ne pueent torner ariére. -30
Mout sont destroit et mout aquis :
Tous li plus fors est tous maris;
Soavet vont et reposant,
Petites jornees faisant.
Cil qui ève a en sa bouteille -35
Por li garder pas ne some[i]lle;
Vin et ève cascuns repont,
Grans batailles sovent en font,
Car de soif ont si grant ardure
Angoisseus sont a desmesure. -40
Cascuns garde bien sa bote[i]lle,
Mout le couce près de s'oreille :
Grant paor a c'on ne li amble,
Il dort et veille tot ensamble,
Car le veillier ne puet soffrir, -45
Ne n'ose fermement dormir;
Le jor le garde que mix puet,
Del bien garder proier n'estuet,
Et cil qui le froit vin avoit
A fin or le contrepesoit. -50
Iluec faloit li fils al pére,
Nus n'i voloit conostre fére,
Nus n'i voloit veoir cousin,
Ne reconnoistre son voisin;

3420 A Et o. ia si; -21 Ce iour est m.; -22 aigue; -25-6 m. à P; -28 Illoec s.; -29 e. loins los de r.; -30 Nil ne roeuent; -31 et d. et conquis; -32 fiers e. ml't; -34 Par toutes i.; -35 laigue a ens se; -36 riens ne sosmelle; -37 Et aigue et v.; -38 Por laigue g. b. f.; -42 Bien le; -44 A ensanle; -46 Et nose; -47 miex ke p.; -48 De; -49 le boin; -50 A boin or f. le peseroit; -51 son p.; -53 Ne v. on veir c.

APPENDICE III

(col. 3)

Nus n'avoit soing de cortoisie, 3455
Tot ert torné a viloñie.
N'i a si riche palazin
Qui n'amast mix plain pot de vin
Que il ne fesist cosinage :
Mout i haoient parentage; -60
En cel destroit fu cortoisie
Et amistiés tote enfuie.
Pluisor gisent geules baees;
Les puins et les hels des espees
Metent as bouces por froido[u]r : -65
Destroit iérent a grant dolour.
Li pluisor boivent lor orine,
Car ne sévent autre mecine;
Encore ert liés quil pot avoir,
Ne le donnast por nul avoir : -70
Quant refroidie bien l'avoit,
Sovent sa bouche en refroidoit.
De soif henissent cil ceval,
Bestes crient a mont, a val :
Dont sont destroit communement -75
Petit et grant tout igaument.
Tot estoient desconsillié
Et d'aus meïsmes mout irié :
Al bas vespre trestot descendent
Et par ces places lor trés tendent. -80
Ce dient tot, si com il sont,
Que d'iluec ne se moveront :
Ançois aront d'aige secors,
Ou il i seront a tous jours.
Iluec s'arestent tot pensiu, -85
Car trop lor sont lointain li riu.
Cascuns des rois a .j. mès pris
Et en .vij. pars les ont tramis :
Qu'il aillent tost par mi la terre

3456 T. sont; -57 tant r.; -58 m. namast .i. trait; -59 Q. ne f. nul c.; -60 M. h. tout p.; -61-2 et 65-8 m. à P; -69 est l. Ki; -7 o donroit por grant a.; -72 sen cors; -73 li c.; -75 Ml't s. d. communaument; -76 G. et p. par ingaument; -77 Ml't e.; -79 A .i. bas v. se d.; -80 les plaines; -83 euu le cors; -84 Ou il i erent mais t: i.; -85 mlt p.; -86 l. lor s. li r.; -87 A ses m.; -88 Et ens; -89 Q. voisent tout de laigue querre.

Et par forès les aiges querre. 3490
Et cil i vont isnèlement,
Car de boire ont moult grant talent;
Cascuns s'en va en sa partie
Tos estraiers, que nus nes guie.
Passent les puis et les valees; -95
Tant esploitent qu'en .ij. jornees
Ont le païs avironné,
Mais n'i ont point d'aige trové.
Ains qu'il puerent a l'ost tornérent,
Tot lor di[r]ent et racontérent : 3500
« En vain, » font-il, « avons alé,
» Car n'avons point d'aige trové. »
Quant li baron ont çou oï,
Dient qu'il sont mout mal bailli.
Adont n'i ot que corécier : -5
Qui dont veïst l'ost deslogier !
Isnèlement cuellent lor trés,
Sor les somiers les ont trosés,
Donques se mètent a la voie :
Entr'els tos n'ont gaire de joie; -10
Merveilles sont desconsillié,
Li plus sage sont esmaié. 3512

(après O 2184) . . . .
(f° 43 r° col. 4) » A poi ne muert no gens menue 3583
 » Por le grant soif qui les argue;
(v° col. 1) » Les gens a pié sont si destroit
 » Que je ne sai que mais d'els soit.
(après O 2190) . . . .
(col. 1) Al cuer en ot grant pieté 3593
De ço k'érent si mal mené.
(après O 2246) . . . .
(col. 1) Et tel tumulte et si grant joie, 3633
C'onques n'en ot grignor a Troie.
(après O 2264) . . . .
(col. 2) Et chient mort es parfons gués, 3651
Et cil qui sus siet chie[t] delés.
Les pluisors noier i estuet :

3490 Ne laissent pas por nul afaire; -92 sont desirant; -94 A Tot estraier; 3499-3502 m. à P; -4 ke s. tout m.: -8 torses; -10 Entraus nauoit g. — 3583 Por p.; -84 ki nous; -85 Li gent; -86 ke il en s. — 3593 grande pite. — 3652 Cil ki s. s. c. dedales.

APPENDICE III

                Qui iluec chiet lever n'en puet,
                Car en l'aige par ot tel presse,
                Que li uns l'autre issir ne lesse.   3656

(après O 2274)
(col. 2)   . . . .
                En l'ève estoit mout grans la presse : 3667
                Li cris ne fine ne ne cesse.
                Mout estoit l'ève apetisie,
                Ains k'aient but ert abaissie;   -70
                Par desous est la terre nue,
                Tant est a mont l'ève courue.
                Tant en burent que il crevérent
                Ne onques puis ne retornérent.
                Par desus est l'ève escluse[e],   -75
                Car tote l'ost i est entree;
                Tot a perdu l'ève son cors,
                Ariére cort tote a rebours.   3678

(après O 2334)
(col. 3)   . . . .
                » Mout i a bèle creature,   3743
                » Ainc plus bèle ne fist nature.
                » Raler m'estuet por lui garder,   -45
                » Car je me crien de mesaler. »
                Si com prendoit a els congié,
                Or entendés com grant pechié
                Et com grande mesaventure,
                Qui tant fu fors et pesme et dure,   3750

(après O 2502)
(f° 44 r° col. 1) . . . .
                Mout grans pitiés al cuer l'en prist : 3827
                Il vint au roi et se li dist :
                (*Puis les v. du texte critique 2503-4*)...
                » Est ceste damoisèle morte :   -31
                » Por son enfant se desconforte,
                » Qu'el trova mort, endementiére
                » Que vint od nos a le riviére.   3834

(après O 2570)
(col. 2)   . . . .
                « E ! diex, » fait il, « com grant pecié 3907

3654 Bien est aidies ki garir p.; -55 C. en cel gue — 3667-8 *sont remplacés dans P par ces 2 v.* : Plusieurs i a ki mlt sesmollent Et por iuroigne el gue se soullent; -70 et a.; -71 *P* deseure, *A* desus; -72 *P* Et li auwe est toute aual c.; *A* T. e. aual; -73-4 et 77-8 *m. à P*; -75 Et p. deseure est escoulee; -76 Que los en est toute afolee -77-8 *Cf. A (P)* 3665-6 (O 2273-4) — 3747 Se iou prendroie; -49 Et le g.; -50 est f. — 3827 li p.; -33 Ka troue — 3907 He d. dist il c. g. pitie.

MANUSCRITS A ET P 157

                 « M'a on ore chi anonchié!
                 » Jamais nul jor n'en éré liés,
                 « Por tant com vive, ne haitiés,   3910
(après O 2602)
(col. 2)   » Bien voi li diu me font grant guerre : 3941
                 » N'arai mais hoir qui ait ma terre ;
                 » Par grant pecié tolue m'ont
                 » La rien que plus amoie el mont. » 3944
(après O 2608)
(col. 3)   » Grant mervelle est, quant te regart, 3951
                 » Que li miens cuers en .ij. ne part.
(après O 2620)
(col. 3)   » Dès or vos devés bien taisir :   3965
                 » Li diu feront tot lor plaisir;
                 » Si com li diu mètent le jour,
                 » Morra cascuns sans nul reto[u]r. »
                 A grant dolor et a haus cris
                 Archimolus fu enfoïs;
                 En .j. sarcu ont l'enfant mis,
                 Qui plus ert blans que flors de lis.   -72
                 (Puis les v. du texte critique 2629-30)...
                 D'une piére trestote blance,   -75
                 Taillié i ot par connissance
                 Com li serpens de pute part
                 Vint a l'enfant, qui ert el gart;
                 Com il lança l'aguillon fors,
                 Dont il le poinst par mi le cors.   -80
                 A grant honor fu enterés,
                 Et li deus est .j. poi remés.   3982
                 (Puis les vers de x 2573-4).
(après x 2630; voy. App. II) . . . .
(col. 4)   Au soleil ert tous estendus :   4027
                 Il ert grans, hidex et corsus.
(après x 2636; voy. App. II) . . . .

3908 De mon chier fil ma on noncie; -9 Ja a n. i. niere m. l.;
-10 ke v. — 3941 ke mi d. me f. g.; -42 Nai m. nul oir ki gart;
-43 Par mon p. tolu le m.; -44 Le riens — 3951 Grans m. ai q.
iou tesgart — 3965-6 m. à P; -69 Cf. O 2621; P et as grans; -70-2
P réduit à 1 v.: Li enfes est el sarcu mis; -72 Ms. com f.; -75
estoit toute; -77 vint d'une p.; -78 Au damoisel; -79 il ieta; -80
point; -82 Bien fu porlius et porcantes, puis ces 2 v.: Et si fist on
itel conroi Com on doit faire a fil de roi; — 4028 Ml't iert hisdeus
g. et c.

158   APPENDICE III

(col. 4)   Ne li rofe ne les escailles   4035
                    Ne guencissent ne ne font fa[i]lles.
(après x 2644; voy. App. II) . . . .
(col. 4)   Lor compaignes crient et hucent,   4045
                    Il se regardent et trebucent;
                    Soventes fois gardent ariére,
                    Forment doutent la beste fiére;
                    Ains qu'il soient bien relevé,
                    Ont ariére .c. fois gardé.   4050
(après x 2650; voy. App. II) . . . .
(col. 4)   Environ lui faisoit grant place :   4057
                    N'encontre nul caïr ne[l] face;
                    Li flame qui del cors li ist
                    Les malmet mout et estordist,
                    Et dient tout que ja n'ert pris,
                    Ne ja par armes n'ert ochis.   4062
(après x 2658; voy. App. II) . . . .
(col. 1)   D'ambe .ij. pars li fist grant plaie,   4075
                    Parmi le cors li sans li raie.
(après x 2686; voy. App. II) . . . .
(col. 1)   Ne si hidex ne si trés grant :   4107
                    A merveille s'en vont sainant.
                    (Puis les v. de x 2687-8).
                    Grant feste fisent a cel jour   -11
                    Que del serpent orent l'ono[u]r;
                    Granment la feste celebrérent,
                    Et pluiseurs jus illoec trovérent.
                    En tant que il se deduisoient   -15
                    Et que lor jus illoec faisoient,
                    Li rois de Gresse li senés
                    De mout grant bien s'est porpensés.   4118
(après O 3346)   . . . .
(f° 46 r° col. 4)   Que de la noise des cevax,   4995
                    Que des olifans as vassa(u)x.
(après O 3392)   . . . .
(v° col. 1)   Tant poing, tant pié furent colpé   5043

    4036 venquisent — 4046 Forment regardent; -47-8 *interverstis*; -47 chieent a.; -48 Car ml't criement le; -50 O. il arrier .iij. f. g. — 4057 fait grande p.; -58 Nenconsiut; -60 En maumet — 4076 Par ou del c. — 4107 hisdeus; -8 A meruellès se; -11 Ml't i iouèrent biel c. i.; -12 Car d.; -14 Et li pluisor i. t.; -15 Endementiers ke d.; -18 *Cf.* O 2633 — 5043 A point; *P* T. pie t. p. fisent voler.

MANUSCRITS A ET P 159

	Et tant vassal jus craventé.	
(après O *3402*)	. . . .	
(v° col. *1*)	Mais lor desfense ne lor vaut	5057
	Que il ne les pendent en haut.	
(après O *3508*)	. . . .	
(col. *3*)	» Quant Tydeüs vint ça requerre	5171
	» De par vostre frere la terre.	
	» C'or vous ramembre del barnage	
	» Qu'il vos fist par son vasselage :	
	» .L. vous en a ochis ;	-75
	» N'i a celui ne fust de pris.	
	» Vengons primes nos compagnons,	
	» Ains que la cité li rendons ;	
	» Ne faites plait malvaisement,	
	» Car Griu nel feront autrement.	5180
(après O *3522*)	. . . .	
(col. *3*)	» Por coi te faut li cuers si tost ?	5191
(col. *4*)	» Nos desconfirons bien lor ost.	
(après O *3566*)	. . . .	
(col. *4*)	» Ja n'i ara mais pais .j. mois :	5237
	» Cascuns vaura mostrer ses drois.	
(après O *3618*)	. . . .	
(f° *47* r° col. *1*)	» Et si dient tout li pluisor	5289
	» Qu'il ont en toi pesme signor :	
	» As pluisors as fait felonie,	
	» Encor ne l'ont oublié mie,	
	» Et dient bien que tel droiture	
	» A tes frere en la teneüre	
	» Comme tu as et plus .j. poi,	-95
	» Car cis ans afiert ore a soi ;	
	» Et plus aiment lui a signor	
	» Qu'il ne font toi a ceste honor.	5298
(après O *3622*)	. . . .	
(col. *1*)	» Itant en sai que ti baron	5303
	» Ne te demandent se bien non. »	
	(*Puis les v. du texte critique 3623-4*)...	
	Ml't est dolans de çou qu'il ot :	5307
	A paine pot soner .j. mot.	

5044 en haut crier — 5057 *A* valt ; -58 ne pengent bien en h. — 5172 sa t. ; -73 Car v. r. des (*sic*) messaige ; -74 Que il f. ; -77 V. ancois ; -78 leur r. ; -80 *A* ne seuent — 5289 Car çou ; -92 Ne lont e. ; -93 d. ke autel d. ; -94 *A* en tel t., *P* ens le t. ; -96 or a. a ; -98 Toi ne faicent en — 5308 paines.

160 APPENDICE III

(après O 3648)   . . . .
(col. 2)   Mais il le dist si coiement   5315
                 Que cil ne l'entendent noient.

(après O 3754)   . . . .
(col. 2)   » Si le vaurent ocire et p[r]endre,   5345
                 » Mais il ot cuer de lui desfendre;
                 » Il se desfendi volentiers,
                 » Sor ex avint tex destorbiers...
                 (Puis les v. du texte critique 3755-6).
                 » Et nos avons bien oï dire   -51
                 » Qu'il est de l'ost conduis et sire :
                 » Li rois en a fait senescal,
                 » Por çou qu'il a cuer de vassal.
                 » Il ne l'a pas mis en oubli,   -55
                 » Ains se tient mout a mal bailli;
                 » Encor en ait il le millor,
                 » Et li nostre aient le pior,
                 » Poroec nos en sét il tél gré
(col. 3)   » Com s'il eüst le cief caupé,   -60
                 » Car ne remést noient lor voel :
                 » Saciés que il en a grant doel,
                 » Mout grant haïne en porte as nos.
                 » Il est de l'ost sire et provos :   5364

(après O 3786)   . . . .
(col. 3)   » Pollinicès nel desfendroit,   5395
                 » Se Tydeüs nos assaloit.

(après O 3824)   . . . .
(col. 4)   Quant la dame fut acesmee,   5435
                 Ne sanla de vilaine nee.

(après O 3858)   . . . .
(col. 4)   En son cief ot .j. cercle d'or :   5469
(v° col. 1)   Mout li avint sor son poil sor.
                 Quant cest conroi ot dame Ysmaine,
                 Ne sanla pas feme vilaine.   5472

(après O 3874)   . . . .

5345 Il le; -46 Cuidierent ne sosast d.; -47 Il lochesissent; -48 Mais a. (v. f.); -52 et duite et s.; -54 kel set preu et loial; -56 *A* tint; *P* Cou ke li voelent m. b.; -58 *A* en ont; -59 *A* Peroec; *P* Por cou si len s. autel; -60 Que son leüust; -61-4 *P réduit à 2 v.* : Car ce ne remest mie en vous Il est de lost sires et prous — 5395 Pollonices pau en seroit; -96 *A* Se tiocles nel; *P* laidengoit — 5435-6 Cf. O 3841-2; -36 pas de vilains — 5470 *A* en s. cief dor; *P* S. s. p. bien conuenoit sor; -72 sanloit.

MANUSCRITS A ET P

(col. 1)	Les pucèles s'en vont en l'ost	5487
	L'ambleüre ne gaires tost.	
(après O 3882)	. . . .	
(col. 1)	En l'ost avoit o soi mené	5497
	De sa tère mout grant barné,	
	Et de mout nobles chevaliers	
	Ot amené bien .x. milliers.	5500
	A le fontaine vint illuec :	
	.Ij. chevaliers avoit avoec;	
	.Ij. chevaliers avoit o soi,	
	De sa maisnie érent, je croi.	5504
(après O 4578)	. . . .	
(f° 48 v° col. 1)	Grant perte i fisent cil dedens :	5973
	La veïssiés plus de .x. cens,	
	Que de dames, que de pucèles,	-75
	Qui se claiment lasses mesèles,	
	Qui totes pleurent et gaimentent,	
	Entor la rive se dementent.	
	Li une pleure son mari,	
	L'autre son frére ou son ami,	-80
	Et l'autre pleure son enfant :	
	Illoecques ot .j. doel mout grant;	
	Si se pasment desor la rive	
	Nus hom ne vit tél doel qui vive;	
	Par l'aige font pescier les cors,	-85
	Cex que troevent en traient fors.	
	Ethioclès sa gent ralie,	
	Puis ist fors en la praerie;	
	Recommencier fait le tornoi.	
	La veïssiés tant jent conroi,	-90
(col. 2)	Tant gonfanon, tante crupiére,	
	Tante ensègne de soie ciére,	
	Tant elme, tant escu a or,	
	Tant bon ceval d'Espagne sor :	
	En poi d'eure desous la vile,	-95
	En peüssiés veïr .x. mile.	
	Li Griu defors furent mout lié	

5487 en v. ens — 5497 ot od s. amene; -98 Ens se; -99 De tous nobiles c.; 5500 .xx.; -3 m. à A; -4 ierent iou — 5979 Lune p. por s. ami; -80 et s. mari; -82 font .i.; -83 Et p. soi d.; -84 T. d. ne v. n. h.; -86 mors; -88 hors ens; -90 grant; -92 doree et c.; -93 et t.; -94 Et t. c. bauchant et s.; -95 Em pau de terre entor le; -96 .xx. m.; -97 dehors.

Tome II

De cex dedens k'érent noié;
Gabant s'en vont par le tornoi
Et ensement devant le roi : 6000
« Des pesceors a grant fuison :
» Rices doit estre de pisson. »
Li rois l'oï, forment s'aïre,
Cui il encontre, nel revire :
Le ceval broce et esperone, -5
En la presse grans cols lor done;
Cui il ensiut a descovert,
Sans contredit la vie pert.
Trois chevaliers lor a ochis,
Qui mout estoient de haut pris. -10
Vengier se velt de son damage,
Bien resanle home plain de rage ;
En haut s'escrie et dist as suens :
« Or i parra qui sera buens;
» Connoistre puet on icel jour -15
» Ou estoient li fereour. »
A icest mot tot s'esbandissent,
Lor lances contre mont brandissent;
Brocent et vont as Griex joster :
Trés bien requiért cascun[s] son pér. -20
Dont oïssiés si grans esfrois
Et tante anste mètre en crois,
Tant chevalier mort trebucier,
Et si tentir fer et acier
Nel tenissiés noient a giu : -25
Qui coars fu n'i avoit liu.
D'autre part fu Pollinicès,
Qui del tornoi sostint grant fès,
Et ot ensanle o lui tél gent
Qui de fuïr n'a pas talent : -30
D'eus meïsmes faisoient mur
Et tornoiérent a seür;
Joustes i ot ruistes et bèles,

5998 ki st' n. ; 6002 *A* dut; *P* e. li poisson ; -3 les ot; -4 Que il e. ne tresvire; *A* reuice ; -6 li d. ; -7 Qui ; -8 S. nul respit; *A* apert; -10 Q. furent preu et de; -15 porra en cest i. ; -16 La ou seront; -17 *A* sesbaudissent; -20 C. r. ml't b. ; -21 D. veissies estrange e. ; -22 lance m.; -23 Tans cheualiers ius t. ; -24 soner f. ; -26 c. iert; -29 od soi; -30 norent t. ; -32 Et tornoient asseur; -33 i font lentes.

Et font souvent vuidier ces sèles.
D'ambes pars fu grans li contens, 6035
Mors i ot mout de cex dedens,
Et cil qui ciet, s'il n'a aïe,
De son ceval n'en maine mie.

Atant e vos par mi la pree
Le conte Aton lance levee : -40
Jouste demande a cex defors
Et met en abandon son cors.
Armes avoit de tél maniére,
N'estevoit querre oevre si ciére :
Ses haubers fu fors et treslis, -45
Entre .c. autres fu eslis ;
Tant par fu bien ovrés et fais,
Dars ne qariax tant i fust trais
(col. 3) Que ja .j. point entrast dedens.
Ses elmes fu et biaus et jens : -50
.J. cercle d'or avoit entour
Qui mout jetoit grant resplendo[u]r,
Car assises i avoit piéres
Mout precieuses et mout ciéres :
Sans mençoigne vous puis je dire -55
.X. mars valoit toute la pire.
Sa connissance ert d'u[n] brun pale,
Qui fu aportés de Tesale.
Çaint avoit une bone espee,
N'avoit millor en la contree : -60
Li puins estoit d'or esmeré(s),
Li heus d'ivore bien ouvré(s) ;
Li entresang furent d'argent :
Escrit i ot, mien essïent,
Lètres qui dient par memore -65
Que l'espee fu le roi Flore ;
Cil l'acata a un gaiant
Por trois fois d'or fin son pesant,
Après l'envoia en present

6035 D. .ij. p. fu g. li gens ; -36 Souent i chiet ; -37 Et ki la c. ;
-39 es vous ; -41 J. va querre a c. dehors ; -44 Ni esteust ; -46 E.
les a. ; -47 Ml't p. ; -48 ne piles ; -49 *A* Qui ; *P* ia plain ongle ; -50
iert luisans et ; -51 cergle ; -52 faisoit ; -55 p. bien d. ; -56 .C. m. ;
-57 fu dun paille ; -58 Q. a. fu de thesaille ; -59 Chainte ; -60 ens
le ; -66 Ceste e. ; -68 .iiij. fient dor sen p. ; -69 a p.

Le pére Athon en Orient. 6070
D'or et d'asur ert ses escus,
Ouvrés a eskekier[s] menus;
Une ensègne de soie blanche
Avoit lacié par connissance.
Sor .j. fauve destrier sist Ate -75
Fort et isnel et bien aate;
Covers estoit desi qu'al pié
D'un brun pale tot detrencié.
Pollinicès vers lui se trait;
Onques n'i ot parlement fait : -80
Des lances o les fers agus
S'entrefiérent sor les escus;
Lor lances volent par astèles,
Mais ne vuidiérent pas lor sèles.
Pollinicès sace l'espee, -85
Qui de fin or ert enheudee :
Il s'entrefiérent sans manace
Des fers qui luisent comme glace.
Pollinicès bien s'abandone
Et flert Athon que tot l'estone; -90
Por sa serour cui il amot,
Li a dit .j. mout cortois mot :
« Amis Ates, tenés l'amo[u]r
» Que vous avés a ma serour;
» De moie part vous soit donee -95
» Par .j. seul cop de ceste espee. »
Ates s'enbronce .j. sol petit :
Forment li plot de ce k'a dit;
Outre s'en passe en souriant,
Ne li respont ne tant ne quant. 6100
Jocaste la roïne fu
Desous l'ombre d'un pin follu;
Ses .ij. filles ensanle o soi :

6070 Le roi; -71 iert; -72 Taillies par; -74 A. fichie en son se lance; -76 Pie ot coupe et gambe plate; -77 A quel; P Sestoit c. duske au p.; -78 paille; -79 li vint a ait; -83 Les hanstes; -84 les s.; -85-8 *P réduit à 2 v.* : P. l. saice Qui plus estoit luisans ke glaice; -89 Sour lelme aton tel cop li done; -90 Por .i. petit ke ne lestone; -91-2 *interv. dans P*; -91 ke; -92 Puis li a d. .i. c. m.; -93 A. ate a cest branc dachier; -94 Lamor ysmaine vous venc chier; -97 senbronca .i. p.; -98 cou kil a d.; -99 sousr.; 6100 ne pau ne grant; -2 foillu; -3 *P* e. s., *A* en maine o s.

(col. 4)

De lonc esgardent le tornoi;
Por lor amis se contralient 6105
Et grans ramprosnes s'entredient.
Antigoné o le jent cors,
Cèle se tient a cex defors;
Dit que vauroit sans contredit
Cil dedens fuissent desconfit, -10
Et puis fuissent en la cité
Trestot communalment entré;
En le vile fussent li Greu,
Et si veïst Partonopeu :
Ja n'i fauroit que n'i parlast, -15
Cui que fust bel ne qui pesast. »
Ysmaine dist : « Or oi folie :
» Ensi nel vauroie je mie.
» A vous n'en seroit ore gaires
» A cui li damages fust maire[s] -20
» Ne de frére ne de parent,
» Mais vos amis tant solement
» En le vile fust a sejour,
» Dont aver[i]és joie et baudor.
» Miex voel que cil ki bien vous voelent -25
» Soient defors, si com il seulent :
» Si aroie soulas et joie,
» Et seroit ja nostre gent coie,
» Qui ore est entre mort et vie;
» S'aroit cascuns se bèle amie, -30
» Si fuissent trestot aseür,
» Mais or sont tot defors le mur;
» Car il i a tél chevalier,
» Ne valroie por Monpellier
» Que il eüst ja se bien non : -35
» Quant je l'esgart, mout par m'est bon,
» Et si m'adouce si mon cuer

6105 amors; -7 *A* Antigona; -8 Se tint a chiaus ki st' dehors; -9 *P* Dis ke v., *A* Ele v.; -11 trestout entre; -12 Communement ens le cite; -13 Ens; *A* griu, *P* grieu; -14 Adont verroit p.; -16 ken f. biel ne cui; -17 oi orguel; -18 E. fait ele pas nel vuel; -19 V. n. s. o. ne g.; -20 C. li d. en f. m.; -22 Fors de vostre a. s.; -23 Ens... asseiour; -25 nos v.; -26 S. dedens; -27-32 *m. à P*; -28 *Ms.* seroient n.; -33 C. iai iehui veu tel home; -34 Nel v. p. toute rome; -35 Kil euust mal nient plus ke ien; -36 Q. le regarc m. p. m. buen.

» Ne le vos diroie a nul fuer. »
La roïne ne lor dist mot :
La bataille pas ne li plot. 6140
A tant e vous .j. escuier,
Qui vint poignant sor .j. destrier :
« Frére, » fait èle, « dites moi
» Com se contiénent el tornoi ;
» Recontés nos com lor estait   -45
» Et li quél d'aus l'ont hui mix fait.
— Dame, » fait il, « mon essïent,
» Il esta mix a nostre gent :
» Defors la vile en .j. vivier
» Les kaciérent no chevalier :   -50
» Mout mescaï a cex dedens
» Mort en i ot plus de .v. c. »
Jocaste l'ot, li sans li fuit,
Ne puet muer ne li anuit,
Grant poor a de ses amis :   -55
« Por Diu, » fait èle, « biax amis,
» Or me ralés dusqes a l'ost,
» Pollinicès me hastés tost,
» Et dites lui qu'il viégne a moi,
» Et si desfenge le tornoi :   -60
» O mes filles m'en voel aler,
» Mais ains vauroie a lui parler ;
(f° 49 r° col. 1)   » De nos amis forment me dout,
» Ne sai de fi se sain sont tout. »
Cil s'en torna, la dame lesse ;   -65
Esperonant vint en la presse ;
Son mesage mout bien conta,
Si com li dame li rova.
Pollinicès, quant il le seut,
Point le ceval plus tost que peut, -70
Entre les rens a fait .j. poindre,

6138 Nel v. d. por n. ; -39 ne d. ainc m. ; -40 Ains en sousrist de cou kele ot ; -41 es v. ; -45 Racontes ; -46 L. q. danzel lont le ; -47 dist il ; -48 Ml't bien lont fait li n. g. ; -49 Dehors le ; -50 La cairent .m. c. ; -51 M. i chai de chiaus ; -52 .xx. cens ; -54 Diex fait ele cest grans anuis ; -55 Que ni aie mort nul ami ; -56 Frans escuiers por dieu merchi ; -57 Car me r. tressi ka ; -59 Se li d. ; -60 Et kil deffaice ; -61 raler ; -62 A. voel a mon enfant p. ; -65 torne les dames ; -66 ens le ; -67 b. fenist ; -68 Si ke li roine li dist ; -70 Le c. broce au miex kil pot ; -71 E. .ij. r. a pris sen p.

A tous les siens desfent le joindre.
A tant remést tous li tornois,
N'i ot plus fait a cèle fois :
A lor loges vont cil de l'ost, 6175
Lor cors ont desarmé tantost,
Si afulent les vairs mantiax
Et hermines et grises piaus.
Cil de Thèbes seréement
S'en retornérent o lor gent. -80

Pollinicès et Adrastus,
Partonopeus et Tydeüs
A le roïne vont tot droit
Desous le pin ou èle estoit;
La roïne contr'eus se drèce, -85
Puis s'asisent sor l'erbe fresce.
Son fil embrace et trait vers soi :
« Biax fius, » fait èle, « enten a moi :
» Por Diu te pri, comme ta mére,
» Que le pais faces a ton frére, -90
» Et si reçoif de lui l'onour.
» Veïr pues hui bien en ce jor
» En est mainte jovente morte :
» En .j. vivier desos le porte,
» Si com j'oi dire, de no gent -95
» En sont noié plus de .v. c.;
» Des vos i a pluseurs malmis,
» Navrés et mors et auquant pris.
» Damage i a de vostre part,
» Si devés bien prendre regart 6200
» Que, se longes dure la guerre,
» Gasteë en ert tote la terre,
» Ne vous ne il n'i arés rien.
» Mais qui poroit torner a bien
» Qu'entre vos .ij. mesist la pais, -5
» Que gerre n'i eüst ja mais,

6175 As l. tornent c. dehors; -76 Et desarment illoec l. c.; -77 Puis si rafulent leur m.; -78 Vairs et hermins et; -79 thiocles soulement; -86 sasieent; -87 tint; -88 Chiers f. f. e. entendes m.; -89 Car me crees si sui vo m.; -90 Si faites p. vers vostre fere; -91 Si receues; -92 V. poes ke hui cest i.; -94 dehors le; -96 I s.... .vij. .c. -99 *A* D. est ia., *P* Damaiges est de nostre p.; 6201 Et se; -2 iert; -5 fesist on; -6 Kautres tencons ni fust.

》 Çou esteroit mout grans daintiés. 》
Tydeüs l'ot, mout fu iriés :
« Dame, » fait il, « mout m'esmervel
》 Que nos donés si fait conseil,   6210
》 Que vostre fius ses hom deviégne
》 Et que de lui se tère tiégne.
》 Ice saciés, por nule rien
》 Ne le kerroie ne k'un cien :
》 Je sai de fi, s'il le reçoit,   -15
》 Ne remanra en nul endroit
》 Que ne l'ocie en traïson

(col. 2)
》 Ou par armes ou par puison.
》 Mais ce li dites, s'il vous plaist,
》 Que cest honor .j. an nos laist :   -20
》 Bons ostages donrons assés
》 Que, quant li ans sera passés,
》 Dedens .iij. jors qu'il ert venus,
》 Ja ne li ert contretenus ;
》 Le roiame rara trestout,   -25
》 Onques de çou noient ne dout ;
》 Et bien saciés, se ce ne fait,
》 Nous n'en feromes autre plait,
》 Ou tourt a bien ou tourt a mal,
》 Fors del partir tot par ingal.   -30
》 Or ai je dit çou que je pens,
》 Or en die cascuns son sens. 》
Adrastus dist : « Ensi l'otroi,
》 Certes millor conseil n'i voi :
》 Nous ne ferons ne mains ne plus. 》   -35

A tant se levérent tot sus :
Vers sa tente s'en va li rois,
Ses compagnons laissa tous cois ;
Et cil font les dames monter,

6207 Ce seroit biens et grans d. ; -8 *AP* Tiocles ; -9 dist il ; -10 Q. vous d. itel c. ; -12 *A* me t. t., *P* sonor detiegne ; -13 Une riens voel ke s. bien ; -14 Que nei k. plus ; -15 Bien s. ; -16 pour n. ; -18 par vison ; -19 se li p. ; -20 vous l., *puis ces 2 v.* : Lonor laie .i. an cestui Tenir empais com cist fist lui ; -23 *A* .ij. ; *P* iert ; -24 iert ; -25 ara cil trestout ; -26 O. riens de chou ne se d. ; -27 Et s. b. sensi nel f. ; -28 Nensiurrons mais nul a. ; -31 Or en ai d. c. ke ien ; -32 Or d. .i. autres apres s. s. ; -34 Nis .i. m. ; -35 nen f. ia noient p. ; -36 lieuent trestout ; -37 V. les loges.

Od èles vont por adestrer. 6240
Partonopex s'amie en maine,
Et Tydeüs adestre Ysmaine,
Qui mout avoit la face clére;
Pollinicès maine sa mére,
Et vont parlant de cèle guerre : -45
Dient qu'est biens de la pais querre.
Partonopex se tient deriére
Od s'amie qu'il ot mout ciére.
Li uns l'autre par le main tient :
De la guerre ne lor sovient -50
Ne de bataille ne d'estour,
Ains parolent de lor amor;
Dient amer est dolce vie :
N'est pas cortois qui l'entroblie;
Puis s'entrebaisent doucement. -55

 Devers le porte d'Orient,
Ert Athe issus esbanoier,
Ensanle od lui doi chevalier :
N'avoient armes ne conroi,
Fors seul cascuns son palefroi. -60
Athes ot sainglement vestu
.J. vert cendal trencié menu,
Detrenciés fu dusques as poins.
Les trois dames perçut de loins :
Encontre point mout volentiers, -65
Si salua les chevaliers :
« Signor, » dist il, « estés .j. poi,
» Laiens venrés ensanle o moi;
» Remanés ci, ne vous anuit,
» Et g'irai prendre vo conduit; -70
» Vostre conduit prendrai au roi,
» En le cité venrés tot troi :
» Ma dame et ses filles andous
» Dementres soient chi o vous. »
Tydeüs dist .j. mot courtois : -75

6240 font; -42 *AP* tiocles; -46 *P* D. ke b. est del p. q., *A* Et d. que de; -47 se mist; -50 sousuient; -51 destours; -52 de fu damours; -53 ke ml't est; -54 sentr. -57 Siert ate; -58 E. l.; -60 F. soulement s.; -61 Ate auoit; -63 D. iert plus kes as; -64 connut; -66 Tous .iij. baissa; -67 fait il; -68 Saichies demouerrons ioi; -70 Jou i. p. le c.; -71 Prendra v. c.; -72 Ens; -74 od nous.

« Tant est loiaus li vostre rois,
» S'il nos otroie son conduit,
» Salvement poons aler tuit;
» Aler i poons sans dotance
» De nos prendre trive et fiance. »   6280
Athes s'en torne a grant esploit,
Et vint en le cité tot droit.
Conduit demande a oes ces .iij.;
A envis li dona li rois,
Otria li a mout grant paine.   -85
Athes en vint, si les en maine;
Par mi tote la grignor rue
Les en mena tout a veüe.
Dont veïssiés par ces soliers
Homes, pucèles, chevalier[s],   -90
Qui cex esgardent a mervelle.
L'uns a l'autre dist et conselle :
« Vés la, » fait il, « le chevalier
» Qui nostre roi vint laidengier;
» Quant envoiés fu el mesage,   -95
» De nostre gent fist grant damage.
» Bien le devons haïr tos jors :
» .L., .j. mains, tos des millors,
» Nos en ocist en une nuit;
» N'est pas bien fait que, por conduit 6300
» Que nus li face, soit seürs
» Qu'il s'enbate dedens les murs. »
Tydeüs l'ot, ainc mot ne dit,
Ainc s'enbronca, et si sosrist.
Jocaste et cil qui o li vont   -5
Droit au perron descendu sont;
Les cevax ont laissié a val
Et montent el palais roial.
En mi la sale avoit .j. lit,
Onques nus hom plus cier ne vit;   -10
Plus i avoit de .c. mars d'or :
Kamus, qui fu fiex Agenor

6276 cis v.; -79 A. p. s. demourance; -81 Atans; -82 En le c. en v.; -83 AP auoec; -84 lourd.; -85 A lor; -86 A. repaire ens le semaine; -87 le menor; -88 L. aconduit toute; -90 Dames; -93 font; -95-6 m. à P; -98 .xlix. t.; 6300 N. p. saiges ki por deduit; A par; -1 est si segurs; -2 A Q. onques vient, P Que il senbat; -3 .i. m.; -4 ains en s.; -5 sont; -7 laissent contreual; -9 Ens; -11 Il valoit p.

Et de Tèbes fu premiers rois,
Le fist ouvrer a .j. Grijois ;
Les .ij. frontex fist a esmax. 6315
Jagonces, piéres et cristax
Avoit assés en l'or assises :
Tant par érent soutilment mises
N'i peüssiés trover jointure.
De soie fu la cordeüre ; -20
Coute de paile a or frasée
Avoit el lit mout bien ovrée :
Desus jut Edipus li viex.
De cex de Tèbes tout le miex,
Que de princes, que de casés, -25
Environ lui ot ajostés,
Et parolent de cèle pais.

(col. 4) Ses fiex i ert Ethioclès :
Garde, se vi venir sa mére,
Od li Pollinicès son frère, -30
Et Tydeüs de l'autre part ;
Dont ot tél doel a poi ne part.
Il n'avoit cure d'eus veïr :
En une cambre va seïr,
Od lui en vont assés de tax -35
Par cui n'abaisse pas li max ;
Ne li loënt point de savoir,
Cascuns en dist tost son voloir,
Quél part que li damages tourt,
K'aseür soient en la court. -40
Li sage home qui illoec érent
Contre lor dame se levérent ;
Ele s'asist jouste le roi,
Pollinicès apèle od soi :
« Fiex, » fait èle, « baisiés vo pére : -45
» Bien sai de fi que vostre frére,
» De tél sanlant comme il vous fait,

6313 *A* fu sire et r. ; -15 *A* frontes ; -16 J. brasmes et ; -17 El lit a. ; -18 T. i erent soutiument ; -20 s. estoit ; -21 frese ; -22 a or ouvree ; -23 Desous... li rois ; -24 *AP* tous ; *A* li m., *P* les rois ; -25 Qui les p. qui les c. ; -27 parloient ; -29-30 m. à *P* ; -31 *AP* tiocles ; -32 D. t. d. ot a p. nen art ; -33 Ne pot pas souffrir le veoir ; -34 seoir ; -35 *P* en torne a. ditaus ; *A* de ciax ; -36 neslonge point ; -37 Ne ne li l. nul s. ; -38 le sien v. ; -40 Car seür s. ens ; -41 ierent ; -47 A t. s. ke.

» N'a song de faire vers vous plait. »
Pollinicès mout s'umelie;
Son pére baise, se li prie   6350
Que haïne n'eüst vers lui :
« Sire, » fait il, « vostre fiex sui,
» Quéls que je soie, ou faus ou sages.
» Bien sét ore tos li barnages,
» Qui devant vos est en present,   -55
» K'Etioclès se foi me ment.
» Mout m'esmervel de vostre fil,
» Qui me veut mètre a tél escil
» Que del regne n'aie partie :
» Si com je pens, il ne sét mie   -60
» Que d'un pére soions andui.
» Ice m'anoie mout vers lui,
» Que droit ne me velt faire, sire;
» Mais une rien li puis je dire :
» La barbe araiançois florie,   -65
» Se Dix me done longe vie,
» Que me parce de cest païs,
» S'arai tot ars, gasté et pris;
» Tot gasterai a fu grijois,
» Ja ne m'en partirai ançois,   -70
» Puis gerpirai l'onor mon frére.
» Ore vos pri, vos et ma mére
» Et mes serors que je chi voi,
» Venés en Gresse ensanle moi :
» Je quic avoir mout grant honor,   -75
» De tot vous faç prince et signor;
» Tant com serés en ceste vie,
» Metrai tout en vostre ballie.
— Fiex, » fait li pére, « mout bien dis,
» De ce te renc mout de mercis;   -80
» Mais or enten .j. poi a moi;
» Se jou di bien, adont me croi.
(v° col. 1)   » Tes frére est mout mautalentis
» Et mervelle vers toi espris :

6348 v. v. f. p.; -54 B. sai ke cis vostres b.; -58 en t.; -60 nel;
-62 Chou si ma ml't mue; -63 droiture ne me fait s.; -64 bien d.;
-65 A ara; -66 longes garist me v.; -67 Q. ia men tort; -70 Jou;
-72 P Or (v. f.); A Ore si v. p. de ma; -75 rice h.; -78 le t. en vo;
-80 De tout; -81 entens; -82 Et se i. di b. si; -83 A fu m.; -84
escis.

» Se ma parole veut oïr, 6385
» Jel ferai ore chi venir,
» Savoir se ja poriémes querre
» Que partie fust ceste terre.
» Si te casti[e] et si te tien
» Que ja ne li respondes rien; -90
» Tout sen talent li laisse dire,
» Ja mar en feras él que rire. »
Etioclès ert lonc d'iluec,
Son pére entendi neporoec :
Quant parler ot de le partie, -95
A poi de duel ne pert la vie;
Devant son pére vient en piés,
Et a parlé com hom iriés :
« Sire, » fait il, « forment me poise
» De mon frére, qui si s'envoise 6400
» Que il ne cil qui od lui sont
» En ma cité viénent ne vont,
« Ne en la terre qui est moie,
» Ou il n'en a nis une roie.
» Del partir dont vous parlés ore, -5
» Saciés ne le tient tex encore,
« Ne le tient nus qui si le laist;
» Mais or li dites, se lui plaist,
» Que hors de ma cité s'en voise,
» Car ne valroie faire noise. -10
» Une rien voel je bien c'on sace :
» Al mix qu'il onques puet, si face;
» Ou li soit bien ou lui soit mal,
» Ja jou ne il n'ermes ingal.
» A vous k'afiert de ce ja mais? -15
» En vo cambre gisiés en pais :
» Je garderai vers lui ma terre,
» Car je puis bien soufrir sa guerre. »

6385 *A* Sa p. ne v. tenir; -86 f. ia ichi; -89 *A* ke tu te; *P* tiens; -90 responges riens; -91 laisses; -92 feres; -93 iert; -94 *P* non p., *A* neperoec; -95 Q. ot p.; -96 Por p.; -97 vint; -98 c. airies; 6400 ki chi; -1 Q. cist; -2 Ens me; -3 Nens le t. ki toute e.; -4 kincont .ij. doie; -5 D. departir parlies v. o.; -6 S. ke tex le t. e.; -7 tex ke sil; -10 esmouvoir noise; -11 U. cose v. iou ke s.; -13 V il s. b. v il; -15 ia m. de cuen; -16 faites vo buen; -17 cha hors me; -18 *P* Car b. porrai s., *A* C. ne p. b. s.

Edippus l'ot, mout fu iriés :
En haut se drèce sor ses piés, 6420
Sor .j. des chevaliers s'apuie.
De çou qu'il ot mout li anuie :
« Signor, » fait il, « grant folie oi.
» Dementres que aidier me poi,
» Que je fui sains de ma veüe, -25
» La terre ting par vostre aiüe;
» Ainc ne trovai prince ne roi
» Qui conquesist plain pié sor moi.
» Or ne lairai que ne vos die
» Et mon pecié et ma folie : -30
» Moi mesavint k'ocis mon pére
» Et .iiij. enfans euc de ma mére,
» .Ij. jens vassaus et .ij. pucèles,
» Qui assés sont jentes et bèles.
» De cel pecié quant m'aperçui, -35
» Saciés de voir dolans en fui;
» Si fui dolans, si me fu grief,

(col. 2)
» Qu'ans .ij. les iex m'ostai del cief.
» Grant penitance en ai puis faite,
» En ma vie grant paine traite; -40
» Mainte jeüne et maint dur lit
» Ai puis sofert por cel delit;
» Assés est grans li miens esciex.
» Puis adoubai ans .ij. mes fiex,
» Si lor donai tot mon empire, -45
» Si que cascuns fust .j. an sire :
» Ensi lor donai devant vous,
» Dont je sui ore coreçous.
» Or vei qu'Etioclès trestorne,
» Si me fait mout dolant et morne; -50
» Forment mesfait et poi me crient,
» Quant vers son frére l'onor tient.
» Or vous dirai quéls la fins iert :
» Li quéls que soit sa mort en quiert;

6423 dist il; -25 Et iou; -26 *P* Me t. tinc; *A* aieue; -29 Ne l. ore ke ne d.; -31 *P* M. sousuient bien; *A* frere; -32 *A* e. ai; -36 *P* de fi; *A* en sui; -37 *P* D. en f. tant me; *A* quil me; -38 Que de mes oels; -39 *P* Me p.; *A* portraite; -40 *P* Et mainte grande p.; *A* Et ...p. faite; -44 Puis ai de li ces .ij. miens f.; -47 E. d. mes fiex andous; -48 Toute me terre voiant vous; -49 sen torne; -50 men f. m. mari; -53 *A* ert; -54 le m.

» Ou soit a cief ou soit a keue, 6455
» Lor convient prendre male veue.
» Li diu me héent, bien le voi,
» Car, s'il eüssent song de moi,
» Je n'ocesisse pas mon pére
» Ne ne geüsse avoec ma mére : -60
» Bien sai que si peciéres fui,
» L'eure fu male c'a li gui,
» Et maudite est l'engenreüre
» Qui faite fu contre nature.
» Mout m'esmervel que tant demeure -65
» Qu'il ne perissent en .j. heure.
» De pecié furent tot estrait,
» Et par pecié mainent ce plait;
» Peciés les a en mainburnie,
» Et par pecié perdront la vie. -70
» Or ne sai je mais plus que dire,
» Mès de pitié mes cuers sospire;
» Si lor lairai tout en ingal,
» Cui qu'en prenge ne bien ne mal. »
Li rois a cèle fois s'acoise. -75
Dont oïssiés estrange noise :
Par le palais a val s'escrient,
Et fol et sage trestot dient
N'est la coupe, se son fil non :
« Moustré lor a bien par raison; -80
» Ne troveront ja mès quis pla[i]gne,
» Li quéls qui male voie praigne. »

Coi qu'il parloient en la sale,
Uns chevaliers jus en avale :
Rices hom ert et de grant pris, -85
Tydeüs ot son oncle ochis.
Il apèle ses cevaliers,
Si lor promet mout grans loiers :
Vengier se veut de Tydeüs.
Et furent bien .ccc. et plus : -90
Corant s'en vont a lor ostaus

6455 a le k. ; -56 P. en c. lun m. v. ; -61 P de fi p.; AP sui; -62 Li nuis fu; -63 langerreure; -64 Car; -66 Que ne; -67 A En p.; -68 cest; -70 A perdent; -71 Or si nen s. p. iou ke; -72 A du pecie; -74 Ki; -81 kil p.; -82 P ke; A pregne; -83 Com cil parolent ens le; -85 iert; -86 S. o. ot thideus o.; -91 A ostex.

(col. 3)

Et prendent armes et cevaus;
Les escuiers avant envoient :
Ne voelent pas k'aperçut soient;
Après se mètent en la trace,　　　　6495
Ne voelent pas que on le sace;
Defors la vile, en mi .j. bois,
S'enbusciérent tot a lor cois.
Au perron ot .j. escuier,
Qui Tydeüs tint son destrier :　　　　6500
De ceus oï le traïson,
Le ceval rent son compagnon;
Quant les vit consillier ensamble,
De la cité mout tost s'en amble;
Son signor lor oï nomer,　　　　-5
Por çou se crient de l'afoler.
De la cité s'en ist mout tost
Et vient esrant corant en l'ost;
Le senescal Tideüs troeve,
A lui parla et se li roeve　　　　-10
Face monter ses chevaliers;
Et s'il nel fait, grans destorbiers
Ert aparilliés son signo[u]r,
Ains qu'il voie passé cel jour.
Dont li respont li senescaus :　　　　-15
« Est me' sires et sains et saus?
— Oïl, » fait cil, « saus est encore;
« Mais de la vile, ou je fui ore,
» Vi bien issir .ccc. vassaus :
» Traire faisoient lor cevax,　　　　-20
» Armes porter et lor conrois;
» Enbussié sont en ces destrois;
» En ces destrois ichi desous
» Les ai veüs enbuscier tous.
» Par la doit repairier me' sire,　　　　-25
» Et je vous puis por voir bien dire,
» Se l'encontrent au repairier,
» Faire li cuident destorbier. »

6493 *A* L. escus a. en e.; *P* aual; -94 kapercheu; -95 ens le; -97 Dehors le v. ens en .i.; 6503 *AP* ensanle; -6 Ml't se cremoit de; -8 Et vint c. droit envers l.; -10 parole se; -13 Est; -14 passer le l.; -16 En va m.; -17 tous sains est il e.; -18 ens le v.; -21 portoient et c.; -23 en icel bos; -26-8 *P réduit à 1 v. :* Ichil le quident bien ochire.

Li senescaus forment s'esfroie :
Par les tentes ses mès envoie, 6530
Et fait monter de chevaliers
.Cc. et bien .lx. arciers,
De cex k'érent en l'ost millor,
Puis va encontre son signor;
.J. peu desous le lor agait -35
Ont cil de Grèce le lor fait.
Or redoi bien parler des trois :
Congié lor a doné li rois;
Del palais partent al congiet,
Au departir sont mout baisiet; -40
Puis s'en tornent li conte tuit,
Dusc'a la porte sont conduit ;
Mais je quic bien, mon essïent,
Ançois qu'il viégnent a lor gent,
Ara cascuns tant de paour -45
C'onques nus hom nen ot grignor.
Or vous dirai com lor avint :

(col. 4) Pollinicès .j. sentier tint,
Qui del païs savoit bien l'estre,
Fors des destrois se mist a destre; -50
Quant il vinrent en mi le bois,
Des chevaliers oent l'esfrois.
Aperçut furent a l'entree :
Poindre cuident a l'encontree,
De totes pars les cuident prendre. -55
Cil ne sorent de coi desfendre,
Ne sévent autre rien qu'il facent;
Les dos livrent a cex quis kacent;
Cevax ont bons, qui tost en vont,
Et cil les kacent, ki fol sont. -60
N'en sorent mot, quant lor agait
Virent salir tot entresait :
Forment s'escrient des .ij. pars,
N'i ot mestier qui fu coars.

6530 les loges; -31 des; -32 et .iiij. .xx. a.; -33 De chiaus kierent; -35 poi en sus de; -37 r. iou; -39 tornent par congie; -40 ot m. baisie; -41 liement t.; -42 orent c.; -44 ke; -45 Aras; -46 O. nen ot n. h.; -47 A c. loiaument; -50 Hors del sentier s'en ist; -51 ens mi; -52 .ij. chevalier oient leffrois; -53 lentrer; -54 lencontrer; -55 le; -56 Et c. ne s. dont d.; -57 riens ke f.; -58 d. tornent; -61 Ne; -62 Voient.

Ensanle font venir les fers : 6565
La peüssiés veoir envers,
Que d'uns, que d'autres, d'entre .ij.,
Et les cevax fuïr tous seus.
Ja estoit bien fais li enkaus,
Et li solaus n'ert mie haus : -70
De l'ost oent le bruiement,
Et cil de Tèbes ensement.
Lor armes prendent qui mix mix :
Dont veïssiés jov[e]nes et viex
De totes pars venir ensanle; -75
En poi d'eure, si com moi sanle,
En peüssiés conter es plains
.Xiiij. .m. et noient mai[n]s.
En sa tente s'arma li rois;
A tant es vos poignant les .iij. : -80
« Signor, » fait il, « comment vos vait?
» A cex de Tèbes c'avés fait? »
Tydeüs dist : « Mout malement :
« Tout somes traï laidement.
» Pourçou que n'aviens dont desfendre, -85
» Nos cuidiérent ocire ou prendre;
» Mais, merci Diu, tot haitié somes,
» Car près trovames de nos homes,
» Quis reçurent a fers trencans,
« A tère en misent ne sai qans. -90
— E! » fait li rois, « com mal conduit!
» Oï l'ai dire et bien le quit,
» Que teus cuide son doel vengier,
» Qui plus acroist son enconbrier.
» Or vos armés ensanle moi, -95
» Car, par les diex en qui je croi,
» Sè au tornoi puis a tans estre,
» Tant i ferrai de mon puig destre,
» Se Dix me gart mon branc d'acier,

6566 A de mers, P denuers; -70 niert m. caus; -71 braiement;
-73 Les; 76 Empau dore; -77 as p.; -79 Ens se loge sarmoit; -81
dist il com v. estait; -84-6 Li rois respont et vous comment Ja
nous guaitierent li vassal Guaitierent voire on vous fait (*lis.* fist?)
mal (*dialogue*); -85 A nauons; -87 La m. d. trestout sains s.; -88
trouasmes; -89 A Quil; P Que r. as; -90 en ont mis; -91 He; -93
Tes espoire; -97 iestre; -99 diex garist.

MANUSCRITS A ET P 179

(après O 4748)	» Je lor vendrai lor agait cier. »	6600
(f° 50 r° col. 3)	El curre ot tinbres et tabo[u]rs :	6757
	De lonc les puet oïr .j. sours.	
(après O 4836)	. . . .	
(v° col. 1)	La tère oevre et si l'englot	6831
	Ens en abisme a val trestot.	
(après O 4938)	. . . .	
(col. 3)	» Il vous a fait grant encombrier,	6941
	» Vo[s] diu[s] vos a fait trebucier;	
	» Tot çou k'ocire ne porons,	
	» Metra en tère tot al fons,	
	» Et puis que serés mis en ter[r]e,	-45
	» N'arons paor de vostre guerre.	
	» Mais fuiés tost vo encombrier :	
	» Contre Diu fait mal guerroier. »	6948
(après O 4972)	. . . .	
(col. 3)	» Nen arai mais plus grant pao[u]r	6981
	» Que jou oï ier en icel jour;	
	» Mais ne sai quist a avenir	
	» Ou soit de vivre ou de morir.	
	» Tout autretant com jo aim moi,	-85
	» S'aime cascuns, si com je croi :	
	» Nient plus ne voel que vous muiriés	
	» Que je meïsme, ce saciés....	
	» En merci Diu, qui est puissans	
	» De moi faire tos les commans.	
	» A Dieu commanc et vous et moi;	
	» En lui m'afi, et si le croi. »	6992
(après O 5110)	. . . .	
(f° 51 r° col. 2)	» Se a se merci retraions,	7109
	» Que volentiers ne le raions;	
	» Il a en lui tant grant douço[u]r	
	» Que tot pardone au peceour.	
	» Amendons vers lui nos mesfais :	
	» Il est maistre et clercs et lais.	

6600 Ml't l. v. cest a., *puis 12 v. spéciaux* (*V. App. V*) — 6757 A cure; P orgenes et; -58 .j. ours — 6941 Il nous vaura del tout aidier; -43 Et chou; -45 kestres enclos; -46 mais soing; -47-8 interv. dans A; -47 A faites — 6981 Ja narai; -82 A cou; P iai euu; AP icel; -83 A deuenir; -88 Com iou meismes (*Il y a sans doute une courte lacune après ce vers*); -89-92 *m. à P* — 7109 Que se a m. repairons; -11 t. de; -13-4 *m. à P.*

180 APPENDICE III

>» De no veske ki morut ier, 7115
» En lui n'a mais nul recovrier;
» Mais or pensons come eslison
» Qui soit mout sages et preudon. 7118

(après O 5256)
(col. 4) . . . .
Tant en i a on aconté 7259
Des chevaliers en la cité.

(oprès O 5450)
(v° col. 4) . . . .
Car bien sévent que rage estoit 7437
Et jeus tout çou que il faisoit.

(après O 5742)
(f° 52 r° col. 3) . . . .
Il s'entrefiérent par vertu : 7651
Froissent et fendent li escu,
Et li hauberc se desrompirent;
Par mi le cors s'entreferirent;
Des cevax sont entrabatu,
Et dont se sont reconneü. 7656

(après O 5787)
(col. 4) . . . .
Tot cil qui virent le damage 7689
Plaignoient molt lor vaselage
Et lor jovent et lor proèce
Et lor biauté et lor largèce.
En le cité en sont porté,
L'endemain furent enteré. 7694

(après O 5830)
(v° col. 2) . . . .
Et il s'i est mout entremis 7791
De l'enginier ses anemis :
Il les reqiert si com por soi,
Et si lor fait mout grant desroi;
Ne troeve nul de cex dedens -95
Qu'il ne face voler a dens.
Cil dedens grant damage i ont,
Que cil de l'ost sovent lor font;
Et cil de l'ost i ont grant perte,
Reçoivent i male desserte : 7800
Issi avient sovent de guerre,
Que on se troeve tost a ter[r]e.
Pollinicès i fiert pour soi,

7116 A l.; -17 P c. en aions; A p. et e.; -18 et s. et prodons; A preudon — 7438 A Li grieu voient que — 7651 virtu; -52-5 m. à P; -56 Puis se st' entreconeu — 7689 Cil ki veoient cest d.; -91 iouente; -93 P Ens; A s. entre — 7794 en f.; -96 as d.; 7801 Ensi auint.

MANUSCRITS A ET P 181

	De cex dedens fait grant desroi :	
	.J. en abat lés une haie,	
	Cil mètent les dos en manaie.	7806
(après O 5934)	. . . .	
(col. 3)	» Qui raençon de lui prendroit	7893
	» En traïson le recevroit.	
(après O 5954, développé en 3 vers)	. . . .	
(col. 4)	Il li ont dit : « Biax sire dous,	7915
	» Vous en irés : pensés de nous,	
	» Pensés de nos que pas nel dites;	
	» Alés vos ent, si soiés quites;	
	» Alés vos ent sans raençon,	
	» Car bien connois que sui vos hon.	-20
	Pollinicès li respondi :	
	« Biax dous amis, vostre merci;	
	» Et si saciés ore por voir	
	» Que je vos donrai grant avoir;	
	» Je vos rendrai tote vo ter[r]e,	-25
	» Se je puis ja m'onor conquerre,	
	» Et acroistrai vo casement,	
	» Qui bien vaura .m. mars d'argent. »	7928
(après O 6052)	. . . .	
(f° 53 r° col. 1)	Cil l'ont gerpi et vont seré	8003
	Tot ensemble vers la cité.	
(après O 6196)	. . . .	
(col. 4)	» Et se li siéges ert desfais,	8161
	» Nel verroie, je croi, ja mais. »	
(après O 6208)	. . . .	
(col. 4)	Je respondi : « Grant tort avés,	8175
	» Qui vostre fil me demandés :	
	» Je nel vos toil ne n'en ai mie,	
	» Encore soie jou s'amie. »	8178
(après O 6232)	. . . .	
(v° col. 1)	Il n'est mais lius de conforter,	8203
	Ançois est tans de gaimenter.	
(après O 6392)	. . . .	
(col. 3)	» Com est pale ceste maissèle,	8359
	» Qui sanloit estre de pucèle !	

7804 AP font; -5 iouste u. — 7916 de vous; -17-8 m. à P; -20 A hom; -25-6 (intervertis) Et se iou p. m. c. Vous garderes t. ma t.; A ia p.; -28 A c. mars — 8161 AP est; -62 Iou nel verrai — 8175 Iou respondoie t. a.; -76 Ke; -77 sai m.; -78 Ja soit ichou ke sui s. — 8204 Ains est bien drois del desperer.

» Coulor de rose eüs el vis,
» Et fus blans comme flor de lis.
» N'en l'ost defors, ne ça dedens,
» Nen est remés enfes si jens ;   8364
» Et s'i a plus de chevaliers   -64 (*bis*)
» Que par .c. fies .c. milliers.   -64 (*ter*)
» Gentieus amis, ou'st vo colour ?-64 (*quatr*)
» N'est mervelle s'en ai dolour ; -64 (*quinqs*)
» Car cil qui vos haï tant fort   -65
» En ot dolor, quand vous ot mort.
» Puis c'il de pitié en plora,
» Ceste dolante ke fera ?
» Ceste dolante, la caitive,
» Qui ne deüst pas estre vive ?   -70
» Anuit songai que je cantoie :
» Or en voi chi ma ruiste joie ;
» Cil cantemens que je dont fis
» Senefie ces dolans cris.
» Toutes femes, totes pucèles,   -75
» Aiés dolor de mes novèles ;
» Toutes pucèles qui amés,
» De pïeté por moi plorés,
» Et priiés Diu mon sens me gart,
» Car a poi li cuers ne me part,   -80
» A poi ne muert li lasse Ysmaine. »
Faut li li cuers et li alaine.   8382
(*Pour les 8 v. suivants, spéciaux à A,
voy. App. IV.*)
» Amis Athes, vous estes mors,   8391
» C'est mes damages grans et fors.
(*Puis, dans A, les v. du texte critique
6421-2 et 6439 sqq. ; pour P, voy.
App. V.*)

(*après O 6656*) . . . .
(*f° 54 r° col. 4*) Onques puis n'issi d'Engleter[r]e   8599
Englois qui tant seüst de guerre.
(*après O 6788*) . . . .
(*v° col. 2*)   » Ainc ne fu hom de sa proëce!   8707

8361-2 *m. à P* ; -63 Ens lost la hors ; *A supprime à tort les 4 v.* 8364 (*bis*) — 8364 (*quinquies*) ; -64 (*quater*) ms. colors ; -65 Quant c. ki v. haoit de mort ; -67 Quant il ; -69-70 *m. à P* ; -73 ke de lonc f. ; -74 Senefioit c. dolors c. ; -76 A. tenrour ; -80 C. por .i. p. mes c. ne p. — 8707-8 *m. à P.*

MANUSCRITS A ET P

                » Vous teniés l'ost en grant riquèce:
                » Or somes nos si esperdu
                » Par vos tot seul c'avons perdu.   8710
                » Amis compains, com nos laissiés !
                » Hui est cis os desconsilliés.   8712

(après O 6958, P 8752) . . . .
(col. 4)   La veïssiés mout grant meslee,   8847
                Des brans doner mainte colee ;
                Mout les apressent cil dedens.
                Ypomedon fu de grant sens :   -50
                Or fera de ses chevaliers
                Une grant masse paoniers.   8852

(après O 6992) . . . .
(f° 55 r° col. 1) Et sovent prendre et puis tolir :   8885
                Grant paine lor estut sofrir.

(après O 7004) . . . .
(col. 1)   Li rois i pert mout chevaliers :   8899
                Li cors li fu vendus mout chier[s].   8900

(après A 8926) . . . .
(col. 2)   Testes i a en .ij. moitiés;   8927
                Cil braç, cil poing ciéent as piés ;
                Tant baron i a esmancié,
                Qui ont perdu ou puing ou pié :   -30
                N'i a en eus que corecier,
                Mais ne se porent preu vengier.
                A tère gist de ces destriers
                Et de ces nobles chevaliers,
                Que l'erbe en est tote coverte.   -35
                Le jour i ot eü grant perte :
                Tant en i gist environ mors
                Que on ne puet veïr le cors.
                Onques ne fu mais entreprise,
                Por cors tolir, si grant occise.   8940

(après O 7086) . . . .

8709-10 Por lui estiesmes retenu Or somes por lui mal venu; 11-12 *se trouvent dans un long passage spécial à P* (*Voy. App. V*); -12 Maris dolens d. — 8847 De bien ferir de lor espees ; -48 Car il en donent grans colees ; -49 empressent; -50 est grans et gens; -52 pooniers — 8885 Et dont reprendre; -86 estoet — 8900 i est v. — 8927 T. volent; -28 P C. p. c. braic gisent; A cil pic c.; -30 v braic v p.; -31 Il na; -32 pueent; -33 Tant g. a t. de d.; -35 de sanc c.; -36 i a; -37-8 m. à P; -39 O. m. ne fu; -40 A grans.

184   APPENDICE III

(col. 3)   Sus li corent dens esquigniés :   9025
                     Ja fust, je croi, tos depiciés,...
(après O 7116)   . . . .
(col. 4)   Por l'ost demainent tél dolor   9057
                     Que il n'estuet querre grignor.
                     Al matinet, solel levant,
                     Li chevalier vont esvillant ;   -60
                     Et quant tot furent esvillié
                     Et furent bien aparillié,
                     Li chevalier et li fievé
                     Que Tydeüs ot amené....   9064
(après O 7148)   . . . .
(v° col. 1)   » Il n'a encor son conseil pris   9097
                     » De cel congié k'avés requis :
                     » Il le convient ensi a faire
                     » Qu'il ne nos tourt a mal contraire.
                     — Sire », font il, « çou est bien drois. »
                     A tant s'en vont il et li rois.   9102
(après O 7160)   . . . .
(col. 1)   » S'or s'en commencent a aler,   9117
                     » Tu n'i porras ja mais durer ;
                     » S'or s'en va la cevalerie
                     » Que T. ot en baillie,
                     » Mout seroit faus ki ce kerroit
                     » Que on les autres gens tenroit.   9122
(après O 7176)   . . . .
(col. 1)   » Le doit on ore mout blandir   9137
                     » Et conforter et esbaudir.
(après O 7188)   . . . .
(col. 2)   » Or laissons ce conseil ester,   9153
                     » Et si ralons a eus parler.
(après O 7238)   . . . .
(col. 3)   S'on ne secorust Eneas,   9205
                     Tos fust le jor vencus et mas.
(après A 9256)   . . . .
(col. 3)   Quant od le roi privéement   9257
                     Conseille et dist que largement

9025 Sour lui; -26 depechies — 9057 en ont si grant d.; 61-2 Cf. O 7057-8; -61 f. t.; -63 Cil c. et cil f. — 9098 De cest consel ke a. quis; 9100 Que ne li tort a nul c.; -1 Cil li respont; -2 sen torne — 9118 Nus nen porra; -19 A ta, P teus; -20 Con tideus; -22 Que lautre gens chi se t. — 9137 Les d. or m. ablandir (sic); -38 Et dangerer — 9153 cest — 9205 Son i; -6 Il i f. t. v. — 9257 Q. est au r. -58 C. lui ke l.

MANUSCRITS A ET P

	Doinst de l'avoir a[s] sofraitous,	
	Ypomedon si[s] secort tous.	
(après O 7342)	. . . .	
(col. 4)	Cevax et muls et palefrois,	9315
	Et atorner tot lor harnois ;	
(après O 7628)	. . . .	
(f° 56 v° col. 2)	Li rois en est joians forment,	9615
	Et li barnages ensement.	
(après O 7644)	. . . .	
(col. 2)	Enfes sans barbe et sans grenon :	9633
	Alixandre l'apeloit on.	
(après O 7648)	. . . .	
(col. 2)	Daires li rous sis pére ot non :	9639
	En Tèbes fu mout rices hon.	
(après O 7732)	. . . .	
(col. 4)	S'en sa prison me puet tenir,	9729
	Illoec me convenra morir.	
(après O 7852)	. . . .	
(f° 57 r° col. 2)	Or vos lairons chi del prison,	9845
	A son pére repaieron.	
	Il ne fine ne nuit ne jor,	
	Por son fil maine grant dolor :	
	« Biax fius, com je vos ai perdu ! »	
	Dist la mére : « Tu l m'as tolu.	-50
	» Mout par doi or haïr la tour	
	» Par coi j'ai perdue m'ono[u]r :	
	» Mal dehait ait qui l'engigna	
	» Ne qui si haut le compassa !	
(col. 3)	» Dehait ait tote la qariére	-55
	» Dont faite fu si grans maisiére !	
	» Alés au roi, se li mostrés	
	» Que vostre fil perdu avés,	
	» Et dites lui cil de la l'ont,	
	» Promètent lui qu'il l'ociront,	-60
	» Mout par li font laide prison,	
	» Nel voelent mètre a raençon :	
	» Adonkes porés vos oïr	
	» S'il vos veut amer ou haïr.	
	— Dame, » fait il, « sempres irai,	-65

9260 Ypodemon les — 9316 Et en apres tous lor conrois — 9615 ioious — 9640 P De Theb' ; A hom — 9845 Ichi laironmes d. ; -47 Qui ne ; -50 Fait li m. tu le ; -51-6 m. à P ; -59 Et d. ke c. ; -60 ke lochirron ; -61-8 m. à P.

186   APPENDICE III

```
                        »  Et volentiers li mosterrai.
                        —  Alés dont tost parler au roi :
                        »  Tart m'est que mon fil aie o moi. » 9868
(après O 7932)          . . . . . . . . . .
(v° col. 1)             »  Sergans estes et il signor :        9965
                        »  Certes j'en ai mout grant iror ;
                        »  Mais soiés sire, ço est drois ;
                        »  Il soit vostre hom, vous soiés rois. 9968
(après O 7946)          . . . . . . . . . .
(col. 1)                »  Sousduis estes et enginiére :       9987
                        »  Tos tans volés, ce m'est aviére,
                        »  D'autrui naces seïr en cendre
                        »  Et d'autrui main le serpent prendre. » 9990
(après O 7974)          . . . . . . . . . .
(col. 2)                »  Loiaus es ore devenus :             10019
                        »  C'est por ton fil, je croi, le plus.
(après O 7982)          . . . . . . . . . .
(col. 2)                »  Sire, » fait Daires, « lait me dites :  10029
                        »  De traïson sui vers vous quites ;
                        »  Vous me dites ichi grant lait,
                        »  Et si ne l'ai mie fourfait. »
                        Li rois respont : « Mout bien t'otroi
                        »  Que tu soies encontre moi :
                        »  Fai tos les maus que tu pues faire,  -35
                        »  Je ne te pri pas del retraire
                        »  Et de mon cors et de ma ter[r]e ;
                        »  Canque tu pues me fai de guerre. » 10038
(après O 8042)          . . . . . . . . . .
(col. 3)                «  Fiex a putain, » li rois a dit,     10095
                        «  Com vos m'avés en grant despit !
                        »  Or fors, or fors, ors puans rous !
                        »  Ausi pūés com fait .j. bous. »      10098
(après O 8068)          . . . . . . . . . .
(col. 4)                »  Li chevalier et li baron            10121
                        »  L'en ont mené a se maison.
                        »  Par moi vos mande, ce saciés,
```

9965 Or iestes hom et; -68 *A* Il soient vo home et v. r.; *P* Il vostres h. — 9987 Leres iestes et enginieres; -89 naices seoir; -90 *Cf.* O *7940-1* — 10019 ies — 10029 mar le d.; -30 Et si vous ai fait mains seruices; -31 ore trop l.; -32 Por cose kaie encore f.; -33 b. otroi; -34 Q. tu refais; -35 Trestous les; -36 Sor men cor et sor men afaire; -37-8 *m. à P* — 10096 Que v. maueries en d.; -97 Ales a camp fel — 10122 conduit ens se.

MANUSCRITS *A* ET *P*. 187

(*après O 8070*)
(*col. 4*) . . . .
 » Que chevaliers li envoiés. » 10124
 « Que ses pére est au roi mellés, 10127
 » Et que congiés li est donés
 » De faire canques il pora :
 » Ja mar de çou il se faindra ;
 » Ensorque tout si l'a feru
 » En son le cief que sanglens fu...... 10132

(*après O 8092*)
(*col. 4*) . . . .
 Pollinicès quant çou oï, 10169
 Saciés que mout s'en esgoï ;
(*f° 58 r° col. 1*) Au roi le dist privéement.
 Ce dist li rois celéement :
 « Faites le cose par espie,
 » Que, s'on le set, n'en arés mie.
 » Espies a, espoir, en l'ost : -75
 » S'il le sevent, sel diront tost.
 » N'a cex meïsme que menrés
 » Nel dites, dusque la venrés. » 10178

(*après O 8107*)
(*col. 1*) . . . .
 La cités est molt esmeüe 10197
 Et vont criant de rue en rue :
 « Adoubés vos, armés vous tost,
 » Çaiens sont entré cil de l'ost. » 10200

(*après O 8118*)
(*col. 1*) . . . .
 Piéres lor gètent grans et lées, 10211
 Dont les ocient a karées,
 Et lancent les gros pex agus :
 Cil qui premiers fu conseüs
 Ne sot renoncier en sa ter[r]e
 Au quél estut mix de la guerre. 10216

(*après O 8142*)
(*col. 2*) . . . .
 Et cil dist : « Sire, si ferai, 10233
 » Je quic mout bien les i prendrai ;
 » Issir en estuet les caitis : -35
 » Jes vos rendrai ou mors ou pris. »
 Li rois li dist : « Mes amis [iés] :

10130 se doutera ; -31 Et auoec chou il la ; -32 Parmi le —
10169 Pollo' ; -71 Le r. le d. tout coiement ; -73-4 *m. à P* ; -75 a
poet iestre ; -76 Sel percoiuent kel ; -77 ke verres ; -78 tres ke la —
10197 si commeue ; -98 Et corent si de ; -199-200 *m. à P* — 10212
Si les ; -13 Et l. aus grans peus ; -15 set ; -16 il est miex — 10233
Par ma foi s. ; -34 Et iou quic ke b. le p. ; -35-6 *m. à P*.

188   APPENDICE III

	» Seul del dire sui je tos liés.	
	» Entremet [t']ent, bon le feras :	
	» Or et argent assés aras,	10240
	» Et se puis afiner ma gerre,	
	» Je te donrai mout de ma terre. »	
	Ne vos en quier plus alongier :	
	L'enginiéres fist son mestier;	10244
(après O 8158)	. . . .	
(col. 2)	« Signor, » fait il, « issiés ça fors,	10259
	» Ains que muirent laiens vo cors;	
	» Rendés vos cors, proiés merci,	
	» Car ne poés garir ichi. »	
	Cil ne se voelent mie rendre,	
	Ains s'esforcent du bien desfendre ;	
	Desfendent soi a mout grant frois,	
	Et la tors fait .j. mout grant crois.	10266
(après O 8168)	. . . .	
(col. 2)	» Traïtres, fel, de pute nate,	10275
	» Honi avés le vostre esclate;	
	» Tél traïson avés mostree	
	» Que ne pora estre celee :	
	» Ne remanra por nul avoir	
	» Ne vos face sempres ardoir;	10280
(après O 8188)	. . . .	
(col. 3)	En sa vie n'a seürté,	10301
	Ne n'a fiance en parenté.	
(après O 8194)	. . . .	
(col. 3)	En piés liéve, son capel trait,	10311
	Et vient avant, si entre el plait.	
(après O 8246)	. . . .	
(col. 4)	» On dist pieça par la contree	10365
	» Que bouce irïe n'est senee.	
(après O 8274)	. . . .	
(v° col. 1)	» De la grant honte et del mesfait	10399
	» Que li traïtres m'a or fait.	
(après A 10436)	. . . .	
(col. 1)	» Mès vous estes mes bons amis :	10437

10238 Nis d. d. s. iou ml't l.; -40 en aueras; -41-2 m. à P; -44 fait — 10259 cha hors; -60 mores rendes vo c.; -61-2 m. à P; -63 noient r.; -64 de b. — 10275 T. rous; -76 A Trai; P hui nostre; -77-8 m. à P; -79 Nel lairoie; -80 Que iou ne voūs fesisse a. — 10301 Na en se vie s. — 10311 se l. c. t. — 10437 m. chiers a.

MANUSCRITS A ET P

(après O 8388)
(col. 3)
 » Pensés cis plais soit tost fenis.
 . . . .
 » Daire volés tolir la vie,   10541
 » Si faites mout grant vilonie.
 (*Puis les v. du texte critique 8391-2*).
 » Mais, par ma foi, ainc ne l'amastes, 10545
 » Quant a ocire le jugastes.
 (*Puis les v. du texte critique 8389-90*).

(après A 10554)
(col. 3)
 . . . .
 » Si vos dirai une autre cose :   10555
 » Mal est batus qui plorer n'ose.
 » Feru m'avés et fait sanglant,
 » Et puis, par vostre mautalent,
 » De vos tot plain congié arai
 » De faire mal canques porrai :
 » A mout lanier puis me tenroie,
 » Se je de vos ne me vengoie.   10562

(après O 8406)(1)
(col. 4)
 . . . .
 Creon fu vix et grans et maigres   10579
 Et de conseil sages et aigres ;
 Ce c'Otes dist forment li quist,
 Car Dairon hét et a tort nuist ;
 Iriés fu, mais tint sa mesure :
 De sa tençon n'avoit pas cure.
 Isnèlement li respondi :   -85
 « Othes, » dist il, « mout m'escondi
 » Que je, certes, ne haç point Daire,
 » Ançois me duel de son contraire.
 » Mais nos devons verité dire,
 » Quant conjuré nos a nos sire.   10590

(après A 10622)
(f° 59 r° col. 1)
 . . . .
 » .J. jugement avés chi fait,   10623
 » Que cors ne tient ou on droit fait,

---

(1) *Tout ce qui suit, jusqu'au v. 12060 de A, se trouve placé dans les deux mss. entre les v. 8406 et 8407 du texte critique. Les vers qui manquent sont à l'Appendice IV, comme particuliers au ms. A, sauf les paires de vers isolées, qui ont été maintenues pour éviter un trop grand éparpillement.*

10438 li p. — 10541 Sire; -42 Ml't i f. g. dyaublie. — 10555 Or v.; -57 P mares; -60 De f. quankes iou p.; -61 A mal l.; -62 Se iou vengier ne men pooie — 10581-2 m. à P; -83 A tant; -84 De lonc tenchier not pas grant c.; -85 Ml't tempreement; -86 O. fait il; -87 has pas; -88 Ains me d. ml't; -89 le verte.

190   APPENDICE III

                    » Que, se me'sire fiert sor moi,
                    » Que je ferrai ausi sor soi;   10626
(après A 10634) . . . .
(col. 1)   » Ne por plaie, ne por colee,   10635
                    » Ne por tençon desmesuree,
                    » Vers mon signor ne doi rien faire
                    » Dont soit honis et ait contraire.
                    » Ja n'arai droit vers mon signor
                    » De honte faire a nis .j. jour :
                    » Plus grant foi li doi que mon pére;
                    » Aidier li doi contre mon frére.   10642
(après A 10658) . . . .
(col. 1)   » Ce juge jou : sel faç ester,   10659
                    » On ne m'en puet en cort blasmer.
                    » Signor baron, qu'en dites vous ?
                    » Je forjuge Daire le rous :
                    » Amendés i, se savés miex;
                    » N'en dira él Creon li viex. »

                    Eurimedon parla après :   -65
                    En Tèbes estoit ses recès;
                    Une des tours tenoit en fief,
                    .M. chevaliers en doit par brief :
                    « Creon, » fait il, « entendés moi,
                    » Et cist baron que je chi voi.
                    » Par grant raison devroit plaidier
                    » Qui son ami vauroit aidier.   10672
(après A 10676) . . . .
(col. 1)   » Ne parlons mie par haïne,   10677
                    » Por Diu, baron, ne par querine,
                    » Car assés somes destorbé;
                    » N'ait entre nos nule amerté,   -80
                    » Et gardons bien les drois le roi
                    » Et sans barat et sans desroi,
                    » Et parlons si de no voisin,
                    » De nostre pér, de no cousin,
                    » Del franc baron, de nostre pér,   -85

  10626 iou refiere — 10635 Ne p. auoir; -37 d. forfaire; -38 ne
ait; -40 a nes .i.; -41 A frere; -42 A pere — 10659 et faic; -61
S. fait il ken iugies v.; -62 F. iou; -65 Erimedon; -68 M. c.
tenoit de fief; -71 doit bien p.; -72 vuelt point a. — 10679-80
m. à P; -81 Mais g. b. le droit; -82 S. mal engien s. male foi;
-84 Com de no p.; -85-6 m. à P.

» De cui nos doit forment peser.
» Sire Creon, coi k'Otes die,
» Saciés que il ne vos hét mie;
» Mais ce dist on en reprovier :
» Tex puet nuire ne puet aidier.   10690
» Tornons ce plait a[l] bien de Daire,
» Gardons, s'on puet, n'i ait contraire.
» Vous savés bien, Daires li rous
» Est mout sages et mout visous; —
» Qui par bon engien quiert voidie,   -95
» Je croi que il ne mesfait mie; —
» Cil parla a Pollinicès,
» Frére no(s) roi(s) Etioclès,
» Qui est nostre droiturier[s] sire,
» Ausi com cis, se[l] volons dire.   10700
» Se Daires aidier li voloit,
» Por çou que rois estre devoit,
» Et noméement de cest an,
» De traïson n'i voi engan.   10704

(après A 10708) . . . .
(col. 2)
» Cil est nos sire naturaus,   10709
» Comme cis est, drois et loiaus;
» Ausi asseürames lui
» Com nos aviémes fait cestui :
» Se vos i esgardés raison,
» N'i poés trover traïson;
» Et si saciés ore trés bien   -15
» Que je n'i voi nul mal engien;
» Je n'i voi point de traïson,
» Se mout grant sens non et raison.
» Çou en di jou de moie part,
» Selonc mon sens et mon esgart.   -20
» Or die après qui mix sét dire :
» De droit n'ara nus vers moi ire. »
Une grand piéce ont coi esté
Tout li baron et escouté :
Ne Otes ne veut plus parler,   -25

10687 coi coses dire; -88 Saichies de fi ne v.; -90 Tes; -91-2 m. à P; -94 E. de grant gent; -95 Car p. boin angle q. boisdie; -96. Ichou quit quil; -99 droituries; 10700 cil sel; -3 euust an — 10709-10 intervertis dans A; -9 A E. n. drois s. n., P Aussi e. c. rois n.; -10 C. cil; -11 Si a. celui; -12 auonmes; -14 veir t.; -15 Et s. o. ml't t. b.; -17-8 m. à P; -22 Del; -25 ne voloit parler.

(col. 3)	Ne dans Creon .j. mot soner;	
	Tot se teurent, grant et petit :	
	N'i a .j. seul qui ait mot dit.	
	Soéf vont entr'ax murmurant :	
	« Bien a parlé, » font li auquant;	10730
	« Cis jugemens n'ert ja fausés :	
	» Par cestui ert Daires tensés. »	
	Entre les autres ert Drians,	
	Sages hom, mout kenus et blans :	
	Gentix et frans estoit assés,	
	Bons chevaliers asseürés.	10736
(après A 10740)	. . . .	
(col. 3)	Primes commence a esgrouir :	10741
	Or ne se vaura plus taisir;	
	Et dist : « Oiés, sire Creon :	
	» A bien jugié Eurimedon?	
	» Otroiés le? de ce qu'en dites?	-45
	» Puet estre Daires ensi quites ? »	
	Creon respont : « N'en dirai mais :	
	» Dient li autre s'il est vrais.	10748
(après A 10758)	. . . .	
(col. 3)	» Ja ne m'en blasmera li rois;	10759
	» Del jugement ne de ses drois	
	» Ja apelés n'en er(t) en cort.	
	» Jou aim mout mix que sor vous tort :	
	» Ne ferai ja faus jugement	
	» Del cors le roi a essïent;	
	» Ainc ne vauc nului forjugier,	-65
	» N'a lui ne le voel commencier. »	
	Drians respont : « Ne l'otroi si	
	» Que nos tornomes ja de chi...	10768
(après A 10816)	. . . .	
(col. 4)	» Selonc ice que dist li rois,	10817
	» Vous dirai jou totes les lois.	
	» Se je sui hom a .ij. signors,	
	» Lor cors desfendre doi tous jors;	-20

10727 si gardent; -28 Ni a celui ki m. a. d.; -29 S. entraus v.; -31 niert; -32 P. cest iert bien d.; -33 iert; -36 C. boins a. — 10741 a forgignier; -42 De taire ne vuelt p. targier; -43 Sa dit; -44 Emeridon; -45 Ken iugies vous de cou — 10760 Des iugemens ne de s. lois; -61-2 m. à P; -64 entient; -65 voil home f.; -66 ne voel pas; -67 nel lo ensi; -68 A tornames — 10819 as .ij.

MANUSCRITS A ET P

      » Et s'il entr'eus a mortél faide,
      » Ne puis ans .ij. porter manaide ;
      » Ne doi pas l'un vers l'autre aidier,
      » Quant vient a lor cors laidengier,
      » Fors de porter pais et concorde
      » Et abaissier ire et discorde ;   10826

(après A 10888) . . . .
(col. 1)   » Lor propres cors doi porter foi, 10889
      » Lor propres cors desfendre doi.
      » Autre cose est del cors ferir
      » Que il ne soit d'avoir tolir :
(col. 2)   » D'avoir tolir doit on droit faire,
      » Le traïtor trestot desfaire.
      » Puis c'au jugier some josté,   -95
      » Dire devons la verité.
      » Jugement faç qui m'est mout griés :
      » Daire[s] li rous est tous jugiés ;
      » Tous est jugiés Daire[s] li rous :
      » Çou est grans deus et grans corous. 10900
      » De moie part le faç ester :
      » Qu'en dites vous, mi autre pér ?
      » Des .xij. pérs sui li onsimes,
      » Daires li rous est li dosimes,
      » Et vous estes li autre .x.   -5
      » Cis jugemens est il fenis ?
      » Vos le valrai oïr jugier :
      » Dites s'il fait a calengier,
      » Et, s'il est faus, si le provés,
      » Comment il doit estre fausés. » -10

      Othes oï çou qu'il a dit,
    Isnèlement l'en a desdit :
    « Drian, » fait il, « entendés moi :
      » Vous avés dit mout grant desroi ;
      » Trop maisement avés parlé,   -15
      » Quant de murdre l'avés reté ;

10821 a entraus; -22 A aus — 10889 honorer doi; -90 Et cascun porter boine foi; -91 du c. honir; -92 Que cou ne; -93 A Lauoir t. puet on; -94 a ronchi traire; -95 sons assanle; -96 D. en d.; -97 P ki ml't e. g.; A grief; -99 Ens el commant le roi est daires; 10900 doel et g. contraires; -2 Vous ken d. v. a. p.; -3 si li .ximes.; -4 li .xii, mes (sic); -6 A ert; -7 voel iou; -15 Ml't folement; -16 mdre (avec un sigle).

» De ce le quic je bien garir :
» Nus ne m'en pora desmentir.
» Ethioclès li fist mout lait :
» Bien le savons tot entresait ;   10920
» Vilté et honte [et] lait li dist,
» Ançois que il le fourfesist,
» Et d'un baston li fist grant plaie :
» Ne li porta point de manaie.
» Daires en ot al cuer pesance,   -25
» Quant ferus fu sans desfiance :
» N'i a .j. seul qui çaiens soit,
» Se li rois tant fait l'en avoit,
» Ne se penast de lui vengier.
» Ne l'en devés pas calengier   -30
» Ne de murdre ne de boidie,
» Car bien savés, coi que nus die,
» Que li rois ot tort envers lui,
» Se li torna a grant anui.
» Se vos en volés dire droit,   -35
» Comment que avenu l'en soit,
» Il en avoit erré mout bien :
» Ne l'en puet on blasmer de rien.
» En la loi troeve un escrit,
» Sovent l'a on conté et dit,   -40
» Que pié por pié doit on cauper
» Et oel por oel doit on crever :
» Qui cop reçoit colee renge ;
» Après, comment il puet, si prenge. »
Alixandres oï Othon :   -45
Ja mosterra bèle raison.
Il est tantost salis en piés :
Sages hom ert, bien ensigniés ;   10948

(après A 10956) . . . .
(col. 3)
« Signor, » fait il, « escotés moi,   10957
» Ja n'i folierés, je croi.
» Otes a dit çou que il veut,
» Que son signor referir peut...   10960

10918 Que n. ne m. poet d.; -20 Que b. le s. e.; -22 ke riens li; -24 nule m.; -25-6 m. à P; -28 A f. en; -29 pensast; -30 A le; -32 ke on d.; -36 en s.; -37 a. ouure; -39 Ens le; -40 S. nous est c.; -41 fait on; -42 fait on; -44 kil p.; -45 Alixandre oi parler oton; -47 ml't tost; -48 et ensegnies — 10959 cou kil vauroit; -60 Qui par raison faire poroit.

MANUSCRITS *A* ET *P* 195

(après A *10970*) . . . .
(col. 3)
  » Othes dist, quant ferus serés, 10971
  » Que bien vengier vous en devés :
  » Colp contre cop, ço est mesure,
  » N'en doit on prendre autre droiture,
  » Mais del vengier hastéement : -75
  » N'en sét nul autre acordement.
  » Donques s'entrocieront tuit :
  » Ichi aroit malvais deduit,
  » Plus de .c.m. home morroient,
  » Se cest dit ne contredisoient, -80
  » Qui or sont sain et bien haitié
  » Et bonement son[t] amaisnié.
  » Sire Otes, trescoru avés :
  » Une autre fois vos en gardés
  » Que ne faites tél jugement, -85
  » Car mout a chi raisnable gent
  » Qui bien saroient droit jugier
  » Et vos poroient adrecier.
  » Dirai vous ent et bien et sens
  » Et loiauté, si com je pens : -90
  » Cil qui mesfait doit amender
  » Et bel et doucement parler,
  » Selonc le mesfait rendre gage
  » Et droit faire par voisinage,
  » Droiture face par voisins; -95
  » Qui plus a fréres que cousins
  » Tant se doit plus humeliier
  » Et doucement merci proier,
  » Et, selonc çou k'ara mesfait,
  » Si face droit tot entresait; 11000
  » Et se cil ne velt gage prendre,
  » Par trois foïes li doit tendre :
  » Çou est amors, sens et mesure;
  » Et s'il refuse la droiture,
  » La quarte fois ofrir li doit; -5
  » Et s'il ne veut prendre nul droit,
  » Bien doit sofrir et puis atendre,

10972 em pores; -74 Ne; -76 N. sai a. racordement; -77 Otes dont sochirroient t.; -79 en m.; 81-2 *m. à P*; -84 *A.J.* a.; *P* i g.; -87-8 (*intervertis*) Q. v. p. adrechier Et b. s. d. i.; -89 çou ke iou pens; -90 et m'l't grant sens; -95 en faices; -96 Com p. as; 11000 Li faice; -2 fies le d. on t.; -6 nen; -7 offrir.

196   APPENDICE III

	» Et soi garnir de lui desfendre.	11008
(après A 11012)	. . . .	
(col. 4)	» Se cil l'asaut premiérement,	11013
	» Cil n'en puet mais, s'il se desfent ;	
(après A 11026)	. . . .	
(col. 4)	» Se Daires n'est a droit jugiés,	11027
	» Li rois en sera coreciés ;	
(après A 11034)	. . . .	
(col. 4)	» De vos cors et de vos avoirs,	11035
	» De vos parens et de vos oirs.	
(après A 11040)	. . . .	
(col. 4)	» Quant il a cex de la se prist,	11041
	» Saciés de voir que mout mesprist :	
	» Sa tor livra estrange gent,	
	» Qui nos haoient durement	
	» Et volontiers nos ocesissent,	-45
	» Et nos cors a escil mesissent ;	
	» .Vij. cens chevaliers bien armés	
	» Mist en sa tor, bien conraés :	11048
(après A 11052)	. . . .	
(col. 4)	» Il nos voloient mal baillir,	11053
	» Destruire et ocire et laidir :	
	» Daires du cors et de l'avoir	
	» Est vers le roi forfais, por voir.	
	» Je vos en ai dit la droiture,	
	» Qui veut parler par coverture.	11058
(après A 11068)	. . . .	
(fº 60 rº col. 1)	» Uns de vous se devroit drecier	11069
	» Por le droiture desraisnier :	
	» S'il mix de mi dire savoit,	
	» Ja nul point ne m'en peseroit. »	11072
(après O 11076)	. . . .	
(col. 1)	» Daires est en merci le roi,	11077
	» Nule autre garison n'i voi ;	
	» N'i voi nul[e] autre garison,	
	» Se li rois ne li fait pardon.	-80

11008 Et soit armes — 11014 P Il; A p. nient — 11027 draires par d. n. i.; -28 Il nous fera tous courechies — 11035 De nos c. et de nos; -36 De nos p. et de nos — 11041 Daires a cels; -42 Icou saicies ke; -45-6 m. à P; -47 tous a.; -48 ens se — 11053 Cil n. v. ml't laidir; -54 Detraire ochire et mal baillir; -56 mesfais; -57 di droit et mesure; -58 Que vaut — 11071 Se miex de moi; -72 Ja .i. — 11077 Il est ens le m.

MANUSCRITS A ET P

   » Saciés ne me puis porpenser
   » Com nos en puissons mix ovrer :
   » S'aucuns de vous i sét mix dire,
   » Ja de par moi n'en sordra ire;
   » La ou jou esta viégne ester,   11085
   » Jel souferrai bien a parler. »
   Il n'en i ot nul ki l'oïst,
   C'Alixandre contredesist;
   Tout se teurent une grant pose,
   Que uns tous seus parler n'i ose. 11090

(*rprès A 11596*) . . . .
(*f° 61 r° col. 2*) Agenors se leva premiers,   11597
   Qui mout estoit bons chevaliers :
   N'en i ot nul de son eage,
   Forment le tenoit on a sage;   11600
   Des .vij. ars estoit bien parés
   Et des auctors sire clamés;
   .J. jugement bien entendoit,
   Ou fust a tort ou fust a droit.
   Quant il oï Daire jugier,   -5
   Que nus ne li voloit aidier,
   Ens en son cuer mout li pesa,
   Mald[u]it par ire resgarda.
   Sages estoit et bien letrés :
   Ja parlera com hom senés :   -10
   « Signor, » fait il, « entendés moi :
   » Ja n'i folierés, je croi.
   » Or i convient il grant porpens
   » Et clér engien et mout bon sens,
   » Com nos puissons Daire garir :
   » Nel laissons entre nos perir. 11616

(*après A 11638*) . . . .
(*col. 2*)   » Malduis, trop estes desreés, 11639
   » Quant Salomon blasmé avés :
   » Sages hom est et mout loiax,

11081 Onques ne men p. miex penser; -82 Comment nous empuissons errer; -83 Se nus; -84 Ja de me part ni; -85-6 *m. à P*; -87 *A* i a, *P* ni ot; -88 *A* Calixandres nel contredist; -90 nen o. — 11597 A. parla tous p.; -99 Nĕ niot; 11600 tenoient por s.; -2 auteurs maistres c.; -7 len p.; -8 Celui p. i. regarda; -9-10 *intervertis dans AP*; -9 *A* Sagest e.; -10 comme s.; -11 escoutes m.; -13 Or i estuet ml't boin p.; -15 Que n.; -16 morir — 11639 *A* Maldit, *P* Malduit.

(col. 3)
» Amés de tous et bien vassax.
» Desdit avés son jugement :
» De ce mon ghage vous present;
» Vers vos sui près a desraisnier 11645
» Que jugement fist droiturier.
» Malduis, s'en vos ne remanoit,
» Ja poroit on veïr le droit,
» Ja seroit li meudres veüs
» A l'escremir de nos escus.   -50
» Del jugement que il fait a,
» Loiauté et voir dit en a ;
» Je me metrai tout a bandon
» Vers vostre cors, por Salomon,
» Des paroles que il a dites :   -55
» Bien en doit Daires estre quites. »
Mald[u]is, quant desdire s'oï,
D'ire et de maltalent fremi :
Se il peüst, ja se vengast,
Ja Agenors vis n'en alast.   -60
Mald[u]is ot .j. neveu od soi,
Maistres senescaus ert le roi :
Manessiers ot non, mout ert fiers
Et as armes preus et legiers.
Quant ot son oncle desjugier,   -65
En lui nen ot que corecier;
Vers Agenor son cief dreça,
Mout asprement le menaça :
S'il mais son oncle contralie,
Il en sordra mout grans folie;   -70
Il a dit loial jugement :
N'en i a nul, s'il le desment,
Qu'il ne le fiére de l'espee,
Ja n'i ara amor gardee.
Agenors ert de l'autre part,   -75
Qui li geta .j. fier regart :
Se por le roi ne le laissast,

11641-2 *m. à* P; -43 P laves del i.; A mon i.; -46 fis; -47 A Maldit, P Mauduis; -50 sor les e.; -52 et droit; -53 P men m.; A en abandon; -55 ke chi a; -56 A deust daire; -57 deiugier; -60 ieu nen tornast; -62 iert; -63 trop iert; -66 Ens; -68 Mais a.; -69 Sui m.; -71 la fait; -72 .i. soul nel d.; -73 Que ia nel f.; -75 A A. est; P Et agenor iert d'autre p.; -76 Si li a fait; -77 Se il por le r. ne l.

Ses paroles mout abaissast.
Manessiers parla folement
Et trop hasta son maltalent ; 11680
A son oncle dist en riant :
« Ne vos alés pas esmaiant :
» Il n'i a conte ne baron,
» S'il vous disoit rien se bien non,
» Ja ne lairoie en nule guise -85
» Que lues vengance n'en fust prise. »
Uns d'eus forment s'en aïra,
Quant Manessiers si maneça. 11688

(après A 11692) . . . .
(col. 3) Il est tantost en piés salis, 11693
Car mout li pesa de ses dis :
Eurimedon l'apeloit on ;
Le roi portoit son gonfanon ; 11696

(après A 11706) . . . .
(col. 4) A Mald[u]it dit iréement : 11707
« Mal savés faire jugement.
» Se vos m'en saviiés bon gré,
» Sens vos diroie et verité ; -10
» Ou vous m'en saciés gré ou non,
» Je vous dirai sens et raison.
» Signor, entendés .j. petit
» Si com par l'anciien escrit
» Ja porons bien, certes, savoir -15
» Qui dist del jugement le voir.
» A çou nos en estuet tenir,
» Au droit nos convenra venir :
» Tant est la parole menee
» Que ne puet estre trestornee. -20
» Mauduis nos a mout delaiés :
» De ses dis ert mout abaissiés.
» Il nos deüst bien escouter,
» Quant no raison volons mostrer ;

11680 T. par hauca ; -84 d. ia se ; -85-6 (intervertis dans P) Ja nen f. li v. p. Ne le l. en n. g. ; -85 A Je ; -87 A Ans deus ; P. J. daus vers lui ; -88 Que manesiers les m. — 11693 ml't tost ; -96 A Au r.— 11707 cortoisement ; -9 Se m. deuies sauoir boin g. ; -10 loiauté ; -11 V me saichies boin g. ; -12 D. v. ent s. ; -13 or moes ; -14 A c. prent anciien ; P Saiche on par ; -16 Quils ; -17-20 P réduit à 2 v. : Hui le nous estuet afiner Ne le convient plus deporter ; -22 dist est ; -23-4 m. à P ; -24 Ms. voles.

200　　　APPENDICE III

```
                      » Nos mosterrons raisnablement
                      » Que il a fait faus jugement.        11726
(après A 11730)       . . . . . . . . . . .
(col. 4)              » Tél jugement fait i ara             11731
                      » Que ja Mald[u]is n'i parlera,
                      » Ne Madones, il ne Creon, » —
                      Mout par les hét Eurimedon, —
                      « Ne Alixandres de Cartage,              -35
                      » Qui assés est de haut parage,
                      » Ne Manessiers ne dans Alis :
                      » Icil sont tot del droit esquis ;
                      » Cil voelent Daire a mort jugier,
                      » Cil li quièrent son encombrier.     11740
(après A 11750)       . . . . . . . . . . .
(col. 4)              » Nos compagnons ont desjugiés,       11751
(v° col. 1)           » Mais, se vos croire me voliés,
                      » Mout volentiers sor eus iroie,
                      » Dusc'a la mort ne vous fauroie;
                      » Ja seroit la vengance prise,           -55
                      » Que nel lairoie en nule guise. »
                      Entre Lucas et Salemon
                      Et Agenor et dant Othon
                      Eurimedon ont apaisié,
                      Car si le virent corecié...          11760
(après A 11766)       . . . . . . . . . . .
(col. 1)              Eurimedon et Salemons                 11767
                      Lucas, Agenor et Othons
                      En une cambre sont entré ;
                      Mald[u]it laissent tot esgaré,           -70
                      Creon ont avoec lui laissié
                      Et Madone mout corecié,
                      Et Alixandres fu li quars,
                      Mout estoit sages des .vij. ars,
                      Et Manessiers et Alexis :                -75
                      En aus nen ot ne jeu ne ris.
                      Madone dist : « Honte nous font,
```

11733 Ne maldines ne dans creons ; -34 *A* le h. ; *P* emeridons ; -36 lignage ; -37 ne alexis ; -38 Icist st' t. de d. eslis ; -40 Mort li q. et e. — 11753 aus ferroie ; -54 Juska ; -55-6 m. *à P* ; -58 *AP* d. erbon (*Cf.* 11768) ; -59 Erimedon ; -60 Quant le v. si c. — 11767 Erimedon ; -70 Mauduit laient ; -72 Et maldone ; -74 de .vij. ; -75 Alexis : *le même que* Alis (*Cf.* 11737) ; -76 nauoit ; -77 Maldones.

MANUSCRITS A ET P   201

    » Quant ça defors laissié nous ont,
    » Et tous les faus ont apelé,
    » Et nous ont ensi refusé. 11780
    » Entr'aus trestous n'i a .j. sage,
    » Fors Alixandre de Cartage :
    » Ça fors nos a por aus gerpis,
    » Au grant besong nos est falis;
    » Encor le comperra mout cier,
    » Se jel puis entrechevauchier. 11786

(après A 11802) . . . .
(col. 1) En le cambre privéement 11803
    S'entrafïérent loiaument
    Del jugement, que voir diront : -5
    A essïent n'en mentiront.
(col. 2) Entr'eus le jugement retinrent,
    Quant li message del roi vinrent,
    Que par ire lor envoia,
    Del jugement mout les hasta : -10
    « Signor, » fait il, « c'or esploitiés.
    » Li rois est forment coreciés,
    » Nos n'i poons trover amor :
    » Malvais plaidier fait a signor. »
    Atant ont fait le jugement : -15
    N'i a fors de l'acordement.
    Venu en sont ens ou palais,
    Qui tous estoit de marbre fais. 11818

(après A 11824) . . . .
(col. 2) Li baron vont devant le roi : 11825
    Il les apèle devant soi.
    Danïel prient doucement
    Que il die le jugement,
    Por çou qu'il ert et preus et sages
    Et bien parlans de tos langages. -30
    Devant le roi ester en va;
    Daires le vit, si l'esgarda :
    A son sanlant se percevoit
    Que il a mort le jugeroit.

11778 cha dehors; -79 apielles; -80 Et o. n. autres refuses; -81 nen ont .i.; -83 Cha hors; -84 n. a baillis; -86 *A* ie, *P* iou; *A* estre cheualier — 11803 Ens; -6 *A* entient; -7 bien tinrent; -8 Q. iij.; -9 Que il p. i. i enuoia; -11 car; -12 foment; -13-4 *m. à P* — 11826 acene a son doi; -27 proient; -29-30 *m. à P*; -33 saperceuoit; -34 iugies estoit.

APPENDICE III

  Il est mout tost salis en pies : 11835
  « Signor baron, » fait il, « oiés.
  » Par droite foi estes mi pér :
  » Ne me laissiés a tort mener.
  » Li rois me hét, et tex i a :
  » Vous proi que ne me laiés ja -40
  » Par devant vos mener a tort.
  » Li rois me hét dusc'a la mort.
  » Signor, devant le jugement
  » De traïson mon cors desfent;
  » De traïson me desfendrai, -45
  » Que ja respit n'i meterai;
  » Ou vers Mald[u]it ou vers Creon
  » Me desfendrai de traïson;
  » Cist me héent de mort sans fa[i]lle,
  » Je me desfendrai par bataille : -50
  » Se le millor ne renc conquis,
  » Bien voel que soie ars ou ochis;
  » Se vers l'un ne me puis desfendre,
  » Bien me doit on ardoir ou pendre. »
  Ce dist li rois : « Or oi bon plait. -55
  » Daire, vo baston avés frait :
  » Se sans baston vos combatés,
  » Mout trés grant folie ferés.
  » Vos n'avés ne escu ne baston :
  » Provés estes de traïson. -60
  » Danïaus, quant il parlera,
  » La bataille por vous fera. »

(col. 3)

  Daires mout bien apercevoit
  As paroles que il ooit
  De son baston, qui ert brisiés, -65
  Que il estoit a mort jugiés.
  En piés sali isnèlement :
  Ja parlera honestement :
  « Quiconques ait ma mort jugié,

11835 leues empies; -37 P. droiture iestes tout; -38 A a cort, P a mort (Cf. 11841); -40 He! kieles ne mi laissies ia; -41 Que iou soie menes; -42 Ml't desire li r. me m.; -45-8 P réduit à 2 v. : V. c. v envers maudit Ja nen prendrai vers chiaus respit; -49-50 m. à P; -52 Drois est ke; -53-4 m. à P; -55 biel p.; -56 fait; -57-8 m. à P; -59 Lescu vous faut od le b.; -61-2 m. à P; -61 Ms Daniel; -63 saperceuoit; -65 kestoit b.; -67 Sour p.; -68 Si a parle ml't vistement; -69 ma a m.

MANUSCRITS A ET P 203

    » Ce ne sera pas otroiié,   -70
    » Tant que puisse mon cors desfendre,
    » Que je me laie ardoir ne pendre. 11872

(*après A 11882*) . . . .
(*col. 3*)   » Quant li rois congié me dona 11883
    » Et « rous enriévre » me clama,
    » D'un baston me feri el cief, -85
    » Mout me laidi : encor m'est grief,
    » Encor i pert el cief la plaie;
    » Ne me porta nule manaie,
    » Et, por bien dire, il me navra :
    » Encor m'en poise et pesera. -90
    » Otroia moi que m'en vengaisse,
    » Que ja respit ne l'en donaisse :
    » Se Dix m'aït, se je peüsse,
    » Mout volentiers vengiés me fusse;
    » Je m'en vengai, si com je poi, -95
    » Mais tot ce me valut mout poi.
    » Traïson nule faite n'ai,
    » De ce trés bien me desfendrai,
    » Et por voir vous doi je bien dire
    » Pollinicès doit estre sire : 11900
    » De çou sui prest a desraisnier
    » Or endroit vers .j. chevalier,
    » Ou soit a pié ou a cheval,
    » Fait ai a loi d'ome loial.
    » S'or endroit ne m'en puis desfendre,
    » Isnèlement me face pendre... 11906

(*après A 12036*) . . . .
(*f° 62 r° col. 2*) » Or escoutés, signor baron, 12037
    » Au jugement si entendon :
    » Dès or le devons afiner;
    » Mais il n'i a vassal ne pér, -40
    » S'il destorboit le jugement,
    » Jamais l'amaisse clérement.
    » A çou que Danïaus dira,
    » A çou tenir nos estevra :

11871 T. com men c. p. d.; -72 Con me doive a. — 11884 *AP* en crieme; -89 Et p. voir d.; -90 *P* Il men p.; *A* me; -91 *A* me; -92 Que nul; -95-6 m. à *P*; -98 De cou ml't b.; 11899-900 m. à *P*; 11901 pres a desraignier; -2 *A* ves; -3 cheuaus; -4 Esre en ai comme loiaus; -6 faites p. — 12039 *A* aesmer; -42 lamaise; -43 *P* A quankes; *A* dit a.

```
                        » Soit maus, soit biens, coi que il die,   -45
                        » Ne soit nus hom qui le desdie.
                        » Dans Danïaus, que demorés ?
                        » Del jugement or vos hastés :
                        » Qui vous en vauroit destorber,
                        » Jel feroie desireter. »              12050
                        Dist Danïaus : « Je le dirai;
                        » Ne plus ne mains n'i meterai
                        » Que li baron encargié m'ont :
                        » Je croi que garant m'en seront. »
          .             Drèce soi au jugement dire,             -55
                        Jocaste en ot al cuer grant ire;
                        Dont vaut dire le jugement,
                        Jocaste en ot le cuer dolent :
                        De Daire crient c'on ne l'ocie.
                        Ains que on le jugement die,            -60
                        En va èle parler au roi
                        A une part, mout en secroi.           12062
(après O 8458)          . . . . . . . . . . .
(col. 3)                Salemandre ot non la mescine :         12107
                        De biauté n'ert pas orfenine.
(après O 8484)          . . . . . . . . . . .
(col. 3)                Que lor pardoinst ice[l] mesfait,      12135
                        Et pais en soit or entresait;
                        Tout li pardoinst por soie amor,
                        Si fera certes grant douçor :
                        « Biau dous frére, » fait èle al roi,
                        » Par cèle foi ke devés moi,            -40
                        » Pardonés nos .ij. cest mesfait
                        » Que sires Daires vos a fait. »      12142
(après O 8492)          . . . . . . . . . . .
(col. 4)                » Aiés de li ore merchi               12155
                        » Et èle ara de vous aussi. »
(après O 8552)          . . . . . . . . . . .
(col. 4)                Ot avoec lui por bien aidier,         12177
                        Qui tot le voelent replegier.
```

11945 *A* nus die; -46 *A* Sil i a nul qui; -47 *A* Dant daniel; -48 ke ne h.; -49-50 m. à *P*; -51 *AP* daniel; -52 iou ni metrai; -53 *A* escargie; -54 Iou quic; -55 Drecha; -57-8 m. à *P*; -60 A. con le i. en d.; -61-2 *Cf. O 8409-10*; -62 a .i. secroi — 12108 nest — 12136 Et kil s. p. tout e.; -37-8 m. à *P*; -40 ke tu dois m.; -41 Pardone — 12155 *A* de moi; *P* A. pitie ore de li; -56 Et ele faice vo merci — 12177 Auocques soi por lui a.; -78 Bien len v. t. r.

MANUSCRITS A ET P

(après O 8600) . . . .
(v° col. 1)   Il entra ens et a son pére   12229
               Vint acorant et a sa mére.
               Quant le virent, mout furent lié :
               Plorent de joie et de pitié ;
               Demandent li : « Com as tu fait ?
               Vers ton seigneur comment t'estait ? »
               Et cil lor conte : « Tos sui quites.   -35
               » Mais solement itant me dites
               » Comment l'a fait li rois vers vos ;
               » Car jou oï dire a estrous,
               » En l'ost ou fui, que en prison
               » Fustes tenus par contençon,   -40
               » Si vous voloit faire jugier,
               » Ardoir en fu ou mehagnier
               » D'ours salvages et de lions ;
               » Mais ne quic mais que nous doions
               » Estre sougit a icest roi. »   -45
               Ses pére li dist en secroi
               Que issi fu, ne l'escondist :
               « Acordé somes, » ce li dist.
               » Or di comment es escapés.
               — Sire, » fait il, « ja le sarés.   -50
               » P(r)endre me valrent cil de l'ost,
               » Mais me' sire me fist mout tost
               » Monter sor son millor ceval
               » Et m'a conduit dusques el val.
               » Ving m'en poignant, or sui ici,   -55
               » Si l'en devés rendre merci.
               » Faites presens aparillier,
               » Que li puissons tost envoier. »
               Daires respont : « .C. mars donrai,
               » Iceo anuit li trametrai,   -60
               » Et .m. muis de vin orlenois,
               » Ainc millor ne but quens ne rois,

12230 P V. apoignant; A et sa ; -31 Com le v. si st' ml't l. ; -34 A c. e. ; -35 l. a dit ; -36 icou ; -37 le ; -38 Ioi d. tout a e. ; -39 Ens ; -40 F. loies ; -41 A Pendre v. valt et fist i. ; -42 v amangier ; -43 A ors as biestes as l. ; -44 P q. pas kiestre d. ; A doion ; -45 Iestres sousgit ; -46 peres ; -47 P Ke ensi ; A nel contredist ; -50 dist il vous le ; -52 A Et m. ; P mesires ; -54 Si me guia iuska cha val ; -55 P P. men v. ; A si sui ; -56 Si le ; -61 Et .ij. m. muis de vin molois ; -62 Onques m. ne b. nus r.

» Et autretant de bon forment,
» Et mout bons pales d'Orient. »
Muls et cevax a fait cargier,   12265
Se li a fait tost envoier ;
A .xx. sergans mout tost les livre,
N'i a .j. seul ne soit delivre.
Il n'i a plus : prendent lor voie,
Lor somiers mètent a le voie ;   -70
De cex de l'ost ne lor calt gaires.
Par cheus envoie rices Daires
A Pollonicès cel present :
N'i a .j. seul denier d'argent.
Viénent au tréf li mesagier,   -75
Et cascuns tint le sien somier;
Devant le tréf Pollinicès
En sont venu tot a .j. fès ;
Puis entrent ens, sel saluérent
Et le present li presentérent,   -80
De par le fil le signor Daire,
Que il ot mis en son repaire.
Le don reçut a mout bon gré,
Et ceus salue par bonté.
Atant cil prendent le congié,   -85
En le cité sont repairié.
Daire mercient del present
Et le prison de son forment.
Asseür sont de totes pars,
Ainc puis n'i fu trais uns seus dars.   12290

(après O 8652)
(col. 3) . . . .
» Ou Tideüs se conbati,   12341
» Cui Apollins face merci !
(après O 8656)
(col. 3) . . . .
» N'i laissons pavillon ester :   12347
» Cascuns face le sien porter.

12164 Cist aprestent lor voiement; -65 camels font dor c.; -66 Oltre c. mars ke dist premiers; -67 A .x. s. le liure itex; -68 ki s. precex, *puis ces 2 v.*: Qui ne vaille bien endroit soi Itant com vaut li fiex le roi; -69 ot p.; -70 cargent ki kes voie; -71 *AP* li c.; -72 *A* comment les envoit; -73 *A* en p.; -78 Illuec descent cascuns tous prés; -82 *A* a s.; -83 *A* en m.; -86 Ens; -87 *Il faut sans doute admettre une lacune de deux vers pour avoir un sujet convenable à* mercient, *qui serait à corriger en* mercie, *le sujet probable étant* Pollinicès; -88 du sien f.; -89 Asase; -90 Ains ni fu p.
— 12347 laist on tref ne pauillons; -48 Faicent p. le s. c.

MANUSCRITS A ET P

(après O 8684)
(col. 4)
. . . .
» Cil iérent tot eslit baron :   12379
» N'i ait frapalle ou garçon.

(après O 8690)
(col. 4)
. . . .
» Entre .ij. rens poignent tot droit,   12387
» Si ques aions en no destroit.

(après O 8700)
(col. 4)
. . . .
» Les barons qu'il veut envoier   12399
» En Malperruis por embuscier.

(après O 8766)
(f° 63 r° col. 1)
. . . .
Novèlement estoit navrés,   12467
Ainc n'en vaut estre refusés.

(après O 8898)
(col. 4)
. . . .
Si com il orent devisé,   12593
Tant ont sofert et enduré.

(après O 8908)
(col. 4)
. . . .
C'estoit li rois qui la venoit,   12605
Mais la boète nel vëoit.

(après A 12776)
(v° col. 3)
. . . .
Li Griu avoient joie grant,   12777
Grant joie aloient tot faisant;
Mais quant oïrent la novèle
D'Ypomedon, ne lor fu bèle;   -80
Dont fisent doel a desmesure,
Quant lor avint tél aventure.
Ploroient, doel fisent trop grant,
Pasmé caïrent li auquant :
Li un pleurent par amistié,   -85
Li autre plorent de pitié;
Trestot le regretoient fort,
Por çou que aige l'avoit mort.
Capaneüs le duel vëoit
Que toute l'os por lui faisoit;   -90
Consel reqiert qu'il en fera,
Ypomedon com vengera :
Il a Ipomedon perdu,

12379 A ietent — 12387 E. dels p. trestout d. — 12400 embuisier — 12593-4 *intervertis dans* P; -93 Com cil ki furent bien sene; -94 et esgarde — 12606 leskierguaite nul nen voit — 12777 orent i. ml't g.; -80 dypodemon; 81-2 *m. à* P; -83 Plorent trestout d. font ml't g.; -84 Et ione et viel petit et grant; -85-6 *m. à* P; -88 ke laigue; -90 lors; -91 C. enquiert; -92 Ypodemon; -93-4 *m. à* P.

APPENDICE III

                Mais il s'i a mout cier vendu.
                Au roi en vinrent tout ensanle,   12795
                Demandent lui que il li sanle.
                Il lor dist : « Nos retornerons
                » Et la cité tout assaurrons. »
                Il n'i a plus : l'ost est banie,
                Et la cités rest assalie.   12800
(après O 9327; voy. la note) . . . .
(f° 64 r° col. 4) » Trés dont pioras tu mon martire 13061
                » Et ton grant doel et ta grant ire.
                » De ma mort mout grant doel aras,
                » Car ja mais vif ne me verras,
                » Dont dusc' au cuer me tient griément :
                » Dame, hui ferons dessevrement. 13066
(après A 13098) . . . .
(v° col. 1) » *Partonopex!* soit lor ensègne 13099
                » D'Arcage et de par tot mon règne :
                » Je le pri a tout mon barné,
                » Que ensi soit tout confermé. 13102
(après O 9434) . . . .
(col. 2) Li cevalier de la chité, 13183
                Qui sor les murs érent monté,
                Quant il voient le roi assis, -85
                Et qu'il oent faire teus cris :
                « Por Dieu, » font il, « que a me' sire
                » Et sa compaigne? quil sét dire? »
                Cascuns s'en esmervelle en soi :
                Oeuvrent les portes, vont al roi. 13190
(après O 9602) . . . .
(f° 66 r° col. 2) Agenor ot li enfes non, 13851
(col. 3) Niés Alexis le boin baron.
(après O 9636) . . . .
(col. 3) » Por vo fourfait et por vo tort 13887

12795 P vienent; A Et au r. en v. e.; -96 com lui en sanle; -97 Et il li d. tost retornons; -98 tost raseons; -99 A rest b; — 12800 Es vous le cite rasalie — Après 13062, P aj. 2 v. : Tu deuinas en ton coraige Ton grant doel et ton grant damaige; -63-4 *interv. dans A*; -63 m. à P; -64 verres; P ajoute 3 v. : Ichi depart nostre amistes Vostre amistes et vo doucours Me fait ml't pis ke me doulours; -65 Car iuskau c. me point; -66 departement — 13100 A rene; P Darcade et de trestout lor r.; -1 Iou em pri ml't t.; -2 Q. cou s. mais t. confreme — 13184 Q. par le mur; -87 et ka no s.; -88 A qui, P kil — 13851 lenfes a non — 13887 Par vo f. et par.

» Vous ai ici navré a mort,
» Car vos aviés tort envers moi :
» Ce sevent bien et conte et roi.   13890
» Se tenissiés l'atirement
» Qu'entre nos fisent no parent,
» Et li nostre home et li casé,
» Et li borjois de la cité,
» Mout eüssiens bien esploitié.   -95
» Or somes andoi engignié,
» Car de ce sui mout malbaillis
» Que jou ai chi mon frére ochis,
» Et vos de ce quel porkaçastes
» Et que vers moi vos parjurastes.   13900

(après O 9644)   . . . .
(col. 4)   Coi que ses frére li sermone   13911
                        Et mout de coses l'araisone...

(après O 9686)   . . . .
(col. 4)   Cil de l'ost sont as murs defors,   13957
                        Ou li assaus fu grans et fors.
                        (Puis les v. du texte critique 9715-6)...
                        A grant martire sont livré,   -61
                        Entour assalent la chité :
                        Il se painent forment del prendre,
                        Et cil se painent del desfendre.
                        Cil defors les ont bien menés; -65
(v° col. 1)   Nes retint bare ne fossés
                        Que nes mètent tous ens es portes :
                        Les compaignes sont grans et fortes.
                        Cil dedans sont mout aduré,
                        Et cil defors mout aïré;   -70
                        Il assalent forment al mur,
                        Mais il le troevent mout trés dur.
                        Et cil laiens de la chité
                        Es aleoirs en sont monté,
                        Et li pluisor des tours la sus -75
                        Grandes piéres lor ruent jus;

13894 AP Et li vostre; -95 euussons; -96 Or sons a. bien e.;
-97 C. iou de cou s. m.; -98 ai or; 13900 Et ki — 13911 le s.; -12
Et de pluisors riens laraisone — 13957 m. de mors; -58 et gros —
13963-4 Cf. x 9835-6 (App. II); -63 m'lt fort de p.; -64 Et cil
dedens m'lt de desfendre; -65 P dehors; -66 bares; -68 A com-
pagnies g.; -69 A C. defors; -70 P dehors, A dedens; -72 M. m'lt
le t. fort et d.; -74 As; -75 as t.; -76 Boines p. l. ietent ius.

De grans piéres mout lor avalent,
Et cil defors bien les assalent.
Cil defors sont trop aïré,
Et cil dedens sont bien membré : 13980
Grant escil font de cex defors,
De lor cevax et de lor cors;
Mais il n'i a cel quin ait cure :
Issu sont tot fors de mesure;
Fors de lor sens sont li caitif,
Qui assalent a grant estrif. 13986

(après O 9738)
(v° col. 1)
. . . .
« Dames, » fait il, « que ferés vous ? 14011
» Vous avés perdu vos espous,
» Le roi, vos fius et tos vos fréres,
» Cousins, nevex et tos vos peres,
» Et vos amis et vos voisins : -15
» Mout avés ore d'orfenins.
» Prendés conseil que vous faciés,
» Car tot sont mort, bien le saciés. »
Quant ont oï que li mesages
Ot anoncié si grans damages, -20
Toutes furent descolorees :
Li sans lor faut, ciéent pasmees. 14022

(après O 9744)
(col. 2)
. . . .
Les dames mainent grant dolor 14029
Et font grans cris et mainent plor.

(après O 9758)
(col. 2)
. . . .
Lor amis pleurent durement 14043
Et les regrètent mout sovent;
Tant sont les lasses demenees
Que èles caïrent pasmees. 14046

(après O 9774)
(col. 2)
. . . .
Li rois les ot asseürees : 14063
Cuida bien fussent mariees.

13977 Des g. p. m. les; -78 dehors; -79 C. dehors st' trestout derue; -81 chiaus dehors; -83 ken ait; -84 st' hors a desmesure; -85 Tout st' avule; -86 Ses a. — 14011 faites v.; -12 Quant a.; -13-6 P réduit à 2 v. : Et tous vos fiex et vos cousins Et vos neueus et vos voisins; -13 A vo fil; -19 A mesage; -20 A Ont a. si grant damage; P Lour a conté lor grans; -22 l. muert chient; — 14029 font trop g. d.; -30 A grant, P Et trop g. c. et trop grans plor — 14043 tenrement; -44 Et si se pasment; -46 chieent — 14063 l. auoit oiselees; -64 ke fuisent.

MANUSCRITS *A* ET *P*

(*après O 9794*)
(*col. 3*)
. . . .
Forment sont lasses de dolor, 14087
De gaimenter et de tristor.

(*après O 9814*)
(*col. 3*)
. . . .
Por mix aler sont escourcies; 14107
Portent bordons, haces, quignies,
Portent tinex et grans maçues,
Picois, gisarmes esmolues. 14110

(*après O 9820*)
(*col. 3*)
. . . .
Par les cailliax, par les perrois, 14117
Par buissons et par espinois,
Tant vont les lasses, si mal traient,
N'a mal en tère qu'èles n'aient. -20
Lor piés avoient si plaiés
Et si sanglens et si bleciés,
Téle i avoit cui piés esloisse.
Mervelle vont a grant angoisse :
Plus en i a clopes que droites, -25
A grant mervelle sont destroites.
Mout par estoit longe la route :
Bien tost fust desconfite toute ;
Legiére fust a desconfire :
Uns hom en peüst .c. ocire, -30
Que bien saciés les premeraines
N'atendent pas les daeraines,
Mais qui mix mix en vont devant,
Et les autres les vont sivant.
De paroles n'i a raison, -35
Ains vont parlant a desraison,
Et saciés bien a escïent
N'aloient mie coiement.
Ainc ne vit on mès itél ost :
N'i avoit garde ne provost, -40
Ne connestable n'i ot fait ;
Comment il puet aler, si vait.

14087 sesforcoient de plour — 14107 P. bien a.; -9-10 *intervertis*; -10 Gisarmes et barges molues — 14117 Et p. c. et p. p.; -18 Et p. b. et p. marois; -19 En v. l. l. trop m.; -21 Ces p.; -23-4 m. à P; -23 *Ms* qui pie; -25 *A* P. i auoit; -27 Bien p. e. longes li r.; -28 Ml't t.; -30 .J. h. empoet .v°. ochire; -31 Car ce saichies; -32 *A* Natendroient; 33 miex poet sen; -34 a. v. recreant; -35 parole; -36 a grant tencon; -37 Ce s. b. a antient; -39 Ains; -40 Il ni a; -41 ni a.

212 APPENDICE III

    Escargaite n'i ot par nuit,
    Et tote jor vont sans conduit;
    Ainc n'i ot fait ariére garde : 14145
    Mervelle voit qui les esgarde.
    La gent qui sont par les contrees
    Cuident que soient forsenees,
    Car mout les voient esperdues,
    Griément nes fiérent des maçues. -50
    Tot si que vont lor font grant voie,
    Nus nes destorbe ne desvoie;
    Pitié en ont tot li plusor,
    Car bien savoient la dolor
    Del roi des Grius quist desconfis -55
    Et des barons qui sont ochis,
    Et que ces fèmes les vont querre
    Por enfoïr et mètre en ter[r]e. 14158
(après O 9840)
(col. 4)   . . . .
    Et vient de la desconfiture, 14179
    Qui mout fu aspre, longue [et] dure :
    Dix l'a gari que mors ne fu,
    Ne ne l'ont pris ne retenu. 14182
(après O 9854)
(f° 67 r° col. 1) Capaneüs li respondi : 14195
    « Ainc tél mervelle ja ne vi.
    » Veez, » fait il, « com faite route!
    » Ne le veés encor pas toute,
    » Encor en a la sus a mont :
    » Ne sai quél part èles en vont. 14200
    » Coverte en est cèle campa[i]gne. »
    Li rois a mervelle s'en sai[g]ne :
    « Amis, » fait il, « si com jou croi,
    » Çou est fantosme que je voi.
    — Ce sont fèmes, n'en aiés doute. -5
    — Ainc de fème ne vi tél route,
    » Mais je quic ce soient maufé,
    » Qui la se soient assanlé

14143 Eskierguaites; -46 Meruelles; -47 Les gèns; -48 keles s. deruees; -50 C. kestucent de; -51 Tout cō v.; -57 f. q. vont; -58 Ml't guaimentent et grant doel font — 14180 leur fu et pesme et d.; -81 le gari ke m. ni; -82 A Ne ne fu p. — 14196 A ie, P mais; -98 A Et nel v.; -99 el bos parfont; 14200 e. iront; -1 ceste; -2 a pauour si sè s.; -3 en moie foi; -4 Cest f. ke iou chi v.; -5 A Se ce s. f. nen ai d.; -7 M. iou me douc s.; -8 Q. chi.

MANUSCRITS A ET P

	» Et soient mis en tél sanlance,	
	» Ou ce me sanle grans enfance. »	14210
(après O 9888)	. . . .	
(col. 1)	Toute nuit les a aparlees,	14245
	Al mix qu'il pot reconfortees.	
(col. 2)	A conseil a iloec trové,	
	Et se li ont toutes loé,	
	K'avoec èles retornera	
	Et a Thèbes repaierra.	-50
	Il s'est levés tot par matin,	
	Si est entrés en son cemin.	14252
(après O 9904)	. . . .	
(col. 2)	De conseil est mout esgarés.	14265
	Si com il ert si trespensés...	
(après O 9910)	. . . .	
(col. 2)	En son ces lances, ces pignons,	14273
	Ces ensègnes de siglatons.	
(après O 9946)	. . . .	
(col. 3)	Puis li demande que il a,	14315
	Dont est, qui est et ou il va :	
	« Di, va, » fait il, « quéls hom es tu?	
	» Que demandes et que veus tu?	
	» Lai moi, si di ta mesestance,	
	» Ta querèle tot a fiance. »	14320
(après O 9952)	. . . .	
(col. 3)	Il a parlé a mout grans paines :	14325
	« Sire, » fait il au duc d'Ataines,	
	(Puis les v. du texte critique 9953-4).	
	» De la gerre k'Etioclès	-29
	» Fist encontre Pollinicès.	
	» Por le grant tort que il li fist,	
	» Son fréré Etioclès assist ;	
	» En Tèbes l'assist voirement :	
	» Rois Adrastus i ot grant gent.	
	» A Tèbes, por ces .ij. vassax,	-35
	» I a on fait mout grans assax,	
	» Tans grans os i ot alinees :	
	» Por les .ij. fréres sont jostees.	14338

14299-300 *manquent* — 14245 A apelees ; -51 Il est l. bien p. m. ; -52 P Et e. e. ens ; A lor c. — 14265 iert ; -66 est illuec remes — 14273 Escus ces l. — 14316 D. e. d. vient quel part il va ; -17 dist il quex hom ies — 14325 A grant paine ; -26 A dataine — 14329-34 m. à P ; -35 Que a t. p. .ij. v. ; -37 Tantes os tantes a.

(après O 9970) . . . .
(col. 3)
    » Li Griu fisent tant al combatre   14343
    » Qu'il n'en i remest mie .iiij.

(après O 9974) . . . .
(col. 3)
    » N'a pas tierc jour k'ére honorés,   14349
    » Et fui haus hom, rois coronés ;
    » Mais or sui povres et caitis :
    » A Tèbes fui tous desconfis.

(col. 4)
    » Por Diu vos pri, le poissant roi,
    » Que vous aiés merci de moi ;
    » Si escoutés, por Diu, biaus sire :
    » Ne vous anuit que je voel dire.   14356

(après O 9982) . . . .
(col. 4)
    » Totes les fèmes de ma terre   14363
    » I sont venues les cors querre.

(après O 10000) . . . .
(col. 4)
    » Tout mon pooir vos aiderai,   14383
    » Canqu'en porrai faire ferai.
    (Puis les v. du texte critique 10001-2)...
    Vers cex de Tèbes est iriés :   -87
    Forment les a tos maneoiés.

(après O 10034) . . . .
(v° col. 1)
    » Et sel faites isnèlement,   14421
    » Que il n'i ait detriement.

(après O 10040) . . . .
(col. 1)
    « Vassal, » fait il, « alés vo voie,   14429
    « Et si gardés mais ne vous voie ;
    » Alés vos ent, de chi tornés,
    »Ançois que soiés afolés.   14432

(après O 10070) . . . .
(col. 2)
    L'os des fèmes estoit mout blance :   14465
    N'i ot escu ne connissance ;
    N'ont ensègne ne gonfanon,
    Tentes ne trés ne pavellon.
    L'os des fèmes vient bèlement :

14343 a c.; -44 Kil ni remesent m.— 14349 P tier .i. kiere, A .i. mois kere; -50-2 P réduit à 1 v. : Mais or sui iou maleures; -55 Si c. ke iou voel dire; -56 por dieu biaus sire — 14363 L. f. t.; -64 A thebes leur amis q. — 14383 Selonc m. p. v. aidrai; -84 en ferai — 14421 Et se nel fais i.; -22 demourement — 14431-2 m. à P — 14465 Lost; -66 Not ensegne ne c.; -67-8 *manquent*; -69 A ml't b.; P Lor os v. ml't melleement.

N'orent nul aparellement; 14470
A l'ost le duc sont parvenues
Mout lasses et mout confondues.
Or sont les .ij. os assanlees.
Les fèmes sont par estornees;
Loges i ont fait et fuellies, -75
Al mix que pueent sont logies.
Li rois et li dus ont trové
Que il assalront la chité.
Il n'i a plus : il font crier
Que il se voisent tost armer. -80
Bruient cil cors, cil graile sonent;
Par l'ost se hastent et semonent.
Aprestés est li noble dus,
Adrastus et Capaneüs,
Et vont criant : « Montés, montés; -85
» Hastés vos tost, ne demorés. »
Li graile sonent la menee,
Estes vos l'ost tote atornee :
A grant desroi tot esperonent,
Au plus coart hardement donent; -90
Cil cor sonent por aramie,
Que nus n'i face coardie.
Entre grailes et hus et cris,
En resone tous li païs;
Fremist la tère, l'air resone : -95
A cex dedens grant paor done.
As mur viénent por assalir
Et por les grans fossés emplir :
Li duc i vint trestous premiers,
Comme hardis et fors et fiers. 14500

(après O 10078) . . . .
(col. 2) Et pis et haces et quigniës 14509
Por bien ferir ont apuigniës;
As ongles vont al mur grater,

14470 Et ml't mal atireement; -71 del d. st' parmenees; -72 (placé après -74) Ki m. par estoient penees; -74 p. ex tornees; -75-6 manquent; -83 Adoubes; -85 or tost montes; -86 ke d.; -88 t. montee; -91 AP par a.; -93 et bus; -94 par le p.; -95 li airs sone; -96 grans paors; -97 Au mur v. or del bien faire; -98 Et ki boins est gart kil repaire; 14500 C. nobiles cheualliers. — 14509 A A p. a h. a q., P A h. et a cuignies; -10 manque; -11 A ces o. les murs g.

APPENDICE III

(col. 3)
    Ou ne pueent d'arme hurter.   14512
    (*Puis les v. du texte critique 10079-80*).
    Mais cil dedens grant mal lor font   -15
    Des piéres qu'il jétent d'a mont,
    La ou trauoient le maisiére.
    N'en sévent mot, quant la grant piére
    Ruent a val a ambes mains,
    Si les fiérent parmi les rains ;   -20
    Ces rains lor font si clér soner
    Del cop puet on .j. ours tuer ;
    Mortes les ruent jus sovines,
    Froissent ces dos et ces poitrines,
    Jus les abatent esquarees :   -25
    Vont toupiant jambes levees.
    Grant escil font de ces caitives,
    Mais de çou n'ont cure les vives,
    Mais tant com èles vivre pueent,
    Brisent ces murs, hurtent [et] fueent ; -30
    Les lasses sont si estordies
    Qu'èles n'ont cure de lor vies.   14532

(après O 10084)
(col. 3)   . . . .
    Li chevalier qui defors érent   14537
    Mout grant dolor en demenérent.

(après O 10102)
(col. 3)   . . . .
    » Tout en tor fort les assalés :   14555
    » Por Diu, baron, ne recreés.

(après O 10108)
(col. 4)   . . . .
    L'assaut des fèmes ont laissié,   14565
    Devers le duc sont repairié :
    Au duc et a ses chevaliers
    Vient li estors grans et pleniers.   14568

(après O 10116)
(col. 4)   . . . .
    Et si parut mout tost al mur,   14577
    Quant èles furent asseür,

(après A 14588)
(col. 4)   . . . .
    » Traï ! trahi ! il entrent ens :   14589

14512 *A* Et ; *P* La ou ne poet darmes ; -15 ml't lait l. f. ; -16 De p. ki gietent ; -17 eles trueuent m. ; -18 *P* Ne s. m. q. li ; *AP* grans ; -19 R. cil ius ; -20 Et t. ; -23 sosuines ; -24 c. os ; -25 acarees ; -26 V. les ietant ; -29-30 *intervertis* ; -30 Hurtent au mur brisent et f. ; -31 maruoies — 14537 dehors ; -38 *P* Trop g. *A* demenent — 14566 Et vers ; -67-8 *manquent* — 14577 Il i p. bien t.

MANUSCRITS A ET P

	» Corés as fèmes, bones gens, 14590
	» Vers les vostres ja trestos mors;
	» Corés as murs, jetés les fors. »
Cf. O 10129-30	{ Li gentius dus, quant il l'entent,
	Al pertruis vint hasteement,
	Ensanle o lui trestot l'empire; -95
	A haute vois commence a dire :
	« Or ens, or ens, franc chevalier,
	» Et pensés tout de l'esploitier. 14598
(après O 10136)	. . . .
(col. 4)	Car ces fèmes et cil enfant 14605
	Par ces rues corent ardant,
	Et ces pucéles et mescines,
	Povres veves et orfenines,
	I ardoient a tél dolour
	Ç'om ne se puet tenir de plor. -10

    Ceste estore avons definee,
Si comme Tèbes fu gastee :
Èle fu mout d'antiquité,
Et si i ot noble cité;
De Rome n'estoit nule cose
Ne ne fu puis en mout grant pose.   14616
. . . .

14590 C. encontre, *puis ces 2 v.* : Metes les hors as bans dachie (sic) V mort somes sans respitier; -91 Vous nous verres ia; -92 Ales errant metes les hors; -93-4 *m. à A;* -95 E. lui od son e.; -98 tost des escillier — 14608 P. et rices o.; -9 Il a.; -10 si; -11 Lestore auonmes chi finee.

APPENDICE IV

Vers spéciaux au manuscrit A.[1]

(après y 220)	. . . .	
(f° 36 r° col. 4)	D'un sydoine ert envolepés,	221
	Qui mout ert bons, a or listés ;	
	Osté l'ont tot hors des drapiaus :	
	L'enfes estoit mervelles biaus.	224
(après O 234)	. . . .	
(f° 37 r° col. 1)	Ce sachiés bien de verité,	519
	Qui puis furent lonc tans ploré.	
(après O 288)	. . . .	
(col. 2)	» Sor ses .ij. piés se puet drecier,	577
	» Et bien aler quant a mestier ;	
	» Assés puet venir et aler,	
	» Se mestiers est grans fais porter.	580
(après O 432)	. . . .	
(f° 37 v° col. 2)	Roi et signor ont fait de lui,	771
	Mais puis en ot mout grant anui.	
(après O 888)	. . . .	
(f° 38 v° col. 4)	Li frons devant et cil derriére	1371
	Fu pains a or d'oevre mout ciére.	
	Painte i avoit mainte mervelle,	

(1) *Nous avons maintenu à l'Appendice III les couples de vers isolés qui manquent à P dans des passages où leur absence semble résulter d'un oubli. Il sera ainsi plus facile de se rendre compte de la rédaction représentée, dans son ensemble, par les mss. A et P.*

224 Ms. biax.

Cascune beste ot sa parelle.
Onkes Dix ne fist rien en terre, 1375
Que on peüst trouver ne querre,
Se la volsïssiés esgarder,
Que vous n'i peüssiés trover :
Paint i avoit castiax, cités,
Et grans dongons et fermetés; -80
Trestot li .xij. mois de l'an
Par els estoient en .j. pan.
A volte fu la cambre assise,
Entaïllie de piére bise;
En or, en metal geteïs -85
Furent tot li qarrel jointis;
Par ricoise ot en cascun cor
Un escarboucle assis en or.
El front devant iérent le diu,
Que a cel tans creïrent Griu. 1390

(après O 1552) . . . .
(f° 40 v° col. 1) Se el cors l'eüst adesé, 2177
Sempres l'eüst a mort navré.

(après O 1664) . . . .
(col. 2) Se lassus eüst a mangier, 2255
Bien s'i tenist .j. an entier.

(après O 1744) . . . .
(f° 41 r° col. 1) » Ains se laissaissent tot morir, 2419
» Qu'il daignassent plain pié fuir;
» Et vous alés si couardant
» Que por .j. home alés fuiant. 2422

(après O 1848) . . . .
(f° 42 r° col. 2) Or vous lairai de lui ester, 2979
D'autre cose vaurai conter.

(après O 1994) . . . .
(v° col. 3) N'i a celui n'amaint o soi 3253
.M. chevaliers a son conroi.

(après y 3340) . . . .
(col. 4) » Cevauce, rois, ne croi en sors, 3341
» Car a ton jor venra ta mors;
»Ançois por çou ne t'avenra,
» Ne ja nus hom ne t'ocirra. 3344

3341-2 (ce dernier modifié) se retrouvent à leur vraie place après le v. 2066 du texte critique; à la suite, P et SBC donnent 2 v., dont le deuxième ressemble au v. 3343 de A.

(après O 2332) . . . .
(f° 43 v° col. 3) » Lugurges a a non li rois, 3739
 » Saciés mout est preus et cortois.
(après O 2498) . . . .
(col. 4) » Ocira moi, jel sai de fi; 3817
 » Por ço, sire, vous proi merci. »
 La damoisèle a tant se teut :
 Plus ne parole, car ne peut. -20
 Tydeüs en ot grant pitié,
 Quant il le vit jus a son pié;
 Sus le liéve com plus tost peut,
 Grant tenror en son cuer en eut : 3824
(après O 2514) . . . .
(f° 44 r° col. 1) » Alons i tost, ne targons pas; 3845
 » Se li querons trives et pa(i)s.
(après O 2536) . . . .
(col. 1) » Ensanle o nos a ço c'avons, 3869
 » Et a plenté vos en donrons.
(après O 2564) . . . .
(col. 2) Com li serpens de male part 3899
 L'avoit trové tot seul el gart :
 Le serpent vit defors issir,
 Por coi l'enfant convint morir. 3902
(après x 2652) . . . .
(v° col. 1) En sa main tint .j. arc d'aubor, 4065
 Si l'a tendu par grant vigor;
 Une saiète a entochïe,
 Que pluiseurs fois ot assaïe;
 Vers le serpent tantost s'adrèce,
 De la saiète mout le blèce. 4070
(après x 2676) . . . .
(col. 1) » Del mal serpent vous doins la teste : 4095
 » Mout i avoit hidouse beste. »
(après O 2732) . . . .
(f° 45 r° col. 2) » Ne somes mie si souspris, 4391
 » Que des vos n'i ait mors ou pris. »
(après O 2934) . . . .
(v° col. 1) Li mers i est o les pisçons, 4589
 Et les valees od les mons.
(après O 2942) . . . .

3819-20 *sont dans tous les mss., mais le dernier est différent dans* Sx *et dans* P (V. *le texte critique*) — 4067 *Ms.* enchocie.

MANUSCRIT A

(col. 2) — Les batailles od les estors, 4599
Les drueries, les amors,
Et li castel et les chités,
Forès et riviéres es prés,
Et les voies et li sentier,
Et dansèles et cevalier. 4604

(après O 2996)
(col. 2) Il defroissent elmes agus, 4655
Faussent haubers, fendent escus.

(après O 3856)
(f° 47 r° col. 4) El cevalca desafulee, 5465
El ceval Athon fu levee.

(après O 3964)
(v° col. 2) Mout par avoient bon deport, 5569
De bel parler ont grant confort.

(après O 3968)
(col. 2) Mout amaissent le longe voie, 5575
Ne quiérent ja que on les voie,
Car tant par aiment les depors,
Ce lor est vis, lor est la sors :
De tout lor est bien avenu,
Car ore sont ami et dru ; -80
Lor amors ont bien afermees.
A tant en sont en l'ost entrees :
Mout érent gentes les pucèles,
Et mout avoient bèles sèles. 5584

(après O 4408)
(f° 48 r° col. 3) Reconut son signor de long, 5863
Qui ot le pris de cel besong ;
Il vint a lui, ce li conta -65
Que la pucèle li manda,
Qui s'amor li otroie et done.
Quant cil l'oï, si esperone ;
Al tornoi vint isnèlement :
Bien i jousta et bèlement. 5870

(après O 4412)
(col. 3)
(col. 4) Maint chevalier i ot ochis 5875
Et maint ceval mené et pris.

(après O 4622)
(f° 50 r° col. 1) Et nos cevaus faire salir, 6643
Et ceus de Tèbes envaïr.

(après O 4768) . . . .

4601 *Cf.* O 2943 -2 *Ms.* et p. — 5578 la fors. — 5865 se le.

APPENDICE IV

(col. 3)
              Quil tresgeta sot sans dotance   6763
              Astronomie et nigremance.

(après O 4862)
(v° col. 1)   . . . .
              « De .m., » fait il, « n'est riens a dire, 6857
              » Ainc hom ne vit si grant martire :
              » Avoec le bon curre meïsme,
              » Sont tot cheü dedens abisme. »   6860

(après O 4868)
(col. 2)   . . . .
              Li rois en a mout grant merveille :   6867
              Al mesage torne l'orelle.

(après O 4908)
(col. 2)   . . . .
              Par les herberges sont choucié   6907
              Et tout vestu et tot kaucié.

(oprès O 4916)
(col. 2)   . . . .
              Que cascuns crient de soi meïsme   6917
              Qu'il ne s'en voist dusqu'en abisme.

(après O 5542)
(f° 52 r° col. 1)   . . . .
              Dedens le geude s'est enclos :   7521
              S'il s'en tornast, ce fust grans los.

(après O 5562)
(col. 2)   . . . .
               Estorst son cop : cil caï mors ;   7537
              A le tère remést li cors.

(après O 5734)
(col. 3)   . . . .
              Mout ricement l'ot adoubé,   7641
              Car il l'avoit forment amé.

(après O 5760)
(col. 4)   . . . .
              Et se baisent mout doucement,   7659
              Et s'entreplagnent bonement.

(après O 5962)
(v° col. 4)   . . . .
              Mout fu liés, quant il escapa :   7931
              A ses homes s'en repaira.
              (*Puis les v. du texte critique 5991 sqq.*)...

(après O 5996)
(col. 4)   . . . .
              Aimes s'en vint en le praèle :   7939
              Compagnie ot et bone et bèle.

(après O 5999)
(col. 4)   . . . .
              Et èle estoit de cèle part :   7945
              Sovent faisoit de lui regart ;
              En une tour estoit deseure,
              Por coi vint Ates a tél eure.   7948

(après O 6004)   . . . .

6763 *Ms.* tot — 6859-60 *sont aussi dans P ;* -60 *P* cau ens en a.
— 6918 *Ms.* vont.

MANUSCRIT A

(col. 4)	Mout en loent le damoisel :	7953
	A le pucèle fu mout bel.	
(après O 6118)	. . . .	
(fº 53 rº col. 3)	» Et se tu veus a moi joster,	8081
	» Va, si te fai mout bien armer.	
(après O 6134)	. . . .	
(col. 3)	Outre par mi passa li lance :	8099
	Jus de la sèle le balance.	
(après O 6198)	. . . .	
(col. 4)	» Au plus bel et au plus hardi	8165
	» Qui soit el mont, por voir le di.	
(après y 8382)	. . . .	
(vº col. 4)	El pavement kaï pasmee,	8383
	Adont i ot mout grant criee :	
	Pitié en ont tot li pluiso[u]r;	-85
	La oïssiés et cri et plour.	
	Quant Ysmaine fu revenue :	
	« Lasse, « dist èle, « durfeüe !	
	» Por coi ne meurt ceste caitive ?	
	» Mout me poise que je sui vive.	8390
(après O 6442)	. . . .	
(vº col. 4)	» Tydeüs vous a mort por voir :	8399
	» Bien en devons vengance avoir. »	
(après O 6708)	. . . .	
(fº 54 vº col. 1)	La novèle s'en va en l'ost :	8655
	Par les herberges passent tost.	
(après O 6738)	. . . .	
(col. 1)	De si lonc com il le coisi,	8687
	A le tère pasmés chaï.	
(après O 6788)	. . . .	
(col. 2)	» Ainc ne fu hom de sa proèce :	8707
	» Vous teniés l'ost en grant riquèce.	
(après O 6990)	. . . .	
(fº 55 rº col. 1)	La veïssiés mout fier estor :	8881
	Li navré mainent grant dolor.	
(après y 8900)	. . . .	
(col. 1)	Grans assaus font de plusor[s] pars :	8901
	N'i ot mestier qui fu coars.	
	La s'entredonent grans colees	
	De dars, de lances et d'espees;	
	Vole li fus ardans et grans,	-5
	Com s'on getast tisons ardans.	

8708 *Pour les 4 v. suivants, voyez App. III* — 8906 *Ms.* Que son.

Escus, qui érent tout entier,
I veïssiés si depicier,
Ces hanstes fraindre a si hals crois,
Si clér oïr ces hautes vois, 8910
Cist elme rendent si grant son,
Et cil huent si environ
Que l'uns ne sét que l'autres dist
Et ciex et tère en retentist.
Ces espees sont si brisies, —15
Escardees et empiries,
Téles i a que de trencant
Nen avoient ne tant ne quant,
Téles i a par mi sont fraites,
Dont li signor ont grans sofraite[s]; —20
Mais il n'en on d'autres ou prendre,
Si lor estuet de ce desfendre.
Cil elme sont si embaré,

(col. 2) Et cil nasel si decaupé,
Cil cevalier si detrencié
Et li ceval si deplaié..... 8926

(après O 7030)
(col. 2) . . . .
[D']Adrastus vient tot vraiement, 8967
Et vient mout esfraéement.

(après O 7174)
(v° col. 1) . . . .
» Qu'il aient cuer de vos aidier 9133
» Et le mort lor signor vengier.

(après O 7284)
(col. 3) . . . .
Que il estuet faire a cascun, 9253
Car ce n'est pas a .ij., n'a un,
Ains est a maint bon chevalier,
Qui de secors ont grant mestier. 9256

(après O 7356)
(f° 56 r° col. 1) . . . .
Et k'il ne facent tél folie 9331
Dont nis .j. d'aus perde la vie.

(après O 7460)
(col. 3) . . . .
L'aige passérent tot par gués, 9435
Onques n'i ot barges ne nés.

(après O 7530)
(col. 4) . . . .
Por çou se doit plus travillier 9507
Et plus pener d'aus enginier.

(après O 7576)
(v° col. 1) . . . .
Cil oisel cantent par douçor, 9555

9255 Ms. A. a a.

MANUSCRIT A — 225

	Ces damoisiax sonjent d'amor :	
	Mout desirent grans cols ferir,	
	Ja n'i cuident a tans venir,	
	Et cil plus jovene chevalier	
	Se painent mout de l'aprocier.	
	Proié ont tant et desiré	
	Que ensanle sont ajousté.	9562
(après y 9616) (col. 2)	. . . .	
	Mout en demainent grant baudor :	9617
	Onques en l'ost nen ot grignor.	
	De .ij. coses ont mout grant joie :	
	C'est des prisons et de la proie.	9620
(après O 7696) (col. 3)	. . . .	
	» Que vous estes ça repairiés :	9691
	« Dites le tost, ne le targiés.	
(après O 7918) (f° 57 r° col. 4)	. . . .	
	« Ja vos griét il, si estes frére,	9933
	« Et tout d'un pére et d'une mére.	
(après O 7924) (col. 4)	. . . .	
	» .J. et .j. escavle li hon,	9941
	» De grant avoir vient on a son ;	
	» Par foi, tant va li hom pelant	
	» Qu'il n'a .j. poil el front devant.	
	» Et vous avés mout grant honor :	-45
	» Tant irés vos donant entor,	
	» Et tant donrés a vos voisins	
	» Que vos serés a eus aclins ;	
	» Et je sai bien vos donrés tant	
	» Que poi arés de remanant.	-50
	» A vos soloient estre aclin	
	» Environ vous tot vo voisin :	
	» Or vos estuet a eus proier	
	» Por vostre frére gerroier.	9954
(après y 9968) (v° col. 1)	. . . .	
	» Acordés vos a vostre frére,	9969
	» Entre vos .ij. aiés l'empére :	
	» Mix est qu'entre vos .ij. l'aiés	
	» Que vous et il destruit soiés.	9972
(après O 7939) (col. 1)	. . . .	
	» Bien savés le vostre espargnier,	9981

9617 Ms. dolor — 9951-2 sont dans BC (intervertis) : Tout entor vos vostre v. Vous s. tuit e. a.

Tome II   15

226   APPENDICE IV

                » Et si savés l'autrui mangier;
                » Mais, par la foi quė je vos doi,
                » Içou ne ferés pas a moi.   9984
                (*Puis les v. du texte critique 7945-6, et
                4 v. communs à AP*).

(*après O 8080*)
(*col. 4*)   . . . .
                » Et autretant de bon forment,   10139
                » Et grant plenté d'or et d'argent.
                (*Puis les v. du texte critique 8081-4*)...
                » Il dure .ij. liues de lé,   -45
                » Tout environ a grant fossé.
            . . . .
                » De piére naine et detrenciés,
                » Bien a de lé .l. piés;
                » Ne crient mengonel ne perriére;
                » Defors, a lius, a foelles d'iére,   -50
                » Car il est fais d'antiquité;
                » Desus a bien .c. piés de lé.
                » El parc a mout bones fontaines,
                » Por bonté n'a el mont plus saines.
                » Une posterne a en la tour,   -55
                » Par ou on va a le froido[u]r;
                » Sos les pins et sos les loriers
                » Vont pucèles as chevaliers :
                » Illoec jostent lor drueries
                » Sovente[s] fois a lor amies.   10160
                (*Puis les v. 8085-92 du texte critique;
                pour la suite, voy. App. III*).

(*après O 8106*)
(*f° 58 r° col. 1*) . . . .
                » Tout a estrous somes traï :   10193
                » Levés, baron, qui dormés si.

(*après O 8252*)
(*col. 4*)   . . . .
                Il estoit plains de maltalent :   10373
                Quant il les ot, tos s'en esprent.

(*après y 10400*)
(*v° col. 1*) . . . .
                » Vos me donés consel d'enfant :   10401
                » Laiés moi faire mon talant. »

(*après O 8292*)
(*col. 1*)   . . . .
                Li rois s'en est levés en piés :   10427
                De çou qu'il ot fu mout iriés;
                Respondi lui iréement :

10146 *Lacune probable de deux vers (il s'agit maintenant du mur); ce v. semble altéré;* -57 *Ms.* Sor l. p. et sor — 10402 talent.

MANUSCRIT A

	« De Daire arai le jugement.	10430
	» Li auquant me voelent boisier,	
	» De[l] droit me voelent eslongier;	
	» Et si sai bien li quél ce font :	
	» Icil qui plus privé me sont.	
	» E Dix! com je m'en vengerai!	
	» Se je nel faç, de doel morrai.	10436
(après O 8316)	. . . .	
(col. 2)	« Signor(s), » fait il, « je parlerai,	10451
	» Et vous oiés ke je dirai :	
	» Je mosterrai le mien sanlant.	
	» Puis que vos tout estes taisant,	
	» Et plus sages i a de moi,	-55
	» Se je mesdi, trés bien otroi	
	» Mon jugement a refuser,	
	» S'on par millor le puet fauser.	
	» Cil qui çaiens sont ajousté	
	» Sont li millor de la cité,	-60
	» Et sont tot né de franc lignage :	
	» De tant me tieng je a mains sage.	
	» Ne le tenés a vilonie,	
	» Se j'en ai pris la signorie :	
	» Por çou que j'ai primes parlé,	-65
	» Si me tieng jou al mains sené.	
	» Se je di bien, si me sivés;	
	» Se je di mal, si l'amendés.	10468
(après O 8326)	. . . .	
(col. 2)	» Se ce ne fait bien a tenir,	10477
	» Qui mix sét, si se face oïr. »	
(après O 8378)	. . . .	
(col. 2)	» Et nos eüssent mors por voir,	10527
	» Se il eüssent le pooir.	
(après O 8382)	. . . .	
(col. 3)	» Car vers nos fist grant traïson,	10533
	» Se nos en disiémes raison.	
(après O 8390)	. . . .	
(col. 3)	» De noient n'estranle on mie.	10549
	» Trop en prendés grant signorie	
	» D'aficier vostre jugement,	
	» Et si a chi mout bone gent	
	» Qui i poroient amender :	

10436 *Pour les 2 v. suivants, v. App. III* — 10549 *Pour les vers précédents, v. App. III.*

228   APPENDICE IV

(après y 10562) . . . .
     » Mais or en laissiés le parler. 10554
(col. 4) » Por tant k'eüsse ou receter, 10563
     » Ou guerre peüsse mener.
(après y 10590) . . . .
(col. 4) » Cis plais nos est trop angoissous, 10591
     » Car, par le foi que je doi vous,
     » Prové serons de traïson,
     » Se ne jugons droit et raison.
     » Ne nos besoigne que on die -95
     » Que nos aions fait felonie
     » Vers no signor, vers nostre roi,
     » Qui nos rova sor nostre foi
     » Le jugement dire par droit :
     » Il seroit faus qui(l) nel feroit. 10600
     » On nos tenroit por traïtors,
     » A tos jors mais, en totes cors,
     » Se boisié aviens no signor
     » Por .j. sien pér, son traïtor.
     » Se nus n'en savoit jugement -5
     » Fors nos, qui somes en present,
     » Aucun mescief en poriens faire,
     » Por garir nostre voisin Daire :
     » Tot sont sage par le païs,
     » Ne par autrui n'ére traïs; -10
     » Je n'en mentirai ja por home,
     » Del voir dirai tote la some,
     » Et jou illoec me traïroie,
     » S'a essïent jou en mentoie.
     » Die cascuns ce qu'il veut dire, -15
     » Que moi n'en blasmera me' sire :
     » S'or[e] m'ert ou cosins ou frére,
     » Ne vairoie estre fel ou lére,
(f° 59 r° col. 1) » Ne n'en voel en cort blasme avoir.
     » Or entendés se je di voir : -20
     » Se je di voir, si me sivés;
     » Se je mesdi, si m'amendés. 10622
(après y 10626) . . . .
(col. 1) » S'il me fait sanc et fiert colee, 10627
     » Ferrai le jou d'arme ou d'espee.
     » Ne sai quin avra mautalent,

10593 *Ms.* ferons; 10607 mescies; 21-2 *Cf. A* 10467-8.

MANUSCRIT A

    » Mais je faç faus ce jugement,   10630
    » Et si vous en dirai le voir,
    » Selon mon sens, al mien espoir.
    » Al jugement de toutes cours,
    » Et que on a jugié tous jours...   10634

(après y 10642) . . . .
(col. 1)   » Ne Daires ne l'ot desfié   10643
    » Ne par ses pérs araisoné :
    » Bien le deüst araisoner,   -45
    » Et tos tans en merci ester,
    » Mais erré a par grant enfance.
    » N'en deüst faire mesestance
    » N'al premier jor n'en la semaine,
    » Tant que passast la quarantaine;   -50
    » Et dont li rendist son homage
    » Et gerpesist son yretage.
    » Se li sire fait comme sire(s),
    » Merci proier : n'en sai él dire.
    » Tant com aions tenu son fief,   -55
    » Ne li devons faire mescief,
    » Ne par engien ne devons faire
    » Desirètement de sa terre.   10658

(après y 10672) . . . .
(col. 1)   » Et par grant sens et par mesure,   10673
    » Nient par tençon ne par rencure;
    » Ne doit estre en cort vilanie,
    » N'en cort ne doit pas estre oïe.   10676

(après y 10704) . . . .
(col. 2)   » Lonc le mien sens, tot entresait,   10705
    » Se il l'eüst por autrui fait
    » Que por Pollinicès son frére,
    » Saciés il fust traître lére.   10708

(après y 10736) . . . .
(col. 3)   De teneüres rices hon,   10737
    Entre les autres de grant non.
    Quant voit le plait a nient aler
    Et que nus mais ne veut parler...   10740

(après y 10748) . . . .
(col. 3)   » Assés sévent de jugemens   10749
    » Tot cil, je croi, qui sont çaiens :
    » N'en arai mais vers nului ire,

10749 iugement.

230 APPENDICE IV

» De canques jou en (d)oie dire.
» Etioclès tant sages soit
» Que bien face que faire doit :
» Alés a lui, se li mostrés ;   10755
» Çou qu'il en dira, si l'orrés.
» Je me met chi du consel fors,
» Que, par la foi que doi vo cors... 10758

(après y 10768)   . . . .
(col. 3)
» Dusques determiné aions   10769
» Quél jugement tenir doions ;
» Ne ne lo pas, ne ne l'otroi,
» Que nus de nos en voist al roi,
» Car, quant devant lui en venrons,
» Assés orrés que nos oons :
» Il dira lues : « Dites, signo[u]r,   -75
»» Le jugement del traïtour. »
» Nos li dirons ? Nel dirons mie,
» Que cil et cil nos contralie ;
» Ne volons pas jugement dire,
» Car ne volons avoir lor ire.   -80
(col. 4)
» Ja, par ma foi, nel penserons
» C'au roi torblomes ses barons,
» Car nos somes torblé assés,
» Et li rois est tous forsenés.
» Nel vos lo pas a correcier,   -85
» Car ja verrés grant destorbier :
» Daire ociroit ja par ardure,
» Qui garir puet par aventure.
» Nel di por çou s'il puet garir,
» Miracles ert, n'en quier mentir.   -90
» Ne se doit nus por çou irer,
» Sen plait l'un vers l'autre fauser ;
» Et, se je faiç .j. jugement
» Et uns de vous mix i entent,
» S'il le me fause por millor,   -95
» Ne doi vers lui avoir iror ;
» Ne doi partir male raison,
» Mais au millor se tiégne [l']on :
» Ce doit faire qui auques sét ;
» Faus est qui por bien dire hét.   10800
» Or m'entendés, signor baron :
» Eurimedon dist sa raison,
» Je croi qu'il dist selon son sens,
» Mais n'est mie drois jugemens.

» Jou en sai plus que il ne sace, 10805
» Car plus sui vix, or ne m'en hace.
» Ethioclès, nostre emperére,
» Ne se plaint pas de son empére
» Que Daires li vausist tolir,
» Mais de son cors qu'il valt mordrir; -10
» Ne se plaint pas a nos li rois
» Ne des tenures ne des drois
» Qui sont de lui ne de son frére,
» Ains dist que Daires est mordrére;
» Del roiame n'est pas querèle,
» Mais de murdre li rois l'apèle. 10816

(après y 10826)
(col. 4) . . . .
» Et se il viénent au ferir, 10827
» Se puis, jes doi bien departir;
» Mètre me doi entre lor cors,
» Garir cascuns qu'il ne soit mors. -30
» Ce sai je bien, que plège somes
» Et que celui aidier devomes
» Qui or devroit son an regner;
» Çou oï jou bien deviser,

(v° col. 1) » Et bien sai que somes parjure -35
» Pollinicèt por sa droiture;
» Mais je mix priseroie assés
» Que fuisse .xx. fois parjurés
» Que ja feïsse traïson
» Vers mon signor, en se maison -40
» Enbatisse ses anemis,
» Qui l'ociront, s'il sont ens mis.
» Daires li rous traïson fist,
» Quant nos anemis çaiens mist;
» Çaiens les mist por nos ocire, -45
» Ce ne puet il pas escondire,
» Et por le roi ocire ou prendre :
» Je di qu'il est digne[s] de pendre.
» Qui garder se veut de parjure,
» Et aler en veut par droiture, -50
» Si voist de sa tour a veüe,
» A Pollinicèt face ai(e)ue;
» Qui aidier li veut sans mesfait,
» Por coi fera il malvès plait?

10812 *Ms.* tortures — 10851 de la.

» Avoeques lui de la en voist, 10855
» Ne face dont on le mesproit.
» Ne deüst pas querre nos mors,
» Por fil mètre de prison fors,
» Car, se cil de l'ost vont çaiens,
» Ja n'en iert seus li rois sanglens, -60
» Ains serons tot mis a martire,
» Canqu'il verront vauront ochire.
» Se Daires l'a fait por son fil,
» Que geter voloit de peril,
» Ausi pensons de nos garder, -65
» Que tot ne puissent vergonder
» Ne nos fèmes ne nos enfans,
» Dont nos feriémes mout dolans.
» Et par la foi que je vos doi,
» Puis que somes remés al roi -70
» Et il garde de nos nen a,
» Traïtres ert, qui li faura
» Dusque pris ait premiérement
» Congiét au roi raisnablement.
» Li congiés de Daire et del roi -75
» Ne fist a tenir, par ma foi,
» Car ne fu pas fais par amor,
» Mais par hausage et par iror.
» Pollinicès me puet ferir
» Ou au kacier ou au fuïr, -80
» Mais sor son cors [ja] ne ferrai,
» Ançois, se je puis, le fuirai,
» Si com ferai le cors le roi.
» Garderai les en bonne foi :
» Ne puis aidier Ethioclès -85
» A ochire Pollinicès,
» Ne je ne puis aidier celui
» A vergonder le cors cestui : 10888

(après y 10948) . . . .
(col. 2) D'armes estoit bien manuiers, 10949
De jugement bien droituriers,
Et rices quens ert de corage.
Cil le tenoient mout a sage :
Quant il le virent en estant,
Tot se teurent petit et grant ;

10861 seront; -72 Traisons; -84 G. iou en — 10949 menuiers.

MANUSCRIT A

Quant il parla, bien fu oïs :
A Othon calenga ses dis : 10956

(après y 10960)
(col. 3) . . . .
» Et qu'il ne fist pas traïson 10961
» De ce qu'il mist en se maison
» Nos anemis por nos ochire :
» Si fist, ce vous os je bien dire.
» Son jugement n'otroi je mie : -65
» Ne lairai que ne le vos die.
» Tél cose esgarder estevra,
» Que loiaus jugemens sera,
» Que nus nel porra contredire :
» Le mix i esgardons sans ire. 10970

(après y 11008)
(col. 4) . . . .
» S'il le voit son cemin aler, 11009
» De lui se doit lues destorber,
» De lui se doit bien destorner,
» Et bèlement l'en laist aler. 11012

(après y 11014)
(col. 4) . . . .
» S'il se desfent, il n'en puet mais, 11015
» Car il n'i troeve amor ne pais :
» Nus hom qui savoir ait en soi
» Ne tenra çou a nul desroi.
» Une autre cose vos dirai,
» Saciés de mot n'en mentirai : -20
» Mout se doit savoir droiturier
» Icil qui autrui veut jugier ;
» Devant se devroit porpenser
» Et en son cuer bien esgarder,
» Ançois que jugement fesist
» Dont autre le contredesist. 11026

(après y 11028)
(col. 4) . . . .
» Il nos fera damage grant : 11029
» Nel tenés mie por enfant,
» Que il bien ne sace parçoivre
» Tos cex qui le voelent deçoivre.
» Parmi le droit vos en alés,
» Ou se ce non, vos i perdrés. 11034

(après y 11036)
(col. 4) . . . .
» Drois jugemens n'espargne amor(s). 11037
» Gardés vos bien al cief del tor :

11031 Ms. face.

» Ce n'est mie sens ne mesure
» Que on par force taut droiture. 11040

(après y 11048)
(col. 4) . . . .
» Ce fu par nuit qu'il les i mist 11049
» Por nos destruire, trop mal fist :
» Mors et destruis tous nos eüssent,
» Se les gaites des tors ne fussent. 11052

(après y 11058)
(col. 4) . . . .
» Mais nequedent celer ne quier 11059
» Coverture a mout grant mestier
» A ceus qui le sens n'i entendent,
» Par les sages li fol aprendent ;
» Par tant sont .m. home gari,
» Qui autrement fuissent peri :
» S'on ne seüst le droit vëoir, -65
» A mort fuissent jugié, por voir.

(f° 60 r° col. 1) » Signor, nel di se por bien non,
» Et se vous n'i veés raison... 11068

(après y 11072)
(col. 1) . . . .
Entr'eus dient priveement : 11073
« Cis a parlé raisnablement,
» Alixandres a bien parlé :
» N'i entendons fors loiauté. » 11076

(après y 11090)
(col. 1) . . . .
Au cief de pose se leva 11091
Uns d'eus, k'Alixandre escota,
Qui mout ert preus et ensigniés
Et en toutes cours bien prisiés.
De Duras ert, mout rices hon, -95
Mout ert sages, Lucas ot non :
De dus et de contes ert nés,
Mout ert haus hom et bien senés ;
De parage ert et de grant pris,
Cremus de tous ses anemis : 11100
« Signor, » fait il, « or m'escoutés ;
» Se je mesdis, si m'amendés.
» Alixandre a Daire jugié
» A mort : ce n'ert ja otroié ;
» Je n'otroi pas cest jugement : -5
» Parler estuet tout autrement.
» Alixandre, vous avés tort,
» Quant vos Dairon jugiés a mort :

11092 Ms. .J.; -95 hom.

» De mort le quic je bien garir,
» Nel lairons mie ensi perir; 11110
» N'i a nul, tant soit enraisniés,
» Par cui soit hui a mort jugiés.
» De traïson le garderai,
» Oiant vous tous le mosterrai.
» Del premerain commencement -15
» Doit on dire le jugement :
» Cis rois dut l'an premier tenir,
» Ses frére(s) alast aillors servir;
» Et si avoit on esgardé
» Le premier an a oes l'aisné, -20
» Qu'entr'eus ne creüst maltalens
» Ne ire ne descordemens,
» Et sel jugiérent li baron.
» Parmi le droit nos en alon :

(col. 2)
» Cil l'a plus de son an tenu, -25
» Bien le deüst avoir rendu;
» Son frére deüst recoellir
» Et bien amer et bien cierir;
» Del regne l'a deserité,
» Malement a vers lui esré. -30
» Alixandre, a ce vos tenés :
» Saciés ja blasme n'en arés.
» Vos dis trop par les aficiés,
» Et se vos croire me voliés
» De laissier vostre jugement, -35
» J'en dirai .j. qui vaut les .c. :
» Vous i porrés granment aprendre,
» Se vos i volés bien entendre.
» Bone parole bon liu tient,
» De sorparler ire et max vient : -40
» Vos paroles volés couvrir,
» Et nos nel volons consentir.
» Puis que chi somes ajousté,
» Dire devomes loiauté;
» Por signerie nel laissons -45
» Que le droiture n'en disons.
» D'une rien dist voir li vilains :
»« Sovent bais' on itex les mains,
»» Tés mains a on sovent baisié,
»» Que on vauroit avoir trencié. » -50
» Ités baisiers n'est pas d'amor,
» C'on fait par force et par cremor,

» Alixandres, or m'escoutés :
» Se je di bien, si le loés,
» Et tout cist baron autressi; 11155
» Amendés le, se je mesdi;
» Sans courous et sans maltalent
» Enkerrai vostre amendement.
» Daires ne dist au roi folie,
» Orgoel, forfait, ne vilonie, -60
» Ains li mostra sens et mesure,
» Se il vausist faire droiture.
» Li rois honte et vilté li fist
» Et grant contraire et lait li dist,
» Et sel feri d'un grant baston, -65
» Voiant nos tous, en se maison,
» Une grant plaie el cief desus :
» A tart dut estre secourus.
» Del cief issi li sans raians,
» Car la colee fu mout grans; -70
» Tous ses mantiax en fu sanglens
» Et par defors et par dedens;
» Grant doel en ot et mout grant ire
» Plus que nus hom ne saroit dire.
» Li rois li dist par maltalent -75
» Qu'il en presist son vengement;
» Ou qu'il alast, congié eüst
» De canques faire li peüst :
» Çou oïstes, al mien espoir,
» Se vos en volés dire voir. -80
» Quant Daires fist ce qu'il rova,
» A mort jugiés pas ne sera;
» A mort n'ert pas cis jugemens,
» Quant il fist ses commandemens :
» N'i a .j. seul, grant ne petit, -85
» Se li rois l'en eüst tant dit,
» Por ke ou receter eüst,
» De lui vengier ne se deüst;
» Por çou k'eüst ou recetast,
» De lui vengier ne se penast; -90
» Mout se tenist a grant lasnier,
» Se il ne se vausist vengier.

(col. 3)

11183 *Ms.* nest; -87 peust; -88 Que lui; -91 M. le t. a g. alanre (*avec un sigle sur l'*n).

» Daire devons tout delivrer :
» Tél le voront ore encombrer,
» Qui d'autretél hanap bevront,   11195
» Ou a piour, ja n'i fauront.
» Entre vous le volés ocire,
» Par grant orgoel et par grant ire :
» Mainte cose fait on sovent
» Dont on après mout se repent.   11200
» Après le cop ot le congié :
» Ichi n'avés vous preu jugié.
» Alixandre, a ce vos tenés,
» Encor vous en repentirés.   -5
» Il ne m'est frére ne cousin,
» Mais je paroil por mon voisin ;
» Saciés qu'il ne m'apartient mie,
» Mais seul le voi et sans aïe.
» Qui veut parler par occoison,
» Il n'i a fait male raison :   -10
» N'i a .j. seul, se ce disoit
» Que ce raisons et drois ne soit,
» Je ne li mète el puig le gage,
» Ja ne soit de si fier corage. »
N'i ot .j. seul, qui escoutast,   -15
Qui desdire Lucas osast ;
Plus se teurent d'une loee,
Que il n'i ot raison mostree.

    Madoines fu de fier corage,
N'i ot nul de si grant parage :   -20
Vestus de paile alixandrin,
De meïsme mantel hermin
D'un blanc hermin et engolé :
Sor ses espaules l'ot jeté.
Les cevex ot lons et deugiés ;   -25
D'un fresel d'or les ot treciés
En .j. cainsil plus blanc que nois :
Mout avint bien desor l'orfrois.
Il estoit quens de Salenike :
N'i ot plus poissant ne si rike.   -30
Il ert engrès et mout forfais
Et d'orgilleuse gent estrais :

11219 *Ms.* Sadoines (*Cf.* 11317, 11345, *etc.*) ; -23-4 *sont inter-vertis dans le ms.*

.. Ses paroles ne sot covrir,
Ançois les fist a tous oïr;
Quant il oï Lucas parler 11235
Qu'il voloit Dairon delivrer,
Isnèlement sus se leva,
Et tél parole li mostra
Dont li dus fu forment iriés
(col. 4) Et en son cuer mout coreciés : -40
« Entendés moi, » fait il, « Lucas,
» Escoutés moi, ne noisiés pas.
» Je vos tenoie mout por sage,
» Mais vous avés el cors la rage,
» Quant or volés Dairon garir, -45
» Qui avant ier nos vaut traïr :
» A ceus de l'ost sa tor livra,
» Grant felonie porpensa;
» Le roi traï et sa chité,
» Près ne fumes desireté; -50
» Daires fist mout grant traïson :
» Ouvrer le vi comme felon.
» Raison ne doit on pas covrir,
» Ne traïson ja consentir;
» Bien le doit on pendre et ardoir, -55
» Tél gerredon en doit avoir;
» Et ce vos di je vraiement :
» Je n'ai issi procain parent,
» Se il ceste cose eüst fait,
» Qui ja alast par autre plait, -60
» Nel fesisse tot desmembrer,
» Ardoir en fu et puis venter.
» Se li rois n'en prent la venjance,
» Tost en ara ire et pesance
» De tex qui gerre li feroient -65
» A poi d'ocoison, sel prendroient.
» De tél cuide li rois qu'il l'aint,
» Qui de son cuer vers lui se faint
» Et volentiers l'enpïerroit,
» Se por paour ne le laissoit. -70
» Quant il sont si covert et faint,
» Comment poroient estre ataint?
» Et quis poroit apercevoir,
» Quant nus nes puet dedens vëoir?

11239 *Ms.* li rois; -46 uos.

» Nus hom, fors Dix, ne voit tél oevre, 11275
» Quant nus defors ne le descoevre;
» Et ki se poroit d'eus garder,
» Tant bel sévent defors parler?
» Quis ot, quis voit, cuident voir dient;
» Soit biens, soit max, lor dis otrient. -80
» Lucas, n'en mentirés noient :
» Vous connaissiés bien itél gent.
» Ahi! que vos les connissiés,
» Se vos nomer les vausissiés!
» N'ira pas a vostre talent : -85
» Voir en dirons le jugement.
» Plus amés Daire en bone foi
» Que ne faites le cors le roi.
» Se seul .xx. jors durast la tors
» Que prist Maudras l'enginëors, -90
» Pollinicet, por voir le di,
» Çaiens (l)eüssent recoelli;
» Daires l'eüst fait coroner,
» Cestui del resne forsjeter;
» Se .xv. jors la tours durast, -95
» Daires li rous le coronast;
» Ethioclès fust mors ou pris,
» Ou desiretés del païs.

(v° col. 1)
» Sa tour livra nos anemis :
» S'il nos eüssent le jor pris, 11300
» N'i eüst conte ne baron
» Qui garesist por raençon ;
» N'i garesist enfes ne pére,
» Enfes en berç, seror ne frére,
» Qu'il n'eüssent tot detrencié : -5
» Si nos avoit Daires jugié.
» N'i a fors du faire justise :
» N'en mentiroie en nule gise;
» Puis que je faç le jugement,
» N'en mentiroie de noient. -10
» De çou sui près a desraisnier
» Contre le cors d'un chevalier
» Qui mes pérs soit de la chité :
» Voir en ai dit et loiauté. »
En pais furent tout li baron : -15

11296 *Ms.* corecast; 11307 justice.

Ne disoient ne o ne non,
Madone n'osent contredire.
L'uns d'eus en ot al cuer grant ire :
Il en apèle(nt) Salemon,
Qui lor dira vraie raison. 11320

   Salemons est en piés levés,
Ja parlera com hom senés :
Sages hom ert, preus et cortois ;
Mout sot des anciiénes lois.
Madone oï mout desraisnier -25
Et ses paroles aficier :
S'il puet, il le destorbera,
Del jugement le desdira :
« Madone, assés avons oïs
» Et vos paroles et vos dis ; -30
» Mar le parlastes, bien le sai.
— Comment ? — Par foi, jel vous dirai.
» A mort avés Dairon jugié :
» Forment m'en veés corecié.
» Une autre fois vous porpensés, -35
» Quant vos preudome jugerés,
» Que si parlés par cortoisie
» Que nus frans hom ne vous desdie.
» Mout se doit li hom porpenser,
» Qui tél parole veut mostrer : -40
» S'il ne le sét bien a cief traire,
» Assés li venroit mix a taire,
» Que li baron qui l'escoutaissent
» Vilainement ne s'en gabaissent ;
» Devant se devroit porvëoir, -45
» Fust al matin ou fust al soir,
» Quant au besong le deüst dire,
» Qu'il n'en eüst courous ne ire.
» Madoine, ne vous poist il mie :
» Je vos di sens et cortoisie ; -50
» Se je vos di sens et raison,
» Ne m'en saciés se bon gré non. »
Salemons parla sagement
Et bien et atempréement :
« Signor, » fait il, « au mien espoir, -55

11334 *Ms.* aues c.

(col. 2)

» Je vos dirai et sens et voir.
» Icil qui fait .j. jugement
» Parler doit par amendement :
» Se il dist bien, creanté[s] soit
» En loiauté et sens et droit. 11360
» N'i doit avoir nule aigreté,
» Orgoel, forfait ne tél fierté ;
» Ne nus sor autre signorie :
» Qui miex sara et mix en die ;
» A cest besong avons mestier -65
» Del plus sage a nos consillier,
» Et nous le devons bien oïr
» Et ses paroles retenir.
» Autre cose vous mosterrai :
» Saciés mal gré ne l'en sarai ; -70
» A celui qui m'amendera
» Saciés li blasme[s] n'en sera.
» Amender doit on de son home ;
» Et qui nel fait, çou est la some,
» Au cief del tour mout se repent, -75
» Por fol se tient et por dolent.
» Se au roi faites son plaisir,
» Dairon verrés sempres morir.
» Il ne vivroit une seule eure :
» Trop li est tart, trop li demeure -80
» Que il de Daire[s] soit vengiés.
» Tant que li rois est si iriés,
» Est folie, se li disons
» Cose dont nos le coreçons.
» Mar fust ainc ceste tors veüe — -85
» Vif diable l'aient fondue ! —
» Qui en tél paine nos a mis ;
» Mar fust ainc Daire[s] dedens pris.
» Li enginiéres grant mal ait !
» Par lui avomes tot ce plait. -90
» Li rois nos a fait trop haster :
» Ardoir le veut ou desmembrer.
» Dirai vous ent tot le plus bel :
» Trop eut son maltalent isnel
» Li rois de son baron laidir. -95
» Nel laissons entre nous perir.

11360 *Ms.* Et l. ; -79 .i. seule.

APPENDICE IV

» Terme et respit li prierons, —
» Savoir se vaintre le porons, —
» Dusc'a demain : de son corage
» Nel troveriémes si salvage,   11400
» S'il nos voloit respit doner :
» Adont poriémes mix parler.
» Demain, quant refroidiés seroit,
» Plus volentiers il nos orroit.
» Tant com le troverons si fier,   -5
» Nel devons pas trop angoissier;
» Conquerre l'estuet par amour
» Et par proiére et par douçor :
» Force ne estris n'i valt rien.
« Signor, » dist il, « faisons le bien : -10
» Li rois est forment de grant ire,
» Trestot son bon li laisson dire;
» Quant .j. poi refroidiés sera,
» De l'ire s'amolïera;
» Dont porons bien a lui parler.   -15
» Ne le devons trop engresser.
» Volés Daire jugier a mort ?
» Quil rendroit, se l'aviémes mort ?
» Nus hom, fors Dix, nel poroit rendre :
» Autre consel en devons prendre.   -20
» Une cose vous voel mostrer;
» Faites moi pais a escouter :
» Troi(s) de nous al roi en alons,
» Et mout doucement li prions
» Que .j. seul jor doinst de respit :   -25
» Ja puis n'i aroit contredit
» Ne fesissons le jugement.
» Mari en somes durement :
» Daires est mout fors a jugier,
» A ochire et a escillier,   -30
» Car nus hom n'a tant anemis
» Comme cil a qui est soupris.
» Ou soit a droit ou soit a tort,
» Iteus li porkace sa mort
» A cui il ne l'a pas mesfait :   -35
» Mout ert dolans qui ce portrait.
» Se vos Daire a morir jugiés.

(col. 3)

11400 *Ms.* troveroient.

» Tex en seroit encor iriés
» Dont vos ore ne vous gardés :
» A poi de terme le verrés.   11440
» Esgardés li quél troi seront
» Qui le mesage porteront :
» Tumas i aut et Masserans,
» Ensanle o ex li vix Otrans :
» Cis[t] troi sévent mout bien parler   -45
» Et une raison bel mostrer. »

Cis[t] troi en sont alé al roi;
Salué l'a cascuns par soi :
« Respit prions, » font il, « biax sire,
» Dusc'a demain, nel contredire :   -50
» Demain le jugement ferons,
» Ja plus de terme n'i querrons.
» Donés respit dusc'a demain. »
Li rois dist : « Vos parlés en vain :
» Je sai mout bien com vos ouvrés,   -55
» Ne par moi terme n'en arés.
» Mout en alés or delaiant,
» Je m'en vois bien apercevant;
» Vous le faites a essïent
» Trestot icest demorement.   -60
— Rois, » font il, « bien se desfendroient,
» Et par raison le mosterroient,
» Que vos vers ex grant tort avés,
» Se vos de çou les en blasmés.
» Mais dites ent que nos ferons,   -65
» De ce respit se nos l'arons. »
A tant li rois lor respondi,
Si que cascuns bien l'entendi :
« Ja, certes, ne me vainterés ;
» Or verrai bien ke vous ferés.   -70
» Tornés ariére, si lor dites
» Por rien nes clameroie quites. »

(col. 4) Torné s'en sont li messagier
As jugëors, por renoncier
Tot çou qu'il ont el roi trové.   -75
Thomas leur a bien reconté
Que ja de lui respit n'aront :
Il verra bien qu'il en feront.
Tot li baron furent taisant,
Duc et conte, petit et grant :   -80

Del jugement sont esfreé,
Dolant en sont et abosmé.
Çou que l'uns dist l'autre desfait :
Onques ne veïstes tél plait.
Ensanle point ne se tenoient, 11485
Li un les autres desdisoient :
Gent qui ensi voelent esrer
Ne verrés ja a bien torner.
Tout li baron sont esperdu,
Li anciien et li kenu. -90
.J. trestot seul mot ne disoient,
Si dolent et pensiu estoient :
Li un le voloient garir,
Li autre ochire et tot perir;
D'ambes .ij. pars si se doutoient -95
Que de rien il ne s'acordoient.

Uns d'eus les voit mout irascus :
Quant il les vit taisans et mus,
S'il puet, tél cose lor dira
K'a lui entendre les fera; 11500
N'i ara .j., tant soit hardis,
Qui ja ne soit tous esbahis.
Mald[u]it de Sur l'apeloit on :
N'i ot plus sage de raison.
Malduis est tost en piés levés : -5
Preus fu et sages et membrés;
Trestos les autres escota,
En son corage porpensa
Comment sa parole diroit
Et sagement le mosterroit : -10
« Signor baron, » fait il, « oiés;
» Se je di bien, si l'otroiés :
» N'i a celui, s'il i amende
» Et mix die, que ne l'entende.
» Al droit nos en devons tenir -15
» Et le fausse raison gerpir :
» Fausse raisons n'i a mestier,
» Se vos volés le droit jugier;
» S'en disomes d'ambe[s] pars droit,
» Que nus de nos blasmés n'en soit. -20

11484 neustes itel ; -99 li d. — 11500 dentendre.

» A .ij. rives alés noant,
» Je m'en vois bien apercevant :
» Qui tés .ij. voies veut tenir,
» Il en vient tart al repentir.
» Je voi mout bien comment il va : 11525
» Vous ploiés de ça et de la.
» Salemons a mout trescoru,
» Et je si l'ai bien entendu :
» Il et Lucas voelent aidier
» Daire le rous a reproier. -30

(f° 61 r° col. 1) » E! Dix, com il ont bien parlé!
» Se il l'eüssent delivré,
» Se n'en fust mais parole dite,
» Tout l'eüssent delivre et quite.
» Dans Salemon, dans Salemon, -35
» Travilliés estes en pardon.
» Tot canques vous avés chi dit
» Vous ataindra a mout petit,
» A mout petit vos ataindra :
» Ja par vous Daire[s] ne garra. -40
» .J. traïtor volés garir
» Qui nos ala en l'ost traïr,
» . . . .
» Et par sa tour nos valt soduire :
» Il nos voloit tous decevoir -45
» Et tous destruire, a son pooir.
» Le roi deüst ains desfïer
» Que il alast sa tour livrer;
» .XL. jours deüst atendre,
» Ançois que il nos alast vendre; -50
» .XL. jours deüst soufrir,
» Ançois qu'il nos alast traïr.
» A ceus de l'ost livra sa tour,
» Morir en doit a deshono[u]r :
» S'il nos eüssent le jor pris, -55
» Il nos eüssent tos ochis.
» Orgoel fist et grant felonie :
» Fourfait en a et membre et vie.
» Puis que je faç le jugement,
» Ma volenté dirai briément; -60
» N'en mentiroie en nule gise,

11539-40 *intervertis*; -43 *Ce vers manque*; -61 *mentirai*.

» Ne por amor ne par justise,
» Que je le voir vos en celaisse,
» Que par mi le droit nen alaisse.
» Li rois li puet bien pardoner,   11565
» Tot l'en devons merci crier,
» Tout l'en devons crier merci :
» Li rois nos orra bien, je qui.
» Trop seroit sa justice fiére,
» S'il refusoit nostre proiére ;   -70
» Et se il nous escondisoit,
» ·De ses barons blasmé[s] seroit. »
Se ce disoit, il pensoit él :
Mout par avoit le cuer cruél,
En la cort n'avoit si felon,   -75
Fors seul Crëon, son compagnon.
Ces .ij. tenoit on a cosins :
Ainc Daires n'ot plus max voisins ;
Cist doi le voelent a mort traire :
S'il n'a aïe, mors est Daire.   -80
Icil qui a malvais voisin,
Ou soit au soir ou al matin,
Nel sara si bien aparler,
Si bien servir ne honerer,
Qu'il n'en renge malvaise amor   -85
Ou tempre ou tart, al cief del tor :

(col. 2) Sa nature li mosterra,
Si bien garder ne s'en sara.
Li baron sont mout corecié
Et por Daire forment irié ;   -90
Tot li plusor entr'ex disoient
De Daire consel ne savoient.
Cis aficoit si se raison
Que desdire ne l'ose on ;
Tot avoient mis el sofrir :
Mald[u]it n'osoient desmentir.   11596

(après y 11616) . . . .
(col. 2)
» Mald[u]is nos paist de ses grans dis,   11617
» Et nos les avons bien oïs,
» Qui or nos roeve au roi aler ;
» Il nos cuide mout bien gaber,   -20
» Il nos veut tous por faus tenir :

11562 iustice ; -64 men ; -74 aroit.

» Je li vaurai .j. giu partir
» Dont il avera le piour.
» Mal dehé ait la soie amor!
» Desdisons tot son jugement : 11625
» Il ne l'a pas fait loialment,
» Por tant bien faire le devons.
» Del jugement le desdisons :
» Se il en grouce, nos qu'en caut?
» Malvais est qui son ami faut : -30
» Al grant besong, ice vos di,
» Puet on connoistre son ami ;
» Ou puet on mix expermenter?
» Illuec li doit on foi porter ;
» Qui a cest point or li fauroit, -35
» Malvaise foi li porteroit ;
» Qui au besong ne li aïe,
» Ce n'est fors fausse compagnie. 11638

(après y 11688) . . . .
(col. 3) Mout ot le cuer vers lui enflé, 11689
Quant il le vit si desreé
Et si fourfait de se parole :
Il parlera ja d'autre escole. 11692

(après y 11696) . . . .
(col. 4) Mout par fu preus de grant maniére, 11697
(Et) le regardeüre ot mout fiére ;
Et puis que il a lui parla,
Mald[u]is onques mot ne sona, 11700
Onques n'osa .j. mot soner ;
Tant fu mornes ne pot parler ;
Ne Manessiers .j. mot ne dist,
Ne o ne non ; en pais se sist :
Se il .j. seul mot i sonast,
Ja mais home ne maneçast. 11706

(après y 11726) . . . .
(col. 4) » Pluisor l'en ont forment blasmé, 11727
» Que il a folement parlé :
» Une autre fie s'en castit
» Que il ne die nul fol dit. 11730

(après y 11740) . . . .
(col. 4) » Tout cil baron forjugié l'ont, 11741
» Et si vaut mix que il ne font ;

11627 Et tant ; -33 Ou doit on — 11741 T. li b.

» Mout nos ont hui contraliiés,
» Por lor blans dis si justiciés
» Que n'osames .j. mot soner :   -45
» Bien le devroient acater.
» Se uns de nos mot i sonast,
» Et voir desist, mar le parlast :
» De maintenant fust destorbés,
» S'il en desist ses volentés.

(après y 11760)   11750
(col. 1)

Ainc puis Eurimedon n'amérent,   11761
Foi ne amor ne li portérent :
Tél loier a qui le cien nage,
Que puis le troev' on mout salvage;
Quant del batel est fors issus,
As dens li veut dont corre sus.   11766

(après y 11786) . . . .
(col. 1)

Et dist Creon : « Or vous soufrés,   11787
» Car je les voi trop mal senés,
» Et se nos ore a eus mellons,
» Saciés grant folie ferons :
» Il sont fourfait et esragié,   -90
» Tost nos aroient depicié ;
» Et plus bel le devons sofrir,
» Tant que puissons en liu venir
» Que d'aus nos puissomes vengier   -95
» Et nos corages esclairier.
» Tot canques il diront entr'ex
» Sarons mout bien par nos feex ;
» Li auquant sont nostre feel,
» Qui nos diront tot lor consel :
» N'i porront pas Daire garir,
» S'il ne voelent lor fois mentir. »   11802

(après y 11818) . . . .
(col. 2)

Les vautes érent mervilleuse[s],   11819
A or, a piéres precieuses :
Ainc estore ne fut veüe
N'i soit portraite et coneüe
Et cascune par soi ouvree ;
Cèle oevre fu bien compassee.   11824

(après y 11872) . . . .

11744 iusticier ; -50 Sil ne d. — 11761 Onques p. salemon — 11801 porra.

(col. 3)
» Nus ne sait k'avenir li doit : 11873
» Vous me tenés a grant destroit,
» Tous serai par raison menés, -75
» Ensi com vous oï avés;
»Ançois que li ans soit passés,
» Ert li uns de vos encombrés;
» Tost avenra par aventure.
» Por Diu, signor, mix valt mesure;
» Et bien vos di qu'il n'est amis,
» Li hom qui n'est tos dis amis. 11882

(après y 11906) . . . .
(col. 3)
» Voiant le mix de se maison, 11907
» Car de rien nel contredison. »
Jonas s'en est en piés levés,
Qui de Rohais fu rois clamés : -10
Il ot passé plus de .c. ans,
Les cevex ot mellés ferrans,
La barbe blance comme flor.
Li rois estoit fiex sa serour;
Mout par estoit rices d'avoir : -15
N'i ot baron de tél pooir.

(col. 4)
Il a Dairon a raison mis :
« Entendés ça, » fait il, « amis.
» Tot autrement ert esgardé :
» Par vous n'i érent cop doné, -20
» Par vos nen ert ja cols ferus ;
» Tot sans ferir estes vencus.
» Quant li hom est jugiés a mort,
» Ou soit a droit ou soit a tort,
» Mout volentiers se combatroit -25
» Et sor autrui se vengeroit;
» Sossiel n'est hom qu'il n'apelast,
» Por çou que vis en escapast.
» Sa vie valroit alongier.
» Et sor autrui son doel vengier. -30
» Por Diu, signor, dites ent voir :
» Or le poés apercevoir
» De Daire, qui s'ofre a desfendre;
» A l'un de nos se valroit prendre
» Dont il se peüst esclairier, -35
» Mais çou ne li ara mestier.

11882 d. onnis. — 11920 et 11921 Por (en abrégé).

» D'autre cose parler devroit :
» Se loiauté bien connissoit
» Et il merci vausist crier,
» Dont poroit on por lui parler ; 11940
» Mais trop est orgillous et fiers
» Et de parole trop legiers;
» Por son orgoel morra il tost,
» Et por son fil, qui est en l'ost.
» Asprement nostre gent gerroie, -45
» Devant nos iex prent nostre proie;
» Chevaliers est vaillans et prous,
» Nos homes a raiens trestous;
» Mout est vaillans, preus et hardis
» Et en tornoi amanevis. -50
» Mes filleus est : se je pooie,
» Mout volentiers li aideroie. »
Soéf entre ses dents disoit
Ociroit le, s'il le tenoit :
Daire, son fil, engignera, -55
Ou se ce non, de duel morra.
La felonie qu'il disoit
Entre ses dens nus ne savoit;
Nus ne savoit la traïson
Qu'il porparloit de tél baron; -60
Et, oiant trestous, si disoit :
« Bel me seroit, s'il garissoit;
» S'il ne garist, ce poise moi;
» Si en ai jou proié le roi,
» Jou l'en ai hui assés proié : -65
» Vers moi en est mout corecié.
» Aidier li cuidai, mais ne poi,
» Onques si bel proier ne soi
» Qu'il en vausist oïr mes dis :
» Mau gré en ai, s'en sui haïs. -70
(f° 62 r° col. 1) » Jou ne l'en os plus aparler,
» Les autres en lairai parler :
» Ne sai se nus de vos m'en croit,
» Liés seroie s'il gehissoit;
» N'en i a nul si liés en fust, -75
» Tant bel de lui parler seüst. »
Oiés com li viellars se coevre

11943 Par.

Covertement de se male oevre!
Mors est Daires, s'il n'a aïe :
Jonas li veut tolir la vie ; 11980
Mais Dix l'en porra bien aidier
Et desfendre de l'encombrier.

Uns d'eus s'en est en piés dreciés
Et por Daire forment iriés :
Mout par ert jones et senés, -85
Il n'avoit pas .xxx. ans passés.
Davis ot non, le cuer ot sage :
D'orgoel n'ot cure ne d'outrage ;
Recès et grans cités avoit,
En son païs grant fief tenoit. -90
Quant il oï Jonas parler,
Qu'il voloit Daire a mort livrer,
Mout fiérement le resgarda :
« Jonas, » fait il, « entendés cha. »
Il li a dit par mau talent : -95
« Viex estes [vos] mout durement.
« Je voi mout bien comment il va :
» Vous pesciés de cha et de la,
» A .ij. rives alés nagant,
» Mout vous alés del droit fa[i]gnant : 12000
» Qui ces .ij. voies veut tenir
» Tart en sera au repentir.
» Conquis avés vos anemis,
» Çou est mervelle qu'estes vis,
» Qu'il ne vous ont grant pieç'a mort ; -5
» Maint home avés jugié a tort,
» Basti avés maint malvais plait
» Et maint franc home a mort atrait .
» Çou est grant deus que tant vivés
» Que viex estes et radotés : -10
» Mix i vauroie avoir .c. livres
» Et li siécles en fust delivres,
» Ou ke fuissiés en tél prison
» Ou ja mais ne vos veïst on.
» Se por le roi ne remanoit, -15
» Nos en prendriémes ja bon droit. »
Ce dist li rois : « Laiés ester :
» Chi ne doit on pas ramprosner.

11990 grant pais; 12016 perdriemes.

APPENDICE IV

    » Jonas a dit bon jugement,
    » Mout a parlé raisnablement;   12020
    » Il et Mald[u]is ont droit jugié :
    » Ja ne sera desotroié.
    » Crëon, Madone et Alexis,
    » Et Manessiers, qui'st mes amis,
    » Cist savent mout de la viés loi :   -25
    » Çou qu'il en diront, je l'otroi.
    » Eurimedon m'a mout neü,
(col. 2) » Je m'en ai bien aperceü;
    » Il et Lucas et Salemons,
    » Davis, Agenor et Othons,   -30
    » Il et Alexis de Cartage,
    » Qui mout par a le cuer volage, —
    » Quant il ses compagnons gerpi,
    » Mout malement m'en a bailli —
    » Tot cist vaurent mon droit tolir :
    » Bien lor en puet max avenir.   12036

(après O 8422)
(col. 2) . . . .
    » Bien dois prendre la seürté,   12075
    » Se il te vient a volenté. »

(après O 8488)
(col. 4) . . . .
    » Quant cuidai estre mix de soi,   12149
    » Dont n'ot ële cure de moi.

(après O 8558)
(col. 4) . . . .
    » Mais l'aventure or est ensi,   12185
    » Si vous en reqier le merci.

(après O 8560)
(col. 4) . . . .
    » Onques mais ne vous forfis rien,   12189
    » Ne ne ferai, ce vos di bien.

(après O 8672)
(v° col. 3) . . . .
    » N'ara od moi point de frapalle,   12365
    » Ne paonier ne garçonalle.

(après O 9020)
(f° 63 v° col. 2) . . . .
    Cil qui chaï en l'aige noie :   12715
    La orent cîl de l'ost grant joie.

(après O 9068)
(col. 3) . . . .
    Sossiel n'avoit millor ceval,   12765
    Ne sossiel n'ot millor vassal.

(après O 9074)
(col. 3) . . . .
    A ceus de l'ost bien en avint,   12773
    Au roi de Tèbes mal en vint;

12774 bien en v.

	As Grius avint bèle aventure,	
	A ceus dedens pesans et dure.	12776
(après O 9120)	. . . .	
(col. 4)	Ce fu cil qui en l'ost fu pris,	12849
	Dont li rois dut estre traïs.	
(après O 9172)	. . . .	
(f° 64 r° col. 1)	Ne vaut a eus soi tierc joster,	12901
	Ains fist Drian en sus ester.	
(après O 9184)	. . . .	
(col. 1)	Blanceflor estoit apelee,	12915
	Qu'èle sormontoit la contree.	
(après O 9294)	. . . .	
(col. 3)	Etioclès li dist por voir	13023
	Que ja n'ara de lui avoir.	
(après O 9316)	. . . .	
(col. 4)	Partenopex sa mére plaint,	13047
	De petit li cuers li estaint.	
(après O 9364)	. . . .	
(v° col. 1)	» Ce lor pri jou en guerredon,	13097
	» Que il tos jors tiégnent mon non.	
(après O 9366)	. . . .	
(col. 1)	Çou est l'ensègne del païs,	13105
	Qui trés ce tans i est assis.	
(après O 9416)	. . . .	
(col. 2)	» Vous me teniés a grant honor :	13161
	» Bien doi porter al cuer dolor.	
(après O 9460)	. . . .	
(col. 3)	Al cors ne sofri ainc tocier	13211
	De nule part ne aprocier	
	Se chevaliers non de grant pris :	
	Bien en i ot dusqes a .x.	
	Il l'ont posé en une biére,	-15
	A la cité s'en vont arriére :	
	Li chevalier a pié venoient ;	
	Mout en i ot qui en ploroient,	
	Car de sa mort érent dolent,	
	Sel regretoient doucement :	-20
	» Sire, se pris fuissiés sans mort,	
	» Venu fuissons a grant deport ;	
	» De ceste gerre eüssons pais,	
	» Plus de gerre n'en fust ja mais.	
	» Or ne poromes esgarder	-25
	» Comment puissomes acorder. »	

Dusc'a la vile sont venu.
Au duel ont laiens entendu :
Por le grant doel que il oïrent,
Encontre aus tous il s'en issirent.   13230
Mout i ot grant pule ajousté
Qui ploroient de pïeté;
Li uns a l'autre demandoit
Qui li mors est qui la gisoit;
Et cil qui l'avoit oï dire   -35
Respondoit que « ço ert li sire
» Qui si estoit preus et cortois
» Et qui passoit (i) tous les Grijois
» De grant bialté et de ricoise,
» De signorie et de prooise.   -40
» Partenopex a non avoit,
» De tot Arcage rois estoit :
» S'amor avoit toute doné(e)

(col. 4)
» No damoisèle Antigoné(e),
» Et s'il fust ore sans mort pris,   -45
» En grant repos fuissomes mis.
» Drias l'ocist a mout grant tort :
» Por çou le hét li rois de mort.
» Par celui fust bien li pais faite.
» Jamais n'en fust espee traite :   -50
» Quant afinee fust la guerre,
» Et en pais fust tote la terre,
» Donques fesist le mariage,
» Dont est dolans en son corage. »
Communement en sont dolant   -55
Tout li petit et tot li grant.
Dedens la vile sont entré
Et a .j. temple l'ont porté.
Duceüs est od son signor,
Qui en avoit le doel grignor,   -60
Sel regretoit si faitement
Qu'en ploroient .m. et .v. .c.;
A maint franc home pité prist
Del duel qu'il demaine et qu'il fist.
De la dolor vont les novèles,   -65
La sus amont dusc'as pucèles;
. . . .

13234 Cui li; -66 *Il y a sans doute ici une lacune de 2 vers.*

Et nequedent, sans nul mesage,
Savoient bien le grant damage,
Et bien virent cèle aventure,
Por coi fu mors, par quél mesure. 13270

Salemandre, la fille Daire,
Fu preus et sage et de bon aire;
Mervelle fu de bon afaire,
Et savoit bien com devoit faire.
Antigoné par le main prist, -75
Mout le conforte, se li dist :
» Ma damoisèle, aiés mesure;
» De vos meïsme prendés cure. »
Vers li s'aproce, si le baise,
Et se li prie ke se taise; -80
Mais Amors l'a si forsenee
Qu'èle caï jus, s'est pasmee.
Amours ne fait a nului droit,
Puis que ce vient al grant destroit.
Ne tenés pas içou a songe -85
Ne a favle ne a mençonge,
Que on ja puist trover ne querre
Si grant dolor ne si grant gerre
Com est Amors a cex quil servent :
Quant çou avient que il le perdent, -90
Si sont plain de forsenerie,
Pluisor en ont perdu la vie;
Qui bien vauroit servir Amor,
Mout en aroit paine et dolor.
Que fist ore la damoisèle -95
Qui tant estoit et sage et bèle?
Antigoné va vers le roi,
(f° 65 r° col. 1) Qui en est mise en tél esfroi
Qu'el pavement est jus cheüe :
En grant piéce ne se remue. 13300
L'amors de lui mout le gerroie :
Une liue fu toute coie.
Mais Salemendre la mescine,
Qui tant estoit de france orine,
Entre ses bras soéf le tint, -5
Entruesque de pasmison vint;

13303 la roine.

Et quant èle fu revenue,
Sa coulor ot tote perdue,
Cèle le prist a aparler
Et doucement a conforter : 13310
« Damoisèle, por Diu vos proi
» Que entendés .j. poi a moi,
» Si vos dirai ce que je pens.
» Se vos le faites, ço ert sens :
» N'en faites mais nule dolor, -15
» Ne n'en faites ne cri ne plor,
» Si ferés certes mout grant bien ;
» Si vos dirai ja une rien :
» Mout est male cose aventure ;
» Faites vo duel a tél mesure -20
» Que tot cil quin orront parler
» Ne vos en puissent ja gaber.
» Quant a l'ome vient li damages,
» Adont voit on se il est sages ;
» Quant aucuns a mestier d'aïe, -25
» Dont connoist il sens et folie.
» Or avés vos el cors la rage :
» Ostés le fors, si soiés sage.
» Se vos dites nule folie,
» Blasme en arés tote vo vie ; -30
» Mais soiés sage, ço ert drois,
» Car nee estes tote de rois ;
» Por çou vous devés mix garder
» Et plus sagement demener.
» Garde i prendront tote la gent ; -35
» Ore en estes au provement :
» Tornera vos a grant honor,
» Se par sens faites vo dolor.
» On en dira mainte parole :
» Ne devés pas estre si fole -40
» C'on die que soiés dervee
» Ne par amours si forsenee.
» Vous estes de mout haut linage :
» Esté avés et preus et sage ;
» De vos n'issi ainc legerie, -45
» Et sorparler n'i convient mie.
» Mout se devise fais et dis :
» Partonopeus, ki est ochis,
» N'eüstes onques a signor,
» Encor eüssiés vos s'amor ; -50

(col. 2)

» Por çou ne devés si plorer,
» Ne tél dolor por lui mener. »

Adont i sorvint la roïne,
Qui estoit mére a le mescine :
« En l'amor Diu, » Jocaste dit, 13355
« En grant paine trestous nos mist
» Qui vie nos dona premiers.
» Ja estait mors li chevaliers
» Qui de biauté estoit la rose
» Et preus estoit sor tote cose. -60
» Se Dix li grans me beneïe,
» Mout par est povre ceste vie :
» Cil estoit hui de si grant pris,
» Or ert demain en tère mis.

. . . .
» Et puis cèle eure quel vëoie, -65
» Sor tote cose le cremoie. »
Antigona ert en tél paine,
A poi ne li fali l'alaine :
.J. tot seul mot ne pot soner ;
Mais quant èle l'oï nomer -70
La grant biauté que cil avoit,
Qu'èle sor toute rien amoit,
Aval chaï, si se pasma :
A poi la vie n'en ala.
A destre part est li mescine, -75
Et a senestre la roïne ;
Or ne sévent ke puissent faire.
Adont parla la fille Daire :
« La biautés que nomer oï,
» Sor tote riens ce li nuisi ; -80
» Mais quant estes en son oiant,
» Parlés a li d'autre sanlant ;
» Confortés le d'autre maniére
» Et par douçor et par proiére.
» .I. lit estuet aparillier, -85
» Si le ferons dedens chocier. »
Dist la roïne debonnaire :
« Ce me sanle li mix a faire. »

. . .

13353 la mescine; -54 le roine; — *Après le v. 13364, il y a une courte lacune* — 13371 La grans biautés que ele a.

Tome II   17

258 APPENDICE IV

Le lit esrant aparilliérent,
Tote pasmee le chociérent ; 13390
A tél heure dont se chouca
Que puis haitie n'en leva :
Dusc'a .viij. jors tél do[e]l mena,
Onques li maus n'assoaga ;
Au noeme jor est devïee, -95
Et li ame s'en est alee.

Or revenrons au doel le roi :
Si baron sont environ soi,
Et si avoit gent de la vile,
Bien en i ot dusc'a .ij. mile. 13400
Ainc li rois ne li autre tuit
Ne dormirent icèle nuit.
Cierges i avoit tot entor,
Auquant ploroient de dolor ;
Li deus fu grans tot environ, -5
Forment le plaignent li baron,
Et Duceüs tos tans ploura,

(col. 3) Tote la nuit grant doel mena.
Ja trespassa la nuis oscure,
Si fu faite la sepouture : -10
Ele est faite dejouste Aton.
Le cors en portent li baron ;
(Puis les v. du texte critique 9463-4).
Etioclès fist cortoisie : -15
Ducëon prist, et se li prie
C'a lui remagne par amor :
Il li donra mout grant honor :
« Vos sire est mors, il n'i a él :
» Nos referomes autretél. -20
» Mais faites çou que je vous proi
» Et demorés chi avoec moi.
— Nel feroie, » cil li respont,
» Por trestot l'or qui est el mont ;
» Tos jors harrai mès ceste terre, -25
» A tos jors mais li fera[i] gerre,
» Et si harrai celui de mort
» Qui mon signor ocist a tort.
» Ceste tère degerpirai
» Et en une autre m'en irai, -30

13411 oton ; -30 .j. a.

» Et porterai itex novèles
» Qui a oïr n'érent pas bèles.
» Or voel avoir vostre congié. »
Li rois en ot mout grant pitié :
« Cou, » fait il, « ne vos puis veer, 13435
» Et del mien vous vaurai doner :
» Or et argent assés arés,
» Qu'en vostre tère en porterés. »
Duceüs dist : « Ja Diu ne place
» Qu'en ma vie tél honte face, -40
» Que de tél home prenge avoir,
» Que haç de mort a mon pooir ! »
Ses cevax li est aprestés,
Tot en plorant i est montés;
D'iloec s'en part : li rois l'otroie. -45
Il s'en ala, si tint sa voie;
De la vile est issus tantost
Et venus est poignant a l'ost.
Contre lui vint rois Adrastus,
Pollinicès, Capaneüs, -50
Et li autre communement
I acorent mout durement.
Puis lui a dit rois Adrastus :
« Amis, bien soiés vous venus !
» Or nos dites dont vos venés, -55
» De vos novèles nos contés.
— Se Dix me saut, » fait il, « biau' sire,
» Grant doel vos puis conter [et] dire;
» Je ne me puis tenir de plor :
» En mon cuer ai si grant dolor -60
» Que je ja mais n'oublierai
» A tos les jors que je vivrai. »
(col. 4) De son ceval est descendus,
As piés le roi s'en est ceüs.
Li rois l'en a sus redrecié, -65
Et si en pleure de pitié,
Et mout cortoisement li prie
Que l'aventure toute die :
« Sire, » fait il, « je[l] vous dirai,
» L'aventure vos conterai : -70
» De moi et de mon droit signor
» Vous porrai fornir grant dolor.

13472 pornir.

» Nos partimes de ci andui,
» Si qu'il n'i ot que moi et lui :
» Ne nos gardames d'aventure,   13475
» Qui si fu puis et pesme et dure.
» Li rois fu de la vile issus :
» N'avoit od lui que .ij. escus;
» Il n'avoient hauberc ne hiaume.
» Poignant vinrent cil du roiaume.   -80
» Il s'estoit vantés a s'amie,
» Que il feroit tél legerie :
» Dessi a l'ost soi tierc venroit
» Et sor escu autrui ferroit.
» Il venoient poignant tot troi   -85
» Sor les cevax a grant desroi.
» Nos les veïmes bien venir,
» Encontre alames por ferir;
» Nos veïmes qu'il érent troi
» Et nos n'estiens de ça que doi.   -90
» Cil qui tiers fu Drias ot non :
» Mout ot en lui noble baron;
» Cil qu'il mena fu li fiex Daire,
» Qui fist le roi si grant contraire.
» Li rois et mesire jostérent,   -95
» Et mout grans cols s'entredonérent :
» Grans cols ferirent au joster.
» Li rois li fist l'escu voler,
» Et mesire ne li fist mal :
» De son espiel fiert le ceval;   13500
» Le ceval feri ens el front,
» Si l'abati tot en .j. mont;
» Jus a tère chaï li rois,
» Et mesire remést tous frois.
» Entre moi et l'autre jostames,   -5
» Et grans cols nos entredonames.
» Nos chaïmes jus ambedui;
» Je sali sus, s'alai vers lui,
» Et il me vint traite l'espee;
» Entre nos .ij. ot grant mellee.   -10
» Drias, qui ert remés ariére,
» Ert mout hardis de grant man[i]ére :
» Il vit que cheüs fu se' sire,

Les vers 13479-80 seraient, ce nous semble, mieux à leur place après 13484; -80 roialme; -81 Il estoit.

(v° col. 1)

» Au cuer en avoit doel et ire.
» Il poinst por aidier son signor,   13515
» Honte douta et deshonor;
» Apoignant vint tos eslaissiés,
» Sa lance alonga tous iriés.
» Me' sire le vit bien venir :
» Ne le daigna por mort gerpir.   -20
» Il n'ot ne lance ne escu,
» Car l'un et l'autre avoit perdu;
» A esperon Drias venoit,
» Qui de la mort le maneçoit;
» Or ne sot preu qu'il peüst faire :   -25
» Mout li tornast a grant contraire,
» S'il .j. seul pas fuïst por mort.
» Sous lui avoit .j. ceval fort :
» Ne vaut la mort en fuiant prendre.
» Si qu'il cuida ariére tendre,   -30
» Trop guenci tost son auferrant,
» Si açopa des piés devant;
» Li cevaus chaï desous lui,
» Et cil i vint por faire anui.
» Li rois de Tèbes, quant le vit,   -35
» A haute vois cria et dit :
»« Drias, » fist il, « se tu l'ocis,
»» Ja mais ne seras mes amis. »
» Onques por çou nel valt laissier,
» Ains alonga le branc d'acier,   -40
» Par mi le pis le fiert a mort,
» Et l'a ochis a mout grant tort.
» L'espiel traist fors, a mi torna,
» Tout mon escu me depiça.
» Je fui tous seus, il furent troi,   -45
» Si me fisent plevir ma foi
» Que jou a Thèbes el doignon
» [I]cel jour iroie en prison.
» Le voir en avés oï dire :
» Si faitement fu mors me' sire.   -50
» Volés vous encore oïr plus ? »
— Se Dix me saut, » fait Adrastus,
« Ce volons nos oïr conter,
» Comment li rois l'en fist porter.
— Dont vint li rois a mon signor;   -55

13520 li; -22 Et lun; -36 dist.

» Illueques fist et plains et plor,
» Et en ploura mout tenrement,
» Et regreta mout francement :
»« Se vos eüsse, » fist il, « pris,
»» Et sain et sauf en prison mis,   13560
»» Acordee fust ceste gerre,
»» Et si fust mais pais en ma terre. »
» Dont vint me' sire de pasmer,
» Et si oï le roi plourer.
» Il s'est tornés par devers destre :   -65
»« Par foi, » dist il, « ne puet mais estre;
»» Je morai, je n'ai mais mestier,
»» Mais d'une cose vos requier
»» Que vous icest mien compagnon
»» Clamés quite sans raençon. »   -70
» Et li rois li jura por voir
» Que ja de lui n'aroit avoir.

(col. 2)
» Por mon signor forment plorai,
» Et grant dolor en demenai.
» Il me pria que demoraisse,   -75
» Tant com vivroit a lui parlaisse,
» Et en sa tère m'en alaisse,
» Et ces novèles i portaisse,
» Et sa mére baron presist,
» Que ja mais a lui n'atendist;   -80
» Et si commanda a se gent
» Doner son or et son argent,
» Et pria de ses escuiers
» Que on en fesist chevaliers;
» Et si lor mande en gerredon   -85
» Que a tous jors tiégnent son non,
» Tos jors reclaiment lor signor :
» Ja ne lor qier[t] plus grant honor.
» Après ce mot, ne pot plus dire,
» Ains devia nos jentix sire.   -90
» Quant le vi mort, si fui dolens,
» A poi que je n'issi du sens.
» Entre le roi et le fil Daire,
» Commençoient grant duel a faire.
» Drias ne voloit plus atendre,   -95
» Que se' sire nel fesist pendre.
» Dont venoient cil de la vile :
» Bien en i ot dusc'a .ij. mile,
» Car de lor signor se cremoient

» Por le grant doel que il ooient : 13600
» Il ne seurent que çou estoit,
» Si en vinrent a nos tot droit.
» Tost demandérent a lor roi
» Qui l'avoit mis en tél esfroi :
»« Signor, » fait il, « Drias a mort, -5
»» Sor mon desfens et a son tort,
»» .I. gentil roi que mout amoie,
»» Cui ma seror doner voloie.
»» Se jel peüsse avoir pris sain,
»» Tout acordé seriens demain -10
»» De la guerre jou et mes frére :
»» Mal m'a bailli Drias li lére.
»» Je vos commant que l'alés prendre
»» Et devant moi le faites pendre. »
» Dont li disoient li feel : -15
»« Mais or prendés autre consel
»» Et metés aillors vo entente :
»» De lui n'arés mais nule atente.
»» Iteus est ore l'aventure.
»» Faites a cestui sa droiture, -20
»» Et se li faites tél conroi
»» Qui conviégne trés bien a roi. »
» Li rois lor disoit : « Par ma foi,
»» Mout m'est bel, et si vos en proi. »
» Dont descendirent li baron, -25
» Si l'en portérent environ ;
» En la cité s'en retornérent
(col. 3) » Et a lor temple le portérent.
» De chevaliers i ot grant route :
» La baronie i fu trestoute. -30
» El cimentiére fu portés
» Et a grant honor enterés :
» Entre lui et le duc Athon
» Furent près a près compagnon.
» Je vos ai dit trestot le voir : -35
» N'i ai menti, al mien espoir.
» Et quant ce vint au departir,
» Li rois me voloit retenir :
» S'a lui voloie remanoir,
» Il me donroit mout grant avoir, -40
» Et me donroit fief et mollier,

13610 somes d.

» Si m'ameroit et tenroit cier.
» Je dis del sien ne prenderoie,
» Mais ariére retorneroie.
» Ensi del roi me departi, 13645
» Et si saciés trestout de fi
» Que il avoit mout grant dolor
» Et grant pitié de mon signor.
» Or vos ai dite l'aventure. »
Li rois l'oï, s'en ot ardure, -50
Grant doel en ot en son corage;
Il a mandé tot son barnage.
Rois Adrastus fu preus et sages :
Quant devant lui fu ses barnages,
Ne se vaut trop desconforter, -55
Qu'il ne fesist se gent plorer,
Ançois les a a raison mis
Tous ensanle grans et petis :
« Signor, » fait il, « vos savés bien
» Que ne porons por nule rien -60
» La mort fuïr ne eskiver,
» Qu'il ne le conviégne passer :
» Et rice et povre tot morront,
» Ja lor jor ne trespasseront.
» Mout ai perdu en ceste gerre -65
» Des millors homes de ma terre :
» Al cuer en ai mout grant contraire,
» Vous veés bien n'en puis él faire.
» Je n'en porai nes .j. ravoir,
» Ne por argent ne por avoir : -70
» De mort ne se puet hom torner,
» Por or ne por argent doner.
» De çou est la mors droituriére :
» Ne troeve nului qu'el ne fiére,
» Aussi fiert èle .j. amirant -75
» Com èle fait .j. mendiant.
» Que vos feroie trop lonc conte?
» Trestot morront et roi et conte.
» Ja, por dolor que fesissiens,
» Ceus qui sont mort ne raveriens : -80
» Grans deus a faire n'a mestier,
» Mais or pensomes del vengier;
» Pensons de vengier nos amis
» Et d'empirier nos anemis. »
Mout est li rois de grant voidie, -85

(col. 4)

     Qui se gent a si esbaudie;
     Mout bien les conselle et conforte,
     Et de bien faire les enorte :
     Quant li hom a grant destorbier,
     Il se doit faire assés plus fier.
     Mout i a sage empereor :
     Bien doit par droit tenir honor.   13692

(après O 9490)
(col. 2)   » Seürs soiés ne vos faurrons   13727
     » A nul jour, tant com viverons. »

(après O 9498)
(fº 66 rº col. 1). Quant furent tot par l'ost monté,   13739
     Si s'esmurent par la chité.

(après O 9504)
(col. 1)   A lor armes sont tost coru   13745
     Et de la vile fors issu.

(après O 9548)
(col. 1)   En haut en volent ces astèles   13791
     De ces anstes viés et novèles.

(après O 9556)
(col. 2)   Li tornois estoit mout pleniers :   13801
     Com plus duroit, plus estoit fiers.
     N'i avoit autre raençon :
     Qui la ert pris n'ert se mors non.   13804

(après O 9640)
(col. 3)   Il sot trés bien que mors estoit: 13905
     Mout volentiers se vengeroit;

(après O 9654)
(col. 4)   » Or m'as ochis en traïson :   13923
     » Encontre moi as cuer felon.

(après O 9718)
(vº col. 1)   Tant lancent dars et gaverlos,   13989
     Tant gétent piéres et caillos,

(après O 9752)
(col. 2)   Qui la veïst ces damoisèles   14035
     Crier et grater lor maissèles !

(après O 9786)
(col. 2)   Li rois de Tèbes fu ses pére,   14077
     Ethioclès cil ert ses frére.

(après O 9812)
(col. 3)   De lor baron et de lor fius,   14103

13804 nest

266 APPENDICE IV

(après O 9880)
(f° 67 r° col. 1)

    Qui la sont mort, a ces escius.
    . . . .
    De duel se pasme li bon rois,   14235
    Ne sai le quél, .ij. fois ou trois,
    Que jus a tère fust cheüs,
    Quant le retint Capaneüs.   14238

(après y 14274)
(col. 2)

    . . . .
    Es lances ont les trencans fers   14275
    Et en lor dos les blans haubers.

(après O 10066)
(v° col. 2)

    . . . .
    Canques il troeve, tot destruit;   14459
    A Tèbes vinrent a grant bruit.

(après O 10074)
(col. 2)

    . . . .
    Sa gent semont comme vassax   14503
    Que or i facent grans assaus.

(après O 10106)
(col. 3)

    . . . .
    Cil assalent de tél randon   14561
    Que la tère craulle environ.

(après O 10116)
(col. 4)

    . . . .
    Donc li dus par sa proèce :   14575
    Mout en ocist et plus en blèce.

(après O 10126)
(col. 4)

    . . . .
    Il les huca a mout grant cri :   14587
    « Devers les femes sont traï;

(après y 14616)
(col. 4)

    . . . .
    Romulus fu de cel linage   14617
    Qui furent mené en servage
    Et de Tèbes furent mené :
    Cil fonda Rome la cité.   14620

Explicit li sieges de Tebes et de Thioclet et de Pollinices li tierce branke (1).

(1) Voir la notice des manuscrits (*ms. A*).

14104 mors — 14236 li ques; *cf. x 10251-2* — 14619 Et de troies.

APPENDICE V

Vers spéciaux au manuscrit P

```
(après A 18)           . . . . . . . . . .
(f° 186 r° col. 2)     Et ke il fisent par grant grasse         19
                       En un livre c'on di(s)t Estasse.
(après A 94)           . . . . . . . . . .
(f° 187 r° col. 1)     Li rois fu mout espaventés :             95
                       Del temple issi tous trespensés ;
                       Laissa ensi, ne sét ke faire,
                       Mais mout li fu grant a contraire.       98
(après A 206)          . . . . . . . . . .
(f° 187 v° col. 1)     Cil sont issu de la cité :               209
                       Ens leur chemin en sont entré.
(après A 662)          . . . . . . . . . .
(f° 190 r° col. 2)     Tant l'a li dame regardé                 643
                       Que tout son doel a oublié :
                       La mort del fil et del baron             645
                       A tout jeté a son talon.
                       Ne fu si tenre d'eus plorer
                       Com est ore de cest amer.
                       Sovent l'esgarde li roïne,
                       Et tint auques le teste encline ;        650
                       De grant tristour vuelt sanlant faire,
                       Mais ens sen coer n'en avoit guaire :
                       C'est por deçoivre le maisnie
(v° col. 1)            Que fait sanlant ke soit irie.           654
(après A 690)          . . . . . . . . . .
```

19 fise, *avec un sigle sur l'*e — 647 de plorer; 653 recoiure.

APPENDICE V

(col. 1)   » Toute la mort de mon signo[u]r   685
                          » Li pardonrai por vostre amour.
(après O 400)   . . . .
(col. 2)   Quant il orent parlé assés,   701
                          Et auques dit de lour pensés,
                          Li dame a demandé le vin,
                          Et si fait boire le meschin.
                          Puis si commande .ij. pucelles,   705
                          Qui mout sont trés gentes et belles
                          Que faicent au gent chevalier
                          Un riche lit apparellier.
                          Quant il orent assés parlé,...   709
                          (Puis les v. 702-4 de A ; voy. App. III).
(après A 3196)   . . . .
(f° 205 v° col. 2)   Ces femes corent par ces rues,   3119
                          Toutes dervees, esperdues,
                          Et crient si les felonnies,
                          Les traïsons et les boidies
                          Que li rois a fait del messaige,
                          Que vaut ochire en son voiaige,
                          Et por çou sont lor gent ochis :   -25
                          « He! mauvais rois, cuivers honis,
                          » Com par iestes hui vergondés !
                          » Ja ne serés mais honerés. »
                          (Puis les v. de A 3197-8).
                          Tout ensanle vont au messaige,   -31
                          Que vaut ochire en son voiaige.
                          . . . .
(f° 206 r° col. 1)   Quél part iront leur amis querre,
                          Por aporter et metre ens terre.   -34
                          .....(Puis les v. de A 3199-3206).
                          » Et demandons de cest lait plait,   -43
                          » De cest grant doel comment il vait. »
                          Les noviellés la s'entredient :
                          Grant doel font cil et trop i crient.   3146
(après A 3608)   . . . .
(f° 208 r° col. 2)   » Le fil le roi ai a garder :   3531
                          » De lui ne me puis jou torner.
(après A 3982)   . . . .
(f° 210 v° col. 1   » Et si fist on itél conroi   3873

707 f. faire au c. — *Après 3132, il y a évidemment une lacune ; d'ailleurs les 2 v. qui suivent se retrouvent dans S après le v. 1958 du texte critique.*

	» Com on doit faire a fil de roi.	
(après A 4046))	. . . .	
(f° 211 r° col. 1)	Li chevalier vont mout criant,	3937
	Et vont mout sovent trebucant.	
(après x 2654)	. . . .	
(col. 1)	Vers lui adrèce se saiète,	3959
	Se li a fait itéle esmète	
	Que le coer li percha el cors :	
	Li fers si fu trenchans et fors.	3962
(après O 2646)	. . . .	
(v° col. 1)	Et por içou et por la teste,	4021
	Fisent le jour mout grande feste.	
(après O 2668)	. . . .	
(f° 212 v° col. 1)	Tout le païs Ligorge au roi	4203
	Passent em pais tout sans desroi.	
	Tant chevauchiérent et errérent	
	Qu'es destrois de Thèbes entrérent	4206
(après O 2680)	. . . .	
(col. 2)	A Thèbes droit par les montaignes	4217
	Conduist de Grèse le[s] compaignes :	
	Tant chevauchiérent ke la virent ;	
	Desous la ville descendirent.	4220
(après A 5298)	. . . .	
(f° 218 v° col. 1)	» De lui aront millor aiue,	5149
	» Lor terre n'iert pas confondue ;	
	» Mout leur vaura li emperére,	
	» (Un (?) vers omis par le scribe).....	
	» Puis ne criembront ne rois ne dus,	
	» Ne Adrastus ne Tideüs,	
	» Car de cels aront le secours	-55
	» Contre tes homes a tous jors,	
	» Mais de toi n'aront mais aïe,	
	» Se tout mal non et felonnie.	5158
(après O 3722)	. . . .	
(f° 219 r° col. 2)	» Qui dist le folie en liu tél,	5269
	» Drois est ke on li die autél.	
(après O 3874)	. . . .	
(f° 220 r° col. 2)	Parmi ces rues les en mainent	5445

3959-62 Cf. x 2655-6 ; -60 esmete m'est inconnu ; il est sans doute mis pour esmoete, à cause de la rime — 4203 le gge (avec un sigle) — 4217-20 ne sont qu'une reproduction (inadmissible) des v. 4971-4 de P (= A 5117-22), qui suivent l'épisode de Montflor ; cf. O 3461-4 ; -19 Ms. vinrent.

Cil chevalier, et mout se plaig[n]ent
De çou k'a l'ost n'osent aler
Por les pucèles adestrer,
Car mout euussent lor deduit,
Se il fesissent lor conduit. 5450
Mout en sont tout grain et irié :
Il les regardent de pitié,
Et èles aus par grant amor;
Mout s'entremostrent grant dolor.
Ates chevauce lés s'amie, -55
Dusk'a le porte le convie :
A grant mervelles li anoie
Que il n'en va en cèle voie,
Car, se Ismaine le laissast,
Ensanle li en l'ost alast. -60
Ates a destravé Ismaine :
De li desoivre a mout grant paine,
Il s'en depart mout a envis :
« Kïelles! » fait èle, « dous amis,
» Par cèle foi ke moi devés, -65
» Ne venés plus, mais retornés ».
Ates par le main le tenoit,
Et par grant amor l'estraignoit :
Par grant douçor andoi s'esgardent,
Et a grant force se departent; -70
Il se departent a le porte,
Mais cascuns d'aus se desconforte
Qu'il les laissent soles aler;
Mais ne le porent amender. 5474

(après O 3976) . . . .
(f° 221 r° col. 2) « Ahi ! » font il, « Partenopex, 5589
» N'iestes mie trop sousmilleus :
» Or i avés fait grant gaaing
» De çou k'iestes levés si main.
» Ou avés pris si bielle proie?
— Signor, » fait il, « en sauf l'avoie.
» En Tèbes le m'a on gardee, -95
» Or l'ai od moi chi amenee. »
Et les pucelles s'en forgoient
De çou k'en l'ost tél los avoient :
« Dites nous voir, » font li auquant,
« Qui sont èles? ke vont querant? 5600

5589 Patrenopex.

» Dont vient issi cortois eskès?
— Soers sont, » fait il, « Pollinicès,
» Et si i est avoec lor mére,
» Si viénent chi vëoir lor frére.
» Eles n'ont soing de guerroier, 5605
» Ne vuelent traire ne lancier :
» Por esbanois viénent a nous.
— Par foi, » font il, « ce volons nous :
» Nous sommes prest de les servir
» Et de faire tout leur plaisir. » 5610

(après A 6600) . . . .
(f° 228 r° col. 2). Ensanle s'arment li baron, 6721
Et brochiérent a esperon.
Li rois chevauche fiérement;
Od lui en vont tél .iiij. .c.,
S'il i pueent metre les fers, -25
Ja en feront jesir d'e[n]vers.
Li rois fu mout boins chevaliers :
Devant les autres point premiers;
Il broche et va ferir Evandre,
Pollinicès fiert Alixandre :
Mors les trebucent el chemin,
Et Tydeüs abat Sanguin. 6732

(après O 5962) . . . .
(f° 234 v° col. 1) Et les chevaus a aus retiénent, 7719
Ens le cité atout s'en viénent,

(après O 6346) . . . .
(f° 236 v° col. 1) » Avoi ! sire, ke faites vous? 8041
» Mout nous laissiés hui soffraitous.
» Biaus sire dous, car respondés...
(Lacune d'un ou plusieurs vers.)
» Ja nous soliés avoir si chiers : 8045
» Por k'estes vous ore si fiers?
» Car respondés .i. sol mot viaus,
» Ates, sire cortois et biaus. 8048

(après A 8382) . . . .
(f° 237 r° col. 1) » Qui onques ama par amors, 8119
» Si ait de moi doel et tenrors.
» Pitié aiés de .ij. amans
» Dont li plus viex n'a que .xx. ans,
» Et ore ont fait ja desevrance.
» Qui n'en poroit avoir pesance?

5609 Ms. daler s. — 8042 soffratos. Cf. O 6347.

» Amis, or voi vostre blancour 8125
» Trestoute pale et sans coulour :
» Vous iestes mors, tous iestes frois.
» Par douce amor vous [bais] .c. fois,
» Et non .c. fois tant solement,
» Mais juskes a l'entièrement ; —30
» Juskes serés en terre mis,
» Vous vuel baisier, mes dous amis,

(col. 2) » Car après n'i recoverrai
» A nis .j. jour, tant com vivrai.
» Amis, gens cors et noble faice, —35
» Chi gisiés mors com une glaice.
» Ou sont les noces, dous amis,
» Que vous m'aviés piéç'a promis ?
» Ierent or cèles ke chi voi ?
» Chi n'a ne gieu ne esbanoi ; —40
» A ces noces n'a jougleor,
» Tumeresses n'encanteor ;
» Ichi n'a jougleor fors moi.
» Lons ert cis cans, si com jou croi :
» Ja mais puis, tant ke doie vivre, —45
» De tél cançon n'iere delivre.
» Deviens nous dont ces noces faire ?
» Cès noces sont de grant contraire :
» Les autres ont de[s] lor lièce,
» Et jou ai tant de ce tristrèce. —50
» Biaus dous amis, bielle jovente,
» Com me livrés hui pesme entente !
» Et noient hui tant solement,
» Mais tos jors iert tot ensement.
» Quant ensanle soliens joër, —55
» Et vous me soliés acoler,
» Dont vous moustroie tél dangier,
» Ne vous voloie nis baisier ;
» Trop vous faisoie dure chiére :
» Or m'en repent, quant vous fui fiére. —60
» Dont me proiés tant doucement,
» Tantes fois jou vous vi dolent,
» Por tout le dangier ke mostroie :
» Certes, Ates, por vous moroie,
» Mais jel faisoie par cointise, —65
» Por miex avoir ens me justise,

8136 .i. g. ; —41 nĕ a iouglor.

» Si com pucelles font tous jours
» Por miex destraindre leur amours.
» Téls se coevre vers son ami,
» Qui plus l'aime ke ne fait li; 8170
» Eles le font par cauverie.

(v° col. 1)
» Çou ke j'en fis tien a folie :
» Or m'en repent, biaus dous amis;
» Por .j. baisier vous en renc .x.,
» Après les .x. em prendés .c. -75
» Aï! moi lasse! il ne m'entent;
» Il ne me sent, caitive lasse!
» Se jou onques de coer l'amasse,
» Vers lui eüsse esté plus mole
» De jeu, de ris et de parole. -80
» Amis Ates, chi gisiés mors :
» C'est mes damaiges grans et fors.
» Vous n'aviés soing de mon castoi,
» Sans mon gré aliés au tornoi.
» Sovent disoie : « N'i alés, -85
»» Car jou croi bien vous i morrés :
»» Trop iestes enfes et legiers;
»» Li tornois est et fel et fiers. »
» Dont ne vous estoit d'aler tart,
» C'on ne vous tenist a coart. -90
» Onques por çou nel dis, amis,
» Car trop estiés vous de grant pris;
» Ainc n'en fui lie, mais dolente,
» Por vo tenrour, por vo joventé,
» Por çou k'en cor[t] deüssiés estre -95
» Dedesous baille et desous mestre.
» Tant vous ramembrast, amis chiers,
» De nos .l. chevalliers
» Que Tydeüs nous ot ochis,
» Des plus proisiés de cest païs! 8200
» Il les ocist par son seul cors :
» Cuidiés iestre de lui plus fors?
» De cest ost tout li .xx. millor
» Ne l'osent atendre ens l'estor :
» Vous le quidiés tous seus ocire? -5
» Or en avés le mort, dous sire,
» Le mort, dont nus ne poet garir
» Nul jour ki soit mais a venir.

8170 faice; -81-2 *Cf. A 8391-2;* -97 ramembroit; -98 De vos.

Tome II 18

APPENDICE V

	» Ami avoie a mon talant :	
	» N'avrai mais tél en mon vivant.	8210
(après O 6426)	. . . .	
(f° 237 v° col. 2)	» Fors une fille te serour,	8221
	» Tu ne savoies bellisour.	
(après O 6792)	. . . .	
(f° 239 v° col. 2)	» Plevir li fesistes se foi	8545
	» Que tout içou diroit au roi.	
(après O 6808)	. . . .	
(col. 2)	» Puis m'avés pris en mainburnie.	8563
	» Amis, grans sens, grant compaignie,	
	» Com somes por vous corecié !	-65
	» Mout en somes desavancié :	
	» Perdu avommes le castel,	
	» Vers cui n'osoit faire cemb(i)el	
	» Nus hon ki fust ses anemis,	
(f° 240 r° col. 1)	» Car il ne fust ja si hardis	-70
	» Que il osast vers vous jouster,	
	» Ains osast hors ses iex bouter.	
	» Com on crioit : « Vés Tideüs ! »	
	» Cascuns fuioit com pooit plus,	
	» Cascuns fuioit si com tonoi[r]re,	-75
	» Que ne caïst sour lui en oirre ;	
	» Cascuns avoit pauour de soi,	
	» Si fuioient a grant desroi.	
	» Ahi ! signor, vous Thebiien,	
	» Com vous est hui avenu bien !	-80
	» Quant li tonoires gist ci mors,	
	» Vous en avés joie et depors.	
	» Il vous tuoit et .iiij. et quatre :	
	» Sovent vous fist vos coupes batre.	
	» Vous avés hui mué vostre iestre :	-85
	» A grant mervelle(s) ce poet iestre,	
	» Que par .j. home est essauc(h)ie	
	» Vostre grans os et abaissie.	
	» Amis compains, car m'entendés ;	
	» Amis compains, car m'aparlés :	-90
	» Mis nous avés arriére dos ;	
	» Ke devenra cest(r)e grans os,	
	» Puis ke vous mais ne li aidiés?	
	» Amis Tydeüs, car m'oiés :	
	» Par vous estoit cascuns seürs,	-95

8209-10 *Cf.* O 6411-2 — 8581 tonoiles.

» Et de lui tenez chasement :
» S'il onques ot pitié en vous,
» A ceste foiz moustrez le nous.
— Dame, » dist li dus, « ce sachiez, 1010
» De vous toutes me prent pitiez.
» Ne lerai que n'aiez secours,
» Car des barons est granz dolo[u]rs :
» Ja ne verrez .j. mois passé
» Que nous asserrons la cité ;
» Assaudron les et, ses puis prendre,
» Jes ferai touz ardoir ou pendre,
» La vile toute destruirai,
» Voz amis touz enterrerai. »
Quant l'oïrent ainsi parler,
De joie prannent a plorer,
Et les autres tout ensement
De pitié plorent tendrement :
« Sire, beneoiz soies tu,
» Et Diex te doinst par sa vertu
» Que par force et par pouesté
» Destruies eulz et la cité :
» Nous n'avrïons ja mès dolors,
» S'avïons droit des traïtors. »

Li dus envoie por sa gent,
Que tuit viengnent isnèlement.
Li mesagiers lor dit et crie,
Qui remeindra, ne cèle mie
Qu'il nel face desheriter
Et de tout son règne giter.
Quant il furent tuit asemblé,
Au jour que li dus ot mandé,

(v° col. 1) Hors de la vile s'en vont tuit,
De bonnes armes bien estruit.
Li dus est en une montaingne
Pour esgarder cex en la plaingne,
Qui furent bien près de .c. mile.
Tuit herbergent devant la vile :

10104 A ce besoing; -5 or oiez; -9 verront; -11 *B* le et cel;
sel; -12 *C* Jel f. t. a. en cendre; -15 Q. l'entendent; -16 comme
cent a p. (*v. f.*); -19 *C* beneoit, *B* bencois; -20 doint; -21 f. p.
-22 Destruisiez; -23 doulour; -24 du traitour; -27 *B* Le mesage
ne cele mie; -28 nel; -32 .I. i. q. li dux lot.

>   Et as méres et as serours,
>   Et as antains et as cousines,
>   As pucèles et as mescines,
>   Et as parentes et as niéces.
>   Le cors manaicent ke par piéces
>   Depeceront tout entresait,   8885
>   Car grant contraire lour a fait :
>   « Ahi ! léres, » dient les méres,
>   « Quél doel as fait nous et lour péres ! »
>   Dont s'escrient ces damoiselles
>   Et ces femes et ces pucelles ;   -90
>   Cil chevallier et cil bourgois
>   Recrient mout a haute vois :
>   Doel tél i font ne poent plus.
>   Dont li corent les femes sus.   8894
>   (Puis les v. de A 9025-6 ; voy. App. III)...

(après O 7240 *) . . . .

ÉPISODE DE CÉFAS, ROI DE NUBIE

(f° 243 r° col. 1) Li rois de Thèbes fu mout liés,   9075
                    Quant de Tideüm fu vengiés
                    Et sot que l'ost est esmaïe
                    Et de lui fort affebloïe.
5   De .ij. pars lor va malement,
                    Car de vitaille ont povrement.   -80
                    Grant joie en a en(s) son coraige,
                    Car il vauroit mout leur damaige :
                    « Signor, » fait il, « bien nous estait :
10   » A cort terme nous feront plait
                    » Cil de la hors, bien sai et voi,   -85
                    » Car cascuns a paor de soi ;
                    » Tous li plus cointes, ce m'est vis,
                    » Vauroit ore iestre en(s) son païs.
15   » Moie est li terre, il le saront,
                    » Et sai ke il le comperront.   -90
                    » De cesti bien nous delivrons :
(col. 2)   » Ja mais guerre n'i troverons ;

---

* *Nous croyons devoir donner, à côté du chiffrage général du ms., un chiffrage spécial à cet épisode, à cause de son importance.*

MANUSCRIT P   277

```
            » Ne verrés mais gent si hardie
   20       » Qui deseur nous faice envaïe.
            » Demain, » dist il, « les assaurons :   9095
            » De si ke en(s) leur pavillons,
            » Gardés n'i ait règne tenue.
            » Ne verra pas li gens menue :
   25       » Toute soit de barons roiaus
            » Apparelliés de boins vassaus.          9100
            » Tex est ore sains et haitiés,
            » Ki tous i remanra iriés. »

               Li rois a ses barons parloit
   30       Et chiaus dehors mout maneçoit :
            A tant estes vous .j. messaige,          -5
            Qui mout estoit et prex et saige.
            Le roi salue avenanment,
            Au miex k'il pot, mout saigement :
   35       « Jupiter, Mars et Apollons,
            » Et li dame des ciés Junons,            -10
            » Et tout icil ki od aus regnent
            » De tout mal faire te desfendent!
            — Amis, » dist il, « et Diex te gart!
   40       » Dont viens tu ore, de quél part?
            — Par foi, sire, de vers Nubie.         -15
            — Que fait Galatea m'amie?
            — Toute le laissai saine et drue.
            » De par son frére vous salue,
   45       » Cefas, le millor chevalier
            » Qui ja mais lance puist baillier.      -20
            » Por vous a laissie se terre,
            » Aidier vous vient de vostre guerre :
            » .Xx. m. homes a bien, jou croi,
   50       » Apparelliés de boin conroi.
            » Se il trueve vos anemis,               -25
            » Qui envers vous se sont or mis,
            » Avoir lor convient boin conduit
            » Et estre bien de guerre duit,
   55       » Se il tout en escapent sain.
            » Par moi vous mande ke demain           -30
            » Oltre cel bos alés encontre,
(v° col. 1) » Dela le terre Pin le monstre.
            » Por çou vous rueve il aler
```

9104 chiaus dedens; -9 appolins; -10 cies yuys; -32 moustre.

» Ke il vaura a vous parler,
» Savoir ke vous vaurés k'il faice[nt] 9135
»Ançois ke cil de l'ost le saicent. »
— Diex, » dist li rois, « com sui resors!
» Or averai, jou croi, secors. »
Il apiella Faron de Sal :
« Pensés, » fait il, « de cest cheval ; -40
» Jou le vous di et commanc bien
» Que ne lour falés ja de rien.
— Sire, » dist il, « jou le ferai
» Au miex ke faire le porrai. »
Li osteus fu apparelliés : -45
Es les vous mout bien herbergiés.
Après demande au chevallier,
Qui l'estoit venus herbergier,
Des serours le roi com faisoient,
Comment èles se contenoient. -50
Cil li respont, ke faire seut,
Plus saigement ke onques peut :
« Ysmaine, » dist il, « li cortoise,
» Dont a maint baron forment poise,
» Nous a laissié, si est ve(u)lee -55
» La jus ens mi cèle valee ;
» L'autre, l'ainsnée, est en maison :
» Antigoné l'apielle on,
» Qui mout est prex, cortoise et sa(i)ge
» Et bielle et afaitie et large. -60
— A li, » fait il, « m'estuet aler :
» De par Cefas m'estuet parler,
» Mon signour, ki mout l'ameroit,
» S'Etioclès li rois voloit. »
Cil li respont com affaitiés. -65
« J'en seroie, » fait il, « mout liés.
» Or i alons, se vous volés.
— Jou vuel, » fait il ; « avant alés ;
» Parlés a li, vostre merchi,
» Se li dites ke jou sui chi : -70
» Dou roi Cefas, le preu, le saige,
» Li voel conter .j. grant messaige. »

A tant entre ou palais roial,
Et cil remaint hors a cheval.

9148 Qui estoit.

Vint a le cambre, si l'apielle : 9175
« Ou est Antigoné la bielle? »
Une pucelle i va courant,
Ki l'uis ouvri. Cil va avant,
Si salua le damoiselle :
Puis li conselle le novielle : -80
« Que .j. messaiges est venus,
» Qui de Nubie fu meüs,
» Qui vuelt, » dist il, « a vous parler.
— Alés le donkes amener. »
Et cil s'en torne, au mès revint; -85
.J. wallès son cheval li tint.
Andoi se prendent par les mains,
Ens entrent. Cil n'est pas vilains :
La pucelle a luès saluée
De par le bielle Galatée : -90
« Dame, » dist il, « me damoiselle,
» Vous salue, ki mout est bielle.
» De son frére vous vuelt proier,
» Ki au vostre vient por aidier.
» Por vostre amor, k'il vuelt conquerre, -95
» A laissie toute se terre;
» Od soi a chevaliers .xx. mille,
» Ke vous verrés en ceste ville;
» .I. present vous envoie gent,
» Ki bien vaut .v^c. mars d'argent : 9200
» .I. cercle d'or tout fait a piéres
» Mout presieuses et mout chiéres.
» De par le roi prendés cest don
» Et son service en abandon. »
Ele respont avenanment -5
Et bel et bien cortoisement :
» Sire, » dist èle, « Diex benie
» Le damoisèle, com m'amie!
» De le proiére ke fait a
» De son frére le roi Cefa, -10
» Mout en sui lie, et j'en ferai
» Tout quankes jou faire porrai,
» Comme pucelle a signour,
» Par loiauté et par amour.
» Est il jones? — Dame, dansiaus, -15
» Saiges, cortois et prex et biaus.
— Est encor vis li rois ses pére?
— Mors est, por voir, il et sa mére.

145	» Quant dut morir, si le manda	
	» Et humlement li commanda	9220
	» Que a feme vous requesist	
	» Et ke ja autre ne presist :	
	» Or vient li fiex en ceste terre,	
150	» A vostre frére vous vient querre. »	
	Li damoiselle le regarde :	-25
	Ce li est vis li coers li arde,	
	Et refroidist, com foille tramble,	
	Com se ce fust foille de tramble.	
155	Le cercle prent ou ot mout piéres,	
	Qui iérent de plusiours maniéres :	-30
	Tant fu del messaige esbahie	
	Que èle ne sét k'èle die;	
	Ne pour le don merchi ne rent,	
160	Car d'autre part li coers li tent.	
	Au messaige dist : « Biaus amis,	-35
	» Li rois venra en cest païs :	
	» Parler orrons de se preuèce,	
	» De se valour, de se rikèce;	
165	» Lui verrai et aconterai;	
	» Selonc içou ke troverai	-40
	» Parlerai puis de mariaige.	
	» Bien sai k'il est de haut paraige.	
	» Par le voloir le roi mon frére	
170	» Et par le me dame me mére,	
	» Vaurai jou puis ke il soit fait;	-45
	» Car ne doit on faire entresait	
	» Sans grant consel içou k'il quiert,	
	» Fait doit iestre si com il iert.	
195	— Dame, » fait il, « vous dites voir,	
	» Si com jou quic et jou espoir;	-50
	» Quanke avés dit mout bien me sanle.	
(col. 2)	» Vous parlerés, jou croi, ensanle,	
	» Et, s'il est cose destinée	
180	» Que lui aiés, bor fustes née. »	
	Cil prent congié a le parfin.	-55
	El li rova doner le vin :	
	« He! Diex, » dist ele, « ke ferai	
	» Et comment me consellerai?	
185	» Mout m'est creüe grant contraire.	

9246 on pas e.; -54 boin.

» Antigoné, ke porrai faire ? 9260
» Partonopeus, vous me perdrois.
» Non ferés, voir : vostre est li drois,
» Car jou vous aim quankes jou puis.
190 » Se jou vous ai, autre ne ruis,
» Et se vous pert, autre n'arai -65
» A nis .j. jor, tant com vivrai.
» Perdre, lasse, ke ai jou dit ? »
Dont s'est asise sour sen lit,
195 Si s'en va a une fenestre
Ou el soloit volentiers iestre, -70
Car son ami d'iloec vëoit
Et d'iloec bien le connissoit :
Mandé li avoit et proié
200 Par .j. sien mès, k'ot envoié,
Ke a une part se traisist -75
De l'ost, si k'èle le veïst
Cascun jor viaus une foïe,
Si en seroit assés plus lie ;
205 Ou il se traie envers la ville
Atout se gent plus de .xx. mille. -80
De cèle part se herberga
Ou s'amie li ensegna,
Que l'alast esgarder s'amie.
210 A icel jour n'i estoit mie :
Alés estoit en .j. aguait -85
Que sour chiaus dedens avoit fait.
Dire avoit oï ke li rois
S'en iert issus par le marois :
215 Cachiés estoit priveement
Od .m. chevaliers de se gent. -90
Cil l'i mena ki dit li a :
(v° col. 1) Onques li rois ne le pensa.
Cel jour guaita, èle l'atant :
220 De son coer ot a lui entant.
Quant el nel voit, mout li anuie : -95
Primes sour .j. cote s'apuie,
Et puis sor l'autre quant se doelt,
Ne n'a riens de quanke èle voelt.
225 Cèle part garde et pe[n]se et dist
Ke « ou est il ? » puis se maudist : 9300

9274 Ke .j. ; -75 a .i. -83 Q'il a. ; -89 Cachier ; -91 ke ; -93 la tant ; -96 cosse.

« Que doi faire, maleüree?
» Mal de l'eure que jou fui nee!
» Quex amors est ki m'a sousprise?
» Quéls fus est çou ki m'a esprise?
» A .j. home ai m'amor donee, 9305
» Otroïe et abandonee,
» Que jou nen oi ne jou nel voi :
» Parler n'i puis ne il a moi.
» N'est pas amors, ens est li raige,
» Ki me desvoie men coraige, -10
» Qui me fait amer home estrange.
» Puet bien estre li coers li cange :
» Jou l'aim trop, il n'aime pas moi;
» Autre amie a, si com jou croi.
» Tout asseür le puis savoir, -15
» Car, se m'amor vausist avoir,
» Il se fust mostrés, grant piech'a,
» Ens le montaigne de decha.
» Mais jou croi vers moi est iriés :
» Ou il en(s) l'ost n'i a ses piés, -20
» Ou il oï téle novielle
» De moi, ke pas ne li fu belle.
» Par aucun messaige le sét,
» Çou ke cis mande, si m'en hét;
» Autre prendra et moi laira. -25
» Que di jou? lasse! Non fera.
» Prendra! quèles, et il por quoi?
» Et ne sui jou fille de roi?
» Jou sui assés de grant paraige,
» Et il est rois de haut lignaige; -30
» Jou sui bielle, mais il est plus. »
A tant se laisse caïr jus;
Si s'en reva gesir el lit,
Ou ot mout poi de son delit.
Pense, tresaut et si souspire; -35
Or se debat, or a grant ire.
Or l'a pris Amors en conduit,
Qui li moustra de son deduit;
De son dart l'a ore ferue
El coer, ke el cors le remue; -40
Et nonporquant il n'i pert plaie,
Ne sans n'en ist, mais mout s'esmaie.

9307 ne noi; -23 auoun; -34 de son *est répété*.

Amors entre de cèle part
270 Ou ot fait voie de son dart :
Illuec fu assise ens se tour, 9345
Amors l'a assali entour;
Del castel a il pris le baille,
Mais vers le tour n'a il bataille,
275 Car, se raisons fust illoec fors,
Desvoiés fu[st] li autres cors; -50
Dervee fust veraiement :
Ja nen euust aiüement.
Mais or se tient et humelie :
280 Or dist savoir, or dist folie.
Amors li dist et amoneste -55
Ke aint dedui(s)t et faice feste,
Et bel s'acesme et [se] conroit,
A son ami sovent envoit
285 Savoir kil fait, kil ne l'oublit,
Od lui mèce tout son delit. -60
Raisons li ramembre mesure,
Li dist de folie n'ait cure;
Raisons fait amer saigement :
290 « Mout overroies folement :
» Mout iés nee de haut lignaige, -65
» Mout fu te mére preus et saige;
» N'avient pas de nule pucelle
» Que de li aut male nov(i)elle.
295 — Hé! Diex » dist èle, « ke ferai?
« Se che me dure, jou morrai : -70
» Jou aim par foi. — Tu fais ke fole,
(f° 245 r° col. 1) » Car en çoiles viaus te parole.
— Et jou pour quoi le celerai?
300 » Por honte. — Par foi, non ferai;
» Jou n'en arai, » dist èle, « honte -75
» Ne blasme; car jou n'aim pas conte,
» Ains est rois de mout grant rikèce
» Et de barnaige et de prouèce;
305 » Assés l'ai veü en tornoi
» Grans proèces faire por moi. -80
» Ne sai se jel verrai maishui;
» Piéch'a nel vi, dolante en sui.
— Se mais ne t'aime, k'en iert il?
310 — Livree seroie a escil.

9364 ouercoies.

	» Or sai jou bien ke jou ferai :	9385
	» Mon messaige li escrirai,	
	» Ou jou li mandrai simplement	
	» De moi tout le mar[r]iement.	
315	» Lètre en ferai en recelee	
	» Et de mon anel seelee,	-90
	» Ou jou demousterrai le voir,	
	» Si le porrai mout bien savoir.	
	» Et ja ne cangerai s'amour,	
320	» Ne autrui n'arai a signour :	
	» Itél consel tieng a plus b(i)el. »	-95
	Quiert parkemin et quiert rosel;	
	Pense ke salus mandera,	
	Com faitement le ditera.	
325	Or a escrit : « Au roi d'Arcade	
	Mande ke Diex l'ait en(s) se garde	9400
	« Antigoné le soer le roi ;	
	« Vuelt ke saichiés par quél desroi	
	» Li rois Cefas le vuelt avoir :	
330	» En ceste terre vient, por voir;	
	» Od chevalliers plus de .xx. mille	-5
	» Sera demain en ceste ville;	
	» Anuit girra el val de Croce,	
	» Ki est chi près, outre le roce	
335	» Pin le dyauble, le fort monstre.	
	» Li rois mes frére ira encontre	-10
	» Od .m. chevalliers, ce me sanle;	
(col. 2)	» Anuit seront trestout ensanle.	
	» A mon frére me requerra :	
340	» Mes fréres tost l'otroiera,	
	» Car de lui vuelt avoir l'aïe.	-15
	» Demain iert vostre os assalie :	
	» Assés orrés com en sera.	
	» Remandés moi com vous plaira. »	
345	Le chartre ploie biellement :	
	Faire le vuelt celeement.	-20
	Or se pense s'autre fera,	
	Ou se por ce remandera.	
	Parchemin prent et boin et bel	
350	Et aparelle son rosel;	
	Or a escrit : « Avant, amis,	-25
	» Vostre amie vous a tramis	

9409 moustre; -17 fera; -21 kentre f.

>> Salus k'èle ja mais n'ara,
>> Tresi par vous le recevra;
355 >> Si ne vous esmait içou mie
>> K'en(s) l'autre brief n'a non [a]mie. 9430
>> Jou vous en dirai tout le voir :
>> Vostre coraige vuel savoir,
>> Comment vous vous en contenrés
360 >> Et a men mès vous respondrés.
>> Ne me tenés pas por piour, -35
>> Se m'umeli vers vostre amour :
>> Vostre sui et vostre serai,
>> Ja nul jour ne vous cangerai;
365 >> Mes amis iestes premerains,
>> Et esterés li daerrains. -40
>> Ainc mais ne seuc ke fu amors,
>> Mais ore en ai paine et dolors,
>> Por vostre amor ai grant travail;
370 >> Vostre amor a men coer em bail.
>> .J. cercle d'or vous doins a piéres -45
>> Mout presieuses et mout chiéres :
>> Cefas le tramist vostre amie,
>> Quil fist aporter de Nubie.
375 >> Demain vos anemis verrés,
>> En vostre chief le porterés : -50
>> Mout faus sera, se il le voit,
(v° col. 1) >> Se mout trés bien ne l'aperçoit,
>> Car pas ne voel s'amor avoir,
380 >> Et dès ore le poet savoir.
>> Si vous envoi .j. gonfanon -55
>> Blanc comme noif, a .j. lion :
>> Par vous vuel ke soit presentés
>> Au roi Cefas, si le contés.
385 >> De l'autre part soit escriée
>> L'amor de moi et renommée, -60
>> Si ke jou l'oie et bien le saice :
>> Diex i regart a mon coraige!
>> Sire, le chartre est definie :
390 >> N'oblie(s) pas, por Dieu, t'amie. »
Le chartre ploie en .j. quarrel, -65
Seèle la de son anel;
Apiellé a .j. messaigier,
K'èle creoit et avoit chier.

9457 Por; -59 soie.

395   Ele l'apielle : « Estievenel ! »
       Puis si li baille le seel :   9470
       « Tu t'en iras, » fait èle, « en l'ost,
       » Garde(s) ke cha resoies tost.
       » Tant va(s) errant par l'ost des Grex
400   » Ke tu voies Partenopex.
       » Cest brief li done(s) premerain :   -75
       » Quant li aras mis en(s) le main,
       » Bien prens garde ke il fera
       » Et comment il se contenra.
405   » Quant il ara lite cesti,
       » Après ceste rebaille li.   -80
       » Cest cercle d'or li bailleras
       » Et cest pignon, puis revenras.
       » Et bien entens k'il te dira
410   » Et ke par toi me mandera.
       » Garde fait soit celéement,   -85
       » Et puis repaire isnellement. »
       Il prent le brief ke èle envoie.
       N'i a plus : met soi a la voie ;
415   A le porte dist au portier
       Ke hors aloit por espiier.   -90
       Cil li ouvri, aler l'en lai(s)t,
(col. 2) Et cil mout tost vers l'ost s'en vait ;
       Au tréf Partenopeus en vint :
420   Onques anchois ne se retint.
       Trova le, car il iert venus   -95
       Del guait ou il iert esteüs.
       Li rois le vit, si l'apiella ;
       Bien le connut, a lui ala ;
425   Demandé a : « Ke fait m'amie ? »
       Cil li dist : « Nel celerai mie :   9500
       » Une lètre chi vous tramet. »
       A tant le briéf el poing li met.
       Il l'a ouverte isnellement ;
430   List le, si voit le mandement.
       Quant il voit k'il n'i est amis,   -5
       Ne d'amie n'est li nons mis,
       Et voit escrit le mariaige,
       Por poi de doel ne va a raige :
435   Envers terre gardé une piéce ;
       Le chartre prent, si le depiéce,   -10

9478 contera.

                    Puis le defoule de ses piés ;
                    Celui regarde tous iriés,
                    Demande lui par grant fierté :
440   « Sés tu ke tu as aporté?
                    — Naje, » dìst il, « par Apollin ;   9515
                    » N'en sai commençaille ne fin. »
                    Mout est iriés, bien s'aperçoit.
                    L'autre li rent, cil le reçoit :
445   El lire mout s'esleecha ;
                    Quant lute l'ot, son vis drecha.   -20
                    Vers le sergant commence a dire :
                    « Mout ai euu, » fait il, « grant ire ;
                    » Or [m'a] m'amie assaziié,
450   » Du grant courouç m'a refait lié.
                    — Sire, » dist il, « encore i a :   -25
                    » .I. cercle d'or vous envoi[a],
                    » Si vous envoie .j. gonfanon,
                    » Paint i a .j. vermel lion.
455   » Mande vous ke por soie amour
                    » Soit demain veüs ens l'estour :   -30
                    » Le cercle d'or el chief arés
(fº 246 rº col. 1) » Demain, quant vous tornoierés,
                    » Car demain sera assaillie
460   » Ceste vostre os et envaïe.
                    » Or en iestes garnis devant :   -35
                    » Jou m'en vois, a Dieu vous commant. »
                    Il li respont : « Tu t'en iras,
                    » M'amie me salueras ;
465   » De ton service aras loier,
                    » Car jou te ferai chevallier.   -40
                    — Sire, » dist il, « ce n'est or mie ;
                    » Mais se Diex t'asanle a t'amie,
                    » Içou et plus de toi arai :
470   » Bien sui seürs, ja n'i faurai. »

                    A tant s'en torne, si le lai(s)t,   -45
                    Et li rois a son tréf s'en vait.
                    Son cheval mande, sil monta ;
                    Au tréf roial soéf s'en va.
475   Adrastus le voit, si l'apielle :
                    « Savés, » dist il, « nule novielle ?   -50
                    — Oïl, par mon chief, » dist il, « sire,

9521 a lire.

» Et sel vous vieng conter et dire :
» Ne vous anuit, or m'escoutés,
480 » Car Diex nous a tous visités.
» Une novielle ai hui oïe, 9555
» Que Cefas, le roi de Nubie,
» Vient pour aidier Etioclès :
» Anuit girra ichi mout près.
485 » A itél gent com il ara
» Demain, jou quit, vous assaura. -60
» Ethioclès i est alés,
» Od lui .m. chevalliers armés ;
» Et, s'il vous plaisoit, jou iroie :
490 » De vostre gent od moi menroie. »
Capaneüs a pris le roi -65
Par le mantel, sel traist od soi :
« Sire, » fait il, « cest consel brief,
» Ces paroles traiés a chief :
495 » Chi vostre guerre achieverois
» Et Thydeüm bien vengerois. -70
» Se faites a mon loement
(col. 2) » Et a ces autres ensement,
» Bien vous venra, au mien espoir. »
500 Li rois respont : « Vous dites voir.
» Or me dites ke me loés -75
» Et comment faire le volés.
— Biaus sire, » dist Capaneüs,
« Des vos barons chi voi le plus.
505 » Premiers mouvra Partenopeus,
» Od soi menra .x. mile Greus. -80
» Pollinicès après reviégne,
» Le gent Tydeüm maint et tiégne :
» .X. mile seront sans doutance ;
510 » D[e] leur signour prengent vengance.
» Ypomedon i revenra, -85
» Des siens .x. mile i amenra ;
» Et jou irai par vostre otroi,
» .X. mile en enmenrai od moi.
515 » Il i seront quarante mile.
» Chevalier preu et mout nobile. -90
» Qui premiers dist nel tieng a sot :
»« Qui de long garde de près got. »

9552 Et ses; -69 V. g. chi acheieurois; -76 Et c. sire; -79 patrenopeus; -81 Pollonices; -85 Ypodemon.

» Gardés se jou di se bien non. »
» Il respondent : « Bien le loon ;
» N'i a celui ki vous en faille :
» Diex me tramète itél bataille ! »
Li rois respont : « Vous en irés,
» Or verrai coment le ferés :
» Desor vous .iiij. iert icis fais ;
» Or le faites bien et em pais. »
Cil s'en tornent, a lour trés vont :
Arment soi tout et tost le font ;
Ens leur chemin se mètent tuit,
Ne font pas noise ne grant bruit.
Passent .j. pui, viénent el val
Tout apparellié li vassal ;
Illoec ensanle consel prisent,
Et d'aus illoec .j. agait misent.
Le premier fist Capaneüs :
Od lui ot bien .xx. mile escus ;
Li autre se sont embuissié,
Ens .j. sapoi les ont laissié.
Ypomedon ot se maisnie
Preu et saige et bien afaitie :
.X. mile en a en sa compaigne,
Que pas ne laisse aler em plaigne.
Pollinicès en est sevrés :
Outre .j. rochier en est alés.
Parthenopex s'est après mis
Od .x. mile de ses amis ;
Ypomedon les autres ot :
Il li laissa, car mout l'amot.
Parthenopeus ce dist li rois :
« Sire, » dist il, « aval irois :
» .X. mile en i menrés od vous
» De tous les miex chevallerous.
» Venés vous ent grant aleüre
» Par cèle bielle plaine dure.
» Il caceront mout volentiers :
» Ne soit tant hardis chevalliers
» Qui el fuïr a nul d'aus joigne ;
» Cil nous tauroit nostre besoigne. »

9593 jou si se ; -98 venrai ; 9602 tost et tout ; -13 et -21 Ypodemon ; -17, -33 et 40 Pollo' ; -23 Pth'.

	Pollinicès ensi l'otroie;	
560	La[i]ssa les, si se mist a voie:	
	Od ses .x. mile chevalliers.	9635
	Ira ferir tés cols premiers.	
	Toute la nuit ensi velliérent	
	Et leur aguait apparelliérent,	
565	Quant, .j. poi dedevant le jour,	
	Pollonicès fu ens l'estour.	-40
	Des siens avant .iiij. en envoie:	
	« Metés vous, » fait cil, « a le voie. »	
	Cil s'en tornent, viénent el mont;	
570	Oent le noise ke il font,	
	Et oent les chevaus henir,	-45
	Et voient les chevaus venir.	
	Arriére en vont li chevallier	
	A Pollinicès pour nonchier	
575	Que il viénent, ses ont veü(s),	
	Et des herberges sont meü(s).	-50
	Pollinicès en ot grant joie,	
(col. 2)	N'i a celui ki bien ne l'oie :	
	« Signour, » dist il, « or i parra	
580	» Ki boins chevalliers i sera.	
	» Quant me verrés torner le dos,	-55
	» Vous n'i joigniés : n'i ait si os;	
	» Grant aleüre isnellement	
	» Vous en venés estroitement;	
585	» Bien vous laissiés grans cols ferir,	
	» Et vous pensés de bien souffrir	-60
	» Juskes a l'agait daerrain :	
	» Illueques tornerons a plain. »	
	. . . .	
	Avant envoie pour savoir	
590	As passaiges et pour veoir	
	Qu'il n'i ait repuns chevallier[s].	-65
	Ethioclès i va premier[s];	
	Od [lui] se maisnie escarie,	
	Qui sont duit de chevallerie.	
595	Li jours auques esclarcis fu[t] :	
	Ethioclès les aperchut.	-70
	Bien connùt l'ensègne son frére,	

9648 Pollonices; -51 Pollo'; -62 *Petite lacune, probablement de 2 vers.*

Car d'un vermel siglaton (i)ére,
Et doi blanc aigle i érent paint :
600 De mautalent et d'ire taint.
Il apielle .ij. chevalliers : 9675
« Alés, » fait il, « mout tost arriers;
» Dites le roi ke il s'esploit
» Et des barons .m. en envoit.
605 » Cil de l'ost nous ont porseüs :
» Dites .iij. mile en ai veüs. » -80
Cil s'en tornent par le bruiére,
A Cefas vont, ki iert arriére;
Content com Ethioclès mande,
610 Et cil se gent rengier commande.
.M. chevalliers i envoia, -85
Qu'Ethioclès li demanda;
Des autres fait batailles .iij.,
Et il s'en ist trestous destrois.

615 Que vous iroie alongant?
Pollinicès vint chevauchant : -90
Son frére voit, ki devant vient;
(f° 247 r° col. 1) As siens parole, si se tient :
« Baron, » dist il, « or vous verrai,
620 » A[u] bien ferir vous connistrai.
» Tout iestes noble chevalier : -95
» Ne vous convient pas esmaier.
» De premiers grans cols i donés,
» Et puis après vous en tornés;
625 » Quant jou me partirai des lor;
» N'en i demeurt nus ens l'estor. » 9700
Il otroient çou k'il a dit.
A tant garde, son frére vit.
Il ne se vuelle[n]t [mais] atendre :
630 Mout grans batailles se vont rendre.
Pollinicès avant chevauce; -5
Fiert .j. neveu Creon, Lemauce,
Qui estoit fiex de se serour :
Chevalliers iert de grant valour.
635 Pollinicès l'escu li fent,
Contre le cors tout li content; -10
Par mi le pis li fers li passe,

9678 en iuoist; -86 Que e. li manda; -90 Pollo'; 9704 leur v.;
-5 et -9 Pollo'; -6 lemalce.

Outre le cors em pert grant masse.
Se grande force tout perdi :
640 Del cheval chiet, mors s'estendi.
S'ensègne escrie hautement : 9715
« Ferés, baron, communalment :
» Del neveu Creon sui vengiés,
» Vers cui jou iére mout iriés. »
645 .I. bacelér i ot mout b(i)el :
Chevalliers iert fais de novel, -20
Parens iert Tydeüs le roi ;
Damoisel l'amena od soi.
Pollinde ot non, bien fu armés ;
650 Des siens se part bien conreés.
Le cheval point vers .j. content -25
Plus tost qu'esfoudres ne destent,
Et fiert Godone de Surie
Tél cop ke trestout s'en oublie.
655 Outre s'em part a grant randon,
El cors li laist le gonfanon. -30
(col. 2) Il chaï jus, et cil le laist,
Arriére vers les siens se traist.
Ethioclès fu mout iriés,
660 Quant vit ses homes detrenchiés :
S'ensègne crie hautement, -35
Poin(s)t Blancenue isnellement,
Et li chevaus plus tost li saut
Que li chievreus n'isse del gaut.
665 De tout ensi grant alleüre,
Pollinde fiert par grant ardure ; -40
Parmi le cors li met se lance.
Cil n'a ens se vie fiance :
A terre chiet, si jéte .j. brait ;
670 Li rois del cors se lance trait.
Pollinicès quant le voit mort, -45
Doel a grant, mervellos et fort :
Le destrier point sor quoi seoit,
Va vers son frére ou il le voit.
675 Ethioclès regarde arriére :
Venir le voit par le riviére. -50
Esperonent li doi baron,
Requiérent aus comme lion ;
De si grant virtu s'entrefiérent

9719 biel ; -36 blancemule ; -45, -55, -59 et -91 Pollo'.

680	A poi les poins ne se tolirent;	
	Mais l'espee Pollinicès	9755
	Fu fors, et si feri de près	
	Le son frére a escous[s]é jus.	
	Cil a paor, si fuit en sus.	
685	Pollinicès l'encauce fort,	
	Et cil a grant paor de mort;	-60
	De l'espee tél cop li done	
	K'Ethioclès tout en estone :	
	S'un poi li fust plus loins se gens,	
690	Nel garesist ors ne argens	
	Qu'il n'i fust mors. Mais cil i poignent :	-65
	.Xxx. .m. as .xx. mil[e] joignent.	
	Grans cols i fiérent demanois	
	Armes a recovré li rois :	
695	A mout grant paine se conforte.	
(v° col. 1)	El cheval siet, ki bien l'em porte;	-70
	Les siens de bien ferir semont.	
	Li rois Cefas vint par .j. pont	
	Lance sour feutre, une traitie,	
700	Galopant devant se maisnie.	
	Melis encontre de Barut :	-75
	Grande aleüre vers lui mut,	
	Et cil vers lui lance baissie	
	Et ot l'ensègne desploie.	
705	Li cheval vont de grant randon,	
	Et il se fiérent a bandon.	-80
	Melis se lance pechoia,	
	Ainc li haubers ne s'en mua :	
	Li rois li done cop si grant	
710	Que pour l'auberc n'a il garant;	
	L'aubers del dos nel pot tenser :	-85
	Outre li fait l'espil passer.	
	Le cuer li fent, et cil chiet mors :	
	Il estoit quens de grans esfors.	
715	.I. autre abat li rois Cefas	
	Qui avoit non Amagoras :	-90
	Compains estoit Pollinicès;	
	Mout le haoit Ethioclès :	
	« Ahi ! Cefas, » ce dist li rois,	
720	« Gent don por cest cop averois,	

9757 Trad. : « qu'il a fait tomber celle de s. f. »; -62 estŏne; -68 rescorre.

» De me seror le druerie : 9895
» N'a plus bielle dusk'en Surie. »
Respont Cefas : « Vostre merchi :
» Ne vous quierc él k'avés dit chi. »
725 Ensanle viénent et si cacent;
Nul n'en consiévent k'il n'abacent. 9800

Pollinicès od se gent fiére
S'en fuit et va trestous derriére ;
Grant aleüre l'en en maine :
730 Mout i souffri travail et paine ; −5
Col estendu les en menérent,
Ens l'agait droit manois tornérent.
Parthenopeus les vit outrés,
A ses homes les a moustrés :
735 « Veés, signour, com grant honor
(col. 2) » Nous fera Diex en içel jo(u)r ! » −10
A tant issent a plain trestuit,
Com chevallier de guerre duit;
Plus de .m. graisle i sonérent.
740 Li Nubïen se regardérent :
Voient les, ne savent k'il font; −15
Ethioclès demandé ont
Quél gent ce sont en cèle angarde.
Li rois de Thèbes se regarde :
745 Venir les voit, mout fu iriés ;
A chiaus dist : « Ne vous esmaiés : −20
» Çou est li rois Parthenopeus;
» Od soi a bien .xx. mile Gr(i)eus. »
Cefas se regarde, et si voit
750 Le cercle d'or ke cil avoit :
Bien le connut quant il le vit. −25
Au roi s'aproisme, se li di[s]t :
« Cel cercle ke li voi avoir,
» Jou vous en dirai ja le voir :
755 » Jou l'envoiai vostre serour,
» Que le gardast por moie amour. −30
— Par foi, » dist li rois, « bien le croi,
» Plus aime lui que ne fait toi :
» Mais, se jou vif tresk'a demain,
760 » Toute iert tornee en vostre main.
» Mais or laissons içou ester, −35

9800 consieut ke il; -1 Pollonices.

MANUSCRIT P

» Pensons des nos amonester,
» Car le bataille nous arons :
» De fi le sai, ja n'i faurons ;
765 » Or i fer[r]ons, ne poet autre estre. »
A tant regarde devers destre, 9840
Ypomedon vit desbussier,
Et ne sanloient pas legier.
Sonent grailles, sonent buisines,
770 Sonent tabors de grans ravines.
Cefas les voit, pales devint : -45
Miex vausist iestre dont il vint.
Ethioclès a mout tost dit :
« Traï sommes, si com(me) jou quit. »
775 Point quank'il poet, lance baissie,
(f° 248 r° col. 1) Le boine ensègne desploie, -50
Vers .j. baron k'iluec avoit,
Que envers lui venir veoit ;
Fiert ens l'escu a asur paint,
780 L'auberc desront et bien l'enpaint,
Que del cheval l'abati mort : -55
Cil ot non Jonas de Monfort.
Parthenopeus pas ne s'areste :
Point le cheval comme tempeste,
785 Et Cefas contre lui s'adrèce.
Andoi furent de grant proèce : -60
Mout se ferirent volentiers ;
N'i a escu ki tourt entiers.
Cefas li rois fu mout iriés
790 Du cercle d'or k'iert envoiés :
« Mout chier, » dist il, « le vous vendrai -65
» Et de vo chief l'abaterai.
» Se jou de toi me puis vengier,
» M'amie averai a mollier ;
795 » De cest espil desraisnerai
» Tant envers vous ke jou l'arai. » -70
Parthenopex li respondi,
Du cercle d'or li rent merchi :
« Et jou vous di tout entresait
800 » Que mar veïstes icest plait ;
» Or vous desfi por soie amor. » -75
Cefas en a mout grant iror.
Li uns vers l'autre s'abandone,

9841 Ypodemon.

296 APPENDICE V

805   Et li uns l'autre grans cols done.
       Parthenopeus a lui ne faut :
       L'escu li fent, ki riens ne vaut ;   9880
       L'auberc li desront et malmet,
       Parmi le cors l'espiel li met.
810   Il caï mors tous a .j. fais,
       Et saichiés bien k'il n'en pot mais,
       Car par vi[r]tu fu bien ferus :   -85
       Ens l'e[r]be chiet tous estendus.
       Parthenopeus, quant il le vit,
815   Mout doucement si li a dit :
(col. 2) « Hé ! rois Cefas, com mar fus nés
       » Et du rois ton pére engenrés !   -90
       » Dolans en sui ke jou t'ai mort,
       » Et si ne faiç a nullieu tort,
820   » Et autretél fust il de moi,
       » Se tu peuusses, par ma foi.
       » Jou n'en sai él : dolans en sui   -95
       » Que nous venismes hui andui.
       » As diex pri jou et vuel requerre
825   » Que a fin mecent ceste guerre,
       » Et t'ame faicent vrai pardon,
       » Et si aies remission.
       » Tes homes doins de moie part,   9900
       » Que ja de moi n'aront regart. »
830   Parthenopeus fait grant francise,
       Cefas covri d'une kemise :
       Por çou le fist ke rois estoit   -5
       Et ke de lui pitié avoit.
       Ethioclès, quant le vi mort,
835   Dont n'i a il autre confort ;
       De lui vengier mout li est tart.
       Alexis voit de l'autre part,
       .I. rice conte, ke mar fu :   -10
       Tout li a depechié l'escu ;
840   L'auberc du dos riens ne li vaut :
       Mort le trebuce, ne li caut.
       Mout fu grans li desconfiture,
       Mout en gist par le terre dure :   -15
       Onques de .xxiiij. mille
       Que .ix^c. ne vinrent a ville.

845   Ethioclès s'en fuit .j. val :
       Forment se crient de son ceval.   -20

Pollinicès garde, sel voit :
Bien le connut, k'il s'en fuioit.
Il va devant par une voie,
Et ne vuelt pas ke on le voie,
Dèske la ke il fu el val,
Et descendi de son cheval :
Tert li les iex, toute la chiére,
Les flans et la crupe derriére;
Puis monte et va par le bruiére,
Son frére voit venir arriére.
Ethioclès garde, sel voit
Venir vers lui, si l'aperchoit.
De virtu andoi esperonnent,
Grans cols sor les escus se donent.
Primes parla Pollinicès :
« Frére, » fait il, « Ethioclès,
» Car te rens a moi, bien feras :
» Bien poet iestre ja i morras. »
Cil li respont : « Or oi folie :
» Miex vauroie perdre la vie,
» K'en(s)vers toi mauvais plait fesise,
» N'en te manaide me mesise. »
Pollinicès [v]a droit vers lui.
Boin chevallier furent andui;
Li uns envers l'autre se trait :
Ne poet falir estour n'i ait.
Mout [sont] andoi de fort talent :
Grans cols se donent bien sovent.
Ethioclès le fiert en haut
Sour sen elme, ki assés vaut :
En son ot assis .j. jagonce,
Bien i avoit le pois d'une once;
Et environ .j. cercle d'or
I ot, ki valoit .j. tresor.
El cercle se retint l'espee,
Sour senestre li est tornee :
Se illueques n'aresteüst,
De l'espaulle afolés en fust.
Puis li a dit par grant contraire :
« Tél pitié vous sai jou bien faire. »
Pollinicès en ot grant ire,

9921, -35, -43 *et* -61 Pollonices; -45 Li .i.; -51 jagonse; -52 dun onche.

Onques ne pot .j. sol mot dire :
Avant passe, fiert le del brant
890 Parmi sen elme .j. cop mout grant, 9965
Que l'un quartier tout contreval
L'en abati od le nasal.
Jouste le destre orelle passe,
De l'espee .j. petit le quasse.
895 Sour l'espaulle li cols avint ;
(col. 2) Li brans trencha : illuec se tint. -70
De cel cop ot il le dolour
Ens l'espaulle dusk'a maint jour.
Puis li a dit Pollinicès :
900 « Or vous ai jou tasté de près.
» De no serour Antigoné, -75
» Ke vous aviés Cefa doné,
» Faisons ichi les espousailles,
» Ja mais n'en ierent afiailles.
905 » De ceste part vous voi vermell ;
» Et car prendés millor consell : -80
» Certes bien doi[t] estre honis,
» Deshonorés et mal ballis,
» Qui a veüement se foi,
910 » Et vuelt tenir honor de roi. »

Endementres ke illoec sont -85
Ypomedon vint par .j. mont.
Henir a oï les destriers :
Garde, si voit les chevalliers,
915 Par le bataille les connut.
Le cheval point, ki tost se mut. -90
Ethioclès garde, sel voit :
Grant paor a, c'est a boin droit.
D'illoec se part isnellement,
920 Or vauroit iestre entre se gent ;
Tornés s'en est Ethioclès, -95
Que nel prenge Pollinicès.
Ne l'a de riens apercheü
Tresk'eslongiés auques li fu.
925 A son cheval en vint corant (1) :

(1) *Il n'a pas été dit plus haut que les deux frères fussent descendus de cheval : il y a probablement une lacune après le vers* 9942.

9973 *et* -96 Pollonices ; -75 vo s. ; 9986, 10004 *et* 10011 Ypodemon.

Nel poet prendre, doel en a grant. 10000
Blancenue atent son signor,
Cel jor li a fait grant honor :
Sor le cheval en va fuiant.
930 Ypomedon le va sivant.
Pollinicès a mout grant paine 10005
Prist son cheval jouste une araine;
Monte [et] après son frére en vait :
Ne l'ataindra, en vain le fait.
935 Blancenue mout tost l'emporte;
(f° 249 r° col. 1) A ville vient, mout se conforte. -10
Ypomedon li va criant :
« Car tornés, rois; k'alés fuiant? »
Mais li rois sot en son coraige
940 N'i poroit iestre sans damaige :
Mout tost s'en va et cil souentre; -15
Desi k'en le cité s'en entre.
Le porte ouvrirent li portier :
Entre ens, n'ot pas l'escu entier.
945 Mout fu dolans et angoissous;
Des siens ne vint od lui uns sous. -20
Par le cité mainent grans cris :
Les dames plorent leur maris,
Le[s] unes plorent leur biaus fréres,
950 Et les autres parens et péres.
Jocaste li gentieus roïne. -25
Et Antigoné li mescine
Contre lui vinrent acorant,
Grant doel demainent em plorant.
955 Li rois est mout desconfortés
Et ens sen coer mout aïrés. -30
Quant a veüe se serour,
Trestoute mue se coulour :
« Soer, » dist li rois, « mout as mesfait :
960 » Par vous avons euu cest plait.
» Vous nonçastes a vostre ami, -35
» Par quoi nous somes estormi :
» Perdu avons le millor roi
» Qui onques fust de nostre loi;
965 » Hui en cest jour, par vostre garde,
» Le nous a mort li rois d'Arcade. -40
» Des autres i a tél ma[r]tire,

10005 Pollo'; -6 .i. a.; -24 et freres.

» Ne clers ne lais nel vous sét dire. »
Li pucelle dist ke cortoise :
970 « Frére, de vostre anui me poise,
» Mais de cestui riens ne me caut.   10045
» Or sai jou bien li quex miex vaut :
» Parthenopeus est biaus et prous,
» Si l'amerés encor sour tous.
975 — Voire, » dist li rois, « se il vuelt. »
(col. 2) A tant se couce, mout se duelt.   -50

A tant prendent le roi Cefas
Mout doucement entre lor bras
Cil ki remés iérent des suens :
980 Ponces i ert, uns vassaus buens.
A Thèbes vont, od aus l'em portent   -55
Et del garder mout bien s'enortent.
Parthenopeus leur fait laissor,
Que ne[s] destorbe nus des lor.
985 A Thèbes viénent a grant doel :
Le roi Cefas sol, sans orgoel,   -60
Tiénent as mains ; mout sont dolant,
Par les rues en vont criant.
Ponces s'en va au roi amont,
990 Et .x. autres avoec en vont.
Le roi truevent mout dolerous,   -65
De chou k'ooit iert plouerous :
« Signour, » dist il, « venés avant :
» Tout sommes tristre et dolant,
995 » Et plus me doel du roi Cefas
» Que de mes plaies ne me fas.   -70
— Sire, » font il, « consilliés nous,
» De consel sommes a estrous :
» De no signor ke porons faire,
1000 » Qui tant par estoit de boin aire ?
— Signor, » dist il, « tout vo plaisir   -75
» Vous en vaurai jou aemplir,
» Sel volés ichi entierer,
» Ou en vo contree porter.
1005 » Faitesançois laver le cors
» Del sanc ke raie par dehors :   -80
» A vostre volenté arés
» Pailles, cendaus a grans plantés. »

10050 deult.

Ponces respont li chevaliers :
1010 « Par ma foi, sire, volentiers. »
Aval en vont, le cors conroient; 10085
D'aparellier en grant se voient.
Premiers le lévent d'aige rose,
1015 Nus hom vilains touchier n'i ose ;
(v° col. 1) Après le lévent de piument.
Tout çou k'en ciet, ens nés d'argent -90
Rechoivent il par signourie :
N'en i a .j. ki .j. mot die.
1020 Quant fu lavés, si l'escurérent,
Et en après le bauxumérent.
Et quant il fu bien conreés, -95
Apparelliés et acesmés,
Si fu si biaus com s'il fust vis :
Bielle coulour avoit el vis.
1025 Puis envoiérent por le roi,
Qui d'entierer prenge conroi. 10100

Li rois ne fait pas atargier :
D'un liois fait sarcu taillier;
Endementres i rueve aler
1030 Mére et serour por honorer.
Mout en fu lie Antigoné, -5
Quant ot çou k'il ot commandé :
Lues s'acesma honestement,
D'Andre viesti .j. viestement;
1035 Dont fu si bielle li meschine.
Cefas ot fait male mechine, -10
Car mors estoit por soie amor :
N'en avoit guaires de dolor.
Jocaste i vint, mére le roi :
1040 Antigoné avoit od soi.
Quant èle vit cel biel signor, -15
Doel a, ne poet avoir grignor :
« Diex! » dist ele, « quél destinee!
» De com male ore jou fui nee!
1045 » Tout cist mesfait ke jou ci voi,
» Bien sai de fi ke sont par moi -20
» Et par me male porteüre,
» Ki mout par est pesans et dure. »
Antigoné garde, sel voit :
1050 Onques mais veü ne l'avoit :
« Hé! rois Cefas, » èle a dont dit, -25

« Mout vous connissoie petit :
» S'aukes seüsse de vostre iestre,
» N'i fuissiés mors, cose poet iestre.
» Or me repent de çou k'ai fait,
» Quant venus iestes a cest plait. » 10130
Li sarcus fu apparelliés
Et ot piéres bien entailliés.
Ethioclès li rois se liéve
De se dolour ki mout li griéve,
Et vint au cors tout em plorant :   -35
Mout par est tristres par sanlant.
Quant il le vit illuec gesir,
Si en gieta .j. grant souspir ;
Puis si a dit par grant tristour :
« Mout sui dolans de vo signour.   -40
» Galatea li damoiselle,
» En qui a mout gentil pucelle,
» Mout me proia de[l] bien garder,
» El brief ke me fist aporter :
» Mauvaise garde i ai mout fait ;   -45
» Chi gisiés mort, çou m'est mout lait. »
Trés d'iluec ot .j. temple biel,
Ki fais estoit tout de noviel :
Illoeques posent le sarcu.
Par deseure ot .j. arc volu,   -50
Qui reluisoit tous de fin or :
Il valoit miex d'un grant tresor.
Li sepulture fu mout riche :
Uns hom le fist de Saleniche.
Iloec desous le cors posérent,   -55
A grant honor si l'entiererent,
As candelabres, encensiers,
Et as livres et as sautiers ;
Si fu li veskes, li clergiés
Reviestus et apparelliés.   -60
Ponces li preus, ki illuec fu,
Grasses, mercis lor a rendu,
Et si lour dist par verité
Qu'il lour donra de s'ireté
A cascun an .c. mars d'argent   -65
Et autretant muis de forment,
Por çou k'il l'ont si porcanté
Et si porlit et honoré :
A cascun an feront aussi.

MANUSCRIT P 303

(f° 250 r° col. 1) Cil li dient : « Vostre merci. » 10170
   Li rois s'em part, li autre tuit,
   Cascuns s'en va ens son deduit.
   Ponces s'en va ens son païs
1100 Trestous dolans et esmaris.
   Galatea conte novielles : -75
   Pas ne li sont boines ne bielles.
   Cèle chiet jus, si est pasmee;
   Mout a grant doel par le contree.
1105 Ponces garda le bielle nee,
   Tant k'èle fu bien mariee. -80

   De chiaus de l'ost oiés .j. poi :
   Ne se contiénent mie coi;
   Lié sont trestout de l'aventure
1110 Et de la grant desconfiture.
   Adrastus encontre lor vait -85
   Por demander comment l'ont fait.
   Les prisons voit et sans frapaille,
   Et le gaaing de le bataille :
1115 De fi saichiés k'il fu mout liés.
   Ses barons a li rois bais(s)iés, -90
   Ensanle sont ens l'ost entré;
   Quant il i furent ajousté,
   Mainent grant joie et grant deduit,
1120 Tréske ce vint a mienuit;
   Puis se coucent et endormirent,
   Trés k'au demain ke le jor virent. 10196
(après O 7610) . . . .
(f° 251 v° col. 1) En i ot bien plus de .vij. cens, 10439
   Qui tout furent de cex dedens.
(après O 7642) . . . .
(col. 2) Mout en demenérent grant joie, 10461
   Quant il virent si bielle proie.
(après O 9462) . . . .
(f° 263 r° col. 2) [D']Antigoné ce poés croire, 12315
   Que èle en fu et paile et noire :
   Quant de[l] mort oï le novelle,
   Si se clama las[s]e, mes(s)elle.
   Mout crie et plore, a paines fine;
   Mais mout estoit saige meschine : -20
   Si faisoit gente contenance,

10170 merchi.

Nus ne le vi(s)t n'eüst pesance.
Por itant biel contenement,
Faisoit plorer mout de le gent;
Por s'amistié mout em ploroient,   12325
Et por celui que il amoient.
Li rois i fu et si baron :
Mout i ot grant porcession.
Li services i fu mout grans :
Assés i ot chierges argans;   -30
Il n'i remést ne clers ne prestre
(v° col. 1) Qu'il n'esteüst illueques estre;
Grant saintuaire i ont porté,
Tout le millor de le cité;
Mout fu li cors bien encensés :
Encens et mirre i ot assés.   12336

(après O 9474) . . . .
(f° 263 v° col. 1) Pollinicès molt airés   12347
Respont : « De çou consel prendés;
» Mandés vos barons de ceste ost
» Et boin consel em prendés tost. »

(après A 14344) . . . .
(f° 267 r° col. 1) » Tant assalirent li Grijois   12905
» Ke il n'en i remést ke trois.

(après O 10118) . . . .
(f° 268 r° col. 2) Car d'autre part iérent alé   13117
Devers le duc et assanlé;
Mais içou fu trop grans folie,
Car èles ne s'oublient mie.   13120

(après O 10168) . . . .
(f° 268 v° col. 2) Illuec combatre se voloient: 13189
A mervelles s'entrehaoient,
Et si home tout ensement.
Mout grant pavors a tous em prent :
« Signor, » fait il, « mervelles voi :
» Ainc teus ne furent mais, jou croi.
— Sire, » font il, « ce sont malfé,   -95
» Et mal fuissent il onques né ! »
En son consel trova li dus
Que il fera faire .ij. fus,
Si fera ens les cors ardoir :
Çou est li miex, a son espoir.   13200

(après O 10180) . . . .

12347 Pollo'.

(col. 2) Quant li une cace son per, 13207
L'autre vers li ne poet cesser.
Cil kel virent orent paor,
Dient k'ainc mais n'orent grignor. 13210
(après O 10190) . . . .
(f° 269 r° col. 1) Quant ces mervelles vit li dus, 13221
Grant pavour ot, si fuit en sus.
Il en a apiellé le roi :
« Sire, » fait il, « entendés moi :
» Croire poés mout se haïrent -25
» Cist doi frére, tant com veskiren[t];
» Or poet on dire par verté
» K'il n'i euust ja amisté.
— Sire, » çou a dit Adrastus,
» Laissiés ester, jou n'en sai plus : -30
» Par mal, par pechié furent né,
» Et nostre diex l'a bien mostré.
» Mais .v^c. mercis vous en rent,
» Que vous avés fait de me gent. »
Illuec se sont congié doné, -35
Isnel le pas sont retorné.
Li dus a tant s'en est torné[s]
Et chiaus commande a vis maufés.
Il s'est saigniés, car paor a :
A mal euur les commanda. 13240
(après O 10214) . . . .
(col. 2) Les filles Adrastus le roi 13257
De doel morurent, par ma foi;
Après Adrastus devia,
Au chief d'un an : plus ne dura. -60
Dame Jocaste la roïne,
Et Antigoné le meschine,
Et ses péres, ki tant fu prous,
Tout .iij. morurent ains .viij. jo[u]rs :
De lor enfans (1) grant doel menérent, -65
Ainc puis ne burent ne mangiérent,
Por lor amis et por lor gent,
Qui ars furent a tél torment;

(1) *Ces mots ne peuvent guère s'appliquer à Antigoné. Il est vrai que l'auteur de la rédaction contenue dans le ms. P ne la fait pas mourir de douleur, après la mort de Parthénopée, comme celui de la rédaction du ms. A.; mais il vaut mieux admettre une lacune.*
13233 renc.

Tant en orent et doel et ire
K'il en morurent a martire. 13270
Ainc puis le tans au roi Artu
N'oï on parler de tél fu,
Ne de tél lapidation,
Ne de si grant ochision :
Bien morut de chiaus de le vile, -75
Mien espoir, plus de .vij^c. mile,
Et autretant de chiaus dela,
Que li rois Adrastus mena.

    L'estore avommes chi finee
Si comme Thèbes fu gastee : (*Cf. A 14611-2*)
Trés cel tans fu si escillie 13281
C'ainc puis ne fu reherbergie.
Èle fu mout d'antiquité.
Et si ot mout nobilité. (*Cf. A 14613-4*)
Outre Gresse est, joste le mer : -85
La le poet on encor trove[r],
Car èle fu mout noble cose,
De grans muriaus fu bien enclose,
Et fu bien ains .xx. ans assise
Que Troie fust arse ne prise; -90
N'encor n'estoit Rome li grans,
Ne ne fu puis en mout grans tans.
Ichi faut de Thèbes l'*istore* (1) :
Bien ait ki le mist *en memore*. 13294
Explicit li ro*mans* de *Thèbes*.

(1) *Les mots ou parties de mots soulignés ont disparu, par suite d'une déchirure.*

APPENDICE VI

Fragments d'Angers (1).

1ᵉʳ *Fragment* (2).

(r° col. 1)
      . . . .
      Qᵃnt ne porra de sei ne porra rē dire (O 4612)
      La nos estot poindre et brocher   (4621)
      Et nos proesces refrescher   (4622)
      Meus voil fait il perdre la vie   (4619)
5   Que ni face chaualeree (*sic*)   (4620)
      E vos dirai cum lo ferum   (4623)
      Les ventailles deslacerū
      Parestrun les testes chanues
      E les grans barbes encreues
10   E semblara ben grant domage
      Quant nos poindrū par lo riuage
      Quar unques mais si com m̄ semble
      Taus gens ne fut justee ensemble   (4630)

(1) *Les chiffres placés à droite sont ceux du texte critique. Les mots ou lettres en italiques entre crochets ont disparu, enlevés par le couteau du relieur, ou sont douteux, l'encre ayant beaucoup pâli par endroits. Nous reproduisons le texte tel quel, en conservant les abréviations, sauf celles de* er (ur, re), *de* por (pro), *de* par (per) *et de* est, *verbe, qui manquent à l'imprimerie. Les lettres ainsi suppléées sont en italique.*

(2) *Pour la disposition des vers, voir la description des manuscrits,* Introduction, § 1.

15		Gardet que deuers les chanut	
		Sien li estorz ben maintenut	
		E que ni ait fait coardie	
		Deuers la nostre gent florie	
		La o verrū grainor destreit	
		Poinū ensemble ben estreit	(4636)
20		Ne redotū ia les garcos	(4639)
		Ne remange uns entres arcos	
		Que il sachen certenement	
		Que li reis fait lenuaiment	
		Nostre ielde venge deraire	
25		Lo petit pas par la riueire	
		Que si el nos torne a destrece	(4645)
		Iloc seit nostre fortalece	
	(rº col. 2)	A tot plot co q; dist li rex	
		Dist li uns a lautre en grezeis	
30		Mar unt este en tante poine	
		Si li faillent diste besoine	(4650)
		Li veil sunt par en lor iouent	(4677)
		A tal io ioerent souent	(4678)
		Les ventailles unt deslacees	(4651)
35		Les astes contremunt drecees	(4652)
		Remembre lor del vasalatge	(4679)
		Que il orent el bon aage	
		E es estreis forment safichent	
		Eus (sic) cheuaus esperons fichent	
40		Deuant le peit traent les targes	
		Que il orent e forz e larges	
		Mes les plusors sunt si fumees	(4685)
		Por la besoin sunt encheries	(4690)
		Ol chef dauant cent grailles sonent	(4657)
45		Al plus coart hardiment donent	
		Fremist li cels fremist la terre	
		Ben resemble des ore guerre	(4660)
		Attex ot les cheuaux henir	
		Garda trese vit los venir	
50		Vaet fait il cum grant compaine	
		Nos vent doelles par ca (sic) plaine	
		Otex respont qui fut deiuste	(4665)

22 ceréément (*les deux c sont exponctués au moyen d'accents aigus, et au-dessus il y a* ten; 32 par] *Mauvaise lecture de* pro *écrit avec l'abréviation de* por (*cf.* por *pour* par, *v.* 78); 42-3 *Entre ces 2 vers, il en manque 4, par suite d'un bourdon.*

55	(*v*° *col.* *1*)	Gros mot dire gaires ne coste	
		Mas par la fei que ge dei vos	
		Si sunt oelles e uos los	
		Vos mueret [*tost*] estal	
		[*En*]cuntre iron [*tuit*] a cheual	(4670)
		Cert molt lait e grãt mervelle	
		Que la lous fue por ouille	
60		Atant este vos los esfans	
		Li plus [*ten*]res ot pase cent ans	
		Unc ne fut mais p*ar* nul rei	
		Tal gent menee a tornei	(4676)
		Isi serre cũ il j uindrent	(4691)
65		Unques ainceis rẽne ne tĩdrẽt	
		Hol laissent por paor de morir	
		Que nes augent debot ferir	
		E des lances e des espees	(4695)
		Donẽt li uel molt grãs colees	
70		Cil dedẽs nel poent sofrir	
		Si lor estot le chãp guerpir	
		Les dos tornent et cil les serẽt	
		Entresq; portes nes laiserẽt	(4700)
		Dan[*s ler*]as dire vos dei	(4711)
75		Cũbatir; en ceil tornei	
		En un c[*ur*] est amfiaras	
		Qⁱ fut fait stra sentomas	
		Vulcãs lo fit (*sic*) por grãs porpẽs	(4715)
		Et [*aluj*] faire mist lũg tens	
80		Par grant est[*u*]de e p*ar* conseil	
		I mist la lune e lo soleil	
		[*E tres*]getta lo firmamt	

56 *Le mot souligné est à peu près illisible; on pourrait aussi bien lire* mot *que* tost. *Il manque certainement l'un de ces deux mots (Voir les variantes au bas du texte critique);* 60 *Dans* esfans, *la première* s *est longue : il faut peut-être lire* effans; 61 tenres] *Cette lecture n'est sûre que pour les trois dernières lettres, quoiqu'ici l'encre n'ait point pâli; l'n peut aussi bien être un* u, *et les deux premières lettres, qui sont jointes et affectent une forme bizarre, pourraient bien être* ie, *de sorte qu'on aurait* ieures = jevres *pour* juevres (juvenis); 66 Hol] *C'est bien une* h *majuscule qu'il y a : il faudrait* Nol; 74 *Il n'y a certainement pas* danfiaras, *comme il conviendrait (le scribe n'a pas compris);* 76 cur] *Les deux lettres soulignées sont probables; il n'y a d'ailleurs que deux ou trois jambages : on ne peut donc songer ni à* curre, *ni à* cuir; 77 stra] *L's est longue et au-dessus de la ligne.*

310 APPENDICE VI

(v° col. 2)
. . . .   (4720)
. . . .
85 En la maor les signes mist
Els altres set qi sunt menors
Fist les planetes et les cors
La noume asist enmei lo mõde   (4725)
Co est la terre e mer parfonde
90 En terre peint omes e bestes
En mer peissos vens e tẽpestes
Qui la fisica volt entendre
Es peintures pot mot aprendre   (4730)
Li iaan sunt en lautre part (sic)
95 Tuit plen dorgoil e de buban
Les deux (sic) uolẽt del cels (sic) geteir
E par force es cels monteir
Apoient (sic) sus un fait escheles   (4735)
Unc om qi uiue ne uit tale
100 Quar sur un pui unt altre mis
Ja plus de sept en unt asis
E puent sus por les deus prẽdre
Sil ne se poent dels defendre   (4740)
Jupiter est de lautre part
105 Tint una foldre e un dart
Mars epaulas sũt enapres
O il sostenent tot lo feis
Tuit li autre qi el cel regnẽt   (4745)
Isnellement lor armes prennẽt
110 Cels deus nia qi prẽge essoine   (4747)

2ᵉ *Fragment.*

(r° col. 1)
[Ne plus] pecherre de tot lost   (4982)
[Ne men] tenet la por coart
Que ie met tot en ure esgart
Si uos loez ge men irei
5 Si uos uolez ge remandrei   (4985)
Co respont li dux de micenes
Coment serai ci ennanes
Pois que nos vint tel auenture

83-4 *Il manque ici deux vers. Voy.* INTROD., § 1; 93 aprendre] *L'*n *est surmontée du sigle de la nasale.*

	Que terre nos fait aueue	(4990)
10	Nia si fol que ben ne uoie	
	Que dex ne ama pas ceste uoie	
	Pes que dex ne me uolt ceste faire	
	Cū la quidez uos a chef traire	
	Qui contragulun eschaucire	(4995)
15	Dos fez se point totēs loi dire	
	Tant cū nos somes si diliure (sic)	
	Melz lo torner en grece e uiure	
	La o uisqᵉrent tuit nr̄e aiue	
	Que ci morir aital glaiue	(5000)
20	Tuit li pluisor al duc sapoent	
	E del torner lo rei ennoent	
	Mes li rex *est* gres amouer	
	Ne ira sanz grāt estouer	
	Li cons damiches ot grāt cor	(5005)
25	Enamene molt grāt iafor	
	Molt presa plus chaualerie	
	Que riueire ne berserie	
	E doner grant cop en estorn	
(r° col. 2)	Quē chasse aler [nestre ésoior]	(5010)
30	En guerre fut norri defanc[e]	
	En tot lost nenot melor l[ance]	
	Ne qui tant sache mal cha[rcher]	
	Li rex de grece lot molt c[her]	
	Quar en destreit bien le 9se[lle]	(5015)
35	Et fut molt pros a grāt m[eruelle]	
	E fut uns luns e ot la cheir[e]	
	Brune ealise e mot fut fie[re]	
	Clers cheuos 7 mellez de cha[ines]	
	Cil respont al duc de micei[nes]	(5020)
40	Mes quant il uet qᵉ tuit 9[tendent]	
	Eal torner areire tendent	
	Contint sei el 9mensamen[t]	
	Si parla molt tempreement	
	Sire fait il al miē espeir	(5025)
45	Vos dites sen e dites uer	
	Pes que uos uint tel auen[ture]	
	Del retorner ē ben mesur[e]	
	Mes si uos plaist ni dites ioi	
	Laissez mi amder un poi	(5030)

2° FRAGMENT. — 12 me *est exponctué*; 43 tempreement] Le p a le sigle de la nasale.

APPENDICE VI

50 Si uos dirai que qᵉ (sic) ge naustr[ei]
    Si uos ē uis que gi folej
    Die quj melz en sara dire
    Ia deues me nen sordra ire
55 Danph' qⁱ si est mort   (5035)
    Nos est creu grans des9fort
    Ne nos poet uenir ce crej
(v° col. 1) [Mai]re domage fors del rei
    [De]x a fet son conmandament
60 [En] lui na mes recourament   (5040)
    [E au]tretel de nos fera
    [De qu]elquore que lui plaira
    [Cui]dez vos en grece foir
    [Ia ne]n porrū vers lui gandir
65 [Si n]e nos volt fere merci   (5045)
    [Ne] garrū la plus que ici
    [Cui] li rex dex voldra confundra
    [N]e se porra vers lui repondre
    [Si v]olez creire lē m̄ los
70 [Ne] torneron issi los doz   (5050)
    Uns de nos euesques eslesson
    [P]ar grant esgart e par resson
    [Qua]r senz euesque e sanz mestre
    [Ne] deuon nos longament estre
75 [Re]storū nostre meisteire   (5055)
    Entendū forment eesleire (sic)
    [Ta]l qui seit de bone doctrine
    Ne por amor ne por aine
    [A r]ichese ne a paratge
80 [N]entendū pas ne aatge   (5060)
    [Q]uar bachaler pas ne det lon
    Refuser si il est prodom
    [P]eis que leuesque ert leuez
    E li mestre (sic) ert acheuez
85 (v° col. 2) [I]l aut auant e pret por sei (5065)
    E por le poble e por le rei
    Comant ieunes eester en here
    E par lost almones fere
    Quant li geunes serunt complit
90 Al iorn qui sera establit   (5070)
    Il aut auant e nos apres

57 Maire] On peut aussi admettre graindre, avec BC; 70 eslesson] La 2ᵉ s est exponctuée; de même dans resson, v. 71.

De nos pechet sium confes
Al sosi qui est en la place
E sacrifise i face grant i face
Si li sosit idunc reclot (5075)
95 Poet sauer que dex nos ot
Li saiue home cil qui dex crement
Cest consel loent et bien lement
Mes enmae (sic) sunt deuesque querre
Qui seit prodom et de lor terre (5080)
100 Uns poetes velz e antis
Qui ot en bois este mendis
De de seruir relegios
A esleite les mist de dos
Si sen monta sor un perron (5085)
105 Si lor a fait un bref sermon
Primes commande auer silence
E il lunt en grant reuerence
Peis que il le uirent en estant
Tuit si tornent petit e grant (5090)
Quar ben soren que en sa vie
Not malueste ne tricherie
112 Diua fet il ce est gran dreit (5093)

93 *Le premier* i face *est exponctué.*

TABLEAU DES RIMES[1]

Rimes masculines.

A 71. 153. etc. — engendra : Jocasta 23; Diana : sormonta 955; a : Argia 1089. — Tydea *(régime)* : conduira 3103 *(A* Thideus : Malpertrus, *P* T. : val p., *S manque)*. — a *(A* parla) : va 9651 *(x change la rime (cf.* vait).

AI 19. 57. etc. *(1ʳᵉ pers. sg.)*. — mai : rai 4805; bai : tai 5635 *(Sx)*, : gai *(P* vai) 6015 *(Sy)*.

AIL travail : bail 1051. 6795 *(P* t. : sosmail, *A manque)* ; esdail : t. 4253 *(x manque, y diffère)*; fail : t. 8701 *(cf.* traveil). — ombrail : amirail 2161.

AIN 67. 1847. etc. — germain : antain 2737. 5625 *(Sx)*; Jordain : pain 4443. *Voy.* EIN *et* EN ².

AINS 1805. 2283. etc.

AINT complaint : refraint 6379. *Voy.* EINT.

AIRS *voy.* ÈRS.

AIS 3383. 5871 *(Sy)*, etc. — eslais : Rohais 6013 *(Sy)*. — vais : mais *(y* vas : repaieras) 1203 *(cf.* vas). — palais : eslais 2561 *(cf.* palaiz). — mais : fais *(fascem)* 7255. 8905, : irais 7993 *(SxA)*. *Voy.* ÈS.

AIST *voy.* ÈST.

AIT 53. 235. etc. *Voy.* ÈT. — tresait *(transactum)* : aguait 5835 *(S)*. — estait : trait *(P* plait) 6837. — brait : vait 1227 ; *de même* 2351.

---

(1) Les chiffres dépourvus de toute indication de manuscrit sont ceux du texte critique. Si un ou plusieurs manuscrits manquent, nous plaçons entre parenthèses les lettres des mss. représentés. Nous plaçons également entre parenthèses les variantes, que nous faisons précéder de la lettre ou des lettres indicatrices. Nous n'admettons ici que les rimes du texte critique et nous indiquons la prononciation approximative.

4145. 6225. 7145. 7551 *(SxA)*. 8525 *(Sx)*. 9057. 9149 *(SxA)*. 9243 *(cf.* va).

AIZ 445. etc. *Voy*. ÈZ. — faiz *(factus)* : palaiz 561 ; p. : paiz 6805. *(SxP)*, : plaiz 8769 *(SxA)* (*cf.* palais). — fraiz : paiz 1055. 5125 ; faiz : p. 3609. 4143. 4233 ; palaiz : p. 6805 *(SxP)*; plaiz : p. 7915 ; laiz : p. 8305 *(S)*.

AL 789. 1219. etc. — tal : mal 525 *(cf.* 6201) ; natural : al 2775, : mal 5927 *(Sy)*, : tal 7101 ; reial : mortal 3029, : ostal 6803 *(P ch. la rime, A manque)* ; leal : mal 8021 ; m. : al 9289. — reial : cheval 653. 6999. 7127 ; ch. : ostal 703. 9107 *(SA)* ; al : ch. 1439. 1531 ; contreval : costal *(A* roial) 1621 ; val : ostal 2681, : egal 3109 *(xy)*, : costal 3327 ; vassal : natural 2783, : reial 3063. 5823 *(Sy)*, : al 2849. 5851 *(Sy)*, : mal 4133 *(Sx)* ; natural : seneschal 2919, : cheval 6971 ; tal : ch. 4549 *(cf.* 6025. 7109 ; peitral : ch. 5355 *(Sy)* ; ch. : nasal 5661 *(SxA)*, : mortal 6135, : Bucifal 6523, : paregal 9071 *(SxA)*. — triounfal : esmal *(By* cristal 5205 ; nasal : e. *(y* cristal) 6549 *(cf.* esmaus).

AN 471. 557. etc. — enjan : Datan 4837, : an 7961. — Alan : chalan 7459 *(y* avant : calant).

ANC 2349. 5289. etc.

ANS 963. 2261. etc. — pans : flans 9647 *(x* flanz : sanz) *(cf.* panz).

ANT 51. 337. etc. *Voy*. ENT¹. — grant *(fém.)* : avant 1453 *(cf.* 1619. etc.) ; — Floriant : auferrant 4517 *(Sx)* (*cf.* 5543), : davant 4539 *(Sx)* ; Driant *(A* Drian) : ferrant *(y* bauçan) 5469 *(x m.)* ; Rolant : chantant 8827 *(SA)*. — celissant *(A* ceiant) : avant 7 ; deissant *(B* deissent, *v. faux)* : enfant 483 ; entreconeüssant *(xP* -eüssent, *S* -oïssent, *v. f.)* : entradesissant *(S.* entre adessassent, *B* entratendesissent, *C* entratendissant, *P* forfesisent) 731 *(A manque)* ; grant : traïssant *(x* enpendant) 1619 *(y m.)* ; afebleiant : tornissant *(BP* retornaissent, *A* entrelaissant) 1685 ; tornissant *(S* -assent, *v. f.,* C-issent, *v. f., B* retornaissent) : poüssant *(S* poassent, *v. f., B* poissent, *C* pouissent) 1779 *(y ch. la rime)* ; plorissant *(Sy* plorassent, *v. f.)* : feissant *(S* faiseient, *v. f., y* demenaissent) 1949 ; comencissant *(B*-ent, *v. f., C* -ont : poüssant *(B* poissent, *v. f., C* pouissont) 3477 *(y ch. la rime, S m.)* ; vousissant : avant 3967 ; tenissant : perdissant 4827 *(B* -ent, -ent, *v. f.)* ; fussant : passissant 5975 *(A* fuissent : eüssent, *xP m.)* ; oceïssant *(S* ocisant, *v. f.)* : poüssant *(S* puissant, *C* pouissant, *B* passant, *v. f.)* 8377 *(A ch. la rime, P m.)* ; fussant : defendissant 9009 *(B* feussient : desfendissient, *A ch. la rime, P m.)* ; semblant : vousissant 10179 *(P* cachant : bruiant, *xA m.)*.

ANZ 733. 957. etc. *Voy*. ENZ. — anz : granz 141 ; *cf.* 451. 741. etc. ; granz : panz 3979 *(cf.* pans) ; ahanz : granz 6759 *(SxP)* ; branz : trenchanz 6535. — Florianz : vaillanz 4495 *(S)*.; Drianz

(*A* Drias) : granz *(S* frans, *x* vaillanz, *A* cras) 5229 *(cf.* Drias). — granz *(fém.)* : avenanz*(fém.)* 957 ; ardanz *(fém.)* : reluisanz *(fém.)* 2955.

ARC parc : arc 2235.
ARS eschars : mars 5921 *(Sy).*
ART 1363. 1397. etc.
ARZ 1607. 1719. etc.
AS 161. 1149. etc. *(2ᵉ pers.)* — as : pas 373. — gras : dras 3131. 6325; pas : d. 3775 *(y);* las : bas 6281 *(cf.* 7273, etc.). — vas : orras 167 *(x diffère) (cf.* vais). — Amphiaras : Thomas 4713, : Thiodamas 5113 *(cf.* Amphiareus); Drias : gas 9131 *(SxA) (cf.* Drianz, *suj. et* Driant, *rég.).* — tas : ars 3009.
AST 4293. etc.
AT abat : combat 7037.
AUS 3093. 3123. etc.—taus : mortaus 513 *(Sx);* reiaus : egaus 969. — ostaus : chevaus 1463 ; ch. : comunaus 5405 *(SxA).* — naturaus : esmaus 2953 ; e. : frontaus 4749 *(SxA) (cf.* esmal).
AUT chaut : bliaut 3231. 9275, : chaut *(calet)* 9383 *(Sy);* guaraut (*x* ribaut) : vaut 6151 *(A ch. la rime, P m.).*
AZ faz : laz 393.

É 29. 41. etc. — amonesté : Tesiphoné 523 ; assemblé : Deïphilé 1091. — geté : pieté (*CP* pité, *SB* pitié) 115 *(cf.* pitié *et* pitiez). — galoné (*S* trecé, *x* trecié) : baudré *(x* pié) 3823; bendé : cendé *(P* ouvré 6075. 6539 *(y ch. la rime).* — pré : Gré *(x* josté, *A* ajosté, *P* arresté) 6735.
EAUS 187. 2987. etc.
ÉF tref : blef 4061 *(P* tré : encouloré, *A m.).*
EI 109. 137. etc. — trei : rei 123. 289. etc. — mei : otrei 269. 1065. etc.— rei : sei *(sitim)* 2081. 2103.—fei : dei *(digitum)* 2407 ; d. : rei 3337 ; d. : segrei 4459*(cf.* deit). — d. : segrei 4459; s. : esfrei 7475 *(P* recoi : e., *C* soi : r., *B* segroy : r.) ; lei : s. 2027.
EIL 1355. 3895. etc. — conseil : traveil 2115 *(cf.* travail).
EIN plein : frein 3361. — serein : main 801. 2085; main : plein 5559 *(SA).* 6133. Voy. AIN.
EINT peint : teint 4017 *(SxP).* — feint : plaint 9407. Voy. AINT.
EINZ entreseinz : peinz 9031 *(A ch. la rime, P manque).*
EIR 379. 727. etc.
EIRS 2567. 6329 *(SxA).*
EIS 105. 331. etc. — reis : ainceis 1181. 2305, : Molencis 8079 *(y),* : eneveis 8699 ; meis : tardeis 2857 ; neis *(nives)* : treis 3997 ; Engleis : corteis 6647. — orfreis : reis 4655, : treis 6583 *(Sx).*—borgeis : freis (* *friscus*) 2691 ; reis : f. 919. 5969 *(Sy).* 7131. 8869*(SxA)*; f. : meis 7179 *(Sy),* : leis 8261 *(SxA),* : maneis 9013 *(SxA)*

(cf. freiz = *frigidus).* — seis *(* sicus, avec* i *bref)* : mareis 2193 *(By* ses : mares, *C* sez : marez); m. : reis 6671. 8875 *(Sy*), : theseis *(C* tholois) 7323 *(y ch. la rime).*

EIST leist : peist 8049 *(x et y ch. la rime).*

EIT 185. 423. 459. 527. etc. *(3^e pers. sing.).* — dreit : esteit 159 *(cf.* 249. etc.), : reveit 8205 *(C* drois : renois, *S et y ch. la rime).* — deit *(digitum)* : veit 2237 *(cf.* dei). — apareit *(* ad-pariculet)* : enveit 929 *(y ch. la rime).* — veit : chaeit *(partic.)* 9663 *(x* voit : estoit, *y ch. la rime).*

EIZ 2851. 3597. etc. *(futur). Voy.* EZ ¹. — destreiz : metreiz 7391 *(x réduit* 4 *v. à* 2). — amendeiz *(subj.)* : enchaeiz 8023 *(S) (cf.* chaeit). — conreiz : palefreiz 6321; p. : freiz *(frigidus)* 5779 *(S* p. : dreiz, *x m.)*; feiz *(vices)* : freiz *(frigidus)* 2457 *(cf.* freis), destreiz *(SxP* tornois) 9259. — dreiz : feiz *(fides)* 1231.

ÈL 335. 363. etc. — Salaciel *(sujet)* : Israel *(rég.)* 6597. — duel : fel *(B* ciel, *C* cuel = *cœlum)* 1933 *(y dével. en 4 v.).*

EN ¹ ren *(impér.)* : sen *(y* parent) 6207; enten *(impér.)* : sen *(x* jouvent 8287 *(A dével. en 8 v., P m.).* — en : sen 10041 *(x et y développent); cf.* 6207 et 8287.

EN ² (=*fr.* ien) ren : germen *(B* prochien, *C* prochain) 6807 *(P ch. la rime, A m.)* ; demen : ben *(y* sain) 8249 *(S ch. la rime).* 8271 *(A dével. en 4 v., P m.)*; b. *(x* certein) : ven 8487 *(y dév. en 4 v.). Voy.* AIN, ENT ² *et* ENTE ².

ENC renc : jazerenc 5857 *(S* r. : nazarenc, *y* plan : jaseran, *x m.).*

ENS sens : porpens 293; defens : p. 9449; rens : sens 2163. 2241. — rens : suens 4343 *(y dével. en 4 v.).* 5299 *(y ch. la rime)*; buens : tens 6123 *(y ch. la rime).* — Atheniens : rens 10071 *(x et y* développent) *(cf.* Atheniien, *sous* IEN).

ENT ¹ 33. 87. etc. — entent *(impér.)* : gent 2503; atent *(1e p. sg.)* torneiement 1535. *Voy.* EN ¹ — gent *(suj., verbe au plur.)* : serpent 2443 *(S),* : argent 6921, : forment 10083 *(SA).* — jovent : sovent 4677, : veirement 6391 *(cf.* joventé). — vent : talent 601 ; *cf.* 1391. 1461. 1575. 9523 *(SxA).* 10027 *(Sx)*; premièrement : Orient 3497; guaimentement : dolent 9439 *(S ch. la rime, y diffère); —* serjant : ardant *(S* argent, *P* a tant) 923, : verjant 5451, : tant *(A* Afrant, *S* parent) 6049 *(x m.) (cf.* sergenz). — tant : talant 399; talant : guant 753, : enfant 3561, : vivant 6411 *(SxP);* Oriant : appartenant 4513 *(Sx);* ardant : espant 4019 *(SxP),* : serjant 923.

ENT ² (=*fr.* ient) gent : tent *(S* tient, *C* cent, *y* torment) 6441. 7585 *(S* se tient, *A* destent, *x* content, *P* gent avoit : tenoit). *Voy.* IENT, EN ² *et* ENTE ².

ENZ 609. 2143, etc. — sergenz : cenz 5423 *(SA) (cf.* serjant). — dolenz : enz 9455, : arpenz 9617. — talanz : dessemblanz 729,

: enfanz 8017 *(S* talant : enfant) ; ardanz : combatanz 803, : reluisanz 2955 ; dolanz : crollanz 7197.

ÉR 1. 11. etc. — celer : bacheler 4603. 8531.

ÉRS 441. 2727. etc. — vairs (*x* vers) : travers 3817 *(y dével. en 4 v.)*, : despers *(C* apers 6077 *(A et P ch. la rime)*. *Voy*. AIRS.

ÉRT pert : revert *(C* revet) 6403.

ÉRZ coverz : cuiverz 6469.

ÉS [1] Grès : tres 3467 *y dével. en 4 v., S m.)*. 3971 *(P dével. en 4 v., A m.)*. *Cf*. Gré (sous É) et Grès : remes 11019 *de S*.

ÉS [2] *(de* ieis) sés *(sapis)* : és *(exis)* (*x* dez *(deos)*, P parjurés, A loialtés, *en omettant 2 vers)* 1297; remés (*x* remis, P voi) : sés *(sex)* (*x*.vj , P.iij.) 5111 *(A m.)*.

ÈS 21. 563. etc. — près : Polinicès 567; *cf*. 1175. etc. — eslais : après 2253 *(Sx)*. 3363. 5297. 5455. 5591 *(SA)*. 6715. 9673; après : fais *(fascem)* 4743. 5225. 5421. 8151. 8731; f. desconfès 9709 (*S*) ; bès : f. *A* haubers) 8785 *(SxA)* ; Meleagès : mais 2757. 2785; *cf*. 3089. 3505. 4215. 8991 (*x diffère*).

ÉST *(de* ieist) ést *(exit)* : gést (jacet) 333 (*S* eist : geist, *xy* ist : gist). 6707 (*S* geist : eist, *xy* gist : ist). — remést : ést 1217 (*S* remeist : eist, *B* remist : ist, *C* ist : atargist, *y* remaint : faint).

ÈST est : prest *(præsto)* 9917 (*x et y ch. la rime*). — forest : plaist 5251.

ET veloset : toset 4803. — tramet : pramet (*S* est) 8053 (*x n'a que le premier v.*).

ÉT *(de* ieit, ueit) delét : lét 1331 *(Sxy* delit : lit). 6799 (*xP* delit : lit, *A m.)*. 7667 *(SxP* lit : delit, *A m.)* ; respét : despét 8255 *(Sxy* respit : despit). — nuét : delét 355 (*S* neit : deleit, *xy* nuit : deduit) ; lét : n. 651 (*S* leit : noet, *y* tuit : nuit, *x m.)*. 1235 (*S* neit : leit, *x* nuit : lit, *y* dis : lis. 3491 '*x* nuit : lit, *y* n. : malduit, *S m., lacune accidentelle)(cf*. lit, sire *et* sere, ivres *et* evre) ; respét : nuét 8303 (*S* respit : noit, *xy m.)*. — sét : respét 8273 (*x* dit : respit, *y ch. la rime)*.

ÈT set *(septem)* : ait 4797 *(A ch. la rime)*, : plait 8989.

EU Greu : deu 2097 *(cf*. Gré.)

EUS Parthonopeus : Greus 1999. 3877. 3909. 4165; G. : Amphiareus 2275 *(cf*. Amphiaras) ; deus *(deus)* : Greus 4813.

EUT acueut (*S* aquilt, *B* aquet, *y* aquelt) : vueut (*S* velt, *B* veult) 173.

EUZ conseuz : soleuz 3793 *(y* conseil : soleil, *S m.)*, : vermeuz (*SC* conseil : vermeil, *au suj. sg)*. 7933.

ÉZ [1] 3. 45. etc. — sofrez : ferez 3087; rendez : avrez 10035. *Voy.*

EIZ. — estez *(æstas)* : tempestez 4035 *(SxP)*. — obliez : coronez 447; escriez (*S* esceiez = * *exciatus* pour *excitus* ?) : pasmez 9409.

éz ² *(de* ieiz) dez *(decem)* : prez*(pretium)* 917 *(S* deiz : p., *x.* x. : pris, *y ch. la rime).* 1625. 6511 *(S* des : pres). — lez *(latus) (C* forbiz) : pez *(pectus)* 707 *(y diffère)* ; pasmez *(S* periz, *B* ramis, *C* pasmis, *y* espasmis) : pez 2455 ; comprez : prez 1813 *(x* pris : pris, *A et P ch. la rime)* ; prez : nez 3671 *(P* pris : gentis, *A m.).*
èz forez : aguaiz 2939 *(A ch. la rime). Voy.* aiz.

I 163. 1407. etc. — Apollini : di 1903 *(S* Apoli *(hiatus), x* fin : Appolin, *y diffère)* ; Flori *(Sx* Floriz) : forbi *(SB* forbiz, *C* floriz) 4515 *(y m.).* — oï (3e *p. parf.*) : esjoï (3º *p. p.*) 419. 2227. 2659 *(cf.* 2419. etc.). — sorbi (3ᵉ *pers. parf.) (x* a sorbi, *A* a englouti, *P* englouti, 3ᵉ *p. p.*) : autresi 4861 ; oï (3ᵉ *p. p.*) : si 9467 *(Sx)* ; referi (3ᵉ *p. p.*) : honi *(partic.)* 8063 *(S diffère, x m.) (cf.* covit).

IÉ 47. 471. etc. — vergié : congié 2355, : pié 2595 *(S* pecché pié, *x* vergier : chevalier) *(cf.* vergier). — lié *(P* pié) : pitié 4083 *(SP) (cf.* pieté). — vié *(n. verb. de* veer) : pié 9401 *(SA).* — espié : pié 4433 *(y ch. la rime).* 4583 *(SxP),* : desmaillié 5381 *(Sx).* — pendié : fendié 473 ; repentié : sentié 6333 *(A et P ch. la rime, x m.)* ; entendié : irasquié 10039 *(S* oït : irasquit, *x* entent : durement, *y* ot : mot) *(cf.* vesquirent) ; entendié : tendié 10129 *(S* oït : tendit, *P* entent : hasteement, *x diffère, A m.* par oubli). — espié : abatié 9623 *(y ch. la rime)* ; descendié : pié 9941 *(S* aprochié : p., *A* descendus : venus, *x diffère.*

IÉF chief : brief 5259. 6559. 7969. — grief *(fém.)* : lief *(fém.)* 6953 *(x* griéve : griéve, *P* g. : liéve, *S* fiére : legiére, *A* pesantière : l.).

IEN 279. 1135. etc. — rien : bien 2497. 3653 *(SxP).* 3791 *(xy).* etc. ; b. : Atheniien 10029 *(P ch. la rime, x diffère). Voy.* en ².
IENS Atheniiens : chrestiiens 9919 *(x diffère, y ch. la rime) (cf.* Atheniens, *sous* ens).

IENT vient : tient 287. 7687. etc. *Voy.* ent ². — prient : retient 3691 *(P* refraint : restraint, *SA* manquent).

IÉR 13. 35. etc. — vergier : legier 6161, : messagier 7857 *(cf.* vergié). — premier *(adverbe)* : l'autr'ier 835.

IÉRS 17. 349. etc.

IÉRT quiert : iert *(fut.)* 4177.

IEUZ vieuz (* *veclus*) : mieuz 311.

IÉZ 231. 295. etc. — seiez *(S* estez) : esjoiez. *(xA* esjoïssiez, *S* verrez) 125. — corociez : preiez 827. — espiez : liez 3099. — pechiez : mauvaistiez 5095. — eissilliez : pitiez *(S* pitez, *P* pecies) 997 *(Sy) (cf.* pieté).

IF 4909. 7129. etc. — antif : chaitif 1601 ; beslif : baïf 4485 *(y diffère)* ; brif : baïf 4617 ; volentif : estrif 5365 *(Sy)* ; brif : e. 5645 *(Sx).*

IL osil : fumeril 4687 (*y* osiére : fumiére).
IL (l *mouillée)* fil : essil 205. 2469; peril : f. 2563; f. : avril 2575.
IN 31. 583. etc.
INS 935. 4501. etc. — chemins : Spins 245. 257.
INT vint : tint 719. 1179. etc.
IR 9. 97. etc.
IS 59. 201. etc. — païs : Halys (*Ms.* naelys) 1629 *(S)*. — païs : estaïs 2827; antis (*A* mendix) : dis (*dies*) (*P* mendis) 5081 ; d. : Paradis 6521; trenchis : mis 5587 (*SA*), : eschis 8251 (*x* e. : mautalentis, *y* ch. la rime). — ocis : mesfis 391.
IST 113. 465. etc.
IT petit : lit 2229 (*cf.* lét). — dit (*prés.*) : ocit 5403 (*SxA*), : vit (*vivit*) 7717 (*A* a dit : v., *Pm.*), : vit (*vidit*) 8921 (*A* v. : abit, *xP* v. : a dit!, : rit 8477 (*P* a dit : r., *x m.*); vit (*vidit*) : rit 6107. — vit (*vidit*) : covit 3887. *Voy. sous* I. — cuit : dit (*partic.*) 79 (*Sx*). — dit (*A* a dit) : desconfit 2661 (*S* dis, *subst.* : desconfis). 9741 (*P* a dit, *x* ch. la rime); petit : contredit (*subst.)* 409.
IUT *voy.* UT.
IZ 155. 313. etc. — sotiz : barniz 737. — guerpiz : raïz (*y* enlaidis) 5109; criz : estreïz (*B* esmaris, *A* espeveris) 6733. — periz (*periclum* + s) (*B* porviz, *y* parvis) : fiz (*filius*) 3785 (*S* manque). — mariz : fiz (*filios*) 9747 (*P* amis : ochis, *xA m.*); seveliz : gentiz 10155 (*P* ch. la rime, *xA* manquent).

ÓI oi : poi (*potui*) 301. 4189. 6415 (*Sx*) ; soi (*sapui*) : poi (*paucum*) 2043 ; soi : poi (*potui*) 8183 ; joi (*gaudium*) (*y* moi) : poi (*paucum*) 5029. 6239 (*A* ch. la rime). 7147 (*y* poi : roi).
ÓIGN semoign : soign 2551; loign : s. 5529 (*SA*); poign : bosoign 9973 (*S* b. : lōme, *y* on : hom).
ÓINT point : joint 4445. 5639. etc.
ÓINZ loinz : poinz 2573.
ÓIRS fossoirs : aleoirs 1409.
ÓIS retrois (*B* retors) : crois 8041 (*y* ch. la rime).
ÒL arvol : fol 679; col : f. 3311. 6097, : chol 9207.
ÓN 117. 407. etc. — grenon : leon (*suj. sg.*, après come) 745; baron : l. (*suj. plur.*) 765 (*Sx*); baron (*voc. plur.*) : l. (*suj. sg.*, après come) 1591; environ : l. (*suj. pl.*) 4047 (*SxP*); l. (*s. sg.*, après que *comparatif*) : raison 8275 (*A* lions : raisons, *xP m.*); l. (*rég.*, après com) : bon (*rég.*, après come) 10109 (*Sy* leons : bons, *x m.*).
— baron : geudon (*suj. pl.*) 2965. — Archineon (*S* Archiuenin, *B* Asterinon, *C* Asfineon) : Miceneon (*S* Miscenenin, *B* Mconcon, *C* Myceneon 4349 (*y. m.*). — Platon : Ciceron 5 (*Sxy* -ons : -ons); Salemon (*suj.*) (*xA* -ons) : paveillon (*xA* -ons) 2951; Palemon

(*suj.*) : Azon (*rég.*) 8773 (*x ch. la rime, P m.*). — Diatessaron : Diapason 4757 (*Sx*). — non (*nomen*) : baron 2285, : maison 2705. 2735, : bandon 6041 (*Sy*), : grenon 6631, : Chasteillon (*x* grenon) 9561 ; danjon : son (*summum*) 631 ; s. : arçon 9605 (*x et y ch. la rime*). — l'on (*x* baston) : maison 303, : environ 2111, : traïson 2293. — verron : demorron 4153 (*Sx*); queron : façon (*subj.*, *x* feron) 8237. — esleison : raison 5051 (*SxD*); esguardon (*x* garçons) : pardon (*xA* pardons) 5409 (*P m.*); envaïson : feron 6845 (*x* penon : f., *y* développe en 4 *v.*); buisson : conoisson 7941 (*S* cosche : conusche,*y* diffère); baron (*x* environ, *P* bon) : prendron 10101. *Voy*. óns.

ÓNS 197. 443. etc. — nons : barons 1727. 5183. 8201. — barons (*rég.*) : ferons 9443. *Voy*. ón.

ÓNT 867. 5585. etc. (*futur*). — vont : ont 215. 5167. etc.; font : v. 2271 (*cf.* 6869 (*y ch. la rime*). 7689. etc.) — sont : vont 361. 815. etc., : font 5753 (*Sx*). 6977, etc., : ont 7529; vont : mont 261 (*cf.* 3485. 4413. 5521 (*SA*). etc. — front : a mont 1673 (*cf.* 6657. etc.); mont : roont 229 (*cf.* 2259. etc.); somont : dont (donet) 7285; sont : pont 5577 (*cf.* 6985. 7013. etc.).

ÓR 81. 211. etc. — hauçor (*altiorem*) : Monflor 3335 (*y* cor : M., *S m.*). — plor (*rég.*) : dolor (*suj.*) 5793 (*S*) — jor : dor (*y* onor) 3517. 7663 (*SxA*), : tor (*n. verb. de* torner) 5473 (*Sy*), : retor 6349. 7009. 7699. 7899, : estor 4791. 6177. 6625 (*P ch. la rime*). 6797 (*SxP*). 6931; e. : sojor 5009 (*SxA*); dor : e. 1815 (*P* doit : paroit); tor (*n. v. de* torner) : e. 5333 (*Sy*). 5763 (*Sy*). 7903 (*SxA*); for (*furnum*) : retor 7425. — seignor : jor 199. 369; j. : tor (*turrem*) 401. 2837. 3303. 3731, : poor 3269.

ÒR 1145. 1431, etc. — or : Nabugodonosor 2901, : tensor 3079 (*xy*). 6643 ; Agenor : sor 5487 (*SA*), : tensor 8761.

ÓRS 2273. 2731. etc. — ors : jors 283. 439; j. : chalors 2083 (*cf.* jorz).

ÒRS cors (*corpus*) : entors 4361. — sors (*S* fors) : ors (*aurum* + s) 3821 (*SA*). — cors : ors 4301, : sors (*xA* fors) 9587; sors : entors 8445 ; estors (*extorsum*) : Mors (*Maurus*) 8881. — cors : fors (*xy* hors) 323 (*cf.* 695. 2341. etc.); entors : f. 6595; estors : f. 5605 ; Mors : f. 5211.

ÓRT sort (*surgit*) : tort (*tornet*) 783; t. : cort (* *curiem*) (*rég. sg.*) 3547. 3701 (*xy*). 7853. 8215 (*Sx*); socort : t. 5821 (*SA*), : c. 7279 (*SxA*); c. : sort (*surdum*) 6777 (*SxP*); acort : plort 7691 ; sort (*surgit*) : cort (*currit*) 8849 (*x ch. la rime*).

ÒRT 25. 65. etc.

ÓRZ 1977. 2029. etc. — corz (* *curtis*) (*s. sg.*) : jorz 1093 ; j. : c. (*rég. pl.*) 7783 (*SxA*); forz (*furnos*) : j. 6493 (*Sx*); estorz : j. 4045 (*SxP*). 6873 (*cf.* jors).

Tome II

òrz 207. 329. etc. — corz (*cornu* + *s*) : esforz 3113 (*xy*). 3459 (*xy*). 5519 (*SA*). 7343 (*SxA*).

ós amoros : merveillos 965 ; *cf.* 2127. etc. — escos : blos 6899 (*C* estors : mors, *P* tolus : bus, *A m.*). *Voy*. óus.

òs enclos : bos 2129. — enclos : los 6621 (*SxA*); los : repos 6489. — e. : Ismenos 8631 (*SxA*); Minos : los 8755 (*Sy*). — gros : dos 2433. 6517, : los 4589, : clos 7325 (*A ch. la rime, P m.*); dos : los 4615. 5049. 5231. 6565, : enclos 5839 (*Sy*). — galos : chaillos 5257 (*cf.* chaillous).

òst 1349. 1819. etc. — host : enclost 10067.

ót escot : mot 1437 ; estot : mot 3509 (*y diffère, S m.*).

òt 237. 5727. etc. (*imparf.* 1ʳᵉ *conj.*). — mandot : pot (*S* poet) 425 (*y ch. la rime*); tot (*y* teut) : escotot (*A* peut, *P* eut) 2499. — pot (*S* poet, *P* peut) : ot (*xA* mot, *P* preu) 169. 4407. etc.; sot : pot 1799. 2231. etc.; ot : s. 1971. 6819. etc.; reclot : ot (*audit*) 5075 ; enclot : pot 6047 (*y* enclos : mors, *x m.*).

òu lou (*locum*) : fou (*focum*) 1663. 3995. 8245 (*y ch. la rime*).

óus sous (*solus*) : poorous 579 ; vous : lous (*lupus*) 4667 ; dous (*duos*) : merveillous 1763, : religious 5083 (*x* r. : diex), : rous 5385 (*C* r. : touz, *B ch. la rime*), : estorçous 6029 (*y ch. la rime, x m.*), : vous 8493 (*SxP*). 9173. *Voy*. 6s.

òus cous (* *collos*) : fous 2267 ; mous : f. 7943 (*Sx*); cous (* *colpos*) : arvous 771. — cous (* *colpos*) : Anfous 4439 (*S* cors : anfors, *x* c. : Alcors, *y ch. la rime*). — chaillous (*B* quarreaux, *C* carriax) : fous (*S* fols, *P* faus, *A* liex, *x* isniaux) 2995 (*cf.* chaillos). — lous (*locus*) : jous (*jocos*) 6231.

óz 1809. etc. — proz : toz 271. 1155. etc.; p. : estoz 3539.

òz oz : cloz 6381 (*A* mors : confors).

u 119. 613. etc. — Tydeü (*xy* Thideus) : escu (*x* desus, *y* jus) 1765. — vertu (*suj. sg. S, rég. sg. x*) : escu 1899 (*y* a une rédaction différente) (*cf.* vertuz). — perdu : consentu 1447, : tolu 2405. — fu : receü 871 (*S* fut : resçut), : feru 8061 (*S* mut : fut, *x m.*).

ué (*de* uei) sué (*sum*) : ancué 275 (*S* soi : en qoi, *y* sui : ancui, *x m.*); s. : mué 8263 (*S* sui : mui, *xA* hui : m., *P m.*) ; hué : pué 807 (*S* oi : poi, *xA* hui : pui, *P m.*); hué (*S* oi, *xP* hui) : enué (*S* ennoi, *CP* anui, *B* ennui) 6279 (*A ch. la rime*); vué (*B* vui, *C* voit, *y* vuis) : enué (*x* anui, *y* anuis) 3151 (*S m.*); hué : mué 6955 (*S* oi : moi, *xA* hui : mui, *P m.*). — fué : sué (*sum*) 1427 (*S* fei : sei, *x* lui : sui, *y ch. la rime*) ; pué : fué 5237 (*S* poi : fei, *x* pié (*pedem*) : fié, *y ch. la rime*); hué : fué 6139 (*S* oi : fei, *xP* et *A ch. la rime*) et 6347 (*S* oi : fei, *x* hui : refui, *y* desconsilliés : fiés) ; *cf.* fuéz : muéz (*sous* uéz).

UEC neporuec : iluec 255 (A illoec : estuet).
UEIL orgueil : ueil 2969; vueil (1re pers.) : dueil (1re pers.) 1043; recueil : sueil (B veuil) 8703.
UEL voy. ÈL.
UENS cuens : suens 2131. 5213. etc. Voy. ENS.
UER jafuer : cuer 4207. 5005 (SxD); suer : cuer 6435 (SxP). 6473.
UET puet : estuet 265. 1501. 2467. 9005.
UÉT (de ueit) enuét : nuét 991 (S ennoit : noit, xy annuit : nuit). 7269 (S ennoit : nuit). 7393 (S noet : ennoet, x réduit 4 v. à 2); n. : uét (octo) 4279 (S noet : oit); n. : duét (doctum) 7455 (S noit : duit). Voy. sous ÉT.
UÉZ (de ueiz) nuéz (s. sg.) : duéz (doctus) 3479 (S m.); leiduéz (S leduiz, C loiduiz, B loduiz, A loiduis, P lieuwis) : duéz (Sx duiz, y duis) 1367; mauduéz (S maldoiz, C malduiz, y malduis, B mauduit) : leiduéz (S ledoiz, C loiduiz, B loiduit, A requis, P sousduis 4193. — fuéz : muéz 6491 (S feus : mois, x et y ch. la rime).
UI celui : conui 377; fui : reçui 5931 (Sy). — cestui : celui 4191 (cf. 7201); andui : lui 415 (cf. 3603. 3889. etc.); lui : autrui 1309, : fui (Sy sui) 3645, : fui (fugio) 10053 (A ch. la rime).
UIT tuit : bruit 2517. 3349. etc., : conduit 2673. 5155, etc., : fruit 7327 (SxA). — cuit : conduit 1211. 2219. 3769 (xy), : tuit 6955 (Sx). 7249. 7429 (SxA). 7999 (SxA). 8511. Voy. IT.
UIZ conduiz : reduiz 7457 (x -it : -it).
UN brun : un 4049 (SxP). 5633 (SxA). — flun : fun 4013 (SxP). — flun : Neitun (A unicun) 6007 (xP m.).
UR 1935. 2979 (y-urs). etc. — oscur : Tur 5277; Sur : o. 6603.
URS 1353. 3481. etc.
US 37. 101. etc. — Tydeüs : pertus 1499; plus : Malpertus 8651. 8909; M. : Tydeüs 8801.
UST 2113. 7891 (SxA). etc.
UT mut : plut 2087, : estut (SP fut) 5291, : crut (de creistre) 7855; conut : dut 7649, : jut 9257. — aconsiut (P consiut, A consut, B consuit, S aconsut, C -çut) : reçut 1623. Voy. sous URENT.
UZ 461. 643. etc. — vertuz (sujet sg.) : parcreüz 307 (cf. vertu). — venuz : seüz (secutus) 2213.

YS voy. IS.

Rimes féminines.

ABLE fable : table 915, : deable 1873 (Sx), : sable 6023 (Sy). etc.; t. conestable 1455; defensable : deable 1599, : fable 7479. — conestable (x -es) : Naple (x Nables) 1719.
ABLES conestables : fables 2717.

ACE 697. 715. etc. — place *(placeat)* : face *(faciat)* 565. 5943. 7741. 7841 *(cf.* plaise). — Estace : topace 7823.
ACENT facent : enlacent 9033.
ACES menaces : places 1735 ; p. : braces 8127.
ACHE busnache (*A* -ce, *P* huhaice) : sache (*B* face, *A* sace, *P* saice) 2897. — esrache (*P* esraice *C* enrache) : esrage (*x* enr., *P* faice) 6155 (*A ch. la rime, S manque*).
ACHENT esrachent : esragent 1945.
ACHES messages : saches 1277.
ACRE maçacre : çacre *(x* trace) 5397 (*A ch. la rime, P m.*).
AGE 853. 1027. etc. *Voy*. ACHE.
AGENT *voy*. ACHENT.
AGES 1741. 2199. etc. *Voy*. ACHES.
AIE 1831. 3233. — plaie : daumaie 4801.
AIENT traient : aient 5417 (*SxA*). 9019, : plaient 7503 (*SxA*); braient : retraient 6253.
AIGNE 1789. 2125. etc. — montaigne : sotaigne 2683, : grifaigne 2981; compaigne : g. 8725. — m. : plaigne (* *planea)* 3319 (*cf*. 3329. etc.) *Voy*. EIGNE.
AIGNES 2721. 2911. etc. — montaignes : plaignes (* *planeas*) 591. 3111. etc.
AIGRES maigres : aigres 5803 *(Sy)*.
AILE paile : Thessaile 2623. 6091 ; Bajle : p. 5273.
AILLE 1603. 2269. etc.
AILLENT 5747 (*Sx*).
AILLES 4595. 4921. etc.
AIME afaime : aime 7413 (*S ch. la rime*). *Voy*. sous EME.
AIMENT *voy*. sous EMENT.
AINDRE fraindre : remaindre 7187. *Voy*. EINDRE.
AINE 5185. 5249. etc. *Voy*. EINE.
AINES *voy*. EINES.
AIRE 1185. 1883. etc. — Cesaire : dromadaire 6627. — maire : faire 7219 (*SxA*). 8165 ; taire : m. 7559. *Voy*. EIRE.
AIRES afaires : guaires 1321.
AISE baise : apaise 859 ; taise : aise 3643 (*Voy. sous* AISSENT) ; aisc : baise 4091, : plaise 6199 (*A* baise : a.) (*cf*. place).
AISENT *voy*. AISSENT.
AISNE fraisne : Saisne 6591.
AISSE eslaisse : abaisse 2167. *Voy*. ESSE.
AISSENT 5849 (*Sy*). 5961. etc. — taisent : laissent 4137. 8307 (*S*).
AISTRE *voy*. ESTRE *et* ÊTRE.
AITE 3059. 3171. etc. — eschauguaite : sofraite 7261.
AITES eschauguaites : faites 4927 ; guaites : f. 8103 ; sofraites : traites 6753 (*SxA*).

AIVE aive : glaive (*B* gabe) 4999 (*C et y ch. la rime*).
AIVES Amoraives : saives 8793 (*B* Amoramnes : samnes, *C*-ages : sages, *y*-aves : saves).
ALE 797. 1837. etc. — eschale : tale 4735; sale : eschale 2317; male (*subst.*) : male (*adj.*) 4903; m. (*adj.*) : pale 6737.
ALES eschales : males (*adj.*) 9697 (*S*).
AMBRE chambre : lambre 884.
AME timiame (*C* bame, *A* tubiane) : anme 6459.
ANCE 239. 1159. etc. *Voy.* ENCE.
ANCES 3339. 9525 (*xA*). 9911 (*xP*).
ANCHE 5883 (*Sy*). 6079. etc. — franche (*A* enfange) : estanche 5601 (*SA*). — estrange : manche (*x* change) 6743.
ANCHES 3829. 7545. — langes : manches 6089 (*A* m. : hanches).
ANDE 1523. 4599. etc.
ANDENT espandent : demandent 4335.
ANDRE Salemandre : esclandre 9081 (*SA*), : Alixandre 9117 (*SxA*). 9393 (*Sy*), : d'Andre (*x* tendre) 9181.
ANGE change : estrange 6951 (*Sx*). *Voy.* ANCHE.
ANGES *voy.* ANCHES.
ANME *voy.* AME.
ANTE cravante : vante 5341 (*SA*).
APLE *voy.* ABLE.
ARBRE 219. 657. etc.
ARCHE marche : Usarche (*xA* Lusarche) 7867 (*SxA*).
ARDE 2343. 2677. etc.
ARDES guardes : fardes 7465.
ARGES larges : Arges 1985, : atarges 2653; targes : l. 4683.
ARMES armes : jusarmes 4065 (*SxP*), : Parmes 4793.
ARRE Marre : Navarre 4437.
ARTRE *voy.* ATRE.
ASE crisopase : embrase 4773.
ASME pasme : blasme 2461. 2615. etc.; p. : basme 6235.
ASMENT pasment : blasment 7365.
ASSE masse : grasse 6561 (*Sx*).
ASSENT 121. 9147 (*SxA*).
ASTE haste : haste (*subst.*) 4341. — Jocaste : chaste 8501 (*Sx*).
ASTES chosastes : laissastes 6769 (*SxP*).
ATENT 1681. 8997. 9705 (*S*).
ATES plates : aates 6563 (*Sx*).
ATRE 785. 3551. etc. — atre : martre (*Sx*) 799.
AUCHE chevauche : rechauche (*y* enqauce) 6043 (*Sy*).
AUGE auge (3º *pers.*) : vauge (3º *pers.*) 3899 (*Cy* aille : vaille, *S* m.).
AUME chaume (*S* chalme, *P* celme) : eaume (*S* healme, *P* elme) 4323 (*A* ch. la rime, *x* m.).

AUNE jaune : aune 5283 (*SxA*).

EAUME *voy*. AUME.
ECE 1737. 2247. etc. — Grece (*A* Grice, *P* Grese) : Venece (*A* Venisse, *P* Venesse, *B* Venice) 2865 (*C m*.). 3065. 3255. etc.; G. (*A* Crete) : Melece (*B* Millece, *A* Milete, *C* dennelece) 7057 (*Pm.*). — secherece : sece († *sitiat*, pour *sitit*) 2091 (*x ch. la rime*).
ÉE 179. 193. etc.
ÉES 939. 1101. etc.
ÈGLE règle : sègle 6479 (*C et y ch. la rime*).
EGNE *voy*. EMNE.
ÉGNE (*fr.* igne) engégne (*S* engyne, *B* engigne, *C* enganne) : barguégne (*S* bargigne, *B* barquenge, *C* barcaingne) 7725 (*y change la rime*).
EGNENT *voy*. ENENT.
EIE 305. 711, etc. (1ʳᵉ *pers.*). — meie : vengereie 3633; *cf*. 3725. etc. — esfreie (*S* esceie (=* *exciat* pour *exciet*? *Voy. sous* ÉZ¹), *B* escrie) : enveie 781 ; conreie : veie 571 (*cf*. 927. 1479. etc.); — otreie : enveie 421 (*cf*. 1069. 1215 etc.). — veie : Nemeie 2079. 8629 (*SxA*).
EIENT 2489. 3489. etc. (*imp. et condit.*). — otreient : creient 2071, : enveient 8247. — veient : c. 8845 (*A ch. la rime*).
EIES preies : charcleies 1351. — seies : conoistreies 165. — discies : menreies 6417 (*SxP*) (*cf*. 6433 (*SxP*). 8141 (*SA*). 8413).
EIGNE enseigne : feigne 5575. — enseigne : montaigne 3173, : plaigne (* *planea*) 3405 (*xy*), : p. (*plangat*) 4425. *Voy*. EINE.
EIGNENT *voy*. EINENT.
EILES *voy*. EILLES.
EILLE 945. 1019. etc. — merveille : ceille (*S* cille, *A* campelle, *P* tempelle) 6259. — Marseille : merveille 6615 (*Sy*).
EILLENT 3761 (*xy*). 7519 (*SxA*).
EILLES 3831. etc. — ceiles (*S* celez, *CA* celes, *B* çoilés) : merveilles 847 (*P ch. la rime*).
EINDRE destreindre : aceindre 4855 (*Sx*). — feindre : remaindre 2057.
EINE 885. 1139. etc. — peine : estreine 4937. 6487 (*S et y ch. la rime*). — semaine : peine 1237, : meine 7345; ameine : vilaine 2005. 2279; Ysmeine : v. 3843, : saine 6189; coveine : lointaine 4199 (*x* covine : lointine, *A manque*); chadaine : peine 7257. — pleine (*A* plagne) : Sardeine (*P* -aine, *A* -agne) 6035 (*Sy*).
EINENT 341. — restreignent (*S* restrenient, *x* painent) : meinent 1655 (*y m.*); m. : feignent 3195 (*Sy*).
EINES Miceines (*C* Vinceines) : Ateines 1995. — meines : semaines 2045; demeines : chadaines 2537; chaeines : certaines 2699;

deforaines : pleines 3991 (*SxP*); Miceines : vaines 4987, : chaines 5019 (*SxA*), : prochaines 8841 (*SxA*).

EINTE ceinte : peinte 1265.

EIRE 7017. 7671. etc. — creire : proveire 2053. — veire : feire (*feria*) 6283 (*C* v. : afaire, *P ch. la rime, A m.*). — feire (* *feriat*, de *feria*) : afaire 5369 (*x et A ch. la rime, P m.*). — creire : eire (*C* oivre, *B* oevre) 3709 (*SA m.*); mescreire : e. 7491 ; recreire : e. 7685. — creire : receivre 2845.

EISE 693. 2189. etc. — richeise : peïse 8085 (*Sy*).

EIVENT aperceivent : deceivent 3007.

EIVRE azeivre : aperceivre 4775 ; deceivre : beivre 4857. *Voy.* EIRE.

EIVRES abeivres : deseivres (*C* deçoivres) 6401 (*Sx*).

ÈLE 217. 325. etc. — Castèle : sèle 4559 *Sy*, : arondèle 6995.

ÈLENT entrapèlent (*A* atropèlent) : ensèlent 7349 *(P m.)*.

ÈLES 437. 953. etc. :

EMBLE 549. 2021. etc. *Voy.* EMPLE.

EMBRE crembre : raembre 7927 (*S* creindre : remaindre, *B* criembre : raiembre, *C* craimbre : reaimbre, *A* cremoir : avoir, *P m.*). *Voy.* ENDRE, EME, EMENT, ENENT *et* ENTE ², *et d'autre part* ENDRE.

EME creme (*pour* crieme) (*S* crieme, *B* creime, *C* craime) : eme (*pour* aime) (*B* siure) 4977 (*y diffère*). 8131 (*y ch. la rime*). 9199 (*P ch. la rime, A m.*); c. : afeme (*pour* afaime) 7377 (*y ch. la rime*).

EMENT crement (*pour* criement) (*S* creiment) : afement (*pour* afaiment) 4941 (*x ch. la rime, A réd. 4 v. à 2, P m.*); c. (*S* creiment, *x* craiment) : ement (*pour* aiment) (*Sx* aiment, *D* ement) 5077 (*y ch. la rime*); entrement (*pour* entraiment) (*S* entreuont, *v. f.*) : c. (*A* reclaiment) 8603. *Voy.* ENENT.

EMNE Lemne : femne 2297; regne : femne 413. 1105. etc.

EMPLE temple *(tempora)* : ensemble 6129 *(P. ch. la rime, A m.)*.

ENCE consence : presence 3685 (*xP*), : comence 8135 ; silence : reverence 5087; tence : patience 7995. — venjance : penitance 5099 (*SxP*).

ENCENT comencent : tencent 5995 (*SxA*).

ENDE rende : vende 7105.

ENDENT 5021. 7227. etc.

ENDRE 687. 795. etc. — cendre : prendre 8169 (*SxA*). 10181 (*SP*). — defendre : membre (*A* rendre) 8323 (*S m.*).

ENENT regnent : prenent 4745. — prenent : raement 2675 (*correction : x* prannnent : desmembrent, *P* prendent : d., *A dével. en* 4 *v.* : prendent : descendent, desmembrent : raiembrent, *S m.*).

ENGE venge : blastenge 1113; desrenge : v. 5589 (*SA*).

ENGENT blastengent : vengent (*Sx* prengent) 1953.

ENGLES sengles : cengles 5353 (*S*).

ENSE porpense : despense 1023. 7283 (SxA).
ENTE ¹ 1073. 4877. etc. — jovente : rovente 6313 (cf. jovent).
ENTE ² gente : crente (ᵏ tremita) 6017 (y ch. la rime, x m.). Voy.
  EMBRE, EME, EMENT, et d'autre part EN ² et ENT ².
ENTRE ventre : entre 2347; soentre : v. 5459; entre : s. 6215. 8933 (Sx).
ÉRE ¹ 843. etc. — pére : mére 849. 7645. etc. ; frére : m. 9347.
ÉRE ² (de ieire) eslére : pére (pejor) 5121 ; maiestére : e. 5055 (D meisteire : esleire, y- ire : -ire, Sx ch. la rime); empére (S empiere xy empire) : e. (Sxy eslire) 1703 ; lére (SxA lire, P dire) : cime tére (S cimitere, x cimetiere, A cimentire, P cel timire) 6465 ; matére (S matiere, CP -ire) : empére (CP -ire) 4769. — sére : eslére 411 (cf. sire, lit et let, ivres et evre).
ÉRENT 1017. 2445. etc.
ÉRES (de ieires) philatéres : céres 6457 (S p. : cereis, P filatieres : cierges xA m.).
ÈRNE posterne : gualerne (P Salerne) 1471. 9113 (SxA).
ERRE 213. 223. etc.
ERSE Perse : averse 5315 (SxA).
ÈSLE gresle : mesle 4037 (SxP). 5361 (Sy).
ÈSME esme : acesme 5713 (Sy).
ESSE 5499. 7035. etc. — presse : iraisse 1627. 3637, : laisse 4089 (Sx). 4363. 4779. 5553 (SA). 6369. — p. : engresse (B adrece, Cy eslesse) 6835.
ÈSTE 243. 291. etc.
ESTES bestes : tempestes 4727.
ÈSTRE 2447. etc. — estre : prestre 2055. — senestre : estre 1513, : fenestre 3259. 9179, : destre 4537. 6065. 6927 (Sy). 7541. — maistre : estre 5053. 6525.
ESTRES 2835. 3035. etc.
ETE evete : nete 2203.
ETENT esdemetent : metent 8915 (B demendent : tendent, P gaimentent : m.).
ETRE metre : letre 5137 (SxA). 6533, : prametre 7113, : entremetre 7245.
ÈTRE maistre : scètre (A estre) 5117.
ÉVRE cuévre (* copreum, avec o bref) : évre (ebrium, avec e bref) 4291 (S cuire : ivre, x et y ch. la rime) (cf. ivres, sire et sere, lit et let).

ICE faitice : entailleice 1671; lice : clice (C esclisce, A faitice) 4573.
ICES clices (C lices) : lices 5219 (A ch. la rime, P m.).
ICHE riche : briche 4135 (Sx). 8829 (SA), : Laliche 5279 (A rices : lices, P manque), : fiche 5697 (Sy), : triche 6499 (y différe).

TABLEAU DES RIMES 329

: Godriche 6649 (*y ch. la rime*), : afiche 8285 (*SxA*) ; afiche : briche 7731.

ICHENT afichent : fichent 4681.

IDE Omoloïde : piramide 5201.

IE 241. 267. etc. — esbahie : aïe 7153 ; a. : compaignie 7863, : oïe 7871 (*cf.* aiue). — mercie : se covie (*A* s'en c., *S* se convie, *x* s'umilie, *P* compaignie) 2545. — crie : umelie 2639 (*Sy*) ; escrie : alie 5573 (*S*). 7059 (*xy* e. : vie) ; crie (*Cy* prie) : partie 3573. — chastie : folie 5515 (*SA*). 7991 (*A* c. : die, *P m.*). — esfreïe (*y* esmarie) : die 6203 ; folie : tolie (*B* baillie) 8561 (*CA ch. la rime, P m.*).

IÉE 351. 1973. etc.

IÉES 3341. 4063. etc.

IÉGE griége ; siége 4963 (*cf.* griévent).

IÉNENT contiénent : sostiénent 4105 ; retiénent : viénent 5609 (*SA*) ; (*cf.* 5865 (*S*). 6709. etc.).

IENGE vienge : tienge 1997 ; t. : retienge 4637 (*D m.*).

IENGENT viengent : tiengent 1425.

IENT 4923. 4925. etc. — escrient : dient (*A* prient) 345 ; glorient (*x* escrient) : rient 7079 (*y ch. la rime*). — rient : contralient (*S* contrarient) 4167 (*y m.*). 6185. — chastient : ocient 5419 (*SA*). — entraïent : oblient 5503 (*SA*) (*cf.* aiuent).

IÉRENT 767. 4699. etc. — esperdiérent (*x* abatirent) : perdiérent (*x* perdirent) 5425 (*ym.*) ; combatiérent (*S* -irent, *y* -oient) : defendiérent (*S* -irent, *y* voloient) 9961 (*x m.*). — esloigniérent : perdiérent 5535 (*SA*) ; fiérent : abatiérent 5751 (*Sx*).

IÉRES 1057. 3019. etc. — perriéres : pierres 3025.

IÉRRE pierre : ierre 6261. — p. arrière 4845.

IÉRRES *voy.* IÉRES.

IES 1731. 2941. etc.

IÉVE 1683. 2585. etc.

IÉVENT griévent : reliévent 9713 (*cf.* griége).

IGNE signe : digne 4933.

ILE vile : mile 1963. 2077. etc. — Pile : v. 5203 ; Sezile : v. 6619.

ILLE fille : eissille 2061.

IME prime : frime (*y* rime) 6451. 7395 (*A* p. : rime, *P m.*). 7573 (*A* p. : rime, *P m.*).

IMES venimes : mespresimes 6801 (*SxP*).

INDRENT tindrent : vindrent 2315. 3363. etc.

INE 381. 893. etc. — hermine : medecine 1845 (*cf.* 5629 (*SxA*). etc.) ; h. : meschine 9373 ; Salemine : h. 6611.

INES buisines : troïnes 2073.

INTE Corinte : retinte 6641.

IQUE Aufrique : Salenique 4427 ; Arimetique : Musique 4755 (*Sx*).

IQUES tuniques : reliques 6455.
IRE ire : rire 1201, : dire 3591. 4611. 5033. 6427. etc., : contredire 1417. 2657. 3729, : martire 8191, etc.; dire: martire 1777. 1849. 5913 (*Sy*). 9709, : assire (*x* conduire) 1369 (*y ch. la rime*), : sospire 2035, : dire 2145, : eschaucire 4995, : vire 5627, : mire 7821. — martire : ire 8191, : dire 1777. 1849. etc., : rire 7363, : remire 4821 ; sospire : tire 7039. etc. — sire : dire 1689. 2331. 4703. 8729, : ire 2645. 2711 (*SxA*). 3663 (*SCP*). 6345. 7851. 8269. 8359, : ocire (*P* martire) 8229. (*cf.* sére). — desconfire : ocire 9933 (*Sy*) — ocire : dire 2311. 7747, : ire 1905. 5571. etc. — Porphyre : vire 5681 (*S*). — vivre : ocire 1915 (*Sx*).
IRENT 4329. 4839. etc. — esfreïrent : virent 3469 (*x* esfroient : voient, *y* fremirent : v., *S m.*). — firent : partirent 4263, : estormirent (*B* esfremirent, *C* esfraérent) 9503 (*P m.*); entrevirent : f. (*x* entreferirent, *A* entrehaïrent, *P* prisent) 9511 ; assaillirent (*correction*; *y* desfendirent, *S m.*) : f. 9969 (*Sy*); sevirent : f. 3753 (*correction*; *C* porsurent (*B* par furent) : murent, *y ch. la rime*, *S m.*). — firent (*P* soffrirent) : vesquirent 10213 (*x* vengiees : liees, *A m.*) (*cf.* irasquié).
ISE 793. 2171. etc. — Frise : prise 4273, : brise 4431, : bise 3343. 6629 (*SxP*). — lise (*x* glise, *A* atise, *P* felise) : prise 4473.
ISES aprises : mises 9817 (*Sy*).
ISLE grisle : isle 6599.
ISSE traisisse : entremeïsse 6765 (*Sx*).
ISSENT 3001. 7373 (*SxA*). 9743 (*SA*).
ISTE ametiste : liste 6545 (*cf.* listre).
ISTES feïstes : traïstes 1875; oceïstes : trameïstes 6789 (*SxP*). Voy. ITES.
ISTRE *voy.* ITRE.
ISTRENT mistrent : pristrent 8995 (*y* misent ? prisent).
ITE desherite : merite 6855 (*Sy*). — petite : eschafite 8439 (*SxP*).
ITES dites : quites 1585. 7695. 7729. 7935. — crisolites : ametistes 4017.
ITRE marenitre : listre (*S* vitre, *C* liste, *B* lutre) 889 (*A différe*, *P m.*) (*cf.* liste).
IVE 2209. 2257. etc. — beslive : esbrive 5545 (*S*). — live (*leuca*) : aconsive 8857, : ive (*equa*) 9043 (*SxA*).
IVES 4003. 9763 (*B ch. la rime*, *S manque*). 9793.
IVRE vivre : delivre 4237. 4997. 7661. — livre : d. 6063. 7723 (*Sy*) ; v. : escrivre 6751 (*SxA*); livre : v. 7089. — vivre : ocirre 1915 (*Sx*).
IVRES delivres : livres 3827. 8599; ivres : d. 3501 (*xy*) (*cf.* evre).

óble *Voy*. óple.
óche boche : toche 2607. 2957. 6243 (*SCy*). 7971 (*y* radouce : touce).
òche roche : Sadoche (*A* Saroce) 5345 (*x m*.), : Phoche (*S* Forche, *P* Foche, *A* aproche) 175 (*x* Fonches (*B* Forches) : roches). — aproche : reproche 5435 (*A*); broche : roche 6053. 8863 (*SxA*). — porche : broche (*A* porce : escorce) 655.
òchent desrochent (*y* brochent) : acrochent 7001 (*y ch. la rime*).
óe coe : doe 5261 (*x et y ch. la rime*).
òe alaitoe : aloe 299.
òent 181. 195. etc. (*imparf*. Ire *conj*.) — esjoent : loent 339 (*A ch. la rime, P m*.), : esroent 1087 (*y développe, x m*.) (*Voy*. sous òie); oent : loent 4173. — parolent : loent 1443 (*B et y ch. la rime*).
óge boge : roge 4053 (*SxP*).
ògne Sidogne : brogne 4345 (*cf*. Sidone).
ógres Bogres : logres 7305.
òie joie : poie 1059. 2829. 3333, : esroie (*x* enroie, *P* esjoie, *A* convoie) 9037 ; Troie : bloie (*B* coie) 8781 (*SxA*), : joie 9337. *Voy. sous* òent.
óigne vergoigne : bosoigne 1699. 1753. 6101 ; poigne : b. 3281. 4649, : Saissoigne 4327 (*S* compaignie : Espaigne); b. : Gascoigne 4483. 6667, : joigne 9127 (*SxA*); poigne : j. 9137 (*SxA*).
óignent poignent : joignent 4339. 6935. etc.; desjoignent : oignent 6237 (*SxP*).
óignes bosoignes : poignes 9361 (*A* tornois : vois).
óille agenoille : soille (*A* molle) 4449.
óindre poindre : joindre 3119. 3161. etc.
óinge doinge : pardoinge 8259 (*B* donne : p., *C* doingne : p., *A* doinse : p.).
òise voise : noise 2245 ; boise : n. 4267.
óissent froissent : croissent 5863 (*y réd. 4 v. à 2, x m*.). 8971 (*x répète* froissent).
óle cole : gole 6375; fole : sole 9607.
òle parole : fole 3931. 6383, : escole 4161 (*Sx*), : estole 5129, : acole 8293 (*Sx*), : mole 8435, : afole 8645; mole : vole 4777. 8865 (*SxA*); afole : v. 5715 (*Sy*); Nicole : v. 6655.
òlent *voy*. òent.
òles acoles : paroles 6191.
ómbre 3191. 9377 (*Sy*).
óme chome : some 4905.
ómes venomes : homes 2185. — prodomes (*A* preudome) : domes (*B* dommes, *C* dames, *P* dones, *A* some) 3783 (*S m*.); d. (*AB* dones, *C* dames) : homes 4097.

ónce Ponce : nonce 8595. — ronce (*P* ronse, *A* afonse) : onze 6675 (*B m.*).
ónces jagonces : onces 891 (*Sx*). 6543.
óncle escharboncle : oncle 4055 (*SxP*).
ónde mapamonde : roonde 3985 (*SxP*); monde : parfonde 4725; *cf.* 5193. 7423. 9065 (*SxA*). — confonde : fonde 4871. — parfonde : confonde 9063 (*SxA*).
óndes ondes : parfondes 8945 (*SxA*).
óndre confondre : repondre 5047; tondre : rebondre 5805 (*Sy*).
óndrent *voy.* óntrent.
óne done : resone 1085, : estone 1767. 6127, : abandone 2811. 5453, : soone 4245, : esporone 4447 (*cf.* 9599. etc.); none : tone 4833, : gone 5149.
òne Babilone : Sidone 559 (*cf.* Sidogne), : Sardone 6531; Calidone : essone 2011. 2983, : Garsidone 2917, : patremone 7099, : Aquilone 8839 (*SxA*); Lacedemone : essone 8765. — Calidone : trone (*P* trosne, *B* Calidoine) 3747 (*S manque*); essone : t. 4747 (*A* ensegne : boscagne, *P* essoigne : besoigne).
ónent sonent : resonent 2665. — avironent : donent 4029 (*SxP*); *cf.* 5349 (*Sy*). 5745 (*Sx*). etc. — abandonent : somonent 4337 ; sonent : donent 4657 ; aponent (*CD* apoent, *B* apouent, *y* apoient) : somonent (*D* ennoent, *y* proient) 5001.
ònes sardones : calcedones 4025 (*SxP*). 6547.
ónge mençonge : songe 4869.
ónstre *voy.* óntre.
ónte conte (*computat*) : conte (*comitem*) 1991. 7055, : espoonte 4867 (*A ch. la rime*); conte (*n. verb.*) : honte 4613 ; monte : h. 1479.
óntre monstre : encontre 251. 1491.
óntrent entrencontrent : esfondrent 5649 (*Sx*).
ónze *voy.* ónce.
ópe estope : tope 8147 (*y ch. la rime, x m.*).
óple cople : doble 9005.
órbe torbe : destorbe 6947 ; d. : corbe 7597 (*SxA*).
órce estorce : force 4271. 8013 (*SxA*). 8693.
órche *voy.* òche.
òrde descorde (*verbe*) : acorde (*subst.*) 545 ; misericorde : acorde (*verbe*) 5101 (*SxP*).
óre 817. 3593. etc. — ore (*hora*) : demore 2337 ; d. : acore (*de* acorer) 5691 (*Sy*).
òre estore : memore 4043. — glore : victore 4227 ; ajutore : v. 7239.
órent corent : plorent 1939. 2589. 7133 ; p. : orent 5157 (*Sx*). 5759 (*A* entracolent).
òrent porent : orent 4321. 8851. etc.

òres estores : memores 2925.
órne torne : morne 839. 1413. etc.; t. : sojorne 6031 (*Sy*). 7611.
órre corre : escorre 6849 ; socorre : e. 7049.
òrte 3017. 4309. etc.
òrtent confortent : portent 6815.
òrtes portes : roortes 2755.
óse 219. 897. etc. (*suffixe* -osa). — espose : tose (*S* chose) 2307. 6413 (*S* : cose, *B*: chose, *y m.*), : dolorose 6247 ; tose : contraliose 4159 (*S* chose : c., *y m.*) ; t. (*S* chose, *y* cose) : vergondose 8473 (*B m.*).
òse 191. 2207. etc.
òsent posent : chosent 6233.
òses choses : poses 5789 (*S*).
ósse destrosse : escosse 5357 (*A* destorse : rescorre, *P* desclose : close, *x m.*).
óste dejoste : coste 4665.
óte 1415. 1659. etc. — tomote : escote 4919. 8223.
òte rote : note 4899; riote (*x* note) : rote 7929 (*A ch. la rime*, *P m.*).

ue 899. 901. etc. — esvertue : aiue 1127; *de même* 1187. 1357. 7075. 7375 (*SxA*) (*cf.* aïe).
uée (*de* ueie) pluée (* *plovia*) : essuée (* *exsocidat*, *avec* o *bref*; *cf.* socidus *pour* succidus) 2089, : vuée (* *vocita*) 4413.
ueille brueille : fueille 3187; mueille (*S* nuelle) : f. 8805 (*SP*).
ueillent esbueillent (*C* aceullent) : despueillent 5427 (*y m.*).
uent remuent : tuent 6307 ; huent : t. 8123 (*Sx*). — muent : aiuent 1983; remuent : a. 6267 (*cf.* aïe *et* entraïent).
uére (*de* ueire) trifuére : ivuére 4771; i. : muére 6537 (*SxA*); cuére : m. 1895; duére (* *docere*, *avec* e *bref*) : m. 9177 (*A. ch. la rime*).
ues 4075. 4625. etc.
uéte (*de* ueite) duéte (*docta*) : leiduéte 3845 (*S* doite : ledoite, *x* duite : loiduite, *y m.*).
ueve trueve : esmueve 5831 (*S*).
uevre uevre : cuevre 6183 (*A* différe).
uévre *voy.* ÉVRE.
uevres uevres : coluevres 6393 (*Sx*).
uide cuide : estuide 5527 (*SA*).
uient fuient : bruient 7599 (*SxA*); conduient : f. 8045.
uire destruire : luire (*B* lire) 1893 (*x*).
une 673. 1063. etc.
ure 171. 225. etc. — conjure : augure 2037.
urent 5993 (*SxA*). 7369 (*SxA*). — furent : conurent 455, : aparurent 5431 (*SxA*), : murent 7411, : reçurent 5533 (*SA*), : aperçu-

rent 7469. 8101. 8951; burent (S beurent): jurent 4907; aperçurent : durent (x murent, P furent) 8897; parçurent (S parsurent) : crurent 5981 (A sivirent: fuirent, P s. : virent, x m.). *Voy. sous* UT.

URES criatures : natures 2945.

YRE *voy*. IRE.

NOTES

I. — Texte critique.

113 sqq. De même dans la légende grecque, Cypsélus, le fils de Labda, tend ses petits bras à ses meurtriers, et ils sont désarmés. Une précocité semblable se retrouve dans *Galerent de Bretagne,* où l'auteur fait sourire un enfant de huit jours à peine :

> Li enfans fait semblant de joie :
> Ung ris jecte moult doulcement (*v. 970-1*).

Il convient surtout de rapprocher les vers suivants de *l'Iliade* en vers Elégiaques de Simon Chèvre-d'or (milieu du xiie siècle), dont s'est peut-être inspiré directement l'auteur du *Roman de Thèbes* (il s'agit de Pâris) :

> Nunc parvum natum per jussum regis in Idam
>   Servi tollentes ense necare parant.
> Arridet gladio radianti parvulus, illum
>   Arridere putans qui sibi tristis erat.
> Sed percussurus cernens cor flectit et ictum,
>   Et ferus et feriens desinit esse simul.

C'est, du reste, à peu près un lieu commun au moyen âge.
394-5. Un grand nombre de témoignages confirment cet usage de présenter plié l'objet qui constituait le gage, en particulier le gant. Cf. Roland, 2677 : *Si l'en dunez cest guant ad or pleiet,* Girart de Rossillon, 1977 (Fœrster) : *A tant li estendet son gant en pleich,* Chronique de Jordan Fantosme, v. 58 : *Veez mei ci en vostre curt prest de pleier mun gage,*

etc., etc., et voy. Du Cange, *plicare vadia* V, 309, et *vadium plicare* VI, 719 *a*.

517-8. La croyance à l'effet inévitable de la malédiction des parents, si générale dans l'antiquité (cf. Minos, la mère de Méléagre, etc.), s'est perpétuée à travers le moyen âge. Ainsi Raoul de Cambrai, dans la chanson de ce nom, est maudit par sa mère au moment où il se dispose à envahir le Vermandois, et il ne tarde pas à périr, victime de cette malédiction, etc.

632 sqq. (cf. 2955, etc.). Tout le moyen âge a cru que l'escarboucle luisait dans l'obscurité. Cf., en particulier, *Roland*, 2632-3 :

> En sum cez maz e en cez haltes vernes
> Asez i ad carbuncles e lanternes ;

Girart de Rossillon (éd. Fœrster), 825-6 :

> E verreit l'escarboncle que resplendis :
> Samble de mie nuit que soit midis.

Gaufrei, 4054 :

> Vers Roussillon s'en va, la ou l'escarbougle art.

Floire et Blanceflor (éd. Du Méril), p. 24 :

> Desor le chief Floire l'enfant
> Ot un escarboucle luisant :
> Par nuit oscure en veoit on
> Une liue tout environ.

Voy. encore F. de Mély, *La Table d'or de Don Pèdre de Castille*. Paris, 1889.

637. *Phoroneüs*, fils d'Inachus roi d'Argos, et frère d'Io, passait pour avoir réuni dans une cité qu'il fonda les habitants dispersés et sauvages de l'Argolide. D'après Pausanias, Argos devait son nom à un petit-fils de Phoroneüs. Cf. Bernard de Chartres, *Megacosmos* (cité par Tyrwhitt, éd. de Chaucer, 187, d'après le ms. Bodl. 1265) :

> *Præjacet in stellis series, quam longior ætas*
>   *Explicat et spatiis temporis ordo suis :*
> *Sceptra Phoronei, fratrum discordia Thebis,*
>   *Flamma Phaetontis, Deucalionis aqua.*

Stace, qui mentionne quatre fois Phoroneüs, ne connaît

naturellement pas le merveilleux pouvoir éclairant de l'escarboucle. Il se contente de parler vaguement d'une lumière qui, du haut de la citadelle d'Argos, éclairait les murailles (*Théb*. I, 380-2) :

> Donec ab Inachiis victa caligine tectis
> Emicuit lucem devexa in mœnia fundens
> Larissæus apex.

713-4. Cf. Le Roux de Lincy, *Livre des Proverbes français*, II, 106 : *Priez le vilain, il en fera moins* et *Qui prie le vilain, se fatigue en vain*.

763-4. Il s'agit ici de Diane, qui, suivant Homère, avait envoyé à Calydon le fameux sanglier, pour se venger d'Œnée, qui négligeait ses autels.

812. *La déesse*, c'est-à-dire : la Pythie, l'oracle d'Apollon.

901-2. Allusion à Arachné, jeune fille de Colophon, qui osa se vanter de dépasser Minerve dans les ouvrages de tapisserie. La déesse, vaincue dans cette lutte, la frappa de sa navette et déchira son ouvrage. L'orgueilleuse Arachné, ne pouvant se consoler de cet affront, voulut se pendre. Minerve la suspendit en l'air et la métamorphosa en araignée.

903-4. Cf. 357-8.

1385-6. Il est curieux de retrouver la même menace, exprimée presque dans les mêmes termes, dans le sermon que le chroniqueur latin de la guerre des Albigeois, Pierre des Vaux de Cernai (vers 1218), met dans la bouche de Bérenger, évêque-seigneur de Carcassonne, s'adressant aux habitants de la ville : « Sachez qu'*alors même que vos remparts seraient très hauts et de fer*, vous ne pourriez pas vous défendre, car votre incrédulité et votre méchanceté appellent sur vous la vengeance du juste juge. »

1491 sqq. L'auteur a tiré parti de ce défilé en y plaçant l'embuscade qu'Hippomédon dresse aux Thébains dans la bataille à la fin de laquelle il trouve la mort. Il le nomme *Malpertus*, « mauvais pas » (cf. 8652, 8801 et 8910). Aux vers 8800-4, il dit expressément que Malpertus est l'endroit où Tydée vainquit les cinquante Thébains, détail qui n'est pas dans Stace, et aux vers 1491-4 que le combat de Tydée eut lieu à l'endroit où se tenait le Sphinx, ce qui est conforme à la donnée classique.

1557-68. D'après la légende de Merlin, cette épée, qui se nommait *Marmiadoise*, et qui était l'œuvre du fameux orfèvre Nicaus, avait d'abord appartenu à Hercule, puis à Jason, et enfin à Adraste, qui la donna à Tydée, partant pour son dangereux message. Le roi Arthur l'enleva au roi des Danois, le géant Rion, qui prétendait descendre d'Hercule. Voy. P. Paris, *Les Romans de la Table Ronde*, II, 192.

1620. Cf. App. I, 2905-6 et aussi Ovide, *Fastes*, I, 564 (il s'agit de la pierre qui ferme l'antre de Cacus) : *Vix juga movissent quinque bis illud opus.*

1687. *Gualeran* n'est pas dans Stace; mais c'est un nom qui n'est pas inconnu aux chansons de geste : ainsi, dans *Girart de Rossillon*, un des barons du roi Charles le porte. Rappelons aussi le joli roman de *Galeran de Bretagne*, publication posthume de Boucherie. — *Sipont* = Siponto (ancien *Sipontum*) ou Manfredonia, en Apulie, ville que l'on croyait avoir été fondée par Diomède, après le siège de Troie. C'est sans doute cette légende qui a donné au trouvère l'idée d'introduire, malgré l'anachronisme, le nom de cette ville dans un poème qui est, au fond, d'origine grecque.

1785-6. De même, dans *Cligès*, un des douze Saisnes qui enlevaient Fenice, la femme de l'empereur Alis, obtient qu'on laisse la vie sauve à Cligès, à condition qu'il ira raconter au duc des Saisnes la défaite de ses compagnons. Du reste, le trait est emprunté à Stace, et il semble que ce soit au moyen âge une espèce de lieu commun. Cf. le conte languedocien, *le Rei dei peiches*, publié par M. L. Lambert, dans le t. XXXII de la *Revue des langues romanes*, à la p. 31.

1903. La correction de *Apoli* en *Apollini* est justifiée par les vers de *Troie*, 5815-6 :

> Dons apporteit Apollini,
> Au deu veneit crier merci.

1993-2024. Cf. Stace, IV, 32-308. Les seuls noms de lieu de ce riche catalogue qui se retrouvent ici sont : *Amphigenie* (v. 178), *Orchomenie* = Orchomenos (v. 295) et *Calidone* = Calydonia, pour Calydon (cf. v. 267), auxquels il faut joindre *Archaide* (= Arcadia), qui se trouve un peu plus loin, v. 311. En revanche, il est question de Mycènes, quand Stace dit formellement qu'elle n'envoya pas de contingent (v. 305-8). Le seul Lycaon qui figure dans Stace est celui des *Métamorphoses*.

2057. *Coarz est*. De même, dans le *Roman de Troie*, Troïlus dit, en parlant de son frère Hélénus :

Provoire sont toz jors coart :
De freide chose ont il regart.

2293. Dans une nouvelle de Sercambi (éd. Rodolfo Renier, p. 116), *Isifile* est le nom de la princesse de la légende de Virgile, qui se moque du puissant enchanteur et en est si cruellement punie.

2714. *Monflor* est évidemment un nom de fantaisie qu'il est inutile de chercher à identifier, quoiqu'on trouve un *Montfleur* dans le Jura, et un *Montflours* dans la Mayenne. Il y a également un Monflor dans le *Roman d'Alexandre* en décasyllabes (P. Meyer, *Alexandre le Grand dans la littérature française du moyen âge*, I, 31), v. 140 : *Au gef li mist le frent fait a Monflor;* dans *Aymeri de Narbonne*, v. 2447, etc.

2849. *Achillor.* Nous avons cru devoir préférer *Achillor*, que donne le ms. *S*, à *Archelor, Achelor,* de *BC* et à *Aquilon* de *AP.* Ce dernier nom appartient à la légende de Charlemagne. Dans *Mainet*, Aquilon est un duc de Bavière qui contribue au rétablissement de Charlemagne exilé : c'est l'*Odilon* ou *Ogdilon* de l'Histoire, lequel vécut sous Pépin le Bref. *Achillor* est formé sur *Achille* à l'aide d'un suffixe emprunté à la 3e déclinaison.

2865-8. Il y a peut-être là une allusion aux guerres soutenues, au milieu du xiie siecle, par les Vénitiens contre les Croates, qui leur enlevèrent, à l'exception de Zara, les villes maritimes de la Dalmatie, qu'ils possédaient depuis un siècle et demi.

3312. Les Lombards étaient surtout connus en France comme marchands : de là leur réputation de pusillanimité. Cf. l'édit. de la *Guerre de Navarre* de Fr. Michel, p. 484 ; *Bertran de Born*, éd. Thomas, II, 39 ; *Aymeri de Narbonne*, CII-CIV, etc.

3842. Les *Açoparz* ou *Azoparz* sont des barbares de l'Orient qui figurent, le plus souvent sous des traits effrayants, dans plusieurs chansons de geste et aussi dans des textes historiques. L'étymologie semble être Aἰθίοψ, suivi du suffixe -*art*. Voy. *Romania*, VII, 437 et XIV, 16 et 128. — *Achopart* est, dans Bovon d'Hanstone, le nom d'un monstre moitié homme, moitié chien, né de Terbis, fille d'un roi d'Egypte, et d'un chien favori. Il se réfugie chez Rhésus, et, après avoir tué sa mère, est envoyé au secours d'Hector de Troie avec une troupe de jeunes gens.

3979 sqq. Il faut rapprocher de cette description celle de

la tente d'Alexandre dans le *Roman d'Alexandre* en vers de 12 syllabes (éd. Michelant, p. 55) : on y voit, comme ici, une mappemonde et les douze mois de l'an, mais les travaux d'Hercule et l'histoire de la belle Hélène y remplacent l'histoire de la Grèce. Il est également question d'une mappemonde représentée sur une tente dans les fragments de la chanson perdue de *Doon de Nanteuil* que nous a conservés Fauchet (voy. *Romania*, XIII, 24), et dans le poème de la Croisade imité de Baudri (tente de Godefroy de Bouillon).

4207. *Jafuer*. Ce mot, qui signifie « commodité aise, » n'a été rencontré jusqu'ici que dans la *Chronique des ducs de Normandie* de Benoit. Aux deux exemples cités par Godefroy (39027 et 40231-2), il faut ajouter celui-ci (v. 18436-7) : *Jafuer e sejor e peresce Sunt mult contrailes a proesce.*

4283 sqq. Ces détails sur la tigresse privée des Thébains sont probablement de l'invention du trouvère : en tout cas, ils ne sont pas empruntés à Pline, qui cependant indique certaines particularités merveilleuses. Il nous apprend en outre qu'Auguste montra pour la première fois un tigre apprivoisé dans l'amphithéâtre, à l'occasion de l'inauguration du théâtre de Marcellus, et que plus tard Claude en exhiba quatre à la fois.

4363 sqq. Il faut rapprocher de ce passage les vers 14241 sqq. du *Roman de Troie*, où Diomède envoie à Briséida le cheval de Troïlus, son amant, qu'il vient de désarçonner.

4440. Il s'agit sans doute d'"Alfonse VIII, roi de Castille, de Léon et de Galice (1127-1157), dont on connaît les succès sur les Maures. Il avait marié sa fille Constance au roi de France Louis VII, mort en 1180, ce qui explique la mention flatteuse que le trouvère fait de son royaume.

4595 (cf. 4626). Les vieux guerriers laissaient ordinairement croître leur barbe. Voy. Godefroy, *Dictionnaire*, s. v. *barbé*. On trouve également une *échelle* de vieillards dans la *Chanson d'Antioche* provençale (voy. *Romania*, XIX, 579), et aussi dans *Fierabras*, où ils secourent les jeunes chevaliers dans un combat, et se moquent ensuite d'eux, ce qui amène une scène dramatique entre Charlemagne et son neveu Roland. C'est sans doute à la chanson primitive de *Fierabras*, dont les quinze cents premiers vers de la chanson que nous possédons semblent un remaniement assez exact (voy. *Rom.*, XVII, 33), que revient l'honneur de cette invention.

4713 sqq. Au char d'Amphiaras, il convient de comparer le char du roi Fion, dans le *Roman de Troie*, v. 7857-84.

4748. *Par le trone*, dans le ciel. *Tron*, masculin (*tro* dans la rédaction provençale) est employé dans le même sens dans *Girart de Rossillon*. Cf. 1649, 4010, 4063, etc. (éd. Fœrster), où il est assuré par la rime : *Deu del tron, cel Deu qui fist le tron, l'aube del tron*, etc., et souvent dans l'intérieur du vers. De même dans le fragment d'*Aigar et Maurin*, 711 : *Al bon matin, quant l'albe pert el tron*. La mauvaise graphie *trosne* se rencontre dans G. Guiart, I, 197, et ailleurs.

4775. *A{eivre*, ailleurs *atoivre* (*Alexandre*, 282, 28; Renart, I, 44) et *toivre* (*Alex*. 233, 27), vient de l'anglo-saxon *tiber*, anc. haut-allem. *{epar*, animal destiné au sacrifice, d'où l'allem. moderne *unge{iefer*, bête malfaisante, vermine (animal impropre au sacrifice). Voy. Diez, *Etymol. Wœrterbuch*, s. v. *toivre*. L'*a* doit être un préfixe = *ad* latin. Cf. le *Roman de saint Fanuel* (*Revue des l. rom.*, XXVIII), v. 3304, *Par lor engin, par lor atoivre*, où ce mot a le sens de « artifice », et voy. notre note à *toivre*, App. III, 829.

4838. *Choré manque*. Voyez la curieuse scène qui explique la cause de la punition des trois adversaires de Moïse, dans le *Mistère du Viel Testament*, publié par le baron James de Rothschild pour la Société des anciens textes français, t. III, p. 374-80 : *De Choré, Datham et Abiron, que la terre transgloutit*.

4995-6. Ces deux vers sont reproduits mot pour mot dans l'*Eneas* (Pey, *Essai sur le Roman d'Eneas*, p. 41).

5029 (cf. 6240, etc.; voy. au Glossaire). *N'i dites joi*. *Joi* sert ici simplement à fortifier la négation. Il faut peut-être en rapprocher *jo* dans l'expression *je ne puis (il ne puet) ne ho ne jo*, dont Godefroy cite trois exemples. *Joi* est d'ailleurs employé comme un masculin tiré de *gaudium*, et de même sens que *joie*, tiré de *gaudia*, dans *Joufroi*, 1383, dans la *Légende de Théophile*, ap. Bartsch, *Langue et littérature fr.*, 466, 9 et 470, 22, etc.

5073 (cf. 5075 et 5157). Pour l'étymologie de *sousi*, voy. L. Constans, *Revue des langues romanes*, XVI, 215, et *Romania*, VI, 148 et 436. Comme complément à ces articles, nous signalerons aux environs du Mont-Dore (Puy-de-Dôme), le Creux-de-Souci, près du lac Pavin.

5081. *Poète* (cf. 6453). L'auteur avait sans doute pour modèle un texte latin qui portait *vates*, mot qui a eu, comme on sait, la triple signification de « prêtre », de « devin » et de « poète inspiré ». Nous trouvons *poète* employé d'une façon analogue dans *Troie :* au v. 16511, il est associé à *clergie* et au v. 22826, à *devin;* au v. 17492, il semble bien que ce sont les « *poètes* » qui s'occupent du service anniversaire de la mort d'Hector, et les « *esliz* » des jeux; enfin au v. 16685, les « *sages poètes* » sont des ouvriers d'art fort habiles et un peu enchanteurs, comme le Virgile légendaire du moyen âge.

5183 sqq. Le roman coïncide avec la *Thébaïde* pour les noms des portes et des chefs qui y font leur sortie. Il y a deux exceptions pour les portes, mais elles ne sont qu'apparentes : 1° *Propecie* (v. 5217), qui semble meilleur que *Propicie*, provient d'un manuscrit (il en existe encore aujourd'hui) où au lieu de *Prætides*, on lisait *Prŏpethie, Propetie;* 2° *Culmes* traduit *Culmina* (*Dircæa*), périphrase par laquelle Stace désigne la porte appelée ailleurs *Crenæœ*. Quant au second nom de la porte *Omoloïde*, il provient d'un texte latin qui avait transcrit l'expression grecque πύλαι Ὁμολωΐδες.

5256. Le total est exact, en suivant la leçon du ms. *S*, sauf pour le dernier chiffre, où *S* donne cinq mille au lieu de sept mille. On obtiendrait le même résultat en écrivant au vers 5232 sept mille (avec *x*), au lieu de cinq mille, et conservant le chiffre de *S* au v. 5254.

5299. *Li cuens* désigne *Ypseüs;* de même au v. 5383 (cf. *Thébaïde*, VIII, 445). Du reste, tout le passage, jusqu'au v. 5358, est une imitation assez libre de Stace, qui ne va qu'exceptionnellement jusqu'à la traduction. Cf. 5313-4 et *Théb.* VIII, 441-2.

5441 sqq. Il n'est question dans Stace ni d'Alexis ni de l'imprudence du chevalier qu'il châtie si plaisamment. Peut-être la bravade d'Idas, qui, dans Stace, met le désordre dans les rangs en secouant une torche (*Théb.* VIII, 467-74) et en est puni par Tydée, qui le tue et le laisse consumer par ses propres flammes, a-t-elle inspiré notre trouvère.

5665. Amphion, chef thébain, descendant de celui qui éleva au son de la lyre les murs de Thèbes, joue un rôle important dans la *Thébaïde* de Stace.

5693. Palémon, qui semble être ici un Thébain, est un Grec dans Stace.

5801 (cf. 8744 et 3882, 5674). La mode de France, pour les armes et les vêtements, était renommée au moyen âge, et il en est fait souvent mention. Voy. Quicherat, *Histoire du costume*, 137.

6008. Dans *Garin de Monglane*, on trouve la description d'un cheval né d'une jument sauvage et d'un sagittaire (ms.

B. N. fr. 24304, f° 301). Voy. Couraye du Parc, *La Mort Aymeri de Narbonne*, éd. de la *Société des anciens textes*, Introd., XIV.

6151. *Guaraut*, c'est-à-dire « vilain, paysan. » C'est sans doute le même mot que *Garo*, nom de paysan dans le *Pédant joué* de Cyrano de Bergerac, et dans la fable de La Fontaine, le *Gland et la Citrouille*.

6284. *Depart la feire*, met fin à la mêlée (à l'assemblée). Ce sens dérive naturellement du sens de « marché, foire », qu'avait le bas-latin *feria, feriæ*. Notons en passant qu'en latin classique *feriæ* signifiait, au contraire « trêve », sens dérivé du sens primitif de « féries, fêtes, vacances ». Cf. au v. 5369, le verbe *feire* (indic. prés. 3e pers. sg.), qui a le sens de « se tenir immobile, oisif, dans l'attente ».

6551-4. Ces vers ont inspiré à l'auteur de l'un des remaniements l'épisode de Céfas (voy. App. V, 9075-10196). Dans *Troie*, Achille a aussi un cheval de Nubie (v. 10605), et celui d'Hector se nomme *Galatée*, comme l'amie d'Étéocle (v. 7989 sqq.). Sur les chevaux dans l'épopée du moyen âge, voyez Bangert, *Die Thiere im altfranzœsischen Epos* (Marburg, 1885, dans *Ausgaben und Abhandlungen*, 35); Kitze, *Das Pferd in den Artusromanen* (Dissertation de Marburg, 1886); Joly, *Roman de Troie*, I, 438, etc.

6563-4. Cf. *Roland*, 1652 :

> Piez at colpez et les jambes at plates;

Gautier d'Arras, *Eracle*, 5638-9 :

> Ses chevaus fu buens et aates,
> A piez coupez, a jambes plates;

Ogier, 2414 :

> La jambe ot plate, si ot le pié copé;

Élie de saint Gilles, 1894 :

> Les jambes longes, si ot coupé le piet;

Voyez encore *Aiol*, 3178, etc., et pour le sens *Rom.* XI, 509, n. 1, et notre Glossaire, s. v. *coupé*.

6585-6. Dans *Troie* (v. 8165 sqq.), le grec Palamides porte un écu où est peinte une « damoiselle »; mais il n'a pas eu le mauvais goût d'Étéocle.

6597 sqq. Les noms des chefs énumérés ici sont des noms d'alliés que ne connaît pas Stace, tandis que le premier catalogue se rattache étroitement à la *Thébaïde*. L'auteur semble avoir surtout recherché la variété en introduisant ce second catalogue, car on remarquera qu'ici c'est principalement la monture de chaque chef qu'il s'attache à décrire.

6607. *Povre pelos*, c'est-à-dire « pauvre velu ». Un scribe du nom de *Petit Pelous* a transcrit en 1458 le *Tractatus de herbis* de Bartholommeo Mino da Siena (Voy. *Romania*, XVI, 590). Pour des surnoms ainsi composés, cf. *Povre Veil*, dans *Foulque de Candie*, qu'il faut sans doute corriger, comme le veut Chabaneau, en *Povre Peil*, et *Poure Noirit* du Roman d'Arles. Voy. *Rev. des l. rom.*, XXXII, 525.

7637-8. Cf. *Troie*, 17429-30 :

> Lonc tens enprès fu bien garnie
> L'oz de vitaille et replenie.

7876. Au moyen âge, on donne ordinairement des cheveux roux aux traîtres et aux personnages peu sympathiques, en particulier à Judas. Dans le fragment provençal d'*Aigar et Maurin*, il est question d'*Alaric le Roux*, un comte puissant que le roi d'Angleterre avait fait pendre pour son insolence. Dans *Jaufré*, Simon le Roux, qui voulait empêcher le jeune « aventureux » de dormir dans le jardin de la belle Brunissent, est blessé par lui grièvement.

8382. Suivant W. Meyer (*Das Schicksal des lateinisches Neutrums im Romanischen*, p. 134), dans cette locution juridique et autres analogues (cf. 8322 et 8324), *membre* serait un pluriel neutre conservé grâce à la permanence de l'expression. Fœrster préfère y voir un féminin, à cause de l'exemple de la *Chronique* de Benoit, v. 6802 : *Jurent* (à Rou) *sa membre et sa vie a garder*.

8595. C'est sans doute à ce passage que l'auteur de l'épisode de Céfas a emprunté le nom du chevalier qui semble être chargé de veiller sur le jeune roi et qui, après sa mort, protège sa sœur Galatea jusqu'à son mariage.

8621 sqq. Cf. Gautier d'Arras, *Eracle*, 3217-24 :

> Mais il i pourront assaillir,
> Mien escïent, toute leur vie,
> Ainz qu'il lour toillent le navie,
> Qui lour amaine le viande,
> Et quanque chascuns i demande
> De pain, de vin, de char, de blé,
> Trestout sans venir en emblé :
> Ja par famine conquis n'iérent.

II. — Appendices.

I. 2859 sqq. Cette vieille, dans laquelle s'est incarné le diable Astarot, rappelle par certains traits celle du *Roman de Jaufré,* qui gardait le passage enchanté conduisant à l'ermitage où avaient été élevés ses deux fils, géants redoutables dont *Jaufré* triomphe successivement. D'autres géantes, tout aussi horribles, se rencontrent dans *Aliscans* (p. 196, 197), dans *Fierabras,* et sans doute ailleurs. Voyez aussi la curieuse description d'un peuple fantastique que l'on trouve dans le *Dit d'aventures* publié par Trébutien.

II. 2696. *Palestre.* Il est question de ce jeu dans le *Tristran* en vers de Thomas de Bretagne (*Rom.* XV, 588) :

> Après manger deduire vont
> E plusurs jus comencer font
> D'eskermies et de palestres.

9075. Une expression analogue se trouve dans une chanson pieuse du ms. Clairambault (*Romania,* XVIII, 483) : *Car ce devons nos de dete, Sans autrement amender A Jhesu.*

9277. Cf. Le ménestrel de Reims, § 279; *Flamenca,* 5137, etc. Il s'agit d'un proverbe.

III. 65 sqq. Un passage du *Roman de Troie* en prose se rapproche d'une façon étonnante de ce vers : « Ilueques poez veoir et entandre comant li gens de celui tens estoient gent folle et de foible creance, que cist dieus en quoi il creoient si fiérement n'estoient autre chose qe image de covre et de fust et de autre metal, et li diable avoient tant de largece q'il se metoient dedanz et parloient as genz, qe par lor grant folie les creoient. » (Ms. de la Riccardienne à Florence, 2025, cité par Gorra, *Testi inediti di Storia trojana,* p. 198, n. 2).

75-80. Sur cette explication des oracles au moyen âge, voyez Guido de Columna, *Historia trojana,* e 6 β : « Per demonium igitur ingressum in idola surda et muta eliciebantur ab eis petita responsa que tunc gentilitas excolebat, » etc.; et aussi i 3 γ (reproches de Briseïda à son père Calcas) : « Sane non fuit ille deus Apollo, sed potius, puto, fuit comitiva infernalium Furiarum a quibus responsa talia suscepisti », et cf. Cholevius, *Geschichte der deutschen Poesie nach ihren antiken Elementen*, I, 184, et Meybrinck, *Die Auffassung der Antike*, p. 46.

829. *Toivre* a certainement ici le sens de « baie, ouverture ». Cf. *Partonopeus de Blois* I, 27 : *toivre de la nef*. *Tiberis* (le fleuve) a également donné en ancien français *Toivre*. L'étymologie de *toivre* est encore à trouver : ce mot semble indépendant du *toivre* (*atoivre*) signalé plus haut. Voy. p. 341, note au v. 4775.

836 sqq. Cette dureté pour les femmes se montre fréquemment dans les chansons de geste. Cf. *Renaud de Montauban*, où Beuve répond à sa femme, qui lui représente les malheurs qui suivront sa révolte contre le roi :

« Dame, » ce dist li dus, « alés vous ombroier (cf. *Thèbes*, 838)
« La dedens en vos chambres, et bien appareillier;
« Laienz a vos pucèles prenés a chastoier;
« Pensés de soie tordre, ce est vostre mestier. »

1955-6. Cf. Le Roux de Lincy, *Livre des proverbes français*, I, 165 : *Chien en cuisine son per ne desire*.

1969-71. Cf. Le Roux de Lincy, *loc. cit.*, I, 166 : *Au chien qui d'aboyer s'égueule Jette un bon os dedens sa gueule, Incontinent il se taira*.

2693 sqq. Dans *Élie de Saint-Gilles*, Rosamonde, fille du roi de Sorbrie, qui est éprise en secret du jeune Élie, dont elle connaît les exploits, le trouve grièvement blessé dans son « verger », le recueille chez elle et le guérit Puis elle le présente comme son champion contre le roi Lubien, qui veut la forcer à l'épouser, ce qui n'a plus aucun rapport avec notre épisode.

2849-53. Aux exemples cités par P. Meyer (*Rom.* IV, 394), qui prouvent que le « tâtonnement » était, pour les femmes, un des devoirs de l'hospitalité, il convient d'ajouter, outre celui-ci, *Aiol*, 2169 (éd. G. Raynaud) : *Doucement le tastone la damoisèle*. Il s'agit d'Aiol, qui a reçu l'hospitalité à Orléans chez sa tante, la comtesse Isabeau, et de Lusiane, sa cousine qui, il est vrai, l'aime d'amour et le lui déclare assez crûment. Parfois, c'est un jeune page qui est chargé de ce soin. Cf. *Chronique de Jordan Fantosme*, CCV, v. 1957-8 : *Li reis iert acuté e un poi sumeilla; Un vadlet a ses piez, ki suéf le grata*, où le sens est un peu différend.

V. 9119. *Çefas* = Caïphas. Ce nom se retrouve ailleurs,

mais ordinairement, à ce qu'il semble, trisyllabique, en provençal comme en français, non seulement quand il désigne le Juif de l'Evangile, comme dans Appel, *Provenzalische Inedita aus Pariser Handschriften,* 140, 26 et 331, 3, mais encore dans d'autres cas, par exemple, dans Mainet, et aussi dans *Élie de Saint-Gilles,* où c'est le fils du roi sarrasin Macabré, que tue Elie, parce qu'il contrarie ses amours avec sa sœur Rosamonde. Il a persisté jusqu'à nos jours en Italie. Voy. Pio Rajna (*Romania,* XVIII, 6, note 2), qui l'a également trouvé dans des chartes du xiie siècle.

TABLE DES NOMS PROPRES *

Aban (rég.), *Abas*, Grec. Cf. Théb. VIII, 446, 447, 448.
Abiron, *Hébreu englouti avec Dathan.*
Acastus II, 9869, etc., *l'un des trois Grecs qui survivent dans la rédaction x.*
Acharon I, 4504, *nautonnier du Cocyte.*
Acheron¹ I, 4492, etc., *fleuve des Enfers.*
Acheron² I, 4503, *nautonnier du Cocyte.*
Achillor (var. Archelor, Aquilon), *l'un des chevaliers de Montflor.*
Açoparz 3482, *n. de peuple. Voy. la note.*
Acteon (Anteon B, Antheon C) II, 9127, *Actéon.*
Adrastus (var. Adrascus), *Adraste, roi d'Argos.*
Afran (invar.) (var. Aff., Afrant, Asfrais), *cousin de Tydée.*
Agace (Sainte) I, 4148 (Sx), *Sainte-Agathe, près Verceil.*
Agavé II, 9336, *fille de Cadmus.*
Agenor¹, *Thébain, neveu de Driant.*
Agenor², *cuens d'Anuques, chef grec (Agenor¹ et Agenor² semblent indépendants de celui de Stace, Théb. IX, 272, 274).*
Agenor³ III, 3851, *neveu d'Alexis innommé dans O.*
Agenor⁴ II, 9184; III, 6312, *père de Cadmus.*
Agenor⁵ III, 11597, etc., *Thébain, l'un des juges de Daire.*
Agreüs, Grec. Cf. Théb. VIII, 441 et X, 682.
Agrippa (var. Agripa, -as) 6619, *chef thébain.*
Aimon, *suj. Aime, Thébain.*
Alan (le gué d') 7459.
Alcmené II, 9502, *Alcmène, mère d'Hercule.*

* Les mots *Grec, Thébain*, signifient : « appartenant à l'armée grecque, a l'armée thébaine ». Les noms propres tirés des *Appendices* sont suivis des chiffres romains qui les désignent.

Alemandie 3250, *territoire d'Alabanda (Carie). V.* notre Chrestomathie, *au Glossaire, s. v.* alemande.

Alexis, *Grec.*

Alexis de Cartage (II et) IV, 12031, *est à corriger en* Et Alixandres de C.

Alis (*var.* Alexis) *et* Alexis, *l'un des juges de Daire.*

Alixandre [1], *Alexandre-le-Grand.*

Alixandre [2], *jeune Thébain, cousin de Salemandre.*

Alixandre [3] de Moncenis I, 4146 (*Sx*), *Alexandre du Mont Cenis, fils du marquis Boniface de Montferrat.*

Alixandre [4] *et* A. de Carthage (III *et* IV, *passim*), *l'un des juges de Daire.*

Alixandre [5] V, 6730, *Thébain tué par Polynice.*

Alixandrin (paile) 880, etc., *d'Alexandrie.*

Alon [1], *suj.* Ales, *Grec. Cf.* Halys (Théb. IX, 152), *dont Tisiphone prend les traits pour éloigner Hippomédon du corps de Tydée.*

Alon [2] I, 8808, *l'un des juges de Daire.*

Amagoras V, 9790, *Grec.*

Amicles (*var.* -ches, Anicles, Amicle), *Amyclées;* le cuens d'A., *chef grec.*

Amintas, *duc de Perse, allié des Thébains. Cf.* Théb. VIII, 438, 440.

Amon (*suj.*) I, 9669, *l'un des juges de Daire.*

Amoraives (*var.* -aves, -ges, amnes), *Almoravides.*

Amphiaras (*var.* -ax, -an (*rég.*), Amphyarax, Ampharias, Anfiaran *et* -a (*rég.*), -ioras, -ioraus, -oriaus, Arafiran (*rég.*), *le devin Amphiaraüs, l'un des Sept Chefs.*

Amphiareus (*var.* Arfiarex, Anforius) 2276, *Amphiaraüs.*

Amphigenie (*var.* Anf., Af., Amphigermie, Anfigemie, etc., Figonie, Margerye) = Amphigenia (*Cf.* Théb. IV, 178); le duc d'A. 1993, Meleager d'A. 8739, *voy.* Meleager.

Amphion [1] (*suj.*), *guerrier Thébain (différent de celui de Stace,* Théb. VII, 278; IX, 778, etc.*).*

Amphion [2] II, 9341, Amphyon II, 9322, *celui qui bâtit les murs de Thèbes.*

Andre, *Andros;* cendal d'Andre 9182; viestement d'A. V, 10108.

Anfous (le roi) 4440, *Alphonse. Voy. la note.*

Antenor [1] de Troie, *chef grec.*

Antenor [2] de Sardeine, *Grec.*

Antigoné (*var.* -na, -nain (*rég.*), Anthigoné, -nas, -ras, Athiogonas, Thiogoné, Antygonas), *Antigone, fille d'Œdipe.*

Antoine, *Thébain, fils de Floriant.*

Anuques (*var.* Anicles, Arcade, Archage) (?). *Voy.* Agenor [2].

Apolan III, 68 (*A*), *Apollon.*

Apollin 2218 (*S seul*); II, 4033 (Apolin *C*), Apolin III, 408, etc., *Apollon. Cf.* Apollo.

Apollini (*correction; mss.* Apoli, Appolin), *Apollon.*

Apollo (*invar.*), *Apollon.*

Apollons (*suj.*) V, 9109, *Apollon.*

Aquilee (le prince d') 5695, *allié des Thébains.*

Aquilone (*var.* -oine) 8839, *Aquilonie, en Apulie* (?).

Arabe, *Arabie.*

Arabiz (*adj.*), *Arabe.*

Archaide (*var.* -ade, -adie, Arcade, -aide, -age, -aye), *Arcadie.*
Archemorus (*var.* Archimotus, molus), *le fils du roi Lycurgue.*
Archimolus, -otus, *voy.* Archemorus.
Aristeüs II, 10376, *envoyé du duc d'Athènes à Créon.*
Argus, *Argos.*
Argus (*rég.*) (*var.* Argon), *Grec. Cf.* Théb. VIII, 445, 447, 448.
Argya II, 10008, etc., *Argie, épouse de Polynice.*
Arimetique, *l'arithmétique personnifiée.*
Arondel 6655, *nom de cheval* (*masculin de* arondèle, *hirondelle*).
Artu V, 13271, *Arthur.*
Astarot I, 2851 (*S.x*), *diable à figure de vieille.*
Astronomie, *l'astronomie personnifiée.*
Ateines (*var.* Athaines, Athènes), *Athènes.*
Athamas [1] (*var.* -imas, -inas, Atamar), *Thébain. Cf.* Théb. VIII, 445.
Athamas [2] II, 9346, *époux d'Ino.*
Aton (*var.* Athon, Othon, Oton), *suj.* Ates (*var.* Ate, Athes, Othes, Otes), *Atys, fiancé d'Ismène.*
Aufrique, *Afrique. Voy.* Jordain.
Avers, *Anvers* (?). *Voy.* Flori [2].
Azon (*var.* Ason *A*, Gironde *x*) 8776 (?).
Babilone (*var.* -oine, Salidoine, Cassidoine), *Babylone.*
Bacus II, 9339, etc. *Bacchus.*
Baile 5273 (?). *Voy.* Melampus [2].
Barut (?), *voy.* Melis.
Blaive I, 5208, *Blaye.*

Blancheflor 9184, *une des tours de Thèbes.*
Blanchenue (*var.* -cenue), *cheval d'Etéocle.*
Bogres, *Bulgares, peuple de la rive droite du Danube.*
Boneface (*x* Boniface) I, 4147 (*S.x*), *le marquis Boniface de Montferrat.*
Bonivent 2815, *Bénévent, en Italie.*
Bucifal, *Bucéphale, le cheval d'Alexandre-le-Grand.*
Cadmus (*var.* Cadnus, Camus, Cadnuns, Kamus), *le fondateur de Thèbes.*
Calcas II, 9343, *Calchas, le devin.*
Calidone (*var.* -oine, Calydoine, Caldoine, Cassidoine, Calsidoyne, Quassidoyne), *Calydon.*
Capaneüs, *rég.* Capaneon 8612 (*var.* Capanas), *Capanée, l'un des Sept Chefs.*
Carcodet I, 249, *le Diable.*
Carmin (*var.* Armir *A*, Verziax *x*) 8774 (?).
Cariot, *suj.* Carioz (*var.* Caroz, Caeroz, Carios, Karios, Gariot), *chef thébain.*
Castèle, *Castille.*
Cefas *et* Cefa (*rég.*) V, 9210, 9976, *Céfas, roi de Nubie, frère de Galatea.*
Cesaire (*var.* Ches., Cesar), *Césarée.*
Cesar, *Jules César.*
Chavelaux (*suj.*) (Thenclax *B, lis.* Thenelax), *l'un des Cinquante.*
Ciceron 6 (*suj.*) (*var.* Citherons, Quicerons, Chycherons), *Cicéron.*
Cochiton I, 4507, *le Cocyte.*
Corinte, *Corinthe.*
Corinus (Cromius *P*) III, 2303, *Thébain, l'un des Cinquante.*
Creon (*invar.*), *chef thébain,*

qui devint roi après la mort des deux frères.
Crète, *Crète.*
Croce (val de) V, 9407, *près de Thèbes.*
Cromius (Cremius A ; *voy.* à Gualeran) III, 3051, *Thébain, l'un des Cinquante. Cf.* Théb. II, 538.
Culmes (*suj.*) (*var.* Crimes, Pulmes) 5247, *l'une des portes de Thèbes. Voy. la note.*
Daire [1] (le roi) 5621, *le roi Darius, cousin du chef thébain Menéceüs.*
Daire [2] le Ros (*var.* Dayre, Dare, Dairon *rég.*), *Darius le Roux, qui livra sa tour aux Grecs.*
Daniel (*suj.* Daniaus et Daniel, III, *passim*), *Daniel, l'un des juges de Daire.*
Danube (*var.* Danuble, Damile) 7317, *le Danube (forme savante). Cf.* Dinoe.
Dapneus (*var.* Dampins, Damins, Dunan, Daura) *de Sadoche, Thébain. Cf.* Théb. VIII, 454.
Datan, *Dathan, Hébreu englouti avec Abiron.*
David (*invar.*) (*var.* Davis), *le roi des Hébreux.*
Davis (*suj.*) IV, 11987, *l'un des juges de Daire.*
Deïlos, *voy.* Delyas.
Delyas (Dynios P) III, 2370 *et* Deïlos (Delios P) III, 3048, *Thébain, l'un des Cinquante. Cf.* (?) Théb. II, 608, Deilochus.
Deïphilé (*var.* Deyphilé, -ylé, Deifilé), *Déiphile, épouse de Tydée.*
Delfox II, 179, *le temple de Delphes.*
Dialetique, *la dialectique personnifiée.*
Diana (*var.* Dyana, Diona), *Diane.*

Diapason, *l'intervalle d'octave personnifié.*
Diapenté, *l'intervalle de quinte personnifié.*
Diatessaron, *l'intervalle de quarte personnifié.*
Dinoe (*var.* Denoe, Dunoe, Dymoe, Dunee) 7868 ; I, 8948, 8952, *le Danube. Cf.* Danube.
Diogenès, duc de Sur, *Thébain.*
Diomedes (*var.* Dyom.), *Diomède, fils de Tydée.*
Dircé (*var.* Dricé), *source près de Thèbes.*
Dorceüs (*var.* Dirceüs, Dyrc., Driceüs, Duceüs, Ducheüs), *rég.* Dorceon, Duceon, *Dorcée, l'ami de Parthénopée.*
Dorylas 1631, *Thébain, l'un des Cinquante. Cf.* Théb. II, 571.
Dorylus (Dorilans B) II, 1657 *Thébain, l'un des Cinquante.*
Drian IV, 12902, *suj.* Drians III, 10733, *l'un des juges de Daire.*
Driant, *suj.* Drianz (*var.* Drias), *chef thébain* (issu des cas obliques de Drias, génitif Driantos).
Drias, *Dryas, Thébain, meurtrier de Parthénopée. Les deux personnages paraissent confondus dans Stace.*
Dryanz (*suj.*) (Driaux B) II, 1656, *Thébain, l'un des Cinquante.*
Duras IV, 11095, *n. de ville (Durazzo?).*
Eblon [1], *Thébain.*
Eblon [2] II, 4764, *roi de Perse* (C) *ou duc de Serse* (B).
Echion II, 9343 (Ethion B), Echyon II, 9213, *Echyon, compagnon de Cadmus.*
Edipodès (*var.* Edyp., Edypp.), *Œdipe.*

Edipus (*var.* Edippus, Edypus, Edappus, Edrapus), *Œdipe, roi de Thèbes.*
Egeas, *voy.* Flegyas.
Egeon, *Ægéon, le géant aux cent bras.*
Egipte, *Égypte.*
Electre, *l'une des portes de Thèbes.*
Emon (*invar.*) (*var.* Aimon, Amon, *et* Aimes *au cas sujet*), *Hémon, chef thébain.*
Eneas, *Enée.*
Engleis (*var.* Englois), *Anglais.*
Engleterre III, 8599, *Angleterre.*
Eolus (*var.* Colus, Helus, Solus), *Eole, dieu des vents.*
Ermine 3872, *Arménie. Voy.* Hergart.
Esclavonie, *pays des Esclavons.*
Esclavons, *n. de peuple.*
Espaigne, *Espagne.*
Estace [1] (*var.* Estaisce, -ase, -asse, -ance, Huitasse, -asce, Wistasse), *Stace, l'auteur de la Thébaïde.*
Estace [2] (*var.* Estaisce, -aice, Huitasse), *Eustache* (?), *Thébain, comte de Turin.*
Estevenel (*var.* -nevel, -nenel), *jeune damoiseau grec. Cf. le suivant.*
Estievenel V, 9469, *page d'Antigone.*
Ethiope, *l'Ethiopie.*
Ethna (*var.* Eutha), *l'Etna, volcan.*
Etioclès (*var.* Ethioclès, Ethy., Thioclès), *Etéocle, fils d'Œdipe.*
Eurimedon (*invar.*) (*var.* Emeridon, Erimedon), *chef thébain, l'un des juges de Daire dans y.*
Eüroppe II, 9186, 9189 *et* Europpe II, 9193, *Europe, sœur de Cadmus.*

Evaine II, 8955, *Evadné, épouse de Capanée.*
Evandre V, 6729, *Thébain.*
Evron (Saint) (Curon *B*) II, 9039, *localité imaginaire.*
Faramonde (*var.* Phar., Fer.), *allié d'Etéocle.*
Faron de Sal V, 9139, *écuyer ou chambellan d'Etéocle.*
Fedimus [1] 1631, *Phædimus, l'un des Cinquante. Cf.* Théb. II, 575.
Fedimus [2] (*var.* Fidimon) 5324, 5326, *Phædimus,* Grec. *Cf.* Théb. VI, 558, 606 *et* VIII, 446.
Ferès (*var.* Fernès, Ffereus), *Phérès. Cf.* Théb. VIII, 446.
Flegeon [1] (*var.* Flegeun, Flegeton) 5313, 5321, *Thébain. Cf.* (?) Théb. III, 79; VII, 711 *et* VIII, 689 : Phlegyas, Phlegyam.
Flegeon [2] (*suj.*) II, 1661, *Thébain, l'un des Cinquante.*
Flegyas (Egeas *P*) III, 2370, 3047 (Flagias *P*), *Thébain: l'un des Cinquante. Cf.* Phegea, *accus. de* Phegeus, Théb. II, 609.
Flin III, 2738 (*P*), *n. de ville, inventé pour la rime.*
Flore (le roi) III, 6066.
Flori [1] (le rei) 4056, *oncle d'Adraste.*
Flori [2], *duc d'Avers* 6012, *Thébain.*
Flori [3] 4515, *le même que* Floriant.
Floriant, *Thébain.*
Foche III, 861, *voy.* Phoche.
France 8744.
Franceis 5674, *Français.*
Frise, *Phrygie.*
Galant, *le fabricant d'armes merveilleuses de la légende.*
Galatea (*var.* Galaté, -thea), *Galatée, amie d'Étéocle.*

TABLE DES NOMS PROPRES

Gallilee (mer) II, 175.
Garsi de Marre (invar.) (var. Garsydemare, -arre, Garsiavarre, -amare, Corsamare) 4437, et Garsi 4446, etc., *Grec*.
Garsidone (inv.) (var. -adoine, Calsidone, Cassidoine), *sénéchal de Tydée*.
Gascoigne, *Gascogne*.
Geometrie, *la géométrie personnifiée*.
Girunde I, 5208, Gironde *x*, var. au v. 8774, *Gironde, fleuve*.
Godefrei (le duc), *Godefroy de Bouillon*.
Godeschax (suj.) II, 1660, *Thébain, l'un des Cinquante*.
Godone de Surie V, 9727, 9896, *Grec*.
Godriche (invar.) (var. Godris, Godins), *chef thébain*.
Gramaire, *la grammaire personnifiée*.
Gré I, 6736, etc., *Grec*.
Grece (var. Gresce, Gresse, Grice), *Grèce*.
Greu (var. Grieu), *Grec*.
Grezeis (invar.) (var. Grejois, -zois, Grijois), *Grec*.
Gualeran (var. Galeran, Cremius, Troynus), *Thébain, l'un des Cinquante*.
Gyas (Dyas *P*) III, 2369, 3046, *Thébain, l'un des Cinquante*. Cf. Théb. II, 610.
Habit I, 2814, *haute tour (imaginaire), peut-être corruption de* Babil = Babel.
Halys (ms. Naelys), *Thébain, l'un des Cinquante*. Cf. Thèb. II, 574.
Hector, *fils de Priam*.
Hercules II, 9487, etc., *Hercule*.
Hergart, roi d'Ermine (var. Herga, Algart, Angart)

3872; *son fils était dans Thèbes*.
Hermagoras (var. Helm., Quemaguras), *chef thébain*.
Hermine (*avec élision* Ermine 3872), *Arménie*.
Hermionné (Hermonia *B*) II, 9223, Hermyoné II, 9334, *Hermione, épouse de Cadmus*.
Homer 5, *Homère*.
Hortolaine (c'est-à-dire « des jardins maraîchers ») 5186, *surnom de la porte Ogige, à Thèbes*.
Hugon (?), suj. Huges (var. Heges, Hues, Eges, Ogiers) 2777, *l'un des chevaliers de Montflor*.
Huitasce, -asse, voy. Estace.
Ino II, 9344 (Yo de *B est à corriger*; Juno *C*).
Ion (var. Joan, Johan, Leon) de Pise, *Grec*. Cf. Théb. VIII, 454.
Iphin (var. Yphin, Yfim), *Grec*.
Ismenos (var. Esmenos) 8631, *l'Isménus, fleuve de Béotie*.
Israel 4012, 6598.
Itier[1] 4355, *Thébain tué par Parthénopée*.
Itier[2] I, 8808 (Yter I, 8915, etc.), *l'un des juges de Daire : le même que Itier[1] (?)*.
Jaconeüs 1549, 1584, *Thébain, l'un des Cinquante*.
Jocasta 26 et Jocaste 487, etc., *mère d'Œdipe*.
Jonas[1] IV, 11910, *roi d'Edesse (Rohais), l'un des juges de Daire, oncle d'Etéocle*.
Jonas[2] de Montfort V, 9856, *Grec*.
Jordain, *Grec*.
Judas li Makabeus III, 2353 (*A*) *Judas Machabée*.

Tome II

Jüeu, *suj.* Jüeus (*var.* Juïs) 6598, *Juif.*

Jugurte (*var.* Lugurde) 6014, *Jugurtha, Thébain.*

Juno II, 9335, *etc.*, Junons (*suj.*) V, 9110, *Junon.*

Jupiter (*invar.*) 509, 524, etc.

Kamus, *voy.* Cadmus.

Laerte 8765, *chef grec.*

Laïus (*var.* Layus), *père d'Œdipe.*

Laliche (*var.* -ische) 5280, *Laodicée. Sur les trois Laodicée que les textes en ancien français appellent également* Lalice *ou* Laliche, *voy.* Romania, IX, 26.

Landeflorie 7437.

Langie, *source dans la forêt de Némée. Cf.* Théb. IV, 51, 717, 775.

Lemauce V, 9706, *Thébain, neveu de Créon.*

Lemne, *Lemnos.*

Leücothoé (Leüthocoe *C*, Eüthocoe *B*) II, 9335, *Leucothée, nom d'Ino divinisée.*

Liçaon d'Orchomenie (*invar.*) 1994, *Grec. Stace ne mentionne que le Lycaon de la Fable, qui fut roi d'Arcadie. L'adjonction de* Orchomenie (*contrée d'Orchomène*) *est peut-être un souvenir classique, car il y avait une ville de ce nom en Arcadie.*

Lichabas II, 1663, *Thébain, l'un des Cinquante.*

Ligurge (*var.* Lis., Lug., Lugorge, Lig., Leg.), *le roi Lycurgue.*

Lombard 3312, *Lombard. Voy. la note.*

Londres (*suj.*) 972.

Lucas III, 11757, etc., *Lucas de Duras, l'un des juges de Daire.*

Lucïen, *Grec.*

Lumbardie (*var.* Lomb.) I, 4149, *Lombardie.*

Lycoffas (Lincofas *P*) III, 2369, Licofas III, 3048, *Thébain, l'un des Cinquante. Cf.* Lycophon, Théb. II, 610.

Madone *et* Madoine III *et* IV, *passim, l'un des juges de Daire.*

Mahom III, 68, *Mahomet.*

Makabeus, *voy.* Judas.

Malduit (*var.* -dit, Mauduit), *suj.* -duis (*var.* -dis, Mauduis) III *et* IV, *passim;* Malduit de Sur IV, 11503, *l'un des juges de Daire.*

Malpertus (*c'est-à-dire «* mauvais pas *»*) 8652, 8801, 8910. *V. la note aux v.* 1491 sqq.

Manessier (*var.* -esier) III, 11663, *etc., l'un des juges de Daire.*

Mantho II, 9345, *Manto, fille du devin Tirésias.*

Marre (?), *voy.* Garsi. *Il y a deux communes de ce nom, l'une dans le Jura, l'autre dans la Meuse, et un hameau dans les Basses-Alpes.*

Mars 4743; II, 9173, etc.

Marseille 6615.

Masseran IV, 11443, *l'un des juges de Daire.*

Maudras IV, 11290, *l'ingénieur qui prit la tour de Daire.*

Melampus [1] (*var.* Menelampus, Olimpius), *devin. Cf.* Théb. III, 453, 546, 573 *et* VIII, 278.

Melampus [2], *duc de Baile,* 5278, *Grec.*

Meleager (*var.* -gès, zer, -iagès, -eezer) 8739, *chef grec.*

Meleagès, *cousin d'Etéocle et de Polynice, l'un des chevaliers de Montflor.*

Meletant (*var.* Limasan) (?), Voy. Ponçon [1].
Melece (*var.* Milete, Millece) 7058, *Milet.*
Melis de Barut (*invar.*) V, 9775, Mèlis V, 9781, *Grec.*
Menalippus, *le meurtrier de Tydée. Cf.* Théb. VIII, 719, 741 *et* IX, 8.
Meneceüs (*var.* -cheüs, Menesteüs, Mezentius, Menelaüs), *chef thébain.*
Miceines, *Mycènes.*
Miceneon 4350, *adj. à terminaison latine, de Mycènes.*
Milon 4519, *Grec.*
Minos 8755, *roi de Crète, chef grec.*
Moleneis (*var.* Molois) (vin) 8079, *de Moulins.*
Moncenis I, 4146, *le Mont Cenis.*
Monflor, *château fort.*
Monjoiel II, 9312, *cri de guerre.*
Monpellier (Rome *P*) III, 6134, *Montpellier (employé pour désigner une ville riche ou importante).*
Morgan la fee I, 2812.
Mors 5211, *Maures.*
Nabugodonosor 2902, *Nabuchodonosor.*
Naple 1720, *Naples.*
Navarre 4438, *Navarre.*
Neïste (*var.* Neïst), *l'une des portes de Thèbes.*
Nemeie 2079, 8630, *Némée.*
Nestor [1] (*var.* Nestour, Hector, Tristor) 6631, *chef thébain.*
Nestor [2] (*var.* Nector) 9561, 9592, 9597, *comte thébain, fils du duc de Châtillon.*
Nicole (*var.* Nich., Maiole), 6655, *Lincoln.*
Ninus 6534, *roi d'Assyrie.*
Nubie 6553; V, 9115.
Nubïen V, 9814, *Nubien.*
Nyobé II, 9341, *Niobé.*

Oceanus, *l'Océan.*
Oeneüs 668, 837, *Œnée, père de Tydée.*
Ogier le Danois III, 2354 (*P*).
Ogige (*var.* Ogive, Orgive, Ogis, Ogiz) 5185, *la porte Ogygienne, à Thèbes.*
Olivier III, 2353 (*P*).
Omoloïde 5201, *la porte Homoloïde, à Thèbes.*
Orcestre la contree (*fém.*) I, 174 (?).
Orestès I, 961, *Oreste.*
Orchomenie 1994, *contrée d'Orchomène.*
Orchomenon 4349, *adj. à terminaison latine, d'Orchomène.*
Orient 3498; III, 1070, etc. *et* Oriant 4513.
Orlenois (Molois *P*) (vin) III, 12261, *d'Orléans.*
Oton (*var.* Othon, Athon, Oston), *suj.* Otes (*var.* Othes, Athes, Ostes), *Thébain, ami de Daire.*
Otran IV, 11444, *l'un des juges de Daire.*
Oute (*ou* Ote) (pont d') I, 8952.
Palemon [1] 5693 (*var.* Alexis *A*, cil *P*, sans doute à cause des vers 8773 sqq., où Palemon reparaît sur le champ de bataille, quoiqu'il ait perdu la main droite au premier passage) et 8773 (*var.* Pliamonde *B*, Plyam. *C*, *P* manque), *chef grec. Cf.* Théb. VIII, 135.
Palemon [2] II, 9336, *Palémon, dieu marin, fils d'Athamas et d'Ino.*
Pallas [1] (*var.* Paulas *D*) 4743, etc., *la déesse Pallas.*
Pallas [2] II, 1658, *Thébain, l'un des Cinquante.*
Pancrace (*var.* -asce, -as), *duc de Russie, Grec.*

Pantheüs II, 9346, *Penthée.*
Paradis 4013, *le Paradis.*
Parmes 4794, *Parme.*
Parthonopeus (*var.* Parton., Patren., Partin., Parthopeus, Parthenopiex, -ex, Patrenopex, Pth'), *rég.* Partonopeu III, 6114 (rime), *Parthénopée, l'un des Sept Chefs.*
Patroclus I, 962, *Patrocle.*
Peitiers 972, *Poitiers.*
Perifas 4350, *Thébain. Cf.* Théb. VII, 641, 643.
Persan 558, *adj.*
Persant II, 2814, *Persan.*
Perse 4058 (*cf.* II, 4764, où B donne Serse).
Pènevaire 5644, *n. de cheval* (= pène vaire).
Petreüs (*var.* Petrée, Pireüs), *comte de Marseille, chef Thébain.*
Pharamonde II, 1662, *voy.* Faramonde.
Phebus II, 9196, *Phébus.*
Phoche (*var.* Phoces) 135, 175; Foche III, 861, *Phocée, ville hypothétique près de Thèbes.* Phocis, « Phocide », *est déjà employé pour* Phocæa, « Phocée », *par Sénèque et Lucain, d'où la confusion.*
Phoroneüs (*var.* Foloneüs, Pollon., Pluton., Polynus), *roi d'Argos. Cf.* Théb. I, 252, etc.
Pile 5203, *autre nom de la porte Homoloïde. Voy. la note aux v.* 5183 sqq.
Pinçonarz (*var.* Pincenars, Pinquonaz), *suj.* -art (*var.* Pincenart, Pincernat, Picernat, Pinçonard), *n. de peuple,* Petchénègues.
Pirrus 8769, *chef grec.*
Pise (*var.* Pirre), *voy.* Ion.
Platon (*invar.*) 5, 3532.
Pledimus (Plad. *B*) II, 1659,
Thébain, *l'un des Cinquante.*
Pliamonde (*B*), Plyamonde (*C*), *var. au v.* 8773. *Voy.* Palemon [1].
Pluto I, 4541, *Pluton.*
Polibus (*var.* Poll., Polipus), *Polybe, roi de Corinthe.*
Polidorus (*var.* Polydamas, Polibetes), *chef thébain.*
Polinicès (*var.* Pollinicès, -chès, -ynicès, -ynnicès, Pollonicès), *rég.* Pollinicèt IV, 10836, 10852, 11291, *Polynice, fils d'Œdipe.*
Politenus, Pollitenus, *var.* à II, 10049. *Voy.* Acastus.
Pollinde V, 9273, 9740, *Grec, parent de Tydée.*
Pompee 1990, *le grand Pompée.*
Ponce V, 10054, etc., *principal chevalier de Céfas.*
Ponçon [1] (*var.* Ponce, Poinçons) 5543, *Thébain.*
Ponçon [2], *suj.* Ponce 8595, *Grec.*
Porphyre, *Grec.*
Propecie (*var.* -esie, -osie, -itie, -icie), *une des portes de Thèbes. Voy. la note aux v.* 5183 sqq.
Punt I, 9267, *voy.* Salin.
Pylades I, 961, *Pylade.*
Pyritoüs I, 959, *Pirithoüs.*
Rohais 6014, *Édesse.*
Rollant 748, 1678, *Roland, neveu de Charlemagne.*
Romanie 4325, *empire romain.*
Rome V, 13291, *voy.* Monpellier.
Rossie 5641, 7316, *Russie.*
Sadoche (*var.* Saroce) 5346 (?). *Voy.* Dapneus.
Saisne 6592, *Saxon.*
Saissoigne 4328, 6592, *pays des Saxons.*

Sal (?), *voy*. Faron.
Salaciel (*var.* -tiel, Sylaciel) *chef thébain*.
Salcon II, 1654, *Thébain, l'un des Cinquante*.
Salemandre [1] (*var.* -mendre, Salam.), *fille de Daire*.
Salemandre [2] (*var.* Salom.) 8796, *chef grec*.
Salin de Pont I, 9267, *l'un des juges de Daire*.
Salomon [1] (*invar.*), *le fils de David*.
Salomon [2] (*invar.*) *et* Salemon III *et* IV, *passim, l'un des juges de Daire*.
Salonique (*var.* -ike, -iche), 4428; IV, 11229; V, 10154, *Salonique*.
Sanguin V, 6732, *Thébain*.
Sardeine 6036, *Sardaigne*.
Sarrazins 4790, *Sarrasins*.
Sathan (le) I, 4532 (*en parlant de Thisiphone*).
Sathanas I, 2850, *Satan*.
Semelé II, 9339, *Sémélé, mère de Bacchus*.
Semiramis (*var.* Semyr.) 895.
Serse (?), *voy*. Perse.
Sibart 4351, *Thébain*.
Sicart I, 9045, *juge de Daire*.
Sidogne (*var.* -oine, -ône, Sydoine) (*en rime avec* brogne) 4345 *est à corriger en* Sidone *pour l'uniformité. Cf.* Théb. VII, 632, Sidonium Pterelan.
Sidone (*var.* Syd., Sydoine, Sadoine), *Sidon*.
Sipont 16881. *Voy. la note*.
Spin (*var.* Pin, Pyn), *le Sphinx*.
Styx I, 4523, *fleuve des Enfers*.
Sur (*var.* Assur) 6603, *Syrie. Cf. le suivant*.
Surie V, 9727, 9796, *Syrie*.
Tenelaus (*var.* -au, Thenelax, -aux) 4345, *Thébain. Cf.* Pterelan (*accus.*), Théb.
VII, 632 (*le* Pterelas *de la* Théb. VI, 648, *est un Grec*.)
Terse 4057, *Tarse*.
Tervagan III, 67, *divinité attribuée aux païens au moyen âge*.
Tesiphoné (*var.* Thes., Thesyph., Tezifoné, Thesophonné), *Tisiphone, Furie*.
Teucer 6607, *chef thébain*.
Thèbes (*var.* Tèbes, Thèbe), *capitale de la Béotie*.
Thebiien V, 8579, *Thébain*.
Thegeüs II, 10043, 10050, *celui qui annonce à Argos le désastre des Grecs*.
Thenelax, *voy*. Chavelaux *et* Tenelaus.
Thereüs II, 1653, *Thébain, l'un des Cinquante*.
Therus 1630, *Théron, Thébain, l'un des Cinquante. Cf.* Théb. II, 572, 582.
Theseis (*var.* Tholois) (vin) 7323 (?).
Theseüs I, 959, *Thésée, roi d'Athènes*.
Thessaile (*var.* Thesaile, -aille, Tesale, Thezaile), *Thessalie*.
Thioclès, *voy*. Etioclès.
Thiodamas (*var.* Thiodomas, Tiod., Theod.), *le successeur d'Amphiaraüs*.
Thiresyas II, 9345, *le devin Tirésias*.
Thomas (Saint) 4714, *localité imaginaire*.
Thomas IV, 11476, Tumas IV, 11443, *l'un des juges de Daire*.
Tolomés (*var.* Th.) 6005, 6009, *Ptolémée, Grec*.
Torins 4502, *Turin. Voy.* Estace [2].
Troie 1991, 7235, 9337; III, 3634; V, 13290.
Tur, *pl.* Turs, *Turcs*.
Turpin (*var.* Torpin), *l'arche-*

vêque guerrier de la légende de Charlemagne.
Tydeüs (*var.* Tid., Thid.), *rég.* Tydeü 1765, Tydea 3103 (*pour la rime*), Thydeüm V, 9570, Tydeüm V, 9582, Tideüm V, 9076, *Tydée,* gendre *d'Adraste.*
Tytan III, 68 (*P*), *divinité paienne.*
Usarche (*var.* Lusarche, -ce), 7868, etc., *Uzerche, ch. -l. de canton de la Corrèze* (?).
Valbrune 8800, *dans la forêt de Malpertus.*
Valcolor 3106, *à deux lieues de Montflor.*
Valfeconde 7423, *entre Thèbes et le pays des Bougres.*
Valflorie 2713, etc., *à Montflor. Est-elle différente de la* Valflorie *où campent les Grecs devant Thèbes. Cf.* 3465 *et aussi* II, 1663.
Valparfonde (Valfeconde *B*) II, 1661. *Voy.* Flegeon [2].
Valplenier 2777, *voy.* Hugon.
Venece (*var.* -ice), *Venise.*
Venus II, 9173, etc., *Vénus.*
Vergile (*var.* Virg.), *le poète Virgile.*

Verzeals (*var.* Verziaux *C*, Noricax *B*) I, 4148 (*Sx*), *Verceil, en Piémont. Voy.* Carmin.
Vougrin (*var.* Vulgan, Morgan) 1720 *et* Valgrin III, 3046, *Thébain, l'un des Cinquante.*
Vulcan (*var.* Volcan) 4715, *Vulcain.*
Wicor (*var.* à Gyas) III, 3046 (*P*).
Wigier (*var.* à Valgrin) III, 3046 (*P*).
Wistasse, *voy.* Estace [1].
Yo, *voy.* Ino.
Ypomedon (*var.* Ip., Ypodemon), *Hippomedon, l'un des Sept Chefs.*
Ypseüs 5221, *Hypsée, chef thébain. Cf.* Théb. VII, 310 *et* VIII, IX, XI, *passim.*
Ypsité (*var.* Yphité, Ehithé, Ficité) 5283 (= Hypsistæ), *l'une des portes de Thèbes.*
Ysiphile (*var.* Is., Ysifille) 2293, *Hypsipyle.*
Ysmeine (*var.* -aine, Ismaine), *Ismène, fille d'Œdipe.*

VOCABULAIRE [1]

aage, *âge.*
aate, *agile.*
abacent V, 9800, *subj. pl. 3 de* abatre.
abaïssiez III, 1971, *subj. imp. pl. 2 de* abaier, *aboyer.*
abandoner (s') de 5728, *consentir à.*
abaque 4755, *machine à calculer.*
abatié, -iérent, *parf. sg. et plur. 3 de* abatre.
abeivres 6401, *pr. sg. 2 de* abevrer.
abet II, 2718 *(var. de P), finesse, ruse.*
abevrer, *abreuver, faire provision d'eau.*
abosmé, *indigné* III, 3077, *attristé* IV, 11482.
acater (bien) IV, 11746, *acheter, payer cher.*
aceindre, *entourer.*
aceré, *d'acier.*
acesmer, *préparer, s'appliquer à, parer, orner.*

acheison 749, 7789, 7844, *occasion.*
achever (*neutre*), *mourir*; a. de, *en finir avec.*
achief 4112, *subj. sg. 1 de* achever
aclin a, *porté vers.*
acoillir, *accueillir, prendre*; a. sa veie 173, 1789, *se mettre en route.*
acointier (s') 3952, *se mettre en relations.*
acoisier (s') II, 2561, etc., *s'apaiser, se tenir tranquille.*
acoler, *embrasser (en prenant par le cou).*
aconduire, *conduire.*
aconseü, *part. p. de* aconsivre.
aconsiut, -ive, *pr. et subj. sg. 3 de* aconsivre.
aconsivre, *atteindre.*
acont, *pr. sg. 1 de* aconter.
aconter, *raconter, apprécier* V, 9239.
acoragier, *encourager*; *impers.* 4129, *venir à gré, être agréable.*

---

(1) Nous n'indiquons le numéro du vers que lorsqu'il peut y avoir intérêt à retrouver le passage, en particulier pour les mots ou significations rares. Les mots sans renvoi au numéro du vers, ou dont le numéro n'est point précédé d'une des indications I, II, III, IV, V (= *Appendice* I, II, etc.), appartiennent au texte critique. Pour les noms et les adjectifs, nous ne donnons que la forme du régime singulier et du sujet pluriel, lorsque celle du suj. sing. et du rég. plur. peut en être tirée sans difficulté. Pour les verbes, nous donnons toutes les formes intéressantes à leur ordre alphabétique, avec renvoi à l'infinitif. — Les variantes données n'appartiennent jamais au texte critique.

acorde, *accord.*
açoper (s'), *achopper, buter.*
açorer, *frapper au cœur, tuer* 5692.
acquit I, 9453, *subj. sg. 3 de* acquiter.
acquiter *voy.* aquiter.
acravanter, *écraser, ruiner.*
acreanter *(act.)* II, 9944, *croire.*
acu I, 8525, *aigu.*
acueut, *pr. sg. 3 de* acoillir.
adamant (pierres d') I, 2824, *pierres très dures.*
ades, *toujours, encore à l'avenir.*
adeser, *toucher.*
adestrer III, 6240, 6242, *accompagner en se tenant à droite.*
adober, *armer de toutes pièces, armer chevalier.*
adonc III, IV, V, *passim,* adonques III, 1141, *alors.*
adrecier, *redresser, réparer;* s'a., *se diriger;* s'a. envers 1309, *faire droit à.*
aduré, *endurci, fort, acharné* 8970.
aé, *âge.*
aerdre, *s'attacher.*
aesmer, *calculer, estimer.*
afaitié, *bien préparé, habile, bien élevé, poli.*
afaitier, *préparer;* s'a., *s'arranger, s'accommoder* I, 7649, *prendre ses précautions* II, 2715.
afardeillié 7431, *chargé de bagages.*
afebleï, *affaibli.*
afebleier, *s'affaiblir.*
afeme, -ement, *pr. sg. et pl. 3 de* afamer.
afichié de 8981, *appliqué à, acharné à.*
afichier (s'), *s'affermir, se vanter;* s'a. de, *se piquer de, s'acharner à.*
afiert III, 5296, *pr. sg. 3 de* aferir, *appartenir, importer.*
afflis III, 2870, *suj. de* afflit, *abimé, blessé.*
afoler, *blesser grièvement, mutiler, tuer.*
afoler (s') 5974, *faire acte de folie.*
afonder II, 8528, *couler à fond.*

afublail, *vêtement de dessus, manteau.*
afubler *(var.* afuler), *mettre sur ses épaules, revêtir.*
agaise III, 3427, *hauteur, sommet* (?).
aguait, *embuscade.*
ahan, *plur.* ahanz, *peine, malheur, blessure* 472.
ahanage 1481, *essoufflement.*
aïe, *aide. Cf.* aiue.
aige, aigue III, IV, V, *eau.*
ainceis *(var.* ainces), *avant, auparavant;* a. que, *avant que.*
ainsint II, 9097, *etc., ainsi.*
ainsos (= anxiosum) 7301, *inquiet.*
ainz (*adv. et prép.*), *avant, auparavant;* qui a. a., *à qui mieux mieux;* come a. pot (porra), *le plus vite possible;* — *conj.,* mais, *au contraire.*
ainzné, -ée, *aîné, aînée.*
aïr 1923, *violence.*
aïra (s') III, 11687, etc., aïré III, 13970, etc., *parf. sg. 3 et partic. p. de* s'aïrer, *s'irriter.*
aire [1] II, 9594, *air.*
aire [2] *(var.* eire, ère), *dans de* bon a., *de put a., de bonne, de mauvaise nature.*
aïrent (s') 5563, *pr. pl. 3 de* s'aïrier, *s'acharner.*
aït, *subj. sg. 3 de* aidier.
aiuc *et* aiuement, *aide. Cf.* aïe.
aiuent, *pr. et subj. pl. 3 de* aidier.
aiuel 36, *aïeul.*
aive, *aïeul; au plur., ancêtres.*
ajoster, *rassembler, réunir.*
ajutore 7239, *aide.*
al 905, 1439, *etc., autre chose.*
alasser, *se lasser.*
aleiement 3962, *alliance.*
aleier, *lier d'amitié, allier, rallier.*
alemandier III, 2680, *amandier.*
aleoir 1410 *(terme de fortification), chemin, galerie faisant communiquer les tours.*
aleter 299, *téter.*
aleüre, *allure.*
alever (s') III, 2531, *se relever.*
alie, *pr. sg. 3 de* aleier.
alis, *lisse;* chiére alise 5018.
alme I, *passim, âme.*
aloignier sa haste 4687, *allon-*

ger sa lance, la présenter en avant.
alosé, loué, renommé.
aloser 9126, procurer de la gloire.
amaance I, 9345, honte.
amaisnié III, 10982 (A), d'accord, en bons termes.
amaneis 9090, aussitôt, promptement.
amanevis IV, 11950, habile.
ambes (adj. fém. de ans) 5358, les deux; ambe brace I, 2904 (sg. fém. provenant du neutre), les deux bras.
ambesdous, suj. ambedui, tous deux.
ambleüre, amble.
amenrai, -eie, fut. et cond. de amener.
amenuisier, diminuer.
amer, aimer.
amermer, diminuer (act. et neutre).
amerté III, 10680 (A), amertume.
amirail, chef sarrasin; au v. 2162, il désigne le roi Lycurgue.
amirant IV, 13675, chef sarrasin.
amissez 8391, subj. imp. pl. 2 de amer.
amistié, amitié, amour.
amoier 6133, modérer, atténuer.
amonester, avertir.
amor (par) 1290, amicalement.
amordre (s') III, 2027, 2031, s'attacher, toucher.
amors, part. p. de amordre.
amornir (s'), s'attrister.
ancèle III, 2972 (A), servante.
ancessor, suj. ancestre, ancêtre.
ancué, aujourd'hui.
angle (par boin) III, 10695 (P), par des moyens légitimes.
angoissos, plein d'angoisse; qui cause de l'angoisse 3438.
anguarde, avant-garde, ceux qui en font partie.
anme, âme.
anombrer II, 9083 (B), énumérer.
ansdous, les deux, tous deux.
anste, voy. hanste.
antain, tante, sœur du père.

antif, suj. -is, fém. -ive, ancien, vieux.
aorer, adorer.
aorner, pourvoir, doter (au fig.).
apaier (s'), s'apaiser.
apareillier, préparer, arranger, faire en sorte; s'a., se préparer.
apareit, subj. sg. 3 de apareillier.
aparurent (s') 5432, parf. pl. 3 de s'apareistre, paraître.
aparler, parler à, interpeller.
aparmaines 2201, tout de suite.
apeaut, subj. sg. 3 de apeler.
apeler, appeler; a. de, accuser de.
apert, découvert; en a. II, 10094.
apetisier III, 2357, diminuer.
aplaignié, qui est en plaine.
aplaignier I, 4528, lisser, caresser.
apoier (s'), s'appuyer.
apoignant, part. pr. de apoindre; venir ap., arriver vite, en piquant des deux.
apondre (s') a 5001, se ranger à l'avis de, approuver.
aport, subj. sg. 3 de aporter.
aprendre a 944, s'habituer à.
après (en), à la suite, ensuite.
aproismier et s'a., s'approcher.
aprucf 1106, ensuite, bientôt.
apruisment, pr. et subj. pl. 3 de aproismier.
aquis II, 2314, 9566 (C), etc., part. p. -adj., fatigué, accablé.
aquitance, mise en liberté.
aquiter, acquiter, rendre la liberté à, tenir quitte; a. sa terre 9270, la rendre libre (des ennemis qui l'occupent).
araisnier, parler à, interpeller.
araisone, pr. sg. 3 de araisnier.
aramie, obstination, acharnement 198, combat acharné III, 14491.
arbalestier, arbalétrier.
arceals I, 2830, pl. de arcel, arceaux.
ardeir et ardre, brûler.
ardure IV, 10787, etc., passion, colère.
arcient 6235, pr. pl. 3 de areer, arranger.
arener, attacher par la bride.
arengier (s') 7550, se ranger.

aresteü II, 2777, arestut II, 2775, part. p. et parf. sg. 3 de arester, s'arrêter.
argant V, 12330, ardent.
arguër (s') 1311, s'emporter.
arier III, 1054, etc., arrière.
aromes III, 2492, etc., fut. pl. 1 de avoir.
arriver 636, aborder.
ars, arst, part. p. et parf. sg. 3 de ardeir.
art, artifice, ruse ; les set arz 4751, le cycle des connaissances humaines au moyen âge.
artimaire II, 9323, art magique.
arvol, suj. arvous, voûte.
as¹, pour a les 1014, 5528, 7624, 8855, 10108.
as² vos 722, 1580, etc., voilà.
asaboïr (essabouir B) II, 9547, éblouir.
aserré (suj. pl.) I, 8517, serrés.
asne, âne.
assai III, 2279 (A), assaut, attaque.
assaugent I, 8484, subj. pl. 3 de assaillir.
assaut, pr. sg. 3 de assaillir.
assaziier V, 9523, satisfaire.
assener de 9176, instruire de.
asserrons II, 10010, aserrai I, 10369, fut. sg. et pl. 1 de assëoir, asëoir, assiéger.
asseüré, part. p. -adj., tranquille, sans inquiétude.
asseürer, assurer, rassurer.
asseür (pour a seür) III, 12289, en repos, tranquille.
asseürt, subj. sg. 3 de asseürer.
assire 1369 (S), asseoir, établir.
assis (les) 4588, les assiégés.
assoagier IV, 13394, s'adoucir.
assoté 10008, devenu imbécile, qui radote.
astèle, éclat, débris.
astenir et s'a., s'abstenir.
astes, voici, voilà ; a. vos, même sens (cf. as vos) ; a. le vos 709, 8290, le voilà ; a. mei ci 716, me voici.
astrelabe 4760, astrolabe.
ataigne 7429, subj. sg. 1 de ataindre, atteindre.
atargier (s'), s'attarder.
aterré I, 11018, jeté à terre.
atirement III, 13891, convention.

atorner (s'), se préparer.
atrait I, 8417, combinaison, embarras.
atras I, 8372, pour atraiz, part. p. de atraire, amener.
atre 785, 799, vestibule.
aubour III, 2680, cytise.
aufage, prince, chef (ordinairement : chef sarrasın).
auferant 9729, cheval de bataille.
auge, augent, subj. sg. 1 et 3 et plur. 3 de aler. Cf. aut.
aünee, assemblée.
aüner, rassembler, réunir.
auquanz, suj. auquant et li a., quelques-uns.
auques, un peu.
aussi V, 10169, ainsi.
aut 2636, etc., subj. sg. 3 de aler. Cf. auge.
autresi, aussi ; a... come, aussi, autant... que.
autretal (var. -tel), tel autre ; au neutre 5041 ; II, 9593, pareille chose.
autretant, autant.
avant, en avant, plus loin ; ja ne... avant, jamais plus.
aveiement I, 8381, sans obstacle, tout droit.
avenantment, convenablement, bien.
avendra, fut. sg. 3 de avenir, arriver.
avenge I, 8737, subj. sg. 3 de avenir.
avengier (act. et neutre), avancer 712, 6886, achever 10196, 10205.
aventure 8993, heureux succès.
averos 7185, riche.
avesprer(impers.), se faire tard ; (neutre, en parlant du jour), arriver au soir 1506 ; l'av. 3021, le soir.
aviére III, 9988, avis.
aviler 1394, avillier III, 2397, outrager.
avision III, 1505 (A), vision, songe.
avoec (adv.) III, 823, 5502, etc., avec soi.
avrai, avreie (var. avroie), fut. et cond. de aveir, avoir.
avulé III, 2548, aveuglé.
azeivre 4775, quadrupède fan-

VOCABULAIRE

tastique. *Quatre de ces animaux trainent le char d'Amphiaraüs.*
baate (var. baiete, baote (3145, 8901, boète III, 12606 (A) *guetteur.*
baif, *stupéfait, muet de stupeur.*
baign, *bain.*
bail 6796, *garde, tutelle.*
baille *(masc.), espace entre la première et la deuxième enceinte palissadée* 2691, 5585; *gouverneur* V, 8196.
baillif 6499, *intendant.*
bailli (mal) 2380, *mal en point.*
baillie, *administration, charge.*
baillier, *donner.*
baleor 4529, *danseur.*
baler, *danser.*
bandon, *abandon, élan;* a b., *avec force.*
banier 2027, *héraut, celui qui crie le ban.*
banir 1820, *convoquer par ban.*
barat III, 10682, *tromperie.*
barge, *barque.*
barguégne 7726, *impér. sg. 2 de* bargueignier, *marchander.*
barnage, *baronnage, corps des barons, noblesse, courage, dignité* 5136, *action d'éclat* III, 5173 (A).
barné, *baronnage.*
baron 2302, *mari.*
barragan 3815, *étoffe de soie?*
bastoncel, *suj.* - ceaus, *petit bâton, canne.*
bataille, *créneau.*
bauchant (cheval) III, 5994 (P), *tacheté, pie.*
baudor, *allégresse, ardeur.*
baudré, *baudrier, écharpe.*
baut, *joyeux, fier, hardi.*
bauxumer V, 10094, *embaumer.*
bechier 10119, *donner des coups de pic.*
beivre, *boire; subst.* 6401, *boisson.*
bel, *bon, agréable; (adv.) bien.*
bellisour V, 8221 *(fém.), plus belle.*
ben 8249, 8487, *bien.*
beneeit *(var.* -eoit), *béni.*
beneüré, *bienheureux.*
benus, *ébène.*
berç IV, 11304, *berceau.*

berchier, *berger, manant* (?) 18.
berfrei, *machine de siège, tour en charpente pour dominer les murailles de la place assiégée.*
bericle et beril, *béryl, variété d'émeraude.*
berserie 5008, *chasse à l'arc.*
beslif (a) 4485, *obliquement.*
besliver 5545, *aller de côté.*
besoche *(var.* -oge) II, 9262, 9271, *besaigüe.*
besoignier IV, 10595 *(impers.), être nécessaire.*
betce (mer) 4010, *mer figée.*
beter des ors 440, *chasser ou faire battre des ours dans un endroit clos avec des chiens.*
beü, beüst, *part. p. et subj. imp. sg. 3 de* beivre.
bis, *brun, noirâtre; pierre bise, granit.*
bisc, *biche.*
blancheier 9846, *blanchir, apparaitre comme une masse blanche.*
blastenge 156, *injure.*
blastengier, *blâmer.*
bléf 4062, *bleu.*
bliaut, *tunique, long vêtement de dessous porté sur la peau.*
bloi, *blond.*
blos 6900, *manquant (de), mutilé.*
boban 4732, *insolence.*
bobance 8743, *ostentation, luxe.*
boète, *voy.* baate.
bofu 878, *espèce d'étoffe.*
boge 4053, *partie bombée (sommet) d'une tente.*
bohorder, *tournoyer, joûter.*
boisdie III, 2587, boidie III, 10931, *tromperie, trahison.*
boiséor, *trompeur, intrigant.*
boisier, *tricher.*
bojon, *gros trait d'arbalète.*
bor V, 9254, *en bonne heure, sous une heureuse étoile.*
borc, *plur.* bors 2731, *faubourgs, avancées d'une place.*
bordel 8193, 8268, *etc., cabane.*
borgelastre I, 436, *espèce d'hydromel.*
bos, *bois.*
boschet *(var.* -cel, -ket, bochet) II, 2779, *petit bois.*

bosoign (*var.* bes.), *besoin, dificulté, combat, danger.*
bosoigne (*var.* bes.), *affaire, difficulté, combat, danger.*
boter, *pousser.*
brace 8128, *bras, vigueur du bras.*
braier, *ceinture.*
brande (l'aube) 4951, *l'aube resplendit.*
brant, *épée.*
braon, *cuisse* 6701, *pièce de viande rôtie (cuisse)* 920.
bretesche 3150, *parapet crénelé.*
briche, *trappe, piège, duperie* 4136.
brief, *suj.* briés, *lettre.*
brif, *ardeur, élan,* aveir le b. 4617, *faire preuve de zèle, se distinguer.*
broche, *souche, bûche, pièce de bois.*
brochier, *piquer son cheval de l'éperon, s'élancer.*
brone 4346, *vêtement de cuir revêtu de lames de fer.*
brueille, *taillis.*
bruide 7161, *dissension, querelle.*
bruiur I, 11233, *bruit.*
bu, *buste.*
bufei I, 11096 *et* bufoi II, III, *etc., orgueil, insolence.*
bufet 914, *coffre sur lequel on peut s'asseoir.*
buies, *ceps, entraves.*
buillois (bolois *P*) III, 2027, *bouillons, liquide bouillant.*
buisine, *trompette.*
busnache 2897, *barraque, bicoque.*
caant levant III, 2510, *vibrant (en parlant d'un javelot).*
cache (caice *P*) III, 299, *chasse.*
çacre 5398, *plaisanterie (?).* Cf. *ital.* chiácchiera, *esp.* cháchara, *bavardage.*
cainsil IV, 11227, *étoffe de lin recouvrant les cheveux.*
caisne III, 260, 302, *chêne.*
calcedone, *calcédoine.*
camel *voy.* chameil.
car 4704, *etc., donc (avec un impératif d'encouragement).*
carole, *espèce de danse, ronde.*

carrei 775 *parvis, place devant un édifice.*
castit (se) IV, 11729, *subj. pr. sg. 3 de* se castier, *se retenir.*
castoi V, 8123, *reproche.*
cauverie V, 8171, *prudence, pruderie.*
ceile, ceiles (*var.* çoiles), *impér. et pr. sg. 2 de* celer.
ceille 6260, *pr. sg. 3 de* ceillier, *remuer les paupières.*
ceilt (*corr.* ceit), *subj. sg. 3 de* celer.
cel (*adj. et pron. démonstratif*), *suj. sg. et pl.* cil, *fém.* cele ; *emphatique* celui, *fém.* celé ; *rég. plur.* ceus, celes, ce, cet, cette, ces.
cel, *pron. démonstr. neutre,* cela.
celé *voy.* cel.
celé (a), *en cachette.*
celee (a la) II, 9109, *en cachette.*
celissant, *subj. imp. pl. 3 de* celer.
cembel, *combat, troupe en embuscade;* mener grans cembiax III, 2686, *mener grand train, se divertir.*
cendal, *passim, étoffe de soie légère.*
cendé III, 2831, *var. de* cendal.
cengle, *sangle.*
cercleie 1352, *toit destiné à protéger les assaillants.*
cére 6458, *cierge.*
cert I, 9549, *adj., certain.*
cest (*adj. et pron. démonstratif*), *suj.* cist ; *emphatique masc.*, cestui, *fém.* cesté, cesti V, 9479, *etc.; rég. pl.* cez, ces, ce, cet, cette, ces.
chaable 2878, *bélier.*
chadaine, *capitaine.*
chadeler, *conduire, être chef de.*
chaeine, *chaîne.*
chaeir, *tomber.*
chaeit 9664, *suj.* chaciz 9626, *part. p., tombé.*
chaï, chaïrent, chaïst, *parf. sg. et pl. 3 et subj. imp. sg. 3 de* chaeir.
chaille II, 9458, *subj. sg. 3 de* chaleir.
chaillo 3026, 5258, chaillou 2995, *caillou.*
chaines 5019, *cheveux blancs.*
chaitif, *malheureux;* faire c.

VOCABULAIRE

1602, *maltraiter, mettre à mort.*
chalange I, 4364, *querelle.*
chaleir, *importer.*
chalongier *(neutre et act.), contester, disputer, réclamer;* se c. de 5140, *se défendre d'accepter.*
chamberlenc, *chambellan.*
chameil, camel, *suj.* chameuz, *chameau.*
champeier, *parcourir la plaine, le champ de bataille* 6069, etc., *combattre isolément* 6984.
chandelabre, *candélabre.*
chant (de) 8888, *de côté, sur le côté (encore usité dans « placer de ch., etc. »).*
chantel 6579, *coin, quartier d'un écu.*
chanu, *chenu, vieux.*
chanve, *chanvre.*
chapleïz, *coups violents, mêlée furieuse.*
charmer 8880, *soigner (par des charmes).*
charnal (ami) 6755, *parent.*
charree I, 2938, karee III, 10212, *charretée.*
chartre V, 9419, 9463, *lettre.*
chasement, *fief (distinct de* fué, *« fief », au v.* 6318).
chasé, *baron pourvu de fief.*
chastier, *avertir, réprimander, modérer;* se ch. 5419, *se contenir.*
chatons (a) I, 2974, *à quatre pattes.*
chaucié 1798, *chaussée, route.*
chauf 7925, *chauve.*
chaume *(fém.)* 4323, *chaleur.*
chaver, *creuser.*
cheïssant I, 2979, *subj. imp. pl. 3 de* cheïr, *tomber.*
cherisme 76, *très cher.*
chevalerie, *action digne d'un chevalier, exploit.*
chevauchier (se) 9189, *chevaucher.*
cheveçaille 3835, *têtière du cheval.*
chevetaine II, 9455, *capitaine, chef.*
chevruel, *suj.* chevrueus 442, *chevreuil.*
chiee, chieent, *subj. sg. et pl. 3, pr. pl. 3 de* chaeir.

chief *(var.* cief, chié II, 2601, 2680 C), *tête;* al c. de pose 8227, *à la fin, au bout d'un moment.*
chiére, *visage, physionomie.*
chiet, *pr. sg. 3 de* chaeir.
chifflois *voy.* cifflès.
chifonie III, 132 *(P), espèce de tambour.*
chocier IV, 13386, *etc., coucher, se coucher.*
choisir, *apercevoir.*
chomer (se) 4905, *se tenir tranquille.*
choser 6234, *gronder.*
ciclaton 3848, 1456, *vêtement de soie à manches.*
cifflès (chifflois *P)* III, 2436, *rég. plur., sifflets.*
cimetére *(var.* -iere, cimentiére, -ire, cimitére), *cimetière.*
claim (me) III, 925, *pr. sg. 1 de* se clamer, *se plaindre.*
clau III, 820, *clou.*
clavel 4458, 6583, *clou.*
clergesse II, 9332, *femme d'un clerc (par ironie).*
clerjon 5462, *petit clerc.*
clice 4574, 5219, *palissade.*
cloison, *enceinte;* ewe de c. I, 8364.
clop III, 14125, *éclopé.*
clore *(neutre), se fermer.*
ço, çou, *ce, cela;* çol = ço le, ço'n = ço en.
coardie, *couardise.*
cobe 1833, *coup.*
çoche I, 4319, *souche.*
coe 5261, *queue, suite de gens.*
coildront, *fut. pl. 3 de* coillir.
coillir, *prendre.*
cointe 8794; III, 727, *habile.*
cointise V, 8165, *convenance.*
cois (a lor) III, 6498, *tranquillement.*
coitier, *presser;* se c., *se hâter.*
çol *voy.* ço.
colee, *coup.*
coliére 5282, *partie du harnais du cheval qui retombe sur le poitrail.*
com et come, *comme, lorsque;* com plus tost pot, *le plus tôt qu'il put.*
comander, *confier, recommander, ordonner;* c. a *(infin.),*

confier pour, commander de (infin.).
comant, pr. sg. 1 et subj. sg. 1 et 3 de comander.
combatié, parf. sg. 3 de combatre.
combatre et se c., combattre, se battre.
combré 6566, bombé.
començaille 6341, commencement.
comencissant, subj. imp. pl. 3 de comencier.
comenz, pr. sg. 1 de comencier.
commant III, 1762, commandement, ordre.
commeü, part. p. de commoveir, émouvoir.
compaignon, suj. compaign, compagnon.
compasser III, 9854 (A), bâtir habilement.
comperra, fut. sg. 3 de comparer, acquérir, acheter.
comprer, acheter.
comunement, communément, ensemble.
ço'n voy. ço.
conduit, conduite, sauf-conduit, guide, chef.
confort, subj. sg. 3 de conforter.
conforter, consoler; se c., se consoler.
conois, conoist, pr. sg. 1 et 3 de conoistre.
conoistrai, -eie, fut. et cond. de conoistre.
conoistre, connaître, reconnaître.
conreer, ranger, ordonner, préparer, orner, parer; se c., se préparer, faire des préparatifs.
conrei, arrangement, parure, préparatifs, bagages.
conseillier (se), délibérer, se demander.
conseit, subj. sg. 3 de conseillier.
consence, consentement, complicité.
consiévent V, 9800, pr. pl. 3 de consivre.
consiut, pr. sg. 3 de consivre.
consivre, atteindre.
conte palaiz, suj. cuens p., comte du palais.

contençon, querelle.
contendra, fut. sg. 3 de contenir.
contendre, disputer.
contenir (se), se comporter, se conduire.
content lutte III, 6035 (A), point où la lutte a lieu V, 9725.
contor 1081, comte.
contralie 4168, pr. sg. 3 de contraleier, contrarier.
contralios, qui aime à contrarier.
contredire, disputer par les armes.
contretenir III, 6224, contester, retenir contre le droit.
conui, conut, etc., parf. de conoistre.
converser 5208, se réunir.
copez (piez) 6563, creux (Voy. G. Paris, Rom. XI, 509, n. 1), ou peut-être : bien détachés de la jambe.
cor ^{1}, suj. corz, corne, cor.
cor ^{2}, 5234, coin, bout.
corage, cœur, sentiment, opinion, avis.
coraille, entrailles.
corbin, corbeau.
cordouanin (ms. cordeuanin) I, 2886, de cuir de Cordoue.
coreor, coureur, éclaireur.
corroços, chagriné.
cors (le) de, pour la personne elle-même » ; "vostre c. 2789, vous; estre en c. II, 9241, être en taille.
corsoir, qui court; laz c. 2756, corde à nœud coulant.
cortine, rideau, tapisserie.
costal, côte, pente.
costiére II, 8981, colline.
cote ^{1} 9367, coude.
cote ^{2} 3776, cotte.
cotee I, 2862, coudée.
countrevaille I, 6478, subj. sg. 3 de countrevaleir, valoir.
courgie II, 2817, courroie.
cours 4724, cours des astres.
coutiver, cultiver, honorer 182.
couvretoir III, 2833, courtepointe.
coveine 4199, arrangement, convention.
coveitié 3590, 3605, convoitise.

VOCABULAIRE 367

covenant, *ce qui a été convenu, convention.*
covertor 6323, *couverture ou housse.*
coverture (par) 171, *obscurément ou pour dissimuler.*
covit 3888, 3895, *parf. sg. 3 de* covir, *désirer.*
craulier IV, 14562, *trembler, être ébranlé. Cf.* croller.
craventer, *renverser, ruiner.*
creï, *parf. sg. 3 de* creire, *croire.*
crem, *pr. sg. 1 de* crembre.
crembre, (*var.* criembre), *craindre;* se c., *craindre pour soi, avoir peur.*
creme, *crainte.*
crement, cremez, cremons, crendrai, etc., *voy.* crembre.
cremor IV, 11152, *crainte.*
crent [1], *pr. sg. 3 de* crembre.
crent [2], *fém.* crente 6018, *part. p., craint.*
crenu (cheval) 9586, *qui a de beaux crins.*
cresp, *suj.* cres 6073, *crêpé, frisotté.*
cretine 8937, *crue.*
creü, *part. p. de* creistre, *croître.*
crever, *percer, apparaître (en parlant de l'aube).*
cri III, 361, *célébrité.*
criemsissent I, 7699, *subj. imp. pl. 3 de* criembre. *Voy.* crembre.
criéve, *pr. sg. 3 de* crever.
criié 27, *entaché, déshonoré.*
crins, *cheveux.*
crisolite, *chrysolithe (pierre précieuse).*
crisopase 4773, *espèce de topaze.*
crocé 7620, *couleur de safran, jaune.*
crois, *bruit éclatant ou strident.*
croissir (*var.* cruissir) *et* croistre I, 5731, *craquer, rendre un son aigu par suite d'un choc, se briser, écraser.*
crollant 7198, *branlant, décrépit.*
croller 4834, *trembler (en parlant de la terre). Cf.* crauller.
cropiére 8819, *étoffe recouvrant la croupe du cheval.*
cropon 5461, *croupe, dos.*
croute II, 185, 188, *grotte, antre.*

cuens, quans II, 9303, *cas suj. de* conte, *comte.*
cuére, *cuire.*
cuésse, *cuisse.*
cueut, *pr. sg. 3 de* coillir.
cuévre 4291, *chaudron de cuivre.*
cui, *a qui, que.*
cuidier, *penser, croire.*
cuit, *pr. sg. 1 de* cuidier.
cuivert 6470, *serf.*
culer I, 8444, *glisser.*
curre, *char.*
daerain *et* daerrain III, IV, *passim, dernier.*
dahé 8400, *malheur. Cf.* dehait.
daint II, 8989, etc., *subj. sg. 3 de* daignier.
daintié *voy.* deintié.
damage, *dommage, perte, carnage.*
dangier, *domination, dédain;* demener d. 1344, *imposer sa volonté.*
danjon, *donjon.*
dant, *suj.* danz, *sire.*
danter, *dompter.*
danzel, *jeune homme, damoiseau.*
darerain, *dernier.*
daumaie (*masc.*) 4802, *dalmatique. Cf. le suivant.*
daumaire 6455, *dalmatique.*
dé, *Dieu.*
deable, *diable.*
debatre, *battre.*
debrisier, *briser.*
deça (*prép.*), *en deçà de.*
decoler, *décapiter.*
deduit, *distraction, amusement.*
defeis *et* defens, *défense.*
defendissant, *subj. imp. pl. 3 de* defendre.
definement, *fin, mort.*
deforain 3991, 3999, *extérieur, extrême.*
defors, *dehors.*
defrisier l'escu 4491, *l'ébrécher, en enlever la bordure.*
degaber, *railler.*
deguaster, *dévaster, ravager.*
dehait, *malheur, mécontentement* III, 2908. *Cf.* dahé.
dei 2407, 3337, 4459, *doigt.*
deie (*var.* doie), *subj. de* deveir.
deintié (*var.* daintié), *friandise, mets délicat, bonne chose (au fig.)* III, 6207.

deis 360, 1268, *table d'honneur.*
deïs, deïstes, *parf. sg. et pl. 2 de* dire.
deïssant, *subj. imp. pl. 3 de* dire.
deïsse, etc., *subj. imp. de* dire.
deist I, 1568, *parf. sg. 3 de* dire.
dejoste, *à côté, à côté de.*
deleiter (se) a, *se plaire à.*
delét [1], *plaisir, jouissance.*
delét [2], *pr. sg. 1 de* deleiter.
delez, *à côté de.*
delivre, *libre, dégagé, agile (en parlant d'un cheval)* 3827.
deluvie I, 4508, *déluge.*
demaintenant, *aussitôt, sur-le-champ.*
demé, *demi.*
demeine [1], *domaine* 7890, *seigneur* 1082, 6502.
demeine [2], *propre, principal, important.*
demener, *mener, exercer, produire, manifester.*
dementer (se), *se lamenter.*
dementiers que 4579, *tandis que.*
dementres III, 6274, etc., *en attendant;* d. que III, 6424, *tout le temps que.*
demincier I, 4326, *écraser, mettre en morceaux.*
demorance, *retard, attente.*
demorer (actif) 7189, *retarder.*
demourement III, 14422 (P), *retard.*
denonmer un cours II, 2781, *organiser une course.*
dent (*masc.*) 970.
departement III, 13066 (P), *séparation.*
departie, *partage.*
departir, *séparer;* se d., *partir, s'en aller.*
deport, *distraction, amusement.*
depree, *pr. sg. 3 de* depreier.
depreier, *prier.*
dequassier I, 5074, *briser.*
derier [1], *derrière.*
derier [2] (*adj.*) 4818, *dernier.*
derochier, *renverser, culbuter.*
des, *dès, depuis;* des que, *jusque;* des que, des pués que, *depuis que.*
desavancié, *mal en point, perdu* 6345, *endommagé* V, 8566.
desbussier V, 9841, *débûcher (neutre).*

descendié, *parf. sg. 3 de* descendre.
deschevauchier 6679, *abattre, renverser de cheval.*
desconfès, *qui ne s'est pas confessé.*
desconfiture (foïr a) 3125, *fuir comme en déroute.*
desconforter 1635, *se décourager.*
desconseïllié, *embarrassé.*
descorde, *discorde.*
descorder (se), *être en désaccord, en discorde.*
deseivres 6402, desoivre II, 9055, etc., *pr. sg. 2 et 3 de* desevrer, *séparer.*
desevrance V, 8123, *séparation.*
desfaire, *mettre à mort* 8218, 8594.
desfenge III, 6160, *subj. sg. 3 de* destendre, *défendre.*
desfermer *et* deff. I, *passim, ouvrir.*
desfichier, *arracher ce qui est fiché à terre, enlever.*
desfublé, *sans manteau.*
deslout I, 9192, *subj. sg. 3 de* deslouer, *déconseiller.*
desmentir 4522, *fausser.*
desperance, *désespoir.*
desperer III, 8204 (P), *désespérer.*
despers 6078, *éveillé, vif.*
despet, *mépris.*
desraisnier, *disputer, prétendre à.*
desrei [1] (var. desroi), *déroute, égarement, erreur, folie, excès, force, vigueur;* faire grant d. de III, 7804, *mettre en pleine déroute.*
desrei [2], desreit, *pr. sg. 1, subj. sg. 3. de* desreer.
desreer (se), *se déranger.*
desrengier, *sortir des rangs.*
desrompre, *rompre.*
desrot, *part. p. de* desrompre.
dessemblant, *différent.*
desserrer (*neutre et act.*), *lâcher la bride à, s'élancer.*
dessevrement III, 13066 (A), *séparation.*
destendre 5689, etc., *lâcher la corde de l'arc, partir (en parlant d'un trait de foudre* II,

VOCABULAIRE

9623; V, 9726; *s'élancer* 4241, 7586 (*var. de* A), *y (addit. après* II, 2788); d. *les trés* 8656, 8809.
destiné 10196, *destinée.*
destiner, *donner comme destinée, assigner, fixer d'avance.*
destorber, *troubler, disputer par les armes (à qq^n)* 6948.
destors, *déroulé.*
destourbier III, 738 *(A), dommage.*
destraver V, 5461, *lâcher la bride à.*
destre, *droite;* d. comé (cheval) 6557, *qui porte la crinière à droite.*
destrece, *détresse, difficulté, tiraillement* 2773.
destreindre, *serrer, tenir serré, gêner.*
destreit, *serré, gêné, dans une situation critique, en danger;* tenir en d. *(au fig.), tenir serré.*
destreit, *passage étroit, gêne, danger, vengeance sévère* I, 9381.
destrel 5331 = destre le.
destrosser 5357, *dépouiller.*
destruistrent, *parf. pl. 3 de* destruire, *détruire.*
desveier 7406, *mettre en fuite.*
desvé, *fou, hors de sens.*
detenir (se), *se contenir.*
detirent 5564, *pr. plur. 3 de* detirer *ou* detirier, *tirailler.*
detort, *pr. sg. 3 de* detordre, *tordre.*
detraire, *tirer, arracher.*
detrencheüre, *coupure.*
detrenchier, *tailler en pièces, couper, taillader.*
detrés, *derrière.*
detriement III, 14422 *(A), retard.*
dette (fère de) a II, 9075, *remplir un devoir envers. Voy. la note.*
deu, *dieu.*
deugié, *fin, délicat.*
devaler, *descendre.*
devendrai, etc., *fut. de* devenir.
devinail, *suj.* -auz, *et* devinaille, *énigme.*
devisement, *convention, décision.*

dez, *dix.*
di 1903, *rég. pl.* dis, *jour;* tanz diz 555, 3643, 7212, 8239, 8407, *en attendant, pendant ce temps.*
die, etc., *subj. de* dire.
dieiz I, 9264, 9314, *subj. pl. 2 de* dire.
distrent, *parf. pl. 3 de* dire.
diter V, 9398, *rédiger, écrire.*
dodineour (ms. dodueour) I, 8520, *galant (de* dodiner, « *bercer, dorloter* »); *peut-être vaut-il mieux corriger* doneicour, *de* doneier).
doe 5262, *douve d'un fossé. Cf.* dove.
doelise 982, *dotation, qualités.*
doie (.ij.) III, 6404 *(P) (neutre), deux doigts (mesure).*
doign, *pr. sg. 1 de* doner.
doigne, doint, *subj. sg. 1 et 3 de* doner.
doignon IV, 13547, *donjon.*
doleir (se), *être souffrant, affligé.*
doleros, *affligé.*
dome 3784, 4097, *dame.*
donc, *alors, donc.*
doneier 4148, *faire la cour aux dames.*
donques, *alors.*
dont 7286, *subj. sg. 3 de* doner
dor (*proprement* : « *largeur de quatre ou cinq doigts* »; *voy.* Ducange, *s. v.* dornus *et* amplum '), *petite étendue; ne...* un dor, *très peu, pas du tout.*
dorrai, -eie, *fut. et cond. de* doner.
dotos, *qui doute, qui craint.*
dotriné, *instruit;* d. de raison 8345, *expérimenté, sage.*
douloser (se) II, 2562, *se lamenter.*
dour II, 2724, etc., *voy.* dor.
dous, *suj.* dui, *deux.*
dove I, 8368, *douve (d'un fossé).*
dreitement *(adv.), droit.*
droiturier III, IV, *passim, légitime; fondé en droit, sûr de de son droit* IV, 10950, 11021.
dru, drue, *ami intime, fiancée, maîtresse.*
druerie, *amitié, amour.*
drugement, *truchement, interprète.*

Tome II   24

durfeü IV, 8388, *infortuné.*
dueil, duelent, *pr. sg. 1 et pl. 3 de* doleir.
duel, *suj.* dueus, *deuil, affliction.*
duëre 9177, *instruire.*
duët, *instruit, habile.*
duske, -es, dusque, -es III, IV, V, *passim, jusque.*
dyablie III, 147, 159, *diablerie, action diabolique.*

effreé I, 2861, 2874, *désordonné, informe. Cf.* esfreer.
eire, *voyage, marche, chemin.*
eissil, *exil, malheur, dévastation.*
eissillier, *exiler, ravager, détruire.*
eissillos, *exilé.*
eissir, *sortir.*
eissue, *sortie.*
eistrai, etc., *fut. de* eissir.
éle, *aile.*
emaner (une tour) I, 2842, *corr.* (?) enjaner.
embatié, *parf. sg. 3 de* embatre.
embatre, *pousser, enfoncer;* s'e. sur, *tomber sur, venir sur (avec une idée de violence ou d'imprudence).*
emblé (a) 1187, *secrètement.*
embler, *enlever.*
embriver (s') I, 4493, *se précipiter, se hâter.*
embronchier 8676, *faire baisser la tête;* s'e., *baisser la tête.*
embruner (s') 7402, *devenir brumeux.*
embuschement, *embuscade.*
eme, ement, *pr. sg. et pl. 3 de* amer.
empeindre, *frapper, pousser, chasser, faire rouler* 1621.
empendre 4165, *pencher.*
empére, *empire.*
emple II, 9238, *pr. sg. 3 de* emplir, *se remplir.*
empor 115, 749.
emprenge, *subj. sg. 1 et 3 de* emprendre, *prendre, entreprendre.*
emprès I, 2969, *ensuite.*
empresser, *presser, serrer de près.*
encaïr III, 1885, *être en faute, dans l'embarras.*

encensier, *encensoir.*
encerchier 465, *interroger adroitement.*
enchaeit, *part. p. de* enchaeir, *accusé, inculpé. Cf.* encaïr.
enchauceor, *qui poursuit.*
enchaucier, *donner la chasse, poursuivre.*
enchauz, *poursuite.*
encheison 194, *occasion, incident.*
encheri 4690, *amélioré, précieux.*
enclin, *penché.*
encombrer IV, 11878, *endommager.*
encombrier III, 11740, *embarras, malheur.*
encomencier, *commencer.*
encontre, *rencontre.*
encontre (*adv. et prép.*), *à la rencontre, en face, en face de.*
encontrer, *rencontrer.*
encor IV, 13350, *encore que, quoique.*
encoragier III, 737, *être d'avis de, décider.*
encosu, *part. p. de* encosdre, *coudre dans.*
encreist I, 9118, *pr. sg. 3 de* encreistre, *être excessif, ennuyer.*
encreü, *crû, grand, décrépit* I, 9602.
encroer (*var.* encruer), *attacher.*
endementiers que, endementières que II, 9557, *tandis que.*
endementres V, 10103, *en attendant;* e. que *C, var. à* 4579, *tandis que.*
eneveis 7444, 8649, 8700, *tout à l'heure, à l'instant.*
enfantosmer I, 2954, *ensorceler.*
enferté III, 2887, *maladie.*
enfes, *suj. sg. de* enfant.
enfleement, *orgueilleusement.*
enfondrer, *défoncer, démolir.*
enforcheüre, *enfourchure, entre-jambes.*
enfraindre II, 9131, *faire violence à.*
enganer 130 *est à corriger en* enjaner. *Voy. sous* emaner.

engégn, *suj.* engenz, *esprit, engin, machine, ruse.*
engégne, *pr. sg. 3 et impér. sg. 2 de* engeignier.
engeigneor, *suj.* engeigniére, (*var.* -igniére, -iniére), *ingénieur;* (*adj.*) *rusé* III, 9987, *etc.*
engeignier (*var.* -ignier), *tromper par ruse, construire avec art* III, 9853 (*A*).
engeignos, *fin, rusé* 4194.
engenderra, *fut. sg. 3 de* engendrer.
engenreüre III, 6463, *génération, progéniture.*
englot III, 6831, *pr. sg. 3 de* englotir, *engloutir.*
engolee (manche) 3853, *bordée, ornée d'un parement.*
engrès IV, 11231, *orgueilleux.*
engresser IV, 11416, *irriter;* s'e. 6836, *s'empresser, se hâter.*
engresté II, 10077, *violence.*
engrot 7620, *malade.*
enhaster 9520, *attacher au bois de la lance.*
enheudee de fin or III, 6086, *dont le pommeau est d'or fin.*
enjan 1345, *etc., tromperie, ruse;* senz e. *véritablement* 4837, *franchement* 7961.
enjaner 130 (*var.* enganer, enginer), *tromper habilement.*
enjure (faire) 4990, *persécuter.*
enlevé, *sculpté, relevé en bosse.*
ennerci, *noirci.*
enoindre II, 2705, *oindre.*
enpïerrai, -eie III *et* IV, *passim, fut. et cond. de* enpirer (*rendre pire*), *faire du mal à.*
enquerre, *s'informer.*
enraisnié IV, 11111, *de grand sens.*
enresdie (enriedie *P*) III, 1247, *fureur, indignation.*
enriévre, *insolent, méchant.*
enrievreté 8281, *etc., insolence, méchanceté.*
enseeler 10183, *enfermer en scellant.*
enseigne, *enseigne, cri de ralliement, signe, indication,* 4371.
enseignié, *instruit, habile.*

enseler [1], *seller,* (*neutre*) *mettre les selles aux chevaux.*
enseler [2], *voy.* selier.
ensement, *pareillement, de même.*
enserré, *gêné, embarrassé.*
ensi, *ainsi.*
ensient (mien) III, 387, *etc., à mon avis.*
ensiurrons III, 6228 (*P*), *fut. pl. 1 de* ensivre.
ensivre, *suivre.*
ensor II, 9008, *de plus.*
ensorkes çou ke (*P*), *pendant que. Voy.* itant (en seul) que.
entailleïce 1672, *fém. de* entailleïz, *sculpté, taillé.*
entant V, 9294, *entente.*
ente III, 2716, *arbre (ordinairement* « *arbre greffé* »).
entechié 458, *souillé.*
enteise, *pr. sg. 3 de* enteser, *placer sur l'arc et tendre (une flèche).*
enten 8287 *et* entent 2503, *etc., impér. sg. 2 de* entendre.
entendié, *parf. sg. 3 de* entendre.
enterrai, *etc., fut. de* entrer.
entors, *entortillé.*
entoschier, *empoisonner.*
entradesissant (s') 732, *subj. imp. pl. 3 de* s'entradeser, *se toucher l'un l'autre.*
entrait 1830, *appareil pour les blessures.*
entrechevauchier qqⁿ III, 11786, *se rencontrer (à cheval) avec lui.*
entreconeüssant (s') 731, *subj. imp. pl. 3 de* s'entreconoistre, *se connaître l'un l'autre.*
entrels 4640 = entre les.
entremaumetre (s'), *se faire du mal réciproquement.*
entremeïsse, *subj. imp. sg. 1 de* entremetre.
entrement (s'), *pr. pl. 3 de* s'entramer, *s'entr'aimer.*
entremetre (s') de, *se mêler, s'occuper de.*
entrencontrer (s') 5649, *se rencontrer.*
entreprendre, *attaquer* 4308.
entresait III, 12136 (*A*) *et* tot e. III, 10920, *etc., absolument, tout à fait.*

entreseign, *suj.* -einz; -ang III, 6063, *guidon, banderole de la lance.*
entreseigniee (bien) 4554, *pourvue de belles banderoles.*
entresqu'a, *jusqu'à.*
entrocistrent (s'), *parf. pl. 3 de* s'entrocire, *s'entre-tuer.*
entruesque IV, 13306, *jusqu'à ce que.*
enué, *ennui.*
enuét, *subj. sg. 3 de* enoier, *ennuyer.*
envaïe *et* envaiement, *attaque.*
envaïson, *attaque.*
enveier, *envoyer,* renvoyer; e. por, *mander, faire prier de venir.*
enveisier 4898, s'envoisier III, 6400, *etc., se divertir.*
envers [1], *renversé sur le dos.*
envers [2] I, 9564, *en comparaison de.*
envis (a) III, 6284, *à contre cœur.*
enz, *dedans;* enz en, *dans.*
erbe *voy.* herbe.
erbos *(avec élision), terrain herbeux, pré.*
ere III, 3909 *(A),* er III, 10761 *(A),* ermes III, 1157, *etc., fut. sg. et pl. 1 de* estre.
ereñt, ert, *imp. sg. et pl. 3 de* estre.
eríon, *imp. pl. 1 de* estre.
ermin *voy.* hermin.
errer *(var.* esrer), *marcher, voyager, agir;* e. de III, 898, *agir au sujet de.*
es = en les.
es (ipsum) *même;* en es le pas 434, *aussitôt;* en es l'eure qe I, 9511, *du moment que.*
és, *pr. sg. 2 et 3 de* eissir.
esbanoier III, 6257, *se distraire, se divertir.*
esbanoi III, 364, *divertissement.*
esbaudi *(en parlant du soleil), paru (brillamment), levé.*
esbaudir, *exciter, encourager;* s'e., *se réjouir.*
esbraser I, 11459, *embraser.*
esbriver (s') 5546, *s'élancer.*
esbueillent 5427, *pr. pl. 3 de* esboillier, *éventrer.*
escachier III, 1165, *écraser.*

esceier(s')*(S,var. au v.* 781, s'esceie; *cf. v.* 9409, esceiez), *s'éveiller, reprendre ses sens (?).*
eschacier 5558, 6610, *privé d'une jambe, qui marche avec une échasse.*
eschafite 8440, *espèce d'étoffe (définie dans les deux vers qui suivent).*
eschale, *échelle, escalier* I, 9079.
eschamper (s') 6689, *dévier.*
eschanteler 5705, *ébrécher.*
eschapins (uns) I, 2885, *espèce de houseaux (cf. « escarpins »).*
eschar, *plaisanterie, moquerie.*
escharboncle, *escarboucle.*
eschari 9116, *peu nombreux.*
eschariement 3873, *en petite troupe, simplement.*
escharnir et s'e., *se moquer de, tromper.*
eschars, *avare, chiche.*
eschaucirer, *regimber.*
eschaudir, *s'enflammer.*
eschauguaite, *garde pendant la nuit, sentinelle de nuit.*
eschequier 5288, eskekier III, 6072, *échiquier;* par eschequiers, *en échiquier.*
escheri, *de valeur, distingué.*
eschermie 9216, escremie 721, *combat à l'épée.*
eschevi 5781, *bien fait.*
eschiec, eskec V, 5601, *butin.*
eschiéle [1], *corps de troupes à cheval.*
eschiéle [2] 6643, *clochette.*
eschif, *hostile;* e. de, *ennemi de, éloigné de (au fig.);* faire e. de I, 2808 (se f. e. de *x*), *éviter.*
eschive, *créneau.*
escïent (mien), *à mon avis.*
esciex III, 6443, *cas suj. picard de* escif, eschif, *malheur. Cf.* esquis.
esclairier (s') IV, 11935, *se disculper.*
esclate III, 10276, *race.*
esclenchier, *gaucher, maladroit;* ne seiez e. de ferir 6863.
esclignier 7489, *guetter.*
esclot 4776, *trace du sabot.*
escondire, *refuser;* s'e. 5306, *refuser le service, faire dé-*

VOCABULAIRE

faut; s'e. de, *protester contre l'accusation de* 8566, 8568.
escorre, *aller à la rescousse de, secourir.*
escors II, 2201, *giron.*
escosse, *rescousse, secours.*
escost, *parf. sg. 3 de* escorre.
escot (en) 1437, *aux écoutes, attentif.*
escremir I, 158, *combattre à l'épée.*
escrïer *(neutre et act.), crier, crier après.*
escrivre 6752, *écrire.*
escurer V, 10093, *vider les entrailles.*
esdail 4253, *n. verbal de* esdaillier, *décision.*
esdrecié, *redressé.*
esfonder *et* esfondrer, *démolir, ruiner.*
esfoudre V, 9726, *trait de foudre.*
esforcier, *renforcer, fortifier, forcer, accélérer* 9828.
esforz, *effort, force, troupe, armée.*
esfreé, *troublé.*
esfreer (s') *et* s'esfreïr, *se troubler. Cf.* effreé.
esfrei, *trouble, cri d'alarme, situation critique* 6968, *malheur* 9316.
esfreie, *pr. sg. 3 de* esfreer.
esgronir III, 10741 (forgignier, P) *grogner.*
esgruner 2993, *entamer.*
esguaré 1002, *malheureux.*
esguarder, *regarder, considérer, réfléchir, examiner, choisir* 9463.
esguart, *regard, réflexion, examen, opinion, jugement exprimé.*
esjoent (s') 1087, *pr. pl. 3 de* s'esjoïr.
esjoïr (s'), *se réjouir.*
eskec *voy.* eschiec.
eskekier *voy.* eschequier.
eskès III, 365, *échecs.*
eslais, *élan, temps de galop; a* e., *à bride abattue;* a dreite. 5298, 5455, *tout droit.*
eslaissier (s'), *s'élancer à bride abattue.*
eslececier, eslecchier III, 173, *réjouir.*

eslére, *choisir, élire.*
eslét, *part. p. de* eslére, *choisi, d'élite.*
eslète *et* esleture, *choix, élite.*
esloissié 8887, *luxé, foulé,*
esloissier III, 14123, *être luxé.*
esmait (s') 4890, *subj. sg. 3 de* s'esmaier, *se décourager.*
esmal 5206, *émail.*
esmancié III, 8929, *mutilé.*
esmarir (s') 9744, *s'affliger.*
esme, *estimation, appréciation;* a l'esme 5713, *au juger.*
esmer, *estimer, apprécier.*
esmète *(pour* esmoete, esmuete, *à cause de la rime)* V, 3960, *choc, secousse.*
esmolu, *émoulu, aiguisé.*
esmoveir, *mouvoir, émouvoir, se produire;* s'e., *se mettre en marche.*
espan II, 2723, *empan.*
espartir (faire) II, 9610, *faire jaillir des éclairs.*
esperdiérent (s') 5425, *parf. pl. 3 de* s'esperdre, *être éperdu, perdre la tête.*
espère 4721, *sphère.*
esperir (s'), *s'éveiller* III, 2726, *s'émouvoir* 9743.
espic, *espion.*
espié, *lance, épée (?)* 720, 755, *javelot* 2420, 4584, etc.
espiel III, 2532 *(A) et* espil III, 2506, etc., *javelot.*
espïer, *épier, rechercher secrètement.*
espinoi III, 14118, *lieu plein de ronces.*
espleie 1480, *pr. sg. 3 de* espleier *(dont je ne connais pas d'autre exemple), avance.*
espleit (a), a grant e., *vite, très vite.*
espleitier, *se hâter, avancer, agir.*
esplendre III, 1041 *(A), espèce de reptile.*
espoenter, *épouvanter;* s'e., *s'ép.*
espoir III, 10175, *peut-être.*
espoire III, 6593 *(P), pr. sg. 3 de* esperer.
espoonte 4868, *pr. sg. 3 de* espoenter.
espoorir (s'), *s'effrayer.*
esporon, *éperon.*
esporoner, *éperonner.*

espraingne II, 9615, *subj. sg. 3 de* esprendre.
esprendre, *s'enflammer.*
esprevier, *épervier.*
espris, *part. p. de* esprendre, *enflammé.*
espuisier II, 9202, *puiser.*
esquaré III, 14525, *écartelé, les jambes écartées.*
esquigniés (dens) III, 9025 (*proposition participiale absolue*), *en grinçant des dents.*
esquis (del droit) III, 11738 (*le cas rég. pour le cas suj.*), *éloignés (du droit), se dérobant au d.*
esrachier, *arracher.*
esragier, *enrager;* esragié, *furieux.*
esrer *voy.* errer.
esroent 1088, *pr. pl. 3 de* esroer, *s'enrouer. Cf. le suivant.*
esroie 9037, *pr. sg. 3 de* esroer.
essaier 4947, *tâter.*
essart 2090, *pr. sg. 3 de* essardre (*impers.*), *il fait chaud.*
essaucier, *élever, relever (une parole blessante)* 8580.
essone, essoigne I, 8668, *etc., excuse.*
essorber (s'), *se crever les yeux.*
essuée 2090, *pr. sg. 3 de* essoier (*impers.*), *il fait sec.*
est, *pr. sg. 3 de* eissir.
est, *fém.* este, *ce, cet, cette.*
esta III, 11085 (A), *pr. sg. 1 de* ester, *se tenir. Voy. à* estait.
establie, *établissement, poste.*
estache (*var.* -ce) II, 2684, *échafaud.*
estaïf 1320, *tranquille.*
estait (*var.* esta), *pr. sg. 3 de* ester (*impers.*), *l'affaire tourne bien (ou « mal »).*
estal (muer) 4669, *déguerpir.*
estanc, *essoufflé* 3223, *etc.; étanché, dont la plaie ne saigne plus* 9281.
estanchier, *tomber de fatigue,* 5602, 5883.
estanchié 2106, *épuisé de fatigue. Cf.* estanc.
estant (en), *debout.*
estaucié 5784, *qui a les cheveux coupés court.*
ester, *se tenir debout, s'arrêter, tenir bon, résister, rester;* s'e.,

se tenir 5392, *s'arrêter* I, 8383; laier e. *laisser de côté, laisser tranquille; le faire* e. III, 10659, 10901, *s'en tenir là.*
esteüs (iert) V, 9496, *avait été.*
estoble I, 5464, *chaume.*
estoce I, 8390, *subj. sg. 3 de* estoveir.
estoise, *subj. sg. 1 et 3 de* ester.
estoner, *étourdir.*
estont 7903, *pr. pl. 3 de* ester.
estor, *bataille, lutte.*
estorce, *subj. sg. 1 et 3 de* estordre.
estordre, *tordre, se sauver, se tirer d'un danger;* e. *son coup, ramener le bras en arrière pour frapper avec plus de force.*
estore, *histoire.*
estormir, *mettre en déroute* 9969, *s'agiter* 9513; s'e. 9504, *s'émouvoir.*
estorné III, 14474, *bouleversé.*
estors, *part. p., tordu, foulé* 8881.
estorst, *parf. sg. 3 de* estordre.
estort, *pr. sg. 3 de* estordre.
estot 3509, 3540, *hardi, fier.*
estoüst, *subj. imp. sg. 3 de* estoveir.
estoutement, *follement, sottement.*
estoutie, *folie, folle témérité* 3202, 9110.
estoveir, *falloir, être nécessaire;* (*subst.*) *nécessité.*
estrai (*var.* esterai), *etc.,* estreie, *etc., fut. et cond. de* ester *et de* estre.
estraier, *errer en liberté (en parlant d'un cheval).*
estraiier III, 2230, 3494, *qui va seul, solitaire.*
estre [1] 2835, 3035, *etc., baie profonde, embrasure d'une fenêtre.*
estre [2], *manière d'être, position sociale* 2447, *santé* II, 10317, *nature* III, 6549.
estre [3], *outre, en dehors de.*
estrec 8661, *chemin battu, route.*
estreit [1], *serré.*
estreit [2], *cond. sg. 3 de* ester *et de* estre.
estreu, *étrier.*

estrif (a) 5366, *à qui mieux mieux.*
estriver II, 9391, *disputer.*
estroer 8148, *trouer.*
estros (a), *tout à fait, absolument, sans hésitation* 5142.
estruit II, 9260, 10134, *muni.*
estuet, *pr. sg. 3 de* estoveir.
estuide, *étude, application.*
estut, *parf. sg. 3 de* ester.
esvanir (s'), *s'évanouir.*
esveil II, 184, *vigilance.*
euc III, 820, etc., *parf. sg. 1 de* avoir.
eur III, 829, *bord.*
eür, euur V, 13240, *fortune, chance.*
euur *voy.* eür.
evage 5208, *marin, homme de mer.*
ève, *eau.*
evete, *petit cours d'eau, source.*
évre 4292, *ivre.*
expermenter IV, 11633, *expérimenter.*
fable (faire) de 915, 7480, *hâbler au sujet de.*
fabler, *dire des contes, bavarder.*
faide III, 10821, *inimitié de famille, vendetta.*
fail, *pr. sg. 1 de* faillir.
faille [1] 4922, *torche.*
faille [2], *défaut, manque, faute, dessous (dans la bataille).*
faillir, *manquer son coup de lance;* f. a qqⁿ 6027, *le manquer.*
faimes I, 2629, *pr. pl. 1* ; I, 9682, *impér. pl. 1 de* faire.
fain II, 8977, *foin.*
fainvale 7619, *fringale.*
faire a (*inf.*), *mériter d'être (part.).*
fairel 3913, 8704 = faire le.
faitement (com), *comment; si* f. *ainsi, tant.*
faitice 1674, *fém. de* faitiz, *bien fait.*
faiture, *façon, forme corporelle.*
falez, *pr. pl. 2 de* faillir.
fame, *renommée, bruit qui se répand.*
familleus III, 217, *affamé.*
faon II, 8992, etc., *poulain.*
farde, *charge, bagages.*

faudestou 911, *fauteuil.*
faus [1] *faux;* faire f. IV, 10630, *déclarer mauvais, contester;* prover a f. 104, *convaincre de fausseté.*
faus [2] *dialectal p^r* fous *(var. de* Pau v. 2996; III, 11779, etc.*), suj. sg. et rég. pl. de* fol.
fauvel, *cheval fauve.*
faz, *pr. sg. 1 de* faire.
fee, *fée, belle jeune fille* 940; III, 1425.
febleier, *faiblir, s'affaiblir.*
feblir, *affaiblir.*
feiee, *fois.*
feindre (se), *rechigner à la besogne;* se f. de 5576, *hésiter à.*
feire [1], *foire; par plaisanterie :* la mort Aton depart la f. 6284, *la m. d'Aton clôture la f., met fin au combat.*
feire [2] 5369, *pr. sg. 3 de* feirier, *être oisif, dans l'attente.*
feïs, feïstes, *parf. sg. et pl. 2 de* faire.
feïssant, *subj. imp. pl. 3 de* faire.
feïsse, etc., *subj. imp. de* faire.
felon, *suj.* fel, *félon, déloyal.*
femne, *femme.*
fendié, *parf. sg. 3 de* fendre.
fenir, *finir, mourir;* feni, *mort.*
fereor 8966, *qui frappe, combattant.*
ferir (se), *se jeter.*
fermeté, *forteresse.*
fermer, *fixer, attacher, fortifier.*
ferrai, -eie, *fut. et cond. de* ferir.
ferrant, *couleur gris de fer; subst.* 5308, *cheval gris de fer.*
ferrouil, *suj.* ferrouz 2319, *verrou.*
ferté 2944, *forteresse.*
fèture II, 2418, *créature.*
fèvre, *fabricant d'armes.*
fi, *suj.* fiz, *sûr, certain.*
fiance, *confiance, assurance que l'on donne.*
fichier, *enfoncer, fixer, appliquer.*
fie (a le) III, 2028, *parfois;* c. fies III, 8364 (ter), *cent fois.*
fié II, 2602 (fief y), 2680 (fieu B, fief y), *fief.*
fièble, *faible.*

fiérent, pr. pl. 3 de ferir.
fievé III, 9063, pourvu d'un fief.
fil, suj. fiz, fils.
fin, arrangement (qui met fin aux difficultés).
finer, finir, cesser.
fiz ¹ voy. fil.
fiz ² voy. fi.
flaiel, fléau, punition divine 5098, masse d'armes (ou peut-être « catapulte ») I, 2833.
flaieler 624, mater.
flambe, flamme.
flote 5880, foule.
foïe (a la) III, 314, etc., parfois; une f. V, 9277, une fois.
foïr, fuir.
foildre 4742, foudre.
fol (ne se faire) de 2996, ne pas négliger de.
folage, folie, folle témérité.
foleier et se f., faire une folie.
foliier (act.) I, 9238, dire des folies à, insulter follement.
fondre, démolir, ruiner, s'écrouler.
forcheüre, enfourchure, entrejambes.
forfait IV, 11231, 11791, méchant. Cf. forsfait.
forgignier (?), voy. esgronir.
forgoient (pour forjoient) (se) V, 5597, pr. pl. 3 de se forjoïr, se réjouir.
forjugier voy. forsjugier.
forrier, fourrageur.
fors, dehors, hors, excepté; t. tant que 4128, à ceci près que.
forsconseillier, mal conseiller.
forsen et forsenerie, folie.
forsfaire (var. forf.); t. a, faire du mal à, trahir; (act.) f. membre et vie, mériter par une forfaiture de perdre les membres et la vie; cf. f. mort III, 2581 (A).
forsfait 8398, 8608, mal, dommage.
forsjugier (var. forj.), exclure par jugement, condamner III, 10662, etc.
forsjurer (la terre) 3543, renoncer à, jurer d'abandonner.
forstraire, éloigner.
fort (a) 10130, avec ardeur, en hâte.

fortment (var. forment), fortement, beaucoup.
fossoir 1409, fossé.
fou, feu.
frage 7198, cassé (très vieux).
fraindre, briser, rompre.
frait, part. p. de fraindre.
fraite, brèche.
fraiture II, 9283, fréture II, 10473, brèche.
franchir, affranchir, donner la liberté.
franchise 9383, action digne d'un homme libre ou d'un homme d'honneur.
frapaille, vile multitude.
freidi, refroidi.
freidor, fraîcheur, frais.
freis, frais, neuf, qui conserve le souvenir d'une injure 8262.
freit, froid, triste, fâcheux.
freschement 8363, 8882, au bout de peu de temps.
fresé (var. frasé) a or 9186, etc., brodé d'or.
fresel, galon, ruban, broderie.
frestel 3483, galoubet, flûte.
fresteler 4767, jouer du galoubet.
frime 6452, 7396, 7574, gelée blanche.
frois III, 10265, bruit éclatant.
froissier, briser, se briser.
fronci, ridé.
frontal, suj. -aus 4750, face, front (d'un char de guerre).
frontex (frontes P) III, 6315, pl., faces (d'un lit).
fué 1146, 5236, 6139, 6347, etc., suj. fuez 6941, fief.
fuer (a nul) II, 9475, en aucune façon.
fucent III, 14530, pr. pl. 3 de foïr, fouiller.
fueil 9208, feuille.
fueillie III, 14475 (A), hutte de feuillage.
fui, parf. sg. 1 de estre.
fuie, fuite.
fuerre, fourreau.
fun, fumée, haleine (visible) 2460.
funeals I, 2889, pl., cordes.
funeril 4688, fumée.
fure 510, furie (divinité infernale).
fussant, subj. imp. pl. 3 de estre

VOCABULAIRE

fust, *suj.* fuz, *bois de construction, bois de lance.*
gab, *suj.* gas, *plaisanterie.*
gaber, *plaisanter, hâbler.*
gaberie, *plaisanterie, moquerie.*
gale I, 2896, *joie bruyante.*
galee 8628, *galère.*
garçon, *vilain, goujat.*
garreis I, 8314, *espèce de chêne. Cf.* jarriz, *passim*; garris, *Aucassin et Nicolette, p. 23, éd. Suchier, et prov.* garri, garric, jarri, *etc.*
gart III, 2670, *suj.* gars III, 2671, *jardin.*
gavart (?); chiére gavarde 9140, *visage renfrogné* (?) *ou peut-être « pustuleux »* (*cf.* javart, chancre, *éruption à la peau*).
gehir IV, 11974, *avouer.*
gençor *(des 2 genres), comparatif organique de* gent, *gentil, aimable.*
genoivre II, 9056, *genévrier.*
gés, gést, gésent, gésc, *pr. sg. 2 et 3 et pl. 3, subj. 1 et 3 de* gesir.
geist I, 2895, *pr. sg. 3 de* gesir.
gerroit II, 9199, gerron II, 9482, *cond. sg. 3 et fut. pl. 1 de* gesir.
gesant, geseie, *etc., part. pr. et imp. de* gesir.
gesir *et* se g., *être couché, se coucher.*
geteïs (metal) IV, 1385, *métal moulé.*
geter, *jeter;* getant (perriére) 3020, *qui lance bien;* geté (bastart) 150, *abandonné.*
geude *(fém. collectif), infanterie.*
geudon, *homme de pied.*
geüsse, *etc., subj. imp. de* gesir.
giens *(fortifiant la négation), nullement, en rien; encore substantif* I, 9563 *(où il faut sans doute suppléer la négation),* ne... *rien.*
gient, *pr. sg. 3 de* geindre.
giésent I, 2928, *pr. pl. 3 de* gesir.
giet, *subj. sg. 3 de* geter.
gigue II, 480, *instrument à cordes.*
glaive, *lance, supplice, cruelle souffrance (morir a ital g. 5000, m. a g.* II, 9464).
glorïer (se) 7079, *se glorifier, se féliciter.*
gole 6376, *collet.*
gone 5150, *robe.*
got (= jot) V, 9592, *pr. sg. 3 de* joïr, *jouir.*
graignor, *suj.* graindre, *plus grand, aîné.*
graisle (*var.* graile), *clairon.*
graislier, *celui qui sonne du clairon.*
gramaire II, 9324, *grimoire.*
grandor, *grandeur.*
grant (en) de V, 10086, *en grand souci de, vivement désireux de.*
grater, *gratter* 10119, *déchirer* IV, 14036.
grenon, *moustache.*
grever, *gêner, faire du mal à;* (imperst) *peser, faire de la peine.*
grezeis (fou), *feu grégeois;* (*subst.*) *langue grecque.*
grief (*des 2 genres), lourd; fém.* 6593.
griége II, 9493, *pr. sg. 3 de* gregier, *peser, faire de la peine.*
griément II, 9970, *etc., grièvement.*
griéve, *pr. sg. 3 de* grever.
grisle 6599, *gris.*
groucier IV, 11629, *grogner.*
guaaignable 8636, *labourable, cultivable.*
guaaignerie 7329, *centre de culture, ou « étendue de terre cultivée ».*
guaaignier, *labourer.*
guagier le dreit de, *donner satisfaction pour (en offrant un gage)* 1888.
guaignart, *revêche;* se faire g. de 8517, *se montrer peu disposé à.*
guaimentement, *lamentation.*
guaimenter, *se lamenter.*
guaite, *sentinelle, guetteur.*
guaitier, *faire sentinelle, guetter.*
gualerne, *direction nord-ouest.*
guandir 5044, *trouver un refuge, être garanti.*
guaraut 6151. *Voy. la note.*
guarenne 4335, *plaine buissonneuse.*

guarenter I, 9581, *garantir, sauver.*
guarir, *garantir, assurer, se maintenir* 1326, *être en sûreté* 5046; guari 1005, *garanti, qui compte sur la promesse donnée.*
guarnement, *vêtement, armure défensive, harnachement, meuble, ornement.*
guarrai, etc., -eie, etc., *fut. et cond. de* guarir.
guart, *subj. sg. 3 et impér. sg. 2 de* guarder.
guast 7359, *lande.*
guast 7293, *dévasté, désert.*
guaut, *bois.*
guenchir *et* sc g., *biaiser, se détourner;* g. a, *se détourner de.*
guerpir, *abandonner.*
guerredon, *récompense.*
guerrier, *combattant, adversaire* 4536.
gui (= jui) III, 6462, *parf. sg. 1 de* gesir.
guige (*var.* guice) 6584, *lien pour suspendre le bouclier au cou.*
guiton, *jeune garçon, page.*
haç III, 2574, etc., hace IV, 10806, *pr. sg. 1 et subj. sg. 3 de* haïr.
haïne, *mauvais vouloir, haine, preuve de haine* 2198.
hait (a) (*var.* hèt) III *et* IV, *passim, à souhait, à plaisir.*
haitier, *satisfaire, réjouir, regaillardir* III, 2824; (*imperst*) *plaire, être agréable.*
hanste *et* anste II, III, IV, V, *passim, bois de lance.*
hardement, *hardiesse, action hardie.*
harpèle, *petite harpe.*
harper (*subst*) 16, *action de jouer de la harpe.*
harpierres II, 9322, *cas suj. de* harpeor, *joueur de harpe.*
harrai IV, 13427, etc., *fut. sg. 1 de* haïr.
haste, *bois de lance.*
hauçor 3335 (*comparatif organique de* haut), *un peu haut.*
hausage IV, 10878, *orgueil.*
hé, hét, héent, *pr. sg. 1 et 3 et pl. 3 de* haïr.

herberge *et* herbergerie, *logement.*
herbergier, *loger, se loger; subst.* 3012.
herbert, *subj. pr. 3 de* herbergier.
herbier, *terrain gazonné.*
hermin, *d'hermine.*
hermine 1845, *médecin (arménien).*
heuz (*var.* heus, hels) 6537, *cas suj. de* heut, *pommeau de l'épée.*
hide III, 294, *horreur.*
hisdos 338, *hideux.*
hobeleor 8787, *fantassin armé d'un croc pour désarçonner les cavaliers.*
homenage, omenage (*après élision*), *hommage.*
hon, *cas suj. de* home, *homme.*
honir, *honnir, outrager, maltraiter* 8064.
hort, ort (*après élision*), *jardin maraîcher.*
host (*masc.*), *suj.* hoz; host (*fém.*) *invariable au sg.,* ost (*après élision*), *pl.* hoz, *armée, camp.*
hostage, *ôtage.*
hostagier, ostagier (s'), *fournir un ou des otages comme garantie de son retour (en parlant d'un prisonnier de guerre).*
hostal, ostal (*après élision*), *logement, maison.*
hu 9051, *cri tumultueux.*
huchier, *crier vivement.*
hué, *aujourd'hui;* mais h., *désormais;* ne... mais h., ne... plus; h. cest jor 2370, 2395, *aujourd'hui.*
humilment, *humblement.*
hurter II, 2825, *pousser fortement, enfoncer.*
iço, *ce, cela.*
idonc, *alors, donc.*
idre, *idole.*
ier (*après élision*), *hier;* l'autr'ier, *l'autre jour.*
iére III, 2874, etc., *fut. sg. 1 de* estre.
ierre, *lierre.*
iert, iérent, *fut. sg. et pl. 3 de* estre.
iés, *pr. sg. 2 de* estre.

igaument III, 3476, etc., également.
ils 10159 = il les.
iluec, ilucques, là.
inde *(adj.)*, *d'un bleu indigo*.
ingal III, 6230, etc.; par i., également.
irais, iraist, iraisse, *pr. sg. 1 et 3*, *subj. sg. 3 de* iraistre.
iraistre (s'), *se mettre en colère*.
irascu, irasquié 10040, *part. p. et parf. sg. 3 de* iraistre.
irié, *irrité*.
isnel, *agile*, *rapide*.
isnèlement, *rapidement*.
issi, *ainsi*.
ital *(des 2 genres)*, *tel*, *telle*.
itant, *autant*; dous itanz de 7680, *deux fois autant de*; en seul i. que III, 1503 (ensorkes çou ke *P*), *pendant que*.
ive 6008 (*var.* yve), yve II, 8970, etc., *jument*.
ivuére, *ivoire*.
ja, *déjà*, *bientôt*; ja seit ço que 5353, *quoique*.
jafuer 4207, 5006, *vie de repos et de plaisir*.
jagonce, *jayet*.
jaiant, *géant*.
jal 1748 = ja le.
jambeier un cheval 5676, *le monter*.
jambet II, 2718, *croc en jambe*.
jart, *jardin*.
jazerenc (haubert) 5857, *en mailles de fer*.
jehir, *avouer*, *déclarer*.
jehui III, 6133 (*var. de P*), *aujourd'hui*.
jes = je les.
jeüne 5158, *jeûne*.
jeüs II, 9504, *parf. sg. 2 de* gesir.
jo, *je*.
jogleor, *jongleur*.
joi, *fortifie la négation* : n'i dites j. 5029 (*cf.* I, 8917); ne parla j. 6240; ne s'est conseilliez j. 7148; n'estont j. 7903; ne se gardot j. I, 5175; ne fu j. II, 8882 ; ne leur iert(est) j. *var. de x à O* 9827-8; ne veez j. 4190 (*var. de S*, *qui pourrait bien avoir appartenu à l'original*).
joindre, *en venir aux mains*, *attaquer*.

joinst, *parf. sg. 3 de* joindre.
jointe 5745, *rencontre*, *mêlée*.
joïr *(act.)* 862; III, 653, *faire fête à*, *bien accueillir*.
jol = jo le.
jonchiére 3134, *plaine couverte de joncs*.
jor *(explétif)* 3517, 3564, etc.; le jor 6177, *ce jour-là*.
jornee 5934 (*var.* cornee), *étendue de terre d'une journée de travail*.
joste, *à côté de*; jostel 6672 = joste le.
joster, *réunir*, *se réunir*, *en venir aux mains*.
jou, *jeu*.
joveignor, *plus jeune*.
jovent 4677 *et* joventé 6313; III, 6193, etc., *jeunesse*.
juefne, *jeune*.
jugier, *juger*, *adjuger*, *assigner*.
jumentier, *conducteur de bêtes de somme* 8672, *lâche* 5267.
juner, *jeûner*; *subst.* 5069.
jurent, jut, *parf. pl. et sg. 3 de* gesir.
jurer une honor à qq^n, *lui faire hommage pour un fief*.
jus, *en bas*, *au bas*.
jusarme 4066; I, 7714, *hallebarde*.
jusque, *jusqu'à ce que*.
justicier, *faire justice de*, *punir*.
karee *voy.* charree.
kèles III, 842, kielles V, 5464, quèles V, 9327, *certes*.
keute III, 2828 (colte *P*), *couette*, *couvre-pied garni de duvet*.
keuvre III, 73, *cuivre*.
lacier 2439, *s'enlacer*.
laidengier, *maltraiter* 2584, *gourmander* 2380.
laidir, *outrager*, *blesser*.
lairai, -eie, lait, *fut. et cond. pr. sg. 3 de* laier (?), *laisser*. *Cf.* (?) *le languedocien* laiat, *rouerg.* loiat, *triste*, *qui s'ennuie*.
lais, *pr.sg. 1 de* laissier, *laisser*.
laissor (faire) V, 10057, *faire livrer passage*.
laist, *subj. sg. 3 de* laissier.
lait, *pr. sg. 3 de* laier (?).
lambre 888, *parquet*.
langes 5155, *vêtements de laine*.
lanier III, 3130, *couard*.

lanz 4845, *jet, distance d'un jet.*
larrecin (en), *en cachette.*
larriz (larris *B*) II, 10340, *etc., lande.*
las, lasse, *malheureux, -euse.*
lasté, III, 216, *lassitude.*
latin 2031, *langage.*
laver, *se laver les mains.*
laz 394, *lacets.*
lé ¹, *large.*
lé ² *(cas régime emphatique fém.), elle.*
leece, *joie.*
legerie, *légèreté, parole inconsidérée.*
leiduét, *habile, fin, rusé.*
leira, *fut. sg. 3 de* leisir.
leise, leist, *subj. et pr. sg. 3 de* leisir.
leisir, *être permis, être possible.*
lemèle, *lame de l'épée.*
leon, *lion.*
lepart 622, liepart II, 9956, *léopard.*
lére, *cas suj. de* larron.
lét, *lit.*
leu ¹, *loup.*
leu ² III, 20 *(A), là où.*
leüst, *subj. imp. sg. 3 de* leisir.
léve III, 2813, *etc., pr. sg. 3 de* laver.
lever, *élever à une dignité,* 5063, 5136; *(neutre) se lever.*
lez, *côté; (prép.) à côté de.*
liart, *gris ou de couleur claire; (subst*ᵗ*)* l. ros 5800, *cheval bai clair.*
lice 4573, 5220, *barrière, enceinte de pieux.*
lief *(des 2 genres), fém.* 6594, *léger.*
l'ieis 5206, liois V, 10102, *pierre de liais.*
liepart *voy.* lepart.
liéve, -ent, *pr. sg. et pl. 3 de* lever.
lise 4473 *(cf.* enliser), *terre molle. Cf.* Roman de Troie, 2168.
liste 4049, *bordure. Cf.* litre et lite.
lite ¹ II, 9178 (liste *B*), *bordure, frise. Cf.* liste *et* litre.
lite ² V, 9479, *part. p. fém. de* lire. *Cf.* lute.
litre 890, *bande, frise. Cf.* lite *et* liste.

live, *lieue.*
liverrai, *etc.; fut. de* livrer.
lo, *pr. sg. 1 de* loer.
loement II, 9583, *etc., conseil.*
loer, *louer, conseiller.*
logre, *récompense, salaire.*
loier (*var.* loiier), louier II, 2712, *récompense, salaire.*
loign *(var.* lonc), *loin.*
lointain 9824, *étendu.*
longe, *fém. de* lonc, *long.*
longement *et* longes III, 1291 *(A), longuement, longtemps.*
lores II, 10266, *etc., alors.*
los, *gloire, renommée, conseil.*
losengier, *flatter.*
lot, *subj. sg. 3 de* loer.
lou, *lieu.*
loudier III, 3081, *vaurien.*
louier *voy.* loier.
lout I, 9191, *subj. sg. 3 de* louer, *conseiller.*
lues III, 11686, *bientôt.*
luiserne del soleil 9069, *lumière du soleil.*
luitier II, 2707, *lutter.*
lut 6983, 8959, *parf. sg. 3 de* leisir.
lute V, 9520, *part. p. fém. sg. de* lire. *Cf.* lite.
maaille 4158, 4432, *petite monnaie.*
magine *voy.* ymagine.
maiestére *(var.* -ire, meïsteire) 5055, *maîtrise, sacerdoce.*
mailloel III, 111, *maillot.*
mainburnie, *puissance* III, 6469, *protection* V, 8563.
main ¹, *extraction, naissance* 4570.
main ², *matin.*
mains III, IV, V, *passim, moins.*
maint *voy.* meint.
maintenant, *sur le champ.*
maior, *suj.* maire *(fém.* 7559, 8171), *plus grand.*
mairrien 3018, *bois de construction.*
mais *et* m. or, *désormais (voy.* hué); ne... m., *ne... plus;* ne m. *et* ne m. que, *si ce n'est, excepté;* mais III, 6122, *etc., et* m. que, *pourvu que.*
maisement III, 10915, *mal.*
maisiére II, 9227, *paroi d'un mur.*
maisniee, *compagnie intime*

VOCABULAIRE 381

suite d'un prince ou d'un chef, troupe qui combat à ses côtés.
maistre (adj.), principal.
mal¹ (adj.), mauvais.
mal² V, 13196, malheureusement, à la male heure. Cf. mar.
malfé voy. maufé.
manaide, secours III, 10821, merci, pitié III, 2893; V, 9942. Cf. le suivant.
manaie III, 7806, maneie I, 9172, 9174, puissance, discrétion (metre les dos en m.); merci III, 10924, etc.
manaier I, 4330, avoir pitié de.
manant, riche.
manantie, richesse.
manceis 4302, monnaie du Mans.
mandement 884, salle de réception.
maneie voy. manaie.
maneis, aussitôt, sans retard.
mangon 5942, monnaie d'or, le double du besant.
manier, à main, habile 6609.
manjue III, 912, manjucent, pr. sg. 3 et subj. pl. 3 de mangier.
mant, pr. sg. 1 de mander.
manuier d'armes IV, 10949, habile à manier les armes.
mar et mare, malheureusement, à la male heure.
marabotin 7616, pièce de monnaie d'or arabe.
mareis 7324, marais.
marmoluc III, 1042, espèce de reptile.
marrel 4051, ornement reproduisant les lignes de la table du jeu du même nom.
marrement, mauvaise humeur.
marri, affligé, chagriné.
marrir (se) vers 8020, s'irriter contre.
mat III, 9206, abattu.
matére, matière.
mauduét, mauvais, malin 7715.
maufé III, 14207, malfé V, 13195, diable.
mautalent, mauvaises dispositions, colère, motif de ressentiment II, 2595.
mautalentif III, 6383, mal disposé, irrité.

mauvaisté III, 3078, et mauvaistié, mauvaise conduite, lâcheté.
mauz 10078, rég. pl. de mail, gros marteau.
mé, mié I, passim, mi, demi, qui est au milieu, milieu; en mé, par mé.
mèce V, 9360, mècent V, 9898, subj. sg. et pl. 3 de metre.
mehagnier III, 12242 (A), mettre en pièces.
meiloain 4000, placé au milieu.
meillor, suj. mieudre, meudres III, 11649, meilleur.
mein, meint (var. maint), pr. sg. 1 et subj. sg. 1 et 3 de mener.
meindre voy. menor.
meingent, subj. pl. 3 de mener.
meïsteire voy. maiestére.
meiteier 3647, participant par moitié. Cf. « métayer ».
membre (il me) (impers.), il me souvient.
memore, mémoire; au pl. 2926, souvenirs (histoires ou légendes).
menee, cri d'excitation 9501; corner la m. 3049, sonner la charge.
mener (se), se conduire, agir.
menor, suj. meindre, moindre.
menrai, -eie, fut. et cond. de mener.
merci, pr. sg. 1 de mercïer.
merite (fém.) II, 9603, récompense.
mes, messager, mets 358.
mesavenir, arriver malheur.
mescaïr III, 1886 (A), arriver malheur.
meschief, jugement injuste IV, 10607, tort fait IV, 10656.
meschin, jeune homme.
meschine, jeune fille.
meschoisir 2428, manquer (en frappant).
mescreire, ne pas croire, hésiter à croire 4181, croire à la perfidie de 1197.
mesèle III, 5976, malheureuse.
mesestance III, 14319, etc., malheur, affliction.
mesfaire, mal agir, avoir tort.
mesler, se mêler, s'engager.

meslier, *néflier.*
mesprendre (se) 6802, *ne pas s'entendre, se quereller.*
mespresimes, *parf. pl. 1 de* mesprendre.
mesprison 8317, *erreur.*
met, *pr. sg. 1 de* metre.
meü, *part. p. de* moveir.
meudres *voy.* meillor.
mi *voy.* mon.
mié *voy.* mé.
mier, *pur, supérieur* 3804.
mieudre *voy.* meillor.
milsoudor, *cheval de bataille.*
mirer 7821, *regarder avec admiration.*
mis *voy.* mon.
mistrent, *parf. pl. 3 de* metre.
moillier ¹, *épouse.*
moillier ², *mouiller.*
molenc 8875, *terre molle.*
molest, moleste III, 210 (*mss.* rubest), *ennui, tracas.*
moncel, *monceau, monticule* 9834.
monester III, 3057 (*subst.*), *exhortation.*
mon, *adj. poss.* : *suj. sg.* mis, *suj. pl.* mi, *fém. absolu* meie, etc., *mon, ma, mien, etc.*
monsterrai, *etc., fut. de* monstrer.
monstrer, *montrer.*
mont (a), *en haut; de d'a mont* 4551, *dans la partie supérieure;* contre mont, encontre m., *dans la partie haute, en l'air.*
montassin 7606, *faucon de montagne.*
monter, *monter à cheval, valoir, avoir de l'importance.*
mordre III, 3117, murdre III, 10916, 10931, *meurtre.*
mordrére IV, 10814, *meurtrier.*
mordrir, *tuer.*
more ¹, *mûre.*
more ² 1910, 10114, *pointe de l'épée.*
mori, *parf. sg. 3 de* morir.
morie, mourie II, 1164, *mort collective, massacre.*
mornement 2524, *d'un air morne, tristement.*
mors (*fém. pl.*), *mœurs;* de bones m. (cheval), *de bon naturel.*

mort, *mis à mort, tué.*
mourie *voy.* morie.
mout (*adj.*), *considérable, nombreux;* moutes (*f. pl.*) 1006; (*adv.*), *beaucoup.*
moveir, *mouvoir, exciter, soulever, se mettre en marche.*
mué, *pl.* muéz, *boisseau.*
mueille, *pr. sg. 3 de* moillier.
muër, *changer;* ne poeir m. que ne, *ne pouvoir s'empêcher de.*
muére, *subj. sg. 1 et 3 de* morir.
mui III, 2026, *parf. sg. 1 de* moveir, *partir.*
mul, *mulet.*
murail I, 2809, *mur.*
murel II, 3243, *suj.* muriaus V, 13288, *mur.*
murmurement I, 7710, *murmure.*
musart 2888.
mut, *parf. sg. 3 de* moveir.
naces III, 9989, *fesses.*
nafrer, *blesser.*
naïf, *naturel, nu (en parlant d'un mont).*
naje V, 9515, *non (avec un verbe sous-entendu à la 1ʳᵉ pers.).*
nanil I, 9105, *non.*
narille, *narine.*
nasel IV, 8924, *nasal, partie de l'armure recouvrant le nez.*
nate III, 10275, *naissance, origine.*
natural, *naturel, légitime, originaire.*
navie (a) 9052, *en bateau.*
navire 8624, *flotte.*
nef, *bateau, vase, coupe.*
neiel (a) 2947; fait a n. 4011, *niellé.*
neient, *rien.*
neier, *noyer, se noyer.*
neif, *neige.*
neitun 6008, noitun II, 8970, 8971 (*ms.* nortun, nortin), *monstre marin.*
nen, *non, ne... pas.*
neporuec et neporquant, *néanmoins.*
nequedent, *néanmoins.*
nes = ne les 603, 968, etc.; = ne se 2268, 2996.
nes (*var.* neïs, nis), *pas même; (au sens affirmatif) même.*

nesun *(avec négation), aucun.*
neü IV, 12027, *part. p. de* nuire.
neule 8805 et neulee 7396, *brouillard.*
nevo, *suj.* niés, *rég. pl.* nevoz, *neveu.*
noauz 714, nouaus III, 1142, *pl. de* noail, *rien.*
nobileté, *noblesse.*
nobleis I, 9116, *orgueil de race (ou p.-ê. ironiquement « noblesse »).*
noeme *voy.* nuefme.
noer, *nager.*
noier II, 1211, *nier.*
noisc, *bruit.*
noisier IV, 11242, *faire du bruit.*
noncier, *annoncer.*
none *(adj. fém.)* 5149; *neuvième; (subst.) la neuvième heure du jour.*
norreture, *éducation;* de nostre n. 8235, *de notre classe.*
nortin, nortun *voy.* neitun.
n'os 1459 = ne vos.
notoner, *nautonnier.*
novascle I, 2826, *peut-être pour* novastre (= novem astra), *dont je ne connais, du reste, pas d'exemple.*
noz *(invar.), notre, nos.*
nu, *sans armes défensives.*
nueces 435, 1095, *noces.*
nuefme, noeme IV, 13395, *neuvième.*
nueves *(subst. fém. pl.)* 168, *nouvelles.*
nuét, *nuit.*
o, *avec, à l'égal de.*
o, *ou, ou bien.*
oal I, 9277, *oui, certes.*
oan, *cette année.*
oblit I, 7740, *subj. de* oblier.
oceïssant, *subj. imp. pl. 3 de* ocire.
oceïsse, etc., *subj. imp. de* ocire.
ocise *et* ocision, *tuerie, massacre.*
ocistrent, *parf. pl. 3 de* ocire.
oeille, *brebis ou mouton (terme général).*
oent, *pr. pl. 3 de* oïr.
oes (a) III, 6283, etc., *pour, au profit de.*
oi ¹, *pr. sg. 1 de* oïr.
oi ², *parf. sg. 1 de* aveir.

oiseler III, 14063 (P), *pour* oiserer (*lat.* * uxorare), *marier (?).*
oisour II, 9816, *épouse.*
olifant, *éléphant, ivoire.*
ombreier (s'), *se tenir à l'ombre.*
onc *(fortifiant la négation),* onques, *jamais, nullement;* avec une interrogation, 64, etc.
oncore, *encore.*
or ¹, *bord.*
or ² *et* ore, *maintenant.*
orcassin 937, *étoffe de soie. Cf.* « organsin ».
oré 4038, *mauvais temps, orage.*
orendroit II, 1195 (A), *en ce moment.*
orfreis, *tissu d'or ou brodé d'or* 1655, etc., *étoffe raide* III, 2819.
orine IV, 13304, *race, nature.*
orle II 9041, etc., *bord.*
orpiment (volte d') II, 2181 *voûte de mosaïque d'or de diverses couleurs.*
orrai, etc., *fut. de* oïr.
ort *voy.* hort.
ortoiles III, 831, *orteils.*
os ¹ *voy.* n'os.
os ², *pr. sg. 1 de* oser.
os ³, *fém.* ose 2207, 2491, *osé, hardi.*
osil 4687, *osier.*
osmer II, 8986, *flairer.*
ossèque 6463, *obsèques, funérailles.*
ossu (bien) 9573, *qui a de gros os.*
ost ¹ *voy.* host.
ost ² II, 8944, 8946, *subj. sg. 3 de* oser.
ostal *voy.* hostal.
osterin 9379, etc., *vêtement de pourpre.*
ostor 2935, 6324; I, 4522, ostoir I, 160, *autour (subst.).*
ot, *parf. sg. 3 de* aveir *et pr. sg. 3 de* oïr.
oue *et* ove I, *passim, dialectal pour* o, *avec.*
outrage, *excès, acte horrible, désastre* II, 9940.
outremarin 3982, *d'outre-mer.*
outré V, 9807, *passé, qui a dépassé un point donné.*
oz 2054, 6381, *pr. sg. 2 de* oïr.
paie, *accommodement, apaise-*

ment; faire p. d'une guerre, 9287.
paile (var. paille), poile II, 9035, riche étoffe.
paisson 4061, piquet de tente.
pal, pieu.
palasin III, 2842, paralysie.
palazin III, 3457, comte palatin.
paliz, palissade.
paonier III, 8852 (poonier P), piéton.
paor voy. poor.
parage, bonne race, noblesse.
parce III, 6367, subj. sg. 1 de partir.
parceivre, apercevoir.
parçoner I, 8186, qui a part.
pardoinge, subj. sg. 1 de pardoner.
paré III, 11601, muni, instruit.
paregal (des 2 genres), tout à fait égal, égal.
pareil, paire, couple, réunion de deux choses 3896.
pareir, apparaître, se montrer, paraître.
parentendre 2583, entendre clairement.
parfin (a la), à la fin.
parfit, parfait.
parfont, profond.
parlement, conversation, entrevue 3798.
paroil IV, 11206, pr. sg. 1 dialectal de parler.
parole, -ent, pr. sg. et pl. 3 et subj. sg. 1 de parler.
parout, subj. sg. 3 de parler.
parra, fut. sg. 3 de pareir.
parsivre 3277, poursuivre, observer (une convention) 4266.
partie, partage.
partir, partager, démêler 824.
pas, pas, passage.
passissant, subj. imp. pl. 3 de passer.
past, subj. sg. 3 de passer.
patremone, patrimoine, héritage.
paumeier, brandir.
pautonier, vilain, archer 3215.
pavement 681, pavé, dallage.
pavor, pavour, voy. poor.
peaigne 3839, pièce du harnais du cheval (peut-être dérivé de patena, qui a signifié « plate »,
une des lames de métal de l'armure; il faudrait, dans ce cas, l'écrire pceigñe).
peceier, mettre en pièces.
pecheor, pécheur, malheureux, 4982.
pecheresse 60, malheureuse.
pechié, dommage, malheur.
pechiére, suj. de pecheor.
pectrine I, 4375, poitrine.
peinst, parf. sg. 3 de peindre.
peior (var. piour), suj. pére (var. pire), pire.
peis ¹, pois.
peis ², poids.
peïse, peist, pr. sg. 3 et subj. sg. 3 de peser.
peitral 5355, partie du harnais qui couvre le poitrail du cheval.
pel, suj. peus I, 8525, pieu.
peleüre 7923, dépouille.
peliçon, pelisse.
pelos, pileux, velu. Voy. la note au v. 6607.
pendié, -iérent, parf. sg. et pl. 3 de pendre.
pendre a 5021, pencher vers, être de l'avis de; estre pendant a 4784, s'incliner devant, être inférieur à.
pène III, 1951, plume.
pener (se), se donner du mal, s'efforcer.
penge 2755, subj. sg. 1 de pendre.
penon, banderole de la lance; au pl., barbes de la flèche 6056.
pensé 8129, réflexion, préoccupation.
perdié, -iérent, parf. sg. et pl. 3 de perdre.
perdissant 4828, subj. imp. pl. 3 de perdre.
perge 10042, subj. sg. 1 de perdre.
perillos 3437, horrible.
periz, suj. de peril.
pernez, impér. pl. 2 de prendre.
perrin, de pierre de taille.
perroi III, 14117, lieu pierreux.
pert, pr. sg. 3 de pareir.
pertruisier I, 8526, trouer.
pertus 1500, 1501, passage.
pesance, poids, peine.
pesme 514, très mauvais.
petit, peu.

pez, *poitrine*.
philatère 6457, *phylactère*.
pié(*renforçant la négation*)9073.
piement, *pieusement*.
pieté 116, *pitié*.
pignon V, 9482, *gonfanon*.
pile II, 9126, *portique ou « autel »*. Voy. Ducange, s. v. pila, n°ˢ 2 et 9.
piler, *pilier*.
piour voy. peior.
piqueis 2977, *pic*.
piument III, 2815, *vin aromatisé*.
place, *subj. sg. 3 de* plaire.
plaier, *blesser*.
plain, *plaine*.
plait, *raisonnement* 2644, *conversation, affaire, procès, réunion*; por nul p., *en aucune façon*.
pleie 2251, *haie vive*.
pleige, *garant*.
plenier, *fertile, riche*.
pleniérement, *richement*.
plenté, *abondance*.
plenteïf, *fertile, riche*.
pleüsse, etc., *subj. imp. de* plaire.
plevir, *promettre, garantir, assurer*.
plius I, *passim, plus*.
ploi III, 2820, *pli d'une étoffe*.
plomee 194; I, 235, etc., *disque de plomb*.
plorissant, *subj. imp. pl. 3 de* plorer.
plot, *parf. sg. 3 de* plaire.
plouerous V, 10066, *pleureux, qui pleure*.
plovier 3858, *pluvier*.
pluée, *pluie*.
plusors, *plus nombreux, plusieurs*.
poeir, *pouvoir*; a son p. 728, *s'il peut*.
poesté, *pouvoir, force*.
poesteïf, *puissant*; p. de, *maître de*.
poète, *prêtre*. Voy. la note au v. 5081.
poi [1], *peu considérable, fém.* poie 1060, *etc.; (adv.) peu*.
poi [2], *parf. sg. 1 de* poeir.
poier, *monter*.
poign, *suj.* poinz, *poing, quillon (poignée de l'épée)*.
poigne, *bataille, armée* 4327.

poile voy. paile.
poindre, *piquer des deux, s'élancer*.
poinstrent, *parf. pl. 3 de* poindre.
poisson, *subj. pl. 1 de* poeir.
pomel, *suj.* -caus 7824, *sommet arrondi (du couvercle d'une coupe)*.
pont 1919, *poignée (de l'épée)*.
poon [1], *paon*.
poon [2], *pr. plur. 1 de* poeir.
poor, paor V, 13209, *etc.*, pavor V, 13192, pavour V, 13222, *peur*.
por, *pour*; enveier p., *mander, envoyer prendre*; p. que, *pourvu que, (interrog.) pourquoi*.
porcanter qq[n] V, 10167, *chanter à l'intention de* qq[n]. Cf. porlit.
porlit V, 10168, *part. p. de* porlire, *réciter des leçons à l'intention de*.
porparler *(act.)*, *projeter ensemble (parler de)*; *subst.* 2796, *pourparlers, discussion*.
porpens (aveir son) 294, *réfléchir*.
porpenser (se) de, *songer à, projeter, décider*.
porprendre, *occuper (une position)*.
porsaillir 6068, *faire sauter (un cheval)*.
porseü V, 9679, *part. p. de* porsivre, *poursuivre*.
port [1], *passage, défilé*.
port [2], *pr. sg. 1 et subj. sg. 3 de* porter.
porter de, *enlever de*.
porteüre, *progéniture, enfant*.
portraire IV, 11436, *poursuivre*.
poruec II, 2751 *(adv. composé)*, *pour cela (pour lui)*.
pose (grant), *longtemps*; a (al) chief de p., *après un instant, enfin*.
posnee, *orgueil, fierté, bravade*.
pot, *parf. sg. 3 de* paistre.
poudrière, *poussière*.
pousser 3324, *être essoufflé*.
poüssant, *subj. imp. pl. 3 de* poeir.
poüsse, etc., *subj. imp. de* poeir.

poutrel 4487, *jeune cheval.*
praèle II, 2757, *prairie.*
praerie, *prairie.*
prametre, *promettre.*
pré, prée, préent, prét,*pr. sg. 1 et 3 et pl. 3, subj. sg. 3 de* preier.
preer, *piller, ravager.*
preier, *prier.*
preisier, *priser, apprécier.*
preïsse, *etc., subj. imp. de* prendre.
preit, *subj. sg. 3 de* preer.
premerain, *premier.*
premier, *d'abord, aussitôt* 2217.
pren, *pr. sg. 1 et impér. sg. 2. de* prendre.
prendre a (*impers*[t]), *commencer à* (*infin.*).
prenge 1063, 4150, 4235, *etc., subj. sg. 1 et 3 de* prendre.
prése, *pr. sg. 3 de* preisier.
present (a), *à l'instant; ore a p. 33, pour le moment.*
presonços 5977, *présomptueux, orgueilleux.*
prest, *suj.* prèz (*et* prest 2787, 9918), *prêt.*
prez [1], *prix.*
prèz, *voy.* prest.
prient (se) 3691, *pr. sg. 3 de se* priembre, *se contenir.*
prime de jor 3270, *point du jour.*
primes, *d'abord, en premier lieu; p. que* 1210, *avant que.*
pristrent, *parf. pl. 3 de* prendre.
privé, *ami intime.*
pro, *profit;* (*adv.*) *assez;* pro de vassal 1652, *brave guerrier;* pro d'ome (*passim*), *suj.* proz hon, *homme preux, qui a du mérite, habile.*
proveire, *suj.* prestre, *prêtre.*
provement IV, 13336, *preuve.*
proz hon (*sujet*). *Voy.* pro d'ome, *sous* pro.
pruef, *près, près de.*
pudnés I, 4517, *puant, punais.*
pué, *suj.* puéz, pui, *montagne.*
puéent, *pr. pl. 3 de* poier.
pueent, *pr. pl. 3 de* poeir.
pués [1], *puis, ensuite;* p. que, *après que, puisque.*
pués [2], *pr. sg. 1 de* pocir.
puésse, *etc., subj. 1 et 3 de* poeir.

puie I, 9295, *pr. sg. 3 de* poier.
puig *voy.* poign.
pule IV, 13231, *peuple.*
pulent (*des 2 genres*) I, 2732, pullent I, 4536, *puant.*
put, *mauvais. Voy.* aire.
putain 67, *suj.* pute, *femme de mauvaise vie.*
qual (*des 2 genres*), *quel; de* q. hore que 5042, *à l'heure que;* qual que Deus le face 7511, *comment que Dieu le fasse.*
quans *voy.* cuens.
quant que (*var.* quan que), *tout ce qui, tout ce que.*
quarrel, *carré* V, 9465, *pierre de taille carrée* 3003, *gros trait d'arbalète* 2987.
quart, *quatrième.*
que [1] (*pron. relatif. fém. et neutre*), *passim.*
que [2] (*adv. relatif pour pron. relat.*), *passim.*
que [3] (*conj.*), *si ce n'est que, de sorte que, de peur que, pourvu que* 3769; que que, *tandis que;* que... que (*distributif*), *tant... que.*
quei, *quoi;* queil 161 = quei le.
quèles, *voy.* kèles.
quel = que le.
querez, quergiez, *pr. et subj. pl. 2 de* querre.
querre, *chercher, demander.*
querine III, 10678, *emportement.*
ques = que les.
qui IV, 11568, *pr. sg. 1 de* cuidier.
quier, quiert, quiére, *pr. sg. 1 et 3 et subj. 1 et 3 de* querre.
quil = qui le.
quin = qui en, 1784, 3222, 7936.
quis [1] = qui les.
quis [2], *part. p. de* querre.
quist, *parf. sg. 3 de* querre.
quitier I, 9416, *dégager* (*d'un serment*).
rabatre, *tomber, être précipité.*
rabiner un cheval 5638, *le mener vivement Cf.* ravines.
raembre (*var.* raiembre), *racheter, acheter des appuis, mettre à rançon* 2676.
raement, *pr. pl. 3 de* raembre.
rafuler III, 6177 (P), *remettre* (*son manteau*).
rage, *acte de fureur, folie, chose*

étrange III, 404, *ardeur au plaisir* II, 9230.
rai, *jet (de sang)*.
raiens IV, 11948, *rég. pl. part. p. de* raiembre.
raier, *couler*.
raïmbez II, 7597, raïmez I, *passim, subj. et impér. pl. 2 de* raiembre.
raïmsist I, 9134, *subj. imp. sg. 3 de* raiembre.
rain, *rameau*.
raisnable III, 10986, *raisonnable*.
raisnablement, *raisonnablement*.
raison, *récit, paroles*; metre a r. *parler à, renseigner* 649, *demander compte* 5949, 8355.
raïz, *racine, race*.
raler, *aller de nouveau, retourner*.
ramprosner III, 2283, *railler*.
ramprosnes III, 6106, *railleries, paroles malignes*.
randon, *force, ardeur, temps de galop* I, 5766.
raschaille I, 4342, *racaille*.
rasor, *rasoir*.
rassembler, *se rassembler, s'assembler de nouveau*.
raveir, *avoir à son tour, de son côté, de nouveau*.
ravines (de grans) V, 9844, *avec force*. Cf. rabiner.
ré II, 10497, *bûcher*.
reaimbez II, 7597, *impér. pl. 2 de* raiembre.
rebondre 5806, reboundre 5048, *var. de S à* repondre.
recelee (a) I, 9258, *en secret*.
recercelanz (cheveus), *frisés*.
recèt, *retraite, forteresse*.
receter, *se retirer, se mettre à l'abri*.
rechauchier (se) 6044, *chercher un asile*.
reclamer 2686, *proclamer, déclarer*.
recoi (en son) III, 764 (A), *en particulier*.
recoillir, *prendre, recevoir*; r. en mautalent 1391, *mal prendre; être irrité de*.
recoverrai, *etc., fut. de* recovrer.
recovrer, *réparer, retrouver l'occasion*.

recreant, *part. pr. de* recreire, *fatigué, lâche* III, 2387.
recreire, *crier merci, refuser d'avancer, être très fatigué*.
recueil, *pr. sg. 1 de* recoillir.
reçui, *parf. sg. 1 de* receivre.
referir, *frapper à son tour*.
reflambir, *resplendir*.
refraindre, *réprimer, répéter*.
refrainst, *parf. sg. 3 de* refraindre.
refrait, *refrain, paroles répétées* 6290, *ressource (ce à quoi l'on revient toujours)* 7208.
refreidier, *se refroidir*.
refreschier, *rafraîchir, renouveler*.
refui II, 9498, etc., *refuge*.
regne *et* regné, *royaume*.
reguarder (se), *regarder*.
reguart, *considération, sujet de crainte* 3764, 6356.
reherbergier V, 13282, *habiter à nouveau*.
reïmez II, 9029, *subj. pl. 2 de* raiembre.
reit, *fém.* reide, *raide*.
relièvent, *pr. pl. 3 de* relever, *se relever*.
remaign, *impér. sg. 2 de* remaneir, remaindre.
remandrai, -dreie, *fut. et cond. de* remaneir, remaindre.
remaneir, remaindre 7187, *rester, rester tranquille, s'apaiser*.
remange, *etc.*, remansis, -ist, *subj., pr., parf. sg. 2 et subj. imp. sg. 3 de* remaneir, remaindre.
remembrer, *faire mention*; (imperst) *il me souvient*.
remés, remést, -éstrent, *part. p. et parf. sg. et pl. 3 de* remaneir, remaindre.
remirer, *considérer, avoir égard*.
remuer 2535, *changer*.
rencure IV, 10674, *rancune*.
renge, *etc.*, (rende 7867 *est à corriger), subj. de* rendre.
reorte 2756, *riorte, hart*.
repaissement III, 135 (reparement *P*), *repas*.
repaire III, 2627, *etc., retour*.
repairier, *retourner*.
repentié (se), *parf. sg. 3 de* se repentir.

replegier III, 12178, *cautionner.*
repleni 7637, *pourvu de vivres, ravitaillé.*
repoeir (*auxiliaire*), *pouvoir de nouveau;* reporrai passer 7452, *je pourrai repasser.*
repondre (*var.* rebondre, reboundre), *cacher;* se r., *se cacher.*
repost [1], *part. p. de* repondre, *caché.*
repost [2], *subj. sg. 3 de* reposer.
reproier IV, 11530, *délivrer par ses prières.*
reprover, *reprocher.*
reprovier, *reproche, proverbe.*
repuns V, 9665, *part. p. de* repundre, repondre.
requerre, *requérir, demander, attaquer.*
rérent, *imp. pl. 3 de* restre.
res II, 9510, *pr. sg. 2 de* restre.
resachier III, 1204, *action de retirer.*
resaillir, *rejaillir.*
resconsé, *couché (en parlant du soleil).*
resconser, *se coucher (en parlant du soleil).*
resordre, *se retirer* 5602, *remonter (à la surface de l'eau)* 9028, *se tirer d'affaire* V, 9137.
resors V, 9137, *part. p. de* resordre.
resort [1], *pr. sg. 3 de* resortir, rebondir.
resort [2], *ressource.*
resperir 6360, *revenir à soi.*
respitier une bataille II, 9467, *l'interrompre, la faire cesser.*
resplent, *pr. sg. 3 de* resplendir.
respondié, *parf. sg. 3 de* respondre.
respons, *réponse.*
restorer, *rétablir, rappeler en imitant* 7230.
restre, *être de nouveau, à son tour, d'autre part.*
restreindre (se) 1655, *s'arrêter, résister.*
respét, *répit, délai.*
rét, *pr. sg. 3 de* rère, *raser.*
retenu 2533, *obligé.*
reter III, IV, *passim,* et retter I, 8723, 8725, *accuser.*

retinter 6642, *tinter, faire du bruit.*
retraçon 5930, *reproche.*
retrois 7969, 8041, *morceau de bois, tronçon.*
reüser, *repousser, reculer. Cf.* ruser.
reveeir 6177, *voir de son côté.*
reveit 8206, *convaincu.*
revert 6404, *pr. sg. 3 de* revertir, *tourner (en), se changer (en).*
reviestu V, 10160, *en costume.*
revirer 5448, 6105, *éviter en faisant un détour.*
rible (faire grant) I, 4520, *être rapide, courir rapidement.*
riche, *riche, puissant.*
riére, *arrière, derrière;* r. guarde 3129, *arrière-garde.*
riote, *querelle, dispute.*
riveier 5008, *chasse en rivière.*
rociére III, 2485 (*A*), *rocher.*
roèle 4931, *roue de fortune, destin.*
roeler 9702, *rouler.*
roeve III, 6510, *pr. sg. 3 de* rover.
rofe II, 2635 (*var. de* y), *peau dure et rugueuse.*
roie III, 6404 (*A*), *raie, ligne.*
roïl, *rouille.*
roont, *rond.*
rosci, *lieu couvert de roseaux.*
rosel V, 9396, 9424, *roseau à écrire.*
roste (*var. de A au v.* 2684, ruiste *P*), ruiste III, 6033 (*A*), 8372, *fort, rude, dur; subst.* III, 2226, *rudesse, force défensive.*
rostruenge II, 482 (rotr.*B*), *chanson à refrain.*
rot, *parf. sg. 3 de* raveir.
rote [1], *instrument de musique à cordes, espèce de vielle.*
rote [2], *troupe, foule.*
rovent, *rose;* chiére rovente 6314.
rover, *demander.*
rubest III, 211, 1510, *sauvage, horrible.*
ruer, *jeter à bas, faire tomber* III, 13976 (*A*).
ruës, *pr. sg. 1 de* rover.
ruiste *voy.* roste.

VOCABULAIRE

ruser, *repousser* 7572, *reculer* I, 2733. *Cf.* reüser.
sachier, *tirer, secouer, faire tomber.*
safre de colors I, 2827, *mosaïque* (?).
safré (hauberc) 1807, *muni d'une panne (doublure).*
saiete, *flèche.*
saillir, *sauter, sortir.*
sainglement *voy.* senglement.
saintuaire (*n. collectif*) V, 12333, *reliques.*
sairement, *serment.*
saive, *sage, habile.*
salterion II, 481, *psaltérion.*
samit, *étoffe de soie.*
saner, *guérir.*
sangler, *sanglier.*
sanglotir (*var.* segloutir, sousgloutir) 9659, *râler.*
sapeie 5877, *bois de sapins. Cf.* sapoi.
sapience 10, *sagesse.*
sapoi III, 2694, *bois de sapins.*
sarcueu (*var.* sarcu), *cercueil.*
sarde 4026, *espèce de pierre précieuse.*
sardone, *sardoine.*
saudee *voy.* soldee.
saudrai, etc., *fut. de* saillir.
saugent I, 8483, *subj. pl. 3 de* saillir.
saut [1], *saut;* les sauz 719, *en bondissant.*
saut [2], *pr. sg. 3 de* saillir.
sauvage envers 6339, *étranger à, rare chez.*
sauveté, *salut, sûreté.*
saveir, *savoir, avoir le goût de;* s. piment I, 3450, *avoir la saveur du* piment (*voy.* ce mot).
se [1], *dialectal pour* si (*adv.*).
se [2] (*conj.*), *si;* se... non, *sinon;* se ço non, *sinon (absolument).*
sebelin III, 2834, *fourrure de zibeline.*
secré III, 847, *secret.*
seeir (*var.* seïr, sëoir), *s'asseoir, être assis, convenir.*
seeler, *sceller.*
segloutir *voy.* sanglotir.
segrei (*var.* secroi), *secret, discret, réservé, qui se tait;* (*subst.*), *secret :* en s., *secrètement.*
sègle, *siècle, monde;* toz li sègles 2313, *tout le monde.*
segont 2447, *selon.*
sei, *suj.* seiz 2102, *soif.*
seïez, *imp. pl. 2 de* sëoir.
seignier (se) 4868, *faire le signe de la croix.*
seignorage 2019, *autorité du seigneur.*
seïr *voy.* seeir.
seis (*suj.*) 2193, *sec.*
sel = se le.
selier 6560 (*var.* enseler), *place de la selle sur le dos du cheval.*
selve, *forêt.*
sem = se me 8561.
sen, *bon sens, sagesse.*
sené III, 2881, *sensé.*
seneflance II, 10517, etc., *indication, signe.*
sengle 5353, *seul, isolé.*
senglement, sainglement III, 6261, etc., *simplement, uniquement.*
senoec III, 824 (*A*), *sans cela.*
sentié 6334, *parf. sg. 3 de* sentir.
sëoir *voy.* seeir.
sére et sire, *suj. de* seignor, *seigneur.*
seri III, 2854, *doucement.*
serpent (*fém.*).
serrai, -eie, *fut. et cond. de* estre.
serre, *gourmette* II, 4763 (*var. de* serse), *serrure* I, 8393. *Cf.* serse.
serrer, *fermer à clef* 9155, *se resserrer* 5162.
serse II, 4763 (serre B), *gourmette.*
serventeis 4926, *railleries.*
sés [1], *six.*
sés [2], sét, *pr. sg. 2 et 3 de* saveir.
ses = se les.
setme, *septième.*
seü, *part. p. de* sivre.
seuc V, 9441, *parf. sg. 1 de* saveir.
seürement, *avec assurance.*
seveaus, seveals I, 9470, sevals I, *passim, du moins.*
sevelir 10155, *ensevelir.*
sévent, *pr. pl. 3 de* saveir.
sevirent, *parf. pl. 3 de* sivre.

sevrer, *séparer, se séparer.*
si ¹ *voy.* son.
si ² *(adv.), si, ainsi;* si *(et* et si), *et alors (sens parfois très voisin de celui de la simple copule);* de si que, *jusque;* si 4230, 4274 *et* de si que, *jusqu'à ce que.*
sidone 110, *linge, enveloppe de linge.*
sigle III, 129-32 *(var. de P), instrument de musique.*
sil = si le.
sin = si en 3302, 5488, 5955, 9199.
sis ¹ = si les.
sis ² *voy.* son.
sist, sistrent, *parf. sg. et pl.* 3 *de* seeir.
siut, sivent, *pr. sg. et pl.* 3 *de* sivre.
soavet III, 3433, *bien doucement.*
socorement, *secours.*
socorrai, *etc., fut. de* socorre, *secourir.*
sodement 3622, *subitement.*
soe *voy.* son.
soëf, *suj.* soés, *doux;* (adv.) *doucement.*
soentre 5459, 6216, 8934, *à la suite;* (prép.) *après* 4833.
sofraite, *manque, disette, souffrance.*
sofraitos, *qui manque.*
sofrir (se), *attendre un peu, patienter.*
soign, *soin, souci.*
sojor (estre en) 5010, *être oisif.*
sojorner, *demeurer, tarder.*
sol, *seul;* (adv.) *seulement.*
soldee III, 2384, 2468, saudee III, 1116 *solde, service de chevalerie.*
soleir, *avoir coutume.*
soleuz, *suj. sg. de* soleil.
solier III, 6289, *étage d'une maison.*
sollers, *souliers.*
solsif *voy.* sousi.
somoign, -gne, *etc., pr. sg.* 1 *et subj. de* somondre.
somon, -ont, -onent, -ons, *pr. sg. 1 et 3 et pl.* 3, *part. p. de* somondre.
somondre, *avertir, exhorter.*
son ¹ *(neutre pris substant^t)* som-
met; par s. l'aube 401, par s. la nuët 1497.
son ², *adj. poss. : suj. sg.* sis, *suj. plur.* si, *fém. absolu* soe, *son, sa, sien, etc.*
sont, *subj. sg. 3 de* soner.
sooner 4246, 6957, *se moquer de, mépriser.*
sopleit, *subj. sg. 3 de* sopleier.
sopleier *et se* sopleier, *plier, céder.*
sorbir, *engloutir.*
sorcerie III, 322, *sorcellerie.*
sordre, *surgir, arriver.*
sorent, *parf. pl. 3 de* saveir.
sorfait 8282, *excès de pouvoir.*
sorparler IV, 13346, *excès de parole.*
sorpoeir, *surpasser, vaincre.*
sors, sorst, sort, *part. p., parf. et pr. sg. 3 de* sordre.
sorsele, *housse, tapis de selle.*
sort *(fém.), sort.*
sospeça 477, *parf. sg. 3 de* sospecier, *soupçonner.*
sospeis 2632, *suspens, hésitation.*
sot, *parf. sg. 3 de* saveir.
sotaigne (tor) 2684, *imposante* (?)
soudeier, *soudoyer, chevalier à solde.*
sougit III, 12245, *sujet.*
soupris, souspris *voy.* sozprendre.
sourdeis I, 9175, *pire.*
sousduit, *suj. sg.* sousduis III, 9987, *séducteur.*
sousgloutir *voy.* sanglotir.
sousi 5073, 5157, solsif I, 4873, sj. sousiz 5075, *abîme.*
sousmilleus V, 5590, *dormeur.*
sout, *parf. sg. 3 de* soleir.
soutif, *subtil, caché.*
sovin (ruer) III, 14523, *renverser sur le dos. Cf.* soviner.
soviner 9602, *renverser sur le dos.*
sozpoial 310, *appui.*
sozprendre (*var.* souspr., soupr., sorpr.), *surprendre.*
sozprengent, sozpris, *subj. pl. 3 et part. p. de* sozprendre.
subitain I, 5485, *subit.*
sué, *pr. sg. 1 de* estre.
sueil, suelent, sueut, *pr. sg. 1 et 3 et pl. 3 de* soleir.

sullent III, 2810, *souillé*.
sus *et* en s., *en haut, en arrière; se traire en s., reculer.*
tabor, *tambour*.
tai 4450, 4452, 5636, *fange, boue.*
taisir *(act.)* 9, *taire.*
tal *(des 2 genres), tel.*
talent *et* talant, *désir, volonté, caractère.*
talevaz 1811, *espèce de bouclier. Voy.* Roquefort, *s. v.*
talu, *suj.* taluz, *étançon.*
tambuis (tabuis *P*) III, 1279, *tapage.*
tant (a), *alors;* entre t. II, 8895, 9139, *cependant, pendant ce temps.*
tantost come 52, *dès que.*
tanz quanz (par) 4336, 4340, 9181, *un contre un.*
tardeis 2858, *plus tard.*
targe, *bouclier.*
targier, *tarder.*
tart II, 10366, *subj. sg. 3 de* tarder.
tauroit V, 9632, *dial. pour* toudreit, *cond. sg. 3 de* tolir.
teil, *tilleul;* cheval t. 5670, 5676, *cheval couleur de tilleul.*
tempre III 929, *tôt (opposé à* tart).
tempesté, *mauvais temps, tempête.*
tempester 596, *être tempétueux (en parlant de la mer).*
tempier, 615, *tempête.*
temple *(fém.), tempe.*
tencier, *disputer, s'efforcer.*
tençon, *dispute.*
tendié, *parf. sg. 3 de* tendre.
tendrai, -eie, *fut. et cond. de* tenir.
tendror (*var.* tenror, -our), *tendresse, sensibilité, jeunesse* V, 8194.
teneüre III, 5294, *terre qu'on tient en fief.*
teniécle 3058 (*var.* tenecle), *obscur.*
tenir, *retenir, contenir;* t. de, *être vassal de;* se t. 7586, *résister;* (impers*t*) cui plus en tent 6442, *à qui il importe le plus.*
tenissant, *subj. imp. pl. 3 de* tenir.

tenser, *défendre.*
tensor, *trésor.*
tenror, -our, *voy.* tendror.
tent (*pour* tient, *à la rime*) 6442. 7586, *pr. sg. 3 de* tenir.
tentir, *retentir.*
tenue 3944, *richesse d'un chevalier en terres.*
tergoit III, 629, *imp. sg. 3 de* terdre, *essuyer.*
terrier, *rebord du fossé, terre-plein.*
terros (faire), *renverser à terre.*
ters, tert, *part. p. et pr. sg. 3 de* terdre, *essuyer, frotter.*
tetine (*poitrine xy*) 9601 *(S)*, *mamelle.*
textes 6457, *textes sacrés inscrits sur des banderoles.*
ti *voy.* ton.
tiegn, tienge, *etc., pr. sg. 1 et subj. de* tenir.
tierz, *troisième;* tierce feiz 9881, *pour la troisième fois.*
tigre (*fém.*), *tigresse.*
timbure II, 9174 (tymbrie *B*), *coffre.*
tinbre III, 6757 (orgenes *P*), *tympanon.*
tindrent, *parf. pl. 3 de* tenir.
tinex III, 14109, *rég. pl. de* tinel, *massue.*
timiame 6459 (= θυμίαμα), *parfum.*
tintener 7642, *sonner, retentir.*
tis *voy.* ton.
toi, *parf. sg. 1 de* taire.
toivre III, 829, *ouverture de la fenêtre* (?) *(voy. la note), ou peut-être « bassin »*
tol, tolez, *pr. sg. 1 et impér. pl. 2 de* tolir.
toleit *et* tolu, *part. p. de* tolir.
tolie (metre en) 8562, *exposer.*
tolir (*var.* tolre), *enlever, arracher.*
tomber 4529, *culbuter.*
ton, *adj. poss. : suj. sg.* tis, *suj. pl.* ti, *fém. absolu* toe, *ton, ta, tien, etc.*
tonoire V 8575 (cf. tonoile V, 8581), *tonnerre.*
toper 8154, *placer, appliquer.*
torbe, *foule.*
torge 6912, torgent 3582, *subj. sg. et pl. 3 de* tordre.

toriel III, 3086, *taureau.*
tornei, *combat.*
torneier, *combattre.*
torneïs (pont) I, 8373, *pont tournant.*
tornel 4006, *pont-levis.*
tornissant, *subj. imp. pl. 3 de* torner, *tourner, retourner.*
torrel, *tourelle.*
tort, *subj. sg. 3 de* torner.
tose, *jeune fille.*
tosel, *jeune garçon.*
toset 4804, *ras (tondu).*
tot ¹, *parf. sg. 3 de* taire.
tot ², *entièrement;* a tot *(adv.), ensemble,* (prép.) *avec.*
toudrai, -eie, *fut. et cond. de* toudre, *qu'on trouve à côté de* tolir.
tougent 89, *subj. pl. 3 de* tolir.
toupiër III, 14526, *tourner comme une toupie.*
tourt III, 6229, *subj. sg. 3 de* tourner.
tous, tout, *pr. sg. 2 et 3 de* tolir.
traïn, *train, suite.*
traïner, *traîner.*
traist, traistrent, trait, *parf. sg. et pl. 3, pr. 3 de* traire.
traisisse, traisissant, *subj. imp. sg. 1 et pl. 3 de* traire.
traire, *tirer, ôter, traîner, lancer des traits.*
trait 5276, traitiee, *portée d'arc.*
traïtor, *suj.* traïtre, *traître.*
trametre, *transmettre, envoyer.*
tramistrent, *parf. pl. 3 de* trametre.
transglotir 4966, *engloutir.*
traveals I, 8410, *pl. de* traveil, *travail.*
traveillier I, 4490, *souffrir, se traveillier, se donner de la peine.*
tref, *suj.* trés, *tente.*
trenchif, *suj.* -is, *décidé, hardi* 5587; t. de mautalent 8252, *obstiné dans son ressentiment.*
trepeil, *suj.* trepeiz I, 8437, *agitation bruyante.*
trés ¹ *voy.* tref.
trés ², *derrière* 4662, *pendant* III, 82, *depuis* IV, 13106; trés devant I, 9025, *tout à fait devant;* trés d'iluec V, 10147, *tout près de là.*

tresaive II, 9463 (C), *trisaïeul.*
tresait (metre son dos en) 5835, *tourner le dos.*
trescorir III, 10983, *faire erreur.*
tresgeter, *travailler avec art (le métal), ciseler.*
tresi V, 9428, *jusqu'à ce que;* tressi ke III, 6157 (P), *etc., jusque.*
treslis III, 6045, *à mailles (en parlant d'un haubert).*
trespast, *subj. sg. 3 de* trespasser, *passer.*
tespercier, *transpercer.*
trésque, *jusque.*
trestor (faire un) 8679, *sortir des rangs pour combattre isolément.*
trestorner 9676, *etc., se détourner, éviter, biaiser (au fig.)* III, 6449 (A).
treü, *tribut.*
trichier (act.) 9332, *disputer par les armes.*
trifuére 4761, trifoire II, 2178, *etc., qui offre l'ornement composé d'arceaux appelé aussi* trifuére (trifoire).
trist 7855, *triste.*
tristor, *tristesse.*
trive, *trêve.*
troie (ms. croie) I, 2833, *truie, machine à battre les murs (assimilée, chez les auteurs du moyen âge, tantôt à la* vinea, *tantôt à l'*aries *des Latins).*
troïne 2074, *etc., cornemuse (?).*
trois, *tronçon.*
trone 3748, 4748; I, 4328, *ciel.* Voy. *la note au v.* 3748.
trossel, *paquet, bagage.*
troublement II, 9619, *trouble.*
trover et t. en son conseil, *décider après réflexion.*
trués, *pr. sg. 1 de* trover.
truist II, 2599, *subj. sg. 3 de* trover.
trumcals I, 2890, *pl. de* trumel, *jambes.*
tuit, *suj. pl. de* tot, *tout.*
tul 1278 = tu le.
tumeor III, 133, *etc., faiseur de culbutes.*
ueil, *suj.* ueuz, *œil.*
ues, *besoin, usage;* aveir ues a 2288, *rendre service à.*

VOCABULAIRE

uevre, *impér. sg. 2 et pr. sg. 3 de ovrir.*
uler I, 4529, *hurler.*
us I, 2870, 4488, *porte.*
uslague 6600, *pirate.*
usserie I, 2825, *dessus de porte.*
vaillant un peis 3682, *la valeur d'un pois, rien du tout.*
vaines (en) 4988, *en vain.*
vair, vèr II, 2756, etc., *de menu vair, tacheté (en parlant des yeux)* 965, *inconstant* 3618.
val, *vallée; a val, en bas, au bas de; d'a val, en bas; contre v., encontre v., vers le bas.*
vantance (faire) de 4895, *se vanter de.*
vais, vait, *pr. sg. 2 et 3 de* aler.
vaslet, *garçon, enfant mâle, jeune page.*
vassal, *homme courageux et hardi.*
vassaument, *courageusement.*
vasselage, *acte qui convient à un* vassal, *courage.*
vauge 3900, *subj. sg. 3 de* valeir, loir.
vavasor (*var.* vavassor) (*ordin.* « *homme pourvu d'un arrière fief* »), *petit vassal* 1082, 7945, *vassal (en général)* 3533, *etc.*
vealtre I, 11080, viautre III, 134, *chien de sang (pour chasser la bête noire).*
veer, *interdire.*
vei, *pr. sg. 1 de* veeir, *voir.*
eintre, *vaincre.*
veir, *vrai ;* la veire, *la vérité.*
veirement, *vraiement.*
veïs, veïsse, etc., *parf. sg. 2 et subj. imp. de* veeir.
veisié et veisos, *habile, rusé. Cf.* vesiié.
veloset 4803, *morceau d'étoffe de soie.*
vencue (bataille) 3418, *bataille gagnee.*
vendrai, -eie, *fut. et cond. de* venir.
vengement, *vengeance.*
venir mieuz, *valoir mieux.*
venomes, *pr. pl. 1 de* venir.
venteler, *flotter au vent.*
ver[1] 441 ; I, 7154, *sanglier.*
vèr[2] *voy.* vair.
vergonder IV, 10888, *nuire à, violenter.*
vergondos, *pudibond.*
verjant, *baguette flexible.*
vermeil, *suj.* vermeuz, vermeil.
verra V, 9098, *fut. sg. 3 de* venir.
verté, *vérité.*
vertu, *force, courage.*
verser (faire) 3066, *renverser.*
vés[1] II, 10509, *vase, urne.*
vés[2] V, 8573, *voilà.*
vesiié II, 2816, *habile. Cf.* veisié.
vesque 5051, 5063, *évêque.*
vesquis, -isse, etc., *parf. sg. 2 et subj. imp. de* vivre.
vespre, *soir.*
vespree, *soirée.*
veue (prendre male) III, 6456, *aller à sa perte* (= mala vota). *Cf.* Troie, 745 : aller a male voe (*rimant avec* soe = sua).
veve, *veuve.*
viacier, *vif, agile.*
viaire, *visage, opinion, jugement.*
viaus (*monosyll.*) V, 8047, etc., *du moins.*
viautre *voy.* vealtre.
viaz, *vite, avec empressement* 4607.
vice 1023, *intelligent, habile. Cf.* Chron. des ducs de Normandie, 10313, *et pour l'emploi comme adjectif d'une forme de substantif,* ombrage (cheval), Erec et Énide 1397 *et* Chron. d'Ernoul, p. 282.
vié, *défense, interdiction.*
viee, *subj. sg. 1 et 3 de* veer.
viegn, vienge, etc., *pr. sg. 1 et subj. de* venir.
viés IV, 13792 (*invar.*), *vieux.*
vif, *pr. sg. 1 de* vivre.
vilté, *déshonneur, chose vile.*
vindrent, *parf. pl. 3 de* venir.
viquans II, 9305, *cas suj. de* viconte.
virer et se v., *se tourner.*
vis, *visage.*
vitaille, *vivres.*
voisdie III, 10695, voidie IV, 13685, *habileté, ruse.*
voise, etc., *subj. de* aler.
voleir, *vouloir ;* mieuz vueil 7777, *j'aime mieux.*
volentif 5365, *plein d'ardeur.*

volu (arc) V, 10150, *arceau.*
voudrent, *parf. pl. 3 de* voleir.
vous, voust, *parf. sg. 1 et 3 de* voleir.
vousisse, *etc.,* vousissant, *subj. imp. de* voleir.
vout [1], *visage.*
vout [2], *parf. sg. 3 de* voleir.
voutoir 6828, vultur I, 11080, *vautour.*
vué (*var.* vui), *fém.* vuée, vuie II, 9296, *vide.*
vuée [1] *voy.* vué.

vuée [2], *pr. sg. 3 de* voier, *vider, verser.*
vueil, vueut, *pr. sg. 1 et 3 de* voleir.
vuel (*var.* voel), *volonté, gré;* ton v., *à ton gré;* son v., *à son gré.* (*suivant sa volonté, s'il l'eût pu* III, 2944).
vultur *voy.* voutoir.
ymagine (magine *P*) III, 70 (*A*), *image.*
yve, *voy.* ive.

ADDITIONS ET CORRECTIONS

Introduction. — *P.* x, *n.* 1, *lis.* comme me le s. — *P.* xix, *l.* 12. Ces lignes étaient imprimées, quand nous avons appris la mort de M. Moore, décédé le 12 mai 1889 — *P.* liii, *n.* 1, *l.* 3, *lisez :* voy. p. lii, n. 3 — *P.* liii, *n.* 2, *l.* 9, *lis.* : avec une très légère altération — *P.* lxv, *n.* 1, *l.* 3, Salverda De Grave — *P.* lxxxvii, *l.* 29, *lis. :* Phoche — *P.* lxxxix, *l.* 5 du bas et xci, *l.* 16, Benoit de Sainte-More — *P.* xciv, *l.* 11, *lis. : à l'exemple cité ajoutez* meinent : feignent 3095, où peinent de A donne un sens satisfaisant — *P.* xcvi, *l.* 1, *lis. : Daires* — *P.* xcvii, *l.* 13, *un point avant Ancestre* — *P.* xcix, *l.* 9, *lis. :* aussi *fortment* — *P.* civ, *l.* 30, *lis. :* 10039 — *P.* cvi, *l.* 4 *du bas, lis. :* un *i* simple — *P.* cxvii, *n.* 1, *l.* 9. *Nous renonçons à cette hypothèse, que nous ne pourrions appuyer d'aucune preuve directe,*
  Appendice I. — *P.* 8, *l.* 1, *au lieu de :* 2683-4, *lisez :* 2679-80 — *V.* 2842, *corrigez* (?) : éñjane[e] — 2909, *deux-points à la fin du vers* — 2910, *un point à la fin du vers* — 2928, *lis. :* giésent — 2932, *deux points à la fin du vers* — *P.* 14, *l.* dernière, *l. :* 4331 pernent — *V.* 7661 ver[i]té — 7667, *effacez la virgule après* vïaz — *P.* 25, *l.* dernière, *l. : critique et* S 9059-60 — *V.* 8405 Da[i]res — 8699 fac(i)ez — 8750 pleist — 8804 por vous — 8929 ve[i]r — 9145 ç'achaison — 9274 Dites *(rejeter* Ditez *en note)* — 9516, *virgule après* busoign — 9670 hom(me).
  App. II. — *V.* 179, *lis.* lettre — 1583, *effacez la virgule* — *P.* 60, *l.* dernière, *lis. :* iries — *P.* 63, *l.* dernière, *l. : A aj.* 2 *v.* — *V.* 3951, *ouvrez les guillemets et fermez-les au v. suivant.* — 9193 Eüroppe ot non — *P.* 66, *l.* 10, *l. :* 55 *C* — *V.* 9266 en cel — 9335 *et* 9344 Ino — *P.* 85, *l.* 2 *du bas, au lieu de* 9, *lis. :* 89 — *V.* 9626 l'esprent — 9952 trestrent — *P.* 101, *haut, ajoutez ceci : (après O* 9858*)* Son cheval tint, si s'arestut : A mout grant paine les connut. Quant les cognut tant (*B*

connut mlt') fu dolenz Par pou qu'il n'est cheüz adenz
(v. 10239-42).

App. III. — *V. 75, virgule à la fin du vers* — 351, *lis. :*
rois — 1473-4, *mettre des guillemets en tête de chaque vers*
— 1518, *un point à la fin du vers* — 2197 jéte — 2500, *un
point au lieu de deux-points* — 2744, *après ce vers, il y a
sans doute une courte lacune* — P. 133, *ajoutez :* (après O 1760)
Tydeüs prent d'un mort l'escu Car tot le sien li ont fendu (*P
C.* le s. a il f.) 2449-50 — *P.* 146, *l.* 8 *du bas, au lieu de* 3000,
lis. : 3001 — *P.* 152, *l.* 11, *l. :* (après O 2062) — *V.* 6116,
supprimez les guillemets — *P.* 167, *l.* 2 *du bas, effacez le point
après* ia — *V.* 6022 crois *des mss.* doit être corrigé *en* trois —
6517 Oïl — 10365 piéç'a — 10741 esgronir — 10822, *virgule
au lieu de point-virgule* — 10939 troeve on — 11077 *ouvrez
les guillemets* — 11835 piés — 11859 n'avés escu — 12380 f.
ne g. — 12400 Malpertruis — 14014 péres — 14607 pucèles —
14555 entor — *P.* 215, *l.* 7 *du bas, lis. :* -74 *AP* p. ex (*P
aus*) tornees.

App. IV. — *V.* 1377 volsissiés — 1384 entaillie — 1389 li
dui — 8921 ont — 10856 mesproist — 11433 *et* 11437, *virgule
au lieu d'un point* — 11966, *il faut sans doute corriger :* V.
m. l'en vi m. c. — 11995 mautalent — 12031, *corrigez :* Et
Alixandres de Cartage (*cf.* III, 11781-4) — 12034 bailli — *P.*
265, *après le v.* 13692, *ajoutez :*

(après O 9482). . . . .
(col. 4)   » Or me dites quél le ferons,   13701
            » Par quél engien le vengerons. »
            Capaneüs respont au roi :
            « Sire, or soionmes hui mès coi :
            » Envis est onques bien finee   -5
            » La cose qui trop est hastee.
            » Nostre gent sont dolant trestuit :
            » Soions en pais ẟusc' a la nuit,
            » Si les laissomes reposer
            » Et par espasse conreer ;   -10
            » Matin soions aparillié
            » Et del bien faire consillié :
            » A eus iromes torneier.
            » Il sont ore vers nos mout fier,
            » De fi saciés qu'il lor est bel ;   -15
            » Prest sont de faire lor cenbel :
            » Ains que past demain miedis,
            » En érent mort .v. c. et pris. »
            Pollinicès dist de sa part
            Looit a faire cest esgart.   -20
            Li rois repaire vers sa gent,
            Tot lor conseil lor dist briément.
            Cascuns de ses barons respont
            Que son commandement feront.   13724

App. V. — *V.* 98 fu a g. c. — 5156 jo[u]rs — 8577 pavour

— 8619, *virgule à la fin du vers* — 9317 piéch'a — 9515 dist — 9589, *virgule au lieu d'un point* — P. 294, *l.* 1, *en marge, lis.* : 9795 — V. 9890 roi ten p. — 9892 nul lieu — 9977-8, *au lieu de* espousailles : afiailles *du ms., corrigez* : afiailles : espousailles — 10015, *virgule au lieu d'un point-virgule* — 10196 trésk' au — 12347 aïrés — 13293 l'istore.

Tableau des rimes. — *P.* 316, *art.* ei, *l.* 2, *lis.* : 2081, palefrei : s. 2103 — *P.* 317, *art.* ent [1], l. 3, *lis.* : g. : fortment 10083 (*SA*); g. (*prédicat*) : escïent 1527 — *P.* 318, *art.* ét, *l.* 5, *fermez la parenthèse après* lis — 319, *l'art.* eut *devrait figurer sous la rubrique* ueut — *P.* 320, *art.* óign, *lis.* : somoign : soign 2551 (*cf.* somon) — P. 321, *art.* ór, *l. dernière, au lieu de* 3731, *l.* 3631 ; *l.* 6, *après* 2293, *intercalez ceci :* don : somon (*A* bandon) 6841 (*cf.* somoign) — P. 324, *art.* aire, *au lieu de* : 8165, *lis.* : 8171 — *P.* 325, *art.* aume, *au lieu de* eaume, *lis.* : heaume — *P.* 328, *art.* ére [2], *l.* 4, *lis.* : cimetére ; *art.* estre, *l.* 2, *lis.* : 3259. 9185 — *P.* 329, *ajoutez l'article suivant* : iére 1705. 2177. etc. Voy. iérre. — *A l'article* iérre, *lis.* : ariére — *P.* 330, *art.* ite, *lis.* : merite 5855 — *P.* 330, *art.* ivre, *l.* 2, *lis.* : ocire — *P.* 331, *supprimez l'article* ògne — *P.* 332, *art.* òne, *l.* 1, *supprimez les mots* : *cf.* Sidogne ; *l.* 3, *après* 8765, *ajoutez* : Sidone : brone 4345 — *P.* 333, *art.* ose, *l.* 3, *lis.* : (*SC* chose, *y* cose) : vergondose (*Cy* rose).

Notes. — *P.* 335, *ajoutez* : V. 15-6. Cf. le *Comput* de Philippe de Thaün, 143-4 : *Si i pot esculter Cum l'asnes al harper ;* et *Floire et Blancheflor*, édition Edélestand du Méril, p. 229 : (*Barbarin*) *Encantéres estoit mout sages : Les bues faisoit en l'air voler, Et les asnes faisoit harper.* — *P.* 341, *note au v.* 5073. Il y a encore à signaler la grotte de *Solsac*, qui donne son nom à deux hameaux voisins, sur le plateau jurassique situé au nord-ouest de Rodez ; cf. Soulsac, hameau dépendant de Saint-Côme, canton d'Espalion (Aveyron). — *P.* 342, *l.* 23, *lis.* : 5333. — *P.* 343, *aj.* : V. 6597. La forme *Salatiel* a été également usitée. Un Juif de ce nom figure dans deux des mystères rouergats analysés par A. Thomas dans les *Annales du Midi*, II, 385 sqq. — *P.* 344, *ajoutez* : V. 10165 sqq. De même, mais poussés par des instincts contraires, les corps d'Ami et Amile, enterrés à un arpent de distance, se rejoignent (*Chevalerie Ogier*, v. 5943 sqq.). Voy. *Etudes romanes dédiées à G. Paris* (Paris, Bouillon, 1891), p. 180. — *P.* 345, Appendice I, *ajoutez* : L'épisode de la Vieille à l'énigme a été sans doute inspiré par les vers de Stace, VII, 402 sqq. : *Nec monstra tenent*, etc. — Les vers de *S* 9111-4, reproduisent (les deux premiers avec changement de rime) les v. de *O* 7955-8.

Table des noms propres. — *Rectifier ainsi l'article* Agenor [3] : Agenor [3] 9605 ; III, 13851, *Thébain, neveu d'Alexis* (*voy.* Alis). — *P.* 350, *ajoutez* : Chasteillon (le duc de) 9562, *le duc de Châtillon, père de Nestor* [2]. — *P.* 351, *col.* 1, *l.* 9, *au lieu de :* 538, *lis. :* 613 — *P.* 352, *col.* 1, *l.* 2 *du bas, lis. :* Eüroppe; *col.* 2, *art.* Fedimus [1], *lis. :* 1631 *et var. à* O 1549, 1569 *et* 1584 — *P.* 357, *art.* Theseüs, *aj. : addit. de* xy (x *écrit à tort* Thideus) *après* O 9934; *art.* Troie, *aj. :* 8781; *ajoutez l'article suivant :* Tritolemus (*var.* Tric.) 8772, *chef grec.*

VOCABULAIRE. — agriége II, 9439, *pr. sg. 3 de* agregier, *être pénible. Cf.* griége — ceilt (*corr.* ceit) *est au v.* 2034 — converser, *au lieu de : se réunir, lis. : se tenir habituellement.*

Pour l'uniformité du système graphique, il faut écrire :

App. *I.* — *V.* 515 li(u) — 1711 *et* 8407 a mont; 4349 A tant — 2800 *et* 10966 érent — 5551 règnes (*retinas*) — 4139 veee — 4537 poo[u]r — 8368 desouz — 8626 escïent — 9484 Oïl.
App. *II.* — *V.* 186 cèle; 2592 èle — 2415, 2733 *et* 2765 contre mont; 9105 a mont; 3253 d'a mont; 9307 contre val; 10510 A tant; 8895 Entre tant — 2686 tél — 2708 *et* 9371 chëoir; 9372 vëoir — 2753 co[u]rs; 8512 to[u]rs; 9815 dolo[u]r — 2780 serreement; 10410 irïeement; 10021 chïeent; 10148 sïeent — 3951 plèra; 9008 *et* 9382 plèsoit; 9595 lèdist; 10473 frèture — 8956 *et* 10130 regne — 9025 derriére; 9026 colíere — 9466 aiue.
App. *III.* — 62 crëoit; 1829 sëoient; 6566 vëoir; 12606 *et* 12689 vëoit — 65, 78, 334 *et* 1195 érent — 78 dïable — 106, 3297, 9257, 10171 *et* 11803 privéement; 6179 sereement; 10703 nomeement; 10172 celeement; 10975 hasteement; 11707 ireement; 2881 senee; 2882 contree; 10211 lees; 10212 karees; 1426 conreees; 8928 cïeent — 741 *et* 14206 feme; 14157, 14205, 14363, 14465, 14469, 14474, 14565, 14590 *et* 14605 femes — 742 regne — 844 souéf — 1047, 6039, 11815 *et* 12285 a tant — 1195 érent — 1835 dient; 8378 pieté; 10366 irie; 14509 quignies; 14510 apuignies — 2026 l'autr' ier — 3010 demaintenant — 3031 téls — 3035 consivoit — 6337 loent — 6983 qui 'st.
App. *IV.* — 4067 entochie; 11414 s'amoliera — 8968 esfracement; 10429 ireement; 11354 atempreement — 10867 fames — 11065 *et* 11274 vëoir; 11345 porvëoir — 11290 l'engineors; 11474 jugeors; 11576 *et* 12023 Creon; 13416 Duceon — 11749 demaintenant — 13266 a mont; 13373 a val — 13495, 13499 *et* 13504 me' sire.
App. *V.* — 6725 mètre — 8155 joer — 9081 ens — 9189 saluee; 9190 Galatee; 9253 destinee; 9254 nee; 9459 escriee; 9460 renommee; 9485 celeement — 9257 *et* 10117 èle — 9321 nov(i)elle — 9468 crëoit; 9664 vëoir; 9747 sëoit; 9852 vëoit — 9530, 9742, 9806, 9972, 10030, 10090 *et* 10173 en(s) — 9624 *et* 10185 a val; 10063 a mont — 9778 *et* 9850 desploïe — 9898 mècent — 13207 pér.

TABLE DES MATIÈRES

DU SECOND VOLUME

	Pages.
Introduction	I
I. — Manuscrits	II
II. — Analyse du poème	XXIV
III. — Le poème original et les remaniements	XLVIII
IV. — Dialecte, âge et sources du Roman de Thèbes	LXVI
A. — Langue du poème	LXVI
§ 1. *Versification*	LXVI
§ 2. *Phonétique*	LXXI
§ 3. *Morphologie*	XCV
§ 4. *Syntaxe et particularités de style*	CVII
B. Age et sources du poème	CXIV
V. — Rédactions en prose du Roman de Thèbes	CXXII
VI. — Destinées du Roman de Thèbes	CXLIV
Appendice I	1
Appendice II	55
Appendice III	106
Appendice IV	218
Appendice V	267
Appendice VI	307
Tableau des rimes	314
Notes	335
Table des noms propres	348
Vocabulaire	359
Additions et corrections	395

Publications de la Société des anciens textes français.
(*En vente à la librairie* Firmin Didot et Cie, *56, rue Jacob, à Paris.*)

Bulletin de la Société des anciens textes français (années 1875 à 1890). N'est vendu qu'aux membres de la Société au prix de 3 fr. par année, en papier de Hollande, et de 6 fr. en papier Whatman.

Chansons françaises du xve siècle publiées d'après le manuscrit de la Bibliothèque nationale de Paris par Gaston Paris, et accompagnées de la musique transcrite en notation moderne par Auguste Gevaert (1875). *Epuisé.*
Il reste quelques exemplaires sur papier Whatman au prix de.. 37 fr.

Les plus anciens Monuments de la langue française (ixe, xe siècles) publiés par Gaston Paris. *Album* de neuf planches exécutées par la photogravure (1875)............................. 30 fr.

Brun de la Montaigne, roman d'aventure publié pour la première fois, d'après le manuscrit unique de Paris, par Paul Meyer (1875)..... 5 fr.

Miracles de Nostre Dame par personnages publiés d'après le manuscrit de la Bibliothèque nationale par Gaston Paris et Ulysse Robert, t. I à VII (1876, 1877, 1878, 1879, 1880, 1881, 1882), le vol. .... 10 fr.
Texte complet. Le t. VIII, qui est sous presse, contiendra le vocabulaire.

Guillaume de Palerne publié d'après le manuscrit de la bibliothèque de l'Arsenal à Paris, par Henri Michelant (1876)............... 10 fr.

Deux Rédactions du Roman des Sept Sages de Rome publiées par Gaston Paris (1876).................................... 8 fr.

Aiol, chanson de geste publiée d'après le manuscrit unique de Paris par Jacques Normand et Gaston Raynaud (1877)............... 12 fr.

Le Débat des Hérauts de France et d'Angleterre, suivi de *The Debate between the Heralds of England and France, by* John Coke, édition commencée par L. Pannier et achevée par Paul Meyer (1877).......... 10 fr.

Œuvres complètes d'Eustache Deschamps publiées d'après le manuscrit de la Bibliothèque nationale par le marquis de Queux de Saint-Hilaire, t. I à VI, (1878, 1880, 1882, 1884, 1887, 1889), le vol........... 12 fr.

Le Saint Voyage de Jherusalem du seigneur d'Anglure publié par François Bonnardot et Auguste Longnon (1878)................... 10 fr.

Chronique du Mont-Saint-Michel (1343-1468) publiée avec notes et pièces diverses par Siméon Luce, t. I et II (1879, 1883), le vol....... 12 fr.

Elie de Saint-Gille, chanson de geste publiée avec introduction, glossaire et index, par Gaston Raynaud, accompagnée de la rédaction norvégienne traduite par Eugène Koelbing (1879)................... 8 fr.

Daurel et Beton, chanson de geste provençale publiée pour la première fois d'après le manuscrit unique appartenant à M. F. Didot par Paul Meyer (1880).. 8 fr.

La Vie de saint Gilles, par Guillaume de Berneville, poème du xiie siècle publié d'après le manuscrit unique de Florence par Gaston Paris et Alphonse Bos (1881)............................ 10 fr.

L'Amant rendu cordelier à l'observance d'amours, poème attribué à Martial d'Auvergne, publié d'après les mss. et les anciennes éditions par A. de Montaiglon (1881).............................. 10 fr.

Raoul de Cambrai, chanson de geste publiée par Paul Meyer et Auguste Longnon (1882)................................. 15 fr.

Le dit de la Panthère d'Amours, par Nicole DE MARGIVAL, poème du XIII° siècle publié par Henry A. TODD (1883) .... 6 fr.
Les œuvres poétiques de Phillipe de Remi, sire de Beaumanoir publiées par H. SUCHIER, t. I-II (1884-85)......................... 25 fr.
Le premier volume ne se vend pas séparément; le second volume seul 15 fr.
La Mort Aymeri de Narbonne, chanson de geste publiée par J. COURAYE DU PARC (1884)... 10 fr.
Trois versions rimées de l'Évangile de Nicodème publiées par G. PARIS et A. BOS (1885) .... 8 fr.
Fragments d'une vie de saint Thomas de Cantorbery publiés pour la première fois d'après les feuillets appartenant à la collection Gœthals Vercruysse, avec fac-similé en héliogravure de l'original, par Paul MEYER (1885). 10 fr.
Œuvres poétiques de Christine de Pisan publiées par Maurice ROY, t. I et II (1886, 1891), le volume.................................. 10 fr.
Merlin, roman en prose du XIII° siècle, publié d'après le ms. appartenant à M. A. Huth, par G. PARIS et J. ULRICH, t. I et II (1886)...... 20 fr.
Aymeri de Narbonne, chanson de geste publiée par Louis DEMAISON, t. I et II (1887).. 20 fr.
Le Mystère de saint Bernard de Menthon, publié d'après le ms. unique appartenant à M. le comte de Menthon par A. LECOY DE LA MARCHE (1888). 8 fr.
Les quatre âges de l'homme, traité moral de Philippe DE NAVARRE, publié par Marcel DE FRÉVILLE (1888) .... 7 fr.
Le Couronnement de Louis, chanson de geste publiée par E. LANGLOIS, (1888).. 15 fr.
Les Contes moralisés de Nicole Bozon, publiés par Miss L. Toulmin SMITH et M. Paul MEYER (1889).............................. 15 fr.
Rondeaux et autres poésies du XV° siècle, publiés d'après le manuscrit de la Bibliothèque nationale, par Gaston RAYNAUD (1889)......... 8 fr.
Le Roman de Thèbes, édition critique d'après tous les manuscrits connus, par Léopold CONSTANS, t. I-II (1890)..................... 30 fr.
Ces deux volumes ne se vendent pas séparément.

Le Mistère du Viel testament, publié avec introduction, notes et glossaire, par le baron James DE ROTHSCHILD, t. I, II, III, IV et V (1878, 1879, 1881, 1882, 1885), le vol............................... 10 fr.
(*Ouvrage imprimé aux frais du baron James de Rothschild et offert aux membres de la Société.*)

Tous ces ouvrages sont in-8°, excepté *Les plus anciens Monuments de la langue française*, album grand in-folio.

Il a été fait de chaque ouvrage un tirage sur papier Whatman. Le prix des exemplaires sur ce papier est double de celui des exemplaires en papier ordinaire.

Les membres de la Société ont droit à une remise de 25 p. 100 sur tous les prix indiqués ci-dessus.

La Société des Anciens Textes français a obtenu pour ses publications le prix Archon-Despérouse, à l'Académie française, en 1882, et le prix La Grange, à l'Académie des Inscriptions et Belles-Lettres, en 1883.

Le Puy. — Imprimerie de Marchessou fils, boulevard Saint-Laurent, 23.

www.ingramcontent.com/pod-product-compliance
Lightning Source LLC
Chambersburg PA
CBHW060505230426
43665CB00013B/1397